ACÓRDÃOS
DO
TRIBUNAL CONSTITUCIONAL

76.º volume

2009

(Setembro a Dezembro)

ACÓRDÃOS DO TRIBUNAL CONSTITUCIONAL
76.º Volume — 2009 — (setembro a Dezembro)

EDITOR
EDIÇÕES ALMEDINA, SA
Av. Fernão Magalhães, n.º 584, 5.º Andar
3000-174 Coimbra
Tel.: 239 851 904
Fax: 239 851 901
www.almedina.net
editora@almedina.net

PRÉ-IMPRESSÃO | IMPRESSÃO | ACABAMENTO
G.C. – GRÁFICA DE COIMBRA, LDA.
Palheira – Assafarge
3001-453 Coimbra
producao@graficadecoimbra.pt

Agosto, 2010

DEPÓSITO LEGAL
312140/10

Os dados e as opiniões inseridos na presente publicação
são da exclusiva responsabilidade do(s) seu(s) autor(es).

Toda a reprodução desta obra, por fotocópia ou outro qualquer
processo, sem prévia autorização escrita do Editor, é ilícita
e passível de procedimento judicial contra o infractor.

FISCALIZAÇÃO ABSTRACTA
DA
CONSTITUCIONALIDADE E DA LEGALIDADE

ACÓRDÃO N.º 494/09

DE 29 DE SETEMBRO DE 2009

Declara a inconstitucionalidade, com força obrigatória geral, da norma contida no n.º 9 do artigo 98.º do Código do Imposto sobre o Rendimento das Pessoas Colectivas, na parte em que impõe que efectuem pagamento especial por conta entidades que, no exercício a que o pagamento respeita, apenas aufiram rendimentos isentos de Imposto sobre o Rendimento das Pessoas Colectivas (IRC), e a inconstitucionalidade consequencial da norma contida no n.º 5 do artigo 44.º da Lei n.º 60-A/2005, de 30 de Dezembro, na parte em que se refere às mesmas entidades, ressalvando os efeitos produzidos até à publicação deste Acórdão.

Processo: n.º 595/06.
Requerente: Grupo de Deputados à Assembleia da República.
Relator: Conselheiro Vítor Gomes.

SUMÁRIO:

I — A medida legislativa decorrente do n.º 9 do artigo 98.º do Código do Imposto sobre o Rendimento das Pessoas Colectivas não passa no teste da proporcionalidade em duas das três vertentes ou dimensões concretizadoras (adequação, necessidade ou exigibilidade e proporcionalidade em sentido estrito) em que o princípio se analisa.

II — Em primeiro lugar, é manifesto que não há uma adequação meio-fim, pois, ainda que o respectivo fim seja legítimo e constitucionalmente valorado e tutelado, a verdade é que a exigência de pagamento de um montante mínimo de Pagamento Especial por Conta (PEC) a entidades isentas de IRC não se mostra adequada para perseguir e alcançar esse fim.

III — Também a dimensão da necessidade ou exigibilidade resulta desrespeitada, pois, ainda que se demonstre que não está completamente posta de parte a garantia do reembolso total do PEC, a verdade é que não tem razoabilidade obrigar uma entidade a entregar um determinado montante a título de PEC, quando se sabe, no momento em que o pagamento é exigido, que será ulteriormente reembolsado na sua totalidade, desde que seja solicitada uma acção de inspecção pelo sujeito passivo; esta solução apresenta-se manifestamente desproporcionada, consubstanciando uma medida excessiva, na medida em que é, certamente, demasiado onerosa para o destinatário.

IV — Embora a análise da questão da inconstitucionalidade do n.º 5 do artigo 44.º da Lei n.º 60-A/2005 seja inútil, pois que, quanto às entidades que apenas aufiram rendimentos isentos, esta disposição não tem sentido sem o n.º 9 do artigo 98.º, sempre haveria que declarar inconstitucional aquela norma, por violação do princípio da não retroactividade da lei fiscal, já que dispõe claramente para o passado, ao determinar que a obrigação nela contida vale não apenas para o ano de 2006 mas, outrossim, para os "pagamentos especiais por conta efectuados ou devidos pelos sujeitos passivos nele referidos nos períodos de tributação iniciados em 2005".

Acordam, em Plenário, no Tribunal Constitucional:

I — Relatório

1. Um grupo de Deputados à Assembleia da República requereu, ao abrigo do artigo 281.º, n.º 2, alínea *f*), da Constituição da República Portuguesa (CRP) e dos artigos 51.º, n.º 1 e 62.º, n.º 1, da Lei da Organização, Funcionamento e Processo do Tribunal Constitucional (LTC), a declaração da inconstitucionalidade, com força obrigatória geral, das normas contidas no artigo 98.º, n.ºs 9 e 11, do Código do Imposto sobre o Rendimento das Pessoas Colectivas (CIRC) e no artigo 44.º, n.ºs 5 e 6, da Lei n.º 60-A/2005, de 30 de Dezembro (Lei do Orçamento do Estado para 2006 — LOE-06), preceitos relativos ao pagamento especial por conta (PEC) por parte de pessoas colectivas isentas de tributação em IRC.

As normas em causa dispõem da seguinte forma:

"Artigo 98.º
(Pagamento especial por conta)

(...)

9 — O pagamento especial por conta a efectuar pelos sujeitos passivos de IRC que, no exercício anterior àquele a que o mesmo respeita, apenas tenham auferido rendimentos isentos corresponde ao montante mínimo previsto no n.º 2, sem prejuízo do disposto no n.º 3.

(...)

11 — Ficam dispensados de efectuar o pagamento especial por conta:

a) Os sujeitos passivos totalmente isentos de IRC nos termos dos artigos 9.º e 10.º do Código do IRC e do Estatuto Fiscal Cooperativo;

b) Os sujeitos passivos que se encontrem com processos no âmbito do Código dos Processos Espcciais de Recuperação da Empresa e de Falência, aprovado pelo Decreto-Lei n.º 132/93, de 23 de Abril, a partir da data de instauração desse processo;

(…)

Artigo 44.º
(Imposto sobre o rendimento das pessoas colectivas)

(…)

5 — O disposto no n.º 9 do artigo 98.º do Código do IRC, na redacção dada pela presente lei, é aplicável aos pagamentos especiais por conta efectuados ou devidos pelos sujeitos passivos nele referidos nos períodos de tributação iniciados em 2005.

6 — A entrega até 31 de Janeiro de 2006 do montante do pagamento especial por conta resultante do disposto no n.º 9 do artigo 98.º do Código do IRC, na redacção dada pela presente lei, pelos sujeitos passivos nele referidos extingue os procedimentos contra-ordenacionais respeitantes à falta da sua entrega."

Apesar de não impugnadas, importa ter presentes as disposições contidas nos artigos 9.º e 10.º do CIRC, pois só assim será possível ter uma ideia exacta do alcance das medidas legislativas objecto do presente controlo de constitucionalidade:

"Artigo 9.º
Estado, Regiões Autónomas, autarquias locais, suas associações
de direito público e federações e instituições de segurança social

1 — Estão isentos de IRC:

a) O Estado, as Regiões Autónomas e as autarquias locais, bem como qualquer dos seus serviços, estabelecimentos e organismos, ainda que personalizados, compreendidos os institutos públicos, com excepção das entidades públicas com natureza empresarial;

b) As associações e federações de municípios e as associações de freguesia que não exerçam actividades comerciais, industriais ou agrícolas;

c) As instituições de segurança social e previdência a que se referem os artigos 87.º e 114.º da Lei n.º 17/2000, de 8 de Agosto;

d) Os fundos de capitalização administrados pelas instituições de segurança social.

2 — Sem prejuízo do disposto no n.º 4 do presente artigo, a isenção prevista nas alíneas *a)* a *c)* do número anterior não compreende os rendimentos de capitais tal como são definidos para efeitos de IRS.

3 — Não são abrangidos pela isenção prevista no n.º 1 os rendimentos dos estabelecimentos fabris das Forças Armadas provenientes de actividades não relacionadas com a defesa e segurança nacionais.

4 — O Estado, actuando através do Instituto de Gestão do Crédito Público, está isento de IRC no que respeita a rendimentos de capitais decorrentes de operações de *swap* e de operações cambiais a prazo, tal como são definidos para efeitos de IRS."

"Artigo 10.º
Pessoas colectivas de utilidade pública e de solidariedade social

1 — Estão isentas de IRC:

a) As pessoas colectivas de utilidade pública administrativa;
b) As instituições particulares de solidariedade social e entidades anexas, bem como as pessoas colectivas àquelas legalmente equiparadas;
c) As pessoas colectivas de mera utilidade pública que prossigam, exclusiva ou predominantemente, fins científicos ou culturais, de caridade, assistência, beneficência, solidariedade social ou defesa do meio ambiente.

2 — A isenção prevista na alínea *c)* do número anterior carece de reconhecimento pelo Ministro de Estado e das Finanças, a requerimento dos interessados, mediante despacho publicado no *Diário da República*, que define a respectiva amplitude, de harmonia com os fins prosseguidos e as actividades desenvolvidas para a sua realização, pelas entidades em causa e as informações dos serviços competentes da Direcção-Geral dos Impostos e outras julgadas necessárias.

3 — A isenção prevista no n.º 1 não abrange os rendimentos empresariais derivados do exercício das actividades comerciais ou industriais desenvolvidas fora do âmbito dos fins estatutários, bem como os rendimentos de títulos ao portador, não registados nem depositados, nos termos da legislação em vigor, e é condicionada à observância continuada dos seguintes requisitos:

a) Exercício efectivo, a título exclusivo ou predominante, de actividades dirigidas à prossecução dos fins que justificaram o respectivo reconhecimento da qualidade de utilidade pública ou dos fins que justificaram a isenção, consoante se trate, respectivamente, de entidades previstas nas alíneas *a)* e *b)* ou na alínea *c)* do n.º 1;
b) Afectação aos fins referidos na alínea anterior de, pelo menos, 50% do rendimento global líquido que seria sujeito a tributação nos termos gerais, até ao fim do 4.º exercício posterior àquele em que tenha sido obtido, salvo em caso de justo impedimento no cumprimento do prazo de afectação, notificado ao Director-Geral dos Impostos, acompanhado da respectiva fundamentação escrita, até ao último dia útil do 1.º mês subsequente ao termo do referido prazo;
c) Inexistência de qualquer interesse directo ou indirecto dos membros dos órgãos estatutários, por si mesmos ou por interposta pessoa, nos resultados da exploração das actividades económicas por elas prosseguidas.

4 — O não cumprimento dos requisitos referidos nas alíneas *a)* e *c)* do número anterior determina a perda da isenção, a partir do correspondente exercício, inclusive.

5 — Em caso de incumprimento do requisito referido na alínea *b)* do n.º 3, fica sujeita a tributação, no 4.º exercício posterior ao da obtenção do rendimento global líquido, a parte desse rendimento que deveria ter sido afecta aos respectivos fins."

Importa ainda referir que o regime jurídico do PEC se encontra regulado, nos seus aspectos essenciais, no artigo 98.º do CIRC, o qual está inserido no Capítulo VI, relativo ao Pagamento, e, de forma mais específica, na Secção I, sob a epígrafe "Entidades que exerçam, a título principal, a actividade comercial, industrial ou agrícola". Além deste preceito, integram também o regime do PEC os artigos 83.º, n.ºs 2 e 7 (relativos ao procedimento e forma de liquidação — o primeiro refere as várias deduções previstas e o segundo estabelece que das deduções realizadas de acordo com o n.º 2 não pode resultar um valor negativo) e 87.º (Pagamento especial por conta), ambos do CIRC.

Saliente-se, finalmente, que o regime jurídico do PEC tem de ser lido à luz de outros preceitos infraconstitucionais, como é o caso dos artigos 33.º da Lei Geral Tributária (LGT) e o artigo 114.º do Regime Geral das Infracções Tributárias (RGIT):

"Artigo 33.º da LGT

"As entregas pecuniárias antecipadas que sejam efectuadas pelos sujeitos passivos no período de formação do facto tributário constituem pagamento por conta do imposto devido a final".

"Artigo 114.º do RGIT

"1. A não entrega, total ou parcial, pelo período até 90 dias, ou por período superior, desde que os factos não constituam crime, ao credor tributário, da prestação tributária deduzida nos termos da lei é punível com coima variável entre o valor da prestação em falta e o seu dobro, sem que possa ultrapassar o limite máximo abstractamente estabelecido.

2. Se a conduta prevista no número anterior for imputável a título de negligência, e ainda que o período da não entrega ultrapasse os 90 dias, será aplicável coima variável entre 10% e metade do imposto em falta, sem que possa ultrapassar o limite máximo abstractamente estabelecido.

(…)

5. Para efeitos contra-ordenacionais são puníveis como falta de entrega da prestação tributária:

(…)

f) A falta de pagamento, total ou parcial, da prestação tributária devida a título de pagamento por conta do imposto devido a final, incluindo as situações de pagamento especial por conta.
(...)".

2. Os requerentes motivam o pedido do seguinte modo:

A Administração Fiscal notificou, durante os meses de Outubro e Novembro de 2005, um grande número de entidades licenciadas para operar no Centro Internacional de Negócios da Madeira (CINM) no sentido de estas procederem "ao pagamento de coimas devidas pelo não pagamento do Pagamento Especial por Conta (PEC), relativamente ao ano em causa" [2005]. O legislador veio dar cobertura a esta actuação administrativa ilegal com as normas cuja fiscalização de constitucionalidade se pretende.

Neste quadro e em síntese, os requerentes invocam a violação dos seguintes princípios constitucionais:

a) A violação do princípio da legalidade da criação de impostos (artigo 103.º, n.º 2, da Constituição) decorrerá da circunstância de a exigência do PEC às entidades licenciadas no CINM configurar o pagamento, pelas mesmas, de um imposto mínimo ou de um empréstimo forçado. Com efeito, conforme se sustenta, "o PEC não foi concebido como um imposto, mas sim como um pagamento por conta de um imposto: o IRC. Na verdade, o PEC é um mecanismo de liquidação provisória caucional de IRC", o qual pressupõe "a existência de uma colecta de IRC". Ora, "o conjunto de incentivos fiscais que caracteriza o CINM" consiste no seguinte:

1) "para as entidades licenciadas até 31 de Dezembro de 2000, prevê-se um conjunto de benefícios fiscais entre os quais ressalta a isenção, até 31 de Dezembro de 2011, de IRC";
2) "para as entidades licenciadas a partir de 1 de Janeiro de 2003 e até 31 de Dezembro de 2006, prevê-se um conjunto de benefícios fiscais entre os quais avulta a baixa tributação em sede de IRC: 1% em 2003 e 2004, 2% em 2005 e 2006, e 3% em 2007 e seguintes. Em ambos os casos foi desde o início aprovada a produção de efeitos dos benefícios fiscais até 2011 (vide artigos 33.º e 34.º do Estatuto dos Benefícios Fiscais)".

Daqui decorre que parte das entidades licenciadas no CINM está isenta de pagamento de IRC enquanto que outra está sujeita a uma tributação mínima, o que é incompatível com a exigência do pagamento especial por conta.

b) A violação do princípio da tributação das empresas com base no rendimento real (artigo 104.º, n.º 2, da Constituição) e, consequentemente, do princípio da capacidade contributiva (artigo 103.º, n.º 3, da Constituição) resultará do facto de que, tal como explicitado em *a*), entidades que gozam de benefícios fiscais — estando os seus rendimentos isentos de IRC ou sendo objecto de uma tributação mínima em sede de IRC — serem obrigadas a liquidar antecipadamente o imposto sobre uma colecta que não existe, no primeiro caso, ou a liquidar antecipadamente um montante bastante superior à quantia devida a final, no segundo (verificando-se, neste último caso, uma desproporcionalidade clara).

c) A violação do princípio da não retroactividade da lei fiscal (artigo 103.º, n.º 3, da Constituição) derivará de a Lei n.º 60-A/2005 "determinar que o pagamento de um PEC mínimo é aplicável aos períodos de tributação iniciados em 2005".

d) A violação dos princípios da proporcionalidade e da confiança legítimas "inerentes a um Estado de direito democrático (artigo 2.º da Constituição)" decorrerá do facto de que a "exigência do PEC às entidades licenciadas no CINM constitui um acto imprevisto, que põe em causa um regime paracontratual de incentivos fiscais de natureza estrutural, aprovado pelo próprio Estado, destinado a vigorar até 31 de Dezembro de 2011, e autorizado como tal pela Comissão Europeia. Viola, assim, os direitos e as legítimas expectativas dos operadores protegidos pela noção de Estado de Direito e consagrados no artigo 10.º do Estatuto dos Benefícios Fiscais". Mais ainda, a "alteração do regime jurídico-fiscal do CINM, efectuada através da Lei n.º 60-A/2005, com a consequente quebra dos direitos adquiridos pelas entidades licenciadas para operar no CINM e a diminuição desses incentivos, por passar a existir um "imposto" não previsto no regime, constitui não uma medida de rentabilização ou de aprofundamento da competitividade internacional do CINM, mas antes um atentado àquele regime, com a sua descaracterização antes do fim do prazo (31 de Dezembro de 2011) negociado e aprovado entre a União Europeia e a República Portuguesa, e garantido por esta aos operadores licenciados ou aos agentes económicos que solicitassem o licenciamento nos prazos legalmente previstos".

e) A violação do princípio da autonomia regional, "na vertente do desenvolvimento económico-social" (artigo 225.º, n.º 2, da Constituição), decorrerá do facto de os preceitos em análise comprometerem o sucesso de um mecanismo fiscal que visa lutar contra "os constrangimentos económico-sociais de uma pequena ilha ultraperiférica". Efectivamente, o "CINM configura-se como um regime de auxílios de Estado sob a forma fiscal com objectivos de desenvolvimento regional, que tem vindo a ser sucessivamente aprovado pelo Estado português e pela Comissão Europeia desde 1980". "Os factos descritos põem em causa o normal funcionamento de um dos principais instrumentos do programa de desenvolvimento da Região Autónoma da Madeira em que se consubstancia o regime de incentivos fiscais do CINM, consagrados no Estatuto dos Benefícios Fiscais para as entidades licenciadas no CINM, com a defraudação das expectativas e direitos por ela adquiridos, bem como a alteração do mesmo quadro legal antes do fim do prazo desses incentivos, o que tudo frustra a estável e regular execução daquele programa político-económico junto dos agentes económicos e dos mercados e, *rectius*, a prossecução da política de desenvolvimento económico e social delineada desde a década de 1980 para a região, violando, assim, igualmente, o n.º 2 do artigo 225.º da Constituição".

3. Notificado, nos termos e para os efeitos dos artigos 54.º e 55.º, n.º 3, da Lei do Tribunal Constitucional, o Presidente da Assembleia da República veio oferecer o merecimento dos autos, remetendo para os trabalhos preparatórios da lei o esclarecimento de eventuais dúvidas.

4. Discutido em Plenário o memorando apresentado pelo Presidente do Tribunal, nos termos do artigo 63.º da Lei do Tribunal Constitucional, cumpre formular a decisão em conformidade com a orientação que fez vencimento.

II — Fundamentação

5. *Delimitação do pedido*
Os requerentes solicitam a declaração de inconstitucionalidade de um conjunto normativo integrado por quatro disposições legais — o artigo 98.º, n.ºs 9 e 11, do Código do Imposto sobre o Rendimento das Pessoas Colectivas e o artigo 44.º, n.ºs 5 e 6, da Lei n.º 60-A/2005, de 30 de Dezembro —, todas relativas ao regime do pagamento especial por conta, a partir de uma argumentação que só em parte se concentra no seu teor normativo. Em boa medida, a fundamentação do pedido atinge alguns dos actos de aplicação dessas disposições por parte da Administração Fiscal que não compete ao Tribunal apreciar. Importa assim proceder à delimitação do objecto do pedido.

Neste objecto insere-se, sem sombra de dúvida, o n.º 9 do artigo 98.º do CIRC, tomado no sentido de que impõe o pagamento especial por conta a sujeitos passivos que no exercício a que o mesmo respeita apenas tenham auferido rendimentos isentos. Os requerentes entendem que esta norma viola o princípio da tributação das empresas com base no rendimento real e, consequentemente, o princípio da capacidade contributiva, que retiram, respectivamente, do artigo 104.º, n.º 2, e do artigo 103.º, n.º 3, da Constituição. E à arguição desta específica inconstitucionalidade devem ser reconduzidas as referências, constantes do pedido, à exigência do PEC às entidades licenciadas no Centro Internacional de Negócios da Madeira. Na verdade, além de no presente processo de fiscalização abstracta sucessiva não poder estar em causa a aplicação concreta do artigo 98.º do CIRC a quaisquer empresas, sempre a genérica inconstitucionalidade da norma em que a exigência do PEC a tais empresas se baseia consumiria a questão particular da sua aplicação a essas empresas.

O mesmo se diga da norma do n.º 5 do artigo 44.º da Lei n.º 60-A/2005, de 30 de Dezembro, que dispõe sobre o âmbito de aplicação do referido n.º 9 do artigo 98.º do CIRC, na medida em que inclui nesse âmbito de aplicação "os pagamentos especiais por conta efectuados ou devidos pelos sujeitos passivos nele referidos nos períodos de tributação iniciados em 2005", o que, no entender dos requerentes, contraria o princípio da não retroactividade da lei fiscal, igualmente previsto no artigo 103.º, n.º 3, da Constituição.

Algo diverso ocorre com a norma do n.º 11 do artigo 98.º da CIRC que elenca os sujeitos passivos dispensados de efectuar o pagamento especial por conta. Os requerentes não aduzem qualquer argumento no sentido da inconstitucionalidade desta norma, tal como ela se encontra formulada, podendo quando muito retirar-se da argumentação globalmente expendida que também às empresas licenciadas no CINM deveria ser reconhecida idêntica dispensa. No entanto, essa circunstância poderia, quando muito, ser um argumento no sentido da ilegalidade dos actos tributários que vieram exigir o pagamento do PEC a tais empresas, sem com isso fundar a inconstitucionalidade da enumeração presentemente constante do n.º 11 do artigo 98.º do CINM. Na verdade, além de o pedido não permitir entender em que termos assaca a inconstitucionalidade a este preceito, a encontrar-se ela numa ausência de referência, na referida disposição, às empresas licenciadas no CINM, sempre tal circunstância careceria de relevo se, como parece resultar da argumentação dos requerentes, outros lugares do sistema jurídico implicam o reconhecimento às empresas licenciadas no CINM do tratamento previsto no n.º 11 do artigo 98.º do CIRC. A ser assim, repete-se, o que poderia estar em causa seria a ilegalidade dos actos de exigência de pagamento especial por conta a estas empresas (de que aqui não há manifestamente que curar) e não a eventual inconstitucionalidade do referido n.º 11 daquele artigo.

Finalmente também se encontra fora do objecto possível do pedido a norma do n.º 6 do artigo 44.º da Lei n.º 60-A/2005. Esta disposição destina-se a prever a extinção dos procedimentos contra-ordenacionais respeitantes à falta de pagamento devido nos termos do n.º 9 do artigo 98.º do CIRC, caso a falta tenha sido suprida até 31 de Janeiro de 2006. E sobre ela nada diz o pedido que possa fundar a pretensa inconstitucionalidade, sendo de todo imprestáveis para o efeito os parâmetros constitucionais que invoca. A mera circunstância de este preceito, como aliás os dois anteriormente referidos, se encontrar numa relação de acessoriedade em relação ao artigo 98.º do CIRC não permite incluí-lo no objecto do pedido sem alegação de fundamentos específicos de inconstitucionalidade, quando a um tal resultado não é possível chegar através dos parâmetros constitucionais em geral invocados e cuja pertinência se limita à apreciação do n.º 9 do artigo 98.º do CIRC e, num caso (o do princípio da não retroactividade da lei fiscal: artigo 103.º, n.º 3, da Constituição), do n.º 5 do artigo 44.º da Lei n.º 60-A/2005.

Deste modo, porque a circunstância de uma eventual inconstitucionalidade do referido n.º 9 privar consequencialmente de sentido as demais disposições indicadas pelos requerentes não dispensa estes de fundamentar especificamente o seu pedido de declaração de inconstitucionalidade quanto ao n.º 11 do artigo 98.º do CIRC e quanto ao n.º 6 do artigo 44.º da Lei n.º 60-A/2005, há que considerar o objecto do presente pedido de declaração de inconstitucionalidade exclusivamente integrado pelas disposições constantes do n.º 9 do artigo 98.º do CIRC e do n.º 5 do artigo 44.º da Lei n.º 60-A/2005.

6. *Da inconstitucionalidade do n.º 9 do artigo 98.º do CIRC*

6.1. Não são descabidas dúvidas de interpretação quanto a saber se do n.º 9 do artigo 98.º do CIRC resulta a vinculação de entidades totalmente isentas de IRC ao pagamento especial por conta, ou se o preceito se limita a prever o modo de cálculo do pagamento exigível às empresas que, tendo beneficiado de isenção total no exercício anterior, no exercício a que respeita o pagamento passem a ficar sujeitas a IRC (por cessação da isenção ou acumulação de actividades isentas com actividades não abrangidas pela isenção).

Efectivamente, durante os primeiros anos de aplicação do PEC, este não era exigido às entidades isentas de pagamento de IRC, solução que era aceite pacificamente. Assumia-se que, por definição, tais entidades estando isentas de imposto, estariam dispensadas de qualquer pagamento por conta, normal ou especial.

A Lei n.º 30-G/2000, de 29 de Dezembro [Lei do Orçamento do Estado para 2001 (LOE)], veio a exceptuar do pagamento do PEC, de forma expressa, os sujeitos passivos abrangidos pelo regime simplificado de tributação previsto no CIRC.

A Lei n.º 107-B/2003, de 31 de Dezembro (Lei do Orçamento do Estado para 2004), estabeleceu, também de forma expressa, uma dispensa selectiva de pagamento do PEC, cujos destinatários são os "sujeitos passivos totalmente isentos de IRC nos termos dos artigos 9.º e 10.º do Código do IRC e do Estatuto Fiscal Cooperativo" e, de igual modo, os "sujeitos passivos que se encontrem com processos no âmbito do Código dos Processos Especiais de Recuperação da Empresa e de Falência, (...), a partir da data da instauração desse processo".

A Lei n.° 60-A/2005, de 30 de Dezembro (Lei do Orçamento do Estado para 2006), viria a consagrar expressamente o pagamento de um PEC de montante mínimo "aos sujeitos passivos de IRC que, no exercício anterior àquele a que o mesmo respeita, apenas tenham auferido rendimentos isentos".

Verifica-se, assim, que do regime originário do PEC não decorria que a ele estivessem obrigadas as entidades isentas de IRC. Na LOE para 2001 excepcionaram-se do pagamento do PEC os sujeitos passivos abrangidos pelo regime simplificado previsto no CIRC, sem que isso tenha gerado a ideia de que os sujeitos isentos de IRC estivessem obrigados ao respectivo regime, não havendo notícia de que a Administração Fiscal lhes tenha exigido qualquer pagamento. A dúvida só surgiu com a LOE para 2004, em que o legislador estabeleceu uma dispensa selectiva em relação ao pagamento do PEC, que incluía alguns sujeitos isentos de IRC. O então introduzido n.° 10 do artigo 98.° do CIRC (actual n.° 11, na sequência das alterações resultantes da LOE para 2006), ao contemplar, numa norma que, pelo teor literal e inserção sistemática, parece pretender esgotar as hipóteses de "dispensa" de pagamento especial por conta, abriu a porta a uma interpretação *a contrario* no sentido de que as demais entidades isentas de IRC aí não referidas — na prática, as empresas privadas que beneficiem de isenção total, nomeadamente as que se encontrem nas condições e apenas aufiram os rendimentos previstos no artigo 33.° do Estatuto dos Benefícios Fiscais — ficavam obrigadas ao PEC.

Esta interpretação, que terá levado à actuação da Administração Fiscal que os requerentes referem, ganhou alento com a introdução dos normativos agora em apreciação pela Lei n.° 60-A/2005 (LOE para 2006), cujo teor literal não exclui, antes pressupõe, o entendimento de que entidades que no exercício a que o PEC respeita apenas auferiram rendimentos isentos estão, apesar disso, a ele sujeitas. Com efeito, o legislador não ignorava a controvérsia. A questão da sujeição ao PEC de entidades isentas de IRC, outras que não as referidas no n.° 11 do artigo 98.°, foi expressamente abordada na discussão parlamentar na especialidade da LOE para 2006, centrando-se a discussão na situação das empresas sedeadas no CINM, com expressa referência ao entendimento da Administração Fiscal (*Diário da Assembleia da República*, I Série, n.° 62, de 30 de Novembro de 2005, pp. 2929 a 2938). Nesse contexto e com esta história (a *occasio legis*) das medidas legislativas em causa, a leitura conjugada do n.° 9 do artigo 98.° do CIRC e dos n.os 5 e 6 do artigo 44.° da Lei n.° 60-A/2005 consente a interpretação de que, naquele primeiro preceito, se quis contemplar — a par da situação de empresas que anteriormente apenas auferiam rendimentos isentos e perderam a isenção no exercício a que o pagamento se refere ou nele acumularam actividades isentas com actividades não isentas — também as entidades que no período em causa apenas aufiram rendimentos isentos de IRC e que a Administração Fiscal entendeu obrigadas ao PEC [Na opinião manifestada no debate pelo Deputado Victor Baptista (PS), as medidas em apreço trazem "um tratamento que nos parece mais equitativo para empresas que, aparente ou teoricamente, não terão imposto a pagar. Daí a tributação mínima"]. A verdadeira motivação das medidas legislativas em causa parece ser, como se sustenta num dos pareceres jurídicos juntos pelos requerentes, a de efectuar uma interpretação autêntica do âmbito subjectivo do PEC, no sentido de que a ele estão submetidos, ainda que por um montante mínimo, sem qualquer dispensa, os sujeitos passivos de IRC que *"apenas* tenham auferido rendimentos isentos", ou seja, os casos de sujeitos passivos *totalmente* isentos de IRC.

Assim, correspondendo a interpretação normativa que é objecto do presente pedido de fiscalização abstracta sucessiva à pretensão aplicativa da Administração Fiscal, sendo, por isso, susceptível de gerar litigiosidade continuada — como, aliás, voltou a ser afirmado na discussão parlamentar da Lei do Orçamento do Estado para 2007 (*Diário da Assembleia da República,* I Série, n.º 16, de 23 de Novembro de 2007, pp. 64-66) — e não sendo frontalmente repelida pelos cânones hermenêuticos correntes, não deve rejeitar-se o controlo de constitucionalidade proposto.

6.2. O PEC é um instrumento tributário que configura uma obrigação fiscal do contribuinte, ao qual é exigido que pague antecipadamente um montante legalmente determinado relativo a um imposto antes do seu apuramento definitivo. No caso em análise, trata-se de um imposto periódico sobre o rendimento, o Imposto sobre o Rendimento das Pessoas Colectivas (IRC).

A finalidade dos pagamentos por conta (do PEC mas, do mesmo modo, do pagamento normal por conta — PNC) é a de, concretizando a máxima *"pay as you earn"*, aproximar a data do pagamento, neste caso, do IRC, da data da produção ou obtenção dos rendimentos, sendo certo que a obrigação tributária apenas estará efectivamente definida e quantificada no final do respectivo período de imposição, por referência aos factos tributários que fundam a emergência da obrigação do imposto. Imposições deste género correspondem juridicamente, numa perspectiva estrutural, a actos tributários provisórios e, funcionalmente, a actos cautelares ou caucionais.

Sem prejuízo do reconhecimento de uma certa autonomia do pagamento antecipado da dívida tributária, é necessário que se verifique uma *relação de instrumentalidade* entre o pagamento especial por conta (o seu nascimento e quantificação) e o facto tributário gerador da obrigação fiscal. Essa *relação de instrumentalidade* é sustentada, entre outros, por Avillez Ogando ("A constitucionalidade do regime do pagamento especial por conta", in *Revista da Ordem dos Advogados,* vol. 62, Tomo III, 2002, p. 811), o qual refere que, "dada a função instrumental do pagamento especial por conta de pagamento por conta da colecta que se vier a apurar relativa ao mesmo exercício, não faria qualquer sentido que para efeitos de determinação do quantitativo do pagamento especial por conta fossem relevados proveitos expressamente desconsiderados pelo Legislador para esse efeito". Do mesmo modo, a doutrina estrangeira chama a atenção para este requisito da instrumentalidade, para esta relação necessária entre a obrigação tributária principal e o pagamento por conta e para a exigência de que a antecipação do pagamento não seja arbitrária, devendo estar justificada por uma relação de probabilidade com o pressuposto indicador da capacidade contributiva em que se baseia o tributo (cfr. García Caracuel, *Las prestaciones tributarias a cuenta. Perspectivas de reforma*, Granada, 2004, pp. 169 e segs. esp. 223 e 257 e segs., e Francesco Tesauro, *Istituzioni di Diritto Tributario*, I, Torino, 2003, p. 244)".

Não obstante essa matriz genérica, uma leitura do regime jurídico do PEC que esteja atenta à sua génese e evolução leva a concluir que ele não obedece prioritariamente à lógica típica de um pagamento por conta — ou seja, primariamente, a de assegurar ao erário público entradas regulares de tesouraria e, em segunda linha, acautelar o Fisco contra variações de fortuna do devedor e produzir uma certa "anestesia" fiscal —, antes estando indissociavelmente ligado à luta contra a evasão e fraude fiscais. Há muito que havia suspeitas, desde logo por parte da Administração Fiscal, relativamente aos rendimentos declarados pelos sujeitos passivos de IRC; designadamente, questionava-se até que ponto eles correspondiam ao rendimento tributável realmente auferido. Isso mesmo foi evidenciado pela Lei n.º 52-C/96, de 27 de Dezembro (LOE para 1997), no seu artigo 32.º (Disposições comuns), que continha a autorização legislativa ao Governo para "definir uma tributação mínima"e que marcaria a introdução no nosso ordenamento tributário da figura do PEC. Na referida disposição, o instrumento fiscal que então se consagrava foi apresentado como "um novo tipo de pagamento por conta" que visava alcançar "uma maior justiça tributária e [a] uma maior eficiência do sistema", admitindo-se lançar mão, "quando for o caso, de métodos indiciários".

Diga-se que a doutrina nacional é unânime em afirmar a natureza de instrumento de combate à evasão fiscal assinalada ao PEC. Neste sentido se pronunciaram Teresa Gil, "Pagamento especial por conta", in *Fisco*, n.º 107-108, Ano XIV, Março, 2003, p. 11; Luís Marques, "O pagamento especial por conta no âmbito do regime especial de tributação dos grupos de sociedades", in *Fisco*, n.º 107-108, Ano XIV, Março, 2003, p. 3; José João de Avillez Ogando, "A constitucionalidade do regime do pagamento especial por conta", in *Revista da Ordem dos Advogados*, vol. 62, Tomo III, 2002, pp. 806 e ainda 821; J. L. Saldanha Sanches e André Salgado de Matos, "O pagamento especial por conta de IRC: questões de conformidade constitucional", in *Revista de Direito e Gestão Fiscal*, Julho, 2003, p. 10.

Aliás, há evidência empírica que confere seriedade a tais suspeitas, se virmos que as receitas de IRC se concentravam num número reduzido de sujeitos passivos e que era elevadíssimo o número de empresas que declaravam, de forma continuada, prejuízos fiscais. Teresa Gil, *loc. cit.,* p. 20, dá notícia de que os dados estatísticos disponíveis aquando da elaboração da Lei n.º 30-G/2000 indicavam que, num universo de cerca de 240 000 sujeitos passivos de IRC, 5 contribuintes eram responsáveis por 28% da receita total desse imposto, sendo que 52% da mesma receita era proveniente de apenas 100 empresas e que 63% dos sujeitos passivos não pagava IRC.

6.3. Os requerentes invocam a violação do princípio da legalidade na criação de impostos, fundando a sua asserção na circunstância de, no seu entender, "resulta[r] de forma evidente que a exigência do PEC às entidades licenciadas no CINM configura a criação de um imposto mínimo ou de um empréstimo forçado violando, entre outros, o princípio da legalidade da criação dos impostos consagrado no artigo 103.º, n.º 2, da Constituição da República Portuguesa (CRP) e no artigo 8.º da Lei Geral Tributária. (...) Todavia, apesar da manifesta ilegalidade da exigência do PEC às entidades licenciadas do CINM, a Lei n.º 60-A/2005, de 30 de Dezembro, que aprovou o Orçamento do Estado para 2006, veio prever expressamente tal obrigatoriedade, ao alterar para o efeito o artigo 98.º do CIRC e inviabilizando qualquer interpretação da lei conforme à CRP. (...) Isto é, se, numa primeira fase, assistimos a uma interpretação por parte da Administração Fiscal do disposto no artigo 98.º do CIRC em desconformidade com a lei, nomeadamente a constitucional, ao pretender subsumir na referida disposição legal a exigência das liquidações do PEC às empresas licenciadas no CINM, através da alteração introduzida pela Lei n.º 60-A/2005 a este normativo, parece ter-se dado expressa cobertura legal a tal interpretação, ao determinar que o pagamento de um PEC mínimo é aplicável aos períodos de tributação iniciados em 2005".

Pode retirar-se, com segurança, destas afirmações que a alegada violação do princípio da legalidade fiscal se consubstancia na exigência, por parte da Administração Fiscal, do pagamento do PEC às empresas isentas de IRC *em um momento anterior* à consagração legal dessa mesma exigência (como referem os requerentes, na LOE de 2006). Em face disto, e tendo em consideração que a apreciação deste Tribunal no âmbito da sua competência de controlo da constitucionalidade tem por objecto actos normativos (com a excepção das propostas de referendo), a mesma não poderá incidir sobre a concreta actuação da Administração Fiscal.

6.4. A natureza cautelar do PEC relativamente à obrigação que resultará da determinação definitiva do imposto, o facto de o legislador o conceber como instrumento ou garantia de pagamento do tributo por conta do qual é exigido e não como imposição *a se*, justifica que se comece a análise da conformidade constitucional da norma do n.º 9 do artigo 98.º do CIRC que está em apreciação (relembra-se: a exigência de PEC a entidades que no período em causa apenas aufiram rendimentos isentos de IRC) pelo confronto com o *princípio da proibição do excesso*, enquanto elemento do princípio do Estado de direito.

O PEC é um *meio* ordenado à efectividade da obrigação tributária e ao combate à evasão fiscal e, num Estado de direito, os meios têm de ser adequados e proporcionados (*recte,* na perspectiva ou processo de filtragem do órgão de controlo, não desadequados e não desproporcionados) ao fim a atingir ou ao resultado a obter.

Trata-se de um princípio de aplicação transversal a qualquer actuação do Estado, seja qual for a sua natureza, e não apenas nos domínios ou a propósito das matérias relativamente às quais surge expressa e directamente referido no texto da Constituição (por exemplo, artigos 18.º, n.º 2, 19.º, n.º 4, 266.º, n.º 2, e 277.º, n.º 2). Como diz Maria Lúcia Amaral (*A Forma da República,* p. 187), "a *sedes materiae* deste princípio encontra-se antes de mais no artigo 2.º da CRP. E compreende-se bem porquê. Um Estado de direito não pode deixar de ser um "estado proporcional": se se tolerasse que os encargos impostos pelas suas decisões aos cidadãos fossem desmedidos, não justificados pelos seus fins específicos e — por isso mesmo — *levianos,* dificilmente se conseguiria assegurar uma ideia segundo a qual a actividade estadual deva surgir, para os seus destinatários como algo sério, seguro ou confiável".

Ora, a medida legislativa em apreço não passa no teste da proporcionalidade. E não o passa seguramente em duas das suas três vertentes ou dimensões concretizadoras (*adequação, necessidade* ou *exigibilidade* e *proporcionalidade em sentido estrito*) em que o princípio se analisa.

Em primeiro lugar, é manifesto que não há uma adequação meio-fim, pois, ainda que o respectivo fim seja legítimo e constitucionalmente valorado e tutelado — em último termo, a luta contra a evasão e fraude fiscais, como forma de realizar a justiça e igualdade tributárias —, a verdade é que a exigência de pagamento de um montante mínimo de PEC a entidades isentas de IRC não se mostra adequada para perseguir e alcançar esse fim. Com efeito, relativamente às entidades que beneficiam de um regime de isenção de IRC não poderá colocar-se um problema de evasão fiscal nesse imposto. As práticas de evasão fiscal em dada espécie tributária, por ocultação de receitas ou empolamento de custos, só poderão logicamente colocar-se em relação a entidades que estejam obrigadas ao pagamento desse imposto. Visto ainda de um outro ângulo, as empresas isentas do pagamento de IRC vão ter que pagar o PEC em nome da luta contra a evasão fiscal, sendo certo que elas, em virtude de só exercerem actividades isentas de pagamento de IRC, não contribuem para essa prática.

Questão diferente, mas que não poderá colocar-se nesta sede, até porque não cabe ao Tribunal Constitucional fazer esse juízo, é a de saber se a existência de um regime de isenção de IRC a título de benefício fiscal facilita ou potencia o fenómeno global da evasão fiscal. Nesse caso, o instrumento idóneo contra a evasão fiscal em matéria de impostos sobre os rendimentos não será o de exigir um montante mínimo de PEC a empresas isentas de IRC mas o de não isentar as empresas do pagamento do imposto.

Também a dimensão da necessidade ou exigibilidade resulta desrespeitada. Efectivamente, ainda que se demonstre que não está completamente posta de parte a garantia do reembolso total do PEC, a verdade é que não tem razoabilidade obrigar uma entidade a entregar um determinado montante a título de PEC, quando se sabe, no momento em que o pagamento é exigido, que será ulteriormente reembolsado na sua totalidade, desde que seja solicitada uma acção de inspecção pelo sujeito passivo. Esta solução apresenta-se manifestamente desproporcionada, consubstanciando uma medida excessiva, na medida em que é, certamente, demasiado onerosa para o destinatário. Com efeito, não estando previsto um mecanismo próprio para devolução do PEC nesta situação e não sendo, por definição (suposta obviamente a continuidade da isenção), viável a dedução à colecta, só restará o mecanismo de reembolso regulado no n.º 3 do artigo 87.º do CIRC. Ora, mesmo na interpretação mais benévola para o contribuinte quanto ao prazo e aos requisitos de reembolso na situação de isenção continuada, há sempre um inegável custo de oportunidade e financeiro inerente à privação temporária do montante entregue ao Estado.

Com a agravante de que o legislador exige que a situação que esteve na origem do "reembolso seja considerada justificada por acção de inspecção feita a pedido do sujeito passivo". É que, ao que tudo parece indicar, as acções de inspecção realizadas a pedido do sujeito passivo estão, mesmo nesta hipótese, sujeitas ao pagamento de uma taxa que não é de montante diminuto (ver J. J. Avillez Ogando, *ob. cit.*, p. 814; Teresa Gil, *ob. cit.*, pp. 17 e 23).

Resumindo, a inexistência de uma *relação de instrumentalidade* entre o pagamento do PEC e a obrigação tributária emergente — a qual verdadeiramente não existe — não deixa margem para dúvidas quanto à conclusão de que a exigência do pagamento de um montante a título de pagamento especial por conta às empresas que apenas auferiram rendimentos isentos de IRC no período a que esse pagamento respeita viola o princípio da proporcionalidade ínsito no princípio do Estado de direito democrático (artigo 2.º da CRP).

Fica, consequentemente, prejudicada a apreciação dos demais vícios de constitucionalidade imputados à mesma norma, designadamente da violação dos princípios da capacidade contributiva e da tributação das empresas fundamentalmente segundo o seu rendimento real, bem como dos princípios da confiança e da autonomia regional.

7. *Da inconstitucionalidade do n.º 5 do artigo 44.º da Lei n.º 60-A/2005*
Alcançada a conclusão anterior, torna-se inútil prosseguir a análise da questão da inconstitucionalidade do n.º 5 do artigo 44.º da Lei n.º 60-A/2005, pois que, quanto às entidades que apenas aufiram rendimentos isentos, esta disposição não tem sentido sem o n.º 9 do artigo 98.º

Mas, mesmo que se não perfilhasse o juízo proposto quanto a este último preceito, sempre haveria que declarar inconstitucional o referido n.º 5 do artigo 44.º, por violação do princípio da não retroactividade da lei fiscal. Na verdade, esta norma dispõe claramente para o passado, ao determinar que a obrigação nela contida vale não apenas para o ano de 2006 mas, outrossim, para os "pagamentos especiais por conta efectuados ou devidos pelos sujeitos passivos nele referidos nos períodos de tributação iniciados em 2005". Ora, impondo ela uma obrigação tributária, não pode fixar efeitos retroactivos sob pena de violação do artigo 103.º, n.º 3, da CRP, o qual prescreve que "ninguém pode ser obrigado a pagar impostos que não hajam sido criados nos termos da Constituição, *que tenham natureza retroactiva* ou cuja liquidação e cobrança se não façam nos termos da lei" [itálico nosso].

E não se diga que a atribuição de natureza tributária à norma em apreço poderá ser posta em causa pelo facto de ela estar inserida na Lei do Orçamento do Estado. Na verdade a inserção de normas não estritamente orçamentais, designadamente as de natureza tributária, na LOE não suscita problemas de maior (neste sentido, por exemplo, Casalta Nabais, *O Dever Fundamental de Pagar Impostos*, Coimbra, 1997, pp. 349-50 e, *Jurisprudência do Tribunal Constitucional*, cit., pp. 405-7); Blanco de Morais, *Curso de Direito Constitucional*, Tomo I (A lei e os actos normativos no ordenamento jurídico português), Coimbra, 2008, pp. 374-5 e J. J. Gomes Canotilho, "A lei do orçamento na teoria da lei", in *Estudos em Homenagem ao Prof. Doutor J. J. Teixeira Ribeiro*, in *Boletim da Faculdade de Direito da Universidade de Coimbra*, Coimbra, 1979, pp. 548-9).

II — Efeitos da declaração de inconstitucionalidade

8. O artigo 282.º, n.º 4, da Constituição confere ao Tribunal Constitucional a possibilidade de fixar os efeitos da declaração de inconstitucionalidade com um alcance mais restrito do que o resultante do n.º 1 do mesmo preceito, desde que tal seja justificado por razões relacionadas com a segurança jurídica, equidade ou interesse público de excepcional relevo. Ora, é patente que a fixação de eficácia retroactiva da declaração de inconstitucionalidade, *in casu*, originaria encargos administrativos bastante consideráveis, manifestamente desproporcionados por confronto com os benefícios a colher por quem vier a beneficiar da decisão que agora se adopta. Por este motivo, porque está em causa um inte-

resse público de excepcional relevo, deve este Tribunal determinar a fixação de efeitos temporais meramente prospectivos (ex nunc), nos termos do n.º 4 do artigo 282.º da Constituição.

III — Decisão

9. Pelos fundamentos expostos, o Tribunal Constitucional decide:

   a) Não conhecer do pedido quanto às normas constantes do n.º 11 do artigo 98.º do Código do Imposto sobre o Rendimento das Pessoas Colectivas e do n.º 6 do artigo 44.º da Lei n.º 60-A/2005, de 30 de Dezembro;
   b) Declarar a inconstitucionalidade, com força obrigatória geral, com fundamento na violação do princípio da proporcionalidade ínsito no princípio do Estado de direito consagrado no artigo 2.º da Constituição, da norma contida no n.º 9 do artigo 98.º do Código do Imposto sobre o Rendimento das Pessoas Colectivas, na parte em que impõe que efectuem pagamento especial por conta entidades que, no exercício a que o pagamento respeita, apenas aufiram rendimentos isentos de IRC;
   c) Declarar a inconstitucionalidade consequencial e, ainda, por violação da proibição de retroactividade constante do n.º 3 do artigo 103.º da Constituição, da norma contida no n.º 5 do artigo 44.º da Lei n.º 60-A/2005, de 30 de Dezembro, na parte em que se refere às mesmas entidades;
   d) Ressalvar, nos termos do n.º 4 do artigo 282.º da Constituição, os efeitos produzidos até à publicação deste acórdão pelas normas cuja declaração de inconstitucionalidade agora se opera, sem prejuízo dos casos ainda susceptíveis de impugnação contenciosa ou que dela se encontrem pendentes.

Lisboa, 29 de Setembro de 2009. — *Vítor Gomes* — *Benjamim Rodrigues* — *Carlos Fernandes Cadilha* — *Ana Maria Guerra Martins* — *Maria Lúcia Amaral* — *José Borges Soeiro* — *João Cura Mariano* — *Maria João Antunes* (vencida, por entender que o n.º 9 do artigo 98.º do CIRC se limita a prever o modo de cálculo do pagamento exigível às empresas que, tendo beneficiado de isenção total no exercício anterior, no exercício a que respeita o pagamento passem a ficar sujeitas a IRC) — *Carlos Pamplona de Oliveira* (vencido, conforme declaração) — *Gil Galvão* (vencido quanto à interpretação efectuada, no presente Acórdão, da norma constante do n.º 9 do artigo 98.º, conforme declaração) — *Joaquim de Sousa Ribeiro* [vencido, em parte, quanto à alínea *b*) da decisão, pelas razões constantes da declaração anexa] — *Rui Manuel Moura Ramos*.

DECLARAÇÃO DE VOTO

Vencido.

Entendo, em primeiro lugar, que o Tribunal não deveria ter conhecido do pedido, fundamentado, como está, em casos concretos relativos a beneficiários do regime de benefícios fiscais especialmente criado para as entidades licenciadas para operar no Centro Internacional de Negócios da Madeira. É que, em tais casos, o resultado da aplicação concreta das normas impugnadas — porventura desconforme com a Constituição — não decorre da exclusiva incidência dessas normas, mas da sua conjugação com regras que disciplinam o regime fiscal especial de que beneficiam aquelas entidades.

Por esse motivo, verificando que o sentido das normas impugnadas — isoladamente consideradas — não consente a interpretação alegadamente inconstitucional aqui invocada, entendo que, conhecendo do pedido, o Tribunal não poderia ter declarado tais normas desconformes com a Constituição. — *Carlos Pamplona de Oliveira.*

DECLARAÇÃO DE VOTO

Votei vencido quanto à interpretação da norma constante do n.º 9 do artigo 98.º do CIRC efectuada no presente Acórdão. Na verdade, entendo não ser possível utilizar um argumento *a contrario*, retirado do n.º 11 do mesmo preceito, para uma modificar a literalidade do referido n.º 9 e chegar, assim, a uma interpretação obviamente inconstitucional. Considerando, ao invés, que o referido n.º 9 se limita apenas a prever o modo de cálculo do pagamento exigível às empresas que, tendo beneficiado de isenção total no exercício anterior, passaram a ficar sujeitas a IRC no exercício seguinte (por cessação da isenção, por acumulação de actividades isentas com não isentas ou por outro motivo), nenhuma inconstitucionalidade posso encontrar na referida norma. — *Gil Galvão.*

DECLARAÇÃO DE VOTO

1. O meu ponto de discordância com o Acórdão tem a ver com a interpretação do n.º 9 do artigo 98.º do CIRC, em que ele assenta, no sentido de estarem abrangidos pela previsão da norma os contribuintes que, no exercício a que o PEC respeita, apenas auferiram rendimentos isentos.

Compreendo, de certo modo, essa interpretação, na medida em que ela é "direito vivente", dada a actuação da Administração Fiscal relatada nos autos.

Mas há que preservar a fronteira entre a fiscalização abstracta, aqui exercitada, e a concreta. Nesse âmbito, não sendo esse entendimento pressuposto pelo teor literal da norma (contrariamente ao afirmado no Acórdão) e contrariando ele frontalmente a natureza e a função desde sempre atribuídas ao PEC, a sua interpretação no sentido proposto só estaria justificada se existissem indicações muito sólidas e conclusivas que a sustentassem. Pois, na verdade, ela equivaleria a transformar o PEC, como liquidação provisória e fraccionada de imposto devido a final, num tributo mínimo, de carácter autónomo e não instrumental. Se assim fosse, a inconstitucionalidade da norma não ofereceria dúvidas.

Mas não descortino elementos hermenêuticos suficientemente indicativos dessa interpretação. Sendo assim, há que extrair da norma um sentido, literalmente possível, em conformidade com a natureza e função do PEC. Nessa óptica, tendo a considerar que ela só se aplica às empresas que, tendo estado isentas no exercício anterior (pelo que não é possível retirar deste os dados habituais de referência) não o estão no exercício a que o PEC respeita.

No caso de a Administração Fiscal, secundada pelas instâncias judiciais, aplicar a interpretação contrária, que serviu de pressuposto ao Acórdão, então caberá à fiscalização concreta de constitucionalidade, se for caso disso, emitir a correspondente censura constitucional.

2. Na sequência desta oposição, votei a inconstitucionalidade do n.º 5 do artigo 44.º da Lei n.º 60-A/2005, mas exclusivamente por violação da proibição de retroactividade, não como inconstitucionalidade consequencial. — *Joaquim de Sousa Ribeiro.*

Anotação:

Acórdão publicado no *Diário da República*, I Série, de 23 de Outubro de 2009.

ACÓRDÃO N.º 654/09

DE 16 DE DEZEMBRO DE 2009

Declara, com força obrigatória geral, a inconstitucionalidade da norma contida no artigo 2.º, n.º 7, *in fine*, do Decreto Legislativo Regional n.º 19/99/M, de 1 de Julho, na versão constante do Decreto Legislativo Regional n.º 25/2003/M, de 23 de Agosto, na medida em que permite ao Governo Regional da Madeira autorizar a desafectação dominial e a integração no património de uma sociedade de capitais exclusivamente públicos das faixas do domínio público marítimo delimitadas nos artigos 8.º, 9.º e 13.º, do Anexo II daquele Decreto Legislativo Regional; não toma conhecimento do pedido quanto às normas contidas nas Resoluções n.º 190/2004, de 19 de Fevereiro, e n.º 778/2005, de 9 de Junho, do Governo Regional da Madeira.

Processo: n.º 668/06.
Requerente: Grupo de Deputados do Partido Socialista à Assembleia da República.
Relator: Conselheiro Vítor Gomes.

SUMÁRIO:

I — Apesar de não existirem elementos seguros para proceder à caracterização da natureza jurídica das resoluções, é certo que elas não são actos legislativos, porém, porque podem produzir efeitos normativos, têm de ser consideradas, nessa medida e quando assim for, sujeitas ao controlo jurisdicional de constitucionalidade; contudo, as Resoluções em questão são desprovidas de carácter normativo, assumindo a natureza de actos administrativos, pelo que o Tribunal Constitucional não pode conhecer do pedido na parte que lhes respeita.

II — O problema dos poderes legislativos das regiões autónomas em matéria de utilização dos bens do domínio público foi recentemente discutido no

Acórdão n.º 402/08, onde o Tribunal aceitou que as regiões autónomas possam regular (e inclusivamente legislar) sobre as condições de utilização dos bens do domínio público situados no respectivo território, sendo nesse domínio que se deverá colocar a questão da constitucionalidade da norma *sub iudicio*, que pressupõe o entendimento de que as faixas do domínio público marítimo situadas dentro da área de jurisdição da APRAM, S. A. são domínio público da Região Autónoma.

III — Sendo o domínio público marítimo (enquanto expressão territorial do princípio da unidade do Estado) insusceptível de transferência para as regiões, é forçoso considerar que excede o âmbito regional adoptar providências legislativas que contendam com a titularidade dos bens nele compreendidos, designadamente, permitir a desafectação para posterior transferência para o património de uma terceira entidade.

Acordam, em Plenário, no Tribunal Constitucional.

I — Relatório

1. Um grupo de vinte e cinco Deputados do Partido Socialista à Assembleia da República requereu, ao abrigo da alínea *f)* do n.º 2 do artigo 281.º da Constituição, a apreciação e declaração, com força obrigatória geral, da ilegalidade e da inconstitucionalidade de todas as normas contidas nos seguintes diplomas:

a) Decreto Legislativo Regional n.º 19/99/M, de 1 de Julho (que transforma a Administração dos Portos da Região Autónoma da Madeira na sociedade APRAM — Administração dos Portos da Região Autónoma da Madeira, S.A., e aprova os respectivos estatutos), na redacção que lhe é dada pelo Decreto Legislativo Regional n.º 25/2003/M, de 23 de Agosto;

b) Decreto Legislativo Regional n.º 18/2000/M, de 2 de Agosto, que cria a Ponta do Oeste — Sociedade de Promoção e Desenvolvimento da Zona Oeste da Madeira, S. A. (doravante, sociedade Ponta do Oeste);

c) Resolução do Governo da Região Autónoma da Madeira n.º 190/2004, de 12 de Fevereiro (publicada no *Jornal Oficial da Região Autónoma da Madeira*, Série I, N.º 20, suplemento, de 19 de Fevereiro de 2004), que determina a afectação à sociedade Ponta do Oeste das áreas do domínio público regional afectas à APRAM;

d) Resolução do Governo da Região Autónoma da Madeira n.º 778/2005, de 9 de Junho (publicada no *Jornal Oficial da Região Autónoma da Madeira*, N.º 69, Série I, de 20 de Junho de 2005), que autoriza a desafectação dominial e a integração no património da sociedade Ponta do

Oeste de uma parcela de terreno com a área de 46 500 m², a confinar a Norte com a estrada, a Sul com o mar, a Leste com a estrada e outros e a Oeste com a falésia.

2. O requerente fundamentou o pedido nos seguintes termos:

— A marina e espaços adjacentes da orla costeira localizados no Lugar de Baixo, freguesia e concelho da Ponta do Sol, Madeira, vulgarmente designados por "Marina do Lugar de Baixo", constituem um empreendimento de lazer, cuja concepção, promoção, construção e gestão foram atribuídos à sociedade Ponta do Oeste. Trata-se de uma parcela de terreno com a área de 46 500 m², que confina a Norte com a estrada, a Sul com o mar, a Leste com a estrada e outros e a Oeste com a falésia.
— O Decreto Legislativo Regional n.º 19/99/M transformou a APRAM (até aí, um instituto público dotado de autonomia administrativa, financeira e patrimonial) numa sociedade anónima de capitais exclusivamente públicos e desafectou do domínio público da Região Autónoma da Madeira (doravante, RAM) os equipamentos e edifícios afectos àquele instituto público, integrando-os no património da sociedade que lhe sucedeu (artigo 2.º, n.º 4).
— O Decreto Legislativo Regional n.º 18/2000/M criou a sociedade Ponta do Oeste (sociedade anónima de capital exclusivamente público, mas que pode vir a integrar capitais privados, nos termos previstos no artigo 2.º, n.º 4) e atribui-lhe o direito de utilizar e administrar os bens do domínio público ou privado da Região Autónoma da Madeira que se situem na sua zona de intervenção (Ribeira Brava, Ponta do Sol e Calheta).
— O Decreto Legislativo Regional n.º 25/2003/M alterou o Decreto Legislativo Regional n.º 19/99/M, passando este diploma a atribuir competência ao Governo Regional para (*i*) delimitar, por resolução, as áreas do domínio público da RAM afecto à APRAM sobre as quais a sociedade Ponta do Oeste exerce o direito de utilização e administração dominial e (*ii*) autorizar as operações de desafectação dominial e de integração dos bens desafectados no património da sociedade Ponta do Oeste necessárias ao cumprimento dos programas de desenvolvimento aprovados (artigo 2.º, n.º 7).
— Ao abrigo dessa norma, a Resolução do Governo Regional n.º 190/2004 transferiu para a sociedade Ponta do Oeste o direito de utilização e administração de áreas do domínio público regional, incluindo a Marina do Lugar de Baixo.

— A Resolução do Governo Regional n.º 778/2005 (também ao abrigo do artigo 2.º, n.º 7, do Decreto Legislativo Regional n.º 19/99/M, na redacção dada pelo Decreto Legislativo Regional n.º 25/2003/M) concretizou a desafectação dominial e a integração no património da sociedade Ponta do Oeste da parcela de terreno onde está instalada a Marina do Lugar de Baixo e as instalações anexas.
— A Marina do Lugar de Baixo pertence ao domínio público marítimo do Estado. Desde logo, o Decreto-Lei n.º 468/71, de 5 de Novembro (com as alterações introduzidas pelo Decreto-Lei n.º 53/74, de 15 de Fevereiro, pelo Decreto-Lei n.º 89/87, de 26 de Fevereiro, e pela Lei n.º 16/2003, de 4 de Junho), que define o regime jurídico dos terrenos do domínio público hídrico do continente e ilhas adjacentes, considera pertencerem ao domínio público do Estado os leitos e margens das águas do mar e de quaisquer águas navegáveis ou flutuáveis (artigo 5.º). Além disso, o Decreto-Lei n.º 52/85, de 1 de Março, que regula os direitos de soberania do Estado português sobre o mar territorial, consagra bens dominiais naturais que pertencem ao domínio público marítimo do Estado, neles incluindo os leitos das águas territoriais da RAM.
— Esses bens pertencem ao domínio público necessário do Estado e não é constitucionalmente possível integrá-los no domínio público da RAM (cfr. Eduardo Paz Ferreira, "Domínio público e privado da Região", in *A Autonomia como fenómeno cultural e político*, Angra do Heroísmo, 1987, p. 75, Gomes Canotilho e Vital Moreira, *Constituição da República Portuguesa Anotada*, 3.ª edição, 1993, p. 413, bem como o Acórdão do Tribunal Constitucional n.º 330/99). E o domínio público marítimo pertence ao conjunto de bens que interessam à defesa nacional (cfr. o Parecer da Comissão Constitucional n.º 26/80, os Acórdãos do Tribunal Constitucional n.º 280/90 e n.º 330/99, e os Pareceres do Conselho Consultivo da Procuradoria-Geral da República n.º 10/82, n.º 92/88 e n.º 16/91), estando excluído do domínio público regional (artigo 144.º, n.º 2, do Estatuto Político-Administrativo da Região Autónoma da Madeira — doravante EPARAM).
— O Decreto-Lei n.º 468/71 admite o uso privativo de parcelas do domínio público, mediante atribuição de licença ou concessão (artigos 17.º e 18.º), incluindo as regiões autónomas entre as entidades competentes para esse efeito (artigo 36.º). Todavia, esse diploma não atribui competência às regiões autónomas para a desafectação de bens do domínio público marítimo do Estado.
— Em face do exposto, conclui-se que a área onde se encontra a Marina do Lugar de Baixo faz parte do domínio público marítimo do Estado e, como tal, não podia ser alvo de desafectação dominial e consequente

integração no património da sociedade Ponta do Oeste. Essa situação consubstancia uma violação da reserva legislativa da Assembleia da República constante do artigo 165.º, n.º 1, alínea v), da Constituição — porquanto se trata de matéria relativa ao regime dos bens do domínio público — e, consequentemente, uma violação do limite negativo do poder legislativo regional consagrado no artigo 112.º, n.º 4, e no artigo 227.º, n.º 1, alínea b), da Constituição.

— Da conjugação do artigo 165.º, n.º 1, alínea v), com o artigo 84.º, n.º 2, ambos da Constituição, resulta que é a lei parlamentar que estabelece o regime e condições de utilização dos bens que constituem o domínio público do Estado e de outras entidades públicas susceptíveis de serem titulares de bens dominiais públicos, como é o caso das regiões autónomas.

— Os actos normativos objecto do pedido também são ilegais, uma vez que extravasam o conceito de interesse específico resultante da alínea mm) do artigo 40.º do EPARAM, a partir do qual o artigo 46.º do EPARAM define o âmbito material da competência legislativa da RAM. Com efeito, o artigo 40.º, alínea *mm*), do EPARAM estabelece que a "orla marítima" constitui matéria de interesse específico da RAM, mas não parece possível que, ao abrigo dessa norma, se possa desafectar uma parcela dos bens do domínio marítimo do Estado, pois tal excede, em muito, a finalidade da norma.

Conclui o requerente que as normas constantes do Decreto Legislativo Regional n.º 19/99/M (na redacção dada pelo Decreto Legislativo Regional n.º 25/2003/M) e do Decreto Legislativo Regional n.º 18/2000/M, e das Resoluções do Governo da RAM n.º 190/2004 e n.º 778/2005 padecem de inconstitucionalidade, por violação do disposto nos artigos 165.º, n.º 1, alínea v), 112.º, n.º 4, e 227.º, n.º 1, alínea b), todos da Constituição, e padecem de ilegalidade, por violação do disposto nos artigos 40.º, alínea *mm*), e 46.º do EPARAM.

3. Uma vez que o objecto do processo integra dois decretos legislativos regionais da Assembleia Legislativa da Madeira e duas resoluções do Governo Regional da Madeira, foram estes dois órgãos notificados para se pronunciarem, querendo, sobre o pedido, nos termos do artigo 54.º da Lei n.º 28/82, de 15 de Novembro (Lei de Organização Funcionamento e Processo do Tribunal Constitucional — LTC). A argumentação aduzida nas duas respostas é coincidente, vindo a resposta do Governo Regional acompanhada de um parecer jurídico, elaborado por dois professores universitários.

Na sua resposta, os órgãos autores das normas referiram, em suma, o seguinte:

— O pedido confunde domínio público portuário com domínio público marítimo, ignorando a correspondente diferença entre domínio público regional e domínio público estadual, e confunde a competência legislativa para definir o regime jurídico da matéria do domínio público com a competência normativa relativa à gestão e administração dos bens dominiais.
— O artigo 84.º da Constituição garante a existência de um domínio público estadual, regional e local, acolhendo um princípio de descentralização. Da articulação do artigo 165.º, n.º 1, alínea *v*), com o artigo 84.º, n.º 2, ambos da Constituição, resulta que estão reservadas à Assembleia da República a identificação dos bens do domínio público e a delineação do respectivo regime jurídico.
— Não existe no ordenamento jurídico português uma lei parlamentar que estabeleça um regime geral dos bens do domínio público, mas existe uma série de diplomas avulsos de onde se retiram os traços fundamentais do estatuto da dominialidade — a "extracomercialidade privada" e a "comercialidade de direito público" [cfr., por exemplo, o artigo 202.º, n.º 2, do Código Civil, o artigo 178.º, n.º 2, alíneas *d*) e *e*), do Código do Procedimento Administrativo e o artigo 6.º do Código das Expropriações]. O regime jurídico dos bens dominiais tem sido fundamentalmente extraído dessas normas e de princípios gerais, mediante construções doutrinais e jurisprudenciais.
— O Decreto Legislativo Regional n.º 19/99/M (na redacção dada pelo Decreto Legislativo Regional n.º 25/2003/M) e Decreto Legislativo Regional n.º 18/2000/M não visam definir o regime jurídico do domínio público, mas tão só o exercício dos poderes de gestão de determinados bens, incluídos no domínio público regional. Trata-se de uma actuação paralela à do Governo nacional, ao atribuir, através de decretos-lei emitidos ao abrigo do artigo 198.º, n.º 1, alínea *a*), da Constituição, a gestão dos portos situados no continente a empresas de capitais públicos [Decretos-Leis n.ºˢ 335/98, 336/98, 337/98, 338/98 e 339/98 (este último alterado pelo Decreto-Lei n.º 40/2002, de 28 de Fevereiro), todos de 3 de Novembro].
— O exercício dos poderes de gestão incluídos no conjunto de faculdades inerentes ao estatuto da dominialidade não faz parte da reserva parlamentar, resultando antes da atribuição legal da titularidade dominial ao ente administrativo (proprietário público ou titular de poderes de domínio). O que importa, pois, é determinar se os bens do domínio público abrangidos pela legislação regional questionada integram o domínio público regional ou o domínio público estadual.

— A titularidade e a delimitação do domínio público regional face ao estadual são reguladas, fundamentalmente, pelos estatutos político--administrativos das regiões autónomas, aprovados pela Assembleia da República. Do EPARAM decorre a regra da titularidade regional dos bens dominiais situados no território da RAM (artigo 144.º, n.º 1), sendo esta indissociável da garantia de autonomia político-administrativa do arquipélago da Madeira. Qualquer excepção a essa regra implica uma justificação que apenas pode ser fundamentada no facto de estarem em causa bens afectos à defesa nacional ou a serviços públicos não regionalizados (artigo 144.º, n.º 2).

— A jurisprudência constitucional tem identificado como bens afectos à defesa nacional os integrados no domínio público marítimo e no domínio público aéreo (cfr. os Acórdãos n.º 280/90, n.º 330/99 e n.º 131/03), mas os Decretos Legislativos Regionais objecto do pedido reportam-se à administração ou gestão do domínio público portuário, que está excluído daquelas categorias.

— A distinção entre o domínio público marítimo e o domínio público portuário ancora-se na destrinça entre domínio público natural (praias, fozes e portos naturais) e domínio público artificial (portos artificiais, terminais, cais e marinas). Esta distinção é reconhecida pelo Tribunal Constitucional (cfr. os Acórdãos n.º 886/96, n.º 330/99 e n.º 131/03) e é confirmada pelo artigo 4.º do Decreto-Lei n.º 477/80, de 15 de Outubro, que autonomiza as águas marítimas e terrenos conexos [alínea *a*)] dos portos artificiais e docas [alínea *e*)]. São realidades distintas, justificando um regime jurídico igualmente distinto.

— Os portos artificiais (não militares) situados no arquipélago da Madeira pertencem à RAM (artigo 144.º, n.º 1, do EPARAM) e esta detém sobre eles todos os poderes inerentes ao direito de propriedade pública, incluindo os poderes de gestão (*inter alia*, os poderes de auto-tutela administrativa e os relativos à decisão sobre a concessão de exploração ou de uso privativo de parcelas territoriais delimitadas) e os poderes de desafectação e alteração do estatuto da dominialidade. Esses portos regionais incluem as respectivas águas marítimas interiores, na medida em que entre eles existe uma relação de conexão funcional — esta unidade de gestão porto/águas apenas cessa para satisfação de necessidades de defesa nacional —, detendo a RAM sobre estas águas apenas poderes de gestão.

— O regime definido nos Decretos Legislativos Regionais objecto do pedido corresponde, pois, ao simples exercício de faculdades incluídas na titularidade dominial da RAM sobre os bens do domínio público infra-estrutural portuário regional.

— No que toca à questão da ilegalidade dos Decretos Legislativos Regionais suscitada no pedido, contesta-se que a Assembleia Legislativa tenha excedido os seus poderes, uma vez que as questões relativas a infra-estruturas marítimas e à administração dos portos constituem, como resulta das alíneas *d)*, *e)* e *mm)* do artigo 40.º do EPARAM, matérias de interesse específico, para efeitos de definição dos poderes legislativos da região. Não se percebe como possa ter sido violado o artigo 46.º do EPARAM, tendo em conta que este preceito respeita apenas ao funcionamento interno da Assembleia Legislativa.

— Finalmente, é questionável que as Resoluções do Governo Regional n.º 190/2004 e n.º 778/2005 preencham o conceito funcional de norma elaborado pela jurisprudência constitucional e pela doutrina para efeitos de determinação do objecto de controlo nos processos de fiscalização da constitucionalidade, uma vez que se limitam a proceder à afectação de determinados bens à produção de uma concreta utilidade pública dominial, constituindo meros actos administrativos com eficácia real.

— Mesmo que tais Resoluções possuam carácter normativo, não podem ser objecto de juízo autónomo de inconstitucionalidade ou ilegalidade, uma vez que constituem meros actos executivos dos Decretos Legislativos Regionais visados pelo pedido.

4. Discutido o *memorando*, apresentado pelo Presidente do Tribunal ao abrigo do artigo 63.º da LTC, cumpre formular a decisão em conformidade com a orientação fixada.

II — Fundamentação

5. *Questões prévias*

5.1. A sindicabilidade das normas contidas nas Resoluções n.º 190/2004 e n.º 778/2005, do Governo Regional da Madeira

O pedido incide sobre o conteúdo de dois decretos legislativos regionais e de duas resoluções do Governo Regional, podendo questionar-se se estas últimas constituem actos normativos, para efeitos de controlo da constitucionalidade e legalidade.

Constitui jurisprudência uniforme e constante do Tribunal Constitucional que esse objecto de controlo integra apenas as normas, mas todas as normas, de acordo com um conceito de norma funcionalmente adequado ao sistema de fiscalização da constitucionalidade previsto na Lei Fundamental. Neste contexto, o Tribunal tem entendido serem sindicáveis não apenas os preceitos de natureza geral e abstracta, mas também todo e qualquer acto do poder público que contenha uma regra de conduta para os particulares ou para a Administração, um critério de decisão para esta última ou para o juiz ou, em geral, um padrão de valoração de comportamento (cfr., designadamente, o Acórdão n.º 667/99, in *Acórdãos do Tribunal Constitucional*, 45.º Vol., pp. 731 e segs., e a jurisprudência aí citada). Pelo contrário, não se incluem nesse conceito funcional de norma os actos políticos ou de Governo, os actos jurisdicionais e os actos administrativos (não incorporados em diplomas legais).

Nem a Constituição nem os estatutos político-administrativos das regiões autónomas se referem às resoluções dos governos regionais, prevendo apenas esses estatutos que os actos do governo regional devem ser publicados no *jornal oficial* da região (artigo 70.º, n.º 2, do EPARAM, e artigo 61.º, n.º 3, do Estatuto Político-Administrativo da Região Autónoma dos Açores). Apesar de não existirem elementos seguros para proceder à caracterização da natureza jurídica das resoluções, é certo que elas não são actos legislativos (artigo 112.º, n.º 1, da Constituição). Mas podem produzir efeitos normativos, pelo que têm de ser consideradas, nessa medida e quando assim for, sujeitas ao controlo jurisdicional de constitucionalidade (cfr., no mesmo sentido, J. J. Gomes Canotilho e Vital Moreira, *Constituição da República Portuguesa Anotada*, 3.ª edição, Coimbra Editora, 1993, p. 984, J. J. Gomes Canotilho, *Direito Constitucional*, 7.ª edição, Almedina, 2003, pp. 859 e 860, Jorge Miranda, "Resolução", in *Dicionário Jurídico da Administração Pública*, Vol. VII, 1996, pp. 252 a 255, e Vitalino Canas, *Introdução às decisões de provimento do Tribunal Constitucional*, Cognitio, 1984, p. 62).

Nesse contexto se compreende que o Tribunal Constitucional tenha já sindicado diversas resoluções dos governos regionais, tanto dos Açores (Acórdãos n.os 63/88, 95/88, 249/88 e 296/88, publicados em *Acórdãos do Tribunal Constitucional*, 11.º Vol., pp. 645 e segs., pp. 757 e segs., 12.º Vol., pp. 699 e segs. e pp. 769 e segs., respectivamente) como da Madeira (Acórdãos n.os 42/85, 170/90 e 483/03 publicados em *Acórdãos do Tribunal Constitucional*, 5.º Vol., pp. 181 e segs., 16.º Vol., pp. 87 e segs. e 57.º Vol., p. 617 e segs.).

O que importa, portanto, é determinar se as Resoluções n.º 190/2004 e n.º 778/2005, do Governo Regional da Madeira, têm ou não conteúdo normativo.

Ora, as Resoluções em referência foram aprovadas pelo Governo Regional ao abrigo do artigo 2.º, n.º 7, do Decreto Legislativo Regional n.º 19/99/M (cfr. o último parágrafo do preâmbulo das Resoluções) e o seu conteúdo circunscreve-se a:

a) afectar à sociedade Ponta do Oeste as áreas do domínio público afectas à APRAM (ponto 1.º da Resolução n.º 190/2004);

b) autorizar a sociedade Ponta do Oeste a atribuir a terceiros licenças e concessões (ponto 2.º da Resolução n.º 190/2004);

c) reconhecer a utilidade pública dos empreendimentos a levar a cabo pela sociedade Ponta do Oeste na Marina do Lugar de Baixo e no Porto de Recreio da Calheta (ponto 3.º da Resolução n.º 190/2004);

d) autorizar a sociedade Ponta do Oeste a promover, gerir e executar projectos e obras relativos aos ditos empreendimentos (ponto 4.º da Resolução n.º 190/2004);

e) autorizar a desafectação dominial e integração no património da sociedade Ponta do Oeste da parcela de terreno correspondente à Marina do Lugar de Baixo (ponto 1.º da Resolução n.º 778/2005);

f) reconhecer a utilidade pública do empreendimento a levar a cabo pela sociedade Ponta do Oeste nessa parcela (ponto 2.º da Resolução n.º 778/2005).

Essas Resoluções consubstanciam uma decisão do Governo Regional, concretizadora de uma imposição (delimitar as áreas do domínio público da RAM sobre as quais a sociedade Ponta do Oeste exerce o direito de utilização e administração dominial) e de uma faculdade (autorizar operações de desafectação dominial e integração no património dessa sociedade) previstas no artigo 2.º, n.º 7, do Decreto Legislativo Regional n.º 19/99/M. Contêm "decisões ou operações de vontade", no âmbito das quais o Governo Regional "aproveita faculdades legais, usa os seus poderes, cumpre os seus deveres, escolhendo (...) as oportunidades de intervenção e determinando-se nela por motivos de conveniência" — características típicas da função administrativa, segundo Jorge Miranda (*Teoria do Estado e da Constituição*, Coimbra Editora, 2002, p. 366). Trata-se de actos do Governo Regional, que, "em execução directa (...) de normas, se destinam a produzir efeitos jurídicos no âmbito de relações com um objecto especificado entre a Administração e particulares individualizados" ou a definir a situação jurídica de uma coisa — actos tipicamente administrativos, segundo J. M. Sérvulo Correia (*Noções de Direito Administrativo*, Vol. I, Danúbio, 1982, p. 267).

Aliás, a afectação e a desafectação de bens do domínio público são correntemente qualificados como actos administrativos (sobre o acto administrativo de afectação, cfr. Ana Raquel Moniz, *O Domínio Público*, Almedina, 2005, pp. 137 a 140, bem como os autores aí citados; sobre o acto administrativo de desafectação, cfr. José Manuel Sérvulo Correia, "Defesa do domínio público", in *Francisco Salgado Zenha: Liber Amicorum*, Coimbra Editora, 2003, p. 447).

Em face do exposto, há que concluir que as Resoluções em questão são desprovidas de carácter normativo, assumindo a natureza de actos administrativos (cfr. artigo 120.º do Código do Procedimento Administrativo), pelo que o Tribunal Constitucional não pode conhecer do pedido na parte que lhes respeita.

5.2. Delimitação das normas contidas no Decreto Legislativo Regional n.º 19/99/M (na redacção dada pelo Decreto Legislativo Regional n.º 25/2003/M) e no Decreto Legislativo Regional n.º 18/2000/M concretamente questionadas

O requerente solicita a apreciação e declaração, com força obrigatória geral, da inconstitucionalidade e ilegalidade de todas as normas do Decreto Legislativo Regional n.º 19/99/M, na redacção dada pelo Decreto Legislativo Regional n.º 25/2003/M, e pelo Decreto Legislativo Regional n.º 18/2000/M. Contudo, a argumentação desenvolvida no pedido apenas se refere ao problema da constitucionalidade das normas "através" das quais se "procedeu à desafectação da área onde se encontra a Marina do Lugar de Baixo e instalações adjacentes, passando a integrar o património da sociedade Ponta do Oeste, S. A.". A questão da ilegalidade coloca-se em termos idênticos, visto que o requerente se limita a afirmar que "não parece possível que, ao abrigo dessa norma [alínea *mm*) do artigo 40.º do EPARAM], se possa desafectar uma parcela dos bens do domínio marítimo do Estado".

Essa ideia é confirmada pelo requerente, nas conclusões do pedido, ao afirmar que a área da Marina do Lugar de Baixo "faz parte do domínio público marítimo do Estado e, como tal, não poderia ser alvo de desafectação dominial e consequente integração no património da sociedade Ponta do Oeste, S. A.".

Tendo em conta os termos em que o requerente definiu e especificou o sentido e dimensão das normas relativamente às quais suscita dúvidas de constitucionalidade e legalidade, uma interpretação razoável do pedido faz com que se delimite o seu objecto às normas concretamente questionadas, isto é, àquelas em relação às quais são apresentados os fundamentos que justificam, no entendimento do requerente, a declaração de inconstitucionalidade e ilegalidade (cfr. no mesmo sentido, o Acórdão n.º 258/06, in *Diário da República*, Série I-A, de 19 de Maio de 2006).

Assim sendo, considera-se submetida à apreciação do Tribunal a constitucionalidade e a legalidade das normas que o requerente entende permitirem a desafectação dominial da área da Marina do Lugar de Baixo e a sua consequente integração no património da sociedade Ponta do Oeste (uma sociedade anónima de capitais públicos).

Ora, esse efeito ou resultado decorre de uma única norma, identificada, transcrita e sublinhada pelo requerente no ponto 11.º do pedido. Trata-se da norma contida no artigo 2.º, n.º 7, *in fine*, do Decreto Legislativo Regional n.º 19/99/M, aditada pelo Decreto Legislativo Regional n.º 25/2003/M, que dispõe o seguinte:

"O Governo Regional delimitará, por resolução, as áreas do domínio público da RAM afecto à APRAM, S. A., sobre as quais a Ponta do Oeste — Sociedade de Promoção e Desenvolvimento da Ponta do Oeste, S. A., exercerá, como sociedade de capitais exclusivamente públicos, o direito de utilização e administração dominial consignado no artigo 4.º do Decreto Legislativo Regional n.º 18/2000/M, de 2 de Agosto, podendo autorizar igualmente as operações de desafectação dominial e de integração no património dessa sociedade necessárias ao cumprimento dos programas de desenvolvimento aprovados.

Importa, ainda, precisar dois aspectos.

Apesar do enunciado legal, não parece que possam subsistir dúvidas de que o que nele se disciplina é o poder de o Governo Regional desafectar determinados bens do domínio público para integração no património da Ponta do Oeste e não o de autorizar qualquer outro ente, nomeadamente esta sociedade ou a APRAM, a proceder a essa desafectação.

Além disso, de acordo com a fundamentação do pedido, não é todo o conteúdo normativo deste inciso legal, a totalidade dos poderes por essa via conferidos ao Governo Regional, que está em exame. O que se discute é a atribuição de tais poderes de desafectação dominial na medida em que tenham por objecto os terrenos sob jurisdição da APRAM delimitados pelos artigos 8.º, 9.º e 13.º do Anexo II ao Decreto Legislativo Regional n.º 19/99/M e aí referidos como "faixa do domínio público marítimo". Não está em apreciação o restante conteúdo normativo do preceito legislativo regional, designadamente o que possa respeitar à desafectação de quaisquer outros bens dominiais — *v. g.* os edifícios e equipamentos neles integrados ou implantados como bens do domínio público portuário — que se situem na zona de intervenção da mencionada sociedade de capitais públicos.

É essa a norma, assim interpretada e delimitada, cuja constitucionalidade e legalidade se apreciará de seguida.

6. *A questão de constitucionalidade suscitada*

Como vimos, o requerente coloca a questão da inconstitucionalidade da norma contida no artigo 2.º, n.º 7, *in fine*, do Decreto Legislativo Regional n.º 19/99/M (na redacção dada pelo Decreto Legislativo Regional n.º 25/2003/M), por violação da reserva de competência legislativa da Assembleia da República [artigo 165.º, n.º 1, alínea *v*), da Constituição] e dos limites da competência legislativa das regiões autónomas [artigo 227.º, n.º 1, alíneas *a*) e *b*), da Constituição].

É esta a questão que cumpre apreciar.

6.1. Poderes legislativos das regiões autónomas a respeito dos bens do domínio público nelas situados

A definição dos poderes das regiões autónomas e a sua articulação com os poderes do Estado em matéria de domínio público exige uma articulação conjugada e relativamente complexa de diversas disposições constitucionais.

O artigo 165.º, n.º 1, alínea *v)*, da Constituição, estabelece que compete à Assembleia da República, salvo autorização ao Governo, legislar em matéria de "definição e regime dos bens do domínio público" e o artigo 227.º, n.º 1, alínea *b)*, também da Constituição, exclui a possibilidade de autorização legislativa às regiões autónomas em tal matéria.

Estes preceitos deverão, porém, conjugar-se com o artigo 84.º, n.º 2, que reconhece a existência de um "domínio público regional" e, ainda, com o artigo 227.º, n.º 1, alínea *a)*, da Lei Fundamental, que reconhece às regiões o poder de "legislar no âmbito regional em matérias enunciadas no respectivo estatuto político-administrativo", sendo certo que, para o que agora importa, o artigo 40.º do Estatuto Político-Administrativo da Região Autónoma da Madeira, estabelece que a "administração dos portos" [alínea *e)*] e a "orla marítima" [alínea mm)] constituem matéria de interesse específico da RAM.

O artigo 165.º n.º 1, alínea *v)*, da Constituição, parece exigir que seja a Assembleia da República, ou o Governo devidamente autorizado, a definir o tipo de bens que integram o domínio público e as *regras* sobre a sua titularidade e utilização. Mas isto não significa necessariamente que esteja excluída qualquer intervenção reguladora das regiões autónomas na definição do regime dos bens do domínio público, dado o natural interesse que a região autónoma tem na "administração dos portos" nela situados bem como na utilização da sua "orla marítima" e tendo, além disso em conta, as especificidades que, a esse respeito, se podem verificar no "âmbito regional".

Não está, pois, excluído que as regiões autónomas possam legislar em matéria de utilização do seu próprio domínio público — isto é, do domínio público regional — ou, até, dentro de certos limites, em matéria de utilização dos bens do domínio público estadual nela situados.

O problema dos poderes legislativos das regiões autónomas em matéria de utilização dos bens do domínio público foi recentemente discutido no Acórdão n.º 402/08. Nesse aresto o Tribunal colocou a questão nos termos que se seguem:

> "Desta norma — isto é, da alínea *v)* do n.º 1 do artigo 165.º da Constituição da República Portuguesa — resulta que a "definição e regime dos bens do domínio público" é matéria contida na reserva relativa da Assembleia da República, pelo que só poderá constar de lei formal ou de decreto-lei autorizado.
>
> Por outro lado, o preceito que fixa o estatuto constitucional da dominialidade pública — o artigo 84.º da Constituição — comete à lei tarefas complementares de normação, no domínio da definição dos bens integrantes e da fixação do regime, condições de utilização e limites [alínea *f)* do n.º 1 e n.º 2].
>
> A questão central que o confronto entre as duas disposições suscita é a de saber se todas estas dimensões normativas enunciadas no artigo 84.º estão compreendidas na esfera da reserva relativa de competência da Assembleia da República, ou, por outras palavras, se a reserva fixada na alínea *v)* do n.º 1 do artigo

165.º da Constituição é total, abarcando a regulação primária de qualquer aspecto do regime de bens públicos."

A esta questão relativa à articulação entre o artigo 165.º, n.º 1, alínea *v)* e o artigo 84.º da Constituição da República Portuguesa, viria o Tribunal a responder da forma seguinte:

"Ao inserir, na revisão de 1989, o artigo 84.º, com as remissões para a lei dele constantes, o legislador constitucional não se limitou a reproduzir a fórmula hoje expressa no artigo 165.º, n.º 1, alínea *v)*, e então consagrada, nos mesmos termos, no artigo 168.º, n.º 1, alínea *z)*. Foi mais longe, pois, para além da "definição" e do "regime", referiu as "condições de utilização" e os "limites" como objecto de intervenção legal. Pondo de lado a hipótese de estas duas últimas referências constituírem uma desnecessária reiteração pleonástica, improdutiva de sentido, por já estarem contidas no conceito de "regime", que a mesma norma utiliza, há que atribuir à previsão maior latitude do que a que cabe à da alínea *v)* do n.º 1 do artigo 165.º

(...) numa concepção moderna de gestão de bens públicos susceptíveis de aproveitamento económico produtivo, faz todo o sentido separar os aspectos básicos e centrais do estatuto da dominialidade, definidores do seu objecto (categorias de bens), das regras de aquisição e cessação desse estatuto e dos parâmetros nucleares da sua exploração (nomeadamente, as constrições impostas pelos interesses públicos coenvolvidos) — aquilo "que a dominialidade tem de essencial", como se diz no voto de vencida da conselheira Maria dos Prazeres Beleza, aposto no Acórdão n.º 330/99 — de todos os outros aspectos mais "regulamentares", quanto a formas concretas de utilização, mormente quanto ao regime dos actos de licenciamento e dos contratos de concessão que a facultem a privados. Estes aspectos estão sujeitos a uma apreciação mais conjuntural e a determinantes mais particularizadas, pelo que se justifica não impor uma lei da República para os fixar.

Esta opinião do Tribunal beneficia, aliás, de amplo apoio doutrinal.

Diz Pedro Lomba em comentário ao Acórdão n.º 131/03 do Tribunal Constitucional, onde se discutiu o problema da titularidade dos bens do domínio público hídrico, enquanto bens do domínio público que beneficiam de um regime específico de salvaguarda (*Jurisprudência Constitucional*, n.º 2, Abr./Jun. 2004, p. 58):

"este tema [o domínio público hídrico, incluindo o domínio público marítimo] coloca-nos perante a sempre problemática repartição de competências legislativas do Estado e das regiões autónomas. É que, por um lado, a Assembleia da República dispõe, segundo a alínea *v)* do artigo 165.º da Constituição, da competência reservada para a definição dos bens do domínio público e respectivo regime. Mas, por outro, não é manifesto se tal competência reservada abrange os bens do domínio público regional. E no que respeita aos recursos hídricos, que o legislador estatutário — e, desde 1997, o legislador constitucional —, consideram ser de interesse específico regional, subsiste a dúvida sobre o alcance da competência legislativa das regiões para definir o regime de tais recursos enquanto bens integrantes do domínio público regional".

Depois, a este propósito, toma o autor a seguinte posição (*loc. cit.,* p. 62):

"Ao estabelecer o regime de utilização do domínio público hídrico, este normativo [o Decreto-Lei n.º 46/94, de 22 de Fevereiro, enquanto diploma que define o regime de utilização do domínio público hídrico] é da competência reservada da Assembleia da República [artigo 165.º, alínea *v*), da Constituição]. Todavia o artigo 165.º, alínea *v*), só pode referir-se ao regime de utilização do domínio público do Estado e não ao domínio público regional. Na verdade, caso se entendesse ser matéria reservada da Assembleia da República a definição do regime de utilização do domínio público regional, afastar-se-ia, por completo, o poder legislativo regional nesta matéria, interpretação que consideramos vedada pelo texto constitucional, uma vez que a definição daquele regime é, indubitavelmente, matéria de interesse específico. Quer isto dizer que as regiões podem definir os bens que integram o domínio público regional com excepção dos afectos ao domínio público do Estado".

Entendimento semelhante é actualmente acolhido por Gomes Canotilho e Vital Moreira (*Constituição da República Portuguesa,* 4.ª edição, p. 1007):

«O regime legal dos bens do domínio público é da competência reservada da Assembleia da República [artigo 165.º, alínea *v*)], embora não totalmente. De facto, do programa normativo atribuído à lei pelo n.º 2 — definição do domínio público dos diferentes entes territoriais, regime, condições de utilização e limites — a referida alínea do artigo 168.º [leia-se, 165.º] só menciona a definição e o regime. Por isso, os demais aspectos caem na concorrência legislativa concorrente da Assembleia da República e do Governo».

Posição mais restritiva mantém Rui Guerra da Fonseca (*Comentário à Constituição Portuguesa,* org. por Paulo Otero, p. 330), ainda assim consciente da necessidade de se reconhecer às regiões autónomas competências regulamentares no que respeita ao exercício dos específicos poderes que detêm sobre os bens do domínio público estadual nelas situados:

"(...) nos casos em que se admita que o Estado atribua às regiões autónomas determinados poderes sobre bens do domínio público estadual, estas podem fazer uso da sua competência regulamentar, ao abrigo da alínea *d)* do n.º 1 do artigo 227.º da Constituição da República Portuguesa, para em subordinação à lei, disciplinar o respectivo exercício".

É neste contexto, em que se aceita que as regiões autónomas possam regular (e inclusivamente legislar) sobre as condições de utilização dos bens do domínio público situados no respectivo território, que se deverá colocar a questão da constitucionalidade do artigo 2.º, n.º 7, do Decreto Legislativo Regional n.º 19/99/M, na redacção do Decreto Legislativo Regional n.º 25/2003/M.

O referido artigo 2.º, n.º 7, na sua primeira parte — em concordância com a lógica dos actuais modelos de gestão portuária introduzidos no nosso país em final dos anos 90 (ver Pedro Gonçalves, *Entidades Privadas com Poderes Públicos*, Coimbra 2005, pp. 897-901) — reconhece a possibilidade de atribuição do direito de utilização e administração dominial dos bens do domínio público afectos à APRAM, S. A. a uma outra empresa pública, isto é, à Ponta do Oeste, S.A., caracterizando esta sociedade, explicitamente, como "sociedade de capitais exclusivamente públicos".

O mesmo artigo 2.º, n.º 7, determina, ainda, na sua segunda e última parte, que o Governo Regional possa autorizar operações de desafectação dominial das áreas do domínio público da RAM afecto à APRAM, S. A., e de subsequente integração dessas áreas no património da sociedade Ponta do Oeste S. A..

Aqui levanta-se, porém, um problema: o artigo 2.º, n.º 7, do Decreto Legislativo Regional n.º 19/99/M, na redacção do Decreto Legislativo Regional n.º 25/2003/M, refere-se, genericamente, às "áreas do domínio público da RAM afecto à APRAM, S. A.".

Ora essas áreas estão definidas nos n.ºs 2 e 3 do artigo 2.º do mesmo Decreto Legislativo Regional n.º 19/99/M, e abrangem: "os terrenos situados dentro da área de jurisdição da Administração dos Portos da Região Autónoma da Madeira, que não sejam propriedade municipal ou de particulares, bem como os cais, terminais, docas, acostadouros e outras obras marítimas existentes e delimitados no Anexo II".

Este Anexo II, por sua vez, na redacção que lhe foi dada pelo Decreto Legislativo Regional n.º 25/2003/M, enumera diversos portos, terminais e cais existentes na orla marítima da Região, entre os quais se contam o cais da Ribeira Brava, o cais da Calheta e o cais da Ponta do Sol e Lugar de Baixo, que constituem a zona de intervenção da Ponta do Oeste, S. A. (nos termos expressos do artigo 1.º do Decreto Legislativo Regional n.º 18/2000/M, que criou esta última sociedade). A delimitação desta zona de intervenção da Ponta do Oeste, S. A. é feita, pelo referido Anexo II do Decreto Legislativo Regional n.º 19/99/M (que transformou a APRAM em sociedade anónima de capitais exclusivamente públicos), nos termos que de seguida se transcrevem:

"[...]

Artigo 8.º
Cais da Ribeira Brava

O cais da Ribeira Brava compreende a faixa do domínio público marítimo delimitada pelos pontos n.ºs 1 a 11, cujas coordenadas rectangulares UTM são as seguintes:

1 –x=306 758,32; y=3 616 087,86;
2 –x=306 828,87; y=3 616 123,01;
3 –x=306 808,17; y=3 616 141,71;
4 –x=306 812,67; y=3 616 143,72;
5 –x=306 857,57; y=3 616 122,11;
6 –x=306 878,67; y=3 616 102,81;
7 –x=306 935,77; y=3 616 124,11;
8 –x=307 042,47; y=3 616 134,81;
9 –x=307 047,07; y=3 616 153,59;
10 –x=307 281,33; y=3 615 249,36;
11 –x=306 526,35; y=3 615 196,05.

Artigo 9.º
Cais da Calheta

O cais da Calheta compreende a faixa do domínio público marítimo delimitada pelos pontos n.ºs 1 a 8, cujas coordenadas rectangulares UTM são as seguintes:

1 –x=296 688,87; y=3 621 897,47;
2 –x=296 873,07; y=3 621 812,97;
3 –x=297 100,94; y=3 621 620,55;
4 –x=297 108,37; y=3 620 699,51;
5 –x=296 091,06; y=3 621 041,36;
6 –x=296 632,17; y=3 621 776,87;
7 –x=296 635,37; y=3 621 785,37;
8 –x=296 659,57; y=3 621 827,27.

[...]

Artigo 13.º
Cais da Ponta do Sol e lugar de Baixo

O cais da Ponta do Sol e lugar de Baixo compreende a faixa do domínio público marítimo delimitada pela linha que une os pontos n.ºs 1 a 28, cujas coordenadas rectangulares UTM são as seguintes:

1 –x=303 180,33; y=3 616 091,81;
2 –x=304 944,68; y=3 616 075,86;
3 –x=304 272,34; y=3 617 338,23;
4 –x=304 229,97; y=3 617 356,61;
5 –x=304 215,63; y=3 617 372,19;
6 –x=304 184,64; y=3 617 379,51;
7 –x=304 149,15; y=3 617 401,37;
8 –x=304 021,76; y=3 617 512,82;
9 –x=303 958,55; y=3 617 559,31;
10 –x=303 874,67; y=3 617 537,81;

11 – x=303 790,53; y=3 617 523,58;
12 – x=303 773,67; y=3 617 518,91;
13 – x=303 508,06; y=3 617 370,61;
14 – x=303 370,23; y=3 617 332,29;
15 – x=303 275,43; y=3 617 297,19;
16 – x=303 667,86; y=3 617 453,11;
17 – x=303 166,50; y=3 617 281,33;
18 – x=303 127,00; y=3 617 264,50;
19 – x=303 100,00; y=3 617 256,83;
20 – x=303 084,05; y=3 617 263,54;
21 – x=303 099,68; y=3 617 301,70;
22 – x=303 107,58; y=3 617 304,86;
23 – x=303 091,02; y=3 617 310,40;
24 – x=303 059,59; y=3 617 250,47;
25 – x=302 965,91; y=3 617 219,04;
26 – x=302 703,91; y=3 616 837,30;
27 – x=302 441,91; y=3 616 455,56;
28 – x=302 888,32; y=3 616 413,15.

Assim, fica claro que o artigo 2.º, n.º 7, do Decreto Legislativo Regional n.º 19/99/M, na redacção que lhe foi dada em 2003, se refere às faixas do domínio público marítimo identificadas no Anexo II, desse mesmo diploma. O decreto legislativo regional pressupõe o entendimento de que essas faixas do domínio público marítimo, que estão situadas dentro da área de jurisdição da APRAM, S. A., seriam passíveis de desafectação, por acto do Governo Regional, e de subsequente integração no património da Ponta do Oeste, por serem domínio público da Região Autónoma da Madeira.

Torna-se, assim, necessário verificar se será verdadeira esta premissa de que as faixas do domínio público marítimo situadas dentro da área de jurisdição da APRAM, S. A. são domínio público da Região Autónoma ou se, pelo contrário, não serão, antes, domínio público do Estado.

6.2. A questão da titularidade dos bens do domínio público marítimo situados nas regiões autónomas

Devemos começar por notar que o Decreto Legislativo Regional n.º 19/99/M, segundo a redacção do Decreto Legislativo Regional n.º 25/2003/M, qualifica todas as faixas de terreno em causa como "faixas do domínio público marítimo".

As questões que se colocam são, portanto duas: (*i*) saber quem é titular dos bens do domínio público marítimo situados nas regiões autónomas e (*ii*) saber se haverá, porventura, alguma razão válida para afastar a qualificação que o citado Decreto Legislativo Regional dá a tais bens.

A definição dos bens que integram o domínio público resulta da Constituição e da lei.

O artigo 84.º, n.º 1, da Constituição, identifica directamente um conjunto de bens que pertencem ao domínio público [n.º 1, alíneas *a)* a *e)*] e remete para a lei a possibilidade de atribuir essa qualificação a outros bens [alínea *f)*]. Por seu turno, o n.º 2 do mesmo artigo remete para a lei a tarefa de definir a titularidade dos bens do domínio público que *pertencem* ao Estado, às regiões autónomas e às autarquias locais.

A garantia institucional contida no artigo 84.º da Constituição exige, todavia, que haja uma intervenção clarificadora do seu exacto conteúdo constitucionalmente determinado, por parte do legislador [seja na alínea *f)* do n.º 1, seja no n.º 2].

O diploma que, à data de aprovação da norma agora impugnada, concretizava a exigência constitucional era a Lei n.º 16/2003, de 4 de Junho (que republicou o Decreto-Lei n.º 468/71, de 5 de Novembro). Nela se estabelece o regime dos terrenos do domínio público hídrico, e aí se qualificam como "domínio público do Estado os leitos e as margens das águas do mar" (artigo 5.º, n.º 1). O Decreto-Lei n.º 477/80, por seu turno, veio confirmar, no seu artigo 4.º, quais são os bens do domínio público do Estado: a alínea *a)* refere as margens das águas marítimas; a alínea *e)* refere os portos artificiais e docas. Estes diplomas concretizam a garantia institucional do artigo 84.º da Constituição da República Portuguesa, considerando ambos as margens das águas do mar como domínio público do Estado. Por margem entende-se uma faixa de terreno contígua ou sobranceira à linha que limita o leito das águas, em regra com 50 metros de largura, contados a partir da linha de limite do leito ou da crista do alcantil se aquela linha atingir arribas alcantiladas (artigo 3.º do Decreto-Lei n.º 468/71).

Actualmente, a matéria encontra-se regulada pela Lei n.º 54/2005, de 15 de Novembro, que disciplina a titularidade dos recursos hídricos, cujo artigo 29.º revogou os capítulos I e II do Decreto-Lei n.º 468/71. Depois de reconhecer que o domínio público hídrico pode pertencer ao Estado, às regiões autónomas, e aos municípios e freguesias, o artigo 4.º preceitua que "o domínio público marítimo pertence ao Estado". E igualmente se incluem no domínio público marítimo as margens das águas costeiras e das águas interiores sujeitas à influência das marés [alínea *a)* do artigo 3.º], definindo-se a margem e estabelecendo-se a sua largura em termos essencialmente coincidentes com o que constava do regime legal vigente à data da emissão do diploma em que se insere a norma em apreciação (artigo 11.º).

É verdade que o artigo 144.º, n.º 1, do EPARAM, estabelece que "os bens do domínio público situados no arquipélago, pertencentes ao Estado, bem como ao antigo distrito autónomo, integram o domínio público da região". Mas, logo depois, o n.º 2, deste mesmo preceito, estabelece que não integram o domínio público regional os bens situados na região autónoma que interessem à defesa nacional ou estejam afectos a serviços públicos não regionalizados (mas ainda, excepção à excepção, desde que não sejam classificados como património cultural).

Na verdade, há bens que, em vista da repartição constitucional do domínio público requerida pelo artigo 84.º, n.º 2, da Constituição, não podem deixar, pela sua especial conexão com a identidade e a soberania nacionais, de pertencer ao Estado. É o que sucede com os bens do domínio público marítimo, como claramente se afirmou no Acórdão n.º 402/08:

> "Há que atentar, na verdade, que a titularidade do domínio público marítimo cabe ao Estado [...] — cabe, e não pode deixar de caber, por imperativo constitucional, atenta a sua incindível conexão com a identidade e a soberania nacionais.

É também o que afirmam, com clareza, Gomes Canotilho e Vital Moreira (*Constituição da República Portuguesa Anotada*, Vol. I, 4.ª edição, Coimbra 2007, pp. 1004 e segs.):

> "Compete à lei a determinação do sujeito titular dos diversos tipos de bens do domínio público, embora pareça natural que certos bens não podem deixar de integrar o domínio público do Estado, por serem inerentes ao próprio conceito de soberania (como sucede com o domínio público marítimo e aéreo), não podendo por isso pertencer ao domínio de entes públicos infra-estaduais".

E a questão que agora mais directamente interessa, que é a de saber se as margens das águas do mar situadas nas regiões autónomas se integram, ou não, no domínio público necessário do Estado, foi resolvida pelo Acórdão n.º 131/03 (publicado no *Diário da República*, I Série-A, de 4 de Abril de 2003. Neste aresto o Tribunal sustentou o entendimento de que as "margens", isto é, as faixas de terreno junto ao mar são, pela sua inerente ligação à defesa nacional, domínio público do Estado, nos seguintes termos:

> "Podemos deste modo concluir que, designadamente por força do princípio da unidade do Estado e da obrigação que lhe incumbe de assegurar a defesa nacional [...], não é possível a transferência para os governos regionais de determinados bens, nomeadamente os que integram o domínio público marítimo, domínio público necessário do Estado. Assim sendo, os Estatutos Político-Administrativos das regiões autónomas não operaram qualquer transferência desses bens do domínio público marítimo, que continuam, assim, a ser bens do Estado".

O Acórdão cita em seu apoio o Parecer da Procuradoria-Geral da República n.º 16/91 (publicado no *Diário da República*, II Série, 20 de Setembro de 1986, pp. 13 255 e segs.), onde se afirma (p. 13 265):

"(...) aceite a distinção entre «domínio acidental e necessário, aqui incluindo o domínio marítimo, hídrico e militar», o domínio necessário, salienta-se, «continua a pertencer exclusivamente ao Estado». Não sendo, assim, possível admitir «a transferência dos bens em apreço para as regiões», só poderá, de resto, subscrever-se a constitucionalidade de uma disposição tal como a [...] do artigo 76.° [actual 144.°] do Estatuto da Madeira, se se entender que a excepção feita aos «bens que interessem à defesa nacional e os que estejam afectos a serviços públicos não regionalizados» compreende os «que se incluem no domínio marítimo e no domínio aéreo». Basta, inclusive, recordar o «âmbito de aplicação nacional» do «sistema da autoridade marítima» para facilmente se concluir que os leitos e margens do domínio público do Estado, para além de interessarem à defesa nacional, se encontram afectos a serviços públicos não regionalizados".

Também se convoca o Parecer da Comissão do Domínio Público Marítimo, órgão consultivo da Autoridade Marítima Nacional (Parecer n.° 5111, de Novembro de 1987, in *Boletim da Comissão do Domínio Público Marítimo*, n.° 101, 1987, pp. 158 e segs.), onde se afirma:

"(...) as áreas do domínio público marítimo situadas nos Açores porque interessam à defesa nacional por declaração implícita da lei, não podem ser integradas no elenco dos bens dominiais pertencentes à região autónoma, pelo que continuam pertencendo ao Estado, ficando, portanto, sujeitas ao mesmo regime das áreas homólogas sitas no Continente".

Em sentido análogo, a doutrina entende que o artigo 144.° do EPARAM, só não colide com o artigo 84.°, n.° 2, da Constituição, caso seja atribuída à expressão "bens que interessem à defesa nacional" um sentido amplo que abranja o domínio público marítimo. Explicam Rui Medeiros e Jorge Pereira da Silva, (*Estatuto Político-Administrativo dos Açores Anotado*, Principia, 1997, pp. 249 e 250).

"Sublinhe-se, como ponto de partida, que o n.° 2 do artigo 84.° da Constituição de 1976, embora consagre uma concepção descentralizada do domínio público (vide José Magalhães, *Dicionário*..., cit., p. 48), não dá um cheque em branco ao legislador. Conforme sublinha a jurisprudência portuguesa, os bens indissociavelmente ligados à soberania não podem pertencer ao domínio público regional, devendo permanecer integrados no domínio público necessário do Estado, tomado este na acepção de pessoa colectiva de direito público que tem por órgão o Governo".

Depois, referindo-se explicitamente ao problema do domínio público marítimo, afirmam que a expressão estatutária "bens que interessam à defesa nacional" não se pode limitar ao domínio público militar, isto é, aos bens directamente afectos a usos militares, e tem de abranger os bens do domínio público marítimo:

"Concretamente, a referência estatutária de que pertencem ao Estado os bens que "interessam à defesa nacional" não pode de modo algum conduzir ao entendimento (restritivo) de que essa expressão equivale a "domínio público militar" [...]. Não é constitucionalmente possível integrar o domínio público marítimo no domínio público da região.

O exemplo de Direito Comparado é sugestivo. Em Itália, o artigo 32.º do Estatuto da Sicília colocou também já o problema análogo da determinação da titularidade estadual ou regional das águas marítimas sicilianas. A Corte Costituzionale acabou por decidir que, apesar de o domínio público marítimo não ser expressamente excepcionado no teor literal do referido preceito do âmbito do domínio da Sicília, deveria ser dele excluído dado que se trata de um bem que interessa manifestamente à defesa nacional. É idêntica a posição defendida pela doutrina mais autorizada (vide Vezio Crisafulli/Livio Paladin, Comentario Breve alla Costituzione, Pádua, 1990, p. 726). Em Espanha, o n.º 2 do artigo 132.º da Constituição de 1978 resolveu expressamente a questão ao considerar que «são bens de domínio público estatal os que a lei determinar e, em todo o caso, a zona marítimo-terrestre, as praias, o mar territorial e os recursos naturais da zona económica e da plataforma continental»".

É ainda de salientar o entendimento de Ana Raquel Moniz (*O Domínio Público*, p. 123):

"(...) independentemente do reconhecimento (constitucionalmente consagrado) do domínio público regional (enquanto corolário da autonomia político-administrativa das região autónoma), e do domínio público autárquico, torna-se imprescindível acentuar o facto de que certos bens, atenta a função que desempenham ou a sua inerência à própria identidade (soberania) do Estado português (face à sociedade internacional), hão-de impreterivelmente constituir domínio público estadual".

Depois — amparando-se em jurisprudência anterior do Tribunal Constitucional — a autora dá como o exemplo o "domínio público marítimo e aéreo", ao qual acrescenta, embora neste caso com dúvidas, "o domínio público radioeléctrico" (*ob. cit.*, p. 126). E conclui ainda (*ibidem*, nota 68):

"Uma consequência da dominialidade pública estadual dos bens abrangidos pelas cláusulas de exclusão prende-se com a impossibilidade (constitucional) da transferência para os órgãos regionais dos poderes característicos dos órgãos titulares dos bens dominiais sobre as coisas públicas estaduais".

É, pois, generalizado o entendimento de que o domínio público marítimo, incluindo as águas costeiras e a margem do mar como um todo, pertence, necessariamente, ao Estado. Daí que as águas do mar e respectivas margens (com a largura de 50 metros) compreendidas na área de jurisdição da APRAM pertençam ao domínio público estadual.

No parecer junto ao processo defende-se a ideia de que os terrenos em torno dos cais e portos constituiriam bens da região pelo facto de os portos e cais serem domínio público da região e tais terrenos constituírem, em conjunto com eles, uma universalidade pública. Diz-se:

"(...) o domínio público portuário, como universalidade pública, abrange todo o complexo de bens pertencente à mesma pessoa colectiva pública, adstrito à satisfação das mesmas funções públicas (unidade funcional) e que constitui objecto de um tratamento unitário por parte do ordenamento jurídico, em particular pelo legislador" — o que significa que, não só os terrenos que integram o porto não se confundem necessariamente com as margens (podendo abarcar zonas mais largas), como a infra-estrutura portuária implica a existência de outros equipamentos em nada relacionáveis com o domínio público marítimo".

É, de facto, verdade que a questão do domínio público se coloca de modo diverso consoante estejam em causa construções humanas, as infra-estruturas e os equipamentos imobiliários, ou bens do domínio público natural (sobre a especificidade do conceito de domínio público infra-estrutural, Ana Raquel Moniz, *O Domínio Público*, pp. 221-251). Assim se compreende que, nos termos do artigo 144.º, n.º 2, do EPARAM, sejam domínio público regional os bens do domínio público afectos a "serviços públicos não regionalizados" caso constituam "património cultural" da região. E que o Decreto-Lei n.º 468/71, de 5 de Novembro, na redacção da Lei n.º 16/2003, de 4 de Junho, considerasse que a margem, que é domínio público do Estado, só se estende até onde se encontre uma "estrada regional ou municipal" (artigo 3.º; o mesmo dispõe o n.º 7 do artigo 11.º da Lei n.º 54/2005).

Compreende-se a diferença de regime entre as infra-estruturas específicas e as margens do mar como um todo: por um lado, não se pode afirmar que a titularidade regional de infra-estruturas específicas existentes no perímetro normal das margens tenha necessariamente relevância estratégica sob o ponto de vista da "defesa nacional", não se justificando portanto a invocação da cláusula de salvaguarda constante do artigo 144.º, n.º 2, do EPARAM; por outro lado, as infra-estruturas carecem de cuidados de conservação e manutenção que deverão ficar a cargo de quem está mais próximo delas e mais directamente delas retira benefícios. É neste sentido que se fala de um "domínio público infra-estrutural" (Ana Raquel Moniz, *O Domínio Público*, pp. 221-251), e é nessa linha de raciocínio que se defende a titularidade regional das infra-estruturas portuárias existentes nas regiões autónomas (*ibidem*, p. 238).

Contudo, o que permite o artigo 2.º, n.º 7, do Decreto Legislativo Regional n.º 19/99/M, na redacção de 2003 agora em apreciação, não é apenas a transferência dessas infra-estruturas portuárias. Nem sequer o é em primeira linha, como muito facilmente se retira do confronto com o n.º 4 do mesmo artigo que desafecta tais infra-estruturas ("equipamentos e edifícios") integrando-os no património da APRAM, S. A. Com efeito, se o n.º 7 do artigo 2.º, tivesse em vista, na sua parte final, apenas infra-estruturas portuárias, então o n.º 4, desse mesmo artigo, não teria efeito útil. Naquele preceito, têm-se em vista não as infra-estruturas portuárias, mas sim as "áreas" (isto é, as faixas de terreno) do domínio público que estão afectas à APRAM, S. A. e se situam na zona de intervenção da Ponta do Oeste, S. A..

Ora, essas faixas de terreno não podem considerar-se "domínio público infra-estrutural". Não são infra-estruturas — enquanto suporte físico artificial das actividades de serviço público susceptíveis de se desenvolverem através delas — não valendo, portanto, para elas as razões que levam a admitir que os bens do domínio público infra-estrutural situados na região se devam considerar domínio público regional.

E a esta conclusão não obsta a circunstância de os terrenos em causa se compreenderem no perímetro portuário e estarem funcionalmente afectos, com as construções neles porventura erigidas e os equipamentos neles instalados, à satisfação do serviço público que constitui a actividade portuária. A unidade funcional de um determinado conjunto de bens pode justificar que a gestão da sua utilização caiba a uma só entidade, mas não implica necessariamente a unidade da titularidade dominial do complexo de bens que o integram.

Não há, portanto, razão para comprimir o domínio público marítimo, enquanto domínio público natural, nas áreas em torno dos portos e cais. Tais áreas são parte integrante do domínio público marítimo.

Se, porventura existirem, de entre essas faixas de terreno, áreas que extravasam já o perímetro do domínio público marítimo tal como a lei, em cumprimento do mandato constitucional, o estabelece (não sendo portanto domínio público estadual, mas regional), tal sucederá contra o teor literal do Decreto Legislativo Regional n.º 19/99/M (que as qualifica como "faixas do domínio público marítimo") e nunca será por tais áreas estarem em torno de infra-estruturas portuárias — será, sim, por se situarem para além da margem do mar. Fora desta hipótese, as áreas consideradas são, repita-se, domínio público marítimo.

6.3. Impossibilidade de as regiões autónomas desafectarem bens do domínio público marítimo

O artigo 2.º, n.º 7, *in fine*, do Decreto Legislativo Regional n.º 19/99/M, na redacção do Decreto Legislativo Regional n.º 25/2003/M, prevê a "desafectação dominial" com subsequente integração no património de uma sociedade de capitais exclusivamente públicos.

Deve começar por notar-se que aquilo que se prevê neste segmento normativo é algo de semelhante, nos efeitos, a uma mutação dominial subjectiva de um bem de cariz territorial para um ente público não territorial. Ora se é certamente possível afectar a *utilização* de bens do domínio público de uma entidade territorial aos fins de uma entidade pública não territorial (por exemplo, uma sociedade de capitais exclusivamente públicos como a APRAM, S. A. ou a Ponta do Oeste, S. A.), já é discutível que seja possível transferir a titularidade de tais bens integrantes do domínio público material ou por natureza (de cariz territorial) para o património de um ente público não territorial (uma sociedade de capitais exclusivamente públicos como a APRAM, S. A. ou a Ponta do Oeste, S. A.).

As mutações dominiais subjectivas envolvendo entes públicos não territoriais são actualmente proibidas pelo Decreto-Lei n.º 280/2007, de 7 de Agosto, que estabelece o regime jurídico dos bens imóveis do domínio público do Estado, das regiões autónomas e das autarquias locais. Na verdade, o artigo 15.º deste diploma, preceitua: "A titularidade dos imóveis do domínio público pertence ao Estado, às regiões autónomas e às autarquias locais e abrange poderes de uso, administração, tutela, defesa e disposição nos termos do presente decreto-lei e demais legislação aplicável"; e o artigo 24.º, por seu turno, sob a epígrafe "Mutações dominiais subjectivas", estabelece: "A titularidade dos imóveis do domínio público pode ser transferida, por lei, acto ou contrato administrativo, para a titularidade de outra pessoa colectiva pública territorial a fim de os imóveis serem afectados a fins integrados nas suas atribuições, nos termos previstos no Código das Expropriações". O citado decreto-lei teve, portanto, o cuidado de especificar que a transferência de bens do domínio público se deveria fazer sempre de pessoa colectiva pública territorial para outra pessoa colectiva pública "territorial" (excluindo, assim, as entidades públicas não territoriais).

E já antes, perante o vazio legislativo, era também essa a posição maioritária na doutrina que ia no sentido de excluir a possibilidade de domínio público afecto a entidades não territoriais. E esta opinião mantém-se ainda vigente (Gomes Canotilho/Vital Moreira, *Constituição da República Portuguesa Anotada*, 4.ª edição, Vol. I, pp. 1004-1005 e Ana Raquel Moniz, *O Domínio Público*, pp. 392-400; vejam-se porém as críticas de Medeiros/Lino Torgal, in *Constituição da República Portuguesa Anotada*, org. Jorge Miranda/Rui Medeiros, pp. 90-92, e Rui Guerra da Fonseca, *Constituição da República Portuguesa*, org. Paulo Otero, pp. 320-322).

A questão perante a qual estamos colocados é, porém, diversa: a norma impugnada não pretende directamente uma mutação dominial subjectiva; o que ela pretende é permitir a desafectação de bens do domínio público, perdendo a área em causa essa qualidade ou estatuto jurídico e passando essas faixas de terreno a ser propriedade privada de uma sociedade de capitais exclusivamente públicos.

Mas tal também não parece ser possível.

É certo que a região autónoma pode — através de licenças e, em especial, através de concessões — autorizar não só a exploração, mas inclusivamente o uso privativo de partes específicas dos bens do domínio público (sobre a distinção entre os dois tipos de concessão pública, Freitas do Amaral, *Curso de Direito Administrativo*, Vol. II, com a colaboração de Lino Torgal, Coimbra 2001, p. 544).

A região autónoma pode fazê-lo nos termos gerais do Decreto-Lei n.º 280/2007, actualmente em vigor (artigos 27.º a 30.º). E poderia tê-lo feito em 2003 nos termos do Decreto-Lei n.º 468/71, de 5 de Novembro, republicado em anexo à Lei n.º 16/2003, de 4 de Junho. Na verdade, este diploma previa a possibilidade de uso privativo de terrenos do domínio público (artigo 17.º), mediante licença ou concessão (artigo 18.º). Essas concessões são admitidas quando tal uso privativo possa considerar-se de utilidade pública e, nomeadamente, quando tenha por fim a instalação de serviços de apoio à navegação marítima ou a edificação de estabelecimentos hoteleiros e conjuntos turísticos [artigo 19.º, alíneas *b*) e *e*)]. As concessões de uso privativo podem, pois, inclusivamente envolver a realização de obras e a construção de edifícios (veja-se Freitas do Amaral/J. Pedro Fernandes, *Comentário à Lei dos Terrenos do Domínio Público Hídrico*, Coimbra 1978, p. 197).

A faculdade de concessão de uso privativo de partes da margem do mar, quando se compreendam no perímetro portuário, funda-se na distinção entre poderes primários e poderes secundários relativamente aos bens dominais. Mesmo não sendo titular de tais bens dominiais, a região pode exercer sobre eles poderes secundários tais como o poder de concessão de uso privativo (cfr. Ana Raquel Moniz, *O Domínio Público*, p. 126, n.º 68).

Foi o que se explicou no já citado Acórdão n.º 402/08. Depois de reconhecer que, no caso, estariam em causa bens do domínio público marítimo não disponíveis pela Região, afirmou o Tribunal:

> "O que acaba de dizer-se não significa — cumpre sublinhá-lo — que, mantida incólume a titularidade do Estado, não estejam constitucionalmente legitimadas formas dúcteis de exploração e rendibilização dos bens dominiais, em cuja definição tenham um papel relevante os poderes regionais. Uma tal opção encontra apoio claro nos fundamentos e objectivos da autonomia traçados no artigo 225.º, em particular nos objectivos de "desenvolvimento económico-social" e no de "promoção e defesa dos interesses regionais" (n.º 2 do citado artigo).
>
> Nem sequer, rejeitada a tese de que a titularidade do domínio é necessariamente acompanhada pela titularidade de (todas as) competências gestionárias, estará excluída a possibilidade de uma transferência para outros entes de certos poderes de gestão ínsitos na titularidade do Estado, designadamente de poderes que não digam respeito à defesa nacional e à autoridade do Estado. A não regionabilidade da titularidade do domínio público marítimo integrante ou circun-

dante da área territorial das regiões autónomas não arrasta consigo, como consequência forçosa, a insusceptibilidade de transferência de certos poderes contidos no domínio. Já o parecer da Comissão do Domínio Público Marítimo n.º 5945, de 18 de Janeiro de 2002 (*Boletim da Comissão do Domínio Público Marítimo*, n.º 116, 2002, pp. 12-17) o reconhecia, ao admitir a «transferência de poderes secundários, que não afectasse a autoridade suprema do Estado nesta matéria [...]».

Nada disto vale, porém, para a desafectação dominial. O ente territorial não titular de determinados bens do domínio público, quando estes se encontrem no seu território, apenas pode exercer poderes dominiais secundários (concessão ou licença de exploração e uso privativo), mas já não poderes primários (desafectação). A respeito dos bens do domínio público marítimo situados nas regiões autónomas e que compreendam na área portuária (sob jurisdição das autoridades regionais), o Estado e as regiões colocam-se numa posição análoga, respectivamente, à de proprietário e usufrutuário de um mesmo bem: o usufrutuário pode usar e fruir do bem, mas terá se ser o proprietário a dispor dele.

Não detendo a região a titularidade dos bens do domínio público marítimo (e nomeadamente de faixas de terreno que integram as margens do mar, que é o que agora releva), a respectiva desafectação não é uma questão de "âmbito regional". Não é, portanto, matéria passível de ser regulada num decreto legislativo regional [artigos 112.º, n.º 4, e 227.º, n.º 1, alínea *a*), da Constituição].

Assim, só é possível desafectação de bens do domínio público marítimo, mediante poder conferido por acto legislativo dos órgãos de soberania (sendo, aliás, fácil encontrar exemplos nos últimos anos de decretos-leis de desafectação de terrenos sem utilização portuária reconhecida), e não por acto dos órgãos regionais, pois a titularidade da margem como um todo é do Estado e não da região autónoma. A lei permite a desafectação de terrenos situados nas margens do mar (artigo 5.º, n.º 2 do Decreto-Lei n.º 468/71, de 5 de Novembro, na redacção da Lei n.º 16/2003, de 4 de Junho e, actualmente, artigo 19.º da Lei n.º 54/2005). Mas é ao respectivo titular que compete proceder a tal desafectação.

Na já antes citada passagem do Acórdão n.º 402/08, em que se reitera a titularidade por parte do Estado dos bens do domínio público marítimo, conclui-se com a impossibilidade de transferir para as regiões autónomas tais bens, advertindo-se:

> Há que atentar, na verdade, que a titularidade do domínio público marítimo cabe ao Estado [...] — cabe, e não pode deixar de caber, por imperativo constitucional, atenta a sua incindível conexão com a identidade e a soberania nacionais. Como corolário, está assente a intransferibilidade de bens de domínio público marítimo do Estado para as regiões.

Assim, sendo o domínio público marítimo (enquanto expressão territorial do princípio da unidade do Estado) insusceptível de transferência para as regiões (correspondendo isto ao conteúdo mínimo da garantia institucional constante do artigo 84.º, n.º 2, da Constituição da República Portuguesa), é forçoso considerar que excede o âmbito regional adoptar providências legislativas que contendam com a titularidade dos bens nele compreendidos, designadamente, permitir a desafectação para posterior transferência para o património de uma terceira entidade.

Em conclusão, não pode o artigo 2.º, n.º 7, do Decreto Legislativo Regional n.º 19/99/M permitir a desafectação dominial de partes do domínio público marítimo, sendo, na medida em que o faz, violador da garantia constitucional do domínio público do Estado.

7. *A questão de ilegalidade suscitada*

O requerente acrescenta, ainda, que os actos normativos objecto do pedido são ilegais, uma vez que extravasam o conceito de "interesse específico" resultante da alínea *mm)* do artigo 40.º do EPARAM, pedindo a correspondente declaração de ilegalidade.

Esta última questão fica, porém, prejudicada pela resposta encontrada quanto à questão de constitucionalidade.

III — Decisão

Pelos fundamentos expostos, o Tribunal Constitucional decide:

a) Declarar, com força obrigatória geral, a inconstitucionalidade da norma contida no artigo 2.º, n.º 7, *in fine*, do Decreto Legislativo Regional n.º 19/99/M, na versão constante do Decreto Legislativo Regional n.º 25/2003/M, por violação dos artigos 84.º, n.º 2, 112.º, n.º 4, e 227.º, n.º 1, alínea a), todos da Constituição, na medida em que permite ao Governo Regional da Madeira autorizar a desafectação dominial e a integração no património de uma sociedade de capitais exclusivamente públicos das faixas do domínio público marítimo delimitadas nos artigos 8.º, 9.º e 13.º do Anexo II daquele Decreto Legislativo Regional;
b) Não tomar conhecimento do pedido quanto às restantes normas nele mencionadas.

Lisboa, 16 de Dezembro de 2009. — *Vítor Gomes* — *Benjamim Rodrigues* — *Carlos Fernandes Cadilha* — *Ana Maria Guerra Martins* — *Gil Galvão* — *Joaquim de Sousa Ribeiro* — *Maria Lúcia Amaral* — *José Borges Soeiro* — *João Cura*

Mariano — *Maria João Antunes* (vencida, nos termos da declaração que se anexa) — *Carlos Pamplona de Oliveira* (vencido, conforme declaração) — *Rui Manuel Moura Ramos.*

DECLARAÇÃO DE VOTO

Votei no sentido da não inconstitucionalidade da norma contida no artigo 2.º, n.º 7, *in fine*, do Decreto Legislativo Regional n.º 19/99/M, na versão constante do Decreto Legislativo Regional n.º 25/2003/M, na medida em que permite ao Governo Regional da Madeira autorizar a desafectação dominial e a integração no património de uma sociedade de capitais exclusivamente públicos das faixas do domínio público marítimo delimitadas nos artigos 8.º, 9.º e 13.º do Anexo II daquele Decreto Legislativo Regional.

1. Relativamente às faixas em causa, qualificadas por aquele Decreto Legislativo Regional como "faixas do domínio público marítimo", entendo que integram o domínio público infra-estrutural (portuário) de que é titular a Região Autónoma da Madeira. Tais faixas integram o perímetro portuário, estando funcionalmente afectas à satisfação do serviço público que constitui a actividade portuária. "Um conceito funcional de porto não se pode bastar com os bens infra-estruturais (criados mediante a intervenção humana), mas inclui todos os bens funcionalmente conexionados com aqueles" (assim, Parecer junto ao autos).

Este entendimento é compatível com o que decorre da Constituição da República Portuguesa em matéria de repartição do domínio público (artigo 84.º), designadamente no que se refere à titularidade estadual do domínio público marítimo, "atenta a sua incindível conexão com a identidade e a soberania nacionais" (Acórdão do Tribunal Constitucional n.º 402/08). Se, por um lado, a integração das águas marítimas no domínio público estadual "não prejudica a existência de um regime *especial* que permita o exercício dos poderes de gestão do Estado pelas regiões autónomas — o que, aliás, surge em plena consonância com o princípio da descentralização na matéria do domínio público e com o vector funcional característico do estatuto da dominialidade"; por outro, os interesses da defesa nacional continuam tutelados (cfr. artigo 144.º, n.º 2, do Estatuto Político-Administrativo da Região Autónoma da Madeira), "ficando o Estado, enquanto titular do domínio, com livre acesso e gestão às mesmas águas sempre que tal seja reclamado para prover às necessidades defensivas, sobrepondo-se, então, ao regime especial (que é o regime normal de administração portuária), o regime geral, por força da emergência preponderante do interesse nacional" (assim, Parecer junto ao autos).

2. Entendo também que não há obstáculos do ponto de vista jurídico-constitucional à desafectação dominial e à integração subsequente no património de uma sociedade de capitais exclusivamente públicos de "faixas do domínio público marítimo", funcionalmente afectas à satisfação do serviço público que constitui a actividade portuária, desde que subsistam os poderes de domínio estadual que são impostos pela identidade e soberania nacionais.

A este propósito, deve notar-se que a parte final do n.º 7 do artigo 2.º do Decreto Legislativo Regional n.º 19/99/M, na versão constante do Decreto Legislativo Regional n.º 25/2003/M (bem como a Resolução do Governo da Região Autónoma da Madeira n.º 778/2005, de 20 de Junho) estabelece uma conexão entre a desafectação dominial e a integração no património da Ponta do Oeste — Sociedade de Promoção e Desenvolvimento da Zona Oeste da Madeira, S. A. e o cumprimento dos programas de desenvolvimento já aprovados, o que é significativo da submissão a vínculos reais jurídico-públicos e aos poderes de domínio da Região Autónoma da Madeira (sobre isto, cfr. Parecer junto aos autos). — *Maria João Antunes.*

DECLARAÇÃO DE VOTO

Não acompanho o Acórdão pelas razões que sumariamente passo a expor.

1. A Constituição prevê, no seu artigo 84.º, que o Estado, as regiões autónomas e as autarquias locais exercem poderes de domínio público sobre certas categorias de bens, determinando ainda que cabe ao legislador ordinário identificar os bens que integram o domínio público de cada uma dessas pessoas colectivas públicas, e definir o regime, as condições de utilização e os limites desse poder público. Esta tarefa, tal como se reconhece no acórdão, cabe na reserva relativa de competência da Assembleia da República, por força da alínea *v*) do n.º 1 do artigo 165.º da Constituição, e o seu exercício não pode ser autorizado às regiões — alínea *b*) do n.º 1 do artigo 227.º da Constituição. Quanto a estas, prevalece, como impõe o n.º 1 do artigo 227.º da Constituição, a disciplina fixada nos estatutos político-administrativos que são, por excelência, os diplomas conformadores das competências regionais que a Constituição não regula expressamente.

Ora, o artigo 144.º do Estatuto da Madeira integrou no domínio público da região os bens submetidos ao domínio público do Estado, com ressalva dos afectos à defesa nacional e a serviços públicos não regionalizados não integrantes do património cultural, excepções que se compreendem pela sua conexão com o exercício da soberania e, por isso, excluídas do âmbito regional. A própria noção de domínio público pressupõe um requisito de inalienável interesse público relativo ao bem em causa, e a submissão a um regime de direito público, pelo que a disciplina desse regime deve obrigatoriamente respeitar tais requisitos, sob pena de frustrar o desígnio constitucional relativo à obrigatória existência de um conjunto de bens integrados no domínio público. Por essa razão, isto é, em virtude de a Constituição impor o exercício de poderes públicos dominiais quanto a uma determinada classe de bens, deve entender-se que ao legislador ordinário está vedado não só extinguir essa realidade, como dar-lhe uma configuração tal que desfigure o carácter próprio da dominialidade.

É à região que incumbe praticar os actos de administração dos bens integrados no seu património [alínea *b*) do n.º 1 do artigo 227.º da Constituição], incluindo, como não pode deixar de ser, os que integram o domínio público regional. No entanto, escapa-lhe competência para alterar o regime da dominialidade quer no que toca à disciplina jurídica do poder público em causa, quer na designação dos bens sujeitos ao domínio público. Deve, com efeito, aceitar-se que tal disciplina jurídica, em razão da sua natureza constitucional, deve ser uniforme nos seus traços essenciais quanto a todo o domínio público do Estado, das regiões autónomas, ou das autarquias locais; por outro lado, se não havia razões fundadas em especificidade regional que permitissem admitir uma especial configuração desse regime jurídico na Madeira, o certo é que, hoje, o artigo 40.º da Estatuto da Madeira, em conjugação com a alínea *a*) do n.º 1 do artigo 227.º da Constituição, não consente o exercício de um tal poder legislativo, inscrito, além do mais, em área de reserva relativa de competência da Assembleia da República.

Assim, apesar de a Assembleia da República ter feito incluir o domínio público do Estado no domínio público regional, através do artigo 144.º do Estatuto Político-Administrativo da Região Autónoma da Madeira, tal transferência não habilita a região a alterar o regime jurídico da dominialidade, nem a modificar a classificação dos bens nela incluídos. É todavia seguro, pelas razões já apontadas, que lhe cabe exercer os poderes de administração e gestão desse património e que a via pela qual a região exerce tais poderes de administração pode apresentar uma feição não uniforme, designadamente pela sua entrega a entidades públicas ou privadas, através de instrumentos jurídicos diversificados, desde que se mostre garantido o essencial da dominialidade.

Por estas razões entendo que a norma regional em apreço, ao autorizar a desafectação dominial de bens incluídos no domínio público — ainda que regional — e a sua posterior integração no património de uma sociedade comercial, ofende o disposto na alínea *a*) do n.º 1 do artigo 227.º da Constituição, na sua versão contemporânea, mas, ao contrário do que se afirma no Acórdão, não viola a "garantia constitucional do domínio público do Estado".

2. Discordo ainda da delimitação do pedido, na parte em que se concluiu pela não sindicabilidade das Resoluções n.ºs 190/2004 e 778/2005 do Governo

Regional; em meu entender, tais diplomas apresentam claramente natureza normativa, ainda que administrativa, pelo que não estão fora da fiscalização que a alínea *f)* do n.º 2 do artigo 281.º atribui ao Tribunal Constitucional. — *Carlos Pamplona de Oliveira.*

Anotação:

1 — Acórdão publicado no *Diário da República*, I Série, de 12 de Fevereiro de 2010.

2 — Os Acórdãos n.ᵒˢ 131/03, 258/06 e 402/08 estão publicados em *Acórdãos*, 55.º, 64.º e 72.º Vols., respectivamente.

FISCALIZAÇÃO CONCRETA
DA
CONSTITUCIONALIDADE E DA LEGALIDADE

ACÓRDÃO N.º 486/09

DE 28 DE SETEMBRO DE 2009

Não julga inconstitucional a norma constante do n.º 1 do artigo 187.º do Código de Processo Penal de 1987, na redacção anterior à Lei n.º 48/2007, de 29 de Agosto, quando interpretada no sentido de que o respectivo conteúdo abrange o acesso à facturação detalhada e à localização celular.

Processo: n.º 4/09.
Recorrente: José António Elias Torrão.
Relator: Conselheiro João Cura Mariano.

SUMÁRIO:

I — Os dados da facturação detalhada e os dados da localização celular que fornecem a posição geográfica do equipamento móvel com base em actos de comunicação, na medida em que são tratados para permitir a transmissão das comunicações, são dados de tráfego respeitantes às telecomunicações e, portanto, encontram-se abrangidos pela protecção constitucional conferida ao sigilo das telecomunicações.

II — A norma *sub iudicio*, ao permitir a intercepção e gravação das conversações ou comunicações telefónicas, permite também, inevitavelmente, o acesso a todos os dados de tráfego inerentes à concretização dessa técnica de ingerência nas telecomunicações, onde se incluem os dados da facturação detalhada cobertos pelo sigilo das telecomunicações e a localização celular.

Acordam na 2.ª Secção do Tribunal Constitucional:

I — Relatório

No âmbito do processo penal comum que correu os seus termos sob o n.º 128/05.0 JDLSB, na 2.ª Secção, do 6.º Juízo Criminal de Lisboa, o arguido

José António Elias Torrão foi condenado, por sentença proferida em 17 de Julho de 2007, como autor material de um crime de violação de segredo por funcionário, previsto no artigo 383.º, n.º 1, do Código Penal, por referência ao artigo 386.º, n.º 1, do mesmo diploma legal, em concurso aparente com a prática de um crime de violação de segredo de justiça, previsto no artigo 371.º, n.º 1, do Código Penal, na pena de 8 meses de prisão, suspensa na execução por um período de 18 meses, sob condição de pagamento de determinada quantia a favor de uma certa entidade no prazo de 6 meses a contar do trânsito em julgado da condenação.

Na sequência de recurso interposto pelo arguido, tal condenação viria a ser confirmada, excepto na parte respeitante à duração do período da suspensão da execução da pena — que foi reduzido para um ano de duração —, por acórdão do Tribunal da Relação de Lisboa, proferido em 13 de Novembro de 2008.

O arguido interpôs então recurso deste acórdão, para o Tribunal Constitucional, ao abrigo do disposto na alínea *b)* do n.º 1 do artigo 70.º da Lei da Organização, Funcionamento e Processo do Tribunal Constitucional (LTC).

Foi proferida decisão sumária em 13 de Janeiro de 2009 de não conhecimento do recurso interposto.

O recorrente reclamou desta decisão para a conferência e, mediante acórdão proferido em 17 de Fevereiro de 2009, a reclamação foi parcialmente deferida, tendo a decisão reclamada sido revogada na parte em que não tinha tomado conhecimento do recurso interposto para "apreciação da constitucionalidade da norma constante do n.º 1 do artigo 187.º do Código de Processo Penal de 1987, na redacção anterior à Lei n.º 48/2007, de 29 de Agosto, quando interpretada no sentido de que o respectivo conteúdo abrange o acesso à facturação detalhada e à localização celular".

Após ter sido notificado para efeito de apresentação de alegações relativamente à referida questão de constitucionalidade, o recorrente alegou nos seguintes termos:

"1. Importa, antes do mais, e no seguimento da doutrina e jurisprudência assentar que o acesso à facturação detalhada e à localização celular constitui uma invasão aos direitos fundamentais do cidadão e por isso constitucionalmente protegidos. Nesta parte comunga-se do vertido no acórdão da Relação de Coimbra que decidiu, "Trata-se de um meio de prova que contende com bens jurídicos pessoais que, de forma mais ou menos extensiva e directa, relevam da esfera da privacidade e se caracterizam pela sua estrutura comunicativa e intersubjectiva".

Em causa estão bens jurídicos correspondentes a direitos e liberdades fundamentais que só pela abertura dialógica e comunicação interactiva logram a expressão positiva"[1].

---

[1] *Colectânea de Jurisprudência*, 2001, Tomo II, p. 44.

Refira-se que o acesso aos dados de tráfego exprime uma invasão diferente, mas não de menor intensidade, que a intercepção das comunicações telefónicas. A possibilidade de aceder à intensidade dos contactos com determinado posto telefónico constitui uma verdadeira intromissão na intimidade dos cidadãos visados.

Por outro lado, o acesso à localização celular é indiscutivelmente uma intromissão penetrante na esfera da privacidade e intimidade do cidadão. Este meio representa um autêntico controlo à distância do cidadão facultando acesso a todos os seus movimentos.

2. Nos termos do disposto no artigo 34.º, n.º 4, da Constituição da República Portuguesa, "É proibida toda a ingerência das autoridades públicas na correspondência, nas telecomunicações e nos demais meios de comunicação, salvos os casos previstos na lei em matéria de processo criminal."

Resulta, que "nos casos previstos na lei" torna-se legítima a ingerência das autoridades públicas nas telecomunicações.

Como ensinam Gomes Canotilho e Vital Moreira[2], o princípio da reserva de lei significa que os direitos, liberdades e garantias apenas podem ser restringidos por via de lei.

Ou seja, o princípio da legalidade ou da reserva de lei exige que essa restrição seja levada a cabo por lei. Aliás, tal decorre do estatuído no artigo 18.º da Constituição. Como ensinam os autores acabados de citar, "O regime próprio dos direitos, liberdades e garantias não proíbe de todo em todo a possibilidade de restrição, por via de lei, do exercício dos direitos, liberdades e garantias. Mas submete tais restrições a vários e severos requisitos. Para que a restrição seja constitucionalmente legítima, torna-se necessário a verificação cumulativa das seguintes condições: (*a*) que a restrição esteja expressamente admitida (ou eventualmente imposta) pela Constituição, ela mesma (n.º 2, 1.ª parte)..."[3]

3. Importa ainda considerar o disposto no artigo 8.º, n.º 1, da Constituição, segundo o qual, "As normas e os princípios de direito internacional geral ou comum fazem parte integrante do direito português."

Sobre a matéria que estamos a cuidar vale o estatuído no artigo 8.º, n.º 2, da Convenção Europeia dos Direitos Humanos, e que reza, "Não haverá ingerência da autoridade pública no exercício deste direito, salvo na medida em que tal ingerência estiver prevista na lei e constituir uma medida que (...)".

---

[2] Segundo estes autores reserva de lei tem um duplo sentido: *a)* reserva de lei material, que significa que os direitos, liberdades e garantias não podem ser restringidos (ou regulados) senão por via de lei e nunca por regulamento, não podendo a lei delegar em regulamento ou diferir para ele qualquer aspecto desse regime; *b)* reserva de lei formal, o que significa que os direitos, liberdades e garantias só podem ser regulados por lei da Assembleia da República ou, nos termos do artigo 168.º, por Decreto-Lei governamental devidamente autorizados, havendo casos (os previstos no artigo 167.º) em que os direitos, liberdades e garantias não ficam à disposição do poder regulamentar da administração e que o seu regime há-de ser definido pelo próprio órgão representativo, e não pelo Governo (salvo autorização) e, muito menos (...). in *Constituição da República Portuguesa anotada*, 3.ª edição, 1993, p. 154.

[3] *Constituição da República Portuguesa anotada*, 4.ª edição (pp. 1-388).

Releva ainda interpretar a expressão "prevista na lei" utilizada na Lei Constitucional e na Convenção.

Seguindo de perto os dados colhidos por Benjamim Silva Rodrigues sobre a interpretação do conteúdo desta expressão, no contexto da referida Convenção, é possível reter as exigências quanto a esta matéria de ingerência nos direitos fundamentais.

Os casos aí tratados são impressivos para melhor percepção da contextualização da expressão utilizada pelo legislador ordinário no n.º 1 do artigo 187.º do Código de Processo Penal, "A intercepção e a gravação de conversações ou comunicações telefónicas..."

Na verdade, este recorte normativo poderia suscitar dúvidas se também incluiria a possibilidade de aceder à facturação detalhada bem como à localização celular.

Diz Benjamim Silva Rodrigues:

"Apesar de estar prevista na lei expressa, a medida de ingerência pode ser considerada desconforme à Convenção se ela não for exequível, cognoscível e suficientemente precisa. Deste modo, a lei, que prevê a medida de ingerência, deve ter um conteúdo preciso. A expressão «prevista na lei», conforme já referimos, foi examinada nos casos *The Sunday Times, Silver* e *Malone*. No primeiro desses casos — *The Sunday Times* — referiu-se que «aos olhos do Tribunal, as duas condições seguintes contam-se entre as que se retiram das palavras "previstas pela lei". Torna-se necessário, antes de mais, que a "lei" seja suficientemente acessível: o cidadão deve poder dispor de informações suficientes, nas circunstâncias da causa, sobre as normas jurídicas aplicáveis a um dado caso. Em segundo lugar, apenas se pode considerar como "lei" uma norma enunciada com suficiente precisão para permitir ao cidadão regular a sua conduta; rodeando-se se necessário de conselhos esclarecidos, ele deve por si mesmo prever, com um grau de razoabilidade nas circunstâncias da causa, as consequências susceptíveis de derivarem de um determinado acto». No segundo dos casos — *Silver* e outros *versus* Reino Unido — reiteraram-se os argumentos expendidos no anterior aresto: *i)* que a lei seja acessível; *ii)* que a lei seja precisa. Por último, no caso *Malone*, esclareceu-se que a expressão "lei" engloba ao mesmo tempo o direito escrito e não escrito; e, por outro lado, que a ingerência deve ter uma base no direito interno; deve ser uma "lei" suficientemente acessível para o cidadão; e precisa com vista permitir ao cidadão regular a sua conduta.

Refira-se que o caso *Malone* se revestiu de especial importância na fixação do sentido e alcance a atribuir à expressão "lei", pois aí se entendeu que a lei deve empregar termos suficientemente claros para possibilitar a todos os cidadãos as circunstâncias e os requisitos que permitem ao poder público fazer uso dessa medida secreta e possivelmente perigosa que lesa o direito à vida privada pessoal e familiar e à correspondência.[4]"

---

[4] *Das escutas telefónicas*, Tomo I, p. 143.

4. Estes elementos conduzem-nos a dirimir uma objecção colocada pela decisão recorrida.

Parece decorrer da argumentação ai expendida que a expressão "intercepção e gravações de conversações ou comunicações telefónicas" tem conteúdo diferente que a expressão "dados de tráfego e localização celular".

E na verdade, a expressão "comunicação" é tratada no Dicionário da Língua Portuguesa Contemporânea como significando: "1. Acção de transmitir e receber mensagens, usando os meios e códigos convencionados; acto ou efeito de comunicar (...). Comunicação telefónica, conversa tida com alguém por meio de telefone. 2. Ling. Acto que consiste essencialmente na codificação e descodificação de uma mensagem verbal. Os factores de comunicação são o emissor, o receptor, a mensagem, o código, o canal e o referente (...).[5]

Neste sentido também no seguimento de parecer do Conselho Consultivo da Procuradoria-Geral da República, o Procurador-Geral da República lavrou a circular n.º 7/92, segundo o qual, "O procedimento de intercepção telefónica ou similar se consubstancia na captação de uma comunicação entre pessoas diversas do interceptor por meio de um processo mecânico, sem conhecimento de, pelo menos, um dos interlocutores."[6]

Ora, o registo dos dados de tráfego bem como a localização celular são coisa bem diversa.

Nos dados de tráfego capta-se o fluxo de ligações estabelecidas entre dois aparelhos.

Na localização celular capta-se o local onde esses aparelhos foram accionados.

Do que resulta a escuta da comunicação tem mais que ver com a palavra, enquanto que, o acesso aos dados de tráfego e à localização celular prende-se com outros elementos atinentes ao fluxo de ligações e localizações dos aparelhos.

Não vale argumentar, por isso, que se o legislador permitiu escutar a palavra também permitiu acesso aos dados de tráfego e localização celular, "acreditando-se" que quem autorizou "o mais" também autorizou "o menos".

Importa registar que a regra é a não violação dos direitos fundamentais, só em casos excepcionais esses direitos podem ser postergados. É de arredar, por isso, a aplicação desse invocado princípio "o que pode o mais pode o menos", uma vez que, estamos face a direitos, liberdades e garantias. Por outro lado, tratando-se de excepções esses princípios não têm aplicação.

Acresce que não procede o pressuposto de que a escuta de uma comunicação é mais invasiva que o acesso aos dados de tráfego ou/e à localização celular. Muitas vezes uma comunicação não evidência mais que um dialogo de conteúdo inócuo — seja porque os interlocutores não o pretendem fazer ao telefone —, mas a circunstância de se aceder ao número de vezes que se liga para determinado aparelho já pode ter um conteúdo forte e o acesso à localização celular é em si mesmo profundamente invasivo do direito à privacidade.

---

[5] *Dicionário da Academia das Ciências de Lisboa*, I, p. 897.
[6] Parecer n.º 92/91.

5. O acesso aos dados de tráfego e à localização celular foram autorizados por despacho judicial proferido antes da entrada em vigor da Lei n.º 48/2007, de 29 de Agosto.

Só, com as alterações introduzidas pelo artigo 189.º, n.º 2, do Código de Processo Penal o legislador veio consagrar a possibilidade de acesso à facturação detalhada e à localização celular.

Do que resulta, no momento em que foi proferido despacho judicial, que autorizou acesso a esses elementos, não existir norma jurídica que lhe desse cobertura legal.

6. O recorrente solicitou parecer ao Senhor Professor Manuel da Costa Andrade que opinou neste sentido, referindo:

"Como de todos os lados se acentua — e a própria sentença recorrida não deixa de, expressa e pertinentemente, reconhecer — a facturação e a localização celular configuram atentados específicos à vida privada e, mais directamente, ao sigilo de telecomunicações. E configuram atentados distintos e autónomos face à intercepção e gravação das conversações ou comunicações. Vale por dizer que a sua realização (não consentida) tem de assentar em lei que, de forma específica e autónoma, os legitime. O que, manifestamente, não sucedia na lei processual penal portuguesa vigente até 15 de Setembro de 2007, data a partir da qual, com a entrada em vigor do novo n.º 2 do artigo 190.º, as medidas passaram a gozar de reconhecimento e legitimação legal. Antes disso, nada mais infundado e irreconciliável com a lei e a Constituição do que buscar a legitimação em dispositivos como os artigos 187.º e 188.º do Código de Processo Penal.

Entendimento contrário, isto é, a consideração de que, no silêncio da lei, os meios sempre seriam legítimos porque cobertos pelos artigos 187.º e 188.º do Código de Processo Penal, estaria, pois, irremivelmente ferida de inconstitucionalidade material."

7. Também nós concluímos no sentido de que a interpretação que foi dada, pelo douto acórdão recorrido, às normas constantes dos artigos 187.º e 188.º do Código de Processo Penal as inquinam de inconstitucionalidade material por afrontarem o estatuído nos artigos 18.º, n.ºs 2 e 3, e 34.º, n.º 4, da Constituição.

Com efeito, não existindo norma que permitisse acesso à facturação detalhada e localização celular o tribunal estava impedido de autorizar a recolha desses elementos.

8. Padece, assim, de inconstitucionalidade material a interpretação que a decisão recorrida deu às normas constantes dos artigos 187.º e 188.º do Código de Processo Penal com o sentido de, antes da entrada em vigor da Lei n.º 48/2007, de 29 de Agosto, o Tribunal poder autorizar acesso à facturação detalhada e à localização celular, por violação dos artigos 18.º, n.ºs 1 e 2, e 34.º, n.º 4, da Constituição da República Portuguesa.

Nestes termos e demais de direito deverão as supra citadas normas serem declaradas inconstitucionais.»

O Ministério Público contra-alegou, tendo concluído que "não é inconstitucional a interpretação da norma do n.º 1 do artigo 187.º do Código de Processo Penal de 1987, na redacção anterior à Lei n.º 48/2007, de 29 de Agosto, segundo a qual o respectivo conteúdo normativo abrange o recurso à facturação detalhada e à localização celular".

A recorrida e assistente ASFIC/PJ — Associação Sindical dos Funcionários de Investigação Criminal da Polícia Judiciária não apresentou contra-alegações.

II — Fundamentação

1. *Do conhecimento do objecto do recurso*

O recorrente pretende que o Tribunal aprecie da constitucionalidade da norma constante do n.º 1 do artigo 187.º do Código de Processo Penal de 1987, na redacção anterior à Lei n.º 48/2007, de 29 de Agosto (CPP/87), quando interpretada no sentido de que o respectivo conteúdo abrange o acesso à facturação detalhada e à localização celular.

Invoca o recorrente que tal interpretação normativa encontra-se ferida de inconstitucionalidade material por violação da reserva de lei restritiva de direitos, liberdades e garantias, nomeadamente porque permite a produção e valoração de provas resultantes de intromissões nas telecomunicações não previstas na lei processual penal.

A questão que se coloca é, pois, a de saber se terá ou não havido uma violação do princípio da legalidade no âmbito do processo penal.

Na verdade, neste ramo do direito também se reflecte a reserva de lei restritiva de direitos fundamentais, nomeadamente quando o legislador constitucional admite expressamente restrições ao sigilo das telecomunicações desde que previstas na lei em matéria de processo criminal (artigo 34.º, n.º 4, da Constituição).

São conhecidas as posições divergentes sobre se a fiscalização do princípio da legalidade, designadamente em matéria fiscal e penal, se insere nas atribuições do Tribunal Constitucional.

Entre nós não vigora um sistema de recurso de amparo ou de queixa constitucional, existindo, sim, um sistema de fiscalização normativa da constitucionalidade que não permite que o Tribunal conheça do mérito constitucional do acto casuístico de subsunção de um pormenorizado conjunto de factos concretos na previsão abstracta de uma certa norma legal. Mas o sistema português de fiscalização da constitucionalidade inclui a possibilidade de apreciar a validade daquilo que geralmente se designam como interpretações normativas, admitindo o artigo 80.º, n.º 3, da LTC, a possibilidade de "o juízo de constitucionalidade sobre a norma que a decisão tiver aplicado, ou a que tiver recusado aplicação, se fundar em determinada interpretação dessa mesma norma".

Ora, na linha da doutrina sustentada no Acórdão n.º 183/08 deste Tribunal (publicado no *Diário da República*, II Série, de 22 de Abril de 2008), quando o referente da norma em causa é uma realidade típica com um elevado grau de abstracção, como sucede com o "acesso à facturação detalhada" e a "localização celular", as quais se mostram, aliás, parcialmente configuradas pelo legislador europeu e nacional (vide a Lei n.º 41/2004, de 18 de Agosto), os argumentos fundamentais invocados para não conhecer das eventuais violações do princípio da legalidade deixam de ter apoio.

Com efeito, e ao invés do que sucede quando se pergunta se um determinado conjunto de factos concretos é ou não susceptível de subsunção num determinado tipo legal, quando se procura saber se o "acesso à facturação detalhada" ou a "localização celular" se integram nos meios de obtenção de prova excepcionalmente admitidos pelo artigo 187.º do CPP/87, não se está a julgar se uma expressão legal é ou não susceptível de ter como referente um determinado conjunto de factos concretos que ocorreu no caso *sub iudice*, mas sim se o referente pode ser uma realidade típica definida de forma geral e abstracta.

Neste recurso, o referente são realidades típicas dotadas de um grau de abstracção suficiente para que o Tribunal Constitucional possa verificar se, do ponto de vista do princípio da legalidade, é legítimo que se considere que elas estão abrangidas pelo âmbito de determinado preceito legal.

Nestas hipóteses, o Tribunal Constitucional não funciona como instância revisora do modo como os demais tribunais interpretam e aplicam o direito infra-constitucional, substituindo-se-lhes na tarefa que exclusivamente lhes pertence de subsunção de certos factos a um tipo de determinação legal, limitando-se apenas a verificar se o critério normativo adoptado pelo tribunal recorrido de considerar incluído num determinado preceito legal uma realidade típica abstracta, viola o princípio da reserva de lei restritiva de direitos fundamentais.

Note-se que nesta fiscalização concreta não se avalia da correcção desse critério normativo, isto é, se a interpretação que conduziu a essa inclusão foi ou não a melhor, mas sim se o seu resultado respeitou a imposição constitucional de que as restrições aos direitos fundamentais devem estar previstas por lei.

2. *Do mérito do recurso*

2.1. Do direito à inviolabilidade das telecomunicações e das restrições expressamente autorizadas pela Constituição

O presente recurso versa a temática delicada das proibições de prova em processo penal, tendo como pano de fundo a alegada violação da protecção constitucional da reserva da intimidade da vida privada e, mais directamente, do sigilo das telecomunicações.

É consensual que o meio de obtenção de prova das escutas telefónicas assume uma elevada relevância no plano jurídico-constitucional, derivada da sua inquestionável e qualificada danosidade social, estando em causa, fundamentalmente, o direito à reserva da intimidade privada e o direito à inviolabilidade das telecomunicações (vide Costa Andrade, em "Sobre o regime processual penal das escutas telefónicas", in *Revista Portuguesa de Ciência Criminal*, Ano I, Fasc. 3, Julho-Setembro 1991, pp. 380-382).

Naturalmente, atenta a especialidade da matéria em causa, o parâmetro constitucional à luz do qual há-de avaliar-se a constitucionalidade da interpretação normativa questionada é o artigo 34.º, n.º 4, da Constituição da República Portuguesa (CRP), com a redacção vigente desde a Revisão Constitucional de 1997, cujo teor é o seguinte na parte que ora releva:

"É proibida toda a ingerência das autoridades públicas na correspondência e nas telecomunicações, salvos os casos previstos na lei em matéria de processo criminal."

Para prevenir a violação deste preceito constitucional no âmbito do processo criminal, o artigo 32.º, n.º 8, da CRP, dispõe ainda que:

"São nulas todas as provas obtidas mediante (...) abusiva intromissão (...) nas telecomunicações".

Os valores constitucionais da busca da verdade material e da realização da justiça, mesmo em matéria de responsabilidade criminal, têm limites, impostos pela dignidade e pelos direitos fundamentais das pessoas, que se traduzem processualmente nas proibições de prova, das quais beneficiam todas as pessoas, incluindo os suspeitos da prática de qualquer crime.

Por isso, é acentuado "o significado da consciência de não se estar a ser secretamente vigiado como garante de uma utilização activa dos direitos humanos através dos cidadãos e como elemento central de uma democracia que funciona" (vide, Hans-Jörg Albrecht, em "Vigilância das telecomunicações. Análise teórica e empírica da sua implementação e efeitos", in *Que Futuro Para o Direito Processual Penal? — Simpósio em Homenagem a Jorge de Figueiredo Dias, por ocasião dos 20 anos do Código de Processo Penal Português*, p. 728, da edição de 2009, da Coimbra Editora).

Porém, nem todas as proibições de obtenção de meios de prova são absolutas como sucede no caso das provas obtidas mediante tortura, coacção, ofensa da integridade física ou moral da pessoa.

A proibição de obtenção de meios de prova mediante intromissão na vida privada, no domicílio, na correspondência e nas telecomunicações pode ser afastada, quer pelo acordo do titular dos direitos em causa, quer pelas restrições à inviolabilidade desses direitos expressamente autorizadas pela Constituição.

O legislador constitucional prevê expressamente restrições ao sigilo das telecomunicações mas apenas as admite no domínio da lei processual penal.

A regra neste domínio é a da proibição de produção e de valoração das gravações resultantes de escutas telefónicas.

A excepção será a existência de uma lei ordinária relativa ao processo criminal que estabeleça uma autorização de produção e consequente valoração probatória.

Para além da referida previsão legal expressa, as restrições em questão devem observar os demais requisitos previstos no artigo 18.º, n.ºs 2 e 3, da CRP, nomeadamente: *a)* que a restrição vise salvaguardar outro direito ou interesse constitucionalmente protegido (n.º 2, 1.ª parte); *b)* que a restrição seja exigida por essa salvaguarda, seja apta para o efeito e se limite à medida necessária para alcançar esse objectivo (n.º 2, *in fine*); *c)* que a restrição não aniquile o direito em causa atingindo o conteúdo essencial do respectivo preceito (n.º 3, *in fine*).

A validade das leis restritivas de direitos, liberdades e garantias depende ainda de três requisitos quanto ao carácter da própria lei: *a)* a lei deve revestir carácter geral e abstracto (n.º 3, 1.ª parte), *b)* a lei não pode ter efeito retroactivo (n.º 3, 2.ª parte); *c)* a lei deve ser uma lei da Assembleia da República ou um decreto-lei autorizado [artigo 165.º, n.º 1, alínea *b*)].

Sobre o significado da reserva da lei restritiva de direitos fundamentais, assinala Jorge Novais:

"Sendo a determinabilidade normativa um elemento essencial das garantias de Estado de direito proporcionadas pela reserva de lei, nela há uma clara dimensão competencial que se traduz, no fundo, por saber, em função da densidade da regulação a quem é atribuída a última decisão sobre a afectação do direito fundamental: ou ao legislador, quando a lei restritiva está suficientemente determinada — o que, no caso, equivale grosso modo a dizer que ela cabe aos órgãos nacionais democraticamente legitimados ou se ela cabe à Administração ou ao poder judicial, quando a densidade exigível escasseia.

Mas é sobretudo nos argumentos democráticos que a dimensão competencial cobra pleno desenvolvimento, assumindo, aí, a reserva de lei parlamentar o papel de protagonista. Basicamente, a ideia é que há decisões tão essenciais para a vida da comunidade que devem ser tomadas pela instituição representativa de todos os cidadãos. Entre essas decisões contam-se imediatamente, qualquer que seja a fundamentação apresentada, as decisões que afectam os direitos fundamentais, mormente as suas restrições, entendendo-se que a excepcionalidade da sua ocorrência e a gravidade dos seus efeitos exige a participação decisiva dos representantes dos próprios interessados (Em *As restrições aos direitos fundamen-*

tais não expressamente autorizadas pela Constituição, p. 833, da edição de 2003, da Coimbra Editora).

Não existindo essa lei estaremos na presença de uma proibição de valoração de prova.

2.2. Do âmbito da tutela constitucional das telecomunicações em geral

Prosseguindo na análise da eventual violação da reserva de lei restritiva da garantia constitucional do sigilo das telecomunicações, importa agora delimitar o âmbito constitucionalmente protegido dessa garantia, para que se possa verificar em que medida a facturação detalhada e a localização celular podem conflituar com os direitos fundamentais protegidos com tal sigilo.

A Constituição de 1976, desde a sua redacção originária, proíbe qualquer ingerência das autoridades públicas nas telecomunicações, salvo os casos previstos na lei em matéria de processo criminal.

No plano da lei ordinária, o revogado artigo 210.º do Código de Processo Penal de 1929, na redacção do Decreto-Lei n.º 377/77, de 6 de Setembro, já previa a intercepção e gravação de telecomunicações por ordem excepcional do juiz quando fosse indispensável à instrução da causa.

Porém, o texto constitucional não contém, compreensivelmente, por razões de ordem técnica, ligadas à permanente evolução tecnológica, nenhuma definição do âmbito das telecomunicações para aquele efeito, restando o recurso à legislação ordinária para integrar e actualizar esse conceito.

O Decreto-Lei n.º 188/81, de 2 de Julho — diploma que veio estabelecer os princípios gerais das comunicações —, entendia por comunicações o serviço por meio do qual se efectua o transporte ou a transmissão de mensagens ou informações através dos meios técnicos adequados (artigo 1.º, n.º 1), e dentro das modalidades de comunicações distinguia as telecomunicações como aquelas que consistem na transmissão, emissão ou recepção de símbolos, sinais, escrita, imagens, sons ou informações de qualquer outra natureza por fios, meios radioeléctricos, ópticos ou outros sistemas electromagnéticos [artigo 2.º, n.º 1, alínea *b*)].

Assim, para o referido efeito, as telecomunicações abrangiam várias modalidades, nomeadamente o serviço telegráfico, o serviço telefónico, o serviço de telex, o serviço de comunicação de dados, a videofonia, a telecópia, o teletexto e o videotexto (artigo 2.º, n.º 2).

O Código de Processo Penal de 1987, na sua redacção originária, veio permitir a intercepção e a gravação de conversações ou comunicações telefónicas mediante prévia autorização judicial e estendeu essa permissão às conversações ou comunicações transmitidas por qualquer meio técnico diferente do telefone (artigos 187.º, n.º 1, e 190.º).

O conceito legal de telecomunicações adoptado pelo aludido Decreto-Lei n.° 188/81 não sofreu alterações com a entrada em vigor das ulteriores Leis de Bases das Redes e Prestação de Serviços de Telecomunicações (vide artigo 1.°, n.° 1, da Lei n.° 88/89, de 11 de Setembro, e artigo 2.°, n.° 1, da Lei n.° 91/97, de 1 de Agosto).

A Lei n.° 59/98, de 25 de Agosto, alterou a redacção do artigo 190.° do CPP/87, o qual passou a dispor que "o disposto nos artigos 187.°, 188.° e 189.° é correspondentemente aplicável às conversações ou comunicações transmitidas por qualquer meio técnico diferente do telefone, designadamente correio electrónico ou outras formas de transmissão de dados por via telemática, bem como à intercepção das comunicações entre presentes".

Paralelamente, aumentaram as preocupações com o tratamento dos dados pessoais gerados pelas telecomunicações.

Assim, pouco tempo depois da entrada em vigor desta alteração legislativa, a Lei n.° 69/98, de 28 de Outubro — que transpôs a Directiva n.° 97/66/CE, do Parlamento Europeu e do Conselho —, veio regular o tratamento de dados pessoais e a protecção da privacidade no sector das telecomunicações, especificando e complementando as disposições da Lei n.° 67/98, de 26 de Outubro (Lei da Protecção de Dados Pessoais).

Todavia, a introdução de novas tecnologias digitais nas redes de comunicações públicas da Comunidade trouxe consigo uma grande capacidade e possibilidade de tratamentos de dados pessoais e determinou a necessidade de acautelar novos requisitos específicos de protecção de dados pessoais e da privacidade dos utilizadores, o que se traduziu na adaptação e revogação da Directiva n.° 97/66/CE pela Directiva n.° 2002/58/CE, do Parlamento Europeu e do Conselho.

E, assim, mercê do dever de transposição desta nova directiva europeia, a referida Lei n.° 69/98 foi revogada pela Lei n.° 41/2004, de 18 de Agosto, a qual veio aprovar o regime jurídico do tratamento de dados pessoais e da protecção da privacidade no sector das comunicações electrónicas.

Este último diploma legal preocupou-se especialmente com a facturação detalhada e a localização celular, como se verá adiante mais em detalhe.

Em conformidade com a directiva europeia transposta, a Lei n.° 41/2004 não prejudica a possibilidade de existência de legislação especial que restrinja a sua aplicação no que respeita à inviolabilidade das comunicações, nomeadamente para efeito de investigação e repressão de infracções penais (artigo 1.°, n.° 4).

Uma vez que os meios de prova postos em crise no presente recurso foram produzidos durante o ano de 2005, não se cuidará aqui da Directiva n.° 2006/24/CE, do Parlamento Europeu e do Conselho, relativa à conservação de dados gerados ou tratados no contexto da oferta de serviços de comunicações electrónicas publicamente disponíveis ou de redes públicas de comunicações, nem da Lei n.º 32/2008, de 17 de Julho, que procedeu à respectiva transposição para a ordem jurídica nacional.

Pelas mesmas razões, também não se atenderá à Reforma Processual Penal de 2007 e às alterações introduzidas pela Lei n.º 48/2007 nos artigos 187.º e 190.º do CPP/87.

Não obstante a evolução legislativa acabada de enunciar, a verdade é que, relativamente ao tipo de dados envolvidos no serviço de telecomunicações, continua a ser consensual, no seio da doutrina e jurisprudência nacionais, a classificação adoptada pelo Conselho Consultivo da Procuradoria-Geral da República, que distingue entre dados de base, dados de tráfego e dados de conteúdo (vide Parecer n.º 16/94/complementar, acessível em *www.dgsi.pt*, e Parecer n.º 21/2000, publicado no *Diário da República*, II Série, de 23 de Julho de 2002).

Assim, de harmonia com esses pareceres, no serviço de telecomunicações podem distinguir-se as seguintes espécies de dados:

"Nos serviços de telecomunicações podem distinguir-se, fundamentalmente, três espécies ou tipologias de dados ou elementos: os dados relativos à conexão à rede, ditos dados de base; os dados funcionais necessários ao estabelecimento de uma ligação ou comunicação e os dados gerados pela utilização da rede (por exemplo, localização do utilizador, localização do destinatário, duração da utilização, data e hora, frequência), dados de tráfego; e os dados relativos ao conteúdo da comunicação ou da mensagem, dados de conteúdo.

Sendo os vários serviços de telecomunicações utilizados para a transmissão de comunicações verbais ou de outro tipo (mensagens escritas, dados por pacotes), os elementos inerentes à comunicação podem, por outro lado, estruturar-se numa composição sequencial em quatro tempos: a fase prévia à comunicação, o estabelecimento da comunicação, a fase da comunicação propriamente dita e a fase posterior à comunicação.

No primeiro tempo relevam essencialmente os dados de base, enquanto que nos restantes importa essencialmente a consideração dos dados de tráfego e de conteúdo.

Os dados de base constituem, na perspectiva dos utilizadores, os elementos necessários ao acesso à rede, designadamente através da ligação individual e para utilização própria do respectivo serviço: interessa aqui essencialmente o número e os dados através dos quais o utilizador tem acesso ao serviço.

(...)

Diversamente dos elementos de base (elementos necessários ao estabelecimento de uma base para comunicação), que estão aquém, antes, são prévios e instrumentos de qualquer comunicação, os chamados elementos de tráfego (elementos funcionais da comunicação), como os elementos ditos de conteúdo, têm já a ver directamente com a comunicação, quer sobre a respectiva identificabilidade, quer relativamente ao conteúdo propriamente dito da mensagem ou da comunicação.

Os elementos ou dados funcionais (de tráfego), necessários ou produzidos pelo estabelecimento da ligação da qual uma comunicação concreta, com determinado conteúdo, é operada ou transmitida, são a direcção, o destino (*adressage*) e a via, o trajecto (*routage*).

(...)

Estes elementos funcionalmente necessários ao estabelecimento e à direcção da comunicação identificam, ou permitem identificar a comunicação: quando conservados, possibilitam a identificação das comunicações entre o eminente e o destinatário, a data, o tempo, e a frequência das ligações efectuadas.

Constituem, pois, elementos já inerentes à própria comunicação, na medida em que permitem identificar, em tempo real ou a posteriori, os utilizadores, o relacionamento directo entre uns e outros através da rede, a localização, a frequência, a data, hora e a duração da comunicação, devem participar das garantias a que está submetida a utilização do serviço, especialmente tudo quanto respeite ao sigilo das comunicações.

Finalmente, os elementos de conteúdo — dados relativos ao próprio conteúdo da mensagem, da correspondência enviada através da utilização da rede."

O sigilo das telecomunicações, garantido nos termos do artigo 34.º, n.º 1, da Constituição, abrange não só o conteúdo das comunicações mas também o tráfego como tal (vide Gomes Canotilho/Vital Moreira, *ob. cit.* pp. 538 e segs.).

"O que está em causa é assegurar o livre desenvolvimento da personalidade de cada um através da troca à distância, de informações, notícias, pensamentos e opiniões, à margem da devassa da publicidade" (Costa Andrade, em *Bruscamente no verão passado...*, Ano 137.º, n.º 3951, Julho-Agosto 2008, p. 339).

A privacidade da comunicação, como corolário da reserva da intimidade da vida privada, abrange não apenas a proibição de interferência, em tempo real, de uma chamada telefónica, como também a impossibilidade do ulterior acesso de terceiros a elementos que revelem as condições factuais em que decorreu uma comunicação (vide, neste sentido Nicolás González-Cuéllar Serrano, em "Garantías constitucionales de la persucución penal en el entorno digital", in *Prueba e Processo Penal (Análisis especial de la prueba prohibida en el sistema español e en el derecho comparado)*, pp. 171-174, da edição de 2008, da Tirant lo Blanch).

Efectivamente, num Estado de direito democrático, assiste a qualquer cidadão o direito de telefonar quando e para quem quiser com a mesma privacidade que se confere ao conteúdo da sua conversa.

O mesmo raciocínio não vale para os elementos ou dados de base, já que, conforme assinala Costa Andrade "a pertinência dos dados à categoria e ao regime das telecomunicações pressupõe, em qualquer caso, a sua vinculação a uma concreta e efectiva comunicação — ao menos tentada/falhada — entre pessoas" (*ob. cit.*, p. 341).

Na verdade, por exemplo, a mera identificação do titular de um número de telefone fixo ou móvel, mesmo quando confidencial, surge com uma autonomia e com uma instrumentalidade relativamente às eventuais comunicações e, por isso mesmo, não pertence ao sigilo das telecomunicações, nem beneficia das garantias concedidas ao conteúdo das comunicações e aos elementos de tráfego gerados pelas comunicações propriamente ditas (vide, neste sentido, Costa Andrade, em *Comentário Conimbricense do Código Penal*, Parte Especial, Tomo III, pp. 797-798, da edição de 2001, da Coimbra Editora).

A mesma falta de tutela constitucional no plano do sigilo das telecomunicações valerá para os dados de localização celular que não pressuponham qualquer acto de comunicação, bastando para o efeito que o telemóvel esteja em posição de *stand by*, isto é, ligado e apto para receber chamadas (vide, neste sentido Costa Andrade, em *Bruscamente no verão passado...*, Ano 137.º, n.º 3951, Julho-Agosto 2008, p. 341).

Todavia, atenta a instrumentalidade do recurso de constitucionalidade, estas ressalvas não assumem aqui qualquer relevância, na medida em que os dados de localização celular a que se refere a motivação do julgamento da matéria de facto levado a cabo na sentença condenatória proferida em primeira instância respeitam invariavelmente a concretas e efectivas comunicações efectuadas e recebidas de telemóveis (cfr. fls. 1538-1540).

2.3. Da facturação detalhada e da localização celular em particular

A facturação detalhada surgiu no nosso ordenamento jurídico como um mecanismo vocacionado para a protecção dos utentes de serviços públicos essenciais, nomeadamente, o serviço telefónico, que passa pela obrigação do prestador do serviço identificar cada chamada telefónica e o respectivo custo (artigo 9.º da Lei n.º 23/96, de 26 de Julho, e artigo 1.º do Decreto-Lei n.º 230/96, de 29 de Novembro).

A introdução da facturação detalhada melhorou as possibilidades de o assinante verificar a exactidão dos montantes cobrados pelo prestador de serviço, embora, possa, ao mesmo tempo, pôr em causa a privacidade dos utilizadores do serviço telefónico pelo conhecimento das "condições factuais das comunicações" (vide, sobre estes problemas, António Pinto Monteiro, "A protecção do consumidor de serviços públicos essenciais", in *Estudos de Direito do Consumidor*, n.º 2, pp. 345-347).

Efectivamente, na definição de factura detalhada incluem-se, pelo menos, informações relativas a todas as chamadas efectuadas num determinado período, aos números de telefone chamados, à data da chamada, à hora de início e à duração de cada chamada.

É pacífico que a facturação detalhada integra os chamados dados de tráfego relativos às comunicações efectuadas.

É a própria Lei n.º 41/2004 que trata como dados de tráfego quaisquer dados tratados para efeitos da facturação do envio de uma comunicação através de uma rede [artigo 2.º, alínea d)].

Por seu turno, a localização celular constitui uma ferramenta mais recente que está associada às redes de telecomunicações móveis.

Os sistemas actuais de redes móveis assentam numa estrutura celular que consiste na instalação de emissores para assegurar a cobertura de uma determinada área geográfica (vide, sobre este tema, Rui Sá, *Sistemas e Redes de Telecomunicações*, pp. 193-222, da edição de 2007, da FCA, cujos ensinamentos aqui se seguirão de perto).

Após uma primeira geração com transmissão analógica, seguiu-se na década de 1990, uma segunda geração de redes móveis já com tecnologia digital designada por rede GSM (Global System for Mobile communications).

Os equipamentos de uma rede GSM desempenham várias funções, designadamente, a gestão da mobilidade dos terminais.

A zona de influência de uma rede GSM está dividida em várias áreas designadas por células que correspondem à área servida por uma antena e que são identificadas por um identificador, CGI (*Cell Global Identity*).

Por seu turno, as células são agregadas em áreas de localização, LA (*Location Area*), que têm o seu identificador, LAI (*Location Area Identity*).

A estação móvel é composta pelo equipamento móvel e pelo SIM (*Subscriber Identity Module*), o qual, basicamente, é um cartão que permite a identificação do cliente perante a rede através do IMSI (*Internacional Mobile Subscriber Identity*).

Os próprios equipamentos terminais têm um identificador único conhecido pela sigla IMEI (*International Mobile Equipment Identity*) que permite identificar a sua utilização numa rede GSM.

A área de localização é utilizada para localizar o terminal móvel, pois a informação que está registada sobre o estado de actividade do terminal indica qual a área de localização em que o IMEI foi detectado.

Durante a fase de arranque, a estação móvel inicia uma acção de actualização de localização, enviando a sua identificação para a rede.

Quando a estação móvel se desloca para uma nova área, ocorre uma actualização de localização (*location update*) e a identificação da nova área é fornecida para a rede.

A localização celular dispensa a realização de chamadas telefónicas, bastando para o efeito que o equipamento móvel esteja ligado.

A localização celular dos equipamentos móveis, ao permitir a gestão dos equipamentos que acedem à rede, constitui condição indispensável para o estabelecimento e transmissão das comunicações, quer durante a fase de arranque da estação móvel, quer quando ocorre uma mudança de área.

Adicionalmente, a localização celular permite satisfazer outras necessidades, estranhas à própria rede, como rastrear equipamentos furtados ou mesmo impedir o seu acesso à rede.

A recente incorporação da tecnologia GPS (*Global Positioning System*) nos equipamentos móveis permitiu que a localização celular atingisse um grau de precisão muito elevado em matéria de determinação da posição geográfica.

Os dados de localização podem, assim, incidir sobre a latitude, a longitude e a altitude do equipamento terminal do utilizador, a identificação da célula de rede em que o equipamento terminal está localizado em determinado momento e sobre a hora de registo da informação de localização.

Em conformidade com a Directiva n.º 2002/58/CE, a Lei n.º 41/2004 considera os dados de localização que fornecem a posição geográfica do equipamento terminal como dados de tráfego apenas na medida em que sejam estritamente tratados pela rede móvel para permitir a transmissão de comunicações, ficando fora desta classificação os dados de localização que são mais precisos do que o necessário para a transmissão das comunicações e que são utilizados para a prestação de serviços de valor acrescentado, tais como serviços que prestam aos condutores informações e orientações individualizadas sobre o tráfego [artigos 2.º, alíneas *d)*, *e)* e *f)*, 6.º e 7.º].

Estes dados de tráfego ficam sempre registados e armazenados durante um período de tempo limitado, o que é do conhecimento dos utentes dos serviços telefónicos, e, por conseguinte, dificilmente se pode dizer que o acesso aos mesmos no âmbito do processo penal integre os chamados "métodos ocultos de investigação criminal", como sucede com as "escutas telefónicas" (vide, sobre esta categoria, Costa Andrade, em "Métodos ocultos de investigação (Plädoyer para uma teoria geral)", em *Que futuro para o direito processual penal? — Simpósio em Homenagem a Jorge de Figueiredo Dias, por ocasião dos 20 anos do Código de Processo Penal Português*, p. 534, da edição de 2009, da Coimbra Editora).

Aqui chegados, importa, portanto, concluir que os dados da facturação detalhada e os dados da localização celular que fornecem a posição geográfica do equipamento móvel com base em actos de comunicação, na medida em que são tratados para permitir a transmissão das comunicações, são dados de tráfego respeitantes às telecomunicações e, portanto, encontram-se abrangidos pela protecção constitucional conferida ao sigilo das telecomunicações.

Outra coisa será o diferente grau de ofensa que o acesso a estes dados reveste para os direitos e liberdades protegidos pelo sigilo das telecomunicações, relativamente às "escutas telefónicas", quer pela menor informação que revelam, quer pelo facto de não se tratar de um método oculto de obtenção de prova, o que tem suscitado a interrogação sobre se esse acesso deve estar sujeito aos mesmíssimos pressupostos (vide, Mouraz Lopes, em "Escutas telefónicas: seis teses e uma conclusão", na *Revista do Ministério Público*, Ano 26.º, n.º 104, p. 143).

2.4. Da existência de habilitação legal para a produção de prova mediante o acesso à facturação detalhada e à localização celular (reserva de lei restritiva)

A imposição constitucional (artigo 34.º, n.º 4, da CRP) duma previsão legal prévia para as técnicas de ingerência das autoridades públicas nas telecomunicações no domínio do processo penal, visa limitar ao máximo a existência de espaços de discricionariedade daquelas autoridades, numa área de elevado risco de lesão grave dos direitos e liberdades dos cidadãos, enfatizando a exigência das leis restritivas do artigo 18.º, n.ºs 2 e 3, da CRP.

O legislador constituinte procurou salvaguardar simultaneamente, por um lado, a segurança e a realização da justiça, e por outro lado, os direitos e liberdades individuais do cidadão, atribuindo a arbitragem entre ambos ao legislador: as medidas limitativas daqueles direitos que as entidades públicas que se movem no processo penal podem adoptar são apenas aquelas que o legislador tenha autorizado, e não todas as que se considerem necessárias e ajustadas ao caso. A medida das agressões aos direitos fundamentais dos cidadãos no âmbito do processo penal não é definida por aquelas autoridades públicas, nos seus actos concretos de ingerência, sendo obrigatório que corresponda aos modelos e técnicas de actuação previamente estabelecidos na lei.

Neste domínio essas entidades só podem fazer o que o legislador lhes tiver permitido fazer.

Costa Andrade, perfilhando as exigências progressivamente fixadas pelo Tribunal Constitucional alemão em matéria de investigação com recurso às novas tecnologias no domínio das telecomunicações, escreve que "só uma lei expressa, clara e determinada, especificamente reportada à técnica em causa, definidora e delimitadora da respectiva medida de invasividade e devassa, pode legitimar a sua utilização como meio de obtenção de prova em processo penal" (in *Bruscamente no verão passado* ..., n.º 3948, Janeiro-Fevereiro 2008, p. 140).

A exigência de uma previsão legal expressa de qualquer compressão do direito fundamental ao respeito pela vida privada, em especial do direito ao sigilo das telecomunicações, foi estabelecida há muito tempo pelo Tribunal Europeu dos Direitos do Homem a respeito do artigo 8.º da Convenção Europeia dos Direitos do Homem de 1950, não obstante as telecomunicações não aparecerem aí expressamente mencionadas (vide decisão do Tribunal Europeu dos Direitos do Homem (TEDH) de 6 de Setembro de 1978 — caso *Klass v. Alemanha*; decisão do TEDH de 2 de Agosto de 1984 — caso *Malone v. Reino Unido*; decisão do TEDH de 24 de Outubro de 1990 — caso *Huvig v. França*; decisão do TEDH de 6 de Dezembro de 2005 — caso *Agaoglu v. Turquia*; decisão do TEDH de 1 de Março de 2007 — caso *Heglas v. República Checa*, todas acessíveis em *www.echr.coe.int*).

Mas o TEDH já acentuou que a verificação da existência da lei em questão conta não apenas com os textos legislativos propriamente ditos, como também com o sentido constante da jurisprudência dos tribunais superiores tirada a partir da interpretação desses textos, independentemente da matriz continental ou anglo-saxónica dos ordenamentos jurídicos em presença (vide decisão do TEDH de 24 de Outubro de 1990 — caso *Huvig v. França*; decisão do TEDH de 1 de Março de 2007 — caso *Heglas v. República Checa*).

A decisão recorrida perfilhou a opinião que a permissão de efectuar intercepção e a gravação de conversações ou comunicações telefónicas, para recolha de prova, no âmbito do processo penal, expressa no n.º 1 do artigo 187.º do Código de Processo Penal, na versão anterior à reforma de 2007, abrangia o acesso à facturação detalhada e a localização celular.

Importa observar que a decisão recorrida não foi propriamente inovadora quanto ao sentido da interpretação normativa adoptada, sendo possível detectar a existência de outras decisões de tribunais superiores que perfilharam a mesma solução hermenêutica por referência à mesma disposição legal, sendo ainda de realçar que nestes casos o pomo da discórdia incidia mais sobre a determinação da autoridade judiciária competente para a autorização destes tipos de intromissão nas telecomunicações — Ministério Público ou juiz de instrução — do que propriamente sobre a possibilidade legal de realização dessas intromissões (vide, por exemplo, acórdão do Tribunal da Relação de Coimbra de 14 de Março de 2001 (Barreto do Carmo), na *Colectânea de Jurisprudência*, Ano XXVI, tomo II, p. 44; acórdão do Tribunal da Relação de Coimbra de 23 de Junho de 2004 (Clemente Lima); acórdão do Tribunal da Relação de Guimarães de 10 de Janeiro de 2005 (Francisco Marcolino); acórdão do Tribunal da Relação de Coimbra de 17 de Abril de 2006 (Orlando Gonçalves); acórdão do Tribunal da Relação de Lisboa de 27 de Setembro de 2006 (João Sampaio); acórdão do Tribunal da Relação de Coimbra de 15 de Novembro de 2006 (Jorge Dias), todos disponíveis em *www.dgsi.pt*).

O n.º 1 do artigo 187.º do Código de Processo Penal, na redacção anterior à reforma de 2007, dispunha o seguinte:

"1. A intercepção e gravação de conversações ou comunicações telefónicas só podem ser ordenadas ou autorizadas, por despacho do juiz quanto a crimes:

a) Puníveis com pena de prisão superior, no seu máximo, a três anos;

b) Relativo ao tráfico de estupefacientes;
c) Relativo a armas, engenhos, matérias explosivas e análogas;
d) De contrabando; ou
e) De injúria, ameaça, de coacção, de devassa da vida privada e perturbação da paz e sossego, quando cometidos através de telefone; se houver razões para crer que a diligência se revelará de grande interesse para a descoberta da verdade ou para a prova".

Na verdade, no plano puramente literal, o texto da disposição legal adjectiva em questão não menciona de forma explícita a possibilidade de aceder à facturação detalhada e a localização celular, aparentando, numa leitura imediatista, referir-se somente à possibilidade de acesso aos dados de conteúdo, através da intercepção e gravação das conversações ou comunicações telefónicas, ou seja às apelidadas "escutas telefónicas".

Mas não se pode deixar de ter presente que a norma não se confunde com as fontes de direito e que só a actividade interpretativa é que nos dá o sentido da fonte ou o conteúdo da regra jurídica (vide J. Baptista Machado, em *Introdução ao Direito e ao Discurso Legitimador*, pp. 175-176, da 3.ª reimpressão, de 1989, da Almedina, e J. Oliveira Ascensão, em *O Direito — Introdução e Teoria Geral*, p. 479, da edição de 2001, da Coimbra Editora), não descurando, contudo, as necessárias cautelas exigidas pelo respeito devido ao princípio da legalidade em processo penal, acrescidas pelo elevado risco de produção de graves lesões a direitos fundamentais que encerra um preceito que autoriza operações de intromissão das autoridades públicas nas telecomunicações.

Daí que a necessária actividade interpretativa deva ter específicas limitações de modo a evitar-se a extensão da admissão de utilização de técnicas de ingerência nas telecomunicações, cujo grau de ofensa aos direitos e liberdades do cidadão não tenha sido ponderado pelo legislador.

Como escreveu Castanheira Neves, reportando-se ao princípio da legalidade criminal:

"Decerto que este secundum legem, não excluirá que o concreto juízo decisório seja obtido em termos metodologicamente correctos — mediante uma interpretação-concretização normativo-teleologicamente orientada e com todas as implicações normativas próprias de um juízo concreto dessa índole. Só que exigirá simultaneamente do julgador que tenha ele sempre presente estar a realizar um direito de que se esperam particulares garantias, devendo por isso ser especialmente atento à crítica reflexão metodológica, com o objectivo tanto da maior objectividade e rigor como da mais circunscrita determinação, embora teleologicamente justificadas, do âmbito objectivo da norma. Neste sentido, lembrando as considerações de Hassemer, se deverá ver naquele princípio um forte argumento de auto-contrôle e possibilidade crítica do juízo decisório". (in "O princípio da legalidade criminal", em *Digesta — Escritos acerca do Direito, do Pensamento Jurídico, da sua Metodologia e Outros*, vol. 1.º, pp. 467-468, da edição de 1995, da Coimbra Editora).

A permissão de realização de intercepções e de gravações de conversações e comunicações telefónicas abrange não só o acesso ao conteúdo dessas comunicações, mas também a todos os dados fornecidos pela realização dessas intercepções.

Tendo presente a descrição acima efectuada do modo de efectivação das técnicas de acesso à facturação detalhada e localização celular e dos dados por ela revelados, verifica-se que a realização das referidas intercepções faculta automaticamente o acesso a esses dados de tráfego.

Na verdade, a intercepção e gravação das conversações ou comunicações telefónicas incorpora necessariamente uma "facturação detalhada" dessas comunicações, que é levada a cabo pelo órgão de polícia criminal interveniente e que se materializa no auto de gravação a juntar ao processo, o qual contém, relativamente ao aparelho de telefone escutado, além de outros dados, os números de telefone chamados, a data da chamada, a hora de início e a duração de cada chamada, isto é os elementos de tráfego cobertos pelo sigilo das telecomunicações constantes da facturação detalhada.

Por outro lado, as referidas intercepções das comunicações telefónicas são sempre necessária e tecnicamente precedidas da localização celular do equipamento móvel em causa, sem a qual não pode haver estabelecimento e transmissão das comunicações.

Daí que seja possível concluir, com recurso a um simples raciocínio lógico, que o artigo 187.º, n.º 1, do CPP/87, ao permitir a intercepção e gravação das conversações ou comunicações telefónicas, permite também, inevitavelmente, o acesso a todos os dados de tráfego inerentes à concretização dessa técnica de ingerência nas telecomunicações, onde se incluem os dados da facturação detalhada cobertos pelo sigilo das telecomunicações e a localização celular.

E, sendo esses dados de tráfego apenas uma parte dos dados facultados pela realização de "escutas telefónicas", nada obstará, e até imporá a exigência que as técnicas de intromissão nas comunicações telefónicas se limitem à medida necessária para alcançar o objectivo de investigação criminal visado, que o acesso a esses dados de tráfego seja efectuado, dispensando a realização duma "escuta telefónica", quando esta não se revele necessária aos fins da investigação.

Estas conclusões foram obtidas através de uma leitura que teve presente o alcance real das técnicas de ingerência nas telecomunicações expressamente autorizadas pelo legislador, para, recorrendo-se a um raciocínio de pura lógica, apurar o conteúdo integral da autorização legal.

A interpretação normativa aqui sindicada mais não é que o resultado duma leitura que, partindo do elemento linguístico do preceito interpretado, recorre a um elemento lógico para determinar objectivamente um conteúdo implícito da previsão legal.

Deste modo, encontrando-se o acesso à facturação detalhada e a localização celular compreendidas no real conteúdo das técnicas de ingerência nas telecomunicações expressamente previstas pelo legislador no artigo 187.º do CPP/87, não se revela que a interpretação normativa sindicada desrespeite o princípio da legalidade consagrado no artigo 34.º, n.º 4, da CRP, pelo que deve o recurso interposto ser julgado improcedente.

III — Decisão

Pelo exposto, julga-se improcedente o recurso interposto para o Tribunal Constitucional, por José António Elias Torrão, do acórdão do Tribunal da Relação de Lisboa proferido nestes autos em 13 de Novembro de 2008.

Custas pelo recorrente, fixando-se a taxa de justiça em 25 unidades de conta, ponderados os critérios referidos no artigo 9.º, n.º 1, do Decreto-Lei n.º 303/98, de 7 de Outubro (artigo 6.º, n.º 1, do mesmo diploma).

Lisboa, 28 de Setembro de 2009. — *João Cura Mariano* — *Benjamim Rodrigues* — *Joaquim de Sousa Ribeiro* — *Rui Manuel Moura Ramos*.

Anotação:

1 — Acórdão publicado no *Diário da República*, II Série, de 5 de Novembro de 2009.
2 — O Acórdão n.º 183/08 está publicado em *Acórdãos*, 71.º Vol..

ACÓRDÃO N.º 487/09

DE 28 DE SETEMBRO DE 2009

Não julga inconstitucional a norma do artigo 74.º, n.º 1, do Decreto-Lei n.º 433/82, de 27 de Outubro, com a redacção introduzida pelo Decreto-Lei n.º 244/95, de 14 de Setembro, na interpretação segundo a qual o recurso deve ser interposto no prazo de 10 dias a partir da sentença ou do despacho, ou da sua notificação ao arguido caso a decisão tenha sido proferida sem a presença deste, estabelecendo um prazo mais curto para o recorrente motivar o recurso do que aquele que decorre do artigo 411.º, n.º 1, do Código de Processo Penal, com a redacção conferida pela Lei n.º 48/2007, de 29 de Agosto.

Processo: n.º 272/09.
Recorrente: Normuro – Construções, Terraplanagens e Transportes, Lda.,
Relator: Conselheiro João Cura Mariano.

SUMÁRIO:

I — A exiguidade do prazo de recurso apontada pela interpretação sob fiscalização nunca se poderá traduzir numa violação dos direitos de defesa assegurados ao arguido pelo disposto no artigo 32.º, n.º 1, da Constituição, na medida em que este parâmetro respeita ao processo criminal e não pode ser directamente aplicado aos processos contra-ordenacionais.

II — Existindo uma diferença de princípios jurídico-constitucionais, materiais, e até orgânicos, a que se submetem entre nós a legislação penal e a legislação contra-ordenacional, essa diferença não pode deixar de reflectir-se no regime processual próprio de cada um desse ilícitos, nomeadamente no regime dos recursos, incluindo os próprios prazos de interposição e motivação do recurso, não violando o princípio da igualdade.

III — A previsão do prazo de 10 dias para efeito de interposição e motivação do recurso não envolve uma diminuição arbitrária e excessiva do direito de defesa do arguido, revelando-se suficiente para que aquele direito possa ser eficazmente exercido, não se verificando violação da garantia constitucional de processo equitativo.

IV — A interpretação normativa sob análise limitou-se a seguir a orientação de acórdão de fixação de jurisprudência do Supremo Tribunal de Justiça, pelo que, verificando-se uma polémica anterior sobre qual a dimensão deste prazo de recurso, em que um dos pontos de vista correspondia exactamente àquele que foi seguido pela interpretação sob fiscalização, esta nunca poderia lesar uma situação de confiança constitucionalmente protegida, não se mostrando, por isso, violado pela interpretação questionada o princípio da protecção da confiança.

Acordam na 2.ª Secção do Tribunal Constitucional:

I — Relatório

No âmbito do procedimento contra-ordenacional n.º 159/08.9 TBMDB, que correu seus termos no Tribunal Judicial de Mondim de Basto, a sociedade arguida Normuro — Construções, Terraplanagens e Transportes, Lda., interpôs recurso da sentença condenatória, que lhe tinha sido notificada no dia 5 de Novembro de 2008, mediante requerimento enviado através de telecópia no dia 25 de Novembro do mesmo ano.

Tal recurso não foi admitido com fundamento em extemporaneidade e a referida sociedade arguida reclamou dessa rejeição para o presidente do tribunal superior.

Por despacho da Vice-Presidente do Tribunal da Relação do Porto, datado de 20 de Fevereiro de 2009, foi indeferida a reclamação apresentada.

A sociedade arguida interpôs então recurso desta decisão para o Tribunal Constitucional, ao abrigo do disposto na alínea b) do n.º 1 do artigo 70.º da Lei do Tribunal Constitucional (LTC), onde suscitou a inconstitucionalidade material da norma constante do "artigo 74.º, n.º 1, do Regime Geral das Contra--Ordenações (RGCO), na interpretação segundo a qual o recurso deve ser interposto no prazo de 10 dias a partir da sentença ou do despacho, ou da sua notificação ao arguido, caso a decisão não tenha sido proferida sem a presença deste, estabelecendo um prazo mais curto para o recorrente motivar o recurso do que aquele que decorre do artigo 411.º, n.º 1, do Código de Processo Penal", com fundamento na alegada violação dos artigos 2.º, 13.º e 20.º da Constituição.

A recorrente apresentou as respectivas alegações, tendo concluído do seguinte modo:

"I) Pretende a recorrente que seja apreciada a inconstitucionalidade do artigo 74.º, n.º 1, do RGCO, quando interpretada no sentido de que o recurso deve ser interposto no prazo de 10 dias a partir da sentença ou do despacho, ou da sua notificação ao arguido, caso a decisão tenha sido proferida sem a presença deste, estabelecendo um prazo mais curto para a recorrente motivar o recurso do que o decorre do artigo 411.°, n.° 1, do Código de Processo Penal.

II) Entende a recorrente que a referida interpretação viola os artigos 2.°, 13.°, 20.° e 32.°, n.° 1, da Constituição.

III) É entendimento generalizado dos agentes do Ministério Público, sem que se conheça oposição jurisprudencial de relevo, que a norma do n.° 4 do artigo 74.° do RGCO lhes permite remeter directamente para o prazo estabelecido no artigo 413.°, n.° 1 — actualmente, vinte dias —, para motivar e apresentar a sua resposta.

IV) O entendimento contrário consubstancia uma manifesta violação do princípio da igualdade de armas no processo, inerente ao princípio do processo equitativo, consagrado no n.° 4 do artigo 20.° da Constituição da República Portuguesa.

V) Trata-se de um tratamento desigual de duas situações iguais.

VI) Ora, sendo o prazo para a resposta ao recurso em processo contra-ordenacional de 20 dias, nos termos do n.° 1 do artigo 413.° do Código de Processo Penal, aplicável por força do n.° 4 do artigo 74.° do RGCO, tal implica que seja também de 20 dias o prazo para a interposição do recurso, em observância do referido principio da igualdade.

VII) Também o artigo 411.°, n.° 1, do Código de Processo Penal estabelece um prazo de 20 dias para recorrer.

VIII) Não obstante a publicação do Acórdão de Uniformização de Jurisprudência, entendemos que o prazo de 10 dias para interposição do recurso viola o direito de defesa e garantias do arguido, princípio esse consagrado no artigo 32.°, n.° 1, da Constituição.

O acórdão do Supremo Tribunal de Justiça viola, aqui e desde logo, o n.° 2 do artigo 9.° do Código Civil, já que é inadmissível ao intérprete considerar um pensamento legislativo que não tenha na letra da lei um mínimo de correspondência verbal, ainda que imperfeitamente expresso.

IX) O intérprete não pode considerar de 10 dias um prazo que, segundo a letra das disposições conjugadas do n.° 4 do artigo 74.° do RGCO e do n.° 1 do artigo 413.° do Código de Processo Penal, é de 20 dias.

O dever de obediência à norma que conjugadamente se extrai daquelas duas disposições não pode ser afastado pelas considerações do Tribunal Pleno, porque a tanto se opõe o disposto no n.° 2 do artigo 8.° do Código Civil.

O Pleno criou assim uma norma jurídica nova para substituir a norma consequente do n.° 1 do artigo 74.° do RGCC e do n.° 1 do artigo 413.° do Código de Processo Penal.

X) Ora, o Tribunal Pleno não tem competência constitucional para criar novas normas jurídicas, sendo certo foi abolido já o regime do assentos por manifesta inconstitucionalidade — violação do princípio da separação de poderes.

XI) O acórdão do Supremo Tribunal de Justiça em que se estriba o despacho aqui em apreço, na medida em que cria uma nova norma jurídica para que carece de competência, comete uma inconstitucionalidade orgânica, violando o princípio da separação e interdependência de poderes, consagrado no n.º 1 do artigo 110.º da Constituição, inconstitucionalidade que desde já se deixa arguida para todos os devidos e legais efeitos.

XII) O prazo de 10 dias impede a arguida de se defender e de lhe assegurar as garantias de defesa, sendo que não é um prazo razoável para a interposição do recurso.

XIII) O artigo 74.º, n.º 1, do RGCO foi declarado inconstitucional pelo Acórdão do Tribunal Constitucional n.º 1220/96, de 5 de Dezembro, publicado no *Boletim do Ministério da Justiça*, 462, pp. 154-9, cujo sumário refere: "O artigo 74.º, n.º 1, quando dele decorre, conjugado com o artigo 411.º do Códivo de Processo Penal, um prazo mais curto para o recorrente motivar o recurso, está ferido de inconstitucionalidade, por violação do artigo 13.º da Constituição".

XIV) Também o Acórdão n.º 462/03 (*Diário da República*, II Série, de 24 de Novembro de 2003), o Tribunal Constitucional julgou inconstitucional a norma resultante da conjugação do disposto no n.º 1 do artigo 74.º do Decreto-Lei n.º 433/82 e no artigo 411.º do Código de Processo Penal "quando deles decorre (...) um prazo mais curto para o recorrente motivar o recurso".

XV) É inconstitucional a interpretação literal do citado preceito 74.º, n.º 1, do RGCO, por violação do princípio da igualdade, previsto no artigo 13.º da Constituição, em razão do confronto com as disposições dos artigos 411.º, n.º 1, e 413.º, n.º 1, do Código de Processo Penal, que estatuem o prazo geral de recurso e de resposta de 20 dias.

XVI) A norma do artigo 74.º do RGCO além de ter sido declarada inconstitucional pelos Acórdãos n.ºs 1229/96 e 462/03 foi também declarada inconstitucional com força obrigatória geral, pelo Acórdão n.º 27/06 do Tribunal Constitucional.

XVII) A existência de dois prazos distintos para a arguida recorrer em processo criminal e em processo contra-ordenacional viola o princípio da igualdade, na sua dimensão de princípio de igualdade de armas, à luz do artigo 13.º da Constituição.

XVIII) Ora, sendo o prazo para a resposta ao recurso em processo contra-ordenacional de 20 dias, nos termos do n.º 1 do artigo 413.º do Código de Processo Penal, aplicável por força do n.º 4 do artigo 74.º do RGCC, tal implica que seja também de 20 dias o prazo para a interposição do recurso.

XIX) Tanto mais que, o direito ao recurso implica que seja concedido à recorrente um prazo razoável para motivar o recurso.

XX) O prazo de 10 dias é manifestamente insuficiente para recorrer e motivar o recurso em comparação com o prazo de recurso em processo penal previsto no artigo 411.º do Código de Processo Penal.

Aliás, sendo que tal prazo é superior mesmo nos recursos de processos urgentes em processo civil e na próprias providências cautelares em direito civil que sendo processos de carácter urgente estabelecem um prazo de recurso de 15 dias.

XXI) As situações sujeitas ao regime das contra-ordenações são tantas, a legislação que a regula é tão vasta e tão contraditória que, para fundamentar um recurso é necessário não só uma investigação legislativa aturada e, portanto demorada com uma reflexão aturada sobre a lei existente.

XXII) Portanto não se diga que o direito criminal é mais vasto do que o direito contra-ordenacional daí a existência de prazos distintos, o que manifestamente não se aceita.

XXIII) Aliás, a tutela constitucional do direito ao recurso contencioso, decorrente da garantia de acesso ao direito e aos tribunais, na medida em que postula o exercício livre e esclarecido de tal direito (como forma de salvaguardar materialmente os interesses inerentes), não admite a consagração, no plano infraconstitucional, de exigências que, não se confundindo com o exercício do direito dentro de um prazo pré-definido, consubstanciem antes, e tão-somente, condicionantes de tal exercício desprovidas de fundamento racional e sem qualquer conteúdo útil.

XXIV) Ora, a impugnação de uma decisão pressupõe o conhecimento integral dos respectivos fundamentos e um estudo aprofundado da legislação e jurisprudência para fundamentação do recurso. Enquanto o recorrente não tiver acesso ao raciocínio argumentativo que subjaz à decisão tomada e não tiver estudado convenientemente o caso, não pode formar a sua vontade de recorrer, porque não dispõe dos elementos que lhe permitem avaliar a justeza da decisão.

Nessa medida, e tendo presente a eficácia persuasiva intraprocessual da fundamentação das decisões, pode afirmar-se que, antes de se dar a conhecer os fundamentos decisórios e de os estudar convenientemente, não pode haver, porque do ponto de vista da racionalidade comunicativa não é concebível, uma legítima intenção de recorrer e o prazo de 10 dias é manifestamente diminuto para o fazer.

XXV) No processo de contra-ordenação poderão discutir-se questões tão essenciais como o direito ao trabalho e à empresa, estando em causa sanções extremamente gravosas quer em termos monetários quer no que toca ao funcionamento das empresas.

XXVI) Daí a inconstitucionalidade da norma do artigo 74.º, n.º 1, do RGCO quando interpretada no sentido de que o recurso deve ser interposto no prazo de 10 dias a partir da sentença ou do despacho, ou da sua notificação ao arguido, caso a decisão tenha sido proferida sem a presença deste, estabelecendo um prazo mais curto para a recorrente motivar o recurso do que o decorre do artigo 411.º, n.º 1, do Código de Processo Penal".

O Ministério Público contra-alegou nos seguintes termos:

"A interpretação que o recorrente pretende ver apreciada é, no essencial, a mesma que o Supremo Tribunal de Justiça perfilhou no acórdão [n.º 1/09].

Neste aresto, faz-se um apanhado de jurisprudência do Tribunal Constitucional sobre a matéria, que assumidamente, se respeita, dizendo-se expressamente que se coloca a fixação de jurisprudência no terreno devido: interpretação do direito ordinário pelos tribunais judiciais, tendo em conta o pronunciamento de constitucionalidade do Tribunal Constitucional.

Efectivamente, o Supremo Tribunal de Justiça ao decidir daquela forma já teve expressamente em conta a jurisprudência e os princípio constitucionais relevantes nesta matérias, concordando-se inteiramente com o que aí se decidiu.

No entanto, e quanto à violação do principio da igualdade por da interpretação em causa resultar um prazo mais curto do que o fixado no Código de Processo Penal sempre se dirá que o Tribunal Constitucional tem entendido não serem directa e globalmente aplicáveis em processo-ordenacional os princípios constitucionais próprios do processo criminal. A diferença da natureza dos ilícitos e a menor a ressonância ética do ilícito de mera ordenação social justifica um regime processual porventura mais restritivo.

Dessa forma, o Acórdão n.º 1229/96 não julgou inconstitucional a norma do artigo 74.º, n.º 1, do RGCO que, na altura (antes da alteração introduzida pelo Decreto-Lei n.º 244/95, de 14 de Setembro), fixava num prazo a cinco dias para interpor recurso.

Portanto, um prazo para interpor recurso em processo contra-ordenacional não tem que ser comparado com outros prazos vigentes em processo penal, não significando isso que qualquer prazo seja constitucionalmente admissível.

O que tem de se apurar é se — atendendo às circunstâncias — o prazo é suficiente para garantir o fim a que se destina, respeitando-se, dessa forma, o direito constitucionalmente consagrado de acesso aos tribunais (artigo 20.º, n.º 1, da Constituição).

Ora, parece-nos evidente e resulta do que anteriormente se disse, que o prazo em causa nestes autos é perfeitamente razoável.

Poderemos, no entanto, acrescentar que sendo no mínimo duvidoso que seja uma exigência constitucional a existência de recurso para a Relação de decisões que apreciaram impugnações de decisões administrativas que aplicaram coimas (Acórdão n.º 659/06), seguramente que uma norma que prevê esse recurso e fixa para a sua interposição um prazo de 10 dias, não é violadora daquele princípio Constitucional.

3. Conclusão

Nestes termos e pelo exposto conclui-se:

1 — Do Acórdão n.º 27/06 do Tribunal Constitucional decorre que os prazos para recorrer para a Relação (artigo 74.º, n.º 1, do RGCO) e responder, têm de ser iguais.

2 — O acórdão do Supremo Tribunal de Justiça n.º 1/2009, que fixou jurisprudência no sentido de que aquele prazo é de 10 dias (artigo 74.º, n.ºs 1 e 4 e 41.º do RGCO), já levou em consideração a jurisprudência constitucional, a doutrina e os princípios constitucionais relevante nesta matéria

3 — A norma do artigo 74.º, n.º 1, do RGCO, quando interpretada no sentido de que o recurso deve ser interposto no prazo de 10 dias a partir da sentença ou do despacho, ou de sua notificação ao arguido, caso a decisão tenha sido proferida sem a presença deste, estabelecendo num prazo mais curto para o recorrente

motivar do que aquele que decorre do artigo 411.º, n.º 1, do Código de Processo Penal, não viola os artigos 13.º, n.º 1, e 20.º, n.º 1, da Constituição, não sendo, por isso, inconstitucional."

II — Fundamentação

1. *Da delimitação do objecto do recurso*

Resulta do requerimento de interposição de recurso para o Tribunal Constitucional que a recorrente pretendia submeter à respectiva apreciação a constitucionalidade da norma constante do artigo 74.º, n.º 1, do Decreto-Lei n.º 433/82, de 27 de Outubro, com a redacção introduzida pelo Decreto-Lei n.º 244/95, de 14 de Setembro, na interpretação segundo a qual o recurso deve ser interposto no prazo de 10 dias a partir da sentença ou do despacho, ou da sua notificação ao arguido caso a decisão tenha sido proferida sem a presença deste, estabelecendo um prazo mais curto para o recorrente motivar o recurso do que aquele que decorre do artigo 411.º, n.º 1, do Código de Processo Penal (CPP), com a redacção conferida pela Lei n.º 48/2007, de 29 de Agosto, com fundamento na alegada violação dos artigos 2.º, 13.º e 20.º da Constituição.

Em sede de alegações de recurso de constitucionalidade, a recorrente veio alterar o âmbito das questões de constitucionalidade que pretende ver analisadas pelo Tribunal Constitucional.

Efectivamente — e conforme resulta da leitura das conclusões das alegações de recurso acima transcritas —, para além de manter o interesse na questão de constitucionalidade já identificada, a recorrente veio agora suscitar a questão da inconstitucionalidade orgânica do Acórdão de Fixação de Jurisprudência n.º 1/09 do Supremo Tribunal de Justiça, na medida em que criou uma nova norma jurídica, com fundamento na alegada violação do princípio da separação e interdependência de poderes, consagrado no artigo 110.º, n.º 1, da Constituição.

Esta alteração não é irrelevante no plano dos poderes de cognição do Tribunal Constitucional.

O requerimento de interposição de recurso de constitucionalidade é o acto idóneo para a fixação do objecto deste e, consequentemente, se o recorrente nele especificar as normas ou interpretações normativas a fiscalizar, já não pode ampliar a outras normas aquele objecto nas peças processuais subsequentes, nomeadamente nas alegações.

Em conformidade com o que se acaba de dizer, o objecto do presente recurso de constitucionalidade não se pode estender à nova questão de constitucionalidade introduzida pela recorrente em sede de alegações.

Por isso, o objecto do presente recurso de constitucionalidade restringir-se-á à fiscalização da constitucionalidade da norma constante do artigo 74.º, n.º 1, do Decreto-Lei n.º 433/82, de 27 de Outubro, com a redacção introduzida pelo Decreto-Lei n.º 244/95, de 14 de Setembro, na interpretação segundo a qual o recurso deve ser interposto no prazo de 10 dias a partir da sentença ou do despacho, ou da sua notificação ao arguido caso a decisão tenha sido proferida sem a presença deste, estabelecendo um prazo mais curto para o recorrente motivar o recurso do que aquele que decorre do artigo 411.º, n.º 1, do Código de Processo Penal, com a redacção conferida pela Lei n.º 48/2007, de 29 de Agosto.

2. Do mérito do recurso

Conforme resulta das alegações apresentadas a recorrente defende que a interpretação normativa sob análise viola o disposto nos artigos 2.º (sub-princípio da protecção da confiança), 13.º, n.º 1 (princípio da igualdade), 20.º, n.º 4 (direito a um processo equitativo), e 32.º, n.º 1 (direito de defesa do arguido) da Constituição.

2.1. Das garantias de defesa do arguido

A recorrente suscitou a inconstitucionalidade material da interpretação normativa sob análise, fundada na violação do disposto no artigo 32.º, n.º 1, da Constituição, alegando para tanto que o prazo de 10 dias fixado na decisão recorrida para efeito de interposição de recurso da sentença judicial condenatória proferida em sede de procedimento contra-ordenacional "impede a arguida de se defender".

O n.º 1 do artigo 32.º da Constituição, prescreve que "o processo criminal assegura todas as garantias de defesa do arguido, incluindo o recurso".

Ora, tal como a infracção criminal não se confunde com a infracção contra-ordenacional, também o processo criminal não se confunde com o procedimento contra-ordenacional, não obstante este ser, de entre os processos sancionatórios, um dos que mais se aproxima do processo criminal ao ponto do direito processual penal constituir direito subsidiário no plano adjectivo (artigo 41.º, n.º 1, do Decreto-Lei n.º 433/82).

Esta diferença emanava expressamente logo do preâmbulo do diploma legal que introduziu o ilícito de mera ordenação social na ordem jurídica portuguesa (Decreto-Lei n.º 231/79, de 24 de Julho), especialmente na parte em que, recordando os ensinamentos de Eduardo Correia, aí se escreveu que "hoje é pacífica a ideia de que entre os dois ramos de direito medeia uma autêntica diferença: não se trata apenas de uma diferença de quantidade ou puramente formal, mas de uma diferença de natureza. A contra-ordenação «é um *aliud* que se diferencia qualitativamente do crime na medida em que o respectivo ilícito e as reacções que lhe cabem não são directamente fundamentáveis num plano ético-jurídico, não estando, portanto, sujeitas aos princípios do direito criminal» (...) Está em causa um ordenamento sancionatório distinto do direito criminal. Não é, por isso, admissível qualquer forma de prisão preventiva ou sancionatória, nem sequer a pena de multa ou qualquer outra que pressuponha a expiação da censura ético pessoal que aqui não intervém. A sanção normal do direito de ordenação social é a coima, sanção de natureza administrativa, aplicada por autoridade administrativa, com o sentido dissuasor de uma advertência social, pode, consequentemente, admitir-se a sua aplicação às pessoas colectivas e adoptar-se um processo extremamente simplificado e aberto aos corolários do princípio da oportunidade".

Esta variação do grau de vinculação aos princípios do direito criminal, e a autonomia do tipo de sanção previsto para as contra-ordenações, repercute-se a nível adjectivo, não se justificando que sejam aplicáveis ao processo contra-ordenacional duma forma global e cega todos os princípios que orientam o direito processual penal.

No plano jurídico-constitucional, a invocação das garantias de processo criminal em sede de procedimento contra-ordenacional deve ser precedida de especiais cautelas, na medida em que são processos cuja diferente natureza começou por ficar registada no n.º 8 do artigo 32.º da Constituição, na redacção introduzida pela revisão constitucional de 1989, e que actualmente está consagrada no n.º 10 do mesmo artigo 32.º, o qual dispõe que "nos processos de contra-ordenação, bem como em quaisquer processos sancionatórios, são assegurados ao arguido os direitos de audiência e de defesa".

Com a referida norma, o legislador constitucional pretendeu apenas assegurar, no âmbito do processo contra-ordenacional, os direitos de audiência e de defesa do arguido, isto é, que o arguido não possa sofrer qualquer sanção contra-ordenacional sem que seja previamente ouvido e possa defender-se das imputações que lhe são feitas (vide, neste sentido, Jorge Miranda/Rui Medeiros, em *Constituição Portuguesa Anotada*, Coimbra Editora, p. 363, da edição de 2005, da Coimbra Editora).

Não se discute no presente recurso de constitucionalidade a preterição desse direito de audição e defesa na fase administrativa do procedimento contra-ordenacional, nem sequer o direito de impugnação judicial das decisões sancionatórias proferidas pelas autoridades administrativas. Apenas está aqui em causa o direito de interposição de recurso relativamente à decisão proferida já na fase jurisdicional do procedimento contra-ordenacional. E o direito de recurso em questão não pode ser aferido à luz do disposto no invocado n.º 1 do artigo 32.º da Constituição, na medida em que este parâmetro, conforme tem sido entendido pela jurisprudência constitucional, respeita ao processo criminal e não pode ser directamente aplicado aos processos contra-ordenacionais, não havendo, assim, uma imposição constitucional ao legislador ordinário de equiparação de garantias no âmbito do processo criminal e do contra-ordenacional.

Nessa linha de pensamento, o Tribunal Constitucional, após ter considerado que a garantia do duplo grau de jurisdição vale apenas, no âmbito do processo penal, para as decisões penais condenatórias e restritivas de direitos fundamentais do arguido, não considerou inconstitucional a não admissibilidade de recurso jurisdicional de decisões proferidas em sede de impugnação judicial de decisões administrativas aplicadoras de coimas (vide os Acórdãos n.ºs 659/06, no *Diário da República*, de 9 de Janeiro de 2007, II Série, p. 539, e 313/07, em *Acórdãos do Tribunal Constitucional*, 69.º Volume, p. 315).

Assim, a apontada exiguidade do prazo de recurso apontada pela interpretação sob fiscalização nunca se poderá traduzir numa violação dos direitos de defesa assegurados ao arguido pelo disposto no artigo 32.º, n.º 1, da Constituição.

2.2. Do princípio da igualdade

A recorrente entende também que a interpretação normativa sob análise, na medida em que pressupõe a existência de dois prazos distintos para a interposição e motivação de recurso em sede de processo penal e de processo contra-ordenacional, "viola o princípio da igualdade, na sua dimensão de princípio de igualdade de armas", consagrado no artigo 13.º, n.º 1, da Constituição.

A invocação deste parâmetro constitucional labora num equívoco evidente à luz da fundamentação da decisão recorrida acima transcrita uma vez que a recorrente — mas não o tribunal *a quo* — sustenta para tanto que "sendo o prazo para a resposta ao recurso em processo contra-ordenacional de 20 dias, nos termos do n.º 1 do artigo 413.º do CPP, aplicável por força do n.º 4 do artigo 74.º do RGCO, tal implica que também seja de 20 dias o prazo para a interposição de recurso".

Ora, a decisão recorrida referiu expressamente sobre esta matéria que "não há violação do princípio da igualdade entre o arguido e o Ministério Público, pois a interpretação seguida implica que o Ministério Público tenha também o prazo de 10 dias para responder à motivação do recurso. Estão assim ambos os sujeitos processuais em rigorosa igualdade quanto ao prazo do recurso e da resposta".

A eventual desigualdade de tratamento jurídico que importará analisar — porque também foi invocada — reside apenas no estabelecimento de prazos diferentes para interpor e motivar o recurso no processo penal e no processo contra-ordenacional.

Interessa aqui, sobretudo, analisar a vertente do princípio da igualdade que se traduz na proibição de arbítrio e que significa a imposição da igualdade de tratamento para situações iguais e a interdição de tratamento igual para situações manifestamente desiguais.

Excepto no curto período compreendido entre 1995 e 1998, a diferença de prazos para interpor e motivar o recurso em processo penal e processo contra-ordenacional sempre existiu desde a entrada em vigor do Código de Processo Penal de 1987 (CPP).

Na redacção originária do artigo 411.º, n.º 1, do CPP, o arguido dispunha de 10 dias para interpor e motivar o recurso interposto da sentença.

O referido prazo veio a ser aumentado para 15 dias, com a entrada em vigor da Lei n.º 59/98, de 25 de Agosto, e foi novamente aumentado para 20 dias, com a entrada em vigor da Reforma Processual Penal de 2007.

Diversamente, na vigência da redacção originária do Decreto-Lei n.º 433/82, quando entrou em vigor o CPP de 1987, o prazo para interpor e motivar o recurso interposto da decisão final proferida em sede de procedimento contra-ordenacional era de 5 dias, tendo sido o mesmo ampliado para 10 dias, com a entrada em vigor do Decreto-Lei n.º 244/95, de 14 de Setembro, e assim se tem mantido até aos nossos dias de acordo com a interpretação normativa sob análise.

Verifica-se, efectivamente, uma diferença de prazos para efeito de exercício do direito de recurso em processo penal e em processo contra-ordenacional.

Todavia, essa diferença, só por si, não assume especial relevância no caso em análise.

Na verdade, existindo — conforme já se assinalou atrás — uma diferença de princípios jurídico-constitucionais, materiais, e até orgânicos, a que se submetem entre nós a legislação penal e a legislação contra-ordenacional, essa diferença não pode deixar de reflectir-se no regime processual próprio de cada um desse ilícitos, nomeadamente no regime dos recursos, incluindo os próprios prazos de interposição e motivação do recurso.

O princípio da igualdade, atenta as diferenças das matérias reguladas, não impõe ao legislador ordinário a transferência integral do regime de recursos adoptado em sede de processo penal para o regime geral das contra-ordenações aprovado pelo Decreto-Lei n.º 433/82, deixando-lhe liberdade para consagrar soluções diferentes.

Assim sendo, importa concluir que a recorrente também não logrou demonstrar que a interpretação normativa sob análise viole o princípio constitucional da igualdade.

2.3. Do direito a um processo equitativo

A recorrente alegou também que a interpretação normativa sob análise viola a garantia constitucional do processo equitativo consagrada no artigo 20.º, n.º 4, da Constituição.

Na óptica da recorrente, enquanto arguida, o prazo de 10 dias previsto no n.º 1 do artigo 74.º do Decreto-Lei n.º 433/82, de 27 de Outubro, não é um prazo razoável para efeito de interposição e motivação do recurso na medida em que é manifestamente diminuto e não lhe permite o exercício livre e esclarecido do direito ao recurso.

No que interessa para o presente recurso de constitucionalidade, a exigência de um processo equitativo, constante do aludido artigo 20.º, n.º 4, impõe que as normas processuais proporcionem aos interessados meios efectivos de defesa dos seus direitos ou interesses legalmente protegidos, nomeadamente prazos razoáveis de recurso nos casos em que esse direito esteja previsto, tudo sem comprometer a descoberta da verdade material e a decisão ponderada da causa num prazo razoável.

Quando o prazo para interpor e motivar o recurso interposto da decisão final proferida em sede de procedimento contra-ordenacional era de 5 dias, o Tribunal Constitucional teve a oportunidade de se debruçar sobre a razoabilidade desse prazo e concluiu que o mesmo não limitava desproporcionada ou intoleravelmente as garantias de defesa do arguido, alicerçando esta conclusão na simplicidade do tipo processual em causa e nos objectivos visados pelo processo contra-ordenacional (vide Acórdão n.º 1229/96, publicado no *Diário da República*, II Série, de 12 de Abril de 1997).

Com a entrada em vigor do Decreto-Lei n.º 244/95, de 14 de Setembro, o referido prazo foi ampliado para 10 dias, justificando o legislador de então que tal alteração se justificava pelo alargamento notável das áreas de actividade que passaram a ser objecto de punição a título de contra-ordenação, acompanhado pela fixação de coimas de montantes muito elevados e pela cominação de sanções acessórias especialmente severas (preâmbulo do Decreto-Lei n.º 244/95, de 14 de Setembro).

Este movimento de neopunição e de crescente poder sancionatório da Administração não abrandou até aos nossos dias, sendo inegável que a sociedade e a economia portuguesas apresentam um nível de regulação caracterizado por uma complexidade muito superior à existente na década de oitenta do século passado, o que se evidencia, aliás, pela abundante legislação nacional e comunitária.

Neste contexto, será o prazo de 10 dias suficiente para assegurar a efectividade da defesa apresentada pelo arguido em sede de recurso interposto da sentença condenatória proferida no âmbito do procedimento contra-ordenacional?

A verdadeira relevância deste prazo de 10 dias não pode ser alcançada pela consideração isolada do que se passa simplesmente nessa fase processual.

A tramitação concreta do procedimento contra-ordenacional revela que o arguido tem a oportunidade de apresentar a sua defesa, pelo menos, em dois momentos relevantes, até ser proferida decisão judicial final em primeira instância — isto se não houver julgamento em virtude da existência de matéria de facto controvertida.

Antes de ser proferida decisão pela autoridade administrativa, o arguido tem a possibilidade de se pronunciar sobre a contra-ordenação que lhe é imputada e sobre a sanção em que incorre, havendo, assim, muito cedo, lugar à fixação do objecto relativamente ao qual o arguido exercerá a sua defesa no plano dos factos e do direito (artigo 50.º do Decreto-Lei n.º 433/82).

Ulteriormente, o arguido conta com o prazo de 20 dias para impugnar judicialmente a decisão condenatória proferida pela autoridade administrativa, o que, na maioria das vezes, passa pela reiteração da defesa oportunamente oferecida em sede de direito de audição e defesa do arguido (artigo 59.º, n.º 3, do Decreto-Lei n.º 433/82, na redacção introduzida pelo Decreto-Lei n.º 244/95).

A partir do momento em que o processo contra-ordenacional ultrapassa a fase administrativa e entra na fase jurisdicional, a garantia de processo equitativo não pode cessar. Para assegurar esse desiderato, entre outras coisas, o prazo legal para o arguido interpor e motivar o recurso da sentença condenatória não pode ser de tal modo exíguo que inviabilize ou torne particularmente oneroso o exercício do direito de recurso.

Porém, como se demonstrou, o arguido assim condenado não pode invocar em seu favor que tem de se "defrontar pela primeira vez com uma legislação abundante, obscura, contraditória e lacunosa que não é susceptível de ser estudada com a devida profundidade".

Nestes termos, é possível concluir que a previsão do prazo de 10 dias para efeito de interposição e motivação do recurso não envolve uma diminuição arbitrária e excessiva do direito de defesa do arguido, revelando-se o mesmo suficiente para que aquele direito possa ser eficazmente exercido.

Também nesta perspectiva, não assiste qualquer razão à recorrente em matéria de violação da garantia constitucional de processo equitativo.

2.4. O princípio da protecção da confiança

A recorrente convoca igualmente para esta discussão o parâmetro constitucional do princípio da protecção da confiança, ínsito na ideia de Estado de direito democrático, consagrada no artigo 2.º da Constituição, sem todavia concretizar adequadamente o fundamento concreto desta pretensa inconstitucionalidade nas conclusões das respectivas alegações de recurso.

A leitura das alegações de recurso revela que a recorrente estriba a inconstitucionalidade em questão na circunstância da interpretação normativa sob análise consubstanciar um inesperado encurtamento dos prazos de recurso e de resposta sem qualquer correspondência verbal na letra da lei.

Está em causa uma interpretação normativa, supostamente inusitada, que foi adoptada pelo tribunal *a quo* a propósito de uma determinada disposição legal.

Estamos, portanto, fora do cenário típico de sucessão de leis no tempo e de aplicação retroactiva da lei nova mais desfavorável que costuma suscitar a discussão da questão da violação do princípio da protecção da confiança.

Note-se, contudo, que a referida interpretação se limitou a seguir a orientação de acórdão de fixação de jurisprudência do Supremo Tribunal de Justiça (acórdão n.º 1/09).

Ora, a simples existência de um acórdão de fixação de jurisprudência, naquilo que ele representa de superação da oposição de julgados sobre a mesma questão de direito, é suficiente para revelar que a recorrente não podia contar legitimamente com a aplicação do artigo 74.º, n.º 1, do Decreto-Lei n.º 433/82, na interpretação segundo a qual é de 20 dias o prazo para interpor e motivar o recurso da sentença.

Na verdade, não oferece grandes dúvidas que se a confiança dos cidadãos nos seus direitos ou nas decorrentes situações jurídicas, não for, num juízo objectivo, *a priori* justificada, não se poderá dizer que ela seja digna da protecção emanante do princípio do Estado de direito democrático.

Verificando-se uma polémica anterior sobre qual a dimensão deste prazo de recurso, em que um dos pontos de vista correspondia exactamente àquele que foi seguido pela interpretação sob fiscalização, esta nunca poderia lesar uma situação de confiança constitucionalmente protegida.

Por isso, também o princípio da protecção da confiança não se mostra violado pela interpretação questionada.

2.5. Conclusão

Desta exposição constata-se que a interpretação normativa adoptada pela Senhora Vice-Presidente do Tribunal da Relação do Porto não viola nenhum princípio ou norma constitucionais apontadas pelo recorrente, pelo que o recurso deve ser julgado improcedente.

III — Decisão

Pelo exposto julga-se improcedente o recurso interposto para o Tribunal Constitucional por Normuro — Construções, Terraplanagens e Transportes, Lda., da decisão proferida nestes autos em 20 de Fevereiro de 2009 pela Vice--Presidente do Tribunal da Relação do Porto.

Custas pela recorrente, fixando-se a taxa de justiça em 25 unidades de conta, ponderados os critérios referidos no artigo 9.º, n.º 1, do Decreto-Lei n.º 303/98, de 7 de Outubro (artigo 6.º, n.º 1, do mesmo diploma).

Lisboa, 28 de Setembro de 2009. — *João Cura Mariano* — *Benjamim Rodrigues* — *Joaquim de Sousa Ribeiro* — *Rui Manuel Moura Ramos.*

Anotação:

1 — Acórdão publicado no *Diário da República*, II Série, de 5 de Novembro de 2009.
2 — O Acórdão n.º 1229/96 está publicado em *Acórdãos*, 35.º Vol..

ACÓRDÃO N.º 488/09

DE 28 DE SETEMBRO DE 2009

Julga organicamente inconstitucional o artigo 153.º, n.º 6, do Código da Estrada, na parte em que a contraprova respeita a crime de condução de veículo em estado de embriaguez e seja consubstanciada em exame de pesquisa de álcool no ar expirado, efectuado mediante a utilização de aparelho aprovado para o efeito.

Processo: n.º 115/09.
Recorrente: Ministério Público.
Relator: Conselheiro Benjamim Rodrigues.

SUMÁRIO:

I — Quer se atribua às normas que dispõem sobre as provas atendíveis em processo criminal e o seu respectivo valor natureza material, quer se lhes reconheça natureza adjectiva, certo é que as disposições que prevêem os tipos de prova admissíveis e o seu valor são normas de processo criminal.

II — Conquanto possa entender-se que o regime constante da norma *sub iudicio* cabe no objecto e no sentido da lei de autorização — Lei n.º 53/2004, de 4 de Novembro —, certo é que, analisado o artigo 3.º da mesma Lei e tendo em conta que "a extensão da autorização especifica quais os aspectos da disciplina jurídica da matéria em causa sobre que vão incidir as alterações a introduzir por força do exercício dos poderes delegados", não se vê que o mesmo caiba em qualquer dos que, aí, são enunciados, padecendo a norma em causa de inconstitucionalidade orgânica.

Acordam na 2.ª Secção do Tribunal Constitucional:

I — Relatório

1 — O Ministério Público, junto do Tribunal Judicial da comarca de Cantanhede, recorre para o Tribunal Constitucional, ao abrigo do disposto na alínea *a)* do n.º 1 do artigo 70.º da Lei n.º 28/82, de 15 de Novembro (LTC), da sentença proferida, em processo sumário, por aquele tribunal que condenou o arguido Sérgio Nuno Ferreira Zananar, como autor de um crime de condução de veículo em estado de embriaguez, previsto e punido pelo artigo 292.º, n.º 1, do Código Penal, pedindo a apreciação da questão de inconstitucionalidade do n.º 6 do artigo 153.º do Código da Estrada cuja aplicação ao caso concreto foi recusada, com fundamento "na violação do princípio da presunção de inocência consagrado no artigo 32.º, n.º 2, da Constituição da República Portuguesa".

2 — No julgamento da matéria de facto, a decisão recorrida deu como provado que o arguido "ao ser submetido ao exame de pesquisa de álcool no sangue no aparelho DRAGER 7110 MKIIIP com o número de série ARPN-0073 acusou uma TAS de 1,95 g/l" e que "realizou contra-prova no aparelho DRAGER 7110 MKIIIP com o número de série ARPN-0074 e acusou uma TAS de 2,02 g/l".

Ao proceder ao "enquadramento jurídico-penal" dos factos apurados, a decisão recorrida sopesou que não restavam dúvidas de que o arguido, com a sua conduta, "praticou o crime de condução de veículo em estado de embriaguez, previsto e punido pelo artigo 292.º do Código Penal", pois, "com efeito conduzia o veículo em via pública, sendo portador de uma TAS superior a 1,2g/l e sendo certo que agiu de modo doloso" e que "haverá que ser considerada para efeitos de incriminação o resultado do exame inicial e não o resultado da contra-prova contrariamente ao que expressamente dispõe o artigo 153.º, n.º 6, do Código da Estrada", por a "referida disposição legal enferma[r] de inconstitucionalidade material na medida em que, como acontece no caso vertente, conforma a apreciação da prova pelo tribunal em prejuízo do arguido, violando o disposto no artigo 32.º, n.º 2, da Constituição e o princípio *in dubio pro reo* que constitui emanação em matéria de prova do princípio da presunção de inocência plasmado na referida norma constitucional".

3 — Alegando no Tribunal Constitucional sobre o objecto do recurso, o Procurador-Geral Adjunto concluiu do seguinte jeito o seu discurso argumentativo:

"1. A norma do n.º 6 do artigo 153.º do Código da Estrada, enquanto permite que seja considerado o resultado da contraprova, ainda que revele uma taxa de álcool no sangue superior ao exame inicial, não viola o artigo 32.º, n.º 1, da Constituição.

2. A mesma norma, enquanto impõe taxativa e automaticamente que deve ser o resultado da contraprova a prevalecer, viola o princípio da livre apreciação da prova, que se extrai dos artigos 2.º e 202.º da Constituição.

3. Termos em que, ainda que com fundamento diferente, deve negar-se provimento ao recurso".

4 — O recorrido não contra-alegou.

II — Fundamentação

5.1 — O n.º 6 do artigo 153.º do Código da Estrada, que está aqui em causa, dispõe do seguinte jeito:

"O resultado da contraprova prevalece sobre o resultado do exame inicial".

O preceito foi introduzido na alteração ao Código da Estrada levada a cabo pela mão do Decreto-Lei n.º 44/2005, de 23 de Fevereiro, havendo este diploma sido editado sob a invocação do uso da autorização legislativa concedida pela Lei n.º 53/2004, de 4 de Novembro.

Sistematicamente, o preceito está enquadrado no sistema de fiscalização da condução sob a influência de álcool conformado pelo artigo 153.º do Código da Estrada.

Posteriormente à edição daquele n.º 6 do artigo 153.º do Código da Estrada foi o regime constante deste artigo do Código da Estrada objecto de regulamentação, levada a cabo pelo Regulamento de Fiscalização da Condução sob a Influência do Álcool ou de Substâncias Psicotrópicas, aprovado pela Lei n.º 18/2007, de 17 de Maio, o qual revogou o Decreto Regulamentar n.º 24/98, de 30 de Outubro, que dispunha sobre a mesma matéria.

De acordo com o disposto no artigo 153.º do Código da Estrada, a pesquisa de álcool no condutor arguido começa por ser realizada através de exame no ar expirado efectuado por autoridade ou agente de autoridade mediante a utilização de aparelho aprovado para o efeito e só quando não for possível, após três tentativas possíveis, o exame através desse método ou as condições físicas em que o arguido se encontra não lhe permitam a sua realização é que o primeiro exame é levado a cabo através de análise de sangue.

Por seu lado, regulamentando tal preceito dispõe o artigo 1.º do referido Regulamento de 2007 que:

"1 — A presença de álcool no sangue é indiciada por meio de teste no ar expirado, efectuado em analisador qualitativo.

2 — A quantificação da taxa de álcool no sangue é feita por teste no ar expirado, efectuado em analisador quantitativo, ou por análise no sangue.

3 — A análise de sangue é efectuada quando não for possível realizar o teste em analisador quantitativo".

Destes preceitos, entendidos conjugadamente, pode distrair-se que a presença de álcool no sangue é indiciada por meio de teste no ar expirado, efectuado em analisador qualitativo. Ou seja, a utilização de analisador qualitativo apenas tem por função indicar a presença de álcool no sangue.

Para se saber qual a taxa de álcool no sangue e, assim, se se estará perante uma situação relevante, criminal ou contra-ordenacionalmente, terá de recorrer-se a analisador quantitativo ou a análise de sangue.

Constatada a presença de álcool no sangue através de analisador quantitativo, pode o arguido requerer a contraprova, suportando as despesas por esta originadas no caso de resultado positivo, sendo essa contraprova realizada, consoante a vontade do examinando, através de novo exame, a efectuar através de aparelho aprovado ou de análise de sangue.

É no quadro deste regime que surge o referido n.º 6, dispondo que "o resultado da contraprova prevalece sobre o resultado inicial". É claro que a situação apenas se coloca em caso de exame inicial feito através de aparelho quantitativo a que se suceda novo exame de contraprova através de aparelho quantitativo, pois que sendo o primitivo exame levado a cabo através de exame de sangue não existe possibilidade de contraprova.

O legislador considerou que, em tal caso, ela não se justificava por ao resultado desse exame corresponder um elevado grau de certeza científica.

É, aliás, esta *ratio* que justifica a prescrição constante do n.º 5 do artigo 6.º do referido Regulamento, nos termos do qual "o resultado do exame de sangue para quantificação da taxa de álcool prevalece sobre o resultado do teste de ar expirado realizado em analisador quantitativo".

O resultado da análise de sangue tem, em tal caso, um nível de certeza científica, em razão dos métodos científicos utilizados, superior ao conferível aos obtidos através do outro método científico, o do fornecido pelos aparelhos de pesquisa através de ar expirado.

5.2 — Pois bem, a primeira questão que se coloca é a da constitucionalidade orgânica da norma que está em causa, enquanto dispondo sobre o valor das provas atendíveis em julgamento por crime de condução de veículo em estado de embriaguez, previsto e punido pelo artigo 292.º, n.º 1, do Código Penal.

A decisão recorrida não equacionou esta questão. Tal não impede, porém, que o Tribunal Constitucional a enfrente e a resolva, dado estar apenas vinculado ao pedido e não, já, aos fundamentos invocados, podendo fazê-lo com base na violação de normas ou princípios constitucionais diversos dos alegados (artigo 79.º-C da LTC).

É claro que a norma, nos termos em que se acha enunciada, tanto funciona ou projecta os seus efeitos nas situações em que a condução sob a influência de álcool se queda pela prática de uma contra-ordenação grave [artigo 145.º, n.º 1, alínea *l*)] ou muito grave [artigo 146.º, alínea *j*), ambos do Código da Estrada], como quando ela é susceptível de preencher o tipo penal recortado no artigo 292.º, n.º 1, do Código Penal.

Mas tendo a virtualidade de alcançar efeitos a nível penal e sendo este domínio de vigência que está aqui em causa, é quanto a ele que há que resolver a questão.

E colocando-nos neste plano, haverá, todavia, que destrinçar as situações em que a contraprova foi efectuada através de análise de sangue ou através de aparelho de pesquisa quantitativa aprovado para o efeito.

Na verdade, quanto àquele tipo de contraprova não poderá desconhecer-se o disposto, hoje, no referido n.º 5 do artigo 6.º do mencionado Regulamento e a circunstância de o mesmo haver sido emitido através de Lei da Assembleia da República.

Deste modo, a questão da inconstitucionalidade orgânica de tal preceito do n.º 6 do artigo 153.º do Código da Estrada apenas se coloca relativamente aos resultados das contraprovas obtidos através de analisadores quantitativos aprovados para o efeito e no domínio do processo penal, como é o caso.

Ora, quer se atribua às normas que dispõem sobre as provas atendíveis em processo criminal e o seu respectivo valor natureza material, quer se lhes reconheça natureza adjectiva, certo é que as disposições que prevêem os tipos de prova admissíveis e o seu valor são normas de processo criminal, dado cumprirem a função instrumental de darem a conhecer "os factos juridicamente relevantes para a existência ou inexistência do crime, a punibilidade ou não punibilidade do arguido e a determinação da pena ou da medida de segurança aplicáveis" (cfr. artigo 124.º do Código de Processo Penal — CPP) cuja determinação é prosseguida pelo processo criminal.

Enquanto norma que dispõe sobre o valor da análise da contraprova por confronto com o valor do exame inicial (não importando, aqui, saber se com o valor de prova taxada ou prova legal, como parece ter entendido a decisão recorrida, ou se com valor de prova sujeita a apreciação judicial segundo as regras de experiência e livre convicção do julgador), ela é uma norma processual compreendida no âmbito material do princípio afirmado no artigo 127.º do CPP.

Assim sendo, o preceito, na medida em que projecta efeitos a nível da valoração da prova em processo criminal, e quando referido a contraprova efectuada mediante analisador quantitativo, apenas poderia ser editado por lei da Assembleia da República ou por decreto-lei do Governo, emitido a coberto de autorização legislativa, nos termos da alínea c) do n.º 1 do artigo 165.º da Constituição da República.

Anote-se, porém, que, quando referida a contraprova efectuada com recurso a análise ao sangue, há-de entender-se que a mesma foi substituída pelo referido n.º 5 do artigo 6.º do referido Regulamento, deixando-se de colocar a questão da competência para a edição do respectivo critério normativo.

5.3 — O artigo 1.º da Lei n.º 53/2004, de 4 de Novembro, concedeu autorização ao Governo para "proceder à revisão do Código da Estrada, aprovado pelo Decreto-Lei n.º 114/94, de 3 de Maio, com as alterações introduzidas pelos Decretos-Leis n.ºs 2/98, de 3 de Janeiro, e 265-A/2001, de 28 de Setembro, e pela Lei n.º 20/2002, de 21 de Agosto, e ainda a criar um regime especial de processo para as contra-ordenações emergentes de infracções ao Código da Estrada, seus regulamentos e legislação complementar".

E, definindo o sentido da autorização, o artigo 2.º da mesma Lei dispõe que a autorização visa "permitir a criação de um regime jurídico em matéria rodoviária em conformidade com os objectivos definidos no Plano Nacional de Prevenção Rodoviária, com as normas constantes de instrumentos internacionais a que Portugal se encontra vinculado e com as recomendações das organizações internacionais especializadas com vista a proporcionar índices elevados de segurança rodoviária para os utentes".

Ora, conquanto possa entender-se que o regime em causa constante do n.º 6 do artigo 153.º do Código da Estrada cabe no objecto e no sentido da lei de autorização, certo é que, analisado o artigo 3.º da mesma Lei e tendo em conta que "a extensão da autorização especifica quais os aspectos da disciplina jurídica da matéria em causa sobre que vão incidir as alterações a introduzir por força do exercício dos poderes delegados" (cfr., entre outros, o Acórdão n.º 358/92, disponível em *www.tribunalconstitucional.pt*), não se vê que o mesmo caiba em qualquer dos que, aí, são enunciados.

Assim sendo, a norma em causa padece de inconstitucionalidade orgânica.

Aqui chegados, torna-se desnecessário apurar se a mesma afronta os princípios constitucionais invocados pela decisão recorrida ou pelo Ministério Público.

III — Decisão

6 — Destarte, atento tudo o exposto, o Tribunal Constitucional decide julgar organicamente inconstitucional, por violação do disposto no artigo 165.º, n.º 1, alínea c), da Constituição da República Portuguesa, o artigo 153.º, n.º 6, do Código da Estrada, na parte em que a contraprova respeita a crime de

condução de veículo em estado de embriaguez e seja consubstanciada em exame de pesquisa de álcool no ar expirado, efectuado mediante a utilização de aparelho aprovado para o efeito, e, consequentemente, negar provimento ao recurso, confirmando, ainda que por razões diferentes, a decisão recorrida.

Lisboa, 28 de Setembro de 2009. — *Benjamim Rodrigues* — *Joaquim de Sousa Ribeiro* — *João Cura Mariano* — *Rui Manuel Moura Ramos.*

Anotação:

1 — Acórdão publicado no *Diário da República*, II Série, de 5 de Novembro de 2009.
2 — O Acórdão n.º 358/92 está publicado em *Acórdãos*, 23.º Vol..

ACÓRDÃO N.º 490/09

DE 28 DE SETEMBRO DE 2009

Julga inconstitucional, a norma constante da alínea *a)* do n.º 3 do artigo 12.º da Lei n.º 7/2009, de 12 de Fevereiro, na redacção conferida pela Declaração de Rectificação n.º 21/2009, de 18 de Março de 2009 (relativa ao Código do Trabalho).

Processo: n.º 448/09.
Recorrente: Ministério Público.
Relator: Conselheiro João Cura Mariano.

SUMÁRIO:

I — A rectificação da redacção da alínea *a)* do n.º 3 do artigo 12.º da Lei n.º 7/2009, resulta na manutenção em vigor, sem qualquer hiato, da tipificação como contra-ordenação constante do artigo 671.º, n.º 1, do Código do Trabalho de 2003, das condutas previstas no seu artigo 273.º, n.º 1, apesar da revogação genérica deste diploma efectuada pelo artigo 12.º, n.º 1, alínea *a)*, da Lei n.º 7/2009, de 12 de Fevereiro.

II — Vigorando em matéria contra-ordenacional, tal como em matéria penal, no domínio da sucessão de leis, a regra da imposição da aplicação da lei mais favorável, em obediência a uma ideia de desnecessidade de intervenção destes instrumentos sancionatórios, o acto legislativo de descontra-ordenação compromete o Estado perante os cidadãos, no sentido de que já não serão sancionados os respectivos comportamentos, mesmo que praticados em data em que tal punição se encontrava prevista na lei.

III — Este compromisso não pode ser quebrado, apesar do Estado verificar que se equivocou ao abandonar o sancionamento como contra-ordenação daquelas condutas, em defesa da fiabilidade da actividade de um Estado de direito democrático.

Acordam na 2.ª Secção do Tribunal Constitucional:

I — Relatório

Nos autos de impugnação de aplicação de coima n.° 39/08.8TTBRR, do Tribunal do Trabalho do Barreiro, interpostos pela RTP — Rádio e Televisão de Portugal, S. A., após realização da audiência de julgamento, foi proferida sentença, com a seguinte conclusão:

"*a)* declaro ilegal e inconstitucional a norma vertida na alínea *e*) do n.° 3 do artigo 12.° na versão constante da Declaração de Rectificação n.° 21/2009, de 18 de Março de 2009, e como tal decido não a aplicar ao presente caso;
b) declaro extinto o procedimento contra-ordenacional quanto à prática da contra-ordenação prevista no artigo 671.° do Código do Trabalho anterior à Lei n.° 7/2009 contra a recorrente".

O Ministério Público recorreu desta sentença para o Tribunal Constitucional, nos termos da alínea *a*) do n.° 1 do artigo 70.° da Lei do Tribunal Constitucional, por nela se ter recusado a aplicação da Declaração de Rectificação n.° 21/2009, de 18 de Março de 2009, com fundamento na sua inconstitucionalidade.

Apresentou alegações em que concluiu do seguinte modo:

"1. A Lei n.° 74/98, com as alterações introduzidas pelas Leis n.° 2/2005, de 24 de Janeiro, n.° 26/2006, de 30 de Junho, e n.° 42/2007, de 24 de Agosto, define e circunscreve rigorosamente o âmbito em que podem ser feitas rectificações aos diplomas legais.

2. Subjacente a tal quadro jurídico está a garantia de que, por meios ínvios, não se alterem diplomas — fora dos requisitos constitucionais e legais.

3. A Declaração de Rectificação n.° 21/2009, ao proceder às "correcções" nos termos em que o fez, "recuperando" matéria contra-ordenacional que deixara de vigorar no ordenamento jurídico por força da Lei n.° 7/2009, viola os princípios da não retroactividade da lei penal (e contra-ordenacional), da segurança jurídica e da igualdade, decorrentes da Constituição da República Portuguesa (artigos 13.°, 29.°, n.ᵒˢ 1, 3 e 4).

4. Nestes termos, deve julgar-se inconstitucional a norma vertida na alínea *a*) do n.° 3 do artigo 12.° do Código do Trabalho na versão constante da Declaração de Rectificação n.° 21/2009, de 18 de Março de 2009, mantendo-se o juízo de inconstitucionalidade feito pelo tribunal *a quo*, com as consequências legais."

A recorrida contra-alegou, apresentando as seguintes conclusões:

"I. Com o Ministério Público se conclui que «[a] Lei n.° 74/98, com as alterações introduzidas pelas Leis n.° 2/2005, de 24 de Janeiro, n.° 26/2006, de 30 de Junho, e n.º 42/2007, de 24 de Agosto, define e circunscreve rigorosamente o âmbito em que podem ser feitas rectificações aos diplomas legais».

II. Com o Ministério Público se conclui que «subjacente a tal quadro jurídico está a garantia de que, por meios ínvios, não se alterem diplomas — fora dos requisitos constitucionais e legais».

III. Mais se conclui que uma vez que, a coberto de uma rectificação, se está a alterar a lei, é violado o artigo 161.º, alínea c), da Constituição, sendo certo que o carácter inovador da pretensa rectificação obrigaria a um processo legislativo que não ocorreu, o que conduz à inexistência jurídica do acto de rectificação.

IV. Com o Ministério Público se conclui que «[a] Declaração de Rectificação n.º 21/2009, ao proceder a "correcções" nos termos em que o fez, "recuperando" matéria contra-ordenacional que deixara de vigorar no ordenamento jurídico por força da Lei n.º 7/2009, viola os princípios da não retroactividade da lei penal (e contra-ordenacional), da segurança jurídica e da igualdade, decorrentes da Constituição da República Portuguesa (artigos 13.º, 29.º, n.ºs 1, 3 e 4)».

V. Com o Ministério Público se conclui que «deve julgar-se inconstitucional a norma vertida na alínea a) do n.º 3 do artigo 12.º do Código do Trabalho na versão constante da Declaração de Rectificação n.º 21/2009, de 18 de Março de 2009, mantendo-se o juízo de inconstitucionalidade feito pelo tribunal *a quo*, com as consequências legais».

II — Fundamentação

1. *Da delimitação do objecto do recurso*

Na sentença recorrida escreveu-se que se recusava a aplicação, com fundamento em inconstitucionalidade da norma vertida na alínea e) do n.º 3 do artigo 12.º, na versão constante da Declaração de Rectificação n.º 21/2009, de 18 de Março de 2009.

Conforme resulta da fundamentação desta sentença, o artigo 12.º ali referido pertence ao Código do Trabalho, na versão dada pela Lei n.º 7/2009, de 12 de Fevereiro, e a alínea do n.º 3 deste artigo, cuja aplicação se recusou foi a alínea a), resultando a referência à alínea e) de um simples lapso de escrita.

O Ministério Público interpôs recurso desta desaplicação normativa, a qual incide sobre a redacção daquela alínea a) do n.º 3 do artigo 12.º, conferida pela Declaração de Rectificação n.º 21/2009, de 18 de Março de 2009, e não sobre toda esta Declaração de Rectificação, pelo que importa reduzir o objecto do recurso à norma cuja aplicação a sentença recorrida efectivamente recusou.

Assim, deve neste recurso ser fiscalizada a constitucionalidade da norma constante da alínea a) do n.º 3 do artigo 12.º do Código do Trabalho, na redacção conferida pela Declaração de Rectificação n.º 21/2009, de 18 de Março de 2009.

2. Do mérito do recurso

Nos presentes autos estava em causa a prática pela recorrida de uma contra-ordenação pela violação do disposto nos artigos 273.º, n.º 1, e 671.º, n.º 1, ambos do Código do Trabalho, aprovado pela Lei n.º 99/2003, de 27 de Agosto.

No referido artigo 273.º, n.º 1, dispunha-se que "o empregador é obrigado a assegurar aos trabalhadores condições de segurança, higiene e saúde em todos os aspectos relacionados com o trabalho". E o artigo 671.º, n.º 1, estatuía que "constitui contra-ordenação muito grave a violação do disposto no artigo 273.º, na alínea *b*) do n.º 1 do artigo 274.º e nos n.ºs 1, 2 e 3 do artigo 275.º".

O primeiro dos citados preceitos consagrava um dever do empregador nas relações laborais, enquanto o segundo tipificava como contra-ordenação muito grave a violação desse dever.

O artigo 12.º, n.º 1, alínea *a*), da Lei n.º 7/2009, de 12 de Fevereiro, revogou a referida Lei n.º 99/2003, tendo, contudo, o n.º 3, do mesmo artigo, excepcionado que "a revogação dos preceitos a seguir referidos do Código do Trabalho, aprovado pela Lei n.º 99/2003, de 27 de Agosto, produz efeitos a partir da entrada em vigor do diploma que regular a mesma matéria: *a*) artigos 272.º a 312.º, sobre segurança, higiene e saúde no trabalho, acidentes de trabalho e doenças profissionais, na parte não referida na actual redacção do Código".

No dia 18 de Março de 2009 foi publicada a Declaração de Rectificação n.º 21/2009, na qual se declarou que a Lei n.º 7/2009, de 12 de Fevereiro, que aprova a revisão do Código do Trabalho, publicada no *Diário da República*, I Série, n.º 30, de 12 de Fevereiro de 2009, havia saído com inexactidões que importava rectificar. Assim, e em conformidade com esta declaração de rectificação, e ao que aqui nos interessa, "na alínea *a*) do n.º 3 do artigo 12.º, "Norma revogatória", onde se lê: "*a*) artigos 272.º a 312.º, sobre segurança, higiene e saúde no trabalho, acidentes de trabalho e doenças profissionais, na parte não referida na actual redacção do Código;"deve ler-se: "*a*) Artigos 272.º a 280.º e 671.º, sobre segurança, higiene e saúde no trabalho, na parte não referida na actual redacção do Código (...)".

Nos termos da Lei n.º 74/98, de 11 de Novembro (sobre a publicação, a identificação e formulário de diplomas), dispõe o artigo 5.º, o seguinte:

"1 — As rectificações são admissíveis exclusivamente para correcção de lapsos gramaticais, ortográficos, de cálculo ou de natureza análoga ou para correcção de erros materiais provenientes de divergências entre o texto original e o texto de qualquer diploma publicado na 1.ª série do *Diário da República* e são feitas mediante declaração do órgão que aprovou o texto original, publicada na mesma série.

2 — As declarações de rectificação devem ser publicadas até 60 dias após a publicação do texto rectificando.

3 — A não observância do prazo previsto no número anterior determina a nulidade do acto de rectificação.

4 — As declarações de rectificação reportam os efeitos à data da entrada em vigor do texto rectificado."

Se a redacção original da Lei n.º 7/2009 revogava imediatamente a tipificação, como contra-ordenação, da inobservância pelo empregador do dever de assegurar aos trabalhadores condições de segurança, higiene e saúde em todos os aspectos relacionados com o trabalho, constante do Código do Trabalho de 2003, a redacção resultante da rectificação operada com a Declaração n.º 21/2009 diferia essa revogação para momento posterior (quando entrasse em vigor o novo diploma que iria reger essa matéria), mantendo entretanto vigente a punição, como contra-ordenação, da violação daquele dever do empregador.

Conforme resulta do debate parlamentar que antecedeu a aprovação da referida Declaração (vide a acta n.º 84/X148, da Comissão Parlamentar de Trabalho, Segurança Social e Administração Pública, acessível em *www.parlamento.pt*), a mesma visou colmatar um esquecimento do legislador da lei rectificada e não corrigir qualquer lapso material de redacção ou erro na publicação, pelo que se traduziu no preenchimento duma lacuna legislativa involuntária, visando manter a tipificação duma determinada conduta como contra-ordenação após essa tipificação ter sido eliminada por lapso legislativo.

Na verdade, considerando os efeitos retroactivos das Declarações de Rectificação (artigo 5.º, n.º 4, da Lei n.º 74/98, de 11 de Novembro), verificamos que, no presente caso, a rectificação da redacção da alínea *a*) do n.º 3 do artigo 12.º da Lei n.º 7/2009, resulta na manutenção em vigor, sem qualquer hiato, da tipificação como contra-ordenação constante do artigo 671.º, n.º 1, do Código do Trabalho de 2003, das condutas previstas no seu artigo 273.º, n.º 1, apesar da revogação genérica deste diploma efectuada pelo artigo 12.º, n.º 1, alínea *a*), da Lei n.º 7/2009, de 12 de Fevereiro.

Sendo a segurança jurídica um dos fins do Estado de direito democrático (artigo 2.º da Constituição), "a actuação dos poderes públicos, incluindo o poder legislativo, deve ser sempre uma actuação antevisível, calculável e mensurável. Num Estado de direito as pessoas devem saber com o que contam. As relações entre o poder e os seus destinatários têm por isso que ser fundadas a partir da ideia segundo a qual o comportamento dos poderes públicos deve ser um comportamento confiável." (Maria Lúcia Amaral, em *A forma da República. Uma introdução ao estudo do direito constitucional*, p. 178, da edição de 2005, da Coimbra Editora).

Neste sentido, para que as pessoas devam saber com o que contam, as normas jurídicas não devem, em princípio, ter efeito retroactivo.

Correspondendo a esta ideia, o artigo 29.º da Constituição, proíbe que a lei possa qualificar e punir como crime factos passados, impedindo-se, assim, que o poder legislativo do Estado possa atingir de forma arbitrária, abusiva e direccionada a liberdade, a segurança e outros direitos fundamentais dos cidadãos.

Esta proibição estende-se a outros domínios do direito sancionatório, nomeadamente ao direito de mera ordenação social, impondo a não retroactividade das leis que tipifiquem certas condutas como contra-ordenações (vide, neste sentido, Gomes Canotilho e Vital Moreira, em *Constituição da República Portuguesa anotada*, volume I, p. 498, da edição de 2007, da Coimbra Editora).

Constituiria uma violação da confiança legítima que as pessoas devem depositar na ordem jurídica a punição como contra-ordenação de comportamentos ocorridos anteriormente à sua tipificação legal.

Ninguém pode agir em conformidade ou de acordo com o direito se este não for atempadamente cognoscível, pelo que uma punição daqueles comportamentos constituiria um abuso intolerável do Estado.

Contudo, neste caso, não é esse o efeito retroactivo da norma impugnada.

Ela não determina a punição de conduta ocorrida em época em que a lei não a tipificava como contra-ordenação, uma vez que o acto imputado ao arguido neste processo foi praticado quando o artigo 671.º, n.º 1, do Código do Trabalho de 2003, estava em vigor.

Ela repõe a punição como contra-ordenação daquela conduta, após o legislador ter afastado o seu sancionamento contra-ordenacional, retroagindo essa reposição ao momento desse afastamento, mantendo, assim, sem qualquer interrupção, tal sanção.

Aqui o efeito retroactivo da lei não determina a punição de um facto praticado anteriormente à sua tipificação como contra-ordenação, mas elimina a descontra-ordenação de uma determinada conduta efectivada pelo legislador em data posterior à prática do facto.

Ora, vigorando em matéria contra-ordenacional, tal como em matéria penal, no domínio da sucessão de leis, a regra da imposição da aplicação da lei mais favorável (artigo 3.º, n.º 2, do Decreto-Lei n.º 433/82), em obediência a uma ideia de desnecessidade de intervenção destes instrumentos sancionatórios, o acto legislativo de descontra-ordenação compromete o Estado perante os cidadãos, no sentido de que já não serão sancionados os respectivos comportamentos, mesmo que praticados em data em que tal punição se encontrava prevista na lei.

E este compromisso não pode ser quebrado, apesar do Estado verificar que se equivocou ao abandonar o sancionamento como contraordenação daquelas condutas, em defesa da fiabilidade da actividade de um Estado de direito democrático.

Ora, da redacção rectificada da alínea *a*) do n.º 3 do artigo 12.º da Lei n.º 7/2009, resulta a manutenção em vigor, sem qualquer hiato, da tipificação como contra-ordenação constante do artigo 671.º, n.º 1, do Código do Trabalho de 2003, das condutas previstas no seu artigo 273.º, n.º 1, retirando, assim, qualquer efeito à descontra-ordenação operada pela redacção primitiva do referido artigo 12.º, n.º 1, alínea *a*), e n.º 3, alínea *a*), o que viola o princípio da segurança jurídica, inerente ao modelo de Estado de direito democrático, consagrado no artigo 2.º da Constituição.

Por este motivo, deve ser julgado improcedente o recurso, confirmando-se a declaração de inconstitucionalidade da decisão recorrida.

III — Decisão

Pelo exposto, decide-se:

a) Julgar inconstitucional, por violação do princípio da segurança jurídica, inerente ao modelo do Estado de direito democrático consagrado no artigo 2.º da Constituição, a norma constante da alínea *a*) do n.º 3 do artigo 12.º do Código do Trabalho, na redacção conferida pela Declaração de Rectificação n.º 21/2009, de 18 de Março de 2009.
b) E, consequentemente, confirmar o juízo de inconstitucionalidade adoptado na decisão recorrida, negando desta forma provimento ao recurso.

Sem custas.

Lisboa, 28 de Setembro de 2009. — *João Cura Mariano* — *Benjamim Rodrigues* — *Joaquim de Sousa Ribeiro* — *Rui Manuel Moura Ramos.*

Anotação:

1 — Acórdão publicado no *Diário da República*, II Série, de 5 de Novembro de 2009.
2 — Acórdão rectificado pelo Acórdão n.º 601/09, de 18 de Novembro.

ACÓRDÃO N.° 493/09

DE 29 DE SETEMBRO DE 2009

Não julga inconstitucionais o artigo 18.° da Lei n.° 80/77, de 26 de Outubro, e o quadro anexo à Lei n.° 80/77, de 26 de Outubro, para onde remete o artigo 19.°, n.° 2, deste diploma (pagamento das indemnizações por nacionalização).

Processo: n.° 783/08.
Recorrentes: Jorge José Clara Travassos Lopes e outros.
Relator: Conselheiro João Cura Mariano.

SUMÁRIO:

I — Embora nas nacionalizações, atenta a natureza específica desta medida, a Constituição tenha deixado margem ao legislador para ponderar e fazer reflectir no regime indemnizatório um conjunto de factores, complexos e variáveis, de carácter político, económico e social, que podem justificar um *quantum* indemnizatório não inteiramente correspondente à perda do anterior titular, bem como modalidades e momentos de pagamento desviantes de uma regra estrita de sinalagmaticidade funcional, tal não significa que o desempenho, pelo legislador, da incumbência que o artigo 83.° da Constituição lhe fixa esteja liberto de qualquer parametrização constitucional, com incidência na conformação do modo e do quantitativo da indemnização, em termos constitucionalmente adequados, sendo aqui aplicáveis os menos exigentes princípios gerais de justiça, como princípios elementares de um Estado de direito, os quais se opõem a que a indemnização perca grande parte da sua efectividade e consistência, por conceder ao anterior titular um montante irrisório ou manifestamente irrazoável.

II — Se é problemática a ponderação da capacidade financeira do Estado como entidade indemnizante para se ajuizar da razoabilidade da indemnização fixada, já relativamente à forma de pagamento dessa indemnização é perfeitamente legítimo que esse elemento tenha um papel decisivo na sua determinação, nomeadamente justificando o recurso ao pagamento em títulos de dívida pública, o qual corresponde a uma dação em pagamento imposta por lei como forma de extinção da obrigação indemnizatória.

III — No entanto, quando se utiliza esta forma de cumprimento da prestação indemnizatória devida por um acto de nacionalização não pode do mesmo resultar a atribuição duma indemnização irrisória ou manifestamente irrazoável, devendo a avaliação desta exigência constitucional ser reportada ao momento previsto para a entrega dos títulos de dívida pública, e não a um momento posterior, nomeadamente a data da amortização desses títulos, em que o valor real destes já foi influenciado pelo evolução superveniente do mercado económico financeiro.

IV — Ponderando a dimensão dos encargos financeiros resultantes da indemnização dos actos de nacionalização contemplados pela Lei n.º 80/77, o facto dos prazos de amortização e diferimento e das taxas de juro serem diferenciados conforme o montante da indemnização e a possibilidade dos títulos entregues como forma de pagamento das indemnizações poderem ser mobilizados antecipadamente, não é possível concluir que tais prazos e taxas, mesmo relativamente às indemnizações incluídas na classe XII, do quadro anexo à Lei n.º 80/77, de 26 de Outubro, para onde remete o artigo 19.º, n.º 2, deste diploma, conduzam à atribuição de indemnizações que se possam considerar irrisórias ou manifestamente irrazoáveis, encontrando-se aqueles critérios abrangidos pela margem de liberdade que o legislador ordinário goza neste domínio.

Acordam, em Plenário, no Tribunal Constitucional:

I — Relatório

Jorge José Clara Travassos Lopes e outros intentaram, contra o Estado Português, acção declarativa de condenação, sob a forma de processo ordinário, pedindo, cada um deles, a condenação daquele no pagamento de quantias resultantes da diferença entre o valor atribuído pelo Governo às participações sociais dos autores nas empresas nacionalizadas, pertencentes ao então denominado "Grupo Claras", e o valor atribuído às mesmas participações pelas comissões arbitrais, bem como a sua condenação no pagamento do "saldo" entre os valores indicados no "quadro 5", referenciado nos autos, actualizado à data do efectivo pagamento, a cada autor, à taxa de juro implícita no coeficiente de correcção monetária estabelecido em portaria pelo Governo e os valores que, efectivamente, cada autor tiver recebido e venha a receber do Estado, actualizados financeiramente à mesma taxa e com referência à mesma data, saldo ao qual se deduzirá ainda o valor resultante do primeiro pedido.

Por sentença da 2.ª Vara Cível da comarca de Lisboa, a acção foi julgada parcialmente procedente, decidindo-se absolver o Estado do primeiro pedido, e, julgando-se materialmente inconstitucionais os artigos 18.º e 19.º da Lei n.º 80/77, condená-lo no pagamento, a cada um dos autores, de quantias correspondentes à actualização do valor indemnizatório fixado, mediante a diferença entre os juros capitalizados e pagos e o que resulta da aplicação dos coeficientes de correcção monetária previstos no Portaria n.º 362/2008 (ou a que estiver em vigor à data do pagamento), desde a data da nacionalização até integral pagamento.

Desta sentença, os autores recorreram directamente para o Tribunal Constitucional, ao abrigo da alínea *b)* do n.º 1 do artigo 70.º da Lei do Tribunal Constitucional (LTC), recurso esse que foi objecto da decisão sumária de não conhecimento.

Da mesma sentença o Ministério Público interpôs recurso de constitucionalidade, ao abrigo da alínea *a)* do n.º 1 do artigo 70.º da LTC, na parte em que recusou a aplicação, com fundamento em inconstitucionalidade, dos artigos 18.º e 19.º da Lei n.º 80/77, de 26 de Outubro.

O recorrente apresentou alegações com as seguintes conclusões:

> Conforme entendimento jurisprudencial reiterado, não são inconstitucionais as normas constantes dos artigos 18.º e 19.º da Lei n.º 80/77, de 26 de Outubro, enquanto nelas se prevê — em concretização do artigo 83.º da Constituição da República Portuguesa — que o direito à indemnização ao titular de bens produtivos nacionalizados se efectiva mediante entrega de títulos de dívida pública, de valor igual ao fixado, desdobrando-se em várias classes, em função do montante global, às quais correspondem — nos termos do quadro anexo — prazos de amortização e de diferimento diferenciados e taxas de juro decrescentes.
>
> Na verdade, não pode extrair-se daquele preceito constitucional que a indemnização a arbitrar, como decorrência do acto político de nacionalização, tenha de ser fixado em montante pecuniário, correspondente ao valor efectivo dos bens, imediatamente disponível pelo respectivo titular — podendo a lei, de modo constitucionalmente legítimo, estabelecer critérios concretos de ressarcimento, referentes não apenas ao valor patrimonial, como também à forma e ao tempo do pagamento, justificados por relevantes ponderações de necessidade política, económica e social.
>
> Não conduz a uma indemnização "irrisória" o critério normativo que não prevê nem institui a correcção monetária do valor dos títulos da dívida pública originariamente arbitrados ao titular dos bens nacionalizados, já que o risco de depreciação monetária, por ele suportado, é equivalente ao sofrido pelos titulares de outros títulos de dívida pública, de juro fixo, não se estando, no caso, no âmbito da atribuição de uma indemnização em dinheiro, enquadrável no regime civilístico do artigo 566.º, n.º 2, do Código Civil.
>
> Termos em que deverá proceder o presente recurso, em conformidade com o juízo de constitucionalidade das normas desaplicadas na decisão recorrida.»

Os recorridos contra-alegaram, concluindo o seguinte:

«1. A Constituição garante, como um dos direitos fundamentais, o direito à propriedade privada (artigo 62.º da Constituição).

2. Trata-se indiscutivelmente, de um direito fundamental, como resulta, desde logo, da inserção do artigo 62.º na parte I da Constituição, sob o título "Direitos e deveres fundamentais".

3. A distinção doutrinária entre os conceitos de "nacionalização" e "expropriação" não permite, sem mais, concluir por uma diferença de tratamento nos respectivos regimes de indemnização.

4. Em qualquer caso, na perspectiva do direito de propriedade, enquanto direito fundamental, por que motivo racional, compreensível, haveria que indemnizar-se diferentemente, consoante aquele direito fosse atingido por um acto de nacionalização ou de expropriação?

5. Uma tal distinção, além de incompreensível, traduzir-se-ia em discriminação intolerável dos cidadãos: perante actos de ofensa ao direito de propriedade, por transferência de bens para a titularidade do Estado, a indemnização correspondente resultaria da motivação que o Estado invocasse para os actos de transferência; se invocar motivos ideológico-políticos, a indemnização compensatória não terá sequer que ser aproximada ao valor dos bens, se invocar outros motivos de interesse público, já a indemnização terá de corresponder à reintegração plena do património do visado.

6. Por isso, salvo o devido respeito, a tese do réu acerca da distinção entre as indemnizações por expropriações e as indemnizações por nacionalizações, está irremediavelmente datada de uma época histórica ultrapassada e corresponde a uma visão constitucional repudiada pela simples ideia do Estado de direito.

7. Assim, teremos de concluir que o princípio da justa indemnização consagrado no n.º 2 do artigo 62.º da Constituição, como corolário da protecção do direito de propriedade garantido pelo n.º 1, se aplica à expropriação em sentido amplo, abrangendo tanto a expropriação *stricto sensu*, para utilizar a terminologia de Fausto de Quadros, como a nacionalização.

8. Esse reconhecimento foi feito pelo próprio Estado, logo em 1977, na Lei n.º 80/77, em cujo artigo 1.º se dispôs que "do direito à propriedade privada, reconhecido pela Constituição, decorre que toda a nacionalização (...) apenas poderá ser efectuada mediante justa indemnização".

9. Mas mesmo que se admita que a indemnização por nacionalização pode ser distinta da devida por expropriação, em qualquer caso ela está subordinada a um imperativo de justiça decorrente de um conjunto de exigências constitucionais e do Estado de direito, (artigo 2.º da Constituição) relativas à boa fé, à protecção da confiança e da segurança, à proporcionalidade, ao princípio da igualdade e à garantia constitucional genérica dos direitos fundamentais (artigos 17.º e 18.º da Constituição).

10. A Declaração Universal dos Direitos do Homem e outros princípios do Direito Internacional acolhidos na nossa Constituição (artigos 8.º, n.º 1, e 16.º,

n.ᵒˢ 1 e 2), conferem aos cidadãos dos Estados aderentes um autêntico direito à propriedade privada.

11. Também em Portugal, a doutrina é quase unânime no sentido de que a indemnização tem de ser justa, o que quer dizer proporcional ao valor dos bens nacionalizados; "ela tem de compensar o valor substancial que foi subtraído ao particular".

12. Embora o Tribunal Constitucional não tenha assumido integralmente a posição que aqui sustentamos, a verdade é que da sua jurisprudência resulta a inconstitucionalidade das normas em causa, face à matéria de facto apurada.

13. Segundo essa jurisprudência, a indemnização pode não ser plena, mas tem de ser razoável e não manifestamente desproporcionada.

14. Como resulta da matéria de facto apurada nos autos, o diferimento no tempo do pagamento da indemnização, os juros compensatórios fixados por esse diferimento, decorrentes da aplicação dos preceitos legais arguidos de inconstitucionalidade, conduziram a que as indemnizações efectivamente pagas sejam "manifestamente desproporcionadas à perda dos bens nacionalizados" (expressão do Tribunal Constitucional).

15. Na verdade, para que a indemnização não seja irrisória ou manifestamente desproporcionada, é indispensável que a sua forma de pagamento, quando temporalmente protelada (como foi o caso), beneficie de correcção monetária que assegure um mínimo de equivalência com o valor dos bens à data da nacionalização (vide Profs. Doutor Gomes Canotilho e outros, em trabalho de investigação por equipe de docentes da Faculdade de Direito de Coimbra, de que está junta fotocópia ao processo).

16. A indemnização resultante dos diplomas legais que regularam o respectivo cálculo e forma de pagamento, "transmutou-se em indemnização irrisória (...), em virtude da dilação temporal manifestamente excessiva com que foi paga" (Gomes Canotilho, no Estudo citado).

17. Acresce que, tratando-se de dívidas do Estado, é o próprio devedor, através do Governo, a influenciar decisivamente a desvalorização da moeda, através da política monetária, política que, durante todo o período em que foram amortizados os títulos do Tesouro com que o Estado pagou as indemnizações que ele próprio fixou unilateralmente, foi conduzida pelo Governo.

18. Ou seja, em termos simples, foi a seguinte a actuação do Estado através do Governo:

1.º atribuiu unilateralmente e arbitrariamente o valor dos bens nacionalizados para efeitos da 'indemnização" a pagar aos expropriados;

2.º decidiu pagar a "indemnização" através da entrega de Títulos do Tesouro amortizáveis a longo prazo;

3.º fixou unilateralmente as taxas de juro da dívida titulada nas Obrigações do Tesouro, fazendo-o com taxas fixas extremamente baixas;

4.º contribuiu decisivamente, através da política monetária, para uma inflação que ultrapassou em larga escala as taxas de juro das Obrigações, fazendo com que o valor a receber se fosse deteriorando ao longo do período de amortização.

19. Este procedimento do Governo materializou-se ao abrigo dos preceitos legais que, pelas razões expostas, têm de considerar-se como ofensivos dos princípios e preceitos constitucionais citados.

20. Contra estes pesados argumentos, no sentido da inconstitucionalidade dos preceitos em causa, o recorrente refugia-se na jurisprudência deste Tribunal, considerando que "as normas legais que determinaram o pagamento das indemnizações por nacionalização — assente em critério materialmente autónomo da "justa indemnização" constitucionalmente consagrado para as expropriações por utilidade pública — através da entrega de títulos da dívida pública, com prazos de amortização muito dilatados no tempo e com taxas de juro fixas iguais ou inferiores a 2,5% numa época em que a taxa de inflação era claramente superior, não determina a qualificação como "irrisórias" ou meramente simbólicas das indemnizações arbitradas aos titulares das empresas nacionalizadas."

21. Esta argumentação do recorrente é meramente conclusiva e abstrai totalmente da realidade.

22. A questão é muito concreta e pode resumir-se no seguinte:

Por aplicação dos preceitos declarados inconstitucionais, os valores indemnizatórios devidos pelas nacionalizações foram pagos num prazo médio de 28 anos, com uma taxa de juro média de 3,09% (alínea Q1 da Especificação). No mesmo período, as taxas de inflação estiveram sistematicamente muitíssimo acima da taxa de remuneração dos Títulos do Tesouro com que foram pagas as indemnizações.

23. Essa brutal diferença fez com que os valores indemnizatórios efectivamente pagos tenham representado uma pequena parte dos nominalmente atribuídos.

24. Assim, apenas por aplicação dos preceitos declarados inconstitucionais, as indemnizações são manifestamente desproporcionadas à perda dos bens nacionalizados, são mesmo irrisórias, para utilizar as expressões do Acórdão n.º 39/88 do Tribunal Constitucional.

25. Aliás, seria importante e exigível que o recorrente e este Tribunal se dignassem esclarecer o que entendem por "manifestamente desproporcionado". Será metade do valor dos bens? Um quarto? Um décimo?

26. O que distinguirá, no entender do Estado, uma nacionalização de um confisco? Será que basta ao Estado pagar uma qualquer indemnização para que a norma que a estabelece seja considerada conforme à Constituição?

27. Lendo a douta alegação do recorrente, parece que é esse o critério. Qualquer que seja o prazo do seu pagamento aos lesados e a taxa de remuneração pelo diferimento, o recorrente considera estarem satisfeitas as exigências constitucionais da "justa indemnização".

28. Com todo o respeito, o Tribunal Constitucional não pode consagrar esse critério, sob pena e reduzir a zero a protecção do direito de propriedade perante o Estado.

29. Deve, assim, ser inteiramente confirmada a douta decisão recorrida.»

II — Fundamentação

1. *Da delimitação do objecto do recurso*

A sentença recorrida, na sua parte decisória, recusou a aplicação, com fundamento em inconstitucionalidade material, dos artigos 18.º e 19.º da Lei n.º 80/77, de 26 de Outubro (sucessivamente alterada pelo Decreto-Lei n.º 343/80, de 2 de Setembro, pela Lei n.º 36/81, de 31 de Agosto, pela Lei n.º 5/84, de 7 de Abril e pelo Decreto-Lei n.º 332/91, de 6 de Setembro).

O presente recurso tem por objecto a apreciação da constitucionalidade desses mesmos artigos, que dispõem o seguinte:

«Artigo 18.º

1. Com excepção do disposto no artigo 20.º, o direito à indemnização, tanto provisória como definitiva, efectiva-se mediante entrega ao respectivo titular, pelo Estado, de títulos de dívida pública de montante igual ao valor fixado nos termos e condições constantes dos artigos seguintes.

2. O Governo regulará, por decreto, sob proposta do Ministro das Finanças, as condições de entrega dos títulos.

Artigo 19.º

1. Os empréstimos a emitir para os fins previstos no artigo anterior desdobrar-se-ão em várias classes, em função do montante global a indemnizar por titular, às quais corresponderão prazos de amortização e de diferimento progressivamente mais longos e taxas de juros decrescentes.

2. Para os efeitos referidos no n.º 1, a determinação das taxas de juro, anos de amortização e período de diferimento far-se-á em função das classes definidas pelos montantes globais a indemnizar de acordo com o quadro anexo.

ANEXO
Quadro referido no artigo 19.º
Classificação dos empréstimos e taxas de juro, anos de amortização
e períodos de diferimento respectivos, nos termos do artigo 19.º

Classes	Montante a indemnizar	Taxa de juro — Percentagem	Anos de amortização	Período de diferimento	Período total
I	Até 50 000$	13	6	2	8
II	De 50 000$ a 125 000$	12,8	6	2	8
III	De 125 000$ a 250 000$	12,4	7	2	9
IV	De 250 000$ a 450 000$	11,8	7	2	9
V	De 450 000$ a 750 000$	11	9	2	11
VI	De 750 000$ a 1 175 000$	10	11	2	13
VII	De 1 175 000$ a 1 750 000$	9,8	13	3	16
VIII	De 1 750 000$ a 2 500 000$	8,4	15	3	18
IX	De 2 500 000$ a 3 450 000$	6,8	17	4	21
X	De 3 450 000$ a 4 625 000$	5	19	4	23
XI	De 4 625 000$ a 6 050 000$	3	21	5	26
XII	Acima de 6 050 000$	2,5	23	5	28

Como se vê, os preceitos em causa desdobram-se em múltiplos segmentos normativos, com relativa independência entre si, incidindo sobre aspectos parcelares do modo de efectivação da indemnização concedida aos titulares dos bens nacionalizados, incluindo os dados do quadro anexo.

Uma visão englobante desse conjunto de critérios normativos permite concluir que o regime aplicável se traduz numa dação em pagamento de títulos da dívida pública, com condições de entrega a regular por decreto, com períodos de amortização e diferimento e de taxas de juro diferenciados por classes ou escalões de títulos, em função do montante global a indemnizar, de acordo com os dados do quadro anexo ao diploma.

O ter-se reportado o apontado vício de inconstitucionalidade genericamente às normas dos artigos 18.º e 19.º da Lei n.º 80/77, de 26 de Outubro, sem qualquer precisão indicativa dos segmentos inquinados por tal vício, pode deixar entender que a decisão o estende a todo o regime constante desses artigos.

Todavia, é possível colher da fundamentação da sentença recorrida elementos que contrariam essa conclusão, evidenciando, de forma clara, que a recusa de aplicação dos mencionados artigos se deveu, por um lado à forma de pagamento da indemnização estabelecida no artigo 18.º daquela Lei e, por outro lado, à duração dos prazos de amortização e de diferimento dos empréstimos correspondentes aos títulos de dívida pública entregues para satisfação do direito de indemnização, conjugados com o valor dos juros remuneratórios desses empréstimos, estando esses dados fixados no quadro anexo ao referido diploma, para o qual remete o n.º 2 do referido artigo 19.º

Na verdade, ainda que considerando o não pagamento imediato do valor das indemnizações como justificado, o tribunal recorrido sustentou que a sua prestação sob forma de obrigações de tesouro, amortizáveis a muito longo prazo, em conjunção com uma taxa de remuneração fixa, notoriamente inferior à taxa de inflação verificada, determinou que as indemnizações pagas "se tornassem irrisórias pelo próprio decurso do tempo", conquanto o não fossem à partida, em si mesmas.

Em conformidade com tal juízo, foi proferida decisão de procedência parcial da acção, que se traduziu na condenação do Estado a uma actualização do valor atribuído como indemnização, sujeitando-o a determinados coeficientes de correcção monetária.

Sendo assim, verifica-se que o juízo de inconstitucionalidade incidiu na norma constante do artigo 18.º da Lei n.º 80/77, de 26 de Outubro, que determina que o direito à indemnização se efectiva mediante entrega ao respectivo titular pelo Estado de títulos da dívida pública, e também no segmento em que o legislador fixou os prazos de amortização e diferimento dos empréstimos e o valor das taxas de juro, os quais constam do quadro anexo para onde remete a parte final do n.º 2 do artigo 19.º do mesmo diploma.

Deste modo justifica-se que a questão de constitucionalidade a decidir incida apenas sobre a referida norma do artigo 18.º da Lei n.º 80/77, de 26 de Outubro, e sobre a duração dos prazos e o valor das taxas de juro constantes do quadro anexo, para onde remete o artigo 19.º, n.º 2, deste diploma.

2. *Do mérito do recurso*

2.1. De entre os princípios em que assenta a organização económico--social do País, conta-se, nos termos do artigo 80.°, alínea *d)*, da Constituição da República Portuguesa (CRP), o da "propriedade pública dos recursos naturais e dos meios de produção, de acordo com o interesse colectivo".

Na dinâmica da sua actuação, e em função do referido interesse ("por motivo de interesse público", como expressa a alínea *l)* do n.° 1 do artigo 165.° da CRP), esse princípio legitima actos de desapropriação forçada de meios de produção integrados em qualquer dos outros sectores (muito em particular no sector privado), transferindo-os para o sector público.

Traduzindo-se, quanto aos bens dela objecto, numa mudança de titularidade, em ablação, por acto unilateral autoritário, da anteriormente detida por sujeitos privados, uma tal intervenção deve necessariamente articular-se com a garantia constitucional do direito de propriedade (artigo 62.° da CRP).

Daí a previsão específica de uma regra habilitante, consagrando a faculdade constitucional de "apropriação pública dos meios de produção" e cometendo à lei o encargo de traçar os respectivos requisitos. Preceitua, na verdade, o artigo 83.° da Constituição que «a lei determina os meios e as formas de intervenção e de apropriação pública dos meios de produção, bem como os critérios de fixação da correspondente indemnização».

A "apropriação pública" aqui referida tem como manifestação nuclear a figura da nacionalização de unidades produtivas. Através deste acto, do que, fundamentalmente, se trata — como lapidarmente expressou o Acórdão n.° 39/88 — "é, pois, de subtrair à propriedade privada determinados bens, em virtude de [...] se entender que é do interesse da colectividade que eles passem para a titularidade do Estado e sejam geridos de acordo com o interesse geral" (publicado em *Acórdãos do Tribunal Constitucional*, 11.° Volume, p. 233).

Embora a terminologia seja, nesta matéria, algo flutuante, não se abstendo a Constituição de falar, neste quadrante normativo, de "expropriação", para referir a apropriação de meios de produção — cfr. os artigos 88.°, n.° 1, e 94.°, n.° 1 —, a verdade é que a nacionalização não se confunde com a expropriação, em sentido estrito e próprio. De múltiplos pontos de vista as duas figuras se distinguem. Quer quanto ao objecto, fundamento e fim, quer, reflexamente, quanto aos respectivos regimes (designadamente quanto ao procedimento de efectivação), as notas características da nacionalização demarcam-na da expropriação por utilidade pública, como mais desenvolvidamente se pôs em destaque no Acórdão n.° 452/95 (publicado em *Acórdãos do Tribunal Constitucional*, 31.° Volume, p. 135).

Também no que diz respeito aos critérios constitucionais de indemnização, não há coincidência de regimes. Enquanto que o n.° 2 do artigo 62.° da

CRP, estabelece que a expropriação por utilidade pública só pode ter lugar "mediante o pagamento de justa indemnização", o artigo 83.º da CRP, aplicável à nacionalização, como forma de apropriação pública dos meios de produção, limita-se a remeter para a lei "os critérios de fixação da correspondente indemnização", sem precisar qualquer pauta valorativa que à lei cumpra observar no cumprimento desta tarefa.

Desta renúncia à predeterminação de um critério constitucionalmente ajustado de indemnização, bem como da utilização do plural ("critérios") para designar o objecto da remissão para a lei, pode retirar-se a ideia de que o legislador goza, em sede de nacionalizações, de um grau elevado de discricionariedade, inteiramente afastada, no caso das expropriações por utilidade pública.

Nestas, o princípio da justa indemnização impõe uma compensação integral, tendencialmente correspondente ao valor venal do bem, de acordo com a sua cotação no mercado. A função da indemnização é a de fazer entrar, na esfera do atingido, o equivalente pecuniário do bem expropriado, de tal modo que, efectuada a expropriação, o seu património activo muda de composição, mas não diminui de valor.

No caso das nacionalizações, atenta a natureza específica desta medida, a Constituição deixou margem ao legislador para ponderar e fazer reflectir no regime indemnizatório um conjunto de factores, complexos e variáveis, de carácter político, económico e social, que podem justificar um *quantum* indemnizatório não inteiramente correspondente à perda do anterior titular, bem como modalidades e momentos de pagamento desviantes de uma regra estrita de sinalagmaticidade funcional. Como se sustenta no supracitado Acórdão n.º 452/95, a Constituição permite que as indemnizações a prestar pela expropriação e pela nacionalização sejam diferentes "no que respeita à sua extensão, ao seu valor ou ao seu *quantum*, ao momento em que uma e outra sejam postas à disposição do sujeito que delas beneficia e ainda à forma ou formas do seu pagamento".

O que não significa, evidentemente, que o desempenho, pelo legislador, da incumbência que o artigo 83.º da CRP, lhe fixa esteja liberto de qualquer parametrização constitucional, com incidência na conformação do modo e do quantitativo da indemnização, em termos constitucionalmente adequados. Simplesmente, na falta (justificada) de um específico e apertado critério decorrente da justiça comutativa, como o vigente em sede de expropriação, são aqui aplicáveis os menos exigentes princípios gerais de justiça, como princípios elementares de um Estado de direito.

Estes opõem-se apenas a que a indemnização perca grande parte da sua efectividade e consistência, por conceder ao anterior titular um montante irrisório ou manifestamente irrazoável.

«O artigo 82.º [actualmente 83.º] — afirma-se no acima referido Acórdão do Tribunal Constitucional n.º 39/88 — basta-se com que se trate de uma indemnização razoável ou aceitável que cumpra a exigências mínimas de justiça que vão implicadas na ideia de Estado de direito». Ou, como se pode ler em Gomes Canotilho/Vital Moreira: «A lei goza de alguma discricionariedade na definição dos critérios de indemnização, podendo inclusivamente estabelecer critérios diferentes, de acordo com o tipo e o montante dos bens desapropriados [...], mas não pode deixar de haver uma indemnização razoável ou aceitável, que não pode ser irrisória ou manifestamente exígua nem desproporcionada em relação ao valor venal dos bens desapropriados». (*Constituição da República Portuguesa anotada*, volume I, p. 996, da edição de 2007, da Coimbra Editora).

Tem sido esta a orientação uniformemente seguida por este Tribunal, desde o referido Acórdão n.º 39/88 (vide os Acórdãos n.º 605/92, em *Acórdãos do Tribunal Constitucional*, 23.º Volume, p. 585, n.º 452/95, em *Acórdãos do Tribunal Constitucional*, 31.º Volume, p. 135, n.º 85/03, em *Acórdãos do Tribunal Constitucional*, 55.º Volume, p. 509, n.º 148/04, em *Acórdãos do Tribunal Constitucional*, 58.º Volume, p. 731, e n.º 144/05, no *Diário da República*, II Série, de 14 de Junho 2005).

E, não ignorando as vozes que pugnam por uma equiparação dos critérios indemnizatórios da nacionalização e da expropriação (vide João Paulo Cancella de Abreu, em "Anotação ao Acórdão n.º 39/88", em *O Direito*, Ano 121.º (1989), volume IV, p. 831-837, Oliveira Ascensão, em *Estudos sobre expropriações e nacionalizações*, pp. 227 e segs., da edição de 1989, da Imprensa Nacional, Freitas do Amaral e Robin de Andrade, em "As indemnizações por nacionalização em Portugal", na *Revista da Ordem dos Advogados*, Ano 49.º (1989), volume I, pp. 5 e segs., Rui Medeiros, em *Ensaio sobre a responsabilidade civil do Estado por actos legislativos*, pp. 288-290 e 346, da edição de 1992, da Almedina, Rui Guerra da Fonseca, em *Comentário à Constituição Portuguesa*, II volume, pp. 278-280, da edição de 2008, da Almedina, e Miguel Nogueira de Brito, em *A justificação da propriedade privada numa democracia constitucional*, pp. 1049-1050, da edição de 2007, da Almedina) entendemos que tal orientação é reiterar, pois mantém plena validade.

2.2. O Decreto-Lei n.º 280-C/75, de 5 de Junho, ponderando "a grande importância estratégica do sector dos transportes, quer no plano económico, quer no plano político, e a necessidade de reestruturar e recuperar o sector dos transportes", procedeu à nacionalização de dezenas de empresas que operavam no sector dos transportes colectivos de passageiros, entre as quais as empresas do chamado grupo "Claras".

Nos termos referidos pelo n.º 2 da declaração preambular "esta medida insere-se na política de controle dos sectores básicos da economia pelo Estado, no sentido de prosseguir na via da concretização de uma política colocada ao serviço das classes trabalhadoras".

O artigo 2.° do referido Decreto-Lei determinou que o Estado pagaria "às entidades privadas titulares de acções ou quotas representativas do capital social das empresas nacionalizadas, contra a entrega dos respectivos títulos, uma indemnização a definir, quanto ao montante, prazo e forma de pagamento, em diploma a publicar", uma vez que só "uma análise ulterior mais detalhada permitirá determinar com justeza as formas e os montantes da indemnização a fixar para o capital pertencente ao domínio privado".

Depois do Conselho da Revolução ter emitido um primeiro diploma sobre esta matéria que ficou a aguardar regulamentação (o Decreto-Lei n.° 528/76, de 7 de Junho), a Assembleia da República aprovou a Lei n.° 80/77, de 26 de Outubro, que veio dispor sobre os termos e condições em que deveriam ser indemnizados os ex-titulares de direitos sobre as empresas nacionalizadas após o 25 de Abril de 1974.

Segundo o artigo 18.° deste diploma, as indemnizações deveriam ser pagas, em regra, mediante a entrega pelo Estado ao respectivo titular de títulos de dívida pública de montante igual ao da indemnização fixada, o que se traduz no cumprimento da obrigação de indemnização através da dação em pagamento daqueles títulos.

Estes títulos de dívida pública correspondiam a obrigações ao portador respeitantes a um empréstimo interno, amortizável, denominado "Obrigações de Tesouro, 1977 — Nacionalizações e expropriações" exclusivamente destinado a ocorrer ao pagamento de indemnizações por força de nacionalizações e expropriações, estando o serviço deste empréstimo confiado à Junta do Crédito Público (artigo 26.°, n.ºs 1 e 2, da Lei n.° 80/77).

Estes empréstimos, nos termos do quadro anexo referido no artigo 19.° da Lei n.° 80/77, encontravam-se escalonados por classes (I a XII), tendo como critério distintivo o valor da indemnização atribuída, às quais correspondiam diferentes períodos de diferimento, prazos de amortização e taxas de juro. Quanto maior fosse o montante da indemnização fixada, tanto mais longo seriam os prazos de diferimento e de amortização e menor a taxa de juro remuneratória, correspondendo à classe XII, que abrangia os montantes indemnizatórios acima de Esc.: 6 050 000$, um prazo de diferimento de 5 anos, um prazo de amortização de 23 anos e uma taxa de juro anual de 2,5%.

As taxas de juro venciam-se desde a data da nacionalização, sendo capitalizados os juros vencidos até à data da emissão das obrigações destinadas ao pagamento das indemnizações provisórias e pagos anualmente os vencidos a partir dessa data (artigo 24.° da Lei n.° 80/77).

As obrigações eram transaccionáveis na Bolsa de Valores (artigo 26.° da Lei n.° 80/77) e eram mobilizáveis pelo titular originário ou, em caso de morte, os seus herdeiros, para diferentes e relevantes finalidades, sendo o seu valor actualizado à taxa de juro correspondente à da classe I, que era de 13% ao ano (artigo 29.º, n.º 1, do Lei n.º 80/77).

Os fins da mobilização das obrigações entregues para pagamento das indemnizações podiam ser os seguintes:

— Para pagamento de dívidas contraídas antes da nacionalização pelo titular do direito à indemnização perante a Caixa Geral de Aposentações ou outras instituições de previdência, o Fundo de Desemprego ou instituições de crédito (artigo 31.º da Lei n.º 80/77, na redacção introduzida pelo Decreto-Lei n.º 343/80);
— Para caucionar operações de crédito para investimento produtivo e saneamento financeiro, especialmente para investimentos integrados em contratos de viabilização e contratos de desenvolvimento para a exportação (artigo 32.º da Lei n.º 80/77, na redacção dada pela Lei n.º 36/81);
— Para investimento produtivo ou para saneamento financeiro de empresas (artigo 33.º da Lei n.º 80/77, na redacção do Decreto-Lei n.º 343/80, alterado pela Lei n.º 36/81);
— Para aquisição de participações no sector empresarial do Estado susceptíveis de alienação (artigo 34.º da Lei n.º 80/77, na redacção do Decreto-Lei n.º 343/80, alterado pela Lei n.º 36/81);
— Para pagamento de impostos directos referentes a obrigações fiscais nascidas antes de 1 de Janeiro de 1977 e correspondentes encargos (artigo 30.º da Lei n.º 80/77); e
— Para aquisição de habitação própria (mais precisamente: como meio de pagamento da entrada inicial ou das prestações de amortização referentes à aquisição ou construção de habitação própria, quando financiada por instituições de crédito, Caixa Geral de Aposentações ou outras instituições de previdência), (artigo 35.º da Lei n.º 80/77).

A Lei n.º 80/77, de 26 de Outubro, não fixou um prazo específico para a entrega dos referidos títulos de dívida pública, pelo que a mesma era imediatamente exigível após se mostrar fixada a respectiva indemnização provisória, sendo certo que o artigo 9.º daquele diploma determinava que "dentro de 60 dias a contar da presente lei, o Ministro das Finanças fixará, por despacho publicado no Diário da República, o valor provisório das acções ou partes de capital das empresas nacionalizadas"(n.º 1) e "nos trinta dias seguintes à publicação do despacho referido no número precedente a Junta do Crédito Público apurará o valor provisório da indemnização a atribuir a cada interessado" (n.º 2).

2.3. Na sentença recorrida sustentou-se que a longa duração da soma dos prazos de diferimento e de amortização, conjugada com a baixa taxa de juros fixa, constantes do quadro anexo referido no artigo 19.º, n.º 2, da Lei n.º 80/77, de 26 de Outubro, face aos índices de inflação entretanto verificados, determinou o recebimento de indemnizações irrisórias, devendo, portanto afastar-se, por inconstitucionalidade, a aplicação de tais critérios normativos.

É uma posição que tem apoios doutrinários (*v. g.* Oliveira Ascenção, na *ob. cit.*, pp. 254-255), mas que este Tribunal tem rejeitado em sucessivos Acórdãos (vide os acima referidos Acórdãos n.ºs 39/88, 85/03, 148/04 e 144/05).

Para a resolução desta questão é importante realçar que se é problemática a ponderação da capacidade financeira do Estado como entidade indemnizante para se ajuizar da razoabilidade da indemnização fixada, já relativamente à forma de pagamento dessa indemnização é perfeitamente legítimo que esse elemento tenha um papel decisivo na sua determinação, nomeadamente justificando o recurso ao pagamento em títulos de dívida pública, o qual corresponde a uma dação em pagamento imposta por lei como forma de extinção da obrigação indemnizatória [vide, neste sentido, Sousa Franco, em "As indemnizações e as privatizações como instituto jurídico-financeiro", em *Direito e Justiça*, volume V (1991), pp. 123-125].

No entanto, quando se utiliza esta forma de cumprimento da prestação indemnizatória devida por um acto de nacionalização, se é justificado que o regime dos títulos entregues em substituição do dinheiro reflicta as específicas dificuldades do Estado em solver aquela obrigação, não pode do mesmo resultar a atribuição duma indemnização irrisória ou manifestamente irrazoável.

A avaliação desta exigência constitucional deve ser feita perante esse regime legal reportada ao momento previsto para a entrega dos títulos de dívida pública, e não a um momento posterior, nomeadamente a data da amortização desses títulos, em que o valor real destes já foi influenciado pelo evolução superveniente do mercado económico financeiro. A indemnização pela nacionalização não é paga com a amortização dos títulos, mas sim com a entrega destes ao seu titular.

Ora, a Lei n.º 80/77, de 26 de Outubro, visou atribuir indemnizações relativamente à maior parte das nacionalizações efectuadas após o 25 de Abril de 1974, as quais abrangeram as principais empresas dos sectores mais importantes do tecido económico nacional (vide, dando nota de todas as operações de nacionalização realizadas no período que decorre entre 15 de Maio de 1974 e 29 de Julho de 1976, Fernando José Bronze, em "As indemnizações em matéria de nacionalizações", na *Revista de Direito e Economia*, Ano II, n.º 2, pp. 478 e segs.), sendo notória a incapacidade financeira do Estado para assegurar num curto ou médio prazo o pagamento das respectivas indemnizações.

Daí que se tenha justificado plenamente o seu pagamento através do recurso à dação em pagamento de títulos de dívida pública que se traduziam em obrigações ao portador respeitantes a um empréstimo interno.

A fixação de prazos de amortização, que relativamente às indemnizações de montante mais elevado (superiores a Esc.: 6 050 000$), atingiam 23 anos, com um período de 5 anos de diferimento, se dificultavam a possibilidade dos titulares dessas indemnizações receberem num curto prazo a respectiva importância em dinheiro, não a inviabilizavam, uma vez que aqueles títulos eram livremente transacionáveis e podiam ser mobilizados para determinadas finalidades, nem, só por si, punham em causa o valor da indemnização atribuída, uma vez que o empréstimo titulado era remunerado.

Na verdade, tendo em consideração o fenómeno da natural desvalorização da moeda numa economia em crescimento, a previsão do pagamento de juros compensatórios é um mecanismo que previne os riscos da fixação de longos prazos de amortização.

O legislador previu o pagamento de taxas de juro fixas diferenciadas, sendo de 2,5% ao ano para as obrigações correspondentes às indemnizações acima de Esc.: 6 050 000$.

Na altura, a taxa de inflação no ano de 1976 havia sido de 18,3%, a taxa de desconto do Banco de Portugal era de 13%, e a taxa de juro legal vigente, nos termos do artigo 559.º do Código Civil, era de 5% ao ano.

Apesar de todas as incertezas que na altura se viviam pode dizer-se que para estes títulos, correspondentes às indemnizações de valor elevado, se fixou uma taxa de juro inalterável inferior às que previsivelmente iriam ser praticadas no mercado monetário e financeiro durante o longo prazo de amortização de tais títulos, o que diminuía, à partida, o valor real destes, pela sua fraca rentabilidade, e, na prática, afectava a sua negociabilidade.

Este efeito negativo foi, porém, minorado pela possibilidade concedida aos titulares de direito de indemnização provenientes de nacionalização de mobilizarem antecipadamente, para diversas finalidades, aqueles títulos pelo seu valor actualizado à taxa de juro correspondente à da classe I, que era de 13% ao ano (artigo 29.º, n.º 1, da Lei n.º 80/77), não sendo possível concluir que a entrega de tais títulos em substituição do pagamento em dinheiro das quantias indemnizatórias, mesmo relativamente às de montante mais elevado, atento o seu regime, resulte numa degradação das indemnizações para valores irrisórios ou manifestamente irrazoáveis.

Note-se que a circunstância de algumas das hipóteses de mobilização antecipada dos títulos de dívida pública previstas na Lei n.º 80/77, de 26 de Outubro, não terem chegado a ter uma aplicação efectiva, por falta ou por inadequada regulamentação (vide, dando nota destas situações, Freitas do Amaral e Robin de Andrade, na *ob. cit.*, pp. 30-39) não inutiliza a ponderação daquela possibilidade, pois ela integrava o regime daqueles títulos, devendo qualquer vício neste domínio ser imputado à referida regulamentação ou à sua ausência [vide, neste sentido Marcelo Rebelo de Sousa, em "As indemnizações por nacionalização e as comissões arbitrais em Portugal", na *Revista da Ordem dos Advogados*, Ano 49.º (1989), volume II, pp. 450-456].

Assim como a verificação de atrasos significativos na entrega daqueles títulos não pode ter reflexos neste juízo de fiscalização de constitucionalidade dos critérios legais, uma vez que apenas revela uma deficiente aplicação da lei.

Deste modo, ponderando a dimensão dos encargos financeiros resultantes da indemnização dos actos de nacionalização contemplados pela Lei n.º 80/77, o facto dos prazos de amortização e diferimento e das taxas de juro serem diferenciados conforme o montante da indemnização e a possibilidade dos títulos entregues como forma de pagamento das indemnizações poderem ser mobilizados antecipadamente, não é possível concluir que tais prazos e taxas, mesmo relativamente às indemnizações incluídas na classe XII, do quadro anexo à Lei n.º 80/77, de 26 de Outubro, para onde remete o artigo 19.º, n.º 2, deste diploma, conduzam à atribuição de indemnizações que se possam considerar irrisórias ou manifestamente irrazoáveis, encontrando-se aqueles critérios abrangidos pela margem de liberdade que o legislador ordinário goza neste domínio.

Do exposto resulta que nem a norma constante do artigo 18.º da Lei n.º 80/77, de 26 de Outubro, nem a duração dos prazos e o valor das taxas de juro constantes do quadro anexo, para onde remete o artigo 19.º, n.º 2, deste diploma, violam o disposto no artigo 83.º da CRP.

Por este motivo, deve ser julgado procedente o recurso interposto, ordenando-se a reforma da decisão recorrida em conformidade.

III — Decisão

Pelo exposto, decide-se:

a) Não julgar inconstitucional o artigo 18.º da Lei n.º 80/77, de 26 de Outubro;
b) Não julgar inconstitucional o quadro anexo à Lei n.º 80/77, de 26 de Outubro, para onde remete o artigo 19.º, n.º 2, deste diploma.
c) Julgar procedente o recurso, ordenando-se a reforma da decisão recorrida em conformidade.

Lisboa, 29 de Setembro de 2009. — *João Cura Mariano* — *Vítor Gomes* — *Maria João Antunes* — *Carlos Fernandes Cadilha* — *Ana Maria Guerra Martins* — *Gil Galvão* — *Benjamim Rodrigues* (vencido de acordo com a declaração anexa) — *Carlos Pamplona de Oliveira* (vencido, conforme declaração) — *Joaquim de Sousa Ribeiro* (vencido, de acordo com a declaração anexa) — *Maria Lúcia Amaral* (vencida, em geral, pelas razões constantes da declaração de voto do Senhor Conselheiro Sousa Ribeiro, mas sublinhando o seguinte fundamento: o regime decorrente do quadro anexo à Lei n.º 80/77, para onde remete o artigo 19.º, n.º 2, da mesma Lei, faz impender sobre o nacionalizado, sem salvaguardas, os riscos inerentes à depreciação monetária. Tanto basta, a meu ver, para que se conclua que ele não assegura a percepção de uma indemnização que cumpra o requisito constitucional da razoabilidade) — *José Borges Soeiro* (vencido, de harmonia, fundamentalmente com a declaração de voto do Exmo Conselheiro Sousa Ribeiro para a qual, com a devida vénia, remeto) — *Rui Manuel Moura Ramos* (vencido, nos termos da posição assumida no Acórdão n.º 148/04) — Tem voto de conformidade do Conselheiro *Mário José de Araújo Torres*, que não assina o Acórdão por, entretanto, ter deixado de fazer parte do Tribunal.

DECLARAÇÃO DE VOTO

Votei vencido essencialmente pelos fundamentos constantes do voto de vencido aposto ao Acórdão n.º 148/04. Em síntese, entendemos que os critérios legislativos constitucionalmente sindicados são manifestamente irrazoáveis, a vários títulos: primeiro, porque os riscos da erosão monetária foram colocados primacialmente sobre titular dos bens nacionalizados, ao ter-se fixado um prazo muito longo de amortização ou de resgate dos títulos e uma taxa fixa de juros de baixo valor; depois porque, não obstante subtrair os bens nacionalizados à economia de mercado, o legislador dotou os títulos de pagamento do valor das nacionalizações de um estatuto jurídico tal que afectou seriamente o seu valor dentro das regras de uma economia de mercado: a mobilização condicionada dos títulos, que foi estabelecida, e não segundo as regras próprias da economia de mercado dos produtos financeiros fez com que o seu valor ficasse brutalmente depreciado. — *Benjamim Rodrigues.*

DECLARAÇÃO DE VOTO

Vencido.

Aderi à solução defendida no projecto apresentado pelo Senhor Conselheiro Joaquim de Sousa Ribeiro que não obteve vencimento. Remeto, por isso, para a declaração de voto do primitivo relator, cujos fundamentos, no essencial, perfilho, nos termos sucintamente já enunciados na declaração de voto ao Acórdão n.º 85/03. — *Carlos Pamplona de Oliveira.*

DECLARAÇÃO DE VOTO

A sentença recorrida recusou a aplicação, com fundamento em inconstitucionalidade material, dos artigos 18.° e 19.° da Lei n.° 80/77, de 26 de Outubro (alterada pela Lei n.° 5/84, Lei n.° 36/81 e Decreto-Lei n.° 332/91).

A primeira disposição prevê, basicamente, o pagamento das indemnizações por nacionalização mediante a entrega de títulos de dívida pública; a segunda, integrada por um quadro anexo para que remete, fixa doze classe de títulos, consoante o montante em dívida, a que correspondem específicos prazos de amortização (progressivamente mais longos) e diferenciadas taxas de juro (progressivamente mais baixas). No escalão mais alto, aplicável em 86,54% às indemnizações dos recorrentes, o prazo de amortização é de 28 anos e a taxa de juro de 2,5%.

Considero inteiramente conforme à Constituição (contrariamente à decisão recorrida) a forma de pagamento estabelecida. Mas o seu diferimento no tempo — em si mesmo, também, de validade não contestável —, por um prazo muitíssimo longo — o que, só por si, é problemático, do ponto de vista da garantia de efectividade da indemnização — imporia a previsão de mecanismos de salvaguarda perante o fenómeno da depreciação monetária. Na sua falta, pode verificar-se uma muito significativa perda de valor do *quantum* indemnizatório, no momento em que é recebido pelos beneficiários, com redução drástica da indemnização, em termos reais.

Esse risco, deixado em aberto pela estatuição normativa, concretizou-se flagrantemente no caso *sub judicio*, em resultado da muito elevada taxa de inflação verificada no período em questão, por contraponto a uma taxa fixa de remuneração do capital em dívida, de valor várias vezes abaixo das taxas de inflação registadas. De facto, segundo cálculo da sentença recorrida (resposta ao quesito 7, a fls. 1169), os recorrentes, findo o prazo de amortização, receberam 38,814% do valor nominal da indemnização. O que corporiza uma indemnização que, não sendo "irrisória", é "de valor manifestamente desproporcionado", por aplicação do próprio critério, a que inteiramente adiro, que o Tribunal sempre tem utilizado.

Nessa medida, pronunciei-me pela inconstitucionalidade do artigo 19.° da Lei n.° 80/77, e respectivo quadro anexo.

Para mais desenvolvida explicitação da razão de ser desta posição, tomo a liberdade de transcrever um trecho do projecto de Acórdão por mim elaborado, como primitivo relator:

«A esta luz, a questão decisiva será a de ajuizar se a indemnização recebida pelos recorrentes está ou não dentro dos limites do que pode ainda ser considerado razoável, sem sacrifício desmesurado e injustificado dos interesses patrimoniais afectados com a nacionalização.

Para uma tomada de posição, é de relevo determinante decidir se o que conta é a situação no momento da atribuição da indemnização ou a situação no momento em que ela é efectivamente percebida pelos sujeitos beneficiários. Pois, na verdade, quando se institui um regime de dilação do pagamento, ainda para mais, como no caso dos autos, por um período total extremamente alongado, que chega, no escalão mais alto, aos vinte e oito anos, o objecto da prestação pecuniária que ingressa na esfera do credor pode sofrer, atento o fenómeno inflacionário, uma diminuição muito sensível de valor aquisitivo. Tudo dependerá da previsão, ou não, de adequados mecanismos de compensação.

Ora, não sofre dúvida de que a apreciação que a questão suscita deve se reportada ao segundo momento, aquele em que o titular dos bens nacionalizados passa a dispor do montante pecuniário correspondente à indemnização que lhe foi atribuída. Só o ingresso, na sua esfera, desse valor tem eficácia solutória e extintiva da obrigação estadual de indemnização. A realização de uma prestação diversa da devida, no exclusivo interesse do Estado e decorrente de um acto de exercício do seu poder soberano, tem uma função *pro solvendo*, não desonerando o devedor. Como se enuncia na epígrafe do capítulo IV da Lei n.º 80/77, os títulos de dívida pública são "títulos representativos do direito à indemnização", direito que se conserva e só será satisfeito com o vencimento desses títulos e a prestação aos detentores do valor que eles incorporam.

Saber se esse valor é ou não o bastante para traduzir a indemnização aceitável que os princípios gerais de justiça exigem é a ultima e decisiva questão sobre que urge tomar posição. Dela nos passaremos a ocupar.

A sentença recorrida deu como provado que, tendo em conta a distribuição pelas várias classes de títulos de indemnização, o capital correspondente aos atribuídos aos autores venceu juros a uma taxa média de 3,09%, por um prazo médio, também ponderado, de quase 28 anos.

Comparando essa taxa com a taxa de juro legal, vigente no período em questão, constata-se que ela foi, na maior parte desse período, significativamente inferior, pois aquela taxa, fixada em 5% até Agosto de 1980, subiu depois para 15%, dessa data até Maio de 1983, tendo depois atingido o máximo de 23%, até Abril de 1987, descendo depois para 15%, até Setembro de 1995. Só a partir de Abril de 1999, baixou dos dois dígitos, para 7%, vigorando, desde Maio de 2003, a taxa de 4%. Tal significa que a compensação remuneratória da privação do capital ficou bastante aquém do que, numa avaliação em abstracto, o legislador entendeu que, em geral, era adequado ao ressarcimento das perdas sofridas pelos credores com a não disponibilidade imediata do quantitativo monetário a que têm direito.

Por outro lado, mantendo-se essa taxa inalterada durante todo o período de amortização, ela não reflectiu a depreciação monetária ocorrida em tal período. Depreciação que atingiu taxas muito elevadas, sempre na casa dos dois dígitos, até 1991, abeirando-se, no seu pico mais alto (1984), dos 30%.

Somando os dois dados — taxa remuneratória fixa, mais baixa do que a vigente, em geral, no mercado, por força da lei, e muito inferior à taxa de inflação — temos que a taxa nominal traduziu-se, em termos reais, numa taxa fortemente negativa. O que equivale a dizer que o capital se degradou, pela erosão provocada por tais dados económicos, levando a que a importância recebida, quando o foi, "valesse menos" — significativamente menos — do que a importância atribuída como indemnização, fosse ela prestada *uno actu*, no momento em que, pela desapropriação, era devida.

Ora, vimos já que a indemnização por nacionalização não tem que corresponder, na íntegra, ao valor efectivo do bem dela objecto. Pode acrescentar-se que os concretos critérios legais de cálculo indemnizatório, constantes, em particular, dos artigos 21.°, 24.° e 28.° da Lei n.° 80/77 e dos artigos 1.° a 8.° do Decreto-Lei n.° 332/91, não merecem censura constitucional, conforme repetidamente decidido por este Tribunal, em jurisprudência referida (e reiterada) na decisão sumária proferida no âmbito deste processo (fls. 1327 e segs.). E, neste quadro normativo, o tribunal recorrido entendeu que a indemnização fixada unilateralmente pelo Governo, ainda que correspondente a apenas 43,66% do valor atribuído anteriormente por comissões arbitrais, não era, em si própria, irrisória, pelo que rejeitou o pedido, na parte em que respeitava à condenação do Estado ao pagamento da diferença.

Mas a admissibilidade, sem reservas, destes pressupostos, tem como reverso a aplicação rigorosa do parâmetro da razoabilidade ou da proporcionalidade, o único aqui vigente. Há que "levar a sério" as exigências que dele decorrem, sob pena de se transformar a inaplicação do critério da justa indemnização na legitimação apriorística de qualquer resultado ressarcitório, com um grau de elasticidade valorativa que aquele parâmetro manifestamente não comporta.

Na verdade, se esse critério rejeita uma medida rígida e fixa de indemnização, como única admissível, impõe uma proibição de insuficiência notória, o respeito por um limite mínimo correspondente ao limite do sacrifício exigível ao particular afectado, na prossecução do interesse público que fundamenta a nacionalização. A ultrapassagem desse limite importa a violação de princípios elementares de justiça, a que está sujeita, num Estado de direito, qualquer intrusão dos poderes públicos na esfera dos particulares.

Em nosso juízo, tal ocorreu, no caso dos autos. De facto, em função do montante global a indemnizar, a grande maioria (86,54%) dos títulos atribuídos aos autores ficaram integrados no escalão sujeito às condições mais desfavoráveis, quer quanto ao prazo de pagamento (28 anos), quer quanto à taxa de juro aplicável (2,5%). Trata-se, como facilmente se constata, de um vencimento a prazo muito dilatado (tão dilatado que, só por si, torna problemática a efectividade da reparação) e de uma taxa de juros bastante inferior à taxa legal de remuneração e de carácter fixo, sem indexação à taxa de inflação. Tendo isto em conta, ao montante nominal da indemnização há que deduzir as menos-valias decorrentes da desvalorização da moeda. Ora, esta processou-se, no período em questão, de forma contínua e pronunciada, a uma taxa várias vezes superior à da remuneração do capital em dívida — retido e usufruído pelo Estado, dele privando o particular.

Conjugando todos estes elementos de valoração, pode concluir-se, mesmo operando aqui, como é devido, com um critério de evidência, que a indemnização, ainda que não irrisória (pelo menos em valor absoluto), acabou por ser manifestamente desproporcionada ao valor dos bens nacionalizados. Ela não era (no momento em que foi atribuída), mas tornou-se (no momento em que foi recebida) excessivamente reduzida, manifesta e desrazoavelmente exígua, em relação ao valor efectivo das participações sociais objecto de nacionalização. Se podia considerar-se, no momento em que foi calculada, aceitável (mas apenas isso), é forçoso concluir que, tendo sido sujeita, pelo decurso do tempo, a uma drástica perda de valor real, ela deixou de o ser, pelo que não satisfaz padrões mínimos de justiça.

Dir-se-á, em contrário, que tal não resulta necessariamente do critério legal de cálculo, só se tendo verificado por força do evoluir do mercado económico e financeiro. A situação de facto poderia, em teoria, ter-se desenhado em sentido diferente, ou até oposto, conduzindo a um resultado perfeitamente consentâneo com aqueles padrões.

Mas o argumento não procede. Na verdade, o que precisamente está em causa é saber se é justo fazer recair sobre o titular dos bens nacionalizados o risco de depreciação monetária — risco de concretização perfeitamente expectável, nas circunstâncias da época, e de consequências sobremodo gravosas para os titulares activos de obrigações a muito longo prazo.

Ora, há que atentar em que a colocação nesta situação não resultou de uma opção livre dos sujeitos afectados pela nacionalização, mas antes da forma de pagamento imperativamente fixada na lei. Não estamos em face de uma aplicação financeira voluntária, em que faz sentido deixar à auto-responsabilidade do interessado a ponderação do risco trazido por uma taxa de juro fixa. Do que se trata é da sujeição, contra o interesse próprio, e no exclusivo interesse do Estado (para evitar sobrecargas orçamentais e o aumento súbito do défice público), a um regime de pagamento que o protela para uma data longínqua, em relação ao momento de constituição do débito indemnizatório. Tal só seria, no limite, admissível com manutenção, em medida razoável, da eficácia reparadora presente no cálculo inicial, através de resguardos adequados, de cariz compensatório, designadamente no que concerne a correcções adaptativas às taxas de inflação. É à omissão completa dessas medidas, ou seja, a uma dada forma de conformação normativa do pagamento das indemnizações, que é imputável o resultado desproporcionado, que a indemnização, quando acaba por ser recebida, traduz. Reflexamente, o critério normativo que a ele conduz não pode ser validado constitucionalmente.

Para esse juízo não releva determinantemente o instrumento jurídico adoptado, de titularização da dívida em obrigações do Tesouro. Ainda que se trate de uma dação em função do pagamento subtraída ao regime comum, porque imposta ao credor, ela seria, em si mesma, ainda compatível com as exigências constitucionais, por atendimento do interesse público subjacente à nacionalização, nas condições em que foi prosseguido. A Constituição não impõe a imediata disponibilidade, pelo titular, da importância monetária objecto da indemnização decorrente de nacionalização, e o desvio à legislação cível não configura, de per si, uma violação constitucional. Esta resulta antes da previsão de um longuíssimo período de amortização e de diferimento a uma taxa de juro baixa e não actualizável, o que conduziu, por conjunção com uma taxa de inflação continuamente muito mais elevada, à significativa redução da indemnização, em termos reais.

Estar o capital em dívida, correspondente ao montante da indemnização, representado por títulos de dívida pública apenas serve de instrumento ao diferimento da prestação monetária a cargo do Estado, mas não é causa necessária do regime de remuneração que, tal como fixado, conduz, esse sim, à depreciação daquele montante. As duas soluções não estão indissoluvelmente interligadas, sendo certo que a obrigação de aceitação de títulos, se associada a uma taxa de juro actualizável pelos valores do mercado e a um regime de mobilização "aberto" e livre, sem as rígidas condicionantes estabelecidas, não ocasionaria, por si própria, um prejuízo patrimonial significativo aos seus detentores. Essa imposição não se mostra, assim, nem condição necessária, nem condição suficiente, da exiguidade desproporcionada da indemnização, pelo que não pode ser englobada no juízo de inconstitucionalidade que ela suscita. Como esclarece pertinentemente o Acórdão n.º 148/04, "o que está em causa não é propriamente a forma de pagamento da indemnização, pela entrega de títulos, mas o *valor* da mesma, pela fixação de classes com prazos de amortização e taxas de juro fixas [...]"». — *Joaquim de Sousa Ribeiro.*

Anotação:

Acórdão publicado no *Diário da República*, II Série, de 19 de Fevereiro de 2010.

ACÓRDÃO N.º 499/09

DE 30 DE SETEMBRO DE 2009

Não julga inconstitucionais as normas dos artigos 122.º e 123.º do Estatuto dos Magistrados Judiciais (EMJ), na interpretação de que o arguido não tem de ser notificado da proposta de resolução final do instrutor do processo disciplinar, salvo quando neste se suscitem questões sobre as quais o interessado não tenha tido anteriormente oportunidade de se pronunciar; e não julga inconstitucional a norma da alínea *e)* do artigo 151.º do EMJ, quando interpretada no sentido de permitir a avocação pelo Plenário de processo disciplinar pendente perante o Conselho Permanente do Conselho Superior da Magistratura.

Processo: n.º 669/08.
Recorrente: Joaquim Alfredo de Figueiredo Figueira Salgueiro.
Relator: Conselheiro Vítor Gomes.

SUMÁRIO:

I — A garantia de audiência e defesa no processo disciplinar já é um modo qualificado do princípio geral de participação, não impondo este, exigências ao legislador ordinário que daquela modalidade de participação qualificada no procedimento sancionatório não decorressem.

II — Para satisfazer a exigência constitucional, mesmo na dimensão garantística da participação que é mais exigente, é suficiente (embora também necessário) que o interessado tenha sido colocado em posição de fazer valer perante o órgão decisor a sua perspectiva sobre todos os elementos do procedimento (de direito ou de facto) que sejam relevantes para a decisão.

III — Consequentemente, não se julga inconstitucional a norma extraída dos artigos 122.º e 123.º do EMJ na interpretação, adoptada no acórdão recorrido, de que o arguido não tem de ser notificado da proposta de resolução final do instrutor do processo disciplinar, salvo quando neste se suscitem questões sobre as quais o interessado não tenha tido anteriormente oportunidade de se pronunciar.

IV — Quanto à interpretação normativa do artigo 151.º do EMJ, no sentido de que o Plenário do Conselho Superior da Magistratura pode avocar um processo disciplinar que corra perante o Conselho Permanente, embora a circunstância de o acto punitivo ser proferido pelo Conselho Permanente faculte ao magistrado arguido a oportunidade de reclamação para o Plenário e, nessa medida, lhe permita obter a reapreciação graciosa do acto punitivo, solicitando a sua revogação ou modificação com qualquer fundamento perante um órgão com uma composição parcialmente diversa daquela que praticara o acto primário, isso é apenas um efeito secundário ou colateral de uma medida legal que é primacialmente destinada a agilizar o funcionamento do Conselho no exercício das suas competências correntes.

V — Com efeito, nenhuma regra ou princípio constitucional impõe, seja em geral, seja quanto aos magistrados judiciais em especial, que o exercício da competência disciplinar seja organizado de molde a permitir sempre um duplo grau de decisão ou apreciação administrativa quanto aos actos punitivos; a garantia de defesa impõe que o regime do processo disciplinar faculte ao arguido a possibilidade de contestar a pretensão punitiva antes da adopção do acto sancionatório, mas não que os procedimentos sejam organizados de molde a salvaguardar sempre um meio de atacar o exercício primário da competência disciplinar perante um órgão administrativo diverso ou diversamente constituído.

Acordam na 3.ª Secção do Tribunal Constitucional:

I — Relatório

1. Joaquim Alfredo de Figueiredo Figueira Salgueiro, juiz de direito, interpôs recurso contencioso de deliberação do Conselho Superior da Magistratura (Plenário) que lhe aplicou a pena disciplinar de aposentação compulsiva. Por acórdão de 6 de Maio de 2008, o Supremo Tribunal de Justiça negou provimento ao recurso.

O impugnante interpôs recurso deste acórdão para o Tribunal Constitucional, ao abrigo da alínea *b*) do n.º 1 do artigo 70.º da Lei n.º 28/82, de 15 de Novembro (LTC). Convidado, ao abrigo do n.º 6 do artigo 75.º-A da LTC, a indicar, com clareza e precisão, o objecto do recurso, o recorrente respondeu do seguinte modo:

"(*1*) Os artigos 122.º e 123.º EMJ foram interpretados e aplicados, contra o disposto nos artigos 267.º, n.º 5, e 269.º, n.º 3, da Constituição da República Portuguesa (CRP), no sentido de excluírem a audição do arguido em processo de responsabilidade disciplinar judicial acerca da proposta de resolução final do inquiridor [disse-se no requerimento de interposição de recurso terem sido aplicados no sentida de vedar a co-decisão do recorrente no que diz respeito à deliberação do Conselho Superior da Magistratura impugnada].

(2) O artigo 134.º do EMJ foi interpretado e aplicado em contrário do artigo 268.º, n.º 3, da CRP, quando o acórdão recorrido decidiu que à deliberação do Conselho Superior da Magistratura de acolhimento da proposta do inquiridor, no sentido de o caso não evoluir para processo de avaliação do mérito profissional bastante do juiz para o exercício do cargo, podia ser dado um entendimento diferente e, pelo contrário, permissivo da pena expulsiva [disse-se no requerimento de interposição de recurso admitir — a interpretação levada a cabo pelo acórdão recorrido — que a motivação dos actos administrativos não vincula na exactidão comunicativa do texto próprio e incindível do acto considerado).

(3) O artigo 151.º do EMJ foi interpretado e aplicado contra o disposto no artigo 269.º, n.º 3, da CRP, quando o acórdão recorrido aceitou que o Plenário do Conselho Superior da Magistratura pudesse avocar um processo disciplinar que corria perante o Conselho Restrito, eliminando um grau de apreciação recursiva e diminuindo, por consequência, a extensão do sistema de impugnação do acto punitivo do juiz [disse-se no requerimento de interposição de recurso, tão-somente, ter sido aplicada no sentido de reduzir as possibilidades de impugnação do acto, eliminando o duplo grau de apreciação).

(4) Por fim, no requerimento de interposição do recurso ainda se arguiu a inconstitucionalidade do entendimento dado pelo Supremo Tribunal de Justiça ao sistema normativo dos artigos 168.º a 178.º do EMJ, ao reduzi-lo a um estrito modelo de controlo formal administrativo, contra o princípio da justiça — artigos 1.º e 20.º da CRP — e as garantias da independência dos tribunais, que não se compadecem senão com uma vigência hegemónica de uma supervisão material do ofício de juiz."

2. Notificado para alegar, o recorrente concluiu as suas alegações nos seguintes termos:

"A. O acórdão do Supremo Tribunal de Justiça recorrido aplicou ao caso Joaquim Salgueiro *versus* Conselho Superior da Magistratura os artigos 122.º e 123.º do EMJ, no sentido de excluírem a audição do arguido em processo de responsabilidade disciplinar judicial acerca da proposta de resolução final do caso apresentada pelo inquiridor.

B. Aqueles artigos do EMJ, na leitura que assim lhes foi dada, contrariam os artigos 267.º, n.º 5, última parte, e 269.º, n.º 3, da CRP, preceitos que autonomizam, por um lado, a audiência dos visados e, por outro, o direito de defesa, enquanto impõem uma fase pré-decisória ao Estado-Aparelho no despacho da disciplina da magistratura judicial.

C. O acórdão do Supremo Tribunal de Justiça recorrido aplicou ao caso *sub judice* o artigo 134.º do EMJ com leitura inconstitucional, quando decidiu ser lícita a deliberação do Conselho Superior da Magistratura em contrário de outra anterior que tinha incorporado a proposta do inquiridor no sentido de encerramento, favorável ao arguido, da questão da estimativa do mérito profissional para o exercício da judicatura.

D. Com efeito, o artigo 268.°, n.° 3, da CRP define também como âmbito e alcance das decisões do Estado-Aparelho os motivos decisórios, o que melhor se compreende no caso de fazerem suas as propostas de linha: aceite uma, não pode a deliberação do Conselho Superior de Magistratura seguinte negá-la, sob pena de elisão do princípio *ne bis in idem* e da justiça: artigos 1.° e 20.° da CRP.

E. O acórdão do Supremo Tribunal de Justiça recorrido aplicou no caso *sub judice* o artigo 151.° do EMJ em contradição com o artigo 269.°, n.° 3, da CRP, quando aceitou que o plenário do Conselho Superior da Magistratura pudesse ter avocado um processo disciplinar que corria perante o Conselho Permanente, eliminando deste modo um grau de reclamação, diminuindo, por consequência, a extensão do sistema adversarial do acto punitivo do juiz.

F. O acórdão do Supremo Tribunal de Justiça tirado no caso *sub judice*, fez aplicação inconstitucional do sistema normativo dos artigos 168.° a 178.° do EMJ, ao reduzi-la a um estrito modelo de controlo formal administrativo, contra o princípio da justiça, consagrado nos artigos 1.° e 20.° da CRP.

G. Princípio constitucional da justiça este que joga, nos casos disciplinares da magistratura judicial, com a especificidade da independência dos tribunais de que é funcional a independência dos seus titulares.

H. Com efeito, este estatuto de dupla independência concêntrica, próprio de uma Constituição e, por isso mesmo, particular à CRP, não pode compadecer-se com sequências normativas de discricionariedade, só articuláveis nos poderes dependentes e hierárquicos.

No sentido destas conclusões, V. Exas., julgaram contrárias à Constituição as normas dos citados artigos 122.°, 123.°, 134.°, 151.° e 168.° a 178.° do EMJ, no entendimento em que foram tomadas e aplicadas no acórdão do Supremo Tribunal de Justiça sob recurso.

O Conselho Superior da Magistratura (CSM) contra-alegou no sentido de que, ao julgar improcedente a impugnação da deliberação punitiva, o Supremo Tribunal de Justiça não fez interpretação contrária à Constituição das normas estatutárias invocadas pelo recorrente.

3. Ouvido, por despacho motivado do relator, sobre a eventualidade de não conhecimento de parte do recurso (fls. 1004), o recorrente respondeu nos seguintes termos:

"1. Segundo o entendimento proposto, conjugado o princípio do pedido com a competência do tribunal, é colocada a probabilidade de ser liminarmente rejeitada a apreciação do recurso no que diz respeito à solicitação de ser declarado inconstitucional o sistema normativo que vai dos artigos 168.° ao 178.° do EMJ:

ao Tribunal Constitucional só seria permitido por lei conhecer da inconstitucionalidade de cada uma e, só de cada uma, das normas propostas à fiscalização sucessiva.

2. Com certeza que o recorrente não pode estar de acordo com esta visão do problema: as normas do capítulo disciplinar do EMJ têm um sentido, cada uma a cada uma, contextual e de função, ordenada por um modelo marcante: não são dispersas, nem fragmentárias, como se tivesse havido erro logístico ou dominasse, neste capítulo, a doutrina penal.

3. Muito pelo contrário, trata-se de um sistema coerente, interligado e holístico que não permite a cada uma das normas poder ser entendida senão, segundo o hábito do conjunto: estrutura legislativa do controlo jurisdicional disciplinar dos magistrados judiciais.

4. Defendeu o recorrente, quanto a este sistema, tratar-se de um estrito modelo de controlo formal administrativo que vai contra o princípio da justiça, proposto nos artigos 1.º e 20.º da CRP.

5. Com efeito, as normas que regem a disciplina dos magistrados judiciais pressupõem, ou estão a ser interpretadas, como não permitindo a crítica de mérito da decisão disciplinar das instâncias, por parte do tribunal *ad quem*.

6. Defendeu também o recorrente que este sistema fere as garantias de independência dos tribunais, porque a independência dos juízes está indexada e é funcional à independência do órgão de Estado que servem e, mal subtraídos à garantia de uma apreciação de fundo (de mérito) disciplinar, em recurso, ficam sob a discricionariedade de outrem: solução, por si só, hierárquica, de desigualdade e constringente, portanto, de dependência.

7. Com efeito, nas notas de autonomia que integram a independência, está uma supervisão e um controlo paritários; por isso mesmo, sob apreciações de mérito, em todos os degraus do procedimento, incluindo o recurso contencioso.

8. Por conseguinte, parece indubitável a inconstitucionalidade de todas as normas do capítulo, isto é, que vão do artigo 168.º ao artigo 178.º do EMJ, porque unificadas sob esta infracção ao princípio da independência dos tribunais, estrutura primeva da Constituição, a qual, pede, insiste-se, um controlo de mérito de segundo grau da decisão disciplinar que puna um juiz.

9. Depois, o artigo 79.º-C da LTC não tem, nem pode ter, o sentido restritivo proposto pelo Excelentíssimo Senhor Conselheiro Relator: se o tribunal pode fundamentar-se na violação de certas normas ou princípios constitucionais, de um agregado, para decidir da inconstitucionalidade normativa em concreto, por maioria de razão, pode decidir, se lhe for pedido, pela inconstitucionalidade de um arco ou sistema normativo em concreto e identificado.

10. Esta tem sido, aliás, a posição comum e reiterada do Tribunal Constitucional.

11. Deve, por tudo isto, ser encarado este problema, como o primeiro e terceiro, no acórdão final.

12. Aliás, como o segundo, também.

13. É que o Excelentíssimo Senhor Conselheiro Relator dá como seguro que o Conselho Superior da Magistratura apenas acolheu a proposta do Ex.mo Senhor

Inspector Inquiridor, no sentido da instauração de um processo disciplinar, mas não se vinculou à opção não expulsiva do juiz, por ele referida expressamente.

14. Contudo, a penalidade benévola, indexada aos factos transcritos no Relatório, constitui fundamento da proposta e, se o Conselho Superior de Magistratura não a recusou, aceitou-a, sem dúvida.

15. Contudo, não é este o aspecto que importa: é questão a debater e não parece ser perfunctória, mas também é certo que o recorrente não enfatizou esse preciso aspecto da controvérsia.

16. De certo é que a decisão recorrida considerou não vincular a motivação dos actos administrativos na exactidão comunicativa do texto próprio e incidível do acto considerado.

17. E é exactamente por este motivo que a aplicação do artigo 134.° do EMJ ao caso, se constitui numa aplicação de norma inconstitucional, porque a leitura do preceito desta maneira contraria o artigo 268.°, n.° 3, da CRP: para quê exigir a Constituição aos actos administrativos notificados fundamentação expressa e acessível quando afectem direitos ou interesses legalmente protegidos, se não pressupuser como garantia fundamental a incindibilidade fundamentação/decisão no seu modo ontológico e comunicativo?

18. Por conseguinte, salvo o muito e devido respeito pela posição preliminar do Excelentíssimo Senhor Conselheiro Relator, também nesta parte carecerá de fundamento.

Em suma: deve seguir o recurso pela totalidade."

II — Fundamentação

4. Para melhor compreensão das questões suscitadas e resolução da questão prévia suscitada pelo despacho do relator, importa recordar os elementos essenciais do caso, tal como o acórdão do Supremo Tribunal de Justiça o relata: realizada inspecção aos serviços prestados no Tribunal de Instrução Criminal (3.° Juízo) e no Tribunal de Família e Menores de Lisboa (1.° Juízo), foi atribuída ao ora recorrente a classificação de "Medíocre", abrindo-se, em consequência disso, inquérito para avaliar da sua eventual inaptidão para o exercício das respectivas funções, nos termos do disposto no artigo 34.°, n.° 2, do Estatuto dos Magistrados Judiciais.

Concluído o inquérito, foi o mesmo convertido em processo disciplinar, no termo do qual o Conselho Permanente do CSM deliberou que os factos imputados na acusação ao arguido violavam os deveres de administrar justiça, de zelo e de criar no público confiança na acção da administração da Justiça, preenchendo a infracção disciplinar prevista e punida com aposentação compulsiva pelas disposições combinadas dos artigo 3.°, n.ºs 1, 3, 4, alínea b), e 6, do Decreto-Lei n.° 24/84, de 16 de Janeiro, e 82.°, 85.°, n.° 1, alínea f), 90.°, n.° 1, 95.°, n.° 1, alíneas a) e c), e 106.°, todos do EMJ.

Notificado da "requalificação" que assim se operou dos factos descritos na acusação o arguido opôs-se-lhe, e, produzida a prova que apresentou, foi elaborado novo relatório final, no qual se manteve o anterior.

Em 6 de Junho de 2006, o Plenário do CSM deliberou avocar esse processo e apensar-lhe, para apreciação conjunta, outro processo disciplinar pendente contra o mesmo magistrado e já inscrito em tabela para a sessão daquela data.

Na sequência da avocação e apensação assim determinadas, o Plenário do CSM, em sessão de 4 de Julho de 2006, deliberou aplicar ao arguido, nos termos das disposições conjugadas dos artigos 3.º, 32.º, 34.º, n.º 2, 82.º, 85.º, n.º 1, alínea *f*), 90.º, n.º 1, 95.º, n.º 1, alíneas *a*) e *c*), 106.º e 131.º do EMJ, e 3.º, n.ºs 3, 4, alíneas *b*) e *g*), 6 e 11, do Estatuto Disciplinar, a pena disciplinar de aposentação compulsiva por violação dos deveres profissionais de assiduidade, de zelo, de administrar justiça e de criar no público confiança na acção da administração da Justiça, reveladoras, quer da sua definitiva incapacidade de adaptação às exigências da função, quer de inaptidão profissional.

5. Além do mais, o recorrente pretende que o Tribunal aprecie o que diz ser a inconstitucionalidade do entendimento dado pelo Supremo Tribunal de Justiça "ao sistema normativo dos artigos 168.º a 178.º do EMJ, ao reduzi-lo a um estrito modelo de controlo formal administrativo, contra o princípio da justiça — artigos 1.º e 20.º da CRP — e as garantias da independência dos tribunais, que não se compadecem senão com uma vigência hegemónica de uma supervisão material do ofício de juiz".

Não é possível retirar deste enunciado — que é retomado nas alegações com variações de formulação que o não melhoram (vide conclusões F, G, e H) — uma questão de constitucionalidade normativa que possa constituir objecto idóneo de recurso de fiscalização concreta de constitucionalidade.

Com efeito, como resulta da Constituição (artigo 280.º da CRP) e da Lei (artigo 70.º da LTC), compete ao Tribunal Constitucional apreciar a (in)constitucionalidade das normas que os demais tribunais apliquem (ou a que recusem aplicação com fundamento em inconstitucionalidade, ao abrigo do poder atribuído pelo artigo 204.º da Constituição) nos feitos submetidos a julgamento. O recurso de constitucionalidade português não é um meio ordenado ao escrutínio da constitucionalidade da decisão do tribunal *a quo,* mas à apreciação da conformidade à Constituição de uma certa norma infraconstitucional que seja relevante para a decisão do caso. E constitui ónus do recorrente definir o objecto do recurso em consonância com essa finalidade da intervenção possível do Tribunal, identificando, com precisão e clareza, a norma de cuja alegada inconstitucionalidade pretende que o Tribunal se ocupe (n.º 1 do artigo 75.º-A da LTC).

Embora a questão de constitucionalidade passível de sujeição ao Tribunal em fiscalização concreta possa respeitar à interpretação ou sentido extraído pelo tribunal da causa de uma dada norma ou, até, de um "bloco legal" constituído por vários preceitos ou normas textuais, incumbe sempre ao recorrente indicar esse sentido normativo, enunciando o seu conteúdo e identificando os referentes textuais de que é extraído, de tal modo que o Tribunal, se o recurso vier a ser provido, possa enunciá-lo na sua decisão em ordem a permitir ao tribunal *a quo* proceder à reforma da decisão recorrida em conformidade (exemplificativamente, Acórdão n.º 178/95, in *Acórdãos do Tribunal Constitucional,* 30.º Volume, p. 1118). O objecto do recurso tem de ser definido pelo recorrente com clareza e precisão. É imposição que serve não só preocupações de racionalidade processual e do trabalho jurisdicional, mas também preocupações com a observância dos limites que da Constituição decorrem quanto à intervenção do Tribunal Constitucional que correria o risco de agir *ultra vires* se a questão de constitucionalidade lhe pudesse ser apresentada de modo vago. Não é um modo preciso de colocar a questão de constitucionalidade em recurso de fiscalização concreta, *maxime* quando o pretenso vício seja de inconstitucionalidade material, a indicação como inconstitucionais de todas as normas de um diploma legal ou de um seu capítulo relativamente extenso (cfr., por exemplo, Acórdãos n.ºs 266/00 e 377/00, in *www.tribunalconstitucional.pt*)

Assim, entende-se não constituir modo processualmente adequado de submeter uma questão ao Tribunal em recurso de fiscalização concreta a censura ao entendimento dado pela decisão recorrida a todo o "sistema normativo" de impugnação das decisões disciplinares respeitantes aos magistrados judiciais, composto pelos artigos 168.º a 178.º do Estatuto dos Magistrados Judiciais, conjunto normativo este que abrange toda a "Secção" que nesse Estatuto regula os recursos das deliberações do Conselho Superior da Magistratura.

Em primeiro lugar, porque o que com isso se pretende atacar por desconforme à Constituição é, afinal, a decisão judicial. O que, segundo a alegação do recorrente, reduz o conteúdo normativo dos artigos 168.º a 178.º do EMJ "a um estrito modelo de controlo formal administrativo", seja o que for que isso signifique, é a prática do tribunal no exercício dos seus poderes, não a solução legal.

Em segundo lugar, mesmo que se entenda posta em causa a opção legislativa e não a decisão, porque a censura de constitucionalidade não vai dirigida a uma norma precisa, mas a todo o regime de controlo jurisdicional das decisões respeitantes ao exercício da acção disciplinar contra os magistrados judiciais, o qual comporta várias normas e de diversa natureza. A afirmação de que o Supremo reduziu esse sistema a "um estrito controlo formal administrativo" não permite identificar qual o critério normativo e a norma textual que o suporta (ou de que esse critério foi deduzido) e que o recorrente considera contrário ao princípio da independência dos juízes e ao (seu) direito de acesso à justiça quando são sujeitos a decisões disciplinares do respectivo órgão de gestão e pretendem impugná-las.

De acordo com o princípio do pedido, a actividade jurisdicional do Tribunal incide sobre a constitucionalidade de normas perfeitamente determinadas pelo recorrente e que a decisão recorrida, conforme os casos, tenha aplicado ou a que haja recusado aplicação (artigo 79.°-C da LTC) e não sobre sistemas normativos no seu conjunto (em fiscalização concreta, ainda quando se julga procedente um vício capaz de afectar o diploma legal no seu todo, é uma dada norma que se julga inconstitucional). O papel do Tribunal não é o de apreciação holística dos institutos, mas o de aferir, mediante um procedimento analítico de confronto de normas identificadas (dentro de um objecto hetero-definido) com concretos parâmetros constitucionais.

Não se conhecerá pois da questão que os recorrentes referem aos artigos 168.° a 178.° do Estatuto dos Magistrados Judiciais.

6. Também não poderá conhecer-se da questão de inconstitucionalidade do artigo 134.° do EMJ, quando interpretado no sentido de que "a deliberação do Conselho Superior da Magistratura de acolhimento da proposta do inquiridor, no sentido de o caso não evoluir para processo de avaliação do mérito profissional do juiz, permitia, ainda assim, a aplicação de uma pena expulsiva" ou, na versão inicialmente apresentada e que o recorrente tem por equivalente, o mesmo preceito interpretado no sentido de que "a motivação dos actos administrativos não vincula na exactidão comunicativa do texto próprio e incindível do acto em causa", que o recorrente considera violar o n.° 3 do artigo 268.° da Constituição.

Com efeito, o artigo 134.° do EMJ limita-se a dispor que "terminada a instrução, o inquiridor ou sindicante elabora relatório, propondo o arquivamento ou a instauração de procedimento, conforme os casos".

A interpretação que o recorrente pretende ver sindicada é manifestamente estranha ao teor dispositivo deste preceito e à interpretação dele efectuada pelo acórdão recorrido. A esse propósito o Supremo Tribunal de Justiça limitou-se a considerar evidente que "a deliberação do Conselho Permanente do CSM que, na sequência dessa proposta [a proposta do inquiridor], mandou instaurar contra o recorrente um processo disciplinar não implicou qualquer adesão (ou auto-vinculação) da entidade recorrida à não aplicação duma sanção expulsiva, sugerida na proposta do inspector. No contexto global da actuação disciplinar — e no âmbito do procedimento administrativo especial em que o processo disciplinar se traduz — o único acto decisório produtor de efeitos jurídicos externos é a deliberação recorrida (de 4 de Julho de 2006); as deliberações que a antecederam, nomeadamente a que mandou instaurar o inquérito, a que ordenou a conversão do inquérito em processo disciplinar e a que requalificou os factos [...], não são mais do actos meramente acessórios e instrumentais, preparatórios da decisão final, que é a recorrida; actos, por consequência, que não integram o conceito de acto administrativo consagrado no artigo 120.º do Código do Procedimento Administrativo e a que são inaplicáveis, por isso, os artigos 140.º e 141.º do mesmo diploma legal, respeitantes à revogabilidade dos actos administrativos válidos e inválidos".

Portanto, contrariamente ao que o recorrente alega, o acórdão recorrido interpretou a deliberação que, na sequência da proposta do inspector judicial no termo do inquérito, mandou instaurar processo disciplinar contra o recorrente como não implicando adesão às considerações do inquiridor quanto à não aplicação de pena expulsiva. Isso é matéria de interpretação do acto administrativo, o que escapa ao poder cognitivo deste Tribunal e só por si exclui a possibilidade de considerar aplicado o artigo 134.º do EMJ com o sentido que o recorrente pretende ver sindicado, que supõe que tivesse havido adesão às considerações do inquiridor quanto à pena que poderia vir a ser aplicável no processo disciplinar subsequente ao inquérito.

7. O recorrente arguiu a inconstitucionalidade dos artigos 122.º e 123.º do EMJ quando interpretados no sentido de que o arguido não tem de ser ouvido acerca da proposta de decisão constante do relatório final do instrutor do processo disciplinar.

Recorde-se que o processo disciplinar contra magistrados judiciais se encontra regulado nos artigos 110.º a 124.º do EMJ, sendo-lhe aplicáveis supletivamente as normas do Estatuto Disciplinar dos Funcionários e Agentes da Administração Central Regional e Local (artigo 131.º do EMJ), estatuto este que, aliás, tradicionalmente se considera conter o que pode considerar-se o modelo geral dos procedimentos disciplinares e continha regime semelhante ao que aqui está em causa (cfr. artigos 65.º e 66.º do Estatuto Disciplinar aprovado pelo Decreto-Lei n.º 24/84, de 16 de Janeiro, que ao tempo vigorava). Dispõe o artigo 117.º do EMJ que, concluída a instrução, o instrutor deduz acusação, articulando discriminadamente os factos constitutivos da infracção disciplinar e os que integram circunstâncias agravantes ou atenuantes, que repute indiciados, indicando os preceitos legais no caso aplicáveis. O arguido é notificado da acusação, fixando-se-lhe prazo entre 10 a 20 dias para apresentar a defesa (artigo 118.º). Durante o prazo de apresentação de defesa o arguido, por si ou através do defensor nomeado ou do mandatário constituído, pode examinar o processo (artigo 120.º). Com a defesa, o arguido pode indicar testemunhas, juntar documentos ou requerer diligências (artigo 121.º).

Terminada a produção da prova, o instrutor elabora um relatório, do qual devem constar os factos cuja existência considere provada, a sua qualificação e a pena aplicável (artigo 122.º). O processo entra, então, na fase de decisão. O relatório do instrutor só é comunicado ao arguido com a notificação da decisão final (artigo 123.º).

O recorrente reconhece que o direito de defesa no processo disciplinar lhe foi assegurado. Mas, sustenta que uma coisa é o direito de defesa em processo disciplinar e outra é o direito de participação dos cidadãos na formação das decisões que lhes dizem respeito, consagrado no n.º 5 do artigo 267.º da Constituição, sendo inconstitucional uma norma — no caso, a que se extrai da conjugação dos artigos 122.º e 123.º do EMJ — que exclua a notificação ao arguido para se pronunciar sobre a proposta de decisão presente ao órgão decisor. Dito de outro modo, o recorrente entende que o processo disciplinar deve ser estruturado de tal modo que comporte, além da fase de defesa quanto à acusação, uma subfase pré-decisória ou de audiência final sobre a proposta de decisão submetida pelo instrutor ao órgão decisor, à semelhança da instituída no artigo 100.º e seguintes do Código do Procedimento Administrativo, interpretado no sentido de consagrar o modelo de elaboração obrigatória e de notificação de um "projecto de decisão" (cfr. Pedro Machete, *A Audiência dos Interessados no Procedimento Administrativo,* pp. 496-501).

Dispõe o artigo 267.º, n.º 5, da Constituição que "O processamento da actividade administrativa será objecto de lei especial, que assegurará a racionalização dos meios a utilizar pelos serviços e a participação dos cidadãos na formação das decisões ou deliberações que lhes disserem respeito".

É duvidosa a natureza constitucional desta imposição de estruturação do procedimento administrativo geral com um momento ou fase de participação dos interessados. Enquanto uns Autores perspectivam a participação dos interessados como direito análogo aos direitos fundamentais (cfr. Sérvulo Correia, «O direito à informação e os direitos de participação dos particulares no procedimento», in *Cadernos de Ciência de Legislação,* 9/10, Janeiro-Junho de 1994, pp. 156-157; Vasco Pereira da Silva, *Em Busca do Acto Administrativo Perdido,* 1996, pp. 426 e segs.; Marcelo Rebelo de Sousa, «Regime do Acto Administrativo», in *Direito e Justiça,* volume VI, 1992, p. 45; David Duarte, *Procedimentalização, Participação e Fundamentação: Para uma Concretização do Princípio da Imparcialidade Administrativa como Parâmetro Decisório,* 1996, pp. 143 e segs.), outros Autores negam-lhe essa natureza (cfr. Freitas do Amaral, «Fases do procedimento decisório de 1.º grau", in *Direito e Justiça,* volume VI, 1992, p. 32; Pedro Machete, *A Audiência dos Interessados no Procedimento Administrativo,* Universidade Católica Editora, 1995, pp. 511 e segs.; José Manuel da S. Santos Botelho, Américo J. Pires Esteves e José Cândido de Pinho, *Código do Procedimento Administrativo, Anotado, Comentado, Jurisprudência,* 3.ª edição actualizada e aumentada, p. 352), concebendo-o como uma garantia institucional na conformação do procedimento administrativo.

Para decisão da questão colocada no presente recurso, não é decisiva a posição quanto à natureza (direito subjectivo fundamental ou garantia institucional objectiva) da exigência imposta ao legislador pela parte final do n.º 5 do artigo 267.º da Constituição. Esta norma constitucional não vincula a um modo necessário e único de organização do procedimento administrativo para assegurar a participação dos administrados, não impondo que, em todos os tipos de procedimento administrativo, o princípio geral da participação dos interessados seja maximizado com a consagração de uma audiência formal, especificamente incidente sobre a proposta final submetida ao órgão decisor ou sobre o projecto de decisão que este se proponha adoptar, designadamente naqueles procedimentos especiais que já comportem, por imposição constitucional, uma fase de intervenção necessária do interessado com funções de contraditório.

Com efeito, no processo disciplinar o direito de participação assume, quanto ao arguido, a modalidade qualificada de direito de audiência e defesa, consagrado no n.º 3 do artigo 269.º da Constituição, que dispõe que "em processo disciplinar são garantidas ao arguido a sua audiência e defesa". Esta garantia, referida no texto constitucional a propósito do "processo disciplinar" público, replicando o que, de modo mais geral já consta do n.º 10 do artigo 32.º, para os processos sancionatórios, encerra um verdadeiro direito fundamental, devendo ser entendida como expressando um princípio geral de audiência prévia dos interessados e de reconhecimento do seu direito de defesa relativamente a quaisquer decisões que comportem um efeito punitivo ou equiparável. Como se disse no Acórdão n.º 1010/96, disponível em *www.tribunalconstitucional.pt*. "trata-se de princípio intimamente conexionado com a ideia de "Estado de direito democrático" [artigos 2.º e 9.º, alínea *b)*, da Constituição] e que não pode deixar de ser entendido como o assegurar de possibilidades reais, face a todo e qualquer procedimento com fim punitivo ou equiparável, de o interessado ser ouvido de modo a poder demonstrar a própria inocência ou reduzir a responsabilidade a termos justos, enfim, o *"right to be heard"* caracterizador do *"due process"*(cfr. Norman Vieira, *Constitutional Civil Rights*, St. Paul, Minnesota, 1990, pp. 36 e segs.)".

Trata-se de uma participação com fins garantísticos, que se materializa através da técnica de atribuição de um direito fundamental (de audiência e defesa), cuja substancialidade exige que o regime do processo disciplinar proporcione ao arguido a possibilidade efectiva de se pronunciar sobre todos os factos, sobre todas as provas e sobre todas as questões jurídicas a ponderar na decisão final. O que desde logo se cumpre com a notificação da acusação, a possibilidade de contestá-la e de produzir prova. Mas que também exige que, se surgirem elementos novos na fase de defesa do arguido ou na fase de decisão, seja dada ao arguido a possibilidade de sobre eles se pronunciar, contraditando-os, infirmando-os ou negando-lhes relevância ou atendibilidade, se necessário com oportunidade de produção de prova complementar.

Sucede, porém, que não é uma dimensão normativa que contrarie a substancialidade do direito de audiência e defesa assim concebido que o recorrente põe em causa. O que sustenta é que da Constituição decorre a exigência de que o arguido seja sempre ouvido sobre o relatório final do instrutor do processo disciplinar, como direito de participação no procedimento de conteúdo autónomo relativamente ao direito de defesa, independentemente de haver ou não elementos novos a ponderar.

Mas sem razão.

Em primeiro lugar, a garantia de audiência e defesa no processo disciplinar (artigo 268.º, n.º 3, da CRP) já é um modo qualificado do princípio geral de participação (n.º 5 do artigo 267.º), não impondo este, exigências ao legislador ordinário que daquela modalidade de participação qualificada no procedimento sancionatório não decorressem. Em segundo lugar, porque o n.º 5 do artigo 267.º da Constituição não impõe ao legislador ordinário, como mínimo necessário de realização do princípio de participação, a notificação de uma pré-decisão. Para satisfazer a exigência constitucional, mesmo na dimensão garantística da participação que é mais exigente — a participação dos interessados é multifuncional, além de finalidades garantísticas (participação defesa), assumindo fins instrutórios (participação instrutória) e de participação democrática ou funcional na condução dos negócios públicos (*v. g.* a participação na actividade regulamentar) —, é suficiente (embora também necessário) que o interessado tenha sido colocado em posição de fazer valer perante o órgão decisor a sua perspectiva sobre todos os elementos do procedimento (de direito ou de facto) que sejam relevantes para a decisão.

Aliás, foi este mesmo entendimento que esteve presente no Acórdão n.º 516/03, publicado no *Diário da República,* II Série, de 11 de Fevereiro de 2004, também em recurso de constitucionalidade trazido pelo ora recorrente. Nesse acórdão veio a julgar-se inconstitucional, por violação do artigo 32.º da Constituição, a norma do artigo 122.º do EMJ, na interpretação segundo a qual não impõe a comunicação ao arguido do relatório final, mas numa dimensão particular: quando a notificação da acusação ao arguido não tenha incluído a indicação das normas tidas por violadas e da natureza da pena que lhe é aplicável e a decisão final seja no mesmo sentido do relatório. Mas considerou-se que "a imposição de uma obrigação geral de comunicação do relatório final em todos os processos disciplinares introduziria uma espécie de reclamação de uma decisão ainda não formalizada (no primeiro caso), ou um direito de audição sobre o conteúdo de um formalismo processual que umas vezes pode ser relevante, mas outras vezes é irrelevante para a decisão final. E, em qualquer das alternativas, não lograria realizar melhor a garantia dos direitos de audiência e defesa dos arguidos do que a sua pronúncia sobre o conteúdo e enquadramento legal da acusação, ao menos nos casos em que a decisão do processo não esteja vinculada ao relatório final (obviamente, se este circunscrevesse aquela, aumentariam as garantias do arguido — mas à custa da limitação dos poderes decisórios e da criação de uma forma anómala de reclamação de uma espécie de "protodecisão"), e, evidentemente, desde que esta acusação contenha os elementos necessários para o exercício do direito de defesa". E foi apenas porque a acusação, com as características mencionadas, não proporcionava a salvaguarda dos direitos constitucionais de audiência e defesa, que se entendeu necessária a notificação do relatório final do instrutor. Mas como aí também se disse e agora se reafirma, "sendo, aliás, corrente a existência desse relatório final e a sua não notificação ao arguido, sem que, até ao momento, tal tenha suscitado dúvidas de constitucionalidade, desde que a acusação — ou "nota de culpa", ou "nota de ilicitude" —, comunicada ao arguido contenha os factos que lhe são imputados, o seu enquadramento legal e a indicação da sanção aplicável, de forma a permitir o exercício do contraditório e a audiência e defesa do arguido, uma exigência geral de renovação da sua audição após o relatório final da entidade instrutora — que, de resto, não vincula a entidade decisória — não se afigura, porém, resultar da Constituição".

Consequentemente, não se julga inconstitucional a norma extraída dos artigos 122.º e 123.º do EMJ na interpretação, adoptada no acórdão recorrido, de que o arguido não tem de ser notificado da proposta de resolução final do instrutor do processo disciplinar, salvo quando neste se suscitem questões sobre as quais o interessado não tenha tido anteriormente oportunidade de se pronunciar.

8. Resta apreciar a constitucionalidade do artigo 151.º do EMJ interpretado no sentido de que o Plenário do Conselho Superior da Magistratura pode avocar um processo disciplinar que corra perante o Conselho Permanente, interpretação que o recorrente entende violar o n.º 3 do artigo 269.º da Constituição ao suprimir um grau de impugnação administrativa.

Dispõe o n.º 1 do artigo 217.º da Constituição que a nomeação, a colocação, a transferência e a promoção dos juízes dos tribunais judiciais e o exercício da acção disciplinar competem ao Conselho Superior da Magistratura, nos termos da lei.

A Constituição remete para o Estatuto dos Magistrados Judiciais, o qual dispõe que o Conselho Superior da Magistratura funciona em Plenário ou em Conselho Permanente (artigo 150.º). Compõe o Plenário todos os membros do Conselho [o Conselho é presidido pelo Presidente do Supremo Tribunal de Justiça e composto ainda pelos seguintes vogais: *a)* dois designados pelo Presidente da República; *b)* sete eleitos pela Assembleia da República; *c)* sete eleitos de entre e por magistrados judiciais]. O Conselho Permanente é uma formação mais reduzida, integrada pelo presidente e pelo vice-presidente, por um juiz da relação, dois juízes de direito, um dos vogais designados nos termos da alínea *a)* do n.º 1 do artigo 137.º, dois vogais de entre os designados pela Assembleia da República e o vogal do CSM a quem o processo estiver distribuído como relator.

Compete ao Conselho Permanente praticar os actos da competência do CSM não reservadas ao Plenário (n.º 1 do artigo 152.º). O exercício da acção disciplinar, excepto quando respeite a juízes dos tribunais superiores, é uma das matérias cuja competência se considera tacitamente delegada no Conselho Permanente (artigo 152.º).

Dos actos do Conselho Permanente cabe reclamação para o Plenário [artigo 165.º e alínea b) do artigo 151.º], reclamação que tem o efeito de suspender a decisão e devolver ao Plenário a competência para decidir definitivamente (artigo 167.º-A). Está, por esta via, sempre assegurada a intervenção do órgão de gestão da magistratura judicial com a composição que a Constituição estabelece (artigo 218.º da Constituição).

Além das matérias que lhe legalmente são reservadas, o Conselho Permanente pode, nos termos da alínea e) do artigo 151.º, "apreciar e decidir os assuntos [...] que sejam avocados por sua iniciativa, por proposta do conselho permanente ou a requerimento fundamentado de qualquer dos seus membros".

Entende o recorrente que a interpretação desta norma — o recorrente refere o artigo 151.º *in totum,* mas só esta alínea releva — no sentido de permitir ao Plenário avocar um processo disciplinar pendente no Conselho Permanente diminui inconstitucionalmente as garantias de defesa do arguido, na medida em que reduz a "extensão do sistema adversarial do acto punitivo do juiz".

Esta pretensão é manifestamente infundada.

É certo que a circunstância de o acto punitivo ser proferido pelo Conselho Permanente faculta ao magistrado arguido a oportunidade de reclamação para o Plenário e, nessa medida, permite-lhe obter a reapreciação graciosa do acto punitivo, solicitando a sua revogação ou modificação com qualquer fundamento perante um órgão com uma composição parcialmente diversa daquela que praticara o acto primário. Mas isso é um efeito secundário ou colateral de uma medida legal que é primacialmente destinada a agilizar o funcionamento do Conselho no exercício das suas competências correntes. Nenhuma regra ou princípio constitucional impõe, seja em geral, seja quanto aos magistrados judiciais em especial, que o exercício da competência disciplinar seja organizado de molde a permitir sempre um duplo grau de decisão ou apreciação administrativa quanto aos actos punitivos. Seguramente que não o impõe os artigos 216.º e 217.º da Constituição, que se limitam a reservar para o Conselho Superior da Magistratura a competência disciplinar relativa aos juízes dos tribunais judiciais, remetendo para a lei a regulação dessa matéria. E também não se vislumbra apoio para essa exigência no n.º 3 do artigo 269.º da Constituição. A garantia de defesa impõe, como já se referiu, que o regime do processo disciplinar faculte ao arguido a possibilidade de contestar a pretensão punitiva antes da adopção do acto sancionatório, mas não que os procedimentos sejam organizados de molde a salvaguardar sempre um meio de atacar o exercício primário da competência disciplinar perante um órgão administrativo diverso ou diversamente constituído.

Não se julga, pois, inconstitucional a norma da alínea *e)* do artigo 151.º do EMJ quando interpretada no sentido de permitir a avocação pelo Plenário de processo disciplinar pendente perante o Conselho Permanente do Conselho Superior da Magistratura.

III — Decisão

Por tudo o exposto, decide-se:

a) Não tomar conhecimento do objecto do recurso no que respeita às questões que o recorrente reporta aos artigos 167.º a 178.º e ao artigo 134.º do Estatuto dos Magistrados Judiciais;
b) Negar provimento ao recurso, na parte em que dele se conhece;
c) Condenar o recorrente nas custas com 25 unidades de conta de taxa de justiça.

Lisboa, 30 de Setembro de 2009. — *Vítor Gomes* — *Carlos Fernandes Cadilha* — *Ana Maria Guerra Martins* — *Maria Lúcia Amaral* — *Gil Galvão.*

Anotação:

1 — Acórdão publicado no *Diário da República*, II Série, de 29 de Outubro de 2009.
2 — Os Acórdãos n.ºs 1010/96, 377/00 e 516/03 estão publicados em *Acórdãos*, 35.º 47.º e 57.º Vols., respectivamente.

ACÓRDÃO N.º 500/09

DE 30 DE SETEMBRO DE 2009

Não julga inconstitucional a norma do n.º 1 do artigo 4.º do Código do Imposto sobre o Valor Acrescentado (CIVA), na redacção do Decreto--Lei n.º 100/95, de 19 de Maio, sobre o regime de tributação de Imposto sobre o Valor Acrescentado (IVA) das prestações de serviços.

Processo: n.º 99/09.
Recorrente: Ministério Público.
Relatora: Conselheira Ana Guerra Martins.

SUMÁRIO:

I — O Tribunal Constitucional tem considerado ser compatível a previsão de conceitos jurídicos indeterminados com o princípio da legalidade tributária, desde que seja objectivamente possível que o destinatário possa antever a criação legal de uma obrigação tributária.

II — O diploma legal em causa fixa — de modo apreensível para qualquer destinatário —, o âmbito de incidência objectiva do imposto a cobrar, associando a norma *sub iudicio* um critério geral à previsão de um elenco exemplificativo de operações qualificáveis como "prestações de serviços", não prejudicando o recurso a tal conceito jurídico a susceptibilidade de apreensão dos factos sujeitos a imposto por parte de um destinatário normal, nem tão-pouco violando o princípio da legalidade tributária.

III — Acresce que, apesar de amplo, o conceito jurídico consagrado na norma *sub iudicio* é determinável, constatando o intérprete, quando recorre ao conceito de sujeito passivo do imposto, que são enquadráveis como tais os sujeitos com actividades pormenorizadamente tipificadas conforme decorre da alínea *a)* do n.º 1 do artigo 2.º do CIVA, pelo que, qualquer que fosse o seu sentido, a decisão da Administração Fiscal permaneceria sempre passível de ser controlada pelo competente tribunal administrativo e tributário.

Acordam na 3.ª Secção do Tribunal Constitucional:

I — Relatório

1. Nos presentes autos em que é recorrente o Ministério Público e recorrida L. C. — Loja do Ceramista — Importação e Exportação de Produtos para a Cerâmica e Artes, Lda., foi interposto recurso, com carácter obrigatório, ao abrigo do n.º 3 do artigo 280.º da Constituição da República Portuguesa (CRP), e do artigo 70.º, n.º 1, alínea *a)*, da Lei do Tribunal Constitucional (LTC), da sentença proferida pelo Tribunal Administrativo e Fiscal de Leiria, em 5 de Setembro de 2009 (fls. 70 a 76), que desaplicou a norma constante do n.º 1 do artigo 4.º do Código do Imposto sobre o Valor Acrescentado [de ora em diante, identificado por CIVA], por "faltar à norma o «elevado grau de determinação conceitual» exigível, assim afrontando o disposto no artigo 103.º, n.º 2, da CRP (…)" (fls. 74).

2. Notificado para tal pela Relatora, o recorrente produziu as seguintes alegações:

«*1. Apreciação da questão de constitucionalidade suscitada*
O presente recurso obrigatório vem interposto pelo Ministério Público da decisão, proferida no Tribunal Administrativo e Fiscal de Leiria, nos autos de impugnação em que figura como uma impugnante L. C. — Loja do Ceramista, na parte em que se recusou, com fundamento em inconstitucionalidade, a aplicação da norma constante do artigo 4.º, n.º 1, do CIVA.

Na óptica da decisão recorrida, tal norma — de carácter "residual" e grande amplitude — violaria o princípio da legalidade tributária, já que dela decorreria um desenho "elástico" quanto à incidência de tal imposto, transferindo para a Administração Tributária o poder de decidir quais as situações de facto que se lhe subsumem — e levando, no caso dos autos, à inclusão de um negócio jurídico de cessão da posição contratual, detido em contrato de locação financeira, tido por subsumível no amplo conceito de "prestação de serviços a título oneroso", delineado pela norma desaplicada.

O princípio de legalidade tributária não impede que o legislador fiscal possa utilizar conceitos indeterminados ou cláusulas gerais na definição dos pressupostos da obrigação tributária, incluindo a definição do âmbito da incidência fiscal.

A questão de admissibilidade e do âmbito do uso pela lei fiscal de cláusulas gerais ou de conceitos indeterminados foi aprofundadamente analisada pelo Tribunal Constitucional no Acórdão n.º 252/05, que procede a um levantamento exaustivo de anterior jurisprudência sobre tal tema, concluindo que não pode inferir-se automaticamente do princípio da legalidade e da tipicidade que esteja vedada a utilização de conceitos indeterminados no âmbito da *fattispecie* normativa que releva para delimitar a incidência tributária — impondo-se distinguir os casos de inadmissível outorga à Administração Fiscal de verdadeiros poderes discricionários, judicialmente insindicáveis, "daqueloutros onde, perante um conceito indeterminado, a actuação administrativa é completamente vinculada e, por isso, sindicável pelo tribunal em toda a sua extensão (...), "sendo que, no domínio tributário — mesmo no que toca especificamente à definição dos elementos essenciais dos impostos nos aspectos relacionados com a sua incidência — o princípio da legalidade não impede que a prescrição legislativa que contenha conceitos indeterminados através dos quais se "remeta (...) a Administração para a consideração de circunstâncias de índole técnica (...) (possa) significar a preterição da instância jurisdicional decidente, (ou) a condenação do contribuinte a uma mera decisão administrativa (...)".

"Na verdade, não pode deixar de reconhecer-se que tais "conceitos indeterminados" são passíveis de uma interpretação concretizadora que opere a sua determinação conceitual (...) [não colocando] nas mãos da Administração Fiscal o monopólio da sua densificação (...) como autênticas "cláusulas de discricionariedade", porquanto, "se nem todos os conceitos legais têm o mesmo grau de indeterminação, a verdade é que todos são interpretáveis e, embora a determinação do sentido jurídico-normativo da norma interpretada seja marcada por uma ineliminável subjectividade, tal não significa, contudo, que a mobilização de normas legais onde estejam inseridos conceitos indeterminados não possa ser pertinentemente sindicada pelos tribunais fiscais".

No caso dos autos, o problema detectado prende-se — mais do que com a indeterminação conceitual — com a amplitude — tida por desproporcionada e excessiva — da previsão normativa constante do artigo 4.º, n.º 1, do CIVA: na verdade, tal norma inclui no âmbito de incidência do IVA todas as operações efectuadas a título oneroso — perspectivadas como "prestação de serviços" — mesmo que não integrem transmissões onerosas de bens, prestações onerosas de serviços ou actos de transferência onerosa de bens corpóreos por forma correspondente ao exercício do direito de propriedade.

Tudo se passa, em rigor, como se tal norma submetesse à incidência do IVA todas as transmissões ou atribuições patrimoniais, feitas a título oneroso, independentemente da estrutura jurídica do negócio em que as mesmas se corporizam.

Não se pode dizer que tal ampla previsão normativa implique a criação de uma "zona obscura" ou de fronteira, de difícil apreensão, determinabilidade e controlo, nomeadamente jurisdicional: é que a norma, com tal interpretação e configuração, é clara e tem um conteúdo determinável, embora efectivamente muito amplo, sendo questões diferentes e autónomas a indeterminação e a amplitude da *fattispecie* das normas que regem sobre a incidência tributária.

Na verdade, estatuir que todos os actos que se consubstanciam numa transferência ou aquisição patrimonial, feita a título oneroso, estão sujeitos a IVA não traduz qualquer indeterminabilidade dos elementos que integram esta previsão normativa — implicando apenas que o legislador fiscal optou por estabelecer uma cláusula de grande amplitude, mas de sentido perfeitamente apreensível pelos destinatários da norma e controlável pelos tribunais.

É certo que a qualificação de tais actos de atribuição patrimonial, a título oneroso, como "prestações de serviços" pode — do ponto de vista estritamente jurídico — configuram-se como efectivamente discutível, nomeadamente por os mesmos nada terem que ver com o conceito jus-civilístico de "prestação de serviços", decorrente do artigo 1154.° do Código Civil (sendo evidente que o negócio de cessão de posição contratual nada tem que ver com a figura do contrato de prestação de serviço, regulada naqueles artigos 1154.°/1156.° do Código Civil).

Tal objecção não se afigura, porém, precedente por um duplo fundamento:

— em primeiro lugar, nada obriga a que os conceitos utilizados pela lei fiscal tenham de coincidir com os conceitos normativos "paralelos" utilizados pelo direito civil "comum" — bem podendo o direito fiscal, moldado essencialmente em função de realidades económicas, prescindir da estrutura jurídico-formal de certas figuras, paralelas ou análogas, tal como vigoram no campo do direito civil;

— em segundo lugar — e decisivamente — este problema não se configura, em rigor, como envolvendo uma questão de inconstitucionalidade normativa, — mas apenas e tão-somente — com a realização pelo juiz de uma actividade subsuntiva, estranha à fiscalização da constitucionalidade de "normas": na verdade, se o tribunal *a quo* entender, no exercício dos seus poderes de interpretação da lei fiscal, que o conceito de "prestação de serviço", utilizado pela norma que integra o objecto deste recurso, em nenhumas circunstâncias poderá abarcar a referência a um negócio de cessão da posição contratual, terá apenas, no exercício de tais poderes interpretativos, de optar por não subsumir à norma do artigo 4.°, n.° 1, o negócio jurídico controvertido na presente impugnação.

2. Conclusão

Nestes termos e pelo exposto, conclui-se:

1.°

Como decorre do Acórdão n.° 252/05, não pode inferir-se dos princípios da legalidade e da tipicidade, contidos no princípio constitucional da reserva da lei fiscal, que esteja absolutamente proscrita a utilização, pelas normas determinadoras da incidência dos impostos, de conceitos indeterminados — sendo esta legítima desde que não envolva a outorga à Administração Fiscal de verdadeiros poderes discricionários, judicialmente insindicáveis.

2.°

A ampla previsão normativa constante do artigo 4.°, n.° 1, do CIVA implica que se devam ter por situados no âmbito da incidência deste imposto todos os actos de atribuição ou transferência, de natureza patrimonial, efectuados a título oneroso, qualificados como "prestação de serviços", independentemente da natureza e estrutura jurídica formal que lhes assista e os caracterizem.

3.º
Tal previsão normativa — apesar da sua muito ampla abrangência — não é obviamente indeterminável, possibilitando aos destinatários da norma um juízo sobre o respectivo âmbito e ao juiz, no momento subsuntivo, um efectivo controlo da actividade administrativa no preenchimento de tal *fattispecie*.

4.º
Termos em que deverá proceder o presente recurso.» (fls. 94 a 99)

3. Notificada das referidas alegações, a recorrida deixou expirar o respectivo prazo, sem que tenha vindo aos autos apresentar as correspondentes contra-alegações.

Assim sendo, cumpre apreciar e decidir.

II — Fundamentação

4. A norma que foi alvo de decisão de desaplicação pela decisão recorrida e que se configura agora como objecto do presente recurso corresponde à constante do n.º 1 do artigo 4.º do CIVA, de acordo com a redacção que lhe foi conferida pelo Decreto-Lei n.º 100/95, de 19 de Maio, que estipula o seguinte:

"Artigo 4.º
1 — São consideradas como prestações de serviços as operações efectuadas a título oneroso que não constituem transmissões, aquisições intracomunitárias ou aquisições de bens."

Para melhor compreensão do regime de tributação de IVA das prestações de serviços, tem-se por conveniente transcrever igualmente os n.ºs 2 e 3 do referido artigo 4.º do CIVA:

"2 — Consideram-se ainda prestações de serviços a título oneroso:
a) Ressalvado o disposto no n.º 1 do artigo 25.º, a utilização de bens da empresa para uso próprio do seu titular, do pessoal, ou em geral para fins alheios à mesma e ainda em sectores de actividade isentos quando, relativamente a esses bens ou aos elementos que os constituem, tenha havido dedução total ou parcial do imposto (de acordo com a redacção conferida pelo Decreto-Lei n.º 195/89, de 12 de Junho);
b) As prestações de serviços a título gratuito efectuadas pela própria empresa com vista às necessidades particulares do seu titular, do pessoal ou, em geral, a fins alheios à mesma;

c) A entrega de bens móveis produzidos ou montados sob encomenda com materiais que o dono da obra tenha fornecido para o efeito, quer o empreiteiro tenha fornecido, ou não, uma parte dos produtos utilizados. (de acordo com a redacção conferida pelo artigo 1.° do Decreto-Lei n.° 206/96, de 26 de Outubro).

3 — São equiparadas a prestações de serviços a cedência temporária ou definitiva de um jogador, acordada entre os clubes com o consentimento do desportista, durante a vigência do contrato com o clube de origem e as indemnizações de promoção e valorização, previstas no n.° 2 do artigo 22.° do Contrato de Trabalho Desportivo, aprovado pelo Decreto-Lei n.° 305/95, de 18 de Novembro, devidas após a cessação do contrato. (de acordo com a redacção conferida pelo n.° 1 do artigo 34.° da Lei n.° 127-B/97, de 20 de Dezembro)"

Daqui decorre que o legislador ordinário optou por fixar o âmbito de incidência objectiva do IVA, no que concerne às prestações de serviços, através de um método dualista. Assim, por um lado, foi adoptado um elenco exemplificativo de operações que correspondem ao conceito de "prestações de serviços a título oneroso" sujeitas a IVA — vide n.ºs 2 e 3 do referido artigo 4.° do CIVA —, que é complementado, por outro lado, como n.° 1 do artigo 4.° do CIVA, que estabelece uma cláusula geral que permite a qualificação dessas mesmas prestações de serviço mediante recurso a um conceito jurídico indeterminado que extravasa as situações especificamente previstas nos n.ºs 2 e 3 do mesmo preceito.

Ora, sucede que a decisão recorrida considerou que a previsão legal de tal cláusula geral, assente num conceito jurídico indeterminado, briga com o princípio da legalidade tributária (artigo 103.°, n.° 2, da CRP), por se tratar de:

"(...) uma norma de carácter residual onde cabem todas as operações não abrangidas pelas anteriores normas de incidência.
(...)
Mas porque «esse tudo» é indeterminável, tal implica devolução à Administração Fiscal do poder de preenchimento e selecção factual, subtraindo ao Parlamento o poder de decidir quais os factos tributáveis — ainda que mediante autorização legislativa.
Conclui-se faltar à norma o «elevado grau de determinação conceptual exigível, assim afrontando o disposto no artigo 103.°, n.° 2, da CRP (...)" (fls. 73 e 74).

Importa, portanto, verificar se procedem os fundamentos adoptados pela decisão recorrida para justificar a decisão de desaplicação da norma prevista no n.° 1 do artigo 4.° do CIVA.

5. O Tribunal Constitucional já teve oportunidade de apreciar, por diversas vezes, a problemática decorrente da necessidade de compatibilização entre o

princípio da legalidade democrática e a previsão de conceitos jurídicos indeterminados que concedem à Administração Fiscal uma relativa margem de discricionariedade no seu preenchimento, a propósito de cada relação jurídico-administrativa em concreto. A compatibilidade da previsão de tais conceitos jurídicos indeterminados com o referido princípio da legalidade tributária, desde que seja objectivamente possível que o destinatário possa antever a criação legal de uma obrigação tributária tem sido jurisprudência consolidada neste Tribunal.

Assim, no Acórdão n.º 233/94 (disponível in *www.tribunalconstitucional.pt*), este Tribunal entendeu o seguinte:

(...)
"11. Como já vimos, a norma em causa insere-se de pleno no domínio fiscal, estando, por assim dizer, duplamente vinculada à lei, por um lado por força da cominação expressa do artigo 106.º, n.ºs 2 e 3, da Constituição e, por outro, em virtude de a matéria em causa se inserir na esfera de competência reservada da Assembleia da República [artigo 168.º, n.º 1, alínea *i*) — "criação de impostos e sistema fiscal"].

Ora, o que verdadeiramente a recorrente pretende criticar na norma em causa é a violação do princípio da legalidade tributária na óptica da insuficiente densificação legislativa das condições de aplicação do aludido preceito (ou seja, do insuficiente grau de precisão e determinabilidade das regras legais atinentes a esta específica situação tributária que poderiam colocar o regime em crise a descoberto das garantias decorrentes dos aludidos princípios constantes do artigo 106.º, n.ºs 2 e 3, da Constituição).

Dito ainda de outra forma, estando em causa matéria tributária, matéria de definição dos pressupostos de aplicação de um determinado imposto, a recorrente parece entender que se mostra incompatível com o aludido princípio da legalidade tributária a circunstância de a lei, com base em conceitos indeterminados ou só indirectamente determinados, conferir uma certa margem de livre apreciação à Administração para efeitos de determinação da substituição de um sistema de tributação (típico do grupo A) por um outro (o do grupo B), este mais gravoso do que aquele, em virtude do incumprimento, por parte do contribuinte, de certas regras atinentes às suas obrigações fiscais.

Recorde-se, a este propósito, que o Tribunal Constitucional já teve ocasião de dizer que em sede de restrição de direitos, liberdades e garantias, a Constituição não veda ao legislador a possibilidade de este conferir à Administração a faculdade de actuar ao abrigo de poderes discricionários, desde que as balizas de exercício de tais poderes constem de forma suficientemente densificada na própria lei (cfr. Acórdão n.º 285/92, publicado no *Diário da República*, I Série-A, de 17 de Agosto de 1992). Ou seja: em sede de restrições de direitos, liberdades e garantias, o recurso a conceitos jurídicos indeterminados, para efeitos de definição dos pressupostos e da amplitude de exercício de poderes discricionários pela Administração, deve encontrar na letra da lei um tal grau de densificação normativa que correspondam a um mínimo de critérios objectivos que balizem essa actuação discricionária da Administração, em termos tais que permitam aos cidadãos, com um mínimo de segurança, saber com que quadro normativo contam quanto à possível aplicação dessa lei e que simultaneamente confiram aos tribunais elementos objectivos suficientes para apreciação da adequação e proporcionalidade no uso de tais poderes.

E se se chama este lugar paralelo da jurisprudência do Tribunal Constitucional para apreciação do caso em análise é apenas para tornar mais evidente que, desde logo para quem entenda que a actividade normativa de definição do sistema tributário, à luz do princípio da legalidade tributária, não se traduz numa verdadeira e própria restrição de direitos, liberdades e garantias, então parece não constituir obstáculo inultrapassável que a lei acolha na sua formulação conceitos jurídicos indeterminados e, com base neles, confira à Administração uma "margem de livre apreciação" para analisar uma dada situação de facto de incumprimento ou de desvio de um dever fiscal e, consequentemente, decidir da aplicação do mecanismo de substituição do sistema de tributação (como resulta do § 2.º do artigo 114.º do Código da Contribuição Industrial), desde que tal habilitação preencha o conteúdo mínimo exigível ao cabal cumprimento do aludido requisito da legalidade tributária (no sentido de previsão legal do imposto).

Mas mesmo para quem veja na definição normativa do sistema tributário, em concorrência com os ditâmes do princípio da legalidade e da tipicidade tributárias, uma específica forma de restrição de direitos, liberdades e garantias, ou melhor, de direitos fundamentais de natureza análoga, que beneficiariam do regime do artigo 18.º da Constituição, por força do disposto no artigo 17.º da Lei Fundamental, será também de concluir que, à luz do critério jurisprudencial atrás referenciado, *quando a lei usa conceitos jurídicos indeterminados, embora daí resulte que a Administração vem a beneficiar de uma certa margem de liberdade de apreciação, não haverá ofensa da Constituição desde que os dados legais contenham uma densificação tal que possam ser tidos pelos destinatários da norma como elementos suficientes para determinar os pressupostos de actuação da Administração e que simultaneamente habilitem os tribunais a proceder ao controlo da adequação e proporcionalidade da actividade administrativa assim desenvolvida.*" (com itálico nosso)

Em sentido idêntico, quanto à questão da constitucionalidade de conceitos indeterminados em matéria fiscal, veja-se igualmente o Acórdão n.º 756/95 (disponível in *www.tribunalconstitucional.pt*):

"4.1. Será a norma de incidência aqui questionada tão ampla e vaga na sua formulação, que ponha em causa esse mínimo de precisão exigível às normas fiscais?

A resposta a esta interrogação pressupõe o caracterizar da articulação — constitucionalmente viável — entre o emprego, neste tipo de normas, de conceitos indeterminados e aquilo que a jurisprudência constitucional alemã definiu como "princípio da determinabilidade" (*Bestimmenheitgrunsatz*), referindo-se à exigência destas normas construírem a respectiva previsão "assegurando um mínimo de clareza e de transparência do tipo" e que "permita a calculabilidade e a previsibilidade da obrigação fiscal" (J. L. Saldanha Sanches, "A Segurança Jurídica no Estado Social de Direito", in *Ciência e Técnica Fiscal*, n.os 310/312, p. 299).

A justificação de qualquer destas realidades (conceitos amplos/exigências de determinabilidade) não deixa de ser possível face a regras ou princípios constitucionalmente relevantes: se a determinabilidade se acolhe na defesa dos contribuintes contra o arbítrio da Administração Fiscal, que subjaz aos artigos n.os 2 e 3, do artigo 106.°, o emprego de conceitos amplos e por vezes indeterminados — os únicos que garantem a plasticidade que possibilite a adaptação ao constante aparecimento de novas situações que, substancialmente iguais a outras já tributadas, não estejam ainda formalmente descritas com precisão — não deixa, o emprego desse tipo de conceitos, de se poder louvar no cumprimento do mandato de igualdade em sentido material, não permitindo o aparecimento constante de refúgios de evitação fiscal.

Só a harmonização entre estas duas realidades, potencialmente conflituantes, é susceptível de fornecer soluções equilibradas que, sacrificando o menos possível dos valores subjacentes a cada uma, garanta o essencial desses valores.

Esta harmonização vem sendo prosseguida, nomeadamente no plano das jurisdições constitucionais, excluindo as cláusulas gerais que operem como que uma transferência da "criação da obrigação fiscal" para a "discricionariedade da Administração", mas não inviabilizando liminarmente certas "cláusulas gerais", "conceitos jurídicos indeterminados", "conceitos tipológicos" (*Typusbegriffe*), "tipos discricionários" (*Ermessentatbestände*), e certos conceitos que atribuem à Administração uma margem de valoração, os chamados "preceitos poder" (*Kaan-Vorschrift*).

Todas estas figuras, guardadas certas margens de segurança, flexibilizam o sistema tornando-o apto a abranger, através da interpretação, "circunstâncias novas, porventura imprevisíveis ao tempo da formulação da lei" (J. L. Saldanha Sanches, *ob. cit.,* pp. 297 e 299/300).

Ganha, assim, a tipicidade tributária, concretizada no princípio da determinabilidade, um valor específico, aquele que (e citamos de novo J. L. Saldanha Sanches) "tem o seu núcleo essencial na reserva da competência da lei para a selecção dos factos da vida social que devem ser objecto de tributação, na manutenção do dictum do legislador ordinário quanto à determinação dos factos tributáveis", mas que não inviabiliza "que este se sirva de uma formulação suficientemente ampla para abranger factos da mesma natureza e igualmente indicadores de capacidade tributária, ainda que com características que entre si os diferenciem" (*ob. cit.,* p. 299).

Ora, a norma aqui constitucionalmente questionada, como verdadeira norma residual de um universo que o legislador define com suficiente precisão (a Secção B do Imposto de Capitais — vide artigo 3.° do Código do Imposto de Capitais); construída em torno de um conceito — "rendimentos derivados da simples aplicação de capitais" — que concretizado de acordo com as regras interpretativas possíveis relativamente a normas de incidência fiscal, está muito longe de colocar nas mãos da Administração um poder arbitrário de concretização; uma norma com estas características, dizíamos, não pode à partida ser tida como inconstitucionalmente indeterminada."

No Acórdão n.° 252/05 (disponível in *www.tribunalconstitucional.pt*), foi apreciada a constitucionalidade de norma que incluía um conceito jurídico indeterminado indispensável a habilitar a Administração Fiscal a corrigir a base tributável de Imposto sobre o Rendimento das Pessoas Colectivas (IRC), quando estejam em causa relações especiais indiciadoras de "preços de transferência" (daquela feita, tratava-se do n.° 1 do artigo 57.° do Código do Imposto sobre o Rendimento das Pessoas Colectivas), o Tribunal Constitucional pôde já afirmar a inexistência de qualquer antinomia entre o princípio da legalidade tributária e a previsão legal de conceitos jurídicos indeterminados — porém, determináveis — que permitam a definição dos elementos fundamentais de impostos devidos pelos contribuintes:

> "5.2.4.2 — Não há dúvida de que a presente construção legislativa assenta na mobilização tipológica de conceitos indeterminados, que, pela sua natureza, não se prestam a uma aplicação "automática", antes exigindo uma valoração problematicamente concretizadora do sentido jurídico-normativo da norma, e, portanto, uma concretização especificante em atenção ao caso a considerar.
>
> Contudo, tal conclusão não autoriza que, sem mais, possa concluir-se por uma apodíctica preterição do princípio da legalidade fiscal — com a inerente dimensão de tipicidade — e, do mesmo passo, pelo reconhecimento de um insindicável espaço de discricionariedade à actuação administrativa, mesmo salientando-se que nessa esfera não pode estar em causa a concessão de um poder arbitrário de conformação normativa, porquanto, a bem ver, no âmbito de um Estado de direito materialmente comprometido, toda a actuação administrativa, ainda que discricionária, está sempre "sujeita a uma regra de absoluta juridicidade" (cfr. João Pedro Silva Rodrigues, *Critérios normativos de predeterminação da matéria tributável — Os novos caminhos abertos pela [pré-] suposta avaliação indirecta na imposição fiscal do rendimento*, Coimbra, 2002, p. 110; e, mais expressivamente, A. Castanheira Neves, "O problema da discricionariedade", in *Digesta — Escritos acerca do Direito, do Pensamento jurídico, da sua Metodologia e Outros*, Volume 1.°, Coimbra, 1995, pp. 531 e segs., especialmente p. 586).
>
> Nesta linha discursiva, sempre haverá, então, que distinguir as questões relacionadas com o exercício de poderes discricionários, "daqueloutras onde, perante um conceito indeterminado, a actuação administrativa é completamente vinculada e, por isso, sindicável pelo tribunal em toda a sua extensão (...)", sendo que, no domínio tributário — mesmo no que toca especificamente à definição dos elementos essenciais dos impostos e aos aspectos relacionados com a sua incidência — o princípio da legalidade não impede que a prescrição legislativa que contenha conceitos indeterminados através dos quais se "remeta (...) a Administração para a consideração de circunstâncias de índole técnica (...) [possa] significar a

preterição da instância jurisdicional decidente, [ou] a condenação do contribuinte a uma mera decisão administrativa (...)".

Na verdade, não pode deixar de reconhecer-se que tais «conceitos indeterminados são passíveis de uma interpretação concretizadora que opere a sua determinação conceitual (...) [não colocando] nas mãos da Administração Fiscal o monopólio da sua densificação, (...) como autênticas "cláusulas de discricionariedade"», porquanto, "se nem todos os conceitos legais têm o mesmo grau de indeterminação, a verdade é que todos são interpretáveis e, embora a determinação do sentido jurídico-normativo da norma interpretanda seja marcada por uma inelimínavel subjectividade, tal não significa, contudo, que a mobilização de normas legais onde estejam inseridos conceitos indeterminados não possa ser pertinentemente sindicada pelos tribunais fiscais" (cfr. João Pedro Silva Rodrigues, «Conceitos indeterminados e a sindicabilidade pelo tribunal da sua "interpretação-aplicação"», in Saldanha Sanches *et alii, Jurisprudência Fiscal Anotada*, 2001, pp. 89 e segs. especialmente pp. 102-103).

E, no âmbito desta distinção, sempre importará precisar que não será, pois, o maior ou menor grau de indeterminação conceitual a determinar — ou afastar — a sindicância jurisdicional do juízo administrativo, antes havendo que determinar se, para lá da estrutura conceitual da norma e, portanto, do seu "conteúdo significativo-conceitual", o legislador pretendeu desvincular a actuação administrativa de uma esfera de revisibilidade jurisdicional, admitindo, quanto a determinados aspectos do acto administrativo, uma verdadeira — e insindicável — liberdade de escolha.

(...)

Essencial, será, assim, que a norma em questão possa "ser interpretada e aplicada em termos de assegurar aos interessados uma suficiente densificação que sirva de critério orientador à actividade administrativa e à dos próprios tribunais quando chamados a controlar a actividade da Administração" (cfr. o mencionado Acórdão n.º 233/94, deste Tribunal).

(...)

Podemos assim concluir, sintetizando, que estamos, no caso, perante conceitos indeterminados cujo conteúdo não demanda a atribuição de qualquer poder constitutivo à administração fiscal em sede de determinação da matéria colectável, pois apenas pode ser admitido como critério de decisão aquele sentido objectivo que resulta directamente da lei tributária. Isto, ao contrário do que se passava na norma sindicada pelo Acórdão n.º 233/94, em que a lei erigia a dúvida subjectiva da Administração Fiscal sobre a correspondência à realidade da matéria colectável declarada a elemento normativo determinante e especificante da mudança do critério de tributação. Diversamente, à Administração Tributária apenas é reconhecida, agora, uma competência de prognose probatória relativamente aos factos que preencherão esses conceitos jurídicos, gozando tão somente de liberdade quanto à escolha dos meios de prova a utilizar, de entre os permitidos em direito.

E conquanto a determinação em concreto dos termos em que ocorrem as relações entre "pessoas independentes" admita, segundo os padrões de normalidade probatória, alguma álea, como vem sendo dito, não poderá dizer-se que esta seja atentatória do princípio da previsibilidade das obrigações fiscais do destinatário da norma e do princípio da segurança jurídica, que encarnam a essência material do princípio da legalidade tributária no Estado de direito democrático, avaliados pelo crivo dos princípios da necessidade e da proporcionalidade: até porque ninguém melhor do que o sujeito passivo conhecerá as regras de mercado cuja existência pode evidenciar à administração e perante o tribunal."

Tendo em conta esta firme jurisprudência do Tribunal, resta verificar se a norma em apreço (n.º 1 do artigo 4.º do CIVA), face ao seu teor, encerra em si um mínimo de significação normativa que se revela apta a limitar o exercício interpretativo da Administração Fiscal e a permitir ao sujeito tributário o prévio conhecimento da obrigação tributária que sobre si recai.

6. Parece evidente que o diploma legal em causa fixa, de modo apreensível para qualquer destinatário, o âmbito de incidência objectiva do imposto a cobrar.

Com efeito, a alínea *a)* do n.º 1 do artigo 1.º do CIVA determina que "estão sujeitas a imposto sobre o valor acrescentado: (...) as transmissões de bens e as prestações de serviços efectuadas em território nacional, a título oneroso, por um sujeito passivo agindo como tal". Após esta fixação do âmbito de incidência objectiva do imposto, o legislador opta ainda por densificar tais conceitos jurídicos, mediante a exemplificação de condutas concretas que são susceptíveis de se enquadrar nos referidos conceitos de "transmissões de bens" (cfr. artigo 3.º do CIVA) e "prestações de serviços" (cfr. artigo 4.º do CIVA).

Sucede que, no caso do artigo 4.º do CIVA, o legislador opta por associar um critério geral (cfr. n.º 1 do artigo 4.º do CIVA), à previsão de um elenco exemplificativo de operações qualificáveis como "prestações de serviços".

Ora, o recurso a tal conceito jurídico não prejudica, no caso concreto em apreço, a susceptibilidade de apreensão dos factos sujeitos a imposto por parte de um destinatário normal, nem tão-pouco viola o princípio da legalidade tributária.

Acresce ainda que, conforme já notado, a alínea *a)* do n.º 1 do artigo 1.º do CIVA determina estarem sujeitas a imposto as "prestações de serviços efectuadas em território nacional, a título oneroso, por um sujeito passivo agindo como tal". Ora, quando o intérprete recorre ao conceito de sujeito passivo do imposto, constata que são enquadráveis como tais — conforme decorre da alínea *a)* do n.º 1 do artigo 2.º do CIVA:

"As pessoas singulares ou colectivas que, de um modo independente e com carácter de habitualidade, exerçam actividades de produção, comércio ou prestação de serviços, incluindo as actividades extractivas, agrícolas e as das profissões livres, e, bem assim, as que do mesmo modo independente, pratiquem uma só operação tributável, desde que essa operação seja conexa com o exercício das referidas actividades, onde quer que este ocorra, ou quando, independentemente dessa conexão, tal operação preencha os pressupostos da incidência real de IRS e de IRC".

Assim, apesar de amplo, o conceito jurídico consagrado no n.º 1 do artigo 4.º do CIVA é determinável, pelo que, qualquer que fosse o seu sentido, a decisão da administração fiscal permaneceria sempre passível de ser controlada pelo competente tribunal administrativo e tributário.

Como tal, conclui-se que a adopção do conceito jurídico constante do n.º 1 do artigo 4.º do CIVA não constitui violação do princípio da legalidade tributária (artigo 103.º, n.º 3, da CRP).

III — Decisão

Pelos fundamentos expostos, decide-se:

a) Julgar procedente o presente recurso;

E, em consequência:

b) Determinar a baixa dos autos ao tribunal recorrido, para que seja reformada a decisão recorrida, em conformidade com o presente juízo de não inconstitucionalidade, conforme determina o n.º 2 do artigo 80.º da LTC.

Sem custas, por não serem legalmente devidas.

Lisboa, 30 de Setembro de 2009. — *Ana Maria Guerra Martins — Maria Lúcia Amaral — Vítor Gomes — Carlos Fernandes Cadilha — Gil Galvão.*

Anotação:

1 — Acórdão publicado no *Diário da República*, II Série, de 29 de Outubro de 2009.
2 — Os Acórdãos n.ºs 756/95 e 252/05 estão publicados em *Acórdãos*, 32.º e 62.º Vols., respectivamente.

ACÓRDÃO N.° 546/09

DE 27 DE OUTUBRO DE 2009

Não julga inconstitucional a norma do n.° 1 do artigo 11.° do Decreto-Lei n.° 303/2007, de 24 de Agosto, na interpretação de que o recurso extraordinário para uniformização de jurisprudência, previsto no artigo 763.° do Código de Processo Civil, na redacção emergente do mesmo diploma legal, não é aplicável aos processos pendentes em 31 de Dezembro de 2007.

Processo: n.° 290/09.
Recorrente: Afonso Várzea Tavares.
Relator: Conselheiro Carlos Fernandes Cadilha.

SUMÁRIO:

I — A exclusão do novo recurso extraordinário para uniformização de jurisprudência em relação aos processos pendentes à data da entrada em vigor da nova lei, por efeito do disposto no artigo 11.°, n.° 1, do Decreto-Lei n.° 303/2007, de 24 de Agosto, não assenta em qualquer factor arbitrário ou aleatório, mas decorre de um facto processualmente relevante que é o começo de vigência da nova lei.

II — Não há qualquer violação do princípio da protecção da confiança quando o recorrente, no momento em que propôs a acção, não tinha qualquer expectativa de poder lançar mão de um recurso extraordinário de uniformização de jurisprudência, como o que veio a ser admitido por força da aditamento das normas dos artigos 763.° e seguintes do Código de Processo Civil, e, por outro lado, dispunha já de um outro mecanismo destinado a assegurar a uniformidade da jurisprudência, mediante o julgamento ampliado da revista que estava previsto no artigo 732.°-A do mesmo Código.

III — Não há qualquer violação do artigo 20.° da Constituição porque dessa norma não resulta que o legislador tenha de assegurar imperativamente e sem restrições um duplo grau de recurso e, por maioria de razão, nem ela impõe qualquer exigência de um duplo grau de recurso no seio do tribunal de cúpula da ordem jurisdicional comum para efeito de garantir a uniformização de jurisprudência.

IV — Não pode considerar-se verificada a violação do princípio da proporcionalidade relativamente ao direito de acesso à justiça e aos tribunais, desde logo porque a norma do artigo 11.º, n.º 1, do Decreto-Lei n.º 303/2007, não afecta o conteúdo de um direito fundamental, mas apenas regulamenta a produção de efeitos de um novo diploma legal, não tendo um carácter restritivo de direitos e nem sequer operando o preenchimento ou desenvolvimento legislativo do conteúdo de um direito.

Acordam na 3.ª Secção do Tribunal Constitucional:

I — Relatório

Afonso Várzea Tavares interpôs recurso extraordinário para uniformização de jurisprudência, ao abrigo do disposto no artigo 763.º do Código de Processo Civil, na redacção dada pelo Decreto-Lei n.º 303/2007, de 24 de Agosto, do acórdão do Supremo Tribunal de Justiça, de 6 de Novembro de 2008, com fundamento em contradição com o acórdão de 8 de Julho de 1997, proferido pelo mesmo tribunal no Processo n.º 99/97.

O relator no Supremo Tribunal de Justiça, por despacho de 8 de Janeiro de 2009, não admitiu o recurso por considerar, em aplicação do disposto no artigo 11.º, n.º 1, do Decreto-Lei n.º 303/2007, que o novo regime de recursos para uniformização de jurisprudência, introduzido por este diploma, não se aplica aos processos pendentes à data da sua entrada em vigor.

Notificado dessa decisão, o recorrente reclamou para a conferência, nos termos do disposto no artigo 700.º, n.º 3, do Código de Processo Civil, invocando a inconstitucionalidade da interpretação normativa adoptada em relação ao referido preceito do artigo 11.º, n.º 1, do Decreto-Lei n.º 303/2007, por violação dos artigos 1.º, 2.º, 12.º, 13.º e 20.º da Constituição da República (CRP).

Por acórdão de 25 de Março de 2009, o Supremo Tribunal de Justiça indeferiu a reclamação, aduzindo no tocante à questão de constitucionalidade que a interpretação efectuada não é discriminatória, na medida em que o novo regime de recurso é aplicável a todos processos iniciados a partir de 1 de Janeiro de 2008 e em relação aos processos pendentes nessa data, as partes continuavam a dispor de um mecanismo de resolução de conflitos de jurisprudência que era o previsto nos artigos 732.º-A e 732.º-B do Código de Processo Civil, e que o recorrente não estava impedido de utilizar.

O recorrente veio então interpor recurso para o Tribunal Constitucional, ao abrigo do disposto no artigo 70.°, n.° l, alínea *b)*, da Lei do Tribunal Constitucional, tendo por referência a norma do artigo 11.°, n.ᵒˢ 1 e 2, interpretada conjugadamente com o artigo 12.°, n.° 1, do Decreto-Lei n.° 303/2007, de 24 de Agosto, e, consequentemente, também as normas dos artigos 763.° a 770.° do Código de Processo Civil, na redacção resultante desse diploma, e ainda as dos artigos 732.°-A, n.ᵒˢ 1, 2 e 3, do mesmo Código na sua anterior versão (ainda aplicável), porquanto a interpretação perfilhada pelo acórdão recorrido é susceptível de violar os princípios constitucionais dos artigos 2.°, 13.°, n.ᵒˢ 1 e 2, 18.°, 20.°, n.ᵒˢ 1 e 5, da Lei Fundamental.

Tendo prosseguido o processo para alegações, o recorrente, depois de aludir à matéria de fundo que constituía objecto do processo, relacionada com a aplicação do disposto no artigo 877.° do Código Civil, veio a formular, na parte útil, as seguintes conclusões:

1. Perante as conclusões que antecedem, coloca-se a questão jurídico-constitucional que, fundamentalmente, consiste em saber se, vedando-se ao recorrente a utilização de um recurso extraordinário para uniformização da jurisprudência, por aplicação das normas dos artigos 763.° e seguintes do Código de Processo Civil, na versão de 2007, colide ou não com normas e princípios constitucionais. É que,

2. no entendimento do acórdão recorrido, a barreira para essa via de recurso extraordinário está no respeito estrito dos preceitos dos artigos 11.°, n.° 1, e 12.°, n.° 1, do Decreto-Lei n.° 303/2007, que vieram estabelecer a inaplicabilidade do novo regime de recurso aos processos pendentes à data da sua entrada em vigor, em 1 de Janeiro de 2008 (e o presente processo estava, na verdade, pendente naquela data).

3. É uma interpretação e aplicação simples e literal daqueles preceitos do Decreto-Lei n.° 303/2007 que o acórdão recorrido fez e, como tal, simplesmente e automaticamente interpretou e aplicou normas feridas de inconstitucionalidade material, como se demonstrará.

4. Desde logo é chocante que uma circunstância meramente aleatória de estar pendente naquela data de 1 de Janeiro um processo, afaste a aplicação do regime de recurso extraordinário para uniformização de jurisprudência, que visa, através do pleno das secções cíveis do Supremo Tribunal de Justiça, sanar situações de diversidade jurisprudencial. E o presente caso é uma dessas situações, como fica demonstrado, sendo aqui evidente a contradição na questão de fundo entre os acórdãos do Supremo Tribunal de Justiça, quando o recorrente tinha uma expectativa legitimamente fundada de ver adoptada uma corrente jurisprudencial anteriormente firmada e que ia ao encontro das posições que vinha defendendo na acção em causa. Assim,

5. Com este pressuposto pode adiantar-se que há uma inconstitucionalidade material das normas já identificadas como objecto do presente recurso de constitucionalidade, em vários patamares:

6. Por violação do princípio da igualdade consagrado na norma do artigo 13.º da CRP, porque a solução legal, assente numa circunstância de tempo meramente aleatória — antes ou depois de 1 de Janeiro de 2008 —, é uma solução arbitrária, discriminando os litigantes de antes ou depois daquela data de 1 de Janeiro de 2008 ("não sendo aqui ostensivo que a hipótese da norma seja manifestamente compatível com o principio da igualdade", como se lê no Acórdão do Tribunal Constitucional n.º 484/08, de 7 de Outubro de 2008).

Por consequência, uma medida processual restritiva de um recurso tão importante em matéria de direito — e só ele podendo contribuir para a definição do "melhor direito" — como é o recurso extraordinário para uniformização de jurisprudência, que é materialmente injustificada, mesmo no quadro de uma liberdade de conformação legislativa do autor da medida. Porquê 1 de Janeiro de 2008 e não 1 de Agosto de 2008 ou 31 de Dezembro de 2008? — pergunta-se, a menos que se entenda que isso teria que ver com a revogação dos anteriores artigos 763.º e 770.º, operada pelo Decreto-Lei n.º 329-A/95, de 12 de Dezembro, o que não se aceita e mesmo os actuais litigantes nada têm que ver com os "humores" arbitrários do poder legislativo.

Em suma: uma norma do regime de recursos, traduzida nos artigos 11.º, n.º 1, e 12.º, n.º 1, do Decreto-Lei n.º 303/2007, que apela à pendência dos processos para fazer distinções, e que é destituída de fundamento constitucionalmente relevante, violando, pois, o princípio da igualdade constitucionalmente consagrado no artigo 13.º da CRP.

7. Por violação da norma do artigo 20.º, n.ºs 1 e 5, da CRP, na medida em que veda o acesso à via judiciária, na fase de um recurso, que é célere e prioritário, para resolver dissidências ao nível do Supremo Tribunal de Justiça, em matéria de direito. O carácter sequencial dos actos processuais e a natureza unitária e estruturada do processo impunham que a causa terminasse com a aplicação de norma de direito transitório de um modo mais favorável aos litigantes, como é a norma traduzida nos citados artigos 11.º, n.º 1, e 12.º, n.º 1.

Com o que, se desprotegem os litigantes com processos pendentes em 1 de Janeiro de 2008, violando-se, assim, o principio da tutela jurisdicional efectiva dos direitos e interesses legalmente protegidos dos cidadãos, que se extrai da norma do artigo 20.º, n.ºs 1 e 5, da CRP. E não se diga que se trata de uma garantia genérica do direito ao recurso de decisões judiciais, porque o recurso para uniformização de jurisprudência é um recurso extraordinário e de largo espectro na melhoria do direito.

8. Por violação da norma do artigo 18.º, n.º 2, da CRP, porque a mesma medida processual restritiva, a que se reportam os artigos 11.º, n.º 1, e 12.º, n.º 1, é de muito duvidosa adequação ao fim que porventura visa atingir (será porventura para desonerar o Supremo Tribunal de Justiça, numa óptica de racionalização do acesso àquele Supremo, de uma eventual sobrecarga de recursos extraordinários para uniformização de jurisprudência?). E não é indispensável, excedendo manifestamente o que seria necessário, tanto mais que a causa já está no Supremo Tribunal de Justiça e só convoca o pleno das secções cíveis para decidir a dissi-

dência de jurisprudência do mesmo Supremo. Portanto, salvo o devido respeito, não se venha, como genericamente se vem fazendo, com a tal sobrecarga de recursos para o Supremo...

É, assim, ilegítimo o condicionamento apontado, não respeitando o princípio do excesso que se extrai da norma do artigo 18.º, n.º 2.

Operando o princípio da proporcionalidade como limitação ao exercício do poder público, e funcionando, em sede de direitos, liberdades e garantias, como limite às restrições admissíveis, ele significa que deve estar presente no *modus operandi* do legislador, em obediência aos subprincípios em que se desdobra: os princípios da adequação, da exigibilidade e da justa medida. Mesmo que seja, aqui, contestável a violação de todos aqueles subprincípios, sempre será indiscutível a violação do princípio da proporcionalidade em sentido estrito ou da justa medida.

Justa medida nunca, pois do que se trata, no presente caso, é de negar o acesso à justiça em matéria de direito, no âmbito do Supremo Tribunal de Justiça, impedindo-se que se apure a linha jurisprudencial desse Supremo que melhor sirva o "bom direito".

Sai, assim, violado o princípio da proporcionalidade ou da proibição do excesso, consagrado no artigo 18.º, n.º 2, da CRP (vejam-se, a propósito as considerações oportunas que constam do Acórdão do Tribunal Constitucional n.º 88/04, in *Acórdãos do Tribunal Constitucional*, 58.º Volume, p. 423).

9. Por fim, por violação dos artigos 1.º e 2.º da CRP, na medida em que aí estão ínsitos os princípios da confiança e da segurança jurídica, que são pilares fundamentais da protecção dos direitos e interesses legalmente protegidos dos cidadãos.

Com efeito, os litigantes, ao acederem aos tribunais, pedindo-lhes que se faça justiça, têm legítimas e fundadas expectativas de que as causas sigam uma tramitação processual que lhes assegure, com respeito pelas alçadas, a reapreciação e a revisão das decisões jurisdicionais. E não podem ser circunstâncias meramente aleatórias, como seja, a circunstância da pendência da causa numa determinada data, a obstar, em definitivo, a tal reapreciação e revisão. Se isso acontecer, como se quer fazer entender nestes autos, então o Estado-legislador, ao enunciar friamente o que enunciou nos artigos 11.º, n.º 1, e 12.º, n.º 1, do Decreto-Lei n.º 303/2007, está a frustrar a confiança que os cidadãos devem ter na tutela jurisdicional efectiva dos seus direitos e interesses legalmente protegidos.

Em contra-alegações, os recorridos consideram, em suma, que está vedado ao Tribunal conhecer do recurso, por falta de suscitação da questão de constitucionalidade, no que se refere às normas dos n.ºs 1 e 2 do artigo 877.º do Código Civil, e que o recurso é improcedente no tocante às disposições dos artigos 11.º, n.º 1, e 12.º, n.º 1, do Decreto-Lei n.º 303/2007, por se não verificar o invocado vício de inconstitucionalidade material.

Cumpre apreciar e decidir.

II — Fundamentação

Nas suas contra-alegações, os recorridos suscitam a questão do não conhecimento do recurso em relação ao artigo 877.º, n.ºˢ 1 e 2, do Código Civil, por considerarem que não foi cumprido, pelo recorrente, o ónus de suscitação da questão de inconstitucionalidade, no decurso do processo, como exigem os artigos 70.º, n.º 1, alínea *b)*, e 72.º, n.º 2, da Lei do Tribunal Constitucional.

Tal invocação é, no entanto, inteiramente descabida, porquanto, como resulta com evidência do requerimento de interposição de recurso, o recorrente não indicou o referido preceito como constituindo objecto do recurso, e apenas a ele aludiu nas alegações de recurso em termos meramente circunstanciais, fazendo centrar antes a questão de constitucionalidade tão-somente nas disposições dos artigos 11.º, n.º 1, e 12.º, n.º 1, do Decreto-Lei n.º 303/2007, de 24 de Agosto.

Por outro lado, embora o recorrente, no mesmo requerimento, tenha feito alusão, não apenas às sobreditas normas do Decreto-Lei n.º 303/2007, mas também às dos n.ºˢ 1, 2 e 3, do artigo 732.º-A do Código de Processo Civil, na versão anterior à introduzida por esse diploma, a verdade é que nenhuma referência é feita, nas alegações de recurso, a essas outras disposições — que, aliás, também não constituem *ratio decidendi* do acórdão recorrido —, pelo que deve entender-se o recorrente operou a restrição tácita do objecto inicial do recurso, não havendo que considerar a questão de constitucionalidade por referência àquele preceito.

É com esta necessária delimitação que cabe apreciar o mérito do recurso.

O Decreto-Lei n.º 303/2007 procedeu à reforma dos recursos cíveis, visando essencialmente a simplificação, celeridade processual e racionalização do acesso ao Supremo Tribunal de Justiça, acentuando as suas funções de orientação e uniformização de jurisprudência. Servindo especificamente o propósito de uma maior uniformização da jurisprudência, o novo diploma, como decorre explicitamente do respectivo preâmbulo, veio implementar duas diferentes medidas legislativas: *i)* a obrigação que passa a impender sobre o relator e os adjuntos de suscitar o julgamento ampliado da revista sempre que verifiquem a possibilidade de vencimento de uma solução jurídica que contrarie jurisprudência uniformizada do Supremo Tribunal de Justiça; e, *ii)* a introdução de um recurso extraordinário de uniformização de jurisprudência para o pleno das secções cíveis do Supremo quando este tribunal, em secção, proferir acórdão que esteja em contradição com outro anteriormente proferido, no domínio da mesma legislação e sobre a mesma questão fundamental de direito.

A primeira dessas medidas foi concretizada através da alteração do artigo 732.º-A do Código de Processo Civil, que, em matéria de julgamento ampliado de revista, passou a ostentar a seguinte redacção:

Artigo 732.º-A
(Uniformização de Jurisprudência)

1. O Presidente do Supremo Tribunal de Justiça determina, até à prolação do acórdão, que o julgamento do recurso se faça com intervenção do plenário das secções cíveis, quando tal se revele necessário ou conveniente para assegurar a uniformidade da jurisprudência.

2. O julgamento alargado, previsto no número anterior, pode ser requerido por qualquer das partes ou pelo Ministério Público e deve ser sugerido pelo relator, por qualquer dos adjuntos, ou pelos presidentes das secções cíveis, designadamente quando verifiquem a possibilidade de vencimento de solução jurídica que esteja em oposição com jurisprudência anteriormente firmada, no domínio da mesma legislação e sobre a mesma questão fundamental de direito.

A segunda resultou do aditamento dos artigos 763.º e seguintes, que passaram a instituir um novo recurso extraordinário para uniformização de jurisprudência, à semelhança do que já se sucedera no âmbito do processo penal (artigo 437.º, n.º 1, do Código de Processo Penal) e do contencioso administrativo (artigo 152.º, n.º 1, do Código de Processo nos Tribunais Administrativos).

O artigo 763.º do Código de Processo Civil passou então a dispor:

Artigo 763.º
(Fundamento do recurso)

1. As partes podem interpor recurso para o pleno das secções cíveis do Supremo Tribunal de Justiça quando o Supremo proferir acórdão que esteja em contradição com outro anteriormente proferido pelo mesmo tribunal, no domínio da mesma legislação e sobre a mesma questão fundamental de direito.

2. Como fundamento do recurso só pode invocar-se acórdão anterior com trânsito em julgado, presumindo-se o trânsito.

3. O recurso não é admitido se a orientação perfilhada no acórdão recorrido estiver de acordo com jurisprudência uniformizada do Supremo Tribunal de Justiça.

A reforma do regime de recursos em processo civil assim gizada entrou em vigor em 1 de Janeiro de 2008, como determina o artigo 12.º, n.º 1, do Decreto-Lei n.º 303/2007, mas não se aplica aos processos pendentes, nos termos do n.º 1 do artigo 11.º desse mesmo diploma, que, sob a epígrafe "Aplicação no tempo", prescreve: "[s]em prejuízo do disposto no número seguinte, as disposições do presente decreto-lei não se aplicam aos processos pendentes à data da sua entrada em vigor".

Embora o recorrente identifique como objecto do recurso o bloco normativo constituído pelas disposições dos citados artigos 11.º, n.º 1, e 12.º, n.º 1, a interpretação normativa que é censurada é a referente àquele primeiro preceito, e prende-se com a restrição que é feita, no tocante à aplicação no tempo, do novo sistema de recursos. A norma do artigo 12.º, por sua vez, limita-se a fixar a data do começo de vigência do diploma, por referência à qual se há-de determinar se um dado processo, considerando o momento da sua entrada em juízo, estava ou não pendente para efeito de ser ou não aplicável o novo regime de recursos.

É, pois, a norma do artigo 11.º, n.º 1, que interessa essencialmente considerar, embora esta não possa deixar de ser interpretada em conjugação com o preceito subsequente, para que necessariamente remete num aspecto preciso da sua regulamentação.

E essa norma, como bem se vê, tem a natureza de uma disposição de direito transitório, que se destina a regular de modo expresso um problema de sucessão de leis no tempo criado pela entrada em vigor no ordenamento jurídico de um novo regime processual de recursos, e que, de outro modo, teria de ser solucionado por aplicação dos princípios gerais.

O recorrente pretende, porém, que a limitação dos efeitos do novo regime legal aos processos que se iniciem a partir da entrada em vigor da lei nova (com a consequente exclusão dos processos que se encontrem pendentes a essa data) é susceptível de violar o princípio da igualdade consagrado no artigo 13.º, bem como o princípio da tutela jurisdicional efectiva decorrente do artigo 20.º, n.os 1 e 5, o princípio da proporcionalidade ou da proibição do excesso, expresso no artigo 18.º, n.º 2, e ainda os princípios da confiança e da segurança jurídica ínsitos nos artigos 1.º e 2.º, todos da Constituição.

A ideia central que subjaz à argumentação do recorrente de onde decorrem todos os invocados vícios de inconstitucionalidade assenta na seguinte premissa: o legislador quis estabelecer um novo recurso extraordinário para uniformização de jurisprudência para sanar as situações de oposição de julgados, pelo que lhe está constitucionalmente vedado impedir as partes de utilizar essa garantia processual com base num critério meramente aleatório que se traduza no factor tempo.

Tomando por base os parâmetros constitucionais da igualdade, da tutela jurisdicional efectiva e do Estado de direito, o Tribunal Constitucional, através do Acórdão n.º 383/09, teve já oportunidade de se pronunciar sobre a mesma interpretação normativa que está agora em causa em termos que mantêm plena validade.

Escreveu-se então o seguinte:

10. [...]

É exacto que ao Supremo Tribunal de Justiça, como órgão superior da hierarquia dos tribunais judiciais, sem prejuízo da competência própria do Tribunal Constitucional (artigo 210.º da CRP) compete, além da comum função de julgamento do caso individual que compartilha com todos os tribunais, a função específica dos supremos tribunais que consiste em procurar assegurar a unidade da ordem jurídica mediante a interpretação e aplicação uniformes do direito pelos tribunais. Princípio da uniformidade da jurisprudência que se entende sem prejuízo da independência decisória e da liberdade judicativa das instâncias jurisdicionais e da abertura a novas necessidades e a novos problemas da prática jurídica que exijam a assimilação de novos critérios jurídicos. Mas que merece tutela sob pena de os valores da segurança jurídica e da igualdade sofrerem intolerável erosão no momento da aplicação da lei pelos tribunais. O Supremo é chamado a desempenhar, dizendo-o como Castanheira Neves, *O Instituto dos "Assentos" e a Função Jurídica dos Supremos Tribunais,* p. 658, a tarefa de "conjugar a estabilidade com a continuidade na unidade e como unidade (prático-normativa), embora uma estabilidade que, como sabemos, não é nem deverá ser fixidez e uma continuidade que não é nem deverá ser imutabilidade". Para essa função específica do Supremo Tribunal de Justiça contribuem, no modo organizativo, a unicidade orgânica e a qualificação funcional dos seus juízes (inerente aos critérios de recrutamento e selecção) e, no plano processual, instrumentos como os referidos julgamento ampliado da revista e recurso por oposição de julgados.

Porém, a mais do que aquilo que resulta da consagração constitucional da hierarquia dos tribunais, trata-se de finalidade prosseguida pelo direito de organização judiciária e processual infraconstitucional. E, ainda que se considere possível retirar da Constituição, designadamente dos princípios da segurança jurídica e da igualdade, a imposição ao legislador de um dever de consagrar medidas organizatórias e instrumentos processuais especificamente ordenados à prossecução do interesse da uniformização da jurisprudência, tratar-se-á sempre de uma exigência de protecção institucional objectiva da unidade da ordem jurídica, não de um direito subjectivo ou situação activa equiparada dos cidadãos (de cada cidadão litigante) a deduzir uma pretensão dirigida à manutenção (ou pelo menos à uniformização) da jurisprudência. Como no Acórdão n.º 574/98 (*Acórdãos do Tribunal Constitucional*, 41.º Vol., pp. 149, 162) se afirmou " não existe na Lei Fundamental um preceito ou princípio que imponha, dentro do processo civil, a existência de um recurso para uniformização de jurisprudência", pelo que não pode considerar-se violados os preceitos constitucionais que a recorrente invoca por lhe não ser aberta tal via processual.

11. O que, com maior credibilidade argumentativa, poderia perspectivar-se por confronto com o princípio da igualdade seria o facto de, perante decisões do Supremo Tribunal de Justiça sobre a mesma questão fundamental de direito tomadas a partir do momento em que foi reintroduzido o recurso por oposição de acórdãos, a uns interessados ser possível interpor recurso extraordinário para uniformização de jurisprudência (obviamente, em ordem a obter que a divergência se resolvesse em sentido favorável à sua pretensão) e a outros não assistir tal faculdade, apenas em função do momento em que a acção foi instaurada. Abreviando o passo, saber se passa o teste da proibição do arbítrio a norma transitória que escolhe como factor determinante para negar este recurso — cuja (re)introdução

pelo legislador significa o reconhecimento do seu contributo para a melhor aplicação do direito — o facto de o processo onde a decisão é proferida se encontrar já pendente à data da entrada em vigor da lei nova.

Como é de uso repetir-se, o princípio da igualdade consagrado no n.º 1 do artigo 13.º da Constituição, enquanto princípio vinculativo da lei, traduz-se na ideia geral de proibição de arbítrio. O que ele proíbe ao legislador não é que estabeleça distinções: proíbe-lhe, isso sim, que estabeleça distinções de tratamento materialmente infundadas, irrazoáveis ou sem justificação objectiva e razoável.

No caso, o factor de diferenciação escolhido, no que concerne ao recurso para o Pleno das secções cíveis, é o momento em que a acção foi proposta. O legislador pretendeu resolver os complexos problemas de aplicação da lei processual no tempo mediante uma norma de direito transitório que assegurasse que nas acções propostas antes da entrada em vigor da lei nova os interessados conservassem (positiva e negativamente) os meios de impugnação das decisões judiciais nela proferidas que lhes eram reconhecidos no domínio da lei antiga. Esta solução não se mostra irrazoável, sem justificação objectiva ou fundamento material, sendo inspirada por óbvias preocupações de certeza e segurança jurídicas e de protecção da confiança. Com efeito, há que ter presente, além de que a estratégia processual das partes pode ter-se orientado em função dos meios impugnatórios existentes, o facto de ao interesse de uma das partes em mais uma via de recurso se contrapôr o interesse da outra parte em dar a discussão por finda com a decisão que se lhe revela favorável. Assim, a ponderação legislativa que levou à referida norma de direito transitório que torna a lei nova inaplicável aos processos pendentes à data da sua entrada em vigor, mesmo na parte em que introduz a faculdade de recurso para o pleno das secções cíveis para uniformização de jurisprudência, pode ser solução de mérito duvidoso, mas não pode ser apodada de arbitrária.

Estas considerações são perfeitamente transponíveis para o caso vertente e conduzem inevitavelmente à improcedência da argumentos invocados pelo recorrente.

Na verdade, contrariamente ao que vem afirmado, a exclusão do novo de recurso extraordinário para uniformização de jurisprudência em relação aos processos pendentes à data da entrada em vigor da nova lei não assenta em qualquer factor arbitrário ou aleatório, mas decorre de um facto processualmente relevante que é o começo de vigência da nova lei. O que basicamente está em causa é uma diferença de regimes decorrente da normal sucessão de leis, havendo que reconhecer ao legislador uma apreciável margem de liberdade no estabelecimento do marco temporal relevante para aplicação do novo e do velho regime. E nem é sequer possível estabelecer um termo de comparação entre a situação dos sujeitos processuais cujas acções entraram em juízo no domínio da lei precedente e a daqueles outros cujos processos já se iniciaram na vigência da nova lei, e que, por isso, ficam já subordinados ao novo regime legal. A diferenciação de tratamento baseia-se, neste caso, numa distinção objectiva de situações e esta distinção, por sua vez, encontra justificação num fundamento material bastante, qual seja a entrada em vigor de um novo regime processual em matéria de recursos cíveis. De resto, como o Tribunal tem sistematicamente afirmado, o «princípio de igualdade não opera diacronicamente» (Acórdão n.° 43/88, in *Acórdãos do Tribunal Constitucional*, 11.° Volume, p. 565 e Acórdão n.° 309/93) ou, pelo menos, não opera diacronicamente de forma a impedir a sucessão de leis no tempo (Acórdãos n.os 563/96, 467/03, 99/04 e 222/08).

É também evidente que não há qualquer violação do princípio da protecção da confiança.

Este conceito, como decorrência do princípio do Estado de direito democrático, postula «uma ideia de protecção da confiança dos cidadãos e da comunidade na ordem jurídica e na actuação do Estado, o que implica um mínimo de certeza e de segurança no direito das pessoas e nas expectativas que a elas são juridicamente criadas». Nesse sentido, só uma «normação que, por natureza, obvie de forma intolerável, arbitrária ou demasiado opressiva àqueles mínimos de certeza e segurança jurídica que as pessoas, a comunidade e o direito têm de respeitar, como dimensões essenciais do Estado de direito democrático, terá de ser entendida como não consentida pela a lei básica» (entre outros, o Acórdão n.° 303/90, in *Acórdãos do Tribunal Constitucional*, 17.° Volume, p. 65).

Ora, no caso vertente, o recorrente não tinha qualquer expectativa de poder lançar mão de um recurso extraordinário de uniformização de jurisprudência, como o que veio a ser admitido por força da aditamento das normas dos artigos 763.° e seguintes do Código de Processo Civil, porque justamente no momento em que propôs a acção não era esse o regime legal vigente, o qual apenas passou a entrar em vigor na pendência do processo. E, por outro lado, o recorrente dispunha de um outro mecanismo destinado a assegurar a uniformidade da jurisprudência, mediante o julgamento ampliado da revista que estava previsto no artigo 732.°-A do mesmo Código, que igualmente implicava a intervenção do plenário das secções cíveis, e que satisfazia já o interesse processual de prevenção de um eventual conflito de jurisprudência.

Não pode, por isso, afirmar-se que a norma do artigo 11.°, n.° 1, do Decreto-Lei n.° 303/2007, ao afastar a retrospectividade na aplicação do novo regime de recursos, tenha afectado de forma inadmissível as expectativas jurídicas do recorrente, quando é certo que este tinha à sua disposição um meio processual adequado a assegurar a uniformidade da jurisprudência e não poderia contar, legitimamente, no momento em que propôs a acção, com um qualquer outro expediente alternativo para atingir esse mesmo objectivo.

E é também claro que não há qualquer violação do artigo 20.° da Constituição porque dessa norma não resulta que o legislador tenha de assegurar imperativamente e sem restrições um duplo grau de recurso e, por maioria de razão, nem ela impõe qualquer exigência de um duplo grau de recurso no seio do tribunal de cúpula da ordem jurisdicional comum para efeito de garantir a uniformização de jurisprudência (cfr., entre outros, Acórdãos do Tribunal Constitucional n.ᵒˢ 209/90, 189/01, 261/02 e 490/03).

Resta verificar se interpretação normativa aqui em causa implica, como vem alegado, uma violação do disposto no artigo 18.°, n.° 2, da Constituição.

Como pressuposto material para a restrição de direitos, liberdades e garantias, o princípio da proporcionalidade genericamente considerado impõe que a solução normativa se revele como idónea para a prossecução dos fins visados pela lei, se mostre necessária por não ser viável ou exigível que esses fins sejam obtidos por meios menos onerosos para os direitos dos cidadãos, e se apresente ainda como uma medida razoável, e, por isso mesmo, não excessiva ou desproporcionada (Gomes Canotilho/Vital Moreira, *Constituição da República Portuguesa Anotada*, 4.ª edição, Coimbra, pp. 392-393).

Conforme vem sendo sublinhado pelo Tribunal Constitucional, «[s]ó as normas restritivas dos direitos fundamentais (normas que encurtam o seu conteúdo e alcance) e não meramente condicionadoras (as que se limitam a definir pressupostos ou condições do seu exercício) têm que responder ao conjunto de exigências e cautelas consignado no artigo 18.°, n.ᵒˢ 2 e 3, da Lei Fundamental». Para que um condicionamento ao exercício de um direito possa redundar efectivamente numa restrição torna-se necessário que ele se mostre desadequado e desproporcionado de modo a que possa dificultar gravemente o exercício concreto do direito em causa (Acórdão n.° 413/89, publicado no *Diário da República*, II Série, de 15 de Setembro de 1989, cuja doutrina foi refirmada, designadamente, no Acórdão n.° 247/02).

Sendo assim, só poderia considerar-se verificada a violação do princípio da proporcionalidade relativamente ao direito de acesso à justiça e aos tribunais se estivéssemos na presença de uma efectiva restrição ao exercício desse direito ou, de outro modo, perante um condicionamento que se mostrasse excessivo ou desproporcionado.

Desde logo, a norma em si não afecta o conteúdo de um direito fundamental, mas apenas regulamenta a produção de efeitos de um novo diploma legal; nesse sentido, a norma não tem um carácter restritivo de direitos e nem sequer opera o preenchimento ou desenvolvimento legislativo do conteúdo de um direito (quanto à distinção entre restrição e regulamentação, Jorge Miranda, *Manual de Direito Constitucional*, Tomo IV, 3.ª edição, Coimbra, pp. 329-330). E, para além disso, o recurso para uniformização de jurisprudência, como se deixou esclarecido, não integra o direito de acesso aos tribunais, pelo que, também por essa razão, não poderia considerar-se a existência de uma restrição de direito fundamental.

Revertendo ao caso concreto, o que se constata é que o artigo 11.°, n.° 1, do Decreto-Lei n.° 303/2007 se limitou a estabelecer uma norma de direito transitório material destinada a adaptar o novo regime legal introduzido por esse diploma às situações existentes no momento da sua entrada em vigor. Como se observou já, o legislador dispõe de uma ampla margem de conformação na definição do regime de aplicação da lei no tempo, havendo de atender a considerações de política legislativa que possam justificar a aplicação da nova lei a relações já constituídas que subsistam à data da sua entrada em vigor ou apenas a factos novos.

Nestes termos, o referido preceito limita-se a consignar uma das soluções possíveis de regulação da transição entre dois regimes jurídicos.

Nada permite concluir, por conseguinte, pela violação do disposto no artigo 18.º, n.º 2, da Constituição.

Termos em que o recurso se mostra ser inteiramente improcedente.

III — Decisão

Pelos fundamentos expostos, decide-se negar provimento ao recurso e confirmar a decisão recorrida.

Custas pelo recorrente, fixando-se a taxa de justiça em 25 unidades de conta.

Lisboa, 27 de Outubro de 2009. — *Carlos Fernandes Cadilha — Ana Maria Guerra Martins — Maria Lúcia Amaral — Vítor Gomes — Gil Galvão.*

Anotação:

1 — Os Acórdãos n.ºs 209/90, 309/93, 563/96, 189/01, 467/03 e 383/09 estão publicados em *Acórdãos,* 16.º, 24.º, 33.º, 50.º, 57.º e 75.º Vols., respectivamente.

2 — Os Acórdãos n.ºs 247/02 e 261/02, estão publicados em *Acórdãos,* 53.º Vol..

ACÓRDÃO N.º 549/09

DE 27 DE OUTUBRO DE 2009

Não julga inconstitucionais as normas dos artigos 333.º, n.º 5, do Código de Processo Penal e do artigo 673.º do Código de Processo Civil, na interpretação de que o conhecimento do recurso interposto da decisão condenatória pelo defensor constituído impede a interposição posterior de novo recurso da mesma decisão quando o arguido vier a ser pessoalmente notificado; não julga inconstitucional a norma do artigo 113.º, n.º 9, do Código de Processo Penal, interpretada como não exigindo que os acórdãos dos tribunais superiores proferidos em via de recurso sejam notificados pessoalmente ao arguido; julga manifestamente infundada a questão de inconstitucionalidade relativa às normas dos artigos 414.º, n.ºs 2 e 3, e 420.º, n.º 1, do Código de Processo Penal.

Processo: n.º 140/09.
Recorrente: Vítor Manuel Domingos Carvalho Lopes.
Relator: Conselheiro Vítor Gomes.

SUMÁRIO:

I — Quanto às normas do n.º 5 do artigo 333.º do Código de Processo Penal e do artigo 673.º do Código de Processo Civil — na interpretação de que o conhecimento do recurso interposto da decisão condenatória pelo defensor constituído impede a interposição posterior de novo recurso da mesma decisão quando o arguido vier a ser pessoalmente notificado —, embora se inscreva entre os fins da exigência de comunicação pessoal da decisão condenatória ao arguido o de permitir-lhe que pondere, em conjunto e esclarecido pelo seu defensor, as vantagens e desvantagens de interpor ou não recurso dessa decisão, esse assunto depende mais do juízo técnico do defensor do que do arbítrio do arguido, não podendo dizer-se que a não participação deste na elaboração das peças processuais correspondentes afecte a eficaz defesa e uma adequada contraditoriedade relativamente à acusação ou reacção esclarecida contra a sentença condenatória; deste modo, há que considerar que, interposto o recurso pelo defensor do arguido, em nome e representação deste, o correspondente direito do arguido, enquanto sujeito processual, fica exercido.

II — A partir do momento em que transita em julgado a decisão do tribunal superior que aprecia o recurso, a situação jurídico-penal do arguido passa a ser definida por essa decisão, ficando precludida a arguição de quaisquer vícios de que sofresse a sentença recorrida ou relativos à tramitação processual anterior; pelo que, se o arguido — no caso, por sua opção, incumprindo os deveres processuais inerentes ao seu estatuto — se subtrai à notificação, mas o seu defensor interpõe recurso da decisão, não pode considerar-se que haja no inerente efeito preclusivo um encurtamento inadmissível das garantias de defesa.

III — Quanto à norma do n.º 9 do artigo 113.º do Código de Processo Penal — interpretada no sentido de que a obrigatoriedade de notificação pessoal da sentença penal condenatória ao arguido, a par da notificação do seu advogado ou defensor, só ocorre quanto às sentenças ou acórdãos proferidos pelos tribunais da primeira instância, já que, quanto aos tirados em sede de recurso estes apenas têm de ser notificados aos recorrentes na pessoa dos seus mandatários ou defensores —, remete-se para as considerações do Acórdão n.º 275/06, que refere vasta jurisprudência do Tribunal sobre esta questão de saber se é constitucionalmente exigido que os acórdãos dos tribunais superiores proferidos em via de recurso sejam notificados pessoalmente ao arguido.

IV — Quanto à alegada inconstitucionalidade do disposto nos artigos 414.º, n.ºs 2 e 3, e 420.º, n.º 1, do Código de Processo Penal, não pode considerar-se legitimamente fundada a expectativa de que fossem mantidos os efeitos de uma decisão judicial por não ter sido impugnada — aquela que admitiu novo recurso da sentença condenatória —, quando essa mesma decisão afronta o efeito preclusivo resultante do caso julgado formado sobre decisão anteriormente proferida no processo.

Acordam na 3.ª Secção do Tribunal Constitucional:

I — Relatório

1. Vítor Manuel Domingos Carvalho Lopes, arguido no processo de que emerge o presente recurso de constitucionalidade, foi condenado, por sentença de 4 de Abril de 2002 do Tribunal Judicial da comarca de Esposende, na pena de 4 anos de prisão e 360 dias de multa. A audiência de julgamento e a leitura da sentença realizaram-se sem a sua presença, ao abrigo do artigo 333.º do Código de Processo Penal. Não foi notificado pessoalmente da sentença condenatória, por se ter ausentado do lugar onde deveria residir de acordo com o

termo de identidade e residência prestado, para parte incerta do estrangeiro, sem comunicação ao tribunal.

O arguido interpôs recurso da sentença condenatória, através de mandatário constituído. Por acórdão de 27 de Junho de 2002, o Supremo Tribunal de Justiça negou provimento ao recurso, confirmando a sentença condenatória. Este acórdão foi notificado ao mandatário do recorrido, mas não a este pessoalmente.

Após várias diligências visando a captura do arguido para cumprimento da pena, por despacho de 1 de Junho de 2005, sob promoção do Ministério Público, o juiz daquele tribunal de 1.ª instância declarou verificada a "irregularidade processual" consistente na falta de notificação pessoal ao arguido da sentença condenatória. E em 19 de Fevereiro de 2008 o arguido veio a ser pessoalmente notificado dessa sentença.

Após esta notificação, o arguido interpôs (novo) recurso da sentença condenatória de 1.ª instância, agora para o Tribunal da Relação de Guimarães. Por acórdão de 2 de Junho de 2008, a Relação rejeitou o recurso, entendendo que se formara caso julgado material sobre o acórdão do Supremo Tribunal de Justiça.

O recorrente interpôs recurso do acórdão da Relação para o Supremo Tribunal de Justiça, que lhe negou provimento por acórdão de 14 de Janeiro de 2009, mantendo a rejeição do recurso, embora com fundamentação algo diferente.

2. O arguido interpôs recurso deste acórdão para o Tribunal Constitucional, ao abrigo da alínea *b)* do n.º 1 do artigo 70.º da Lei n.º 28/82, de 15 de Novembro (LTC).

Após ter sido deferida reclamação contra parte do despacho liminar do relator (Acórdão n.º 215/09), o recurso prosseguiu para alegações quanto a três das questões enunciadas no requerimento de interposição.

O recorrente apresentou alegações em que defende a inconstitucionalidade das seguintes normas:

> "A) Da norma criada e que agora vem sendo generalizada nas instâncias, a qual arrancando do disposto nos artigos 113.º, n.º 9, 332.º, 333.º, n.ºs 2 e 5, do Código de Processo Penal e do artigo 673.º do Código de Processo Civil, e a qual se mostra exarada nos doutos acórdãos recorridos, no sentido de que, interposto recurso da decisão condenatória pelo defensor do arguido, sem que antes se tenha verificado se o mesmo foi, ou não, notificado pessoalmente da dita decisão — e em consequência decidir, também pessoalmente, se quer ou não recorrer —, e sendo tal recurso apreciado pelo tribunal superior, forma-se "caso julgado", impedindo o arguido, quando efectiva e pessoalmente é notificado e toma conhecimento pessoal da decisão condenatória, de recorrer da mesma quer relativamente à questão de facto, quer relativamente à questão de direito.

B) Da norma, igualmente exarada no douto acórdão recorrido, de que em situações como a presente, onde o arguido não foi notificado pessoalmente da decisão condenatória proferida em 1.ª instância, e também não foi pessoalmente notificado da decisão condenatória proferida no tribunal de recurso, a imperiosidade prevista no artigo 113.°, n.° 9, do Código de Processo Penal, de notificação pessoal da sentença penal condenatória ao arguido, a par da notificação do seu advogado ou defensor, só ocorre quanto às sentenças ou acórdãos proferidos pelos tribunais da 1.ª instância, já que, quanto aos tirados em sede de recurso estes apenas são notificados aos recorrentes na pessoa dos seus mandatários ou defensores;

C) Da norma também criada e tirada do disposto nos artigos 414.°, n.ºˢ 2 e 3, e 420.°, n.° 1, do Código de Processo Penal, exarada no douto acórdão recorrido, segundo a qual tais normativos permitem a destruição dos efeitos formais e substanciais decorrentes da decisão que, conheceu e declarou a respectiva "irregularidade processual", proferida em 1.ª instância e então não impugnada pela parte acusatória, e, em consequência, veio agora declarar que afinal aquela "irregularidade processual" — em razão da qual foi pessoalmente notificada ao arguido a sentença condenatória e aberta a efectiva possibilidade de avaliação pessoal da necessidade e, ou conveniência, de interpor recurso da anterior decisão condenatória — não podia ser conhecida e declarada e, em consequência, não conheceu do recurso interposto e admitido em primeira instância."

3. O Ministério Público sustenta que o recorrente fracciona indevidamente a questão de constitucionalidade que, reduzida ao essencial, é a de saber se o arguido tinha de ser pessoalmente notificado da decisão proferida em 1.ª instância, quando não esteve presente na audiência de julgamento por se ter furtado ao cumprimento aos seus deveres processuais, mas nela se defendeu e interpôs recurso da decisão condenatória através de mandatário constituído, vindo esse primeiro recurso a ser apreciado pelo Supremo Tribunal de Justiça que lhe negou provimento. E conclui no sentido de que:

"1. A norma que resulta das disposições conjugadas dos artigos 113.°, n.° 9, 332.°, 333.° e 334.° do Código de Processo Penal, interpretada no sentido de que a decisão condenatória da 1.ª instância não tem de ser notificada ao arguido para efeitos de interposição de recurso, quando não tendo ele estado presente na audiência de julgamento nem da leitura da decisão em virtude do desrespeito, pela sua parte, dos deveres decorrentes do termo de identidade e residência, foi aí representado por mandatário constituído que interpôs recurso para o Supremo Tribunal de Justiça, tendo-lhe sido negado provimento; não viola as garantias de defesa (artigo 32.°, n.° 1, da Constituição)".

II — Fundamentação

4. Para melhor compreensão e definição das questões de constitucionalidade colocadas, importa respigar os seguintes aspectos da tramitação do pro-

cesso que, aliás, o acórdão recorrido salienta e tomou em consideração na aplicação do regime legal ao caso:

"1 — O arguido Vítor Domingos Carvalho Lopes foi constituído arguido e prestou termo de identidade e residência, nos termos do artigo 196.º do Código de Processo Penal, com a redacção do Decreto-Lei n.º 320-C/2000, de 15 de Dezembro, em 5 de Fevereiro de 2001 — fls. 272 e verso.

2 — Em 19 de Julho de 2001 foi deduzida acusação, sendo nomeado defensor oficioso ao arguido o Sr. Dr. Correia Azevedo — fls. 550 a 580.

3 — O defensor foi notificado da acusação — fls. 608.

4 — A notificação da acusação ao arguido foi solicitada à GNR de Barcelos, pelo ofício n.º 1008/01, de 20 de Julho de 2001 — fls. 595/6.

5 — Em 25 de Julho de 2001 é lavrada certidão negativa, junta a fls. 640, fazendo a GNR constar que o notificando se encontra "ausente para parte incerta da Suíça, declarando seu pai, Domingos José Barroso Lopes, que o mesmo só regressa a Portugal pela altura do Natal".

6 — Em 15 de Outubro de 2001, o arguido faz juntar ao inquérito procuração constituindo mandatária a Dra. Cristina Matos, constando como data da emissão da procuração o dia 9 de Fevereiro de 2001 — fls. 769 e 770.

7 — Entretanto foi aberta instrução requerida por outros três co-arguidos.

8 — O debate instrutório tem lugar em 7 de Dezembro de 2001 e a leitura da decisão instrutória de pronúncia em 17 de Dezembro de 2001, estando presente nos dois actos a Advogada Dra. Cristina Matos, conforme acta de fls. 895/8, *maxime* fls. 897, e de fls. 933/4.

9 — No final da decisão instrutória, constante de fls. 899 a 932, a Ex.ma Juíza, tendo em conta, para além do mais, existir perigo de fuga por o arguido ora recorrente se ter ausentado para parte incerta da Suíça sem qualquer autorização, consentimento ou comunicação ao tribunal (como de resto constava já da acusação), determinou a prisão preventiva do mesmo — fls. 930/1.

10 — O arguido não foi notificado da abertura de instrução, conforme fls. 781 e certidão negativa de fls. 941/4, do 4.º volume, datada de 31 de Outubro de 2001, sendo consignado "ausente para parte incerta da Suíça, segundo declarações de seus familiares, bem como desconhecem seu regresso".

11 — Não foi notificado igualmente para o debate instrutório, conforme fls. 947 e 948, merecendo certidão negativa, sendo de consignar que, como se referiu, não era requerente da instrução.

12 — Em 19 de Dezembro de 2001 é emitido ofício a solicitar à GNR de Barcelos a notificação da decisão instrutória e remetidos mandados de detenção para prisão preventiva — fls. 949.

13 — Os quais não foram cumpridos, conforme fls. 1111 a 1113, por ter emigrado para parte incerta da Suíça.

14 — Por despacho de 28 de Dezembro de 2001, foi designado para audiência de julgamento o dia 28 de Fevereiro de 2002, e como segunda data, o dia 21 de Março de 2002 — fls. 955.

15 — Desse despacho foi notificada a Advogada Dra. Cristina Matos — fls. 961.

16 — O arguido foi notificado por via postal simples com prova de depósito em 24 de Janeiro de 2002 — fls. 1101.

17 — Em 29 de Janeiro de 2002 o arguido fez juntar contestação e rol de 3 testemunhas, a apresentar — fls. 1114 — admitidas por despacho de fls. 1157.

18 — À audiência de julgamento de 28 de Fevereiro de 2002, faltaram três arguidos, sendo um deles Nuno Góis, que autorizara a realização do julgamento na sua ausência; face às faltas dos outros dois, por haverem prestado termo de identidade e residência, foi considerado o seguinte: "Embora os arguidos Vítor Domingos Carvalho Lopes e Jorge Francisco Teixeira da Cunha não se encontrem presentes, proceder-se-á à realização da audiência de discussão e julgamento, nos termos do artigo 333.°, n.° 2, do Código de Processo Penal, sem prejuízo do disposto no n.° 3 do referido normativo legal, procedendo-se à documentação da prova a produzir", condenando-se em multa os dois arguidos faltosos, sendo ouvidos 10 arguidos e 5 testemunhas e marcando-se para continuação o dia 15 de Março de 2002 (acta de julgamento de fls. 1282 a 1293, do 5.° volume).

19 — A Advogada constituída pelo arguido, Dra. Cristina Matos, esteve presente nas sessões de 28 de Fevereiro de 2002, de 15 de Março (acta de fls. 1325 a 1330) e de 21 de Março (acta de fls. 1352 a 1362) aqui pedindo (fls. 1353) a substituição das testemunhas arroladas, o que foi deferido, sendo as mesmas ouvidas, como consta de fls. 1360, estando ainda presente na audiência de leitura do acórdão (acta de fls. 1426 e 1427).

20 — O acórdão foi lido em 4 de Abril de 2002 e depositado na mesma data — fls. 1435, do 5.° volume.

21 — O arguido recorreu para o Supremo Tribunal de Justiça em 22 de Abril de 2002, limitando o recurso à questão da fixação concreta da medida da pena — fls. 1486 a 1490.

22 — A taxa de justiça devida pela interposição do recurso, no montante de € 79,81, foi paga em 30 de Abril de 2002, conforme fls. 1499.

23 — Após a confirmação da condenação pelo Supremo Tribunal de Justiça, foi ordenada a passagem de mandados de captura, merecendo certidão negativa mais uma vez, com a informação de que o arguido emigrara para parte incerta da Suíça — fls. 1785/7.

24 — Por despacho de 23 de Outubro de 2002 (fls. 1856) foi ordenada a notificação nos termos do artigo 335.°, *ex vi* do artigo 476.° do Código de Processo Penal e a emissão de novos mandados de condução ao estabelecimento prisional e remessa aos Comandos Gerais da GNR, PSP, PJ, SEF e Gabinete Nacional da Interpol.

25 — Sob promoção do Ministério Público, em despacho de 17 de Janeiro de 2003, de fls. 1992/6, o arguido ora recorrente foi declarado contumaz, bem como o co-arguido Jorge Francisco Teixeira, com emissão de novos mandados de condução ao estabelecimento prisional, nos termos dos artigos 337.°, n.° 1, e 476.° do Código de Processo Penal.

26 — Lavrada certidão negativa do mandado, sendo consignado uma vez mais que o arguido se encontra ausente em parte incerta na Suíça — fls. 2180 verso, do volume 8.°

27 — Após novos pedidos de informação sobre o paradeiro, em 6 de Novembro de 2003, foram emitidos novos mandados de detenção para efeitos de cumprimento de pena, atento o eventual regresso na época natalícia que se avizinhava — fls. 2313.

28 — Sucederam-se as certidões negativas em 11 de Dezembro de 2003, 27 de Maio de 2004 e 19 de Julho de 2004 — fls. 2358 verso, 2486 verso e 2542 verso.

29 — Sob promoção do Ministério Público foi ordenada emissão de Mandado de Detenção Europeu (MDE), em 15 de Novembro de 2004 — fls. 2611.

30 — Por despacho de 24 de Maio de 2005 foi o MDE restrito ao Gabinete Nacional Sirene e Interpol, uma vez que ficam sem efeito os dirigidos às autoridades por se desconhecer o paradeiro do arguido.

31 — Segue-se posição do Ministério Público seguida pela Sra. Juíza no sentido de declarar "irregularidade processual" (despacho de 1 de Junho de 2005) e o demais *supra* referenciado.

32 — Os autos continuaram a aguardar pelo conhecimento do paradeiro do arguido — despacho de 22 de Junho de 2006.

33 — Por despacho de 21 de Novembro de 2007 (fls. 3598) foi ordenada a notificação da sentença ao arguido, por meio de carta rogatória, por se ter apurado que residia na Suíça, agora casado.

34 — Em 28 de Fevereiro de 2008 foi junta pelo arguido recorrente procuração emitida em 22 de Fevereiro de 2008, em que constitui mandatário, pedindo a confiança do processo e cópia integral das cassetes, que foram entregues em 3 de Março de 2008 — fls. 3629 e 3638.

35 — O arguido foi pessoalmente notificado, na Suíça, em 19 de Fevereiro de 2008, do acórdão de 4 de Abril de 2002 (fls. 3733, do 12.° volume)

36 — O recurso foi apresentado em 5 de Março de 2008 (fls. 3641 e 3696)."

5. A primeira questão enunciada pelo recorrente reconduz-se a saber se viola os artigos 2.°, 20.°, 32.°, 202.° e 205.° da Constituição a norma que resulta dos artigos 113.°, n.° 9, 332.°, 333.°, n.ºs 2 e 5, do Código de Processo Penal e do artigo 673.° do Código de Processo Civil, quando interpretados no sentido de que, tendo sido apreciado pelo tribunal superior um recurso interposto da decisão condenatória pelo mandatário do arguido, sem que este, que não esteve presente na audiência, tivesse sido pessoalmente notificado da decisão aí proferida, o arguido fica impedido de interpor novo recurso quando dela vem a ser pessoalmente notificado.

Importa recordar que o recorrente não esteve presente na audiência de julgamento, tendo sido julgado ao abrigo do artigo 333.° do Código de Processo Penal. O n.° 5 deste artigo 333.° dispõe que, nessa hipótese, a sentença é notificada ao arguido logo que seja detido ou se apresente e que o prazo para interposição de recurso pelo arguido se conta a partir da notificação da sentença. Apesar de não ter ocorrido tal notificação pessoal, foi interposto, admitido e apreciado o recurso que o arguido interpôs, através da sua mandatária constituída, tendo-lhe o Supremo Tribunal de Justiça negado provimento.

Não cabe no âmbito do presente recurso apreciar a regularidade de tais procedimentos, seja no que toca à realização do julgamento na ausência do arguido, seja no que respeita à admissão e conhecimento do recurso antes da notificação pessoal da sentença ao arguido recorrente. Apenas cumpre decidir se viola as normas e princípios constitucionais invocados o entendimento de que o arguido fica impedido de interpor novo recurso, quando venha a ser pessoalmente notificado da sentença condenatória, por efeito do caso julgado resultante de acórdão que conheceu do recurso anteriormente interposto através do mandatário constituído apesar de o arguido não ter sido pessoalmente notificado da sentença.

O Tribunal foi confrontado diversas vezes com questões de constitucionalidade respeitantes à relação entre a notificação pessoal ao arguido da sentença criminal condenatória e a garantia constitucional do direito ao recurso em processo penal. Socorrendo-nos do elenco contido no Acórdão n.º 545/06, (disponível, como todos os demais Acórdãos citados sem outra referência, em *www.tribunalconstitucional.pt*) podem referir-se as seguintes pronúncias do Tribunal de algum modo referentes a esta questão (todos estes Acórdãos estão disponíveis em *www.tribunalconstitucional.pt*):

— o Acórdão n.º 75/99, que não julgou inconstitucional a norma do artigo 411.º, n.º 1, do Código de Processo Penal, interpretado no sentido de que o prazo de interposição de recurso se conta a partir da data em que a sentença foi proferida na presença do arguido e do seu defensor, tendo nesse mesmo dia sido depositada na secretaria, e não apenas da data em que posteriormente foi notificada por via postal, pois desde aquela primeira data o arguido ficou em posição de conhecer integralmente a sentença;

— o Acórdão n.º 109/99, que não julgou inconstitucional a norma do artigo 411.º, n.º 1, lido em conjugação com o artigo 113.º, n.º 5, do Código de Processo Penal, na interpretação segundo a qual, com o depósito da sentença na secretaria do tribunal, o arguido que, justificadamente, não esteve presente na audiência em que se procedeu à leitura pública da mesma, deve considerar-se notificado do seu teor, para o efeito de, a partir desse momento, se contar o prazo para recorrer da sentença, se, nessa audiência, esteve presente o seu mandatário;

— os Acórdãos n.os 148/01 e 202/01, que julgaram inconstitucional a norma do artigo 411.º, n.º 1, do Código de Processo Penal, quando interpretado no sentido de determinar a contagem do prazo de interposição do recurso da data do depósito na secretaria da sentença manuscrita de modo ilegível, e não da data em que o defensor do arguido é notificado da cópia da sentença dactilografada, tempestivamente requerida, juízos de inconstitucionalidade que se fundaram no entendimento de que "o direito ao recurso implica, naturalmente, que o recorrente tenha a possibilidade de analisar e avaliar os fundamentos da decisão recorrida, com vista ao exercício consciente, fundado e eficaz do seu direito", o que "pressupõe a plena estabilidade e inteligibilidade da decisão recorrida";

— o Acórdão n.º 87/03, que julgou inconstitucional a norma do artigo 411.º, n.º 1, do Código de Processo Penal, na interpretação segundo a qual o prazo para interpor recurso de acórdão de Tribunal da Relação, proferido em conferência, nos termos do artigo 419.º, n.º 4, do Código de Processo Penal, e não em audiência (com prévia convocação, para além de outros intervenientes, do defensor, de acordo com o artigo 421.º, n.º 2, do mesmo Código), se conta a partir do depósito do acórdão na secretaria, e não da respectiva notificação, tendo o Tribunal Constitucional sublinhado que, uma vez que "nem o recorrente nem o seu defensor tinham sequer conhecimento da data de realização da conferência, que não lhes foi comunicada", não lhes era exigível uma diligência que se traduziria no "controlo cego do hipotético dia da tomada de decisão por parte do Tribunal da Relação";

— o Acórdão n.º 36/04, que não julgou inconstitucional a norma do artigo 411.º, n.º 1, do Código de Processo Penal, interpretado no sentido de que, quando os arguidos e um defensor oficioso nomeado estão presentes à leitura da sentença, mas o advogado constituído falta e é posteriormente notificado dela, o prazo de interposição de recurso se conta a partir do depósito da sentença na secretaria, efectuada no próprio dia da sua leitura, pois, em tal hipótese, os arguidos tomaram conhecimento directo da decisão e tiveram oportunidade de, actuando com a diligência exigível, esclarecer de imediato quaisquer dúvidas com o advogado nomeado para o acto, tendo disposto de 15 dias para exame da sentença com o seu advogado constituído, com quem lhes incumbia entrar em contacto;

— o Acórdão n.º 186/04, que julgou inconstitucional a norma do artigo 411.º, n.º 1, do Código de Processo Penal, interpretado no sentido de que o prazo para apresentação da motivação de recurso interposto por declaração na acta da audiência onde foi proferida a sentença se conta a partir da data dessa interposição, mesmo que a sentença só posteriormente haja sido depositada na secretaria, tendo o Tribunal Constitucional considerado que "há que reconhecer que «a mera leitura da sentença na presença do arguido e do seu defensor oficioso no mínimo pode não permitir uma completa apreensão do teor da sentença para efeito de motivação do recurso», pois «a interposição de um recurso pressupõe uma análise minuciosa da decisão que se pretende impugnar, análise essa que não é de todo possível realizar por mero apelo à memória da leitura do texto da sentença», antes exige o acesso ao texto da sentença, o que apenas se torna possível com o seu depósito na secretaria"; e

— o Acórdão n.° 312/05, que, ao abrigo do disposto no artigo 80.°, n.° 3, da LTC, determinou que a norma do artigo 411.°, n.° 1, do Código de Processo Penal fosse interpretada no sentido de que o prazo para interposição do recurso da decisão condenatória do arguido ausente se conta a partir da notificação pessoal e não a partir do depósito na secretaria, independentemente dos motivos que determinaram tal ausência e se os mesmos são ou não justificáveis.

Em todos estes casos o Tribunal apreciou a constitucionalidade de normas relativas ao início do prazo para apresentação do requerimento de interposição de recurso em processo penal. O critério seguido nessa jurisprudência, como se lembrou no Acórdão n.° 545/06, tem sido o de que tal prazo só pode iniciar-se quando o arguido (assistido pelo seu defensor), actuando com a diligência devida, ficou em condições de ter acesso ao teor, completo e inteligível, da decisão impugnanda, e, nos casos em que pretenda recorrer também da decisão da matéria de facto e tenha havido registo da prova produzida em audiência, a partir do momento em que teve (ou podia ter tido, actuando diligentemente) acesso aos respectivos suportes, consoante o método de registo utilizado (escrita comum, meios estenográficos ou estenotípicos, gravação magnetofónica ou audio-visual).

Sucede que a questão que agora se aprecia, embora situada no universo problemático das relações entre a notificação da sentença condenatória ao arguido e o direito ao recurso, contém um elemento definidor que a diferencia radicalmente daquelas que foram versadas na anterior jurisprudência do Tribunal. Diversamente desses outros casos, em que os termos ou a falta de notificação da sentença ao arguido tinham desembocado em situações de não admissão ou de rejeição do recurso por extemporaneidade, ao ora recorrente foi admitido e apreciado um recurso da sentença condenatória, interposto em seu nome e representação pela respectiva mandatária constituída, apesar de ele ainda não ter sido pessoalmente notificado da sentença. O que operou como *ratio decidendi* da não admissão do (segundo) recurso agora interposto da sentença condenatória foi, afinal, o caso julgado formado sobre o anterior acórdão que julgou o (primeiro) recurso interposto, não qualquer problema relativo à contagem do prazo de interposição do recurso, como sempre esteve presente na jurisprudência citada.

Assim, o que pode pertinente perguntar-se é se, nestas circunstâncias, o efeito preclusivo inerente ao caso julgado viola as garantias constitucionais de defesa, na vertente do direito ao recurso. O que reduz, quer o elenco de preceitos legais indicados pelo recorrente, quer o espectro dos parâmetros constitucionais relevantes.

Com efeito, o acórdão recorrido não nega que a notificação da sentença de 1.ª instância teria de ser efectuada também pessoalmente ao arguido (n.º 9 do artigo 113.º do Código de Processo Penal), que a presença do arguido na audiência seja, em regra, obrigatória (artigo 332.º do Código de Processo Penal) ou quaisquer direitos ao arguido não presente na audiência (n.º 2 do artigo 333.º do Código de Processo Penal), nem que, em caso de ausência, o prazo de recurso por parte do arguido só começa a correr com a notificação pessoal da sentença. Nesta perspectiva, apenas relevam para a questão a decidir as normas do n.º 5 do artigo 333.º do Código de Processo Penal e do artigo 673.º do Código de Processo Civil, na interpretação de que o conhecimento do recurso interposto da decisão condenatória pelo defensor constituído impede a interposição posterior de novo recurso da mesma decisão quando o arguido vier a ser pessoalmente notificado.

Por outro lado, o direito ao recurso por parte do arguido é objecto de consagração expressa a partir da Lei Constitucional n.º 1/97, embora o Tribunal já o considerasse integrante das garantias de defesa na redacção anterior do n.º 1 do artigo 32.º da Constituição. Esta previsão constitucional condensa e esgota o que para o mesmo efeito se poderia pretender extrair do princípio do Estado de direito (artigo 2.º da Constituição) ou da garantia de tutela jurisdicional efectiva (artigo 20.º da Constituição), sendo deslocado chamar normas ou princípios mais gerais onde a Constituição oferece previsão específica. E também não há pertinência na invocação dos artigos 202.º e 205.º da Constituição porque nem o requerente diz nem se vislumbra em que pode a solução normativa em causa colidir com qualquer das matérias reguladas nestes preceitos constitucionais.

O recorrente não esteve presente na audiência de julgamento, nem na leitura da sentença condenatória, fazendo-se o julgamento na sua ausência, solução que o n.º 6 do artigo 32.º da Constituição permite, desde que estejam assegurados os direitos de defesa. O n.º 5 do artigo 333.º do Código de Processo Penal, diferindo a contagem do prazo de interposição do recurso por parte do arguido que não tenha estado presente na audiência de julgamento para o momento em que vier a ser notificado da sentença, é uma das medidas que visa a observância deste comando constitucional, articulando os valores justificativos do julgamento na ausência do arguido com as condições inultrapassáveis do núcleo irredutível do direito de defesa. Efectivamente, não satisfaria o princípio de que o processo penal assegura todas as garantias de defesa um regime que se traduzisse em dispensar a notificação da sentença condenatória ao arguido, julgado na sua ausência, bastando-se com a notificação de tal decisão ao respectivo defensor, e contando-se desta o prazo para a dedução dos subsequentes meios impugnatórios. É doutrina que se retira dos Acórdãos n.° 274/03 e n.° 503/03.

Porém, na perspectiva constitucional, uma coisa é preservar o prazo para o exercício do direito processual, de modo a que não se extinga por falta de interposição atempada do recurso, não considerando suficiente para iniciar a contagem do prazo a notificação efectuada ao defensor quando o julgamento é efectuado com o arguido ausente, e outra atender ao efeito preclusivo inerente ao caso julgado que decorre do facto de o defensor ter exercido efectivamente o direito de recorrer e o tribunal superior se ter pronunciado, confirmando (seria o mesmo se modificasse) a decisão condenatória. Nesta hipótese, o direito ao segundo grau de jurisdição quanto às decisões penais condenatórias foi exercido e foi obtida a pronúncia por parte de um tribunal superior. Embora entre os fins da exigência de comunicação pessoal da decisão condenatória ao arguido se inscreva o de permitir-lhe que pondere, em conjunto e esclarecido pelo seu defensor, as vantagens e desvantagens de interpor ou não recurso dessa decisão, é sempre através do defensor constituído ou nomeado que o direito ao recurso se exerce, porque essa é uma das fases processuais em que se torna indispensável o saber profissional de um profissional do foro para tornar efectivos os direitos materiais e processuais do arguido, sendo obrigatória a intervenção do defensor (cfr. Acórdão n.° 461/04, no sentido da não inconstitucionalidade da exigência de que a motivação do recurso seja subscrita pelo defensor ou mandatário). Sobretudo o âmbito do recurso, a escolha das questões que é possível ou conveniente suscitar perante o tribunal superior atendendo à realidade processual e ao sistema de recursos disponíveis, é assunto que depende mais do juízo técnico do defensor do que do arbítrio do arguido, não podendo dizer-se que a não participação deste na elaboração das peças processuais correspondentes afecte a eficaz defesa e uma adequada contraditoriedade relativamente à acusação ou reacção esclarecida contra a sentença condenatória. Deste modo, há que considerar que, interposto o recurso pelo defensor do arguido, em nome e representação deste, o correspondente direito do arguido, enquanto sujeito processual, fica exercido.

Alcançada a pronúncia por parte do tribunal superior, cujo âmbito objectivo abrange o deduzido e o dedutível, o princípio da segurança jurídica inerente ao Estado de direito exige que se respeite o caso julgado, que só pode ser afastado se existirem circunstâncias imperiosas, como as que justificam a revisão de sentença (cfr. artigo 449.° do Código de Processo Penal). O processo penal de um Estado de direito há-de assegurar ao arguido as garantias necessárias para o proteger contra a possibilidade de ser proferida uma sentença injusta, mas tem também de realizar o *jus puniendi* do Estado que exige a estabilidade das decisões condenatórias transitadas em julgado. A partir do momento em que transita em julgado a decisão do tribunal superior que aprecia o recurso, a situação jurídico-penal do arguido passa a ser definida por essa decisão, ficando precludida a arguição de quaisquer vícios de que sofresse a sentença recorrida ou relativos à tramitação processual anterior. Se o arguido — no caso, por sua opção, incumprindo os deveres processuais inerentes ao seu estatuto (artigo 196.º, n.º 3, do Código de Processo Penal) — se subtrai à notificação, mas o seu defensor interpõe recurso da decisão, não pode considerar-se que haja no inerente efeito preclusivo um encurtamento inadmissível das garantias de defesa.

Aliás, nas circunstâncias particulares do caso, o acórdão recorrido extraiu dos factos que pôs em destaque que o recorrente manteve "naturalmente contactos com a sua Advogada" e que "embora no presente recurso se refira o «infeliz passo processual» que terá sido protagonizado pela Sr.ª Advogada ao interpor o recurso em 2002, a verdade é que a alegada ausência de conhecimento do teor dos acórdãos por parte do recorrente é sempre reportada a falta de notificação pessoal, no sentido de iniciativa do tribunal, jamais ousando questionar directamente e com frontalidade o cumprimento do dever de comunicar por parte da Sr.ª Advogada constituída nos autos desde Fevereiro de 2001". Pelo que, mesmo que se entendesse dever estabelecer-se qualquer restrição ao entendimento a que se chegou sobre a não inconstitucionalidade da norma que considera precludido o direito de recorrer por efeito do recurso interposto pelo defensor, nunca tal se justificaria na dimensão aplicativa que concretamente está em causa.

6. Seguidamente, o recorrente submete à apreciação de constitucionalidade a norma do n.º 9 do artigo 113.º do Código de Processo Penal, interpretada no sentido de que a obrigatoriedade de notificação pessoal da sentença penal condenatória ao arguido, a par da notificação do seu advogado ou defensor, só ocorre quanto às sentenças ou acórdãos proferidos pelos tribunais da 1.ª instância, já que, quanto aos tirados em sede de recurso estes apenas têm de ser notificados aos recorrentes na pessoa dos seus mandatários ou defensores.

Poder-se-ia duvidar da pertinência desta questão num caso em que não se pretende reagir contra esse acórdão do tribunal superior, mas saber se o arguido pode interpor novo recurso da mesma decisão de 1.ª instância que nele se apreciou. Todavia, apreciar-se-á a questão de constitucionalidade a este propósito suscitada, uma vez que o acórdão recorrido analisou a questão da suficiência da notificação desse anterior acórdão e não pode dizer-se, com segurança, que tais considerações constituam um *obiter dictum*.

Sobre esta questão de saber se é constitucionalmente exigido que os acórdãos dos tribunais superiores proferidos em via de recurso sejam notificados pessoalmente ao arguido, ponderou-se no Acórdão n.º 275/06, de 7 de Junho de 2006, o seguinte:

> "2.2. No Acórdão n.º 422/05, desta 2.ª Secção, deu-se conta das decisões relevantes do Tribunal Constitucional sobre esta problemática, começando por referir justamente o Acórdão n.º 59/99, no qual, embora se tenha decidido "julgar inconstitucional, por violação do n.º 1 do artigo 32.º da Lei Fundamental, a norma constante do n.º 5 [correspondente ao actual n.º 9] do artigo 113.º do Código de Processo Penal, quando interpretada no sentido de que a decisão condenatória proferida por um tribunal de recurso pode ser notificada apenas ao defensor que ali foi nomeado para substituir o primitivo defensor que, embora convocado, faltou à audiência, na qual também não esteve presente o arguido em virtude de não ter sido, nem dever ser, para ela convocado", se desenvolveu fundamentação da qual claramente resultava que diferente seria o sentido da decisão se se tratasse do primitivo defensor. Na verdade, lê-se nesse Acórdão:
>
> "(...) são configuráveis várias hipóteses que apontam para que as garantias de defesa de um arguido só serão plenamente adquiridas se ao mesmo for dado um cabal conhecimento da decisão condenatória que a seu respeito foi tomada.
>
> Mas, entende este Tribunal, esse cabal conhecimento atinge-se, sem violação das garantias de defesa que o processo criminal deve comportar, desde que o seu defensor — constituído ou nomeado oficiosamente —, contanto que se trate do primitivo defensor, seja notificado da decisão condenatória tomada pelo tribunal de recurso.
>
> Na verdade, os deveres funcionais e deontológicos que impendem sobre esse defensor, na vertente do relacionamento entre ele e o arguido, apontam no sentido de que o mesmo, que a seu cargo tomou a defesa daquele, lhe há-de, com propriedade, transmitir o resultado do julgamento levado a efeito no tribunal superior.
>
> De harmonia com tais deveres, há-de concluir-se que o arguido, por intermédio do conhecimento que lhe é dado pelo seu defensor (aquele primitivo defensor) ficará ciente dos motivos fácticos e jurídicos que o levaram a ser considerado como agente de um ilícito criminal e da reacção, a nível de imposição de pena, que lhe foi aplicada pelo Estado, ao exercitar o seu *jus puniendi*.
>
> Outrotanto, porém, se não passa se se tratar de um defensor meramente nomeado para a audiência em substituição do defensor que, para ela notificado, não compareceu.
>
> Aqui, esse defensor não estará vinculado a deveres funcionais e deontológicos que lhe imponham a dação de conhecimento ao arguido do resultado do julgamento realizado no tribunal superior, já que a sua intervenção processual se «esgotou» na audiência e somente para tal intervenção foi nomeado.
>
> Numa tal situação, e só nessa, é que este Tribunal perfilha a óptica segundo a qual norma constante do n.º 5 do artigo 113.º do Código de Processo Penal, desse jeito interpretada, se revela contrária ao n.º 1 do artigo 32.º da Constituição, por isso assim se não almejam as garantias que o processo criminal deve assegurar ao arguido."

Ao referido Acórdão foi aposto voto de vencido do respectivo relator, Conselheiro Bravo Serra, por entender ser constitucionalmente imposta a notificação pessoal ao arguido das decisões condenatórias, sejam tomadas em primeira instância ou em recurso, não havendo razão lógica para distinguir entre umas e outras para efeitos da sua comunicação pessoal ao arguido, a fim de lhe possibilitar saber dos motivos da condenação e eventualmente reagir contra ela; e, por outro lado, embora reconhecendo a existência do dever deontológico de o primitivo defensor (constituído ou nomeado) comunicar ao arguido o resultado do decidido no tribunal de recurso, o certo é que, "se a comunicação não tiver lugar, objectivamente ficam postergados os direitos de defesa do mesmo arguido, o qual, numa tal situação, ficou no total desconhecimento dos motivos fácticos ou jurídicos que o levaram a ser considerado como agente de um ilícito criminal e da reacção, a nível de imposição de pena, que lhe foi imposta pelo Estado, ao exercitar o seu *jus puniendi*", pelo que, "perante essa e para essa eventualidade, (...) em nome das garantias de defesa constitucionalmente consagradas, a lei ordinária deve prescrever (ou nesse sentido deve ser interpretada a norma, já existente, ora em apreciação) a notificação pessoal do arguido da decisão condenatória tomada no tribunal de recurso".

No Acórdão n.º 109/99, o Tribunal Constitucional não julgou inconstitucional a norma, extraída da leitura conjugada dos artigos 411.º, n.º 1, e 113.º, n.º 5 (correspondente ao actual n.º 9), do Código de Processo Penal, segundo a qual com o depósito da sentença na secretaria do tribunal o arguido que, justificadamente, não esteve presente na audiência em que se procedeu à leitura pública da mesma, deve considerar-se notificado do seu teor para o efeito de, a partir desse momento, se contar o prazo para recorrer da sentença, se, nessa audiência, esteve presente o seu mandatário. Segundo o entendimento do Tribunal, tal norma não importava "um encurtamento inadmissível das possibilidades de defesa do arguido", porquanto:

"De facto, estando o defensor do arguido presente na audiência, em que se procede à leitura pública da sentença e ao seu depósito na secretaria do tribunal, pode aí ficar ciente do seu conteúdo. E, de posse de uma cópia dessa sentença — que a secretaria lhe deve entregar de imediato — pode, nos dias que se seguirem, relê-la, repensá-la, reflectir, ponderar e decidir, juntamente com o arguido, sobre a conveniência de interpor recurso da mesma.

Assim sendo e tendo em conta que a decisão sobre a eventual utilidade ou conveniência de interpor recurso, em regra, depende mais do conselho do defensor do que, propriamente, de uma ponderação pessoal do arguido, há que concluir que este pode decidir se deve ou não defender-se, interpondo, se quiser, em prazo contado da leitura da sentença que o condene, o respectivo recurso. E pode tomar essa decisão com inteira liberdade, sem precipitações e sem estar pressionado por qualquer urgência.

O processo continua, pois, a ser *a due process of law, a fair process*."

Por seu turno, no Acórdão n.º 378/03, o Tribunal Constitucional não julgou inconstitucional a norma do artigo 373.º, n.º 3, conjugado como o artigo

113.º, n.º 7 (correspondente ao actual n.º 9), do Código de Processo Penal, ambos na redacção dada pela Lei n.º 59/98, de 25 de Agosto, interpretados no sentido de que o arguido, que estivera presente na audiência de julgamento e fora notificado da data da leitura da sentença, mas faltara a esta sessão de leitura, se considera notificado com a leitura da sentença feita perante o primitivo defensor nomeado ou perante advogado constituído. Nesse aresto, depois de se reproduzirem as partes essenciais da fundamentação dos Acórdãos n.ºs 59/99 e 109/99 e de se rebater alegação de violação do princípio da igualdade, consignou-se:

"8. Por fim, o argumento de que «o arguido não toma conhecimento pessoal em momento algum da censura penal resultante da condenação e, designadamente, dos termos condicionais em que lhe é concedido o perdão» só poderia valer se se desconsiderassem os deveres funcionais e deontológicos que impendem sobre o defensor do arguido, como, correctamente, se sublinhou nos citados Acórdãos n.ºs 59/99 e 109/99. E isto, acrescente-se agora, apenas se se considerasse que o arguido, ciente que estava de ter praticado um facto punível — de resto, no caso concreto, confessado —, e de que a sentença seria proferida em data determinada, revelava em relação a esta indiferença.

Porém, mesmo somadas estas duas condições, ainda daí não resultaria uma violação das garantias de defesa constitucionalmente consagradas, porque delas não resulta que a inércia e a indiferença perante as decisões judiciais possam ser transformadas em vantagens. Como escreveu o Ministério Público neste Tribunal:

«É evidente que, no caso ora em apreciação, o arguido sabia perfeitamente em que data exacta iria ocorrer a leitura da sentença, já que, no termo da audiência de julgamento em que esteve presente, foi notificado da data em que viria [a] ocorrer a leitura da sentença — ao contrário do que ocorre com a leitura do acórdão no tribunal superior, em que (...) o arguido não tem (sem a efectiva colaboração do defensor) conhecimento da data em que tal decisão é publicitada.

Ora, neste circunstancialismo, discorda-se inteiramente da argumentação expendida na decisão recorrida, já que o arguido dispôs de plena oportunidade para ter acesso à decisão condenatória contra si proferida, bastando que diligenciasse contactar, logo de seguida à data em que bem sabia que tal decisão iria ser proferida, quer o seu defensor (que bem conhecia) quer a própria secretaria judicial.

O hipotético e eventual desconhecimento do exacto teor da sentença só poderá radicar, neste circunstancialismo, numa grosseira negligência do próprio arguido, que bem sabendo que, em certa data, ia ser publicitada (e lhe era plenamente acessível) o teor de tal sentença, se desinteressou totalmente (e injustificadamente) do sentido e conteúdo da mesma.»

Ora esta eventual negligência e desinteresse não merece, certamente, tutela ao abrigo das garantias de defesa reconhecidas ao arguido."

Já no Acórdão n.º 476/04 o Tribunal Constitucional julgou inconstitucionais os artigos 113.º, n.º 9, e 411.º, n.º 1, do Código de Processo Penal, interpretados no sentido de que a notificação de uma decisão condenatória relevante para a contagem do prazo de interposição de recurso seria a notificação ao defensor, independentemente, em qualquer caso, da notificação pessoal ao arguido, sem exceptuar os casos em que este não tenha obtido conhecimento pessoal da decisão condenatória. Para fundamentar esta decisão, desenvolveu o referido Acórdão a seguinte fundamentação:

"5. Jurisprudência anterior sobre questão normativa muito próxima da que é formulada neste processo foi definida, sobretudo, pelo Tribunal Constitucional no Acórdão n.º 59/99 e, posteriormente, nos Acórdãos n.ºs 109/99 (*Diário da República*, II Série, de 15 de Junho de 1999) e 378/03 (disponível em *www.tribunalconstitucional.pt*). Nesses arestos estava em causa a contagem do prazo para a interposição do recurso a partir da notificação ao defensor do arguido ou do depósito da sentença na secretaria do tribunal, em situações em que o arguido não assistira justificadamente à leitura pública da sentença.

Os critérios decisórios desses arestos conjugaram duas perspectivas: a de que uma garantia efectiva do direito ao recurso pressupõe que ao arguido seja dado conhecimento da decisão que foi tomada (na medida em que o arguido deve ter oportunidade de organizar a sua defesa); e a de que tal garantia não é posta em causa pelo facto de a notificação da decisão ser feita na pessoa do defensor (ou de este, estando presente na leitura da sentença, ter adquirido conhecimento do conteúdo decisório), na medida em que, desse modo, são criadas as condições para o defensor «ponderar e decidir, juntamente com o arguido, sobre a conveniência de interpor recurso» (Acórdão n.º 109/99).

Assim, na linha de uma abundante jurisprudência anterior, o Tribunal Constitucional tem reconhecido um princípio de «oportunidade» de acesso pessoal do arguido ao conteúdo do que foi decidido, em ordem a poder organizar posteriormente a sua defesa (sobre esta linha decisória, cfr. o Acórdão n.º 199/86, in *Diário da República*, II Série, de 25 de Agosto de 1986, em que se afirmou peremptoriamente «Dispensar a notificação de decisões condenatórias ficticiamente publicadas sem que os réus delas tomem conhecimento, fazendo correr o prazo de recurso sem que estes os suspeitassem sequer, eis o que a todas as luzes se afigura incompatível com o princípio geral contido no n.º 1 do artigo 32.º da Constituição da República Portuguesa, pois os interessados vêem-se assim privados de lançarem mão de uma instância de recurso»; e ainda o Acórdão n.º 41/96, de 23 de Janeiro, inédito, em que se realça que o direito ao recurso exige uma oportunidade efectiva de este ser exercido).

Em todos os casos precedentes, embora as decisões tenham sido ora de inconstitucionalidade ora de não inconstitucionalidade, o Tribunal Constitucional atendeu sempre à efectiva possibilidade de exercício do direito ao recurso e ponderou o valor do conhecimento pessoal pelo arguido do conteúdo decisório que o afecta na concretização dessa oportunidade.

Se é verdade que, na jurisprudência deste Tribunal, se admitiu, por vezes, que o conhecimento do defensor poderia ser bastante, também é certo que nesses casos se entendeu sempre que a comunicação entre o defensor e o arguido seria meio adequado e normal de o arguido tomar conhecimento do conteúdo decisório que lhe respeitava e que, de todo o modo, não estava posta em causa, em concreto, a referida oportunidade de o arguido poder, perante o conhecimento desse conteúdo, decidir ponderadamente sobre o exercício do direito ao recurso.

6. A especialidade do presente processo resulta, porém, de ter sido colocada perante o tribunal recorrido a questão da inconstitucionalidade do critério normativo segundo o qual a garantia do direito ao recurso se basta sempre e só com a contagem do prazo para a sua interposição a partir da notificação ao defensor, mesmo que a comunicação entre defensor e arguido não tenha tido lugar.

E, na verdade, os recorrentes alegam precisamente que não tiveram conhecimento pessoal do acórdão de que pretendiam recorrer, na data da notificação ao seu defensor, pois na reclamação para o Presidente do Supremo Tribunal de Justiça do despacho de não recebimento do recurso do acórdão do Tribunal da Relação de Guimarães, referem, precisamente, que apenas tomaram conhecimento do teor do acórdão da Relação através de uma notificação recebida em data posterior (27 de Outubro de 2003) e não na data da notificação à respectiva defensora.

Ora, não compete ao Tribunal Constitucional pronunciar-se sobre as circunstâncias concretas do caso quanto à veracidade daquela alegação, nem sequer sobre se o recorrente, segundo o Direito aplicável, teria o ónus de provar uma tal alegação ou se, tendo-o, o terá cumprido. Todavia, no plano das suas competências próprias, o Tribunal Constitucional terá de decidir a questão normativa suscitada, considerando a resposta dada à mesma pelo tribunal recorrido.

Assim, o Tribunal Constitucional entende que foi suscitada pelo arguido a inconstitucionalidade de um critério de contagem do prazo do recurso a partir da notificação do conteúdo decisório de um acórdão ao defensor sem o conhecimento, no mesmo momento, pelo arguido do respectivo conteúdo e que, perante tal questão, a resposta dada pelo despacho recorrido foi a de que tal conhecimento efectivo pelo arguido seria irrelevante.

O tribunal recorrido não definiu o Direito aplicado de acordo com critérios relacionados com a pertinência da alegação do recorrente, mas entendeu como bastante o critério normativo segundo o qual a comunicação ao defensor do conteúdo decisório definiria o momento a partir do qual se contaria o prazo para a interposição do recurso, sem quaisquer outras condições ou requisitos.

Firmada esta interpretação do objecto do recurso, quer na óptica do recurso interposto quer na perspectiva da decisão recorrida, o Tribunal Constitucional considera que aquele critério, ao considerar irrelevante o efectivo conhecimento pelo arguido do conteúdo decisório de uma decisão judicial, não cumpre plenamente a garantia efectiva do direito ao recurso consagrada no artigo 32.º, n.º 1, da Constituição. Assim, não pode ser indiferente para a plenitude daquela garantia, constitucionalmente consagrada, que o recorrente não tenha tido conhecimento pessoal do conteúdo decisório no momento a partir do qual se iniciaria o prazo para ponderar o exercício do direito ao recurso.

Não se pronuncia o Tribunal Constitucional sobre se, no presente caso, tal situação efectivamente se verificou ou se o recorrente a provou cabalmente, mas apenas sobre a afectação do direito ao recurso por um critério que considere irrelevante a ponderação de circunstâncias que impeçam o recorrente de tomar conhecimento pessoal do conteúdo decisório da decisão de que poderá recorrer e que, assim, afaste a possibilidade de discutir a verificação das mesmas circunstâncias. É, consequentemente, esse o plano em que o presente juízo de constitucionalidade se situa e é também esse o critério que deverá presidir à reforma da decisão recorrida, a qual deverá aplicar ao caso concreto, de acordo com as suas circunstâncias, o presente juízo de inconstitucionalidade."

O entendimento sustentado no Acórdão n.º 476/04 foi reiterado, por último, pelo Acórdão n.º 418/05, num caso em que fora "posta ao Tribunal Constitucional a questão da inconstitucionalidade da norma segundo a qual a garantia do direito ao recurso «se basta sempre e só com a contagem do prazo para a sua interposição a partir da notificação ao defensor, mesmo que a comunicação entre defensor e arguido não tenha tido lugar»".

Resulta da fundamentação dos Acórdãos n.os 59/99, 109/99 e 378/03 que se deu por adquirido um relacionamento normal e de efectivo acompanhamento entre defensor oficioso (desde que se tratasse do defensor primitivo) ou mandatário constituído e arguido, que tornavam segura a efectiva comunicação por aqueles a este do conteúdo das decisões que lhes foram notificadas ou a cuja leitura assistiram; quando a efectivação dessa comunicação foi posta em crise, como ocorreu nos casos sobre que versaram os Acórdãos n.os 476/04 e 418/05, já aquela notificação ou leitura perante o defensor ou mandatário não foi tida como suficiente.

2.3. No presente caso, é patente que não se verifica nenhuma daquelas situações de dúvida fundada sobre a efectiva transmissão, pelo mandatário ou defensor do arguido a este, da comunicação recebida do tribunal.

Recorde-se que o ora recorrente, insatisfeito com a actividade desenvolvida pela sua anterior mandatária, revogou o mandato e constituiu novo mandatário, em 21 de Abril de 2003. Foi já a este mandatário que foi endereçada, em 22 de Abril de 2003, a carta registada de notificação do acórdão da Relação. E do requerimento apresentado em 19 de Maio de 2003, inicialmente transcrito, resulta expressamente que esse mandatário lhe deu conhecimento da prolação do acórdão da Relação.

Neste contexto — independentemente, repete-se, da questão de saber se não seria melhor direito a interpretação do n.º 9 do artigo 113.º do Código de Processo Penal no sentido de que, tal como as sentenças de 1.ª instância, também os acórdãos dos tribunais superiores deveriam ser pessoalmente notificados aos arguidos —, não se pode considerar que o critério normativo seguido no acórdão recorrido viole, em termos intoleráveis, as garantias de defesa do arguido e designadamente o seu direito ao recurso. A notificação do acórdão condenatório ao seu mandatário recém-constituído, associado aos deveres deontológicos que sobre este recaem, designadamente o de dar conhecimento ao seu constituinte do teor das notificações recebidas e de acertar com ele os meios de reacção a utilizar, surgem, à partida, como suficientes para assegurar tais garantias e direito. É que o mandato, derivado de uma escolha do próprio arguido, assenta, em regra, numa relação de confiança pessoal que nem sempre existe no caso de defensor oficialmente nomeado e, muito menos, no caso de defensores *ad hoc*. E, por outro lado, resulta do dito requerimento, de forma positiva, a constatação da existência da comunicação, pelo mandatário ao arguido, da prolação do acórdão".

Estas considerações são transponíveis para a norma que agora se aprecia. Com efeito, também no caso a notificação do acórdão de 27 de Junho de 2002 foi efectuada à mandatária constituída e o acórdão recorrido considerou que não foi consistentemente posta em dúvida a comunicação por esta da prolação do acórdão ao arguido. Com estes fundamentos não se julga inconstitucional a norma em causa.

7. Resta apreciar a alegada inconstitucionalidade do disposto nos artigos 414.º, n.ºs 2 e 3, e 420.º, n.º 1, do Código de Processo Penal interpretados no sentido de que "permitem a destruição dos efeitos formais e substanciais decorrentes da decisão que, conheceu e declarou a respectiva "irregularidade processual", proferida em 1.ª instância e então não impugnada pela parte acusatória, e, em consequência, veio agora declarar que afinal aquela "irregularidade processual" — em razão da qual foi pessoalmente notificada ao arguido a Sentença condenatória e aberta a efectiva possibilidade de avaliação pessoal da necessidade e, ou conveniência, de interpor recurso da anterior decisão condenatória — não podia ser conhecida e declarada e, em consequência, não conheceu do recurso interposto e admitido em primeira instância."

Com este enunciado, pretende o recorrente ver apreciada a alegada violação dos princípios constitucionais da segurança jurídica, da confiança, da proporcionalidade e das garantias de defesa em processo penal que decorreria de o tribunal superior, apesar de o tribunal *a quo* ter admitido um recurso, poder rejeitá-lo com fundamento em caso julgado formado sobre o acórdão que apreciara outro recurso anteriormente interposto. Dessa interpretação resultaria ser desconsiderando o despacho, proferido em 1 de Junho de 2005 e não impugnado, que declarara a irregularidade processual decorrente da falta de notificação pessoal da sentença condenatória e ordenara que se efectuasse essa notificação.

Trata-se de alegação manifestamente infundada.

O acórdão recorrido limitou-se a aplicar a regra de que a decisão que admita o recurso não vincula o tribunal superior e a verificar que o despacho que declarou a irregularidade processual e que desencadeou os actos que conduziram à interposição do novo recurso tinha sido proferido com desrespeito pelo caso julgado formado sobre a decisão do anterior recurso por acórdão do Supremo Tribunal de Justiça, de 27 de Junho de 2002, que o tribunal inferior tinha o dever de acatar. Em substância, fez aplicação da regra de que, havendo casos julgados contraditórios, se cumpre a decisão que passar em julgado em primeiro lugar, regra esta que não viola, antes reafirma, os princípios da segurança jurídica e da confiança, embora a favor de outro sujeito processual.

É certo, como o Tribunal decidiu no Acórdão n.º 44/04 que o princípio do Estado de direito impõe uma vinculação do Estado em todas as suas manifestações, e portanto também dos tribunais, ao Direito criado ou determinado anteriormente, de modo definitivo, não sendo legítimo que uma decisão ao abrigo da qual se constitua uma faculdade de intervenção processual, ainda que baseada numa eventual interpretação errónea do direito, venha a ser destruída, pondo em causa o prosseguimento com boa fé da actividade processual do arguido, nomeadamente o exercício normal do seu direito de defesa. Mas, como no mesmo acórdão se ponderou, desde que tal decisão não seja arbitrária ou ela mesma flagrantemente violadora de direitos.

Ora, não pode considerar-se legitimamente fundada a expectativa de que fossem mantidos os efeitos de uma decisão judicial por não ter sido impugnada — aquela que admitiu novo recurso da sentença condenatória — quando essa mesma decisão afronta o efeito preclusivo resultante do caso julgado formado sobre decisão anteriormente proferida no processo. Não se trata aqui, diversamente do que sucedia nas dimensões aplicativas que foram apreciadas, entre outros, no já referido Acórdão n.º 44/04 e nos Acórdãos n.ºs 39/04, 159/04 e 722/04, de revogar uma anterior decisão do tribunal *a quo*, contra a qual nenhum outro sujeito processual reagira. O que existe é a desconsideração dessa decisão, para este efeito, por ela própria atentar contra a estabilização da situação processual resultante de anterior decisão transitada em julgado e infringir o dever de acatamento das decisões dos tribunais superiores proferidas em via de recurso.

Assentando a expectativa do recorrente em reabrir as vias de recurso da decisão da 1.ª instância numa infracção a um princípio básico do ordenamento processual, a sua frustração, em consequência da interpretação adoptada do n.º 1 do artigo 420.º do Código de Processo Penal, não pode considerar-se arbitrária ou demasiado opressiva, pelo que também neste ponto o recurso improcede.

II — Decisão

Pelo exposto, decide-se negar provimento ao recurso e condenar o recorrente nas custas, fixando a taxa de justiça em 25 unidades de conta.

Lisboa, 27 de Outubro de 2009. — *Vítor Gomes* — *Carlos Fernandes Cadilha* — *Ana Maria Guerra Martins* — *Maria Lúcia Amaral* — *Gil Galvão.*

Anotação:

1 — Os Acórdãos n.ᵒˢ 148/01, 202/01, 87/03, 722/04, 312/05 e 545/06 estão publicados em *Acórdãos*, 49.º, 50.º, 55.º, 60.º, 62.º e 66.º Vols., respectivamente.

2 — Os Acórdãos n.ᵒˢ 75/99 e 109/99 estão publicados em *Acórdãos*, 42.º Vol..

3 — Os Acórdãos n.ᵒˢ 36/04, 39/04, 159/04 e 186/04 estão publicados em *Acórdãos*, 58.º Vol..

ACÓRDÃO N.º 550/09

DE 27 DE OUTUBRO DE 2009

Não julga inconstitucional a norma da alínea *b)* do n.º 3 do artigo 129.º do Código do Trabalho (na sua redacção originária), quando interpretada no sentido de que trabalhador à procura de primeiro emprego é unicamente aquele que não tenha sido anteriormente contratado por tempo indeterminado.

Processo: n.º 131/09.
Recorrente: Rui Alexandre da Silva Levita Gonçalves.
Relator: Conselheiro Carlos Fernandes Cadilha.

SUMÁRIO:

I — Existe uma justificação materialmente válida para o recurso à contratação a termo, mesmo nos casos — como o da norma da alínea *b)* do n.º 3 do artigo 129.º do Código do Trabalho — em que esteja em causa um propósito legislativo de incentivo ao emprego, e não apenas o interesse pontual de satisfação de necessidades temporárias das entidades empregadoras.

II — A lei estabelece mecanismos de contenção do sistema de precarização de emprego que tornam inviável que um trabalhador possa permanecer ao serviço de uma mesma entidade para além um período relativamente curto de tempo, pelo que nada permite concluir que a interpretação em causa possa dar cobertura a uma inadmissível e injustificada situação de precariedade da relação de trabalho em termos de afrontar o âmbito de protecção do artigo 53.º, n.º 1, da Constituição.

III — Inserindo-se a disposição legal sob apreciação no elenco de medidas legislativas destinadas à criação de postos de trabalho, e representando, assim, um modo de actuação estadual que visa concretizar o direito positivo dos cidadãos à obtenção de emprego, ela viabiliza de forma mais intensa o direito ao trabalho, na medida em que possibilita a contratação a termo de trabalhadores que já não poderiam ser admitidos a esse título, caso não pudessem ser considerados trabalhadores à procura do primeiro emprego por já terem sido contratados num momento anterior.

IV — A situação do trabalhador que tenha sido contratado a termo, ainda que disponha de experiência profissional adquirida por efeito das renovações desse contrato, não é idêntica à do trabalhador contratado sem termo, nada impondo que ambos devam ser tratados pelo legislador em igualdade de circunstâncias em relação a todos os aspectos da regulação da actividade laboral.

Acordam na 3.ª Secção do Tribunal Constitucional:

I — Relatório

Rui Alexandre da Silva Levita Gonçalves intentou acção emergente de contrato individual de trabalho contra os CTT — Correios de Portugal, S. A., pedindo a declaração de nulidade do termo aposto no contrato a termo celebrado com a ré e a declaração de ilicitude do despedimento resultante da não renovação desse contrato.

Alegou para tanto a falsidade do fundamento invocado para a celebração de contrato a termo, porquanto o autor não podia ser considerado como «trabalhador à procura do primeiro emprego», nos termos e para os efeitos previstos no artigo 129.º, n.º 3, alínea b), do Código do Trabalho, por já ter sido contratado anteriormente, pela mesma entidade, por um período superior a seis meses.

A acção foi julgada improcedente em primeira instância, pelo que o autor interpôs recurso de apelação para o Tribunal da Relação de Coimbra, suscitando, além do mais, a questão da inconstitucionalidade da norma do artigo 129.º, n.º 3, alínea b), do Código do Trabalho, quando interpretada no sentido de que trabalhadores à procura do primeiro emprego, a que alude esse preceito, se refere unicamente a trabalhadores que nunca hajam celebrado um contrato de trabalho por tempo indeterminado, por considerar que viola o princípio da segurança no trabalho consagrado no artigo 53.º da Constituição.

Por acórdão de 15 de Janeiro de 2009, a Relação negou provimento ao recurso e confirmou a decisão recorrida, considerando no que respeita à questão de constitucionalidade invocada que a norma em causa não afronta o invocado princípio constitucional.

O recorrente interpôs então recurso para o Tribunal Constitucional ao abrigo do disposto no artigo 70.º, n.º 1, alínea b), da Lei do Tribunal Constitucional, pretendendo ver apreciada a constitucionalidade da norma do artigo 129.º, n.º 3, alínea b), do Código do Trabalho, quando interpretada no sentido de que trabalhador à procura de primeiro emprego é aquele nunca antes haja celebrado um contrato de trabalho por tempo indeterminado, independentemente do conceito ínsito nos diplomas sobre política de emprego em vigor à data dos factos.

Seguindo o processo para alegações, o recorrente formulou, na parte útil, as seguintes conclusões:

[...]

11.º Ora, salvo o devido respeito, o disposto na alínea *b)* do n.º 3 do artigo 129.º do Código do Trabalho, com a redacção dada pela Lei n.º 99/2003, de 27 de Agosto, em vigor à data dos factos, interpretado no sentido de que trabalhador à procura de primeiro emprego é unicamente aquele que não tenha sido anteriormente contratado por tempo indeterminado ofende o princípio da segurança no emprego tal qual se encontra previsto e assegurado nos termos do artigo 53.º da Constituição.

12.º Da mesma forma, a proibição constante do artigo 139.º, n.º 3, do Código do Trabalho, em vigor à data dos factos, não previne situações abusivas como as dos autos.

13.º A questão que aqui se coloca será a de saber se existe uma justificação materialmente válida que permita o recurso à contratação a termo, bem como se a norma em causa se encontra suficientemente integrada num sistema orientado a limitar o recurso à sua utilização. Assim, para que a norma invocada "passe" no teste da constitucionalidade colocamo-nos perante a necessidade de responder afirmativamente a duas questões cumulativas:

1) Existem interesses preponderantes que justifiquem a admissibilidade de contratação a termo de trabalhador apenas pelo facto de este nunca anteriormente ter sido contratado por tempo indeterminado, independentemente de o mesmo já ter celebrado 1, 2, 10 ou 20 contratos a termo certo ou incerto?

2) O sistema de normas em que a norma plasmada na alínea *b)* do n.º 3 do artigo 129.º do Código do Trabalho, na redacção dada pela Lei n.º 99/2003, de 27 de Agosto, se encontra inserida é suficiente para limitar o recurso à contratação a termo fundada naquele motivo justificativo?

14.º Ora, salvo o devido respeito, é entendimento do recorrente merecerem aquelas duas interrogações respostas negativas.

15.º Como largamente refere a doutrina, as situações de admissibilidade de contratação a termo plasmadas na alínea *b)* do n.º 3 do artigo 129.º do Código do Trabalho, ao contrário das restantes situações, têm como motivo justificativo uma "causa subjectiva", reportando-se à qualidade dos trabalhadores em causa, supostamente sujeitos menos qualificados tecnicamente, tendo em atenção a ausência de experiência profissional, utilizando, desta forma, a contratação a termo como mecanismo facilitador da sua inserção no mercado de trabalho.

16.º Seriam, assim, cândidas as intenções do legislador ordinário. No entanto, a norma em causa não assegura nem compreende as situações a que supostamente se pretende reportar e que estariam dentro dos limites da conformação do legislador. Efectivamente, ao interpretar-se a norma constante da alínea *b)* do n.º 3 do artigo 129.º do Código do Trabalho, no sentido de que trabalhador à procura de primeiro emprego seria unicamente aquele que nunca anteriormente tenha sido contratado por tempo indeterminado, não se mostram preenchidos os pressupostos em que assentaria a admissibilidade da excepcionalidade da contratação a termo fundada na ausência de experiência profissional.

17.º De facto, o legislador laboral não atende à experiência profissional ao prever a aplicação daquela norma às situações de ausência de experiência profissional. Efectivamente, possível é, em face da legislação então em vigor e em apreço nos autos, que um determinado trabalhador celebre 10, 20 ou 30 contratos a termo certo e que após uma vida inteira de experiência laboral celebre um contrato a termo cujo motivo justificativo seja o facto de ser trabalhador à procura de primeiro emprego.

18.º Ora, a norma em causa com a interpretação que é dada pelo tribunal *a quo* viola flagrantemente o princípio da segurança no emprego e da efectividade do direito ao trabalho (conforme previstos nos artigo 53.º e 58.º da Constituição), bem como o princípio da igualdade, previsto no artigo 13.º da Constituição. Um trabalhador pelo facto de ter trabalhado durante todo o seu percurso profissional numa situação de precariedade, em face da legislação vigente, independentemente da sua vasta experiência profissional encontra-se numa situação claramente prejudicada em relação a outro que tenha já celebrado um contrato por tempo indeterminado, independentemente de o mesmo ter vigorado apenas durante uma semana.

19.º Por outro lado, a previsão de um período experimental nos contratos de trabalho sem termo assegura já à entidade empregadora a possibilidade de aferir da qualidade profissional do trabalhador contratado, revelando-se a previsão da possibilidade de um regime mais gravoso para os trabalhadores à procura de primeiro emprego francamente desproporcional.

20.º O aqui recorrente foi contratado a termo certo, com o motivo justificativo de ser trabalhador à procura de primeiro emprego. Como foi dado como provado, o mesmo já havia celebrado, com aquela mesma entidade patronal, algum tempo antes, um outro contrato de trabalho para as mesmas funções que teve a duração de 8 meses, o que implica que já havia adquirido experiência profissional equivalente. Qual a razão constitucionalmente relevante na situação em apreço que permite ao legislador laboral colocar o trabalhador em causa em situação mais penalizante do que um qualquer outro trabalhador que, eventualmente, nunca tenha trabalhado na área em apreço, restringindo o seu direito fundamental à segurança no emprego?

21.º Aceitar a interpretação que consiste em atender que quando o legislador laboral alude a "primeiro emprego" quer apenas impedir a contratação a termo de trabalhadores que já antes trabalharam mediante contratos de trabalho por tempo indeterminado, possibilitando a contratação a termo dos demais trabalhadores, independentemente do tempo de trabalho e dos empregos que já tenham tido potenciará um cenário de precarização extrema. Veja-se a este propósito um caso real, ocorrido em França, segundo Júlio Gomes, "um trabalhador contratado a termo 70 vezes — por incrível que pareça — tratar-se-á face à lei portuguesa (seguindo esta orientação) de um trabalhador à procura de primeiro emprego" (*Direito do Trabalho*, volume I, Coimbra Editora, 2007, p. 597).

22.º E quanto à segunda questão que acima formulámos, ou seja, a de saber se existe um sistema de normas suficiente para limitar o recurso à contratação a termo fundada naquele motivo justificativo? Também esta merece uma resposta negativa.

23.º Entendeu o tribunal *a quo* que a limitação do artigo 139.º, n.º 3, do Código do Trabalho, seria suficiente para evitar "situações abusivas", considerando, assim, que a norma constante da alínea *b)* do n.º 3 do artigo 129.º do Código do Trabalho na interpretação por si dada permitiria o respeito pelo princípio da segurança no emprego, encontrando-se balizada por aquela restrição temporal.

24.º Ora, salvo o devido respeito, que é elevado, a limitação em causa, nem qualquer outra norma do sistema jurídico, não permite impedir nem que, por um lado, um dado trabalhador permaneça perpetuamente em situação de trabalhador à procura de primeiro emprego e contratado a termo enquanto tal (desde que para diferentes empregadores), nem tão-pouco que uma dada entidade patronal contrate para o mesmo posto de trabalho durante toda a sua existência, preenchendo necessidades permanentes e estruturais da empresa, diferentes trabalhadores com o fundamento de que se trata de um trabalhador à procura de primeiro emprego.

25.º A consagração da possibilidade de contratação a termo de um trabalhador apenas com o fundamento de que nunca antes havia sido contratado por tempo indeterminado não constitui uma resposta à diferente posição de "menos--valia" de experiência profissional do trabalhador em causa, mas sim a possibilidade de eternizar situações de precariedade e possibilitar violações permanentes e reiteradas ao princípio constitucionalmente consagrado da segurança no emprego. Recorrendo ao adágio popular, o que o legislador fez com a norma em causa foi "deixar entrar pela janela o que impediu entrar pela porta".

26.º Como refere o Excelentíssimo Conselheiro Mário Torres, na sua declaração de voto de vencido no Acórdão do Tribunal Constitucional n.º 160/05, tendo em vista situação semelhante no âmbito da Regime Jurídico da Cessação do Contrato Individual de Trabalho e da Celebração e Caducidade do Contrato de Trabalho a Termo (LCCT): "Em seguida, quando ao aditado artigo 41.º-A da LCCT, importa desde logo salientar que se trata de norma que não foi reproduzida no Código do Trabalho actualmente vigente. E se ela impedia a contratação com termo indefinido, tal proibição valia apenas quanto à mesma entidade patronal, não obstando a que um trabalhador pudesse estar, durante toda a sua vida activa, sempre contratado a termo, desde que o fosse para diversas entidades empregadoras. E não se pode esquecer que, com frequência, a mesma empresa em termos económicos recorre ao expediente de criação de novas empresas, dela inteiramente dependentes mas juridicamente vistas como sendo pessoa jurídica formalmente distinta, fazendo circular os trabalhadores, numa série interminável de contratações precárias, pelas suas diversas "empresas-filhas" (cfr. o caso tratado no Acórdão n.º 658/04, em que também estavam em causa B., e a declaração de voto de vencido que nele apus)".

27.º Face ao exposto, a norma plasmada na alínea b) do n.º 3 do artigo 129.º do Código do Trabalho, interpretada no sentido de que trabalhador à procura de primeiro emprego é unicamente aquele que não tenha sido anteriormente contratado por tempo indeterminado, é materialmente inconstitucional por violação dos artigos 13.º, 53.º e 58.º, n.ºs 1 e 2, alínea a), da Constituição.

Não obstante e sem prescindir no anteriormente alegado,

28.º À data da entrada em vigor do Código do Trabalho (2003), bem como à data da celebração do contrato de trabalho entre recorrente e recorrida (4 de Maio de 2005), os diplomas sobre política de emprego, ou seja, a Portaria n.º 196-A/2001, de 10 de Maio, alterada pela Portaria n.º 255/2002, de 12 de Março, e a Portaria n.º 1191/2003, de 21 de Abril, definiam trabalhadores à procura de primeiro emprego como aqueles que nunca hajam prestado a sua actividade no quadro de uma relação de trabalho subordinado, cuja duração, seguida ou interpolada, ultrapasse os seis meses (cfr. artigos 7.º, n.º 1, e 4.º, n.º 1, respectivamente).

29.º Como anteriormente se referiu, o aqui recorrente já anteriormente havia prestado uma actividade no quadro de uma relação de trabalho subordinado (precisamente com a recorrida) cuja duração foi de 8 meses.

30.º O acórdão recorrido, ao desatender às normas acima explanadas, não recorreu aos diplomas sobre política de emprego por forma a densificar o conceito de trabalhador à procura de primeiro emprego.

31.º Refere o Acórdão do Tribunal Constitucional n.º 160/05, reportando--se à LCCT, que no que aqui é fundamental encontrava paralelismo com a norma invocada, que a mesma "consubstancia uma medida de emprego e se o Tribunal Constitucional a considerou legítima, não se vê por que razão não há-de o conceito de trabalhadores à procura do primeiro emprego ser interpretado uniformemente, no segmento desaplicado da norma do artigo 41.º, n.º 1, alínea b) e nos diplomas relativos à política de emprego".

32.º Assim, parece aquele Acórdão encontrar o fundamento para o julgamento de não inconstitucionalidade no facto de a norma em causa se encontrar abrangida por um conjunto de normativos legais de fomento ao emprego que produziriam uma maior apetência pela contratação desta classe de trabalhadores.

33.º Ora, no caso em apreço, esses circunstancialismos não seriam de aplicar, uma vez que o recorrente não se encontrava abrangido no conceito de trabalhador à procura de primeiro emprego previsto nos diplomas relativos à política de emprego. Permitir, assim, que a norma constante da alínea b) do n.º 3 do artigo 129.º do Código do Trabalho abarque um universo superior ao previsto nos diplomas relativos à política de emprego coloca os mesmos numa situação injustificadamente menos favorável.

34.º Assim, e sem prejuízo do anteriormente alegado, a norma constante do artigo 129.º, n.º 3, alínea b), do Código do Trabalho, interpretada no sentido de que trabalhador à procura de primeiro emprego é aquele nunca antes haja celebrado um contrato de trabalho por tempo indeterminado, independentemente do conceito ínsito nos diplomas sobre política de emprego em vigor à data dos factos, é inconstitucional, por violação dos artigos 13.º, 53.º e 58.º, n.ºs 1 e 2, alínea *a*), da Constituição.

A recorrida contra-alegou invocando que o recorrente carece de legitimidade para interpôr o recurso porquanto se limitou a impugnar a decisão judicial em si mesma e não a norma ou a interpretação normativa cuja inconstitucionalidade pretende ver discutida, e, no mais, pronuncia-se no sentido da improcedência do recurso.

Cabe apreciar e decidir.

II — Fundamentação

Sustenta a recorrida, na sua contra-alegação, que há lugar ao não conhecimento do objecto do recurso, uma vez que o recorrente se limita a impugnar decisão recorrida sem que impute o vício de inconstitucionalidade a uma norma ou interpretação normativa que tenha sido aplicada por essa decisão.

Resulta, no entanto, com evidência, do requerimento de interposição de recurso que o recorrente pretende ver apreciada a constitucionalidade da norma do artigo 129.º, n.º 3, alínea *b*), do Código do Trabalho, tendo aí identificado, de forma clara, a interpretação que foi efectuada pelo tribunal recorrido, na apreciação do caso concreto, e que considera infringir certos princípios constitucionais.

O recorrente cumpriu, por isso, com rigor, o pressuposto processual do recurso de constitucionalidade que decorre do artigo 70.º, n.º 1, alínea *b*), da Lei do Tribunal Constitucional, pelo qual o recurso incide sobre decisões dos tribunais que apliquem norma cuja inconstitucionalidade haja sido suscitada durante o processo.

Não há, pois, obstáculo à apreciação do mérito do recurso, pelo que se mostra ser improcedente a invocada questão prévia.

Constitui objecto do recurso a norma da alínea *b*) do n.º 3 do artigo 129.º do Código do Trabalho (na sua redacção originária), quando interpretada no sentido de que trabalhador à procura de primeiro emprego é unicamente aquele que não tenha sido anteriormente contratado por tempo indeterminado.

A referida disposição, sob a epígrafe «Admissibilidade do contrato», prescreve, na parte que interessa considerar, o seguinte:

1 — O contrato de trabalho a termo só pode ser celebrado para a satisfação de necessidades temporárias da empresa e pelo período estritamente necessário à satisfação dessas necessidades.

2 — Consideram-se, nomeadamente, necessidades temporárias da empresa as seguintes:
[...]
3 — Além das situações previstas no n.º 1, pode ser celebrado um contrato a termo nos seguintes casos:

a) Lançamento de uma nova actividade de duração incerta, bem como início de laboração de uma empresa ou estabelecimento;
b) Contratação de trabalhadores à procura de primeiro emprego ou de desempregados de longa duração ou noutras situações previstas em legislação especial de política de emprego.

Como resulta da matéria de facto tida como assente, a ré havia celebrado com o recorrente, com invocação do fundamento mencionado na primeira parte da alínea *b)* do n.º 3 do artigo 129.º do Código do Trabalho, um contrato a termo, pelo período de seis meses, com início em 5 de Maio de 2005. Antes do termo do contrato, a ré declarou não pretender renová-lo, pelo que a relação contratual cessou em 4 de Novembro de 2005.

Já anteriormente, a ré havia contratado o recorrente a termo, com o mesmo motivo justificativo (trabalhador à procura de primeiro emprego), através de um contrato celebrado em 30 de Abril de 2004 e que se prolongou de 3 de Maio até ao final desse ano.

O tribunal recorrido adoptou o entendimento, que tem sido também seguido por jurisprudência uniforme do Supremo Tribunal de Justiça em relação à correspondente norma do artigo 41.º, n.º 1, alínea *h)*, do Decreto-Lei n.º 64-A/89, de 27 de Fevereiro (LCCT), segundo o qual deve entender-se como trabalhador à procura do primeiro emprego aquele que nunca foi contratado por tempo indeterminado, e concluiu, em consonância, que não havia qualquer ilegalidade na aposição do termo no segundo contrato celebrado entre as partes, uma vez que, nessa ocasião, o recorrente apenas tinha sido contratado uma outra vez a termo [cfr., entre outros, os acórdãos do Supremo Tribunal de Justiça de 5 de Dezembro de 2007, Processo n.º 2619/07, e 2 de Julho de 2008, Processo n.º 603/08, e, já na vigência do artigo 129.º, n.º 3, alínea *b)*, do Código do Trabalho, o acórdão de 14 de Maio de 2009, Processo n.º 3916/08].

O recorrente alega, porém, que uma tal interpretação do aludido preceito legal é inconstitucional, por violação dos artigos 13.º, 53.º e 58.º, n.ºs 1 e 2, alínea *a)*, da Lei Fundamental.

O direito à segurança no emprego, consagrado constitucionalmente como o primeiro dos direitos fundamentais dos trabalhadores (artigo 53.º da Constituição), constitui já uma expressão directa do direito ao trabalho, entendido como o direito de obter emprego ou exercer uma actividade profissional (artigo 58.º da Constituição), e, nesse sentido, é já, no âmbito da Constituição do Trabalho, uma manifestação do direito à vida e à dignidade da pessoa humana (Gomes Canotilho/Vital Moreira, *Constituição da República Portuguesa Anotada*, I volume, 4.ª edição, Coimbra, p. 707).

Por outro lado, o direito à segurança no emprego abrange, não apenas o direito a não ser despedido sem justa causa ou por motivos políticos ou ideológicos, mas também todas as situações que se traduzam em precariedade da relação de trabalho. O empregador não poderá limitar-se a constituir relações de trabalho com prazos curtos, por forma a efectuar livremente despedimentos por via da não renovação dos contratos. Por isso o trabalho a termo, sendo por natureza precário, só é admissível quando ocorram razões que o justifiquem (*idem*, p. 711).

Por identidade de razão, pode entender-se que o direito à segurança no emprego obsta a que a entidade patronal possa manter indefinidamente o trabalhador numa situação de precariedade, mediante o recurso sucessivo a contratos a termo para o exercício das mesmas funções ou para a satisfação das mesmas necessidades de serviço. O legislador ordinário parece, aliás, ter sido sensível a este argumento ao efectuar através da Lei n.º 18/2001, de 3 de Julho, ainda na vigência do regime precedente, o aditamento do artigo 41.º-A à LCCT, pelo qual impôs a conversão automática da relação jurídica em contrato sem termo quando se verifique a celebração sucessiva ou intervalada de contratos a termo para o desempenho da mesma actividade, e ao estabelecer nos termos do actual artigo 132.º do Código do Trabalho certas limitações à celebração de contratos a termo sucessivos.

Neste contexto, a possibilidade de se recorrer a trabalho precário para fazer face a necessidades temporárias de trabalho ou aumentos anormais do volume de serviço da empresa parece não suscitar grandes dúvidas, do ponto de vista da sua conformação constitucional, já que se trata da situação típica em que se mostra relevantemente justificada a excepção ao princípio de que a relação de trabalho, em ordem ao direito à segurança no trabalho, deverá ser temporalmente indeterminada. A questão poderá ser mais controversa no que se refere à invocação de um motivo que tem a ver, não com dificuldades meramente conjunturais da empresa, mas com considerações de política de emprego, tal como sucede quando a contratação a termo é justificada ao abrigo do artigo 129.º, n.º 3, alínea *h*), do Código do Trabalho ou da precedente norma da alínea *h*) do n.º 1 do artigo 41.º da LCCT. E é justamente neste âmbito que se tem movido a jurisprudência do Tribunal Constitucional.

O Acórdão n.º 581/95 do Tribunal Constitucional (publicado no *Diário da República*, n.º 18, I Série-A, de 22 de Janeiro de 1996), intervindo em sede de fiscalização abstracta, concluiu pela não inconstitucionalidade da norma do artigo 41.º, n.º 1, alínea *h*), da LCCT, partindo da ideia de que a excepcionalidade da contratação a termo, que o legislador quis salvaguardar como desiderato da garantia constitucional da segurança no emprego, se encontra concretizada, no plano legislativo, por duas ordens de considerações: *i)* por um lado, a lei faz depender a contratação a termo de um elenco taxativo de situações em que se considera justificável o recurso ao trabalho precário, sem pôr por isso em causa que a relação de trabalho temporalmente indeterminada é a regra; *ii)* por outro lado, o legislador fez rodear a celebração de contratos a termo de um sistema de normas teleologicamente orientado que se destina a limitar o recurso a esse regime contratual: o contrato a termo é escrito (artigo 42.°, n.° 1) e deve indicar o seu "motivo justificativo" ou, sendo celebrado a termo incerto, indicar "a actividade, tarefa ou obra cuja execução justifique a respectiva celebração (...)" [artigo 42.°, n.° 1, alínea *e)*]; se o contrato a termo certo é sujeito a renovação, "então não poderá efectuar-se para além de duas vezes e a sua duração terá por limite três anos consecutivos" (artigo 44.°, n.° 2); "até ao termo do contrato (a termo certo como a termo incerto), o trabalhador tem, em igualdade de condições, preferência na passagem ao quadro permanente, sempre que a entidade empregadora proceda a recrutamento externo para o exercício, com carácter permanente, de funções idênticas àquelas para que foi contratado" (artigo 54.°, n.° 1).

Subsistem depois — acrescenta-se no Acórdão — outros momentos normativos que concorrem para demover a entidade empregadora do recurso sistemático ao contrato a termo e que funcionam como garantias *ad posteriori* ou periféricas a favor da estabilidade no emprego. São elas: a atribuição ao trabalhador de uma compensação por caducidade do contrato a termo certo (artigo 46.°, n.° 3) e a termo incerto (artigo 50.°, n.° 4), e a proibição de contratar a termo, para o mesmo posto de trabalho, um novo trabalhador, nos três meses que decorrem sobre a cessação do trabalho a termo com outro trabalhador, quando a cessação a este não é imputável (artigo 46.°, n.° 4).

O Tribunal Constitucional concluiu, à luz de todas as precedentes considerações, que às normas do artigo 41.° não pode reconhecer-se um "défice de constitucionalidade" que porventura lhe adviesse de uma falta de apoio no sistema.

Reportando-se, por seu turno, à situação específica da contratação a termo com base no disposto na alínea *h)* do n.° 1 do artigo 41.° da LCCT — contratação de trabalhadores à procura de primeiro emprego —, o Acórdão n.° 581/95 sublinha que essa disposição tem uma lógica própria, no sentido de que ela radica numa *ratio* que tem em conta a qualidade dos trabalhadores-destinatários, e não propriamente a natureza do trabalho a prestar, com o que se terá pretendido estimular a celebração de contratos de trabalho pela convicção de inexistência de riscos para a entidade empregadora. Ou seja, no caso da norma do artigo 41.°, n.° 1, alínea *h)*, o legislador optou por modelar o contrato de trabalho sobre uma ponderação em que se sopesa o inconveniente de limitar a relação laboral no tempo com a oportunidade que é dada a trabalhadores no desemprego de entrarem, ainda que em termos precários, no mercado do trabalho.

O Acórdão constata que aquela ponderação não é ilegítima se tivermos em conta que a garantia de segurança no emprego está em relação com a efectividade do direito ao trabalho [artigo 58.º da Constituição] e que é a própria Lei Fundamental que comete ao Estado a incumbência de realização de políticas de pleno emprego, em nome também da efectividade desse direito [artigo 58.º, n.º 3, alínea *a*), da Constituição], e, sobretudo, se se considerar, por referência à norma em análise, que a opção de alargamento dos casos de contratação a termo tem pressuposta uma "menos-valia" da experiência profissional daqueles candidatos ao emprego.

Esta orientação foi, entretanto, sufragada pelos Acórdãos n.ºs 207/04, 210/04 e 267/04 (todos disponíveis em *www.tribunalconstitucional.pt*).

Vimos, assim, que os argumentos que apontam no sentido da não inconstitucionalidade da disposição do artigo 41.º da LCCT radicam no carácter objectivo e circunscrito das razões que tornam admissível a contratação a termo, mas também em diversos elementos interpretativos de ordem sistemática que cerceiam a possibilidade de renovação do contrato a termo certo e concedem aos trabalhadores certos direitos contratuais.

No mais, e em relação concretamente à norma do artigo 41.º, n.º 1, alínea *h*), da LCCT, o julgamento do Tribunal Constitucional assenta em considerações de política de emprego, entendendo-se como legítimo que o legislador, criando nas entidades empregadoras a convicção de inexistência de riscos na contratação de trabalhadores, possa facilitar a contratação a termo de trabalhadores à procura do primeiro emprego como contrapartida à oportunidade que se lhes proporciona de obterem um trabalho, ainda que precário, que de outro modo poderiam não alcançar.

Estas considerações parecem manter ainda plena validade, não obstante a alteração do regime legal.

A norma do artigo 129.º, n.º 3, alínea *b*), do Código do Trabalho reproduz integralmente a mencionada disposição do artigo 41.º, n.º 1, alínea *h*), da LCCT, sobre a qual se pronunciou o Acórdão n.º 581/95, e os mecanismos que visam evitar a utilização abusiva dos contratos a termo têm respaldo no novo texto legal: a justificação do termo (artigo 130.º); a sujeição do contrato a termo a certas formalidades, incluindo a redução a escrito, sob pena de se considerar como contrato sem termo (artigo 131.º); a imposição de limites à celebração de contratos sucessivos (artigo 132.º); a fixação de uma duração máxima para o contrato a termo, incluindo as renovações [artigo 132.º, n.º 1, alínea *d*), e 139.º]; a preferência na celebração de contrato sem termo (artigo 135.º); a compensação por caducidade do contrato a termo certo que decorra de declaração do empregador (artigo 388.º, n.º 2).

Não é significativo, nesse plano, que o novo Código do Trabalho não tenha incluído uma norma como a do artigo 41.º-A da LCCT, aditada pela Lei n.º 18/2001, de 3 de Julho (que proibia a celebração sucessiva ou intervalada de contratos a termo, entre as mesmas partes, para o exercício das mesmas funções ou para satisfação das mesmas necessidades do empregador, sob pena de conversão automática da relação jurídica em contrato sem termo), quando é certo que o mesmo resultado se atinge através do regime decorrente do artigo 141.º daquele diploma, que permite considerar sem termo o contrato a termo certo quando tenham sido excedidos os prazos de duração máxima ou o número de renovações legalmente admissíveis.

Sendo de manter o entendimento anteriormente expresso pelo Tribunal Constitucional, é de concluir que existe uma justificação materialmente válida para o recurso à contratação a termo, mesmo nos casos — como o previsto no artigo 129.º, n.º 3, alínea *b)*, do Código do Trabalho — em que esteja em causa um propósito legislativo de incentivo ao emprego, e não apenas o interesse pontual de satisfação de necessidades temporárias das entidades empregadoras.

Assentando-se neste ponto, não é possível discutir, para formular um juízo de constitucionalidade, o mérito da medida legislativa em si mesma considerada, sendo para o caso irrelevante que possam existir outros instrumentos jurídicos aptos à realização do mesmo objectivo ou que possam ocorrer situações de fraude à lei que provoquem, na prática, um prolongamento artificial do regime de contratação a termo (aspecto focado no voto de vencido aposto no Acórdão do Tribunal Constitucional n.º 160/05).

O recorrente sustenta, no entanto, que a interpretação adoptada pelo tribunal recorrido, ao caracterizar como trabalhador à procura de primeiro emprego aquele que nunca antes tenha sido contratado por tempo indeterminado, conduz a uma situação de precarização extrema, permitindo que trabalhadores que tenham permanecido em regime de contrato a termo durante uma grande parte da sua vida activa continuem a ser considerados, para efeito do disposto artigo 129.º, n.º 3, alínea *b)*, como trabalhadores à procura do primeiro emprego.

É, na verdade, possível configurar uma situação de inconstitucionalidade por violação do princípio da segurança no emprego num caso em que se verifique a manutenção indefinida de um trabalhador em regime de trabalho precário, mediante o recurso sucessivo, pela entidade patronal, a contratos a termo.

Não é, no entanto, essa a situação factual dos autos nem é a essa a interpretação normativa que constitui o objecto do recurso.

O tribunal recorrido limitou-se a consignar que trabalhador à procura de primeiro emprego, para os efeitos previstos no artigo 129.º, n.º 3, alínea *b)*, do Código do Trabalho, é aquele que não tenha sido contratado por tempo indeterminado. Adoptou aí a definição legislativamente fixada para a situação de primeiro emprego pelo artigo 3.º, n.º 2, do Decreto-Lei n.º 257/86, de 27 de Agosto (entretanto substituído pelo Decreto-Lei n.º 34/96, de 18 de Abril), vigente à data da entrada em vigor da LCCT, que consagrou o referido fundamento de contratação a termo.

Como não compete ao Tribunal Constitucional sindicar a correcção da interpretação do direito ordinário efectuado pelo tribunal recorrido, é, por outro lado, irrelevante que se não tenha atendido, no preenchimento do conceito, à formulação mais restrita que resulta das Portarias n.os 196-A/2001, de 10 de Março, e 1191/2003, de 10 de Outubro, aplicável para a concretização das medidas de apoio à criação de novos postos de trabalho aí especialmente previstas.

No caso, o recorrente tinha sido antes contratado a termo uma única vez e por um período de oito meses, com o fundamento constante da referida disposição do artigo 129.º, n.º 3, alínea b), do Código do Trabalho.

A lei estabelece, por outro lado, mecanismos de contenção do sistema de precarização de emprego que tornam inviável que um trabalhador possa permanecer ao serviço de uma mesma entidade para além um período relativamente curto de tempo.

Nada permite concluir, por conseguinte, que a interpretação em causa possa dar cobertura a uma inadmissível e injustificada situação de precariedade da relação de trabalho em termos de afrontar o âmbito de protecção do artigo 53.º, n.º 1, da Constituição.

Por outro lado, inserindo-se a referida disposição legal, como se deixou demonstrado, no elenco de medidas legislativas destinadas à criação de postos de trabalho, e representando, assim, um modo de actuação estadual que visa concretizar o direito positivo dos cidadãos à obtenção de emprego [a que, aliás, se refere o artigo 58.º, n.º 2, alínea a), da Constituição], dificilmente se lhe poderá imputar, na interpretação acolhida pelo tribunal recorrido, o vício de inconstitucionalidade por violação do direito ao trabalho (cfr. Gomes Canotilho/Vital Moreira, *ob. cit.*, p. 763).

De facto, a equivalência feita entre trabalhadores à procura do primeiro emprego e trabalhadores não contratados por tempo indeterminado apenas facilita, até ao limite legal previsto no artigo 139.º, n.º 1, a renovação do contrato a termo, e, portanto, o prolongamento da relação de emprego de trabalhadores que antes tenham estado já em situação de trabalho precário. A não renovação do contrato a termo ou a não integração do trabalhador nos quadros da empresa após a cessação desse contrato, sendo uma medida de gestão de pessoal da entidade empregadora, não é uma consequência que possa ser imputada à norma do artigo 129.º, n.º 3, alínea b), do Código do Trabalho, com o sentido interpretativo que lhe foi conferido.

Nessa perspectiva, o preceito legal viabiliza de forma mais intensa o direito ao trabalho, na medida em que possibilita a contratação a termo de trabalhadores que já não poderiam ser admitidos a esse título, caso não pudessem ser considerado trabalhadores à procura do primeiro emprego por já terem sido contratados num momento anterior.

É, além disso, patente que não há, no caso, qualquer violação do princípio da igualdade. A situação do trabalhador que tenha sido contratado a termo, ainda que disponha de experiência profissional adquirida por efeito das renovações desse contrato, não é idêntica à do trabalhador contratado sem termo, nada impondo que ambos devam ser tratados pelo legislador em igualdade de circunstâncias em relação a todos os aspectos da regulação da actividade laboral. E não é sequer possível estabelecer um termo de comparação entre essas duas situações para efeito do regime legal previsto no artigo 129.°, n.° 3, alínea *b*), do Código do Trabalho.

Na verdade, não há motivo para considerar que trabalhadores que tenham idêntica experiência profissional, independentemente de a terem obtido em execução de contrato de trabalho a termo ou sem termo, sejam tratados de forma diferenciada em relação a situações para as quais esse factor releve como critério de aferição de aptidão profissional. O ponto é que, estando em causa uma medida de incentivo ao emprego, o que releva, segundo o critério da lei, é que o trabalhador se encontre em situação de primeiro emprego, e é para o caso inteiramente irrelevante (e até contraproducente) que este possa ser equiparado a um trabalhador contratado por tempo indeterminado.

Não há, pois, violação do princípio da igualdade.

III — Decisão

Nestes termos, decide-se negar provimento ao recurso.

Custas pelo recorrente, fixando-se a taxa de justiça em 25 unidades de conta.

Lisboa, 27 de Outubro de 2009. — *Carlos Fernandes Cadilha* — *Ana Maria Guerra Martins* — *Maria Lúcia Amaral* — *Vítor Gomes* — *Gil Galvão*.

Anotação:

Os Acórdãos n.ᵒˢ 581/95 e 207/04 estão publicados em *Acórdãos*, 32.° e 58.° Vols., respectivamente.

ACÓRDÃO N.° 554/09

DE 27 DE OUTUBRO DE 2009

Não julga inconstitucional a norma do n.° 7 do artigo 89.°-A da Lei Geral Tributária (redacção da Lei n.° 55-B/2004, de 30 de Dezembro), quando interpretada no sentido de que a forma processual urgente, aí prevista, constitui a única via de impugnação judicial da decisão de avaliação da matéria colectável pelo método indirecto.

Processo: n.° 868/08.
Recorrentes: Mário Jorge Torres Pereira de Araújo e outra.
Relator: Conselheiro Sousa Ribeiro.

SUMÁRIO:

I — A norma em causa, ao prever uma forma processual própria para o contribuinte impugnar judicialmente a decisão de avaliação da matéria colectável pelo método indirecto, não pode deixar de ser entendida como concretização do direito de acesso aos tribunais, e, em especial, da garantia de impugnação de quaisquer actos administrativos que lesem direitos ou interesses legalmente protegidos dos administrados.

II — A previsão de um recurso contencioso urgente como forma de impugnar um determinado acto administrativo ainda se pode incluir na margem de conformação que a Constituição deixa ao legislador ordinário.

III — Configurando a decisão de avaliação da matéria colectável pelo método indirecto um acto intermédio, se perspectivado no âmbito do procedimento mais amplo que termina com o acto de liquidação, mas sendo, também, um acto que encerra uma fase daquele procedimento (ou um seu incidente) em termos de se poder considerar que as questões aí decididas não devem ser retomadas em momento ulterior, não se mostra desadequada ou insuficiente, face ao princípio da tutela jurisdicional efectiva, a previsão legal de um meio específico de impugnação judicial desta decisão, com preclusão da possibilidade de questionar posteriormente tal decisão, aquando da impugnação do acto de liquidação.

Acordam na 2.ª Secção do Tribunal Constitucional:

I — Relatório

1. Nos presentes autos, vindos do Supremo Tribunal Administrativo, em que são recorrentes Mário Jorge Torres Pereira de Araújo e Carla Maria Amaral Magalhães e recorrida a Fazenda Pública, foi interposto recurso de fiscalização concreta de constitucionalidade, ao abrigo da alínea *b*) do n.º 1 do artigo 70.º da Lei do Tribunal Constitucional (LTC), do acórdão daquele tribunal, de 24 de Setembro de 2008, para apreciação da constitucionalidade da norma do n.º 7 (anterior n.º 6, que passou a n.º 7 pela Lei n.º 55-B/2004, de 30 de Dezembro) do artigo 89.º-A da Lei Geral Tributária (LGT).

2. Convidados a aperfeiçoarem o requerimento de interposição do recurso, os recorrentes vieram dizer, em síntese, que a interpretação normativa do artigo 89.º-A, n.º 7 (anterior n.º 6), da LGT, reputada inconstitucional, por violação do princípio da tutela jurisdicional efectiva (artigos 20.º e 268.º, n.º 4, da Constituição), comporta dois segmentos:

> — Aquele em que o tribunal recorrido entende que, não havendo do ponto de vista constitucional um direito a um certo prazo (desde que o prazo não se apresente como ostensivamente exíguo, de molde a que de uma dimensão temporal desproporcionada possam resultar manifestas e efectivas limitações do direito tutelado), o prazo de 10 dias para o recurso judicial não é exíguo e, consequentemente, não afronta o princípio da tutela jurisdicional efectiva.
> — Aquele em que se entende que a previsão do recurso a que se refere o artigo 89.º-A da LGT como único meio processual ao dispor do contribuinte para reagir contra a decisão de avaliação indirecta nos termos desse preceito legal e, por antecipação, contra a liquidação que se baseie nessa avaliação satisfaz as exigências legais e constitucionais de tutela jurisdicional efectiva do contribuinte.

3. As partes foram notificadas para alegar, com a advertência para a eventualidade de não conhecimento de parte do objecto do recurso, pelas razões assim indicadas:

> *a*) Podem não estar verificados os pressupostos para apreciação da questão referente ao prazo de 10 dias para interposição do recurso contencioso, previsto no artigo 89.º-A, n.º 6, da LGT, na medida em que tal prazo se encontra estipulado em norma legal que não se inclui no objecto do presente recurso de constitucionalidade, tal como delimitado pelos recorrentes, e cuja inconstitucionalidade não foi suscitada durante o processo;

b) A interpretação normativa do artigo 89.º-A, n.º 6, da LGT, adoptada no acórdão recorrido, pode não coincidir totalmente com a indicada pelos recorrentes, na parte respeitante à obrigatoriedade de impugnar, por antecipação, o acto de liquidação. A ser assim, o objecto do recurso pode ficar limitado à interpretação do artigo 89.º-A, n.º 6, efectivamente adoptada no acórdão recorrido.

4. Os recorrentes concluíram as respectivas alegações da forma seguinte:

«A) Uma interpretação da norma do n.º 7 (anterior n.º 6) do artigo 89.º-A da Lei Geral Tributária (LGT) de conformidade com o princípio da tutela jurisdicional efectiva consagrado no artigo 20.º, n.º 1, e no artigo 268.º, n.º 4, da Constituição da República Portuguesa, impõe que seja entendido o recurso aí previsto como um reforço das garantias dos contribuintes sem que vede ou afaste a impugnação judicial da liquidação do imposto subsequente à avaliação indirecta da matéria tributável prevista nesse mesmo artigo 89.º-A.

B) A interpretação feita no douto acórdão recorrido da norma contida no n.º 7 (anterior n.º 6) do artigo 89.º-A da LGT no sentido de que o recurso aí previsto constitui o único meio de acesso à justiça por parte do contribuinte para sindicar os pressupostos da avaliação e a quantificação feita na avaliação indirecta a que se refere esse mesmo artigo 89.º-A da LGT é materialmente inconstitucional por violação do princípio da tutela jurisdicional efectiva (artigos 20.º, n.º 1, e 268.º, n.º 4, da Constituição).»

5. A recorrida Fazenda Pública contra-alegou, concluindo o seguinte:

«a) O facto de não ter sido aceite que a impugnação da liquidação efectuada ao abrigo das normas do artigo 89.º-A da LGT (manifestações de fortuna e outros acréscimos patrimoniais não justificados) pudesse abranger a decisão de avaliação da matéria tributável decorre de esta ser uma questão (prejudicial) com autonomia, constituindo um acto destacável, pelo que se volve em caso decidido ou caso resolvido, se não for atacada por meio de «recurso para o tribunal tributário», como no caso não foi;
b) Esta solução, expressamente prevista nos artigos 89.º-A, n.º 7 (anterior n.º 6), da LGT, e artigo 46.º-B do Código de Procedimento e de Processo Tributário, imposta e justificada pelo carácter urgente do procedimento, não é inconstitucional;
c) O prazo de 10 dias, previsto no artigo 146.º-B, n.º 2, do Código de Procedimento e de Processo Tributário, não é extraordinariamente exíguo, sendo antes o prazo regra em recursos urgentes em matéria tributária (artigo 283.º do Código de Procedimento e de Processo Tributário);
d) De resto, é entendimento do Tribunal Constitucional que não há, constitucionalmente, direito a um "certo prazo, existindo em diversos ramos de direito, inclusive penal, casos de prazos curtos sem que isso signifique uma restrição intolerável do direito de acesso à justiça;

e) Não foi feita uma interpretação errada do n.º 6 (na redacção vigente ao tempo dos factos) do artigo 89.º-A da LGT e/ou incompatível com os artigo 20.º e 268.º, n.º 4, da Constituição.»

Tudo visto, cumpre apreciar e decidir.

II — Fundamentação

A) *Questões prévias*

6. Importa começar por decidir as questões prévias suscitadas no despacho acima transcrito.

Não obstante a notificação que lhes foi dirigida, os recorrentes não se pronunciaram sobre estas questões e, nas alegações, continuam a pugnar pela apreciação da constitucionalidade da norma do n.º 7 do artigo 89.º-A da LGT, nas duas dimensões apontadas (cfr. ponto 6 das alegações), muito embora nas respectivas conclusões tenham abandonado qualquer referência à dimensão normativa respeitante ao prazo.

6.1. No requerimento de interposição do recurso, a primeira questão que os recorrentes apresentavam a julgamento era a da exiguidade do prazo de 10 dias para interposição, pelo contribuinte, do recurso contencioso da decisão de avaliação indirecta da matéria colectável, que reputavam inconstitucional por violação do princípio da tutela jurisdicional efectiva.

Como já se disse, tal questão, embora mencionada nas alegações apresentadas junto deste Tribunal, foi abandonada nas respectivas conclusões. Nos termos do disposto no artigo 684.º do Código de Processo Civil, aplicável por força do artigo 69.º da LTC, é lícito aos recorrentes restringir, nas conclusões da alegação, o objecto inicial do recurso.

Deve, por isso, concluir-se que os recorrentes restringiram o objecto do recurso à segunda questão inicialmente enunciada.

Sem prejuízo, cumpre referir que o recurso sempre seria inadmissível quanto àquela primeira questão. Pois a dimensão normativa que os recorrentes reputavam inconstitucional não podia ser retirada do único preceito legal que era indicado como objecto do recurso (e único preceito a que imputaram o vício de inconstitucionalidade, perante a instância recorrida), ou seja, o artigo 89.º-A, n.º 7, da LGT.

Na verdade, o prazo para interposição daquele recurso contencioso não se encontra previsto na norma *sub judicio*, mas antes no artigo 146.º-B, n.º 2, do Código de Procedimento e de Processo Tributário (CPPT), cujo regime é aplicável ao recurso previsto no artigo 89.º-A da LGT, por força do n.º 8 deste mesmo preceito e do n.º 5 do referido artigo 146.º-B do CPPT.

Ora, o requerimento de interposição de recurso limita o seu objecto às normas nele indicadas, não cabendo ao Tribunal Constitucional suprir a falta de indicação das normas que o recorrente pretende submeter a julgamento (cfr., entre outros, os Acórdãos n.ºs 605/99 e 286/00). Pelo que, não tendo os recorrentes pedido a apreciação da constitucionalidade das citadas normas legais que prevêem o referido prazo de 10 dias (cuja inconstitucionalidade, aliás, também não suscitaram no decurso do processo), sempre se verificaria não estarem preenchidos os pressupostos para o conhecimento do objecto do recurso na parte respeitante à inconstitucionalidade do prazo para a interposição do recurso contencioso atinente à decisão de avaliação da matéria colectável pelo método indirecto.

6.2. O recurso fica, assim, limitado à questão da inconstitucionalidade da norma do artigo 87.º-A, n.º 7, da LGT, quando interpretado no sentido de aí se prever o "único meio processual ao dispor do contribuinte para reagir contra a decisão de avaliação e, por antecipação, contra a liquidação que se baseie nessa avaliação."

A este respeito, escreve-se no acórdão do Supremo Tribunal Administrativo, ora recorrido, o seguinte (cfr. fls. 108 dos autos):

> «Os impugnantes, ora recorrentes, concluem que não existe "qualquer impedimento ou obstáculo à impugnação judicial contra liquidação de Imposto sobre o Rendimento das Pessoas Singulares (IRS) efectuada na sequência de avaliação indirecta nos termos do indicado artigo 89.º-A. E concluem bem.
>
> Na verdade, a liquidação pode ser impugnada com fundamento em "qualquer ilegalidade". Acontece, porém, que a questão (prejudicial) do valor da matéria colectável tem autonomia na presente situação. Com efeito, e como decorre do regime legal e da doutrina acima apontados, a decisão de avaliação da matéria colectável, porque se trata de um acto destacável, volve-se em caso decidido ou caso resolvido, se não for atacada por meio de "recurso para o tribunal tributário", como no caso não foi.»

E, mais à frente, conclui-se o seguinte (cfr. fls. 108 v. dos autos):

> «A decisão de avaliação constitui acto destacável do procedimento administrativo, pelo que se forma caso decidido ou caso resolvido na falta de recurso judicial dessa decisão, a qual, assim, se consolida na ordem jurídica, não podendo ser posta em causa na impugnação judicial da liquidação respectiva.»

Verifica-se que a interpretação adoptada na decisão recorrida não corresponde, integralmente, à indicada pelos recorrentes. De facto, o Supremo Tribunal Administrativo não considerou que o recurso previsto no artigo 89.º-A, n.º 6, da LGT, era o único meio processual ao dispor do contribuinte para reagir, por antecipação, contra a liquidação que se baseie nessa avaliação.

Pelo contrário, o acórdão recorrido salienta a possibilidade, oferecida pelo ordenamento jurídico, de o contribuinte impugnar judicialmente o acto final da liquidação, que tenha tido como pressuposto uma decisão de avaliação indirecta da matéria colectável. E entende que o que já não pode ser questionado, no âmbito da impugnação judicial da liquidação, é a decisão de avaliação, enquanto acto destacável, susceptível de impugnação judicial imediata e autónoma, nos termos do preceito em apreço.

Impõe-se, por isso, precisar o objecto do recurso, devendo entender-se que o mesmo está limitado à dimensão enunciada na alínea *b)* das conclusões da alegação dos recorrentes, ou seja, à norma do artigo 89.º-A, n.º 7, da LGT, quando interpretada no sentido de prever o "único meio processual ao dispor do contribuinte para reagir contra a decisão de avaliação indirecta da matéria colectável".

B) *Mérito do recurso*

7. O n.º 7 do artigo 89.º-A da LGT (redacção da Lei n.º 55-B/2004, de 30 de Dezembro), prevê o seguinte:

Artigo 89.º-A
Manifestações de fortuna e outros acréscimos patrimoniais
não justificados

1 — (...)
2 — (...)
3 — (...)
4 — (...)
5 — (...)
6 — (...)
7 — Da decisão de avaliação da matéria colectável pelo método indirecto constante deste artigo cabe recurso para o tribunal tributário, com efeito suspensivo, a tramitar como processo urgente, não sendo aplicável o procedimento constante dos artigos 91.º e seguintes.
8 — (...)
9 — (...)

De acordo com a delimitação do objecto do recurso, acima efectuada, está em causa a apreciação da constitucionalidade desta norma, quando interpretada no sentido de prever o "único meio processual ao dispor do contribuinte para reagir contra a decisão de avaliação da matéria colectável pelo método indirecto".

Os recorrentes sustentam que a norma, assim interpretada, é materialmente inconstitucional, por violação do princípio da tutela jurisdicional efectiva.

7.1. Vejamos qual o enquadramento legal da norma.

A avaliação indirecta da matéria colectável é subsidiária da avaliação directa (artigo 81.º da LGT), só podendo aquele método ser utilizado pela administração tributária nos casos e condições expressamente previstos na lei, indicados no artigo 87.º da LGT.

No artigo 89.º-A da LGT concretizam-se as situações previstas na alínea *d*) do citado artigo 87.º, prevendo-se duas hipóteses em que é possível efectuar a avaliação indirecta (cfr. n.º 1): (*i*) o contribuinte não apresentou declaração de rendimentos e evidencia manifestações de fortuna previstas no n.º 4 do artigo 89.º-A; (*ii*) o contribuinte apresentou declaração de rendimentos, mas existe uma desproporção superior a 50%, para menos, entre o rendimento líquido declarado e o rendimento padrão indicado no mesmo n.º 4.

A norma questionada prevê uma forma processual própria para o contribuinte impugnar judicialmente a decisão de avaliação da matéria colectável pelo método indirecto, previsto no artigo 89.º-A: um recurso com efeito suspensivo (o que significa que não pode ser praticado o acto de liquidação antes de estar decidido o recurso, sob pena de ilegalidade daquele acto susceptível de conduzir à sua anulação) e a tramitar como processo urgente (o que significa que o processo corre em férias e os prazos processuais são mais curtos).

Ou seja, nos termos do disposto no artigo 89.º-A da LGT, a decisão de avaliação indirecta da matéria tributável apresenta-se como um acto destacável para efeitos de impugnação contenciosa, o que significa que é passível de recurso directo e imediato, não lhe sendo aplicável (como expressamente decorre do seu n.º 7) o procedimento de revisão da matéria tributável previsto no artigos 91.º e seguintes da LGT (cfr. neste sentido Diogo Leite de Campos/Benjamim Silva Rodrigues/Jorge Lopes de Sousa, *Lei Geral Tributária comentada e anotada*, 3.ª edição, Viseu, 2003, p. 454).

7.2. A questão que se coloca no presente recurso é a de saber se a previsão legal de um recurso contencioso específico para impugnar a decisão de avaliação da matéria colectável pelo método indirecto, na medida em que implica — como entendeu a decisão recorrida — que o contribuinte fica impedido de atacar aquela decisão em momento posterior, designadamente, no âmbito da impugnação judicial do acto de liquidação do imposto (que tenha por base a dita decisão de avaliação) viola o princípio da tutela jurisdicional efectiva.

Ou seja, importa saber se é conforme ao princípio da tutela jurisdicional efectiva o entendimento de que a forma processual urgente, prevista no artigo 89.º-A, n.º 7, da LGT, é a única via de impugnação judicial da decisão de avaliação da matéria colectável pelo método indirecto. O que significa que, caso o contribuinte não lance mão deste meio processual, já não poderá questionar aquela decisão em sede de impugnação judicial do acto de liquidação do imposto (que teve como pressuposto a referida decisão).

No entender dos recorrentes esta interpretação é «desproporcionadamente limitadora da real e efectiva possibilidade de o contribuinte reagir judicialmente contra a actuação da administração fiscal», nomeadamente, quando confrontado o "urgente e limitado meio processual previsto no artigo 89.°-A da LGT em conjugação com o artigo 146.°-B do CPPT com o prazo-regra de 90 dias de que o contribuinte dispõe para sindicar judicialmente a liquidação de um imposto (artigo 102.°, n.° 1, do CPPT), como em termos semelhantes se prevê um prazo-regra de 3 meses para impugnar actos administrativos em geral". Concluem os recorrentes que "uma interpretação constitucionalmente conforme do n.° 7 do artigo 89.°-A da LGT há-de implicar que esse meio processual seja tido como meramente facultativo para o contribuinte no sentido de reforçar aquilo que são os demais meios processuais ao seu dispor". (cfr. pontos 11 a 13 das respectivas alegações).

Note-se, no entanto, que não pode discutir-se, no âmbito do presente recurso, a constitucionalidade do prazo previsto para a utilização do meio contencioso urgente previsto no n.° 7 do artigo 89.°-A da LGT, pelas razões acima indicadas, sendo certo, por outro lado, que os recorrentes não suscitaram qualquer outra questão de inconstitucionalidade respeitante à tramitação do referido recurso (regulada no artigo 146.°-B do Código de Procedimento e de Processo Tributário, por remissão do n.° 8 do artigo 89.°-A da LGT).

Assim, a questão a decidir é, apenas, a de saber se é compatível com o princípio constitucional da tutela jurisdicional efectiva a previsão de um único meio contencioso, de natureza urgente, especificamente previsto para questionar a decisão de avaliação da matéria colectável pelo método indirecto.

Diga-se, desde já, que não se vislumbra em que medida tal previsão legal pode contender com o princípio da tutela jurisdicional efectiva.

Pelo contrário, a norma em causa, na medida em que estabelece um meio processual urgente, específico para a impugnação judicial daquela decisão da administração tributária, não pode deixar de ser entendida como concretização do direito de acesso aos tribunais, (artigo 20.°, n.° 1, da Constituição) e, em especial, da garantia de impugnação de quaisquer actos administrativos que lesem direitos ou interesses legalmente protegidos dos administrados, enquanto modalidade da tutela jurisdicional efectiva desses administrados (artigo 268.°, n.° 4, da Constituição).

Como se salientou no Acórdão n.° 416/99 (embora a propósito de questão diversa, em que estava em causa a definição dos requisitos ou pressupostos da legitimidade para recorrer contenciosamente de um acto administrativo), «não sendo o direito de acesso à justiça e aos tribunais um direito absoluto, não existe qualquer contradição entre a garantia constitucional de acesso à justiça e a delimitação pelo direito ordinário dos pressupostos ou requisitos de natureza processual para efectivação dessa garantia».

Nessa medida, é de considerar que a previsão de um recurso contencioso urgente como forma de impugnar um determinado acto administrativo ainda se pode incluir na margem de conformação que a Constituição deixa ao legislador ordinário. Ponto é que a conformação legal dessa forma processual não dificulte "irrazoavelmente a acção judicial" (na expressão de Gomes Canotilho/ Vital Moreira, *Constituição da República Portuguesa Anotada*, I, 4.ª edição, Coimbra, 2007, p. 409).

A esse respeito cumpre salientar que a urgência do meio processual não é necessariamente desvantajosa para o contribuinte impugnante, pois embora lhe imponha prazos de actuação mais curtos, assegura-lhe, em contrapartida, maior celeridade na decisão. No caso em apreço, a forma processual questionada oferece, inclusivamente, uma outra garantia ao contribuinte: a do efeito suspensivo, que é concedido *ope legis* com a mera entrada da petição de recurso, ficando a Administração Tributária impedida de praticar o acto de liquidação antes da decisão deste recurso. Trata-se, aliás, de um efeito que não é comum nem à impugnação judicial do acto de liquidação do imposto (nesta, o efeito suspensivo só se obtém através da prestação de garantia adequada — cfr. artigo 103.º, n.º 4, do CPPT), nem à impugnação dos actos administrativos em geral (cuja suspensão, em regra, só pode ser obtida através de uma providência cautelar, intentada previamente ou na pendência da acção principal — cfr. artigos 50.º e seguintes e 128.º do Código de Processo nos Tribunais Administrativos).

Resta dizer que o princípio da tutela jurisdicional efectiva também não sai beliscado pelo entendimento de que a forma processual prevista no n.º 7 do artigo 89.º-A da LGT é a única via de reacção judicial contra a decisão de avaliação indirecta.

É pertinente relembrar a jurisprudência deste Tribunal a respeito da duplicação ou alternatividade de meios processuais, discutida no âmbito da já revogada Lei de Processos nos Tribunais Administrativos, a propósito da "acção para o reconhecimento de um direito" aí prevista, e que assim se resume no Acórdão n.º 435/98 (depois secundado, nomeadamente, pelo Acórdão n.º 104/99):

«O legislador constitucional pretendeu assim criar, no quadro da justiça administrativa, um modelo garantístico completo, de forma a facultar ao administrado uma tutela jurisdicional adequada sempre que esteja em causa um interesse ou direito legalmente protegido.

Porém, não pode afirmar-se que o legislador constitucional tenha pretendido uma duplicação dos mecanismos contenciosos utilizáveis. Com efeito, o que decorre do n.º 5 do artigo 268.º da Constituição é que qualquer procedimento da Administração que produza uma ofensa de situações juridicamente reconhecidas tem de poder ser sindicado jurisdicionalmente. É nesta total abrangência da tutela jurisdicional que se traduz a plena efectivação das garantias jurisdicionais dos administrados.

Mas já não se enquadra necessariamente nesta ideia de total garantia jurisdicional uma duplicação ou alternatividade de meios processuais de reacção a uma dada actuação da administração. Na verdade, não decorre do n.º 5 [actual n.º 4] do artigo 268.º da Constituição a exigência da admissibilidade da acção para o reconhecimento de um direito quando o particular possa interpor recurso de anulação, precisamente porque este mecanismo processual se mostra adequado à tutela do seu direito, pretensamente lesado pela actuação da Administração (estará assim assegurada a plenitude da garantia jurisdicional dos administrados, por via do recurso de anulação).»

Independentemente da posição que se tome sobre a referida questão da "acção para o reconhecimento de um direito", a qual é irrelevante para o caso em apreço, a ideia central vertida no aresto citado é aqui inteiramente aplicável. Ou seja, a ideia de que o princípio da tutela jurisdicional efectiva dos administrados não exige que o legislador ordinário consagre diversas formas processuais — alternativas ou duplicadas — para reacção contra uma mesma actuação da Administração. A plenitude da garantia jurisdicional está suficientemente assegurada através da previsão de um único meio processual, desde que este se mostre adequado à tutela do direito ou interesse legalmente protegido que lhe subjaz.

No caso vertente, o legislador optou por uma estruturação de meios processuais que tutela adequadamente o contribuinte impugnante e é até, pode acrescentar-se, adequada à natureza da actuação administrativa, cuja impugnabilidade está em causa.

Note-se que a decisão de avaliação da matéria colectável pelo método indirecto configura um acto intermédio, se perspectivado no âmbito do procedimento mais amplo que termina com o acto de liquidação. Mas é também um acto que encerra uma fase daquele procedimento (ou um seu incidente) em termos de se poder considerar que as questões aí decididas não devem ser retomadas em momento ulterior. Não se mostra, por isso, desadequada ou insuficiente, face ao princípio da tutela jurisdicional efectiva, a previsão legal de um meio específico de impugnação judicial desta decisão — que permite a sua impugnação directa e imediatamente, que tem natureza urgente e efeito suspensivo relativamente à prática do acto de liquidação — com preclusão da possibilidade de questionar posteriormente tal decisão, aquando da impugnação do acto de liquidação.

Conclui-se, assim, pela improcedência do recurso.

III — Decisão

Nestes termos, e pelos fundamentos expostos, decide-se:

a) Não conhecer do recurso na parte acima identificada no ponto 6.1.;
b) Não julgar inconstitucional a norma do n.º 7 do artigo 89.º-A da Lei Geral Tributária (redacção da Lei n.º 55-B/2004, de 30 de Dezembro) quando interpretada no sentido de que a forma processual urgente, aí prevista, constitui a única via de impugnação judicial da decisão de avaliação da matéria colectável pelo método indirecto; e, consequentemente,
c) Negar provimento ao recurso.

Custas pelos recorrentes, fixando-se a taxa de justiça em 25 unidades de conta.

Lisboa, 27 de Outubro de 2009. — *Joaquim de Sousa Ribeiro — João Cura Mariano — Benjamim Rodrigues — Rui Manuel Moura Ramos.*

Anotação:

1 — Acórdão publicado no *Diário da República*, II Série, de 3 de Dezembro de 2009.
2 — Os Acórdãos n.ºs 435/98 e 416/99 estão publicados em *Acórdãos*, 40.º e 44.º Vols., respectivamente.

ACÓRDÃO N.º 578/09

DE 17 DE NOVEMBRO DE 2009

Não julga organicamente inconstitucional o Decreto-Lei n.º 237/2007, de 19 de Junho, que estabelece a responsabilidade contra-ordenacional dos empregadores de motoristas de veículos pesados de mercadorias, por factos praticados em violação dos tempos de condução e repouso destes trabalhadores.

Processo: n.º 343/09.
Recorrente: Ministério Público.
Relator: Conselheiro Gil Galvão.

SUMÁRIO:

I — O Governo pode, em princípio, sem necessidade de autorização da Assembleia da República, criar novas contra-ordenações aplicáveis num determinado sector de actividade, em que exista um regime geral sectorial, desde que se contenha dentro dos limites do Regime Geral das Contra-Ordenações; mas, ainda que assim se não entenda, sempre será legítimo ao Governo criar contra-ordenações num sector de actividade em que a Assembleia da República tenha estabelecido um regime geral sectorial, desde que respeite este regime ou, mais rigorosamente, as regras deste regime sectorial que possam simultaneamente ser concebidas como regras do Regime Geral das Contra-Ordenações.

II — Prevendo o Regime Geral do Ilícito de Mera Ordenação Social que as coimas tanto se podem aplicar às pessoas singulares como às pessoas colectivas e prevendo o artigo 614.º do Código do Trabalho de 2003 que, nas respectivas contra-ordenações, possa ser responsável "qualquer sujeito no âmbito das relações laborais", incluindo tanto as entidades empregadoras como os trabalhadores, não se vê que as normas do diploma *sub iudicio* invadam o âmbito da reserva legislativa da Assembleia da República, já que não extravasam os quadros legalmente definidos da responsabilidade de pessoas colectivas ou de entidades empregadoras, não consubstanciando, nem autorizando, qualquer forma de responsabilidade objectiva.

Acordam na 1.ª Secção do Tribunal Constitucional:

I — Relatório

1. Por decisão da Autoridade para as Condições do Trabalho, de 21 de Julho de 2008, foi a ora recorrida, Edgar & Prieto, Lda., condenada ao pagamento de uma coima no valor de € 250 (duzentos e cinquenta euros), pela prática de uma contra-ordenação laboral prevista e punida "nos termos do disposto na alínea *i)* do n.º 2 do artigo 9.º do Decreto-Lei n.º 272/89, de 19 de Agosto, em conjugação com o disposto no artigo 15.º, n.º 7, do Regulamento CEE n.º 3821/85".

2. Inconformada com esta decisão a arguida recorreu para o Tribunal de Trabalho de Faro, que, por acórdão de 17 de Dezembro de 2008, julgou o recurso procedente. Para assim concluir, ponderou, designadamente, o seguinte:

"No domínio contra-ordenacional valem também os princípios da legalidade, quer das contra-ordenações, quer do processo e, bem assim, da presunção de inocência do arguido (...).

Do auto de notícia não consta qualquer facto imputando à recorrente a responsabilidade pelo cometimento da infracção enquanto entidade patronal do condutor daquele veículo. O que, diga-se em abono da verdade, não era exigido pelo precedente Regime das Contra-Ordenações Laborais constante da Lei n.º 116/99, de 4 de Agosto, uma vez que, no seu artigo 4.º, se prescrevia o seguinte:

«1. São responsáveis pelas contra-ordenações laborais e pelo pagamento das coimas:

a) A entidade patronal, quer seja pessoa singular ou colectiva, associação sem personalidade jurídica ou comissão especial»;

Todavia, conforme refere o acórdão da Relação de Coimbra, proferido a 4 de Março de 2004 (...) com a expressa revogação da Lei n.º 116/99, «tem que se entender que o sujeito da referida contra-ordenação é quem a pratica (o motorista), apenas podendo também responder a sua entidade patronal desde que no auto de notícia conste a materialidade fáctica que permita a imputação do ilícito penal à entidade empregadora, quer seja a nível da sua exclusiva autoria, quer como co-autora, quer a titulo de cúmplice (...)»

E acrescenta este aresto:

«Não havendo no auto de notícia factos que permitam a imputação directa do referido ilícito à empregadora, impõe-se a respectiva absolvição em processo contra-ordenacional com base nos citados preceitos».

(...)

Daí que também se tenha entendido no acórdão da Relação do Porto, proferido em 12 de Julho de 2004 (...) que «é o condutor-trabalhador, e não a enti-

dade empregadora, o responsável pela infracção traduzida no incumprimento das disposições legais relativas aos tempos de condução e de repouso».
(...)
Ou seja, a existir qualquer infracção foi ela praticada pelo *supra* identificado condutor, que é trabalhador da arguida, pelo que, em consonância com o atrás referido, a responsabilidade pela prática da infracção em causa no presente processo e, consequentemente, pelo pagamento da correspondente coima e das custas do processo, não pode recair sobre aquela.

Com efeito, face à entrada em vigor do Código do Trabalho e à consequente revogação da Lei n.º 116/99, tem que se entender que o sujeito da referida contra-ordenação é quem a pratica, ou seja, o motorista. Apenas podendo, também responder a entidade patronal desde que o Auto de Notícia conste a materialidade fáctica que permita a imputação do ilícito à entidade empregadora, quer seja a nível da sua exclusiva autoria, quer, como co-autora, quer a título de cúmplice. Não havendo no Auto de Notícia factos que permitam a imputação directa do referido ilícito à entidade empregadora, impõe-se a respectiva absolvição em processo contra-ordenacional (...).

É certo que entretanto entrou em vigor o Decreto-Lei n.º 237/2007, de 19 de Junho, o qual, no n.º 1 do seu artigo 1.º esclareceu que «o disposto nos artigos 3.º a 9.º prevalece sobre as disposições correspondentes do Código do Trabalho». Ora, o n.º 1 do seu artigo 8.º, veio estipular que «o período de trabalho diário dos trabalhadores de duração não inferior a trinta minutos, se o número de horas de trabalho estiver compreendido entre seis e nove, número de horas for superior a nove» e no n.º 2 que «os trabalhadores móveis não podem prestar mais de seis horas de trabalho consecutivo.» E, por sua vez, o n.º 2 do artigo 10.º desse diploma estabeleceu que «o empregador é responsável pelas infracções ao disposto no presente decreto-lei». Destarte, aparentemente estaria assim estabelecida nova fonte legal de responsabilização contra-ordenacional para os empregadores cujos trabalhadores fossem motoristas de veículos pesados de mercadorias ou de passageiros que tivessem violado o ali estabelecido sobre os tempos máximos de trabalho/de descanso. Mas vejamos mais cuidadosamente se assim será.

Conforme estipula o mencionado diploma legal, «o presente diploma transpõe para a ordem jurídica interna a Directiva n.º 2002/15/CE, do Parlamento Europeu e do Conselho, de 11 de Março, relativa à organização do tempo de trabalho das pessoas que exercem actividades móveis de transporte rodoviário». Sabemos bem que segundo o n.º 4 do artigo 8.º da Constituição da República, «as disposições dos tratados que regem a União Europeia e as normas emanadas das suas instituições, no exercício das respectivas competências, são aplicáveis na ordem interna, nos termos definidos pelo direito da União, com respeito pelos princípios fundamentais do Estado de direito democrático.» Ora, sobre essa matéria diz-nos o artigo 249.º do Tratado da Comunidade Europeia que «a directiva vincula o Estado-membro destinatário quanto ao resultado a alcançar, deixando no entanto às instâncias nacionais a competência quanto à forma e aos meios.» Daí que importe saber se o que sobre isso dispõe a Constituição da República Portuguesa.

Releva, desde logo, o n.º 8 do seu artigo 112.º, segundo o qual «a transposição de actos jurídicos da União Europeia para a ordem jurídica interna assume a forma de lei, decreto-lei ou, nos termos do disposto no n.º 4, decreto legislativo regional» E também o artigo 165.º, o qual, no que interessa tem o seguinte conteúdo.
«1. É da exclusiva competência da Assembleia da República legislar sobre as seguintes matérias, salvo autorização ao Governo: (...)
d) Regime geral dos actos ilícitos de mera ordenação social e do respectivo processo;
Ora, o Governo publicou o citado Decreto-Lei n.º 237/2007, de 19 de Junho de 2007, desprovido de qualquer autorização legislativa. De resto, nem escondeu que o fazia, uma vez que ali invocou para legitimar a sua tarefa o disposto no artigo 198.º, n.º 1, alínea *a),* da Constituição, o qual, como é de conhecimento generalizado, versa sobre a competência legislativa própria daquele órgão (...).
Assim sendo as coisas, afigura-se-nos singelamente claro que aquele diploma é inconstitucional e por isso não pode ser aplicado pelos tribunais, sem ofensa da própria Lei Fundamental (cfr. o seu artigo 204.º). O que, não ignoramos, o acórdão do Tribunal da Relação do Porto, de 18 de Fevereiro de 2008, publicado nas Bases Jurídico-Documentais do Ministério da Justiça, em *http://www.dgsi.pt*, não ponderou, tendo aplicado aquele diploma sem qualquer consideração acerca do regime normativo que atrás referimos. Daí que a solução seja, como atrás se delineou, aplicar o direito em vigor e que mais não é do que o que atrás deixámos referido, tanto bastando para que proceda o recurso".

3. É desta decisão que vem interposto pelo Ministério Público, ao abrigo da alínea *a)* do n.º 1 do artigo 70.º da Lei do Tribunal Constitucional, o presente recurso, com fundamento em que a mesma "recusou a aplicação do estatuído no Decreto-Lei n.º 237/2007, de 19 de Junho, por inconstitucional".

4. Já neste tribunal foi o Ministério Público, ora recorrente, notificado para alegar, o que fez, tendo concluído da seguinte forma:

"1. Apenas se situa no âmbito da competência legislativa reservada da Assembleia da República o estabelecimento do regime geral do ilícito de mera ordenação social, podendo o Governo legislar em tal matéria, desde que o faça dentro dos limites impostos por esse regime geral.
2. Face à definição de contra-ordenação laboral constante do artigo 614.º do Código do Trabalho de 2003 (norma integrada no Regime Geral das Contra--Ordenações Laborais), podem estar incluídos entre os sujeitos responsáveis pela infracção tanto as entidades empregadoras como os trabalhadores.
3. Dessa forma, e uma vez que é respeitado aquele regime geral, a norma resultante da conjugação dos artigos 1.º, n.º 3, 4.º, n.º 3, alínea *a)*, e 10.º, n.º 2, do Decreto-Lei n.º 237/2007, de 19 de Junho, na interpretação que atribui ao empregador a responsabilidade pela contra-ordenação consistente na violação do dever de manter os suportes do registo em condições que permitam a sua leitura

pelas entidades com competência fiscalizadora, não viola o artigo 165.º, n.º 1, alínea *d*), da Constituição, não sendo, por isso, organicamente inconstitucional.
    4. Termos em que deverá proceder o presente recurso".

II — Fundamentação

    5. Considerou a decisão recorrida, em suma e para o que agora importa, que o Decreto-Lei n.º 237/2007, de 19 de Junho, é organicamente inconstitucional, por alegada violação do artigo 165.º, n.º 1, alínea *d*), da Constituição. Fê-lo por entender que, de várias das suas disposições conjugadas [a decisão recorrida refere expressamente os artigos 1.º, n.º 1, 8.º, n.ºs 1 e 2, e 10.º, n.º 2], decorreria, inovatoriamente, a responsabilidade contra-ordenacional dos empregadores cujos trabalhadores fossem motoristas de veículos pesados de mercadorias, por factos praticados em violação dos tempos de condução e repouso destes trabalhadores. Sendo certo que, no seu entendimento, no regime anterior — constante da Lei n.º 99/2003, de 27 de Agosto, que aprovou o Código do Trabalho então em vigor, tal como vinha sendo interpretado pela jurisprudência —, apenas o condutor/trabalhador, e não também a entidade patronal, seria responsável pela infracção traduzida no incumprimento das disposições legais relativas aos tempos de condução e de repouso, ao menos quando do auto de notícia não constassem factos que permitissem uma imputação directa da responsabilidade à entidade empregadora. Vejamos.

    6. O artigo 165.º, n.º 1, alínea *d*), da Constituição, invocado pela decisão recorrida, reserva à competência exclusiva da Assembleia da República, salvo autorização ao Governo, legislar sobre o "regime geral dos actos ilícitos de mera ordenação social e do respectivo processo". O Tribunal Constitucional tem-se debruçado detalhadamente e por várias vezes sobre o sentido normativo fundamental deste artigo 165.º, n.º 1, alínea *d*), da Constituição. Fê-lo, pela primeira vez, mais detalhadamente, no Acórdão n.º 56/84, (*Acórdãos do Tribunal Constitucional*, 3.º Volume, p. 153), ao qual se seguiram ao longo dos anos muitos outros. Dessa vasta jurisprudência resulta, em síntese, que apenas é matéria de competência reservada da Assembleia da República, salvo autorização ao Governo, legislar sobre o Regime Geral do Ilícito de Mera Ordenação Social e do respectivo processo; isto é: (*i*) sobre a definição da natureza do ilícito contra-ordenacional, (*ii*) a definição do tipo de sanções aplicáveis às contra-ordenações (*iii*) a fixação dos respectivos limites das coimas e (*iv*) a definição das linhas gerais da tramitação processual a seguir para a aplicação concreta de tais sanções. Assim e em suma, com observância do regime geral, e dos limites aí definidos, pode o Governo livremente criar contra-ordenações novas, modificar ou eliminar as contra-ordenações já existentes e estabelecer as coimas a elas aplicáveis.

Ora, definidos, nestes termos, os quadros gerais em função dos quais se delimita a competência, nesta matéria, dos dois órgãos de soberania, não se vê que o Governo, através da emissão do referido Decreto-Lei n.º 237/2007, de 19 de Junho, tenha invadido a competência própria da Assembleia da República. A conclusão contrária a que chega a decisão recorrida parece decorrer, essencialmente, de um pressuposto que não será correcto. Com efeito, apenas cabe na competência própria da Assembleia da República, nos termos já *supra* descritos, definir o "regime geral dos actos ilícitos de mera ordenação social e do respectivo processo", e não, como parece pressupor a decisão recorrida, necessariamente, todo o regime dos actos ilícitos de mera ordenação social de um determinado sector. Quer isto dizer que o Governo pode, em princípio, sem necessidade de autorização da Assembleia da República, criar novas contra-ordenações aplicáveis num determinado sector de actividade, em que exista um regime geral sectorial, desde que se contenha dentro dos limites do regime geral das contra-ordenações.

7. Mas, ainda que assim se não entenda, sempre será legítimo ao Governo criar contra-ordenações num sector de actividade em que a Assembleia da República tenha estabelecido um regime geral sectorial, desde que respeite este regime ou, mais rigorosamente, as regras deste regime sectorial que possam simultaneamente ser concebidas como regras do regime geral das contra-ordenações.

Ora, assim sendo e prevendo o Regime Geral do Ilícito de Mera Ordenação Social que as coimas tanto se podem aplicar às pessoas singulares como às pessoas colectivas e prevendo o artigo 614.º do Código do Trabalho de 2003 que, nas respectivas contra-ordenações, possa ser responsável "qualquer sujeito no âmbito das relações laborais", incluindo tanto as entidades empregadoras como os trabalhadores, apenas resta concluir que não se vê que as normas que vêm questionadas invadam o âmbito da reserva legislativa da Assembleia da República. Na verdade, tais normas não se podem, por um lado, incluir na definição da natureza do ilícito de ordenação social, na definição do tipo de sanções aplicáveis às contra-ordenações e muito menos na fixação dos respectivos limites ou na tramitação processual das contra-ordenações; e, por outro, não extravasam os quadros legalmente definidos da responsabilidade de pessoas colectivas ou de entidades empregadoras, não consubstanciando, nem autorizando, qualquer forma de responsabilidade objectiva. Pelo que a sua edição pelo Governo, sem autorização legislativa do Parlamento, não viola a Constituição, não sendo, consequentemente, as mesmas organicamente inconstitucionais. Conclusão análoga, aliás, à que se tirou, por exemplo, no Acórdão n.º 359/01 (disponível em *www.tribunalconstitucional.pt*), em que se julgou "não inconstitucional a norma do artigo 29.º com referência ao artigo 27.º, n.º 4, do Decreto-Lei n.º 38/99, de 6 de Fevereiro", que considerava responsável a pessoa colectiva ou singular que efectuasse o transporte, pela contra-ordenação consistente em o condutor do veículo se escusar a levar o veículo à pesagem das balanças ao serviço da entidade fiscalizadora.

III — Decisão

Nestes termos, decide-se conceder provimento ao recurso, determinando a reformulação da decisão recorrida em conformidade com o juízo de constitucionalidade que se acaba de fazer.

Lisboa, 17 de Novembro de 2009. — *Gil Galvão* — *José Borges Soeiro* — *Maria João Antunes* — *Carlos Pamplona de Oliveira* — *Rui Manuel Moura Ramos.*

Anotação:

1 — Acórdão publicado no *Diário da República*, II Série, de 29 de Dezembro de 2009.
2 — O Acórdão n.º 359/01 está publicado em *Acórdãos*, 50.º Vol..
3 — Ver, neste Volume, o Acórdão n.º 598/09.

ACÓRDÃO N.º 583/09

DE 18 DE NOVEMBRO DE 2009

Não conhece do recurso por as "circulares" da Administração Tributária não constituírem 'normas' para efeitos de controlo de constitucionalidade da competência do Tribunal Constitucional.

Processo: n.º 873/08.
Recorrente: Ministério Público.
Relator: Conselheiro Vítor Gomes.

SUMÁRIO:

I — Em processos do contencioso tributário, atendendo à relevância da prossecução do princípio da legalidade em matéria fiscal, a lei confere ao Ministério Público legitimidade para interpor recurso de decisões de recusa de aplicação de normas com fundamento em inconstitucionalidade, em defesa da legalidade ou do interesse público objectivo.

II — Porém, as denominadas 'orientações administrativas', actos em que avultam as "circulares", emanam do poder de auto-organização e do poder hierárquico da Administração, são modos de decisão padronizada, assumidos para racionalizar e simplificar o funcionamento dos serviços, faltando-lhes força vinculativa heterónoma para os particulares e não se impondo ao juiz senão pelo valor doutrinário que porventura possuam, não constituindo 'normas' para efeitos do sistema de controlo de constitucionalidade da competência do Tribunal Constitucional, designadamente para abrir a via de recurso prevista na alínea *a)* do n.º 1 do artigo 70.º da Lei do Tribunal Constitucional.

Acordam na 3.ª Secção do Tribunal Constitucional:

I — Relatório

1. Por acórdão de 16 de Setembro de 2008, o Supremo Tribunal Administrativo (Secção do Contencioso Tributário), concedendo provimento a recurso interposto por VPC — Portugal, Vendas por Correspondência, Lda., anulou uma impugnação de Imposto sobre o Valor Acrescentado (IVA), com a seguinte fundamentação (na parte que agora releva):

"Assim, abordar-se-á, de seguida, a questão da inconstitucionalidade.
A Circular 19/89 da Direcção-Geral das Contribuições e Impostos (DGCI) disponível em *http://www.dgci.minfinancas.pt/*, na parte que interessa para a apreciação do presente recurso jurisdicional, estabelece o seguinte:

Conceito de "pequeno valor" e de limite máximo a considerar

3. Para a conceituação do "pequeno valor" a aplicar às ofertas, que não às amostras, considerar-se-á tal valor como não podendo ultrapassar unitariamente o montante de Esc.: 3 000$ (IVA excluído), considerando-se ainda, em termos globais, que o valor anual de tais ofertas não poderá exceder 5‰ (cinco por mil) do volume de negócios, com referência ao ano anterior, sem qualquer limite em termos de valores absolutos. No caso de início de actividade, a permilagem referida aplicar-se-á aos valores esperados, sem prejuízo de rectificação a efectuar na última declaração periódica a apresentar no ano de início, se os valores definitivos forem inferiores aos valores esperados.

No caso em apreço, o que está em causa é a constitucionalidade da fixação do valor anual de 5‰ (cinco por mil) do volume de negócios, com referência ao ano anterior.

O artigo 3.º, n.º 3, alínea *f)*, do Código do Imposto sobre o Valor Acrescentado (CIVA) estabelece o seguinte:

3 — Consideram-se ainda transmissões de bens, nos termos do n.º 1 deste artigo:

f) Ressalvado o disposto no artigo 25.º, a afectação permanente de bens da empresa, a uso próprio do seu titular, do pessoal, ou em geral a fins alheios à mesma, bem como a sua transmissão gratuita, quando, relativamente a esses bens ou aos elementos que os constituem, tenha havido dedução total ou parcial do imposto.
Excluem-se do regime estabelecido por esta alínea as amostras e as ofertas de pequeno valor, em conformidade com os usos comerciais;

Esta parte final da alínea *f)* contém um conceito indeterminado ao fazer referência a «ofertas de pequeno valor, em conformidade com os usos comerciais».
A referência à conformidade com os usos comerciais aponta no sentido de se ter pretendido que o valor das ofertas relevante para preenchimento do conceito

de «oferta de pequeno valor» fosse determinado não em função de um valor objectivo, mas sim tendo em atenção, relativamente a cada tipo de actividade comercial, a prática corrente em matéria de ofertas.

Por outro lado, não havendo qualquer razão para crer (nem sendo alegado nem demonstrado) que em relação a todas as actividades comerciais os usos sejam no sentido de não ser excedido o valor de 5% do volume de negócios do ano anterior, não se encontra qualquer suporte no texto daquela alínea *f)* para a fixação de tal limite.

Aliás, como resulta da matéria de facto, a impugnante repetidamente vem excedendo o limite referido, mesmo depois de lhe ser imposto o pagamento de IVA na parte excedente, pelo que se indicia que a prática comercial no seu ramo de actividade seja no sentido de efectuar ofertas em valor superior àquele limite, o que, a ser assim, constituirá um «uso comercial» a atender.

Por outro lado, nesta matéria, não há qualquer disposição que permita à administração tributária fixar «limites razoáveis», ao contrário do que sucede em matéria de Imposto sobre o Rendimento das Pessoas Colectivas (IRC), com as taxas de reintegração e amortização (artigo 30.º, n.º 2, do Código do Imposto sobre o Rendimento das Pessoas Colectivas). E com repartição de custos para efeitos de determinação do lucro tributável imputável a estabelecimento estável de sociedades e outras entidades não residentes (artigo 50.º, n.º 2, do Imposto sobre o Rendimento das Pessoas Colectivas). (O Plano Oficial de Contabilidade também não contém qualquer indicação nesse sentido, nomeadamente relacionada com os «Artigos para ofertas»).

Assim, é de concluir que a referida Circular 19/89, no ponto em apreço, é material e organicamente inconstitucional, pois contém uma regra de incidência objectiva de IVA que não foi criada por diploma emanado da Assembleia da República, em matéria que se insere na reserva relativa de competência legislativa da desta [artigos 103.º, n.º 2, e 165.º, n.º 1, alínea *i),* da Constituição, na redacção vidente, a que correspondem os artigos 106.º, n.º 2, e 168.º, n.º 1, alínea *i),* respectivamente, nas redacções de 1982 e 1989].

Consequentemente, a liquidação de IVA impugnada enferma de vício de violação de lei, que justifica a sua anulação (artigo 135.º do Código do Procedimento Administrativo).

Justificando-se a anulação da liquidação impugnada por vício que impede a renovação do acto, fica prejudicado o conhecimento das restantes questões colocadas no presente recurso jurisdicional."

2. O Ministério Público interpôs recurso deste acórdão para o Tribunal Constitucional, com invocação dos artigos 280.º, n.º 1, alínea *a*), da Constituição da República, 70.º, n.º 1, alínea *a*), 71.º, n.º 1, e 72.º n.ºs 1, alínea *a*), e 3, 78.º, n.º 4, e 79.º da Lei n.º 28/82, de 15 de Novembro, na redacção da Lei n.º 85/89, de 7 de Setembro, "por, no mesmo, se ter recusado a aplicação da norma de incidência tributária constante da Circular 19/89, de 18 de Dezembro de 1989, da Direcção-Geral das Contribuições e Impostos".

3. Prosseguindo o recurso, o Ministério Público alegou, tendo sustentado as seguintes conclusões:

"1.º
Não pode inferir-se dos princípios da legalidade e da tipicidade, contidos no princípio constitucional da reserva de lei fiscal, que esteja absolutamente proscrita a utilização, pelas normas delimitadoras da incidência dos impostos, de conceitos indeterminados, estando, em absoluto, vedada qualquer margem de apreciação subjectiva pela Administração Fiscal, na fase de liquidação e apuramento da matéria colectável, a qual teria de decorrer, de forma plena e automática, da própria lei.

2.º
A norma constante do artigo 3.º, n.º 3, alínea *f)*, do CIVA ao excluir do regime de "transmissões de bens" as amostras e ofertas de pequeno valor, feitas em conformidade com os usos comerciais — cometendo naturalmente à Administração Fiscal a densificação e concretização dos conceitos indeterminados de que o legislador se socorreu — não representa a outorga à administração de um poder constitutivo e discricionário de determinação da matéria colectável, não afrontando, consequentemente, o princípio da reserva de lei fiscal.

3.º
Não viola qualquer princípio constitucional a norma regulamentar, constante da Circular 19/89, que — sem vincular naturalmente os tribunais — estabelece um critério interpretativo geral, a seguir pela Administração Fiscal na concretização do conceito de oferta de "pequeno valor", funcionando como critério de decisão na definição do sentido objectivo emergente da norma fiscal, de modo a obstar a uma inconveniente dispersão e subjectividade dos critérios adoptados pelos funcionários daquela Administração.

4.º
Termos em que deverá proceder o presente recurso, em conformidade com o juízo de não inconstitucionalidade da norma que integra o objecto do presente recurso."

4. A recorrida VPC — Portugal, Vendas por Correspondência, Lda., contra-alegou e concluiu nos termos seguintes:

"III. Conclusões

A. *questão prévia: da inexistência de fundamento do recurso*

1. O artigo 72.º, n.º 3, da Lei do Tribunal Constitucional invocado pelo Ministério Público para a interposição do presente recurso não é fundamento do mesmo, já que se baseia na inconstitucionalidade da Circular 19/89;

2. As Circulares não se subsumem a nenhuma das hipóteses previstas no artigo 72.º, n.º 3, da Lei do Tribunal Constitucional, pois não se trata de convenção internacional, acto legislativo ou decreto regulamentar;

3. As Circulares são normas internas e que vinculam apenas os órgãos hierarquicamente inferiores ao órgão autor dos mesmos, pelo que, sendo o Ministério Público uma entidade autónoma, não há qualquer espécie de hierarquia face à Administração Fiscal e, consequentemente, não está obrigado à obediência da Circular 19/89;

4. Não há nenhum princípio da constitucionalidade das Circulares que imponha o dever do Ministério Público proteger a sua aplicação em cumprimento do seu papel fiscalizador autónomo, pelo que está patente a falta de interesse em agir do recorrente, visto que a douta decisão recorrida não afecta o interesse do recorrente, interesse que é constitucional e organicamente delimitado;

5. Uma vez que o Estatuto dos Tribunais Administrativos e Fiscais separa as funções do Ministério Público apenas à promoção e defesa da legalidade fiscal da representação da Fazenda Pública, se interesse em agir houvesse este seria da Fazenda Pública, como parte do processo, na defesa dos seus interesses, de como que o recorrente é, ainda, parte ilegítima para recorrer;

6. Admitindo, contudo, à cautela e por mero dever legal de prudente patrocínio que o Ministério Público se equivocou na qualificação do recurso, que, ao invés de afigurar-se como obrigatório, é, na verdade, facultativo, ainda assim não deverá ser o mesmo conhecido, pois não obedece aos respectivos pressupostos;

7. O recurso não indica de forma clara quais as normas cuja questão de constitucionalidade pretende submeter, tão pouco se mostra útil, na medida em que o fundamento do douto acórdão recorrido, antes, a ilegalidade da Circular 19/89, por violação do disposto no artigo 8.º, n.º 1, da Lei Geral Tributária e artigo 3.º, n.º 3, alínea *f)*, do Código do IVA o qual pretendeu regular, é ilegal, pela regulação ilegítima que faz da incidência do imposto, pela abusiva transposição de Directiva Comunitária e pela respectiva imposição com eficácia externa vinculativa aos contribuintes, motivo que por si só sustenta a referida decisão;

8. Assim, o recurso não deve ser admitido por falta de pressuposto processual, interesse em agir e ilegitimidade da parte, com a sua extinção sem julgamento de mérito, nos termos do artigo 78.º-A da Lei do Tribunal Constitucional.

Da efectiva inconstitucionalidade da Circular 19/89:

9. O Código do IVA, no seu artigo 3.º, n.º 3, alínea *f)*, *in fine*, dispõe que se encontram excluídas do regime daquela alínea as amostras e as ofertas de pequeno valor, em conformidade com os usos comerciais;

10. A incidência do imposto tem de ser regulada por Lei ou por Decreto-Lei autorizado.

11. A Circular 19/89, ao limitar a norma de incidência negativa prevista na alínea *f)*, *in fine*, do n.º 3 do artigo 3.º do Código do IVA, é inconstitucional por violação do disposto nos artigo 165.º, n.º 1, alínea *i)*, e no artigo 103.º, n.º 2, da Constituição, ferindo o princípio da separação dos poderes;

12. A Administração Fiscal usurpou as funções do legislador;

13. A Circular 19/89, ao fixar valores e critérios acima dos quais se verifica a incidência do imposto, está, na medida em que é aplicada com eficácia externa, aquando das liquidações correctivas do imposto a quem não aja de acordo com a mesma, em desconformidade com a Lei.

14. A ora recorrida está tão-somente adstrita ao cumprimento da Lei, pelo que não está obrigada a obedecer aos critérios administrativos de orientação genérica para os serviços, com eficácia meramente interna para estes, que, para mais, a afectam grandemente no desenvolvimento da sua actividade comercial;

15. A Circular 19/89, de 18 de Dezembro, é inconstitucional, do ponto de vista formal, por violação do princípio da legalidade, previsto nos artigos 165.º, n.º 1, alínea i), e 103.º, n.º 2, da Constituição e, também, no artigo 8.º, n.º 1, da Lei Geral Tributária;

16. E, do ponto de vista material, por violação do princípio da igualdade, previsto no artigo 13.º da Constituição;

17. Deverá pois, concluir-se pela manutenção *in totum* do douto acórdão recorrido, declarando a inconstitucionalidade da Circular 19/89, tal como vem sendo decidido pelo Venerando Supremo Tribunal Administrativo em casos igualmente idênticos ao dos presentes autos."

5. O Ministério Público respondeu que o presente recurso deve entender-se como facultativo, contendo a "Circular" uma norma regulamentar dotada de manifesta "eficácia externa", a que foi efectivamente recusada aplicação de modo explícito, pelo que "tem o Ministério Público inquestionável legitimidade para interpor o dito recurso, radicando o "interesse em agir" na defesa do ordenamento jurídico objectivo, face à impugnação, constante das conclusões da alegação, tempestivamente apresentadas, em que claramente se pugna pela conformidade à Lei Fundamental da norma que integra o objecto do recurso".

II — Fundamentos

6. A recorrida começa por contestar a legitimidade ao Ministério Público para o presente recurso, salientando que a "Circular" não corresponde a nenhuma das hipóteses que o n.º 3 do artigo 72.º da Lei do Tribunal Constitucional (LTC) prevê como casos de "recurso obrigatório" para o Ministério Público.

Neste estrito argumento, a recorrente tem razão. O recurso de fiscalização concreta de constitucionalidade é obrigatório para o Ministério Público quando a norma cuja aplicação tiver sido recusada, por inconstitucionalidade (ou ilegalidade, por violação de lei de valor reforçado), conste de convenção internacional, acto legislativo ou decreto regulamentar. A "circular" não integra nenhum destes tipos de acto normativo.

Todavia, isso não significa que proceda a excepção invocada.

O Ministério Público tem o dever funcional (*ex lege*) de interpor recurso (recurso obrigatório) nas hipóteses enunciadas nos n.ºs 3 e 5 do artigo 280.º da Constituição e no n.º 2 do artigo 72.º da LTC (com as excepções previstas no n.º 4 do citado artigo 72.º). Mas, além disso, pode interpor recurso em qualquer caso de desaplicação de normas com fundamento em inconstitucionalidade (recurso facultativo), sem necessidade de invocar a defesa de um interesse específico, patrimonial ou de outra natureza, nem de ter assumido a posição de parte no processo.

Com efeito, a alínea *a)* do n.º 1 do artigo 72.º da LTC confere ao Ministério Público legitimidade para a interposição de recurso de fiscalização concreta de constitucionalidade. É uma legitimidade conferida em termos amplos, como órgão a que compete defender a legalidade democrática, distinta e autónoma daquela que assiste às pessoas que porventura represente e que, de acordo com a lei reguladora do processo em que a decisão foi proferida, tenham legitimidade para dela interpor recurso [alínea *b)* do n.º 1 do artigo 72.º da LTC].

Esta atribuição de legitimidade tem, desde logo, a limitação que resulta de, quanto às decisões negativas de inconstitucionalidade e ilegalidade (decisões que apliquem normas arguidas de violação da Constituição ou de lei de valor reforçado), a lei restringir, por compreensíveis razões práticas e sistémicas, a legitimidade à parte que haja suscitado a questão de inconstitucionalidade ou ilegalidade (n.º 2 do artigo 72.º). Assim, nos recursos ao abrigo da alíneas *b)* e *f)* do n.º 1 do artigo 70.º da LTC, o Ministério Público só pode interpor recurso se preencher esses dois requisitos: se tiver a qualidade de "parte" no processo e se tiver suscitado a questão perante o tribunal da causa (cfr. Acórdãos n.ºs 636/94, 171/95 e 368/97, publicados no *Diário da República*, II Série, de 31 de Janeiro de 1995, 9 de Junho de 1995 e 12 de Julho de 1997, respectivamente).

Mas, relativamente a decisões positivas de inconstitucionalidade (ou ilegalidade) não há qualquer limitação à previsão genérica de legitimidade do Ministério Público constante da alínea *a)* do n.º 1 do artigo 72.º da LTC. Daí que, perante decisões de recusa de aplicação de normas — além dos casos de recurso obrigatório, se a norma recusada for uma daquelas a que se refere o n.º 3 do artigo 72.º —, o Ministério Público possa sempre interpor recurso facultativo, que assume uma finalidade objectiva de defesa da integridade da ordem jurídica, segundo a avaliação autónoma que dela faça enquanto órgão ao qual compete defender a legalidade democrática (artigo 219.º, n.º 1, da Constituição). Nestas circunstâncias, a legitimidade do Ministério Público para interpor recurso não depende da defesa de posição concordante com aquela que a Administração defende ou de coincidência de resultado quanto à prossecução do mesmo interesse público imediato, tanto podendo redundar em benefício como em prejuízo da posição sustentada no litígio pelo ente público que nele seja parte. Destina-se a sustentar o que entenda ser a solução conforme à Constituição, seja em sentido concordante, seja discordante do juízo de desvalor constitucional que levou o tribunal *a quo* à recusa de aplicação da norma em causa.

Acresce que, mesmo que assim não se entenda e se considere que, fora das hipóteses de recurso obrigatório, a intervenção do Ministério Público está sempre subordinada às regras gerais de legitimidade para recorrer, em processos do contencioso tributário sempre teria de reconhecer-se essa legitimidade do Ministério Público para interpor recurso para o Tribunal Constitucional de decisões de recusa de aplicação de normas com fundamento em inconstitucionalidade. Nesse tipo de processos, atendendo à relevância da prossecução do princípio da legalidade em matéria fiscal (artigo 103.º da Constituição), a lei confere ao Ministério Público, amplos poderes de intervenção, designadamente o de interpor recurso de decisões judiciais, em defesa da legalidade ou do interesse público objectivo (cfr. artigos 9.º, 14.º, 113.º, 121.º, 127.º, 151.º, 278.º, 280.º e 289.º do Código de Procedimento e de Processo Tributário).

Por outro lado, a circunstância de ter sido invocado o disposto no n.º 3 do artigo 72.º da LTC, isto é, de o magistrado que interpôs o recurso ter porventura considerado que estava a isso imperativamente obrigado, é irrelevante. No Tribunal Constitucional, foram produzidas alegações sem qualquer referência ao carácter obrigatório do recurso, o que torna inequívoca a vontade processual de prosseguir com o recurso como facultativo.

Improcede, pois, a questão de ilegitimidade do Ministério Público suscitada pelo recorrente.

7. Igualmente improcede a objecção de que não há efectiva recusa por inconstitucionalidade (ou de que concorre para a decisão um duplo fundamento), na medida em que o fundamento do acórdão recorrido seria a ilegalidade da Circular 19/89, por violação do disposto no artigo 8.º, n.º 1, da Lei Geral Tributária e o artigo 3.º, n.º 3, alínea *f*), do Código do IVA, que pretendeu regular.

Embora essa pareça ter sido a orientação que a jurisdição fiscal adoptou noutros casos em que apreciou a mesma questão (cfr., por exemplo, acórdão do Supremo Tribunal Administrativo de 15 de Outubro de 2008, Processo n.º 470/08, in *www.dgsi.pt/jsta*), o acórdão recorrido optou por centrar o problema na questão da inconstitucionalidade da "Circular" e decidir a questão da validade da liquidação exclusivamente com fundamento no juízo nessa perspectiva formulado. Do texto que acima se transcreveu resulta claro que o tribunal *a quo* confinou o problema à questão de constitucionalidade da "Circular" e, atingida a solução desta, julgou prejudicada a apreciação das demais questões.

Perante isto, é de concluir que houve efectiva recusa de aplicação da "Circular" ou, noutra perspectiva, que não é inútil o conhecimento do recurso por existência de dupla fundamentação.

8. Há, porém, uma outra questão obstativa que cumpre apreciar e para a qual o recorrente e a recorrida já deram, por antecipação, o seu contributo. É ela a de saber se o conteúdo prescritivo da referida "Circular" constitui objecto idóneo para o recurso de fiscalização concreta de constitucionalidade.

O Ministério Público adiantou (cfr. n.° 2.° da resposta a fls. 481), assim tornando desnecessária a notificação para se pronunciar sobre a questão, que "a norma recusada aplicar pelo Supremo Tribunal Administrativo é uma norma regulamentar, dotada de "eficácia externa", não constante de "decreto regulamentar" — constituindo, pois, objecto idóneo do recurso interposto". E, neste aspecto da sindicabilidade da "Circular", parece acompanhado pela recorrente que a subsume ao conceito funcional de norma para efeitos de recurso de fiscalização concreta de constitucionalidade (cfr. n.os 15.° e 16.° das contra-alegações, a fls. 434).

Vejamos.

Desde o Acórdão n.° 26/85 (publicado no *Diário da República*, II Série, de 26 de Abril de 1985) que o Tribunal Constitucional, com vista a proceder à identificação do objecto idóneo dos processos de fiscalização de constitucionalidade, vem adoptando um conceito de norma funcionalmente adequado ao sistema de controlo que a Constituição lhe comete. Cabem neste conceito de norma os actos do poder público que contenham uma "regra de conduta" para os particulares ou para a Administração, um "critério de decisão" para esta última ou para o juiz ou, em geral, um "padrão de valoração de comportamentos". Mas, como é de um conceito de controlo finalisticamente ordenado a assegurar o sistema de protecção jurídica típica do Estado de direito democrático constitucional que se trata, não basta que o instrumento em causa vincule a Administração a adoptar, na prática de actos individuais e concretos de aplicação e enquanto o não alterar, um determinado critério que tenha estabelecido. É necessário que esse critério seja dotado de vinculatividade também para o outro sujeito da relação (heteronomia normativa) e constitua um parâmetro que o juiz não possa deixar de considerar enquanto não fizer sobre ele um juízo instrumental de invalidade. Se o "critério de decisão" é de origem administrativa e só vincula no seio do serviço administrativo de que emana, não há necessidade do tipo de protecção jurídica e de afirmação da supremacia da Constituição que justifica a intervenção do Tribunal Constitucional.

Ora, um problema frequentemente colocado no direito fiscal é o da relevância normativa das chamadas orientações administrativas. Trata-se, como diz

Casalta Nabais, *Direito Fiscal,* 5.ª edição, p. 201 (embora afirmando que isso não lhes retira a qualidade de normas jurídicas):

> "[...] de regulamentos internos que, por terem como destinatário apenas a administração tributária, só esta lhes deve obediência, sendo, pois. Obrigatórios apenas para os órgãos situados hierarquicamente abaixo do órgão autor dos mesmos.
>
> Por isso não são vinculativos nem para os particulares nem para os tribunais. E isto quer sejam regulamentos organizatórios, que definem regras aplicáveis ao funcionamento interno da Administração Tributária, criando métodos de trabalho ou modos de actuação, quer sejam regulamentos interpretativos, que procedem à interpretação de preceitos legais (ou regulamentares).
>
> É certo que eles densificam, explicitam ou desenvolvem os preceitos legais, definindo previamente o conteúdo dos actos a praticar pela administração tributária aquando da sua aplicação. Mas isso não os converte em padrão de validade dos actos que suportam. Na verdade, a aferição da legalidade dos actos da administração tributária deve ser efectuada através do confronto directo com a correspondente norma legal e não com o regulamento interno, que se interpôs entre a norma e o acto".

Esses actos, em que avultam as "circulares", emanam do poder do poder de auto-organização e do poder hierárquico da Administração. Contêm ordens genéricas de serviço e é por isso e só no respectivo âmbito subjectivo (da relação hierárquica) que têm observância assegurada. Incorporam directrizes de acção futura, transmitidas por escrito a todos os subalternos da autoridade administrativa que as emitiu. São modos de decisão padronizada, assumidos para racionalizar e simplificar o funcionamento dos serviços. Embora indirectamente possam proteger a segurança jurídica dos contribuintes e assegurar igualdade de tratamento mediante aplicação uniforme da lei, não regulam a matéria sobre que versam em confronto com estes, nem constituem regra de decisão para os tribunais.

A circunstância de a Administração Tributária ficar vinculada (n.º 1 do artigo 68.º-A da Lei Geral Tributária) às orientações genéricas constante de circulares que estiverem em vigor no momento do facto tributário e de ter o dever de proceder à conversão das informações vinculativas ou de outro tipo de entendimento prestado aos contribuintes em circulares administrativas, em determinadas circunstâncias (n.º 3 do artigo 68.º da Lei Geral Tributária), não altera esta perspectiva porque não transforma esse conteúdo em norma com eficácia externa. É certo que o administrado pode invocar, no confronto com a administração, o conteúdo da orientação administrativa publicitada e, se for o caso, fazê--lo valer perante os tribunais, mesmo com sacrifício do princípio da legalidade (cfr. Diogo Leite de Campos, Benjamim Silva Rodrigues e Jorge Lopes de Sousa,

Lei Geral Tributária, comentada e anotada, 3.ª edição, p. 344). Mas é ao abrigo do princípio da boa fé e da segurança jurídica, não pelo seu valor normativo, que o conteúdo das circulares prevalece. O administrado só as acata se e enquanto lhe convier, pelas mesmas razões que justificam que possa invocar informações individuais vinculativas que o favoreçam [artigo 59.º, n.º 3, alínea *e*), e artigo 68.º da Lei Geral Tributária].

Consequentemente, faltando-lhes força vinculativa heterónoma para os particulares e não se impondo ao juiz senão pelo valor doutrinário que porventura possuam, as prescrições contidas nas "circulares" da Administração Tributária não constituem normas para efeitos do sistema de controlo de constitucionalidade da competência do Tribunal Constitucional, designadamente para abrir a via de recurso prevista na alínea *a*) do n.º 1 do artigo 70.º da LTC.

III — Decisão

Pelo exposto, decide-se não tomar conhecimento do objecto do recurso. Sem custas.

Lisboa, 18 de Novembro de 2009. — *Vítor Gomes* — *Carlos Fernandes Cadilha* — *Ana Maria Guerra Martins* — *Maria Lúcia Amaral* — *Gil Galvão*.

Anotação:

    1 — Acórdão publicado no *Diário da República*, II Série, de 22 de Março de 2010.
    2 - Os Acórdãos n.ºs 26/85, 636/94, 171/95 e 368/97 estão publicados em *Acórdãos*, 5.º, 29.º, 30.º e 37.º Vols., respectivamente.

ACÓRDÃO N.º 586/09

DE 18 DE NOVEMBRO DE 2009

Não julga inconstitucional a norma do artigo único da Portaria n.º 955/2006, de 13 de Setembro, na parte em que determina que o regime processual experimental, aprovado pelo Decreto-Lei n.º 108/2006, de 8 de Junho, é aplicável aos Juízos Cíveis do Tribunal da comarca do Porto.

Processo: n.º 11/09.
Recorrente: Ministério Público.
Relatora: Conselheira Ana Guerra Martins.

SUMÁRIO:

O elemento relevante para o Decreto-Lei que instituiu o regime processual experimental é a forma de processo e não a competência do tribunal, não bulindo com a organização e competência dos tribunais, mas antes com a tramitação processual, pelo que não se enquadra na matéria de reserva relativa da Assembleia da República, nem de reserva de lei.

Acordam na 3.ª Secção do Tribunal Constitucional

I Relatório

1. Nos presentes autos, foi interposto recurso pelo Ministério Público, ao abrigo do artigo 280.º, n.º 1, alínea a), e do artigo 70.º, n.º 1, alínea a), da Lei do Tribunal Constitucional (LTC), da decisão proferida pela 3.ª Secção do 2.º Juízo Cível do Porto, em 21 de Novembro de 2008 (fls. 30 a 44) que determinou a desaplicação da norma extraída do artigo único da Portaria n.º 955/2006, de 13 de Setembro, com fundamento na sua inconstitucionalidade orgânica, por violação da reserva relativa de competência legislativa da Assembleia da Repú-

blica, prevista na alínea *p)* do n.º 1 do artigo 165.º da Constituição da República Portuguesa (CRP).

2. Notificado para tal pela relatora, o Ministério Público produziu alegações, das quais constam as seguintes conclusões:

«1.º
A norma constante do artigo único da Portaria n.º 955/2006, na parte em que manda aplicar o regime processual experimental aos Juízos Cíveis do Porto, determinando-lhes a competência originária para conhecer das acções declarativas cíveis (a que não corresponda processo especial) de valor superior à alçada da Relação — concretizando o disposto, nomeadamente, nos artigos 1.º e 21.º do Decreto-Lei n.º 108/2006 — alterando inovatoriamente o âmbito da competência reservada às varas cíveis pelo artigo 97.º, n.º 1, alínea *a),* da Lei n.º 3/99, sem que existisse credencial parlamentar bastante, é organicamente inconstitucional, por violação do artigo 165.º, n.º 1, alínea *p),* da Constituição da República Portuguesa.

2.º
Na verdade, não sendo a competência das varas cíveis delimitada pela referida Lei n.º 3/99 em torno da forma de processo aplicável (o que as tornaria em "tribunais de competência específica"), não pode a dita alteração no âmbito das competências entre varas e juízos cíveis, decorrente da interpretação normativa desaplicada, configurar-se como simples decorrência de uma alteração de carácter processual, excluída do âmbito da "reserva de parlamento".

3.º
Termos em que deverá confirmar-se o juízo de inconstitucionalidade formulado pela decisão recorrida.» (fls. 93)

3. Devidamente notificado para o efeito, o recorrido deixou expirar o prazo legal, sem que viesse aos autos apresentar qualquer resposta.
Assim sendo, cumpre apreciar e decidir.

II — Fundamentação

4. Em primeiro lugar, importa delimitar a questão de constitucionalidade que está em causa nestes autos.
Se atentarmos no despacho proferido pela 3.ª Secção do 2.º Juízo Cível do Porto, deve concluir-se que se trata de saber se o artigo único da Portaria n.º 955/2006, de 13 de Setembro, em execução do comando legislativo expresso pelo n.º 1 do artigo 21.º do Decreto-Lei n.º 108/2006, de 8 de Junho, se encon-

tra ferido de inconstitucionalidade orgânica, na medida em que o Governo teria alterado a competência material dos tribunais judiciais — que, anteriormente à vigência daquela norma, cabia às varas cíveis —, em violação da reserva de competência legislativa da Assembleia da República [artigo 165.°, n.° 1, alínea *p*), da Constituição] e sem que dispusesse da competente autorização legislativa.

Vejamos então o teor das conclusões do próprio despacho:

«— "a competência originária para conhecer das acções declarativas cíveis de valor superior à alçada da Relação (ainda que por força da dedução de pedido reconvencional, cujo valor se soma ao da acção — artigo 308.°, n.° 2, do Código de Processo Civil), instauradas ao abrigo do regime processual civil experimental instituído pelo Decreto-Lei n.° 108/2006, pertence aos juízos cíveis";

— esta (nova) distribuição de competências decorre da entrada em vigor e da aplicação do artigo único da Portaria n.° 955/2006, de 13 de Setembro;

— dispõe a alínea *p*) do artigo 165.° (reserva relativa de competência legislativa) da Constituição da República Portuguesa: «É da exclusiva competência da Assembleia da República legislar sobre as seguintes matérias, salvo autorização ao Governo:

(*p*) Organização e competência dos tribunais e do Ministério Público e estatuto dos respectivos magistrados, bem como das entidades não jurisdicionais de composição de conflitos»;

— até à entrada em vigor da Portaria n.° 955/2006, de 13 de Setembro, a distribuição de competências entre os Juízos Cíveis do Porto e as Varas Cíveis do Porto era estabelecida pela Lei n.° 3/99, de 13 de Janeiro (Lei de Organização e Funcionamento dos Tribunais Judiciais);

— ao dispor sobre a distribuição de competências entre os Juízos Cíveis do Porto e as Varas Cíveis do Porto, o artigo único da Portaria n.° 955/2006, de 13 de Setembro, padece de inconstitucionalidade orgânica, por violação a alínea *p*) do artigo 165.° da Constituição da República Portuguesa;

— ao contrariar a distribuição de competências fixada pela Lei n.° 3/99, de 13 de Janeiro, o artigo único da Portaria n.° 955/2006, de 13 de Setembro, padece de ilegalidade;

— no caso dos autos, a aplicação do artigo único da Portaria n.° 955/2006, de 13 de Setembro, leva a uma designação do tribunal competente para a demanda diferente da que resulta da aplicação da Lei de Organização e Funcionamento dos Tribunais Judiciais;

— o tribunal deve recusar, no caso vertente, a aplicação da Portaria n.° 955/2006, de 13 de Setembro, devendo aplicar a Lei de Organização e Funcionamento dos Tribunais Judiciais e, por conseguinte, as normas de processo civil previstas no Código de Processo Civil experimentalmente revogadas pelo Decreto-Lei n.° 108/2006, de 8 de Junho;

— a acção vertente deverá ser tramitada desde o início da instância, na forma processual aplicável por força do disposto no Código de Processo

Civil, não sendo de anular qualquer acto processual praticado, por se adequarem todos à referida forma processual.

Decisão

Por todo o exposto, recusando a aplicação do artigo único da Portaria n.º 955/2006, de 13 de Setembro, com fundamento na sua inconstitucionalidade orgânica, julgo aplicável à acção vertente a forma de processo comum ordinária, prevista no artigo 461.º do Código de Processo Civil.» (fls. 42 e 43)»

A norma desaplicada é, pois, o artigo único da Portaria n.º 955/2006, de 13 de Setembro, e não o n.º 1 do artigo 21.º do Decreto-Lei n.º 108/2006, de 8 de Junho, pelo que será sobre a primeira que vai incidir o juízo deste Tribunal.

O artigo 21.º, n.º 1, do Decreto-Lei n.º 108/2006 é a norma habilitante da Portaria e dispõe o seguinte:

> "Artigo 21.º
> Aplicação no espaço
>
> 1 — O presente decreto-lei aplica-se nos tribunais a determinar por portaria do Ministro da Justiça.
> (...)"

Note-se ainda que o referido Decreto-Lei foi aprovado ao abrigo da competência legislativa partilhada do Governo [artigo 198.º, n.º 1, alínea *a)*, da Constituição], sem que tivesse havido prévia autorização legislativa da Assembleia da República.

Para execução de tal norma, a Portaria n.º 955/2006, de 13 de Setembro, determina, na alínea *b)* do seu artigo único, que o regime processual experimental previsto no Decreto-Lei n.º 108/2006, é aplicável, entre outros tribunais, nos Juízos Cíveis da comarca do Porto.

Ora, em função do valor do pedido (*in casu*, € 34 643,93), o autor da acção que corre nos autos recorridos instaurou-a perante as Varas Cíveis do Porto, invocando expressamente como aplicável o Regime Processual Experimental, mas a 1.ª Secção da 2.ª Vara Cível do Porto, a quem os autos foram distribuídos, julgou-se incompetente para dela conhecer, por despacho proferido em 19 de Setembro de 2008 (fls. 20 a 23), tendo remetido os autos aos Juízos Cíveis do Porto.

Por sua vez, confrontado com o preceito normativo *supra* aludido, a 3.ª Secção do 2.º Juízo Cível do Porto proferiu despacho cuja síntese acima se transcreveu, tendo-se considerado também incompetente.

5. O Tribunal Constitucional já teve oportunidade de se pronunciar sobre a constitucionalidade da norma ora em apreço (cfr. Acórdão n.º 69/08, de 31 de Janeiro de 2008, disponível in *www.tribunalconstitucional.pt*), mas fê-lo numa perspectiva totalmente diversa, qual seja a de aferição exclusiva da sua eventual inconstitucionalidade material, por violação do princípio da igualdade (artigo 13.º da Constituição). Naquele aresto, o Tribunal chegou, basicamente, à conclusão que a norma desaplicada pela decisão recorrida não se afigura como materialmente inconstitucional, por violação do princípio da igualdade (artigo 13.º da Constituição), na medida em que a natureza experimental do regime justifica a criação de uma desigualdade, mínima e razoável, de tratamento entre situações idênticas.

Não é, todavia, esta a questão de constitucionalidade que está em causa e nem os argumentos então invocados para fundamentar a não inconstitucionalidade do regime, designadamente a sua natureza experimental, podem ser transpostos para este caso.

Com efeito, a repartição de competências entre os órgãos de soberania constitucionalmente consagrada, bem como a reserva de competência parlamentar não podem ficar dependentes do carácter definitivo ou temporário do regime em apreço.

O critério que o Tribunal tem considerado, em jurisprudência firme e constante, como aferidor da inconstitucionalidade orgânica, por violação da reserva de competência da Assembleia da República (com a consequente exclusão da competência de outros órgãos) é o do carácter inovatório da norma.

6. Nos presentes autos, há que apreciar se a norma extraída do artigo único da Portaria n.º 955/2006, na parte em que determina que é aplicável o regime processual experimental aos Juízos Cíveis do Tribunal da comarca do Porto, padece de inconstitucionalidade orgânica por ter sido aprovada pelo Governo, sem prévia autorização legislativa da Assembleia da República.

Por outras palavras, a questão que se coloca é de saber se a norma *sub judice* procede, em termos inovatórios, ou não, à modificação da organização e competência dos tribunais.

Se a resposta for afirmativa, então o Governo só poderia ter legislado mediante autorização legislativa da Assembleia da República [artigo 165.º, n.º 1, alínea *p)*, da Constituição], não dispondo dela, a norma seria inconstitucional não só por violação da reserva de competência da Assembleia da República, mas também por violação da reserva de lei, dado que um acto regulamentar não poderia dispor sobre a matéria em causa.

Se a resposta for negativa (por exemplo, porque a norma se limita a regular a forma de processo), então não haverá inconstitucionalidade orgânica e o Governo tem competência para legislar e regular a matéria.

7. Antes de averiguar qual o sentido do artigo único da Portaria n.º 955/2006, vejamos, sinteticamente, qual o âmbito de aplicação do Decreto--Lei n.º 108/2006.

Nas palavras de Paula Costa e Silva "o Decreto-Lei n.º 108/2006 tem um âmbito de aplicação ambicioso. Segundo o seu artigo 1.º, ele aplicar-se-á a todas as acções declarativas comuns a que não corresponda processo especial e a acções especiais para o cumprimento de obrigações especiais emergentes de contratos" ("A ordem do juízo de D. João III e o regime processual experimental", in *Revista da Ordem dos Advogado*s, 2008, p. 258).

No mesmo sentido se pronuncia Luís Filipe Brites Lameiras, "independentemente do seu objecto ou do seu valor, todas as acções a que corresponderia o processo comum, ou apontada forma especial se vão agora reger pelas regras (únicas), constantes do Regime Processual Experimental" (*Comentário ao Regime Processual Experimental*, Coimbra, 2007, p. 16).

A extensão do âmbito de aplicação do Decreto-Lei é mais aparente do que real, uma vez que a Portaria n.º 955/2006, de 13 de Setembro, veio restringi-lo.

E parafraseando, novamente, Paula Costa e Silva "o Regime Processual Experimental, se foi pensado como podendo ter uma aplicação a todo o processo declarativo cível comum, tem o seu campo de aplicação restringido a quatro tribunais: juízo de competência especializada cível do Tribunal da comarca de Almada, Juízos cíveis do Tribunal da comarca do Porto, Juízos de pequena instância cível da comarca do Porto e Juízos de competência especializada cível do Tribunal da comarca do Seixal, cfr. Portaria n.º 955/2006, de 13 de Setembro)".

8. Decorre claramente do preâmbulo da Portaria que ela se destina a determinar quais os tribunais que, em concreto, aplicam o regime processual civil de natureza experimental, criado pelo Decreto-Lei n.º 108/2006, aplicável às acções declarativas cíveis entradas a partir de 16 de Outubro de 2006.

A Portaria não se destina pois a regular a competência — âmbito de jurisdição — de um concreto tribunal, mas antes a fixar, de entre os tribunais da ordem jurídica portuguesa, quais os que, no âmbito das suas competências legais, e sublinhe-se, que é apenas no âmbito das competências que a lei lhes atribui — as devem exercer aplicando um regime processual especial — o regime processual experimental.

Segundo o diploma — e para o que *in casu* nos interessa — os Juízos Cíveis do Tribunal da comarca do Porto tramitarão acções, por aplicação do regime processual experimental, a que, até à data da sua entrada em vigor, se aplicava uma forma de processo comum. Nada se diz no diploma quanto à competência dos tribunais, pelo que não se confere nenhuma competência aos juízos cíveis para tramitarem acções que ultrapassem a alçada da Relação.

9. Aliás, a competência dos tribunais continua a estar fixada na Lei de Organização e Funcionamento dos Tribunais Judiciais (LOFTJ) — a Lei n.º 3/99, de 13 de Janeiro. Assim, o artigo 97.º fixa a competência das varas cíveis, o artigo 99.º estabelece a competência dos juízos cíveis e o artigo 101.º determina a competência dos juízos de pequena instância cível, os quais devem julgar por aplicação da lei geral e isso não é alterado pela Portaria em análise.

A Portaria não confere, portanto, a varas cíveis competências que pertençam a juízos cíveis, nem vice-versa. Ou seja, a Portaria não desloca, em termos inovatórios, a competência de uns tribunais para outros.

Com efeito, com a aprovação do Decreto-Lei que instituiu o regime processual experimental somente se pretendeu "criar um regime de tramitação simples e flexível, conferindo ao juiz um papel determinante na direcção do processo, permitindo-lhe dentro de certos limites e em colaboração com as partes, que prescinda de actos que considere inúteis ou desadequados e que pratique outros que julgue apropriados" (Susana Antas Videira, "Regime processual civil experimental — algumas considerações do ponto de vista jurídico-constitucional", *Scientia Jurídica*, 2007, pp. 105 e 106).

Ou seja, pretendeu-se criar uma forma de processo única sujeita ao princípio da gestão, aplicável a todos os tribunais cíveis a que não caiba regime especial. Trata-se de uma tramitação flexível que funciona como uma espécie de paradigma e que não deve prejudicar o dever de gestão processual. Esta tramitação única será tendencialmente aplicável aos processos a que actualmente se aplica a forma de processo declarativo comum, consequentemente o elemento relevante para o mencionado Decreto-Lei é a forma de processo e não a competência do tribunal.

Como afirma Mariana França Gouveia, "(...) nota positiva é a eliminação do diploma de diferenças de regime em função do valor da causa". Trata-se de "um tipo de processo que não distingue em função do valor da causa". (*Regime Processual Experimental, Anotado*, Coimbra, 2006, pp. 30 e 31).

Se, porventura, a portaria tivesse vindo fixar que as varas ou os juízos de pequena instância tramitariam as acções, segundo o regime processual experimental, estaria dispondo que os tribunais com competência de valor superior à alçada da Relação — as Varas — ou tribunais cujo valor da acção se contivesse até à alçada de primeira instância — juízos de pequena instância — tramitariam as causas, não por aplicação da forma de processo ordinário ou sumaríssima, respectivamente, mas de acordo com a forma prevista no regime processual experimental.

E nem a vocação universal do Decreto-Lei, no que respeita à forma de processo, colide com as já referidas competências dos tribunais cíveis fixadas na LOFTJ.

A norma do artigo único da Portaria n.º 955/2006, de 13 de Setembro, interpretada com o sentido que acabámos de ver, não bole com a organização e competência dos tribunais, mas antes com a tramitação processual, pelo que não se enquadra na matéria de reserva relativa da Assembleia da República nem de reserva de lei.

Em suma, a norma do artigo único da Portaria n.º 955/2006, de 13 de Setembro, não é inconstitucional.

III — Decisão

Pelos fundamentos expostos, decide-se conceder provimento ao recurso. Sem custas, por não serem legalmente devidas.

Lisboa, 18 de Novembro de 2009. — *Ana Maria Guerra Martins* — *Maria Lúcia Amaral* — *Vítor Gomes* — *Carlos Fernandes Cadilha* — *Gil Galvão.*

Anotação:

1 — Acórdão publicado no *Diário da República*, II Série, de 29 de Dezembro de 2009.
2 — O Acórdão n.º 69/08 está publicado em *Acórdãos*, 71.º Vol..

ACÓRDÃO N.º 593/09

DE 18 DE NOVEMBRO DE 2009

Confirma decisão sumária que não julgou inconstitucional a norma do artigo 1842.º, n.º 1, alínea *a)*, do Código Civil, na medida em que limita a possibilidade de impugnação, a todo o tempo, pelo presumido progenitor, da sua paternidade.

Processo: n.º 783/09.
Recorrente: João Inácio Baptista Pragana.
Relator: Conselheiro Benjamim Rodrigues.

SUMÁRIO:

I — A decisão sumária reclamada — tendo em conta que o Tribunal Constitucional já se tinha pronunciado sobre idêntica questão a propósito da norma do artigo 1842.º, n.º 1, alínea *a)*, do Código Civil (anterior redacção) — concluiu que o juízo de não inconstitucionalidade lavrado no Acórdão n.º 589/07 mantinha plena justificação em face da concreta configuração do objecto do recurso em causa, tendo considerado não ser constitucionalmente imposto a ausência de limitação temporal, por prazo de caducidade, no que concerne à impugnação da paternidade pelo presumido progenitor.

II — Como o reclamante se limita a afirmar a sua discordância com tal decisão sumária, nada alegando sobre os motivos ou fundamentos da sua não conformação, tem de considerar-se a reclamação apresentada como inepta.

Acordam, em Conferência, na 2.ª Secção do Tribunal Constitucional:

I — Relatório

1 — João Inácio Baptista Pragana, recorrido nos autos, vem reclamar para a conferência, sob a alegação do disposto no n.º 3 do "artigo 87.º-A da Lei do

Tribunal Constitucional", querendo, todavia, dizer-se "artigo 78.°-A da Lei do Tribunal Constitucional", da decisão sumária proferida pelo relator, no Tribunal Constitucional, que decidiu "não julgar inconstitucional a norma do artigo 1842.°, n.° 1, alínea *a)*, do Código Civil, na medida em que limita a possibilidade de impugnação, a todo o tempo, pelo presumido progenitor, da sua paternidade" e "conceder provimento aos recursos, determinando-se a reforma da decisão recorrida na parte especificamente referida à questão de constitucionalidade".

2 — No requerimento da sua reclamação, o reclamante limita-se a invocar que "não se conforma com o teor" da decisão sumária, nada dizendo sobre os fundamentos dessa discordância.

3 — Tanto o recorrente Ministério Público, este através do Procurador-
-Geral Adjunto no Tribunal Constitucional, como os recorrentes Domingas dos Santos Guerreiro e Humberto José dos Santos Guerreiro Baptista responderam, defendendo o indeferimento da reclamação, desde logo pela sua completa falta de fundamentos.

4 — A decisão sumária reclamada tem a seguinte redacção:

"1 — O Representante do Ministério Público, junto do Supremo Tribunal de Justiça, e Domingas dos Santos Guerreiro e outro recorrem para o Tribunal Constitucional ao abrigo do disposto no artigo 70.°, n.° 1, alínea *a)*, da Lei n.° 28/82, de 15 de Novembro, na sua actual redacção (LTC), pretendendo ver sindicada a constitucionalidade da norma do artigo 1842.°, n.° 1, alínea *a)*, do Código Civil, na redacção dada pela Lei n.° 14/2009, de 1 de Abril, cuja aplicação foi recusada com fundamento em inconstitucionalidade "na medida em que é limitador[a] da possibilidade de impugnação, a todo o tempo, pelo presumido progenitor, da sua paternidade".

2 — A decisão recorrida tem o seguinte teor:

«[...]
3. O Direito.

O Acórdão do Tribunal Constitucional n.° 23/06, de 10 de Janeiro, declarou inconstitucional, com força obrigatória geral, a norma do n.° 1 do artigo 1817.° do Código Civil, que prevê a extinção, por caducidade, do direito de investigar a paternidade a partir dos 20 anos de idade do filho, conforme o artigo 26.°, n.° 1, da Constituição, reconhecendo que o direito do filho ao apuramento da paternidade biológica é uma dimensão do "direito fundamental à identidade pessoal".

Tratando-se de estabelecer a paternidade, invoca-se o direito à identidade, na vertente de se saber de onde se vem, ou de quem se vem, dos artigos 25.°, n.° 1, e 26.°, n.° 1, da Constituição, que não seria devidamente acautelado se a acção que o concretiza estivesse sujeita ao dito prazo de caducidade.

No recurso que cumpre apreciar, a questão que se coloca é a de saber se esta doutrina é aplicável às acções de impugnação da paternidade, que, no artigo 1842.º, n.º 1, alíneas *a)*, *b)* e *c)*, do Código Civil, estão sujeitas a diversos prazos de caducidade, consoante sejam propostas, respectivamente, pelo marido, pela mãe, ou pelo filho.

Ou, dito por outras palavras, a questão nuclear a decidir circunscreve-se a indagar se caduca ou não o direito de acção por parte do progenitor, constante do registo de nascimento, pelo decurso do prazo previsto no artigo 1842.º, n.º 1, alínea *a)*, do Código Civil, quando se encontre cientificamente comprovado que o demandado não é seu descendente.

No acórdão recorrido concluiu-se pela inconstitucionalidade da citada disposição legal, sufragando-se, essencialmente, o argumento de que, perante a "verdade biológica", trazida aos autos pelo exame de ADN efectuado e que excluiu a paternidade do autor, não relevam os prazos que a lei imponha para o exercício do direito de acção, constante do mencionado normativo legal, por ofender o direito com guarida constitucional à "identidade pessoal", constante das disposições dos artigos 25.º, 26.º, n.º 1, e 18.º, n.º 2, da Constituição da República Portuguesa.

O acórdão recorrido, no aludido juízo de inconstitucionalidade, foi, fundamentalmente, buscar apoio à posição que vem sendo defendida pelo Tribunal Constitucional, no que se refere ao disposto no artigo 1817.º do Código Civil e no que concerne ao prazo de propositura das acções de investigação de paternidade, tendo sido considerado que os respectivos pressupostos teriam inteira aplicação ao caso concreto.

Contudo, os artigos 1817.º e 1842.º, n.º 1, alínea *a)*, do Código Civil, foram alterados pela Lei n.º 14/2009, de 1 de Abril.

Esta Lei, que entrou em vigor no dia seguinte ao da sua publicação (artigo 2.º) e se aplica aos processos pendentes à data da sua entrada em vigor (artigo 3.º) e, portanto, ao caso ajuizado, alargou, de dois para três anos, o prazo para que o marido pudesse intentar a acção de impugnação de paternidade, prazo esse contado desde o conhecimento de circunstâncias de que pudesse concluir-se a sua não paternidade.

A par desta alteração, também o artigo 1817.º do mesmo diploma legal (aplicável às acção de investigação de paternidade, por força do disposto no artigo 1873.º) sofreu alterações, estas mais profundas, na medida em que, nos termos do seu n.º 1, a acção de investigação de maternidade passou a poder ser proposta durante a menoridade do investigante ou nos dez anos posteriores à sua maioridade ou emancipação, quando, na redacção anterior, este último prazo era apenas de dois anos.

Deste modo, concordando-se embora com a argumentação da Relação e com a conclusão a que chegou, importa saber se as mesmas são válidas face à nova redacção dessas disposições legais.

No Acórdão do Tribunal Constitucional n.º 23/06, de 10 de Janeiro, pese embora a tese defendida pelo ali recorrente de que qualquer caducidade da acção de investigação de paternidade era inconstitucional, o que estava em causa não era "qualquer imposição constitucional de uma ilimitada (...) averiguação da verdade biológica da filiação", pelo que, como aí se salienta, não constituía objecto do processo apurar se a imprescritibilidade da acção correspondia à única solução constitucionalmente conforme. O que estava em causa era apenas o concreto limite temporal previsto no artigo 1817.º, n.º 1, do Código Civil, de dois anos a contar da maioridade ou emancipação, portanto, no máximo, os 20 anos de idade do investigante.

Portanto, só sobre aquele limite temporal de dois anos posteriores à maioridade ou emancipação e não sobre a possibilidade de qualquer outro limite se projectou o juízo de inconstitucionalidade do Tribunal Constitucional, embora se acentue claramente a ideia da imprescritibilidade das acções de reconhecimento de um estado pessoal, por um indeclinável respeito pelo direito fundamental à identidade pessoal consagrado no n.º 1 do artigo 26.º da Constituição da República.

Como se refere no referido aresto, a tese segundo a qual a norma em questão (na versão anterior à introduzida pela Lei n.º 14/2009) não era inconstitucional não se baseava na existência de um direito fundamental ao conhecimento da paternidade biológica ou na exclusão deste direito do âmbito de protecção do direito fundamental à identidade pessoal, reconhecendo-se, antes, que o direito do filho ao apuramento da paternidade biológica é uma dimensão deste direito fundamental.

Simplesmente, admitia-se que outros valores, como os relativos à certeza e à segurança jurídicas, podiam intervir na ponderação dos interesses em causa, "comprimindo a revelação da verdade biológica".

Por outro lado, da perspectiva do pai, invocava-se também, por vezes, o seu direito à reserva da intimidade da vida privada e familiar: tal intimidade poderia ser perturbada, sobretudo, se a revelação fosse muito surpreendente, por circunstâncias ligadas à pessoa do suposto pai ou pelo decurso do tempo, e poderia mesmo afectar o agregado familiar do visado.

Ou, como referem Pires de Lima e Antunes Varela (*Código Civil Anotado*, V volume, p. 83), "a favor da limitação do prazo para a instauração da acção de reconhecimento judicial da paternidade invocaram alguns autores duas razões fundamentais: por um lado, a dificuldade e os riscos da prova relativa à matéria da filiação em acções muito diferidas; por outro, a situação de incerteza e de ameaça mantida por demasiado tempo sobre o pretenso progenitor e seus familiares".

Mas a principal razão que determinou a nova solução de 1966, e certamente pesou na sua manutenção pela reforma de 1977, "foi a tal consideração ético-pragmática de combate à investigação como puro instrumento de caça à herança paterna e de estímulo à determinação da paternidade (...) em tempo socialmente útil".

Estas justificações, como é salientado no Acórdão do Tribunal Constitucional que vimos referindo, actualmente, perderam a sua relevância, pois que "os avanços científicos permitiram o emprego de testes de ADN com uma fiabilidade próxima da certeza — probabilidades bioestatísticas superiores a 99,5% — e, por este meio, mesmo depois da morte é hoje, muitas vezes, possível estabelecer, com grande segurança, a maternidade e a paternidade".

"Não é, pois, o valor da certeza objectiva da identidade pessoal que está em causa, mas antes a segurança para sujeitos ou pessoas concretas — designadamente o interesse do pretenso progenitor... em não ver indefinida ou excessivamente protelada uma situação de incerteza quanto à sua paternidade, bem como o interesse, sendo o caso, da paz e harmonia da família conjugal constituída pelo pretenso pai, a que se junta o argumento de que as acções de investigação visam frequentemente fins tão-só patrimoniais (de "caça à herança")".

Porém, no que toca a este último argumento, "o móbil do investigante pode bem ser apenas esclarecer a existência do vínculo familiar, chamar o progenitor a assumir a sua responsabilidade e descobrir o lugar no sistema do parentesco para deixar de estar só. Isto, mesmo em momentos em que não tenha pretensões patrimoniais, por não poder deduzir pretensões de natureza alimentar e não ter ainda previsivelmente expectativas sucessórias".

"Acresce que o argumento se situa num plano predominante patrimonial, não podendo ser decisivo ante o exercício de uma faculdade personalíssima, constituinte clara da identidade pessoal, como a de averiguar quem é o seu progenitor".

Quanto ao interesse do pretenso progenitor em não ver indefinida ou excessivamente protelada a dúvida quanto à sua paternidade, "não deve sobrevalorizar-se no confronto com bens constitutivos da personalidade".

Estas razões mostram-se também equacionadas na doutrina de Guilherme de Oliveira Vide ("Caducidade das acções de investigação", in *Lex Familiae, Revista Portuguesa de Direito de Família*, n.º 1, 2004, pp. 7 e segs.), citado no acórdão do Supremo Tribunal de Justiça, de 31 de Janeiro de 2007, in *www.dgsi.pt* (Relator Borges Soeiro).

Refere este autor que «o "direito fundamental à identidade pessoal" e o "direito fundamental à integridade pessoal" ganharam uma dimensão mais nítida, como, ainda, "o direito ao desenvolvimento da personalidade", introduzido pela revisão constitucional de 1997 — um direito de conformação da própria vida, um direito de liberdade geral de acção cujas restrições têm de ser constitucionalmente justificadas, necessárias e proporcionais. É certo que tanto o pretenso filho como o suposto progenitor têm direito a invocar este preceito constitucional, mas não será forçado dizer que ele pesa mais do lado do filho, para quem o exercício do direito de investigar é indispensável para determinar as suas origens, a sua família (...) a sua "localização" no sistema de parentesco».

E, mais recentemente, Pereira Coelho e Guilherme de Oliveira (*Curso de Direito de Família*, volume II, tomo I, 2006, p. 139) sustentam que os tempos correm a favor da imprescritibilidade das acções de filiação, a propósito da caducidade do direito a investigar a paternidade.

E, afirmam: "não tem sentido, hoje, acentuar o argumento do enfraquecimento das provas; e não pode atribuir-se o relevo antigo à ideia de insegurança prolongada, porque este prejuízo tem de ser confrontado com o mérito do interesse e do direito de impugnar a todo o tempo, ele próprio tributário da tutela dos direitos fundamentais à identidade e ao desenvolvimento da personalidade. Diga-se, numa palavra, que o respeito puro e simples pela verdade biológica sugere claramente a imprescritibilidade".

Também no Acórdão do Tribunal Constitucional n.º 609/07, de 11 de Dezembro de 2007, versando sobre a hipótese da acção de impugnação ser movida pelo filho maior ou emancipado, se afirma que "as razões que estiveram na origem da declaração da inconstitucionalidade do mencionado artigo 1817.º, n.º 1, do Código Civil, estão, outrossim, para a disposição contida no artigo 1842.º, n.º 1, alínea c), do mesmo Código. Não se antevê que o mencionado prazo de caducidade se justifique, quer dizer, que seja necessário e proporcional face aos valores que estão em causa, sempre que uma questão de filiação é colocada e que se afaste a possibilidade do direito ser conforme à realidade em homenagem a essas restrições".

Nesta decisão, o direito constitucional a salvaguardar é, por isso, também o direito à identidade, mas sem se fazer distinções entre as situações de investigação e as de impugnação, ou seja, como refere, "sempre que uma questão de filiação é colocada".

É certo que a decisão em apreço, como é sublinhado no acórdão de 21 de Fevereiro de 2008, in *www.dgsi.pt*, deste tribunal e secção (Relator Bettencourt de Faria) tratava apenas da hipótese da acção de impugnação ser movida pelo filho maior ou emancipado, sendo unicamente em relação a esta modalidade que declarou a inconstitucionalidade do prazo de caducidade. Contudo, as razões aduzidas devem valer também para o caso do autor da impugnação ser o pai. Com efeito, ainda aqui, para além do autor defender um direito próprio à verdade biológica em matéria de paternidade, está também a garantir um direito à identidade do presumido filho, apesar deste se apresentar, processualmente, como réu.

É, portanto e sempre, uma "questão de filiação", nos termos referidos no citado acórdão.

Julgamos, assim, que o respeito puro e simples pela verdade biológica sugere claramente a imprescritibilidade não só do direito de investigar como do de impugnar.

"A procura da identidade pessoal passa não apenas pela eliminação de uma paternidade que não é mas também pelo reconhecimento do pai cujo seja" (acórdão do Supremo Tribunal de Justiça, de 3 de Julho de 2008, in *www.dgsi.pt* — Relator Pires da Rosa).

Com efeito, o "direito fundamental à identidade pessoal" e o "direito fundamental à integridade pessoal", ganhando uma dimensão mais nítida, como, ainda, "o direito ao desenvolvimento da personalidade", leva, em si, a que não se coloquem desproporcionadas restrições aos direitos fundamentais consubstanciados na aludida identidade pessoal e ao desenvolvimento da personalidade, pelo que as razões que estiveram na origem da declaração da inconstitucionalidade do mencionado artigo 1817.º, n.º 1, do Código Civil, estão, outrossim, para a disposição contida no artigo 1842.º, n.º 1, alínea a), do mesmo Código, mesmo na actual redacção.

Na verdade, não pode atribuir-se o relevo antigo à ideia de insegurança prolongada, porque este prejuízo tem de ser confrontado com o mérito do interesse e do direito de impugnar a todo o tempo, ele próprio tributário da tutela dos direitos fundamentais à identidade e ao desenvolvimento da personalidade.

Assim, o respeito puro e simples pela verdade biológica sugere claramente a imprescritibilidade.

Essa verdade biológica consubstancia-se num "direito de conformação da própria vida, um direito de liberdade geral de acção cujas restrições têm de ser constitucionalmente justificadas, necessárias e proporcionais".

Ora, não se antevê que o mencionado prazo de caducidade se justifique, seja necessário e proporcional face aos valores que estão em causa, sempre que uma questão de filiação é colocada e que se afaste a possibilidade do direito ser conforme à realidade em homenagem a essas restrições.

A valorização dos direitos fundamentais da pessoa, como o de saber quem é e de onde vem, na vertente da ascendência genética, e a inerente força redutora da verdade biológica fazem-na prevalecer sobre os prazos de caducidade para as acções de estabelecimento de filiação.

"As razões de segurança jurídica, fundadas na paz social que advêm de um quadro jurídico-familiar estabilizado, mesmo que não correspondendo à verdade biológica, deixam de fazer sentido perante o devir social. É este bem um caso que ilustra que a vida flui como areia por entre os dedos da lei. O que hoje causaria mais alarme social, quando os testes de ADN são de fácil acesso, mesmo fora do âmbito da Justiça, é que esta fosse incapaz de reconduzir a sua verdade à verdade dos genes que de todos pode ser conhecida. Tratar-se-á de uma nova ética, mas, no fundo, reconduz-se à ética primordial do primado da família ou comunidade natural. E isto sobreleva perante o "escândalo" de uma situação familiar com, porventura, dezenas de anos vir a ser "abalada", por uma impugnação, que, pelo que já consignámos, nunca deve ser considerada tardia" (vide acórdão citado, de 21 de Fevereiro de 2008).

Assim, o prazo previsto no artigo 1842.º, n.º 1, alínea *a*), do Código Civil, mesmo na actual redacção, na medida em que é limitador da possibilidade de impugnação, a todo o tempo, pelo presumido progenitor, da sua paternidade, é inconstitucional.»

3 — Tendo em conta que o Tribunal Constitucional já se pronunciou sobre idêntica questão a propósito da sindicância da norma do artigo 1842.º, n.º 1, alínea *a*), do Código Civil, decide-se, ao abrigo do disposto no artigo 78.º-A, n.º 1, da Lei do Tribunal Constitucional, conhecer imediatamente do pedido, cumprindo esclarecer, no entanto, que apesar da recusa de aplicação da referida norma se reportar à redacção em vigor — que alargou de dois para três anos o prazo para que o marido pudesse intentar a acção de impugnação da paternidade —, os fundamentos normativos subjacentes ao juízo de inconstitucionalidade foram já ponderados por este Tribunal uma vez que para o Supremo Tribunal de Justiça o juízo de inconstitucionalidade da norma sindicanda repousa na impossibilidade de impugnação da paternidade a todo o tempo.

4 — No Acórdão n.º 589/07 (disponível em *www.tribunalconstitucional.pt*), este Tribunal equacionou a conformidade constitucional da norma do artigo

1842.º, n.º 1, alínea *a)*, do Código Civil, enquanto dela resulta a previsão de um prazo de caducidade de dois anos relativamente às acções de impugnação de paternidade a intentar pelo marido da mãe, "contados desde que teve conhecimento de circunstâncias de que possa concluir-se a sua não paternidade".

Esse aresto julgou a norma não inconstitucional tendo em conta a seguinte fundamentação:

> "(...)
>
> 2. O acórdão recorrido desaplicou a norma do artigo 1842.º, n.º 1, alínea *a)*, do Código Civil, que estipula um prazo de caducidade para a acção de impugnação de paternidade, por considerar como válidas para esse caso as considerações explanadas na mais recente jurisprudência constitucional relativamente à norma do artigo 1817.º, n.º 1, do mesmo Código, quando aplicável, por força do artigo 1873.º, à acção de investigação de paternidade.
>
> Para além de outras especificações que para o caso não interessa considerar, dispõe esse artigo 1817.º, no seu n.º 1, que «[A] acção de investigação de maternidade só pode ser proposta durante a menoridade do investigante ou nos dois primeiros anos posteriores à sua maioridade ou emancipação». O n.º 2 fixa ainda, para a propositura da mesma acção, o prazo de um ano a contar da rectificação, declaração de nulidade ou cancelamento do registo inibitório, contanto que a remoção do obstáculo tenha sido requerida até ao termo do prazo estabelecido no número anterior.
>
> O Tribunal Constitucional começou por se pronunciar no sentido da conformidade constitucional dessas normas, enquanto estabelecem uma limitação temporal ao exercício do direito a ver judicialmente estabelecida a paternidade (cfr. Acórdãos n.ºs 99/88 — *Diário da República*, II Série, de 22 de Agosto de 1988, 413/89 — *Diário da República*, II Série, de 15 de Setembro de 1989, 451/89 — *Diário da República*, II Série, de 21 de Setembro de 1989, 311/95 — inédito, e 506/99 — *Diário da República*, II Série, de 17 de Março de 2000).
>
> Nesses arestos, a previsão de um prazo para a instauração da acção de investigação de paternidade e a fixação do respectivo termo *a quo* de acordo com um critério objectivo (por referência à maioridade ou emancipação do investigante) foi considerada como legítima por razões de certeza e segurança que visavam evitar a manutenção de uma situação de pendência ou dúvida acerca da filiação por períodos excessivamente longos.
>
> Posteriormente, porém, o Acórdão n.º 456/03, tendo por objecto a apreciação da constitucionalidade do n.º 2 do artigo 1817.º, teve em atenção a configuração particular de um caso em que o vínculo de filiação juridicamente estabelecido acabou por se extinguir por efeito da declaração de procedência de uma acção de impugnação da paternidade, que foi instaurada, por quem constava do registo como pai, muito depois de transcorrido o prazo que aquele preceito fixava para a proposição da acção de investigação de paternidade.
>
> Ponderou-se, nesse caso, que o filho, no período em que, de acordo com o teor literal da lei, podia instaurar a acção de investigação de paternidade, encon-

trava-se numa situação em que tinha o vínculo de filiação estabelecido de forma incontestada, e que não dispunha, por isso, de qualquer fundamento para interpor uma acção de investigação de paternidade.

Nesse contexto, entendeu-se que a consagração de limites ao exercício do direito a ver reconhecida a filiação natural torna-se constitucionalmente inadmissível, no ponto em que inutiliza, em relação ao autor da acção de investigação da paternidade, o direito à identidade pessoal, entendido, no seu conteúdo essencial, do direito de qualquer pessoa tomar conhecimento da sua ascendência, nomeadamente, da sua filiação natural (artigo 26.º da Constituição).

Mais recentemente, o Tribunal Constitucional veio a declarar a inconstitucionalidade do regime geral do artigo 1817.º, n.º 1, do Código Civil, através do Acórdão n.º 486/04, de 7 de Junho, por violação das disposições conjugadas dos artigos 26.º, n.º 1, 36.º, n.º 1, e 18.º, n.º 2, da Constituição, aresto que, tendo sido passível de recurso com fundamento em oposição de julgados (tendo em conta a anterior orientação jurisprudencial quanto a essa matéria), foi confirmado em Plenário pelo Acórdão n.º 11/05, de 12 de Janeiro.

Sucede ainda que a referida norma, enquanto prevê a extinção, por caducidade, do direito de investigar a paternidade a partir dos 20 anos de idade do filho, foi declarada inconstitucional, com força obrigatória geral, pelo Acórdão n.º 23/06, de 10 de Janeiro, na sequência de um pedido nesse sentido formulado pelo Procurador-Geral da República, por entretanto a mesma norma ter sido julgada inconstitucional, em fiscalização concreta, em mais de três casos concretos (além dos referidos Acórdãos n.ºs 486/04, da 2.ª Secção, e 11/05, do Plenário, também nas Decisões Sumárias n.ºs 114/05, de 9 de Março, e 288/05, de 4 de Agosto).

O entendimento jurisprudencial que se firmou no sentido da inconstitucionalidade da norma do artigo 1817.º, n.º 1, do Código Civil, enquanto limita aos dois primeiros anos posteriores à maioridade ou emancipação a possibilidade de o interessado, sem paternidade estabelecida, interpor uma acção de investigação de paternidade, parte do parâmetro constitucional que resulta do n.º 1 do artigo 26.º da Constituição, reconhecendo que o direito do filho ao apuramento da paternidade biológica é uma dimensão do «direito fundamental à identidade pessoal».

Não deixando de pôr em relevo as razões que justificaram *de jure constituto* a previsão de um prazo limitativo da acção de investigação e que se prendem com a segurança jurídica dos pretensos pais e seus herdeiros (visando prevenir o prolongamento de uma situação de indefinição quanto ao estabelecimento dos vínculos de filiação), com o progressivo "envelhecimento" ou perecimento das provas (considerando que a passagem do tempo potencia o perigo de falibilidade da prova testemunhal, aumentando a possibilidade de fraude), e ainda com o risco de aproveitamento meramente egoístico por parte do investigante (quando apenas pretenda utilizar a acção para aceder, por sucessão, aos meios de fortuna que pertençam ao pretenso pai), a citada jurisprudência chama particularmente à atenção para novos elementos sociológicos e técnico-científicos que tornam justificável uma evolução nas soluções legislativas e doutrinais.

A este propósito, no citado Acórdão n.º 486/04, que constitui a matriz da orientação jurisprudencial que tem sido adoptada em relação ao prazo de caducidade fixado na referida da norma do artigo 1817.º, n.º 1, do Código Civil, afirmou-se o seguinte:

Com efeito, tem-se verificado uma progressiva, mas segura e significativa, alteração dos dados do problema, constitucionalmente relevantes, a favor do filho e da imprescritibilidade da acção — designadamente, com o impulso científico e social para o conhecimento das origens, os desenvolvimentos da genética, e a generalização de testes genéticos de muito elevada fiabilidade. Esta alteração não deixa incólume o equilíbrio de interesses e direitos, constitucionalmente protegidos, alcançado há décadas, e sancionado também pela jurisprudência, empurrando-o claramente em favor do direito de conhecer a paternidade.

Grande parte da responsabilidade vai, aqui, para o peso dos exames científicos nas acções de paternidade e para a alteração da estrutura social e da riqueza, levando a encarar a outra luz a dita "caça às fortunas". Mas nota-se também um movimento científico e social em direcção ao conhecimento das origens, com desenvolvimentos da genética, nos últimos vinte anos, que têm acentuado a importância dos vínculos biológicos (mesmo se, porventura, com exagero no seu determinismo). O desejo de conhecer a ascendência biológica tem sido tão acentuado, que se assiste a movimentações no sentido de afastar o segredo sobre a identidade dos progenitores biológicos, mesmo para os casos de reprodução assistida (cuja consideração está, evidentemente, fora do âmbito do presente recurso), tendo até, entre nós, sido já aprovada uma proposta de lei (a Proposta n.º 135/VII, in *Diário da Assembleia da República*, I Série, n.º 95 de 18 de Junho de 1999, pp. 3439-3440 e 3459-3460) que previa a possibilidade de as pessoas nascidas em resultado da utilização de técnicas de procriação medicamente assistida obterem, após a maioridade, informações sobre a identidade dos seus progenitores genéticos (só não tendo entrado em vigor por ter sido objecto de veto político pelo Presidente da República).

Não deve, igualmente, ignorar-se a valorização da verdade e da transparência, com a possibilidade de acesso a informação e dados pessoais e do seu controlo, com a promoção do valor da pessoa e da sua "auto-definição", que inclui, inevitavelmente, o conhecimento das origens genéticas e culturais. A partir de 1997, consagrou-se, aliás, expressamente um "direito ao desenvolvimento da personalidade" no artigo 26.º da Constituição (Paulo Mota Pinto, "O direito ao livre desenvolvimento da personalidade", in *Portugal-Brasil, ano 2000*, Coimbra, 2000), comportando dimensões como a liberdade geral de acção e uma cláusula de tutela geral da personalidade. E, se tanto o pretenso filho como o suposto progenitor podem invocar este preceito constitucional, não é excessivo dizer-se que ele "pesa" mais do lado do filho, para quem o exercício do direito de investigar é indispensável para determinar as suas origens.

Neste plano de avaliação, o Acórdão que vimos de acompanhar passa a desvalorizar as considerações de ordem ético-pragmática (já há pouco sintetizadas) que têm servido de fundamento à conveniência do estabelecimento de um limite temporal para a propositura de acções de investigação.

Assim, e em relação aos riscos da prova relativa à matéria da filiação, quando a introdução da acção em juízo possa ser diferida no tempo, pondera-se agora que essa justificação não é de todo relevante face aos avanços científicos que têm permitido o emprego generalizado de testes de ADN com uma fiabilidade próxima da certeza e que torna possível estabelecer com grande segurança o vínculo de maternidade ou de paternidade. Também o risco de instrumentalização da acção de investigação, na perspectiva de que o investigante poderia ser motivado a agir por razões puramente patrimoniais (quando pudesse intentar a acção a qualquer tempo) tem hoje de ser avaliado à luz de uma nova realidade sociológica em que entra em linha de conta a recomposição do tecido social e de distribuição de riqueza, a ponto de não poder retirar-se a ilação de que o filho, apenas porque não tem definido o seu vínculo de filiação, se encontra numa situação de inferioridade económica e social em relação ao pretenso progenitor, que, por si, possa estimular o recurso à acção apenas com o intuito de obter um direito à herança paterna. A que acresce agora, também, uma mais forte consciencialização dos direitos de personalidade, por parte dos cidadãos, e, em especial, do direito à identidade pessoal, que poderá ter um peso mais significativo, no impulso processual, do que a simples expectativa sucessória. Por fim, entende-se também que o interesse do pretenso progenitor em libertar-se da situação de incerteza quanto à existência de um vínculo de paternidade, que redunda numa garantia de segurança jurídica, não tem um valor decisivo quando colocado em confronto com bens constitutivos da personalidade, e não pode merecer uma protecção superior àquela que deve ser conferida a um direito eminentemente pessoal, como é o de conhecimento da identidade dos progenitores.

Foram estes argumentos que, em tese geral, foram acolhidos no Acórdão ora recorrido e que, com a colocação da tónica no princípio da verdade biológica, vieram a determinar a formulação de um juízo de inconstitucionalidade também em relação à norma do artigo 1842.°, n.° 1, alínea *a*), do Código Civil, no ponto em que fixa, em relação ao marido da mãe, um prazo de dois anos para a propositura da acção de impugnação de paternidade contado do momento do conhecimento de circunstâncias de que possa concluir-se a sua não paternidade.

A questão que se coloca no presente processo é, pois, a de saber se as considerações que conduziram o Tribunal Constitucional a declarar a inconstitucionalidade da norma do artigo 1817.°, n.° 1, do mesmo Código, aplicável à acção de investigação de paternidade, são plenamente transponíveis para a apreciação do prazo de caducidade previsto naquela outra disposição legal, que, diferentemente, se refere à propositura de acção de impugnação de paternidade.

3. Antes de mais, afigura-se necessário sublinhar — tal como faz o Ex.mo Magistrado do Ministério Público na sua alegação — que as acções com incidência no estabelecimento da paternidade estão subordinadas a um regime jurídico diferenciado, mormente no tocante aos prazos de caducidade.

Quanto ao reconhecimento judicial da paternidade, através da falada acção de investigação, o artigo 1869.º atribui legitimidade activa apenas ao filho, que, nos termos do artigo 1817.º (por via da remissão operada pelo artigo 1873.º) poderia propor a acção durante a menoridade ou nos dois primeiros anos posteriores à sua maioridade ou emancipação. O prazo limite, que corresponde, em regra, ao momento em que o investigante atinge 20 anos de idade, é estritamente objectivo, na medida em que se conta a partir de um evento pré-determinado (o momento em que o investigante atinge a plena capacidade jurídica) e que torna irrelevante, em princípio, um conhecimento subjectivo tardio do vínculo biológico em que assenta a filiação que o filho pretende estabelecer juridicamente. Só nos casos excepcionais, regulados nos n.ºs 2 a 6 desse preceito legal, é que poderia relevar juridicamente, para efeitos de caducidade, certo facto produzido ulteriormente ao momento em que se consumou a maioridade ou a emancipação do investigante, caso em que o prazo para a propositura da acção (que fica então reduzido a um ano) se conta a partir desse evento: a remoção de registo inibitório, por efeito da rectificação, declaração de nulidade ou cancelamento do registo (n.º 2); o acesso a escrito em que se declara inequivocamente a paternidade (n.º 3); alteração da relação fáctica ou social que pressuponha o reconhecimento informal de tal vínculo, seja por efeito da morte da mãe ou do investigante, quando este em vida fosse tratado voluntariamente como filho, seja por efeito da cessação voluntária do tratamento como filho (n.ºs 4 e 5).

No que se refere à acção de impugnação de paternidade — que visa a impugnação da paternidade presumida do filho nascido ou concebido na constância do matrimónio da mãe —, o artigo 1842.º do Código Civil, não só amplia o critério de legitimidade, uma vez que permite que a acção possa ser proposta autonomamente pelos diversos titulares da relação jurídica (o marido, a mãe e o filho), como também estabelece prazos de diferente duração e modo de contagem. O marido da mãe beneficia de um prazo de 2 anos, contado da data em que teve conhecimento de factos ou circunstâncias de que possa concluir-se a sua não paternidade, e, portanto, sem qualquer limite objectivo. A mãe do menor dispõe do mesmo prazo de 2 anos, mas contado do facto objectivo do nascimento, pressupondo o legislador, naturalmente, que a mãe do menor não poderá razoavelmente ignorar a inexistência do vínculo biológico por parte do marido. O filho poderá propor a acção no prazo de 1 ano, que se conta a partir do momento em que atingiu a maioridade ou a emancipação ou, uma vez adquirida essa situação jurídica, a contar do conhecimento das circunstâncias de que possa concluir-se não ser o impugnante filho do marido da mãe.

Por sua vez, para a acção de impugnação da perfilhação — visando a impugnação do acto jurídico de reconhecimento de filho não nascido na constância do matrimónio —, o artigo 1859.º prevê um regime aberto de legitimidade activa e de imprescritibilidade da acção, em que se destacam os seguintes aspectos: (*a*) a impugnação tem como fundamento a falta de correspondência à verdade no acto de perfilhação (e, portanto, a inexistência de uma filiação biológica); (*b*) a acção poderá ser proposta a todo o tempo, e mesmo depois da morte do perfilhado; (*c*) tem legitimidade para a propor o perfilhante, o perfilhado, o Ministério Público, e qualquer pessoa com interesse moral ou patrimonial na procedência da acção, aqui se incluindo as pessoas que sejam prejudicadas nos seus direitos sucessórios com o chamamento do perfilhado à herança do perfilhante e quaisquer parentes do perfilhante que, independentemente da sua posição como seus herdeiros, tenham interesse em afastar o perfilhado da família comum.

A lei, por outro lado, distingue a impugnação da perfilhação (que tem como fundamento autónomo a falta de verdade biológica) dos casos de anulação, a que se referem as disposições subsequentes, e que se baseia na existência de vícios de consentimento (erro ou coacção) ou na falta de capacidade do perfilhante (artigos 1860.º e 1861.º).

Assiste-se, por conseguinte, no âmbito da impugnação da perfilhação, a um alargamento da legitimidade activa ao Ministério Público e a pessoas que tenham um mero interesse moral na procedência da pretensão (bem como a própria inexistência de um prazo de caducidade para a propositura da acção), que é bem demonstrativo do interesse público de que se reveste, na área da filiação fora do casamento, a regra da coincidência da filiação com a realidade biológica da procriação (neste sentido, Pires de Lima/Antunes Varela, *Código Civil Anotado*, volume V, Coimbra, 1995, p. 267).

A diversidade de regimes, acabada de expor, e, em especial, o confronto da solução legal prevista para a impugnação da perfilhação com os critérios mais restritivos do artigo 1842.º (em que se mantém a regra da caducidade do direito de impugnação da paternidade presuntiva e se restringe o direito de acção ao núcleo de pessoas mais directamente interessadas), põe em destaque o relevo que o legislador confere ao interesse geral da estabilidade das relações sociais e familiares e ao sentimento de confiança em que deve basear-se a relação paternal, quando se trate de filhos nascidos na vigência do matrimónio.

Na perspectiva do legislador, nas situações de paternidade presumida, a necessidade de salvaguardar a harmonia e paz familiar explicam que a ordem jurídica aceite a relação de filiação como definitivamente adquirida, a partir de determinado momento, embora sabendo que ela pode não corresponder à realidade biológica normalmente subjacente ao vínculo de paternidade (Pires de Lima/Antunes Varela, *ob. cit.*, p. 210); ao contrário, a descoberta da verdade é erigida em interesse público, numa área de filiação em que se não coloca em perigo a estabilidade da família legalmente constituída, como ocorre em relação à impugnação da perfilhação.

Por outro lado, como vimos, são, não já exigências cautelares da família conjugal, mas considerações ligadas à certeza e segurança jurídica, enquanto valores de organização social — a que se associam outros aspectos atinentes à eficácia das provas e à possível instrumentalização do direito de acção — que justificaram, do ponto de vista legislativo, o estabelecimento de um prazo de caducidade para investigação da paternidade, surpreendendo-se, por isso, aqui também, uma diferença específica na razão de ser da lei que motivou a fixação de um limite temporal quer para a acção de investigação de paternidade, tal como previsto no citado artigo 1817.° (aplicável por força do artigo 1873.°), quer para a acção negatória de paternidade, a que se refere o artigo 1842.°, n.° 1, alínea *a*).

E foram aquelas considerações que, no Acórdão n.° 486/04, se entendeu não poderem hoje prevalecer relativamente ao conteúdo essencial do direito fundamental à identidade pessoal, que inclui o direito ao conhecimento da ascendência paterna, quando está em causa a investigação da paternidade.

4. O acórdão recorrido delimita o objecto do recurso de revista como sendo respeitante à questão de saber se o direito de acção de investigação de paternidade por parte do progenitor presumido se encontra limitado pelo prazo de caducidade do artigo 1842.°, n.° 1, alínea *a*), do Código Civil quando se encontre cientificamente provado que o menor não é filho do demandante.

Embora a questão surja assim equacionada, o certo é que a decisão proferida, ao formular um juízo de inconstitucionalidade da referida norma, não reflecte essa dimensão normativa.

Isto é, o acórdão recorrido desaplicou a norma apenas para o caso em que tenha ficado demonstrado que o impugnante não é o pai natural do menor, mas declarou a inconstitucionalidade por entender que o preceito, fixando um prazo de caducidade, viola o direito fundamental à identidade pessoal e o direito ao desenvolvimento da personalidade.

Neste contexto, o princípio da verdade biológica, a que o acórdão faz alusão, funciona apenas como um argumento redutor de quaisquer considerações de política legislativa que pudessem justificar o estabelecimento de um prazo de caducidade para a acção de impugnação, permitindo assim afastar as razões que, na óptica do legislador, poderiam ter determinado a perempção do direito de acção.

Ainda que a lei consagre, hoje, a possibilidade de realização extrajudicial de exames científicos que possam conduzir, com um grande índice de segurança, a uma afirmação pericial de paternidade [artigos 2.°, alínea *i*), e 29.°, n.° 1, do Decreto-Lei n.° 11/98, de 24 de Janeiro], o certo é que a destruição de um vínculo de filiação já estabelecido ficará sempre dependente da competente acção de impugnação de paternidade, pelo que o esclarecimento da verdade biológica (quando alcançado extrajudicialmente) poderá ficar sem consequências práticas se o presumido pai não intentar a acção destinada a demonstrar judicialmente a falsidade do vínculo (Pereira Coelho/Guilherme de Oliveira, *Curso de Direito de Família*, volume II, Tomo I, Coimbra, p. 40).

A procedência ou improcedência da acção depende, por sua vez, da utilização que as partes possam fazer de meios de prova que sejam susceptíveis de dissipar a dúvida do julgador relativamente aos factos carecidos de demonstração, tendo pleno cabimento, independentemente do grau de fiabilidade das provas, os princípios do funcionamento do ónus da prova (artigo 516.° do Código de Processo Civil) e da livre convicção do juiz (artigo 655.° do Código de Processo Civil).

Nestes termos, embora se possa afirmar, no domínio do direito da filiação, a existência de um princípio de verdade biológica, que decorre desde logo da abertura que o legislador deu, na reforma do Código Civil de 1977, à utilização como meios de prova, nas acções relativas à filiação, de «exames de sangue e quaisquer outros métodos cientificamente comprovados» (artigo 1801.º do Código Civil), o certo é que esse princípio, ainda que possa entender-se como um critério estruturante do regime legal, não assume dignidade constitucional (*idem*, p. 52) e não pode fundamentar, por si só, um juízo de inconstitucionalidade relativamente à norma que fixa um prazo de propositura da acção de impugnação da paternidade.

O enfoque em que se poderá colocar a questão de constitucionalidade é, portanto, o da possível violação, na fixação normativa desse prazo, dos falados direitos fundamentais à identidade pessoal e ao desenvolvimento da personalidade.

5. Como tem sido entendido, o direito à identidade pessoal, tal como está consagrado no artigo 26.º, n.º 1, da Constituição, abrange, não apenas o direito ao nome, mas também o direito à historicidade pessoal, enquanto conhecimento da identidade dos progenitores, e poderá fundamentar, por si, um direito à investigação da paternidade e da maternidade (Gomes Canotilho/Vital Moreira, *Constituição da República Portuguesa Anotada*, 4.ª edição, volume I, Coimbra, p. 462). Num outro registo, a identidade pessoal, sendo o que caracteriza cada pessoa enquanto unidade individualizada que se diferencia de todas as outras pessoas por uma determinada vivência pessoal, inclui também o direito à identidade genética própria e, por isso, ao conhecimento dos vínculos de filiação, no ponto em que a pessoa é condicionada na sua personalidade pelo factor genético (Jorge Miranda/Rui Medeiros, *Constituição Portuguesa Anotada*, Tomo I, Coimbra, 2005, pp. 204-205).

Como se afirmou no Acórdão n.º 456/03, já mencionado, «[T]al direito inclui no seu conteúdo essencial a possibilidade de qualquer pessoa tomar conhecimento da sua ascendência, nomeadamente, da sua filiação natural. Nessa medida, a lei consagra os mecanismos judiciais que visam efectivar o exercício de tal direito, permitindo a investigação da filiação (maternidade, paternidade), de modo a que todos os indivíduos tenham a possibilidade de identificar os seus progenitores para, entre outros fins, ser estabelecido o vínculo de filiação jurídica com base no vínculo biológico».

A revisão constitucional de 1997 passou também a consagrar constitucionalmente, no mesmo preceito, o direito ao desenvolvimento da personalidade. Este assegura uma tutela mais abrangente da personalidade, que inclui duas diferentes dimensões: (*a*) um direito à formação livre da personalidade, que envolve a liberdade de acção de acordo com o projecto de vida e capacidades pessoais próprias; (*b*) a protecção da integridade da pessoa em vista à garantia da esfera jurídico-pessoal no processo de desenvolvimento. Neste plano, o desenvolvimento da personalidade comporta uma liberdade de autoconformação da identidade, da integridade e da conduta do indivíduo, e nele se pode incluir, além de muitos outros elementos, um direito ao conhecimento da paternidade e da maternidade biológica (Gomes Canotilho/Vital Moreira, *ob. cit.*, pp. 463-464).

Como vimos, a lei prevê a prescritibilidade da acção de investigação de paternidade tal como da acção de impugnação de paternidade. As razões que terão estado na definição desse regime jurídico prendem-se, como se anotou, com o inconveniente da manutenção de uma situação prolongada de insegurança e o perigo de enfraquecimento das provas com a passagem do tempo, a que acresce, no que toca especialmente à impugnação da paternidade do marido, um outro motivo relacionado com a necessidade de proteger a unidade familiar.

Como se concluiu no aresto há pouco citado, como decorrência do direito fundamental à identidade pessoal, a consagração de limites ao exercício do direito a ver reconhecida a filiação natural não poderá inutilizar esse direito. Isto é, independentemente de ser ou não constitucionalmente criticável a possibilidade de consagração de limites, nomeadamente temporais, ao exercício do direito de instaurar a acção de investigação de paternidade, não é já, seguramente, admissível a criação de um limite que, na prática, vede, em absoluto, a possibilidade de o sujeito averiguar o vínculo de filiação natural.

Esse princípio foi reafirmado pela jurisprudência constitucional, de forma mais abrangente, em relação ao prazo-regra do artigo 1817.º, n.º 1, do Código Civil (aplicável à acção de investigação de paternidade por força do artigo 1873.º), em termos tais que veio, mais tarde, a ser declarada, com força obrigatória geral, a inconstitucionalidade dessa referida norma.

O Acórdão n.º 486/04, que inaugurou essa jurisprudência, não deixou, todavia, de vincar que o que estava então em causa era o concreto limite temporal previsto no artigo 1817.º, n.º 1, do Código Civil (pelo qual ao investigante está vedado propor uma acção de investigação de paternidade para além do prazo de dois anos a contar da maioridade ou emancipação), e não a questão de saber se a imprescritibilidade da acção corresponde à única solução constitucionalmente conforme.

Do referido Acórdão não se pode, portanto, extrair a ilação de que qualquer regime de prescritibilidade legalmente consagrado para as acções relativas ao estabelecimento do vínculo de filiação se encontra ferido de inconstitucionalidade. E não é possível, sem mais, aceitar o princípio de que as considerações avançadas para sustentar a inconstitucionalidade do prazo de caducidade previsto para a acção de investigação de paternidade são também válidas para o prazo fixado no artigo 1842.º, n.º 1, alínea a), do Código Civil, para a impugnação de paternidade por parte do pai presumido.

O próprio Acórdão n.º 486/04 reconhece — no excerto há pouco transcrito — que, embora tanto o pretenso filho como o suposto progenitor possam invocar um direito à identidade pessoal ou ao desenvolvimento da personalidade, a tutela da personalidade e da liberdade de acção pesa mais para o lado do filho, para quem o exercício de investigar é indispensável para determinar as suas origens, dando assim guarida à ideia de que os prazos de caducidade da acção de investigação de paternidade e da acção de impugnação de paternidade não têm de ser analisados necessariamente sob o mesmo prisma.

Este ponto de vista é também realçado pelo Magistrado do Ministério Público na sua alegação de recurso. Sendo a acção de impugnação de paternidade intentada pelo marido da mãe, não pode invocar-se, como obstáculo potencial à respectiva caducidade, o direito fundamental do filho ao apuramento da respectiva filiação biológica, porquanto a eventual caducidade de direito de acção pelo transcurso do prazo previsto no artigo 1842.º, n.º 1, alínea *a*), do Código Civil em nada afecta naturalmente a possibilidade de o filho, ulteriormente, através de quem o represente ou por iniciativa própria, no prazo de 1 ano a contar da maioridade ou emancipação, intentar a sua própria acção, não necessitando de suportar na sua esfera jurídica a preclusão derivada do "atraso" na impugnação por parte do outro sujeito legitimado (o marido da mãe).

O que está, deste modo, em causa é saber se a norma que constitui objecto do presente recurso viola um direito fundamental à identidade pessoal do marido da mãe, susceptível de fundar a conclusão de que a respectiva acção poderia e deveria, por imposição constitucional, ser proposta a todo o tempo, independentemente do momento em que tal sujeito, legitimado para impugnar, teve conhecimento das circunstâncias que permitem razoavelmente duvidar da sua paternidade.

Parece, todavia, que não estará aqui em causa um direito à identidade pessoal, entendida no sentido há pouco explanado de direito ao conhecimento da identidade dos progenitores (que tem apenas relevo para a acção de investigação de paternidade), mas o direito ao desenvolvimento da personalidade na dimensão de um direito de autoconformação da identidade, que não poderá deixar de ser reconhecido em relação ao presumido pai, quando este tenha motivos para duvidar da sua paternidade biológica e pretenda esclarecer a sua posição social e jurídica quer em relação ao filho presumido, quer em relação ao agregado familiar, quer ainda ao meio social em que se insere.

Há, no entanto, inevitavelmente, uma diferença de grau entre a investigação de paternidade, em que patentemente está em causa o direito à identidade pessoal do investigante (e relativamente ao qual a imposição de um limite temporal pode implicar a violação do direito ao conhecimento da identidade dos progenitores), e a impugnação de paternidade, em que o releva é a definição do estatuto jurídico do investigante em relação a um vínculo de filiação que lhe é atribuído por presunção legal.

Assim se compreende que sistemas jurídicos que admitem a investigação de paternidade sem limite, mostrando dar preferência à tutela do direito inviolável à identidade pessoal, já imponham a caducidade do direito de impugnação, aceitando assim que, decorrido o prazo fixado na lei, se consolide a paternidade presumida ainda que não corresponda à verdade biológica (notícia desta diferenciação de regimes em Pereira Coelho/Guilherme de Oliveira, *ob. cit.*, p. 139; Guilherme de Oliveira, *O Critério Jurídico da Paternidade*, Coimbra, 1998, p. 372).

Deve notar-se que o princípio da verdade biológica não tem aqui um valor absoluto. Sabe-se que as razões que justificam a fixação de um prazo de caducidade para a acção de impugnação de paternidade não são inteiramente coincidentes com as que tinham determinado a perempção da acção de investigação de paternidade, pois que para além das considerações de natureza pragmática que se prendem com a certeza e segurança jurídica e a eficácia das provas, releva ainda com particular acuidade, naquele primeiro caso, a protecção da família conjugal. É esse interesse que explica que um terceiro (pretenso progenitor) não tenha legitimidade *ex novo* para afastar a presunção de paternidade do marido da mãe e obter o reconhecimento da sua paternidade, e só possa intervir processualmente através ao Ministério Público (mediante requerimento que lhe deverá ser apresentado em prazo muito curto) e depois de previamente reconhecida a viabilidade do pedido (artigo 1841.º do Código Civil). O direito de impugnação da paternidade está, assim, apenas, na disponibilidade directa dos membros da família, no sentido de que só o marido, a mãe e o filho é que se encontram autonomamente legitimados a intentar a acção. E não está, por isso, excluído que a situação de discrepância entre a paternidade presumida e a realidade biológica se mantenha sempre que não haja interesse concreto por parte dos interessados na destruição da paternidade presumida.

Certo é que o legislador poderá, à semelhança de outros sistemas jurídicos, dar primazia a considerações de política legislativa fazendo prevalecer o princípio da verdade biológica sobre o eventual prejuízo para a unidade familiar, permitindo que a acção de impugnação possa ser proposta a todo o tempo. Há, no entanto, condicionalismos objectivos que permitem distinguir entre a investigação de paternidade e a impugnação de paternidade e que podem justificar que as pretensões de constituição de vínculos novos venham a merecer um tratamento jurídico diferenciado em relação a pretensões que tenham a vista a destruição de vínculos pré-existentes (admitindo expressamente esta possibilidade de conformação legislativa, Pereira Coelho/Guilherme de Oliveira, *ob. cit.*, p. 139).

Sublinhe-se que o prazo para a propositura da acção de investigação de paternidade, cominado através da inconstitucionalizada norma do artigo 1817.º, n.º 1, do Código Civil, se contava a partir de um facto objectivo (a aquisição da maioridade ou emancipação do investigante), a ponto de ficar inviabilizado o exercício do direito de acção quando o interessado apenas tivesse tido conhecimento efectivo da situação que justifica o impulso processual já depois de transcorrido o prazo de dois anos a contar desse momento. Poderá facilmente concluir-se, nesse contexto, que é desproporcionada e violadora do direito à identidade pessoal a norma que impede a investigação de paternidade em função de um critério de prazos objectivos, quando os fundamentos para instaurar a acção surgem pela primeira vez em momento ulterior ao termos desses prazos. Tal norma consagra, nesses termos, uma efectiva negação da possibilidade de conhecimento da paternidade.

Ao contrário, o prazo definido no artigo 1842.º, n.º 1, alínea *a*), do Código Civil para a impugnação da paternidade por parte do pai presumido — que está agora em causa —, sendo de duração idêntica à daquele, conta-se, todavia, a partir de um facto subjectivo, que se traduz no «conhecimento de circunstâncias de que possa concluir-se a sua não paternidade». Este parece ser um prazo razoável e adequado à ponderação do interesse acerca do exercício do direito de impugnar e que permitirá avaliar todos os factores que podem condicionar a decisão. E o presumido pai não pode sequer invocar uma situação de impossibilidade de exercer o direito, já que, a partir do conhecimento pessoal de factos que indiciem a inexistência de um vínculo real de filiação, dispõe sempre de tempo útil para afastar a presunção de paternidade.

Neste contexto, não parece que a fixação de um prazo de caducidade para a impugnação de paternidade pelo pai presumido, nos termos em que se encontra previsto na referida norma do artigo 1842.º, n.º 1, alínea *a*), do Código Civil, represente uma intolerável restrição ao direito de desenvolvimento da personalidade entendido com o alcance de um direito de conformar livremente a sua vida, quando é certo que a preclusão do exercício do direito de impugnar pode justamente ter correspondido a uma opção que o interessado considerou ser em dado momento mais consentâneo com o seu interesse concreto e o seu condicionalismo de vida.

Por tudo, não pode entender-se — contrariamente ao que se consignou no acórdão recorrido — que exista uma paridade de situação entre os prazos de caducidade dos artigos 1817.º, n.º 1, e 1842.º, n.º 1, alínea *a*), do Código Civil em termos de se poder aplicar neste último caso as razões que conduziram o Tribunal Constitucional a declarar a inconstitucionalidade daquele outro preceito".

Como se atesta, o objecto do recurso no caso *sub judicio* acaba por não corresponder, na ausência de um esforço de interpretação enunciativa, ao que constituiu o cerne da anterior pronúncia do Tribunal.

De facto, enquanto que no aresto *supra* transcrito se equacionou o problema à luz do prazo de dois anos estipulado na norma do artigo 1842.º, n.º 1, alínea *a*), do Código Civil, já a decisão recorrida recusou a aplicação da norma enquanto limitadora *a todo o tempo* da impugnação da paternidade por banda do marido da mãe.

Concluir-se-á, *a fortiori*, que o juízo de não inconstitucionalidade lavrado no referido acórdão mantém plena justificação no caso *sub judicio* em face da concreta configuração do objecto do recurso circunstancialmente em causa, passando a questão aqui por saber se existe «a imposição constitucional de uma "ilimitada (…) averiguação da verdade biológica da filiação» (cfr. Acórdão n.º 23/06) por banda do marido da mãe.

Assim, não havendo aqui que cuidar especificamente do limite legal concretamente imposto, subscreve o relator *a maiori ad minus* o juízo anteriormente efectuado por este Tribunal, na medida em que daí enunciativamente resulta não ser constitucionalmente imposto a ausência de limitação temporal, por prazo de caducidade, no que concerne à impugnação da paternidade pelo presumido progenitor.

Anote-se, no entanto, que a pronúncia de não inconstitucionalidade que agora se emite é, apenas, a de que não é inconstitucional uma norma que não admita a impugnação de paternidade a todo o tempo, não conhecendo o Tribunal da questão de saber se é constitucionalmente inadmissível que o presumido progenitor não possa impugnar a paternidade no prazo ajustado ao decurso do tempo verificado na concreta situação ou que esse prazo não deva ser computado a partir do conhecimento dos factos evidenciados através de meio seguro de prova.

5 — Destarte, atento o exposto, o Tribunal Constitucional decide:

a) Não julgar inconstitucional a norma do artigo 1842.º, n.º 1, alínea *a)*, do Código Civil, na medida em que limita a possibilidade de impugnação, a todo o tempo, pelo presumido progenitor, da sua paternidade; e, consequentemente,

b) Conceder provimento aos recursos, determinando-se a reforma da decisão recorrida na parte especificamente referida à questão de constitucionalidade aqui considerada.

Sem custas".

II — Fundamentação

5 — O reclamante limita-se a afirmar a sua discordância com a decisão sumária reclamada, nada alegando sobre os motivos ou fundamentos da sua não conformação.

Perante a total ausência de fundamentos, tem de considerar-se a reclamação apresentada como inepta.

Na verdade, o Tribunal desconhece inteiramente as razões com base nas quais o reclamante contesta o decidido pelo relator, em termos de reapreciar os fundamentos em que o mesmo se estribou.

Por isso, a reclamação deve ser indeferida.

III — Decisão

6 — Destarte, atento tudo o exposto, o Tribunal Constitucional decide indeferir a reclamação.

Custas pelo reclamante, com taxa de justiça que se fixa em 20 unidades de conta.

Lisboa, 18 de Novembro de 2009. — *Benjamim Rodrigues* — *Joaquim de Sousa Ribeiro* — *Rui Manuel Moura Ramos.*

Anotação:

Os Acórdãos n.os 23/06 e 589/07 estão publicados em *Acórdãos,* 64.º e 70.º Vols., respectivamente.

ACÓRDÃO N.º 596/09

DE 18 DE NOVEMBRO DE 2009

Não julga inconstitucional a norma constante do artigo 12.º, n.º 1, da Lei n.º 24/2007, de 18 de Julho, na acepção segundo a qual em caso de acidente rodoviário em auto-estradas, em razão do atravessamento de animais, o ónus de prova do cumprimento das obrigações de segurança pertence à concessionária e esta só afastará essa presunção se demonstrar que a intromissão do animal na via não lhe é, de todo, imputável, sendo atribuível a outrem, tendo de estabelecer positivamente qual o evento concreto, alheio ao mundo da sua imputabilidade moral que não lhe deixou realizar o cumprimento.

Processo: n.º 951/08.
Recorrente: Brisa — Auto-Estradas de Portugal, S. A..
Relator: Conselheiro Benjamim Rodrigues.

SUMÁRIO:

I — Não tendo a norma em causa a natureza de qualquer cláusula contratual, antes derivando da competência da Assembleia da República, não se vislumbra como possa defender-se que se possa estar a atingir o "núcleo essencial" da autonomia pública pressuposta como função material da Administração-Governo em se vincular, com respeito pelo princípio da precedência e da reserva material de lei, em contratos de concessão da concepção, construção, manutenção e exploração de auto-estradas.

II — A instituição do ónus de prova em causa, por banda das concessionárias de auto-estradas, do cumprimento das obrigações de segurança na circulação rodoviária que estas oferecem, não ofende as regras do processo equitativo.

III — A afirmação de que o regime de responsabilidade civil do ónus da prova dos restantes co-contratantes da Administração na concessão de bens ou serviços públicos é menos exigente do que a decorrente da aplicação da norma *sub iudicio* é tudo menos líquida, porquanto é possível sustentar que idêntica inversão do ónus da prova opera, nesse domínio, seja por decorrência do enquadramento na responsabilidade contratual, seja por aplicação do regime específico da responsabilidade extracontratual; deste modo, não se verifica violação do princípio da igualdade.

IV — Não se vê que possa considerar-se existir qualquer violação do princípio da proporcionalidade ao atribuir-se ao concessionário da auto-estrada o ónus de demonstrar que cumpriu, em concreto, relativamente a cada utilizador, a obrigação de segurança cuja pressuposta existência real se apresenta como determinante para que uma grande massa de consumidores opte pela sua utilização.

V — Estando-se perante especiais actividades económicas geradoras de riscos elevados de lesão de bens e direitos de terceiros, muitas vezes ínsitos ao próprio tipo de bens cuja aquisição se oferece, afigura-se como previsível que o legislador possa submeter essa actividade concreta a especial regime de responsabilidade, razão por que falece, igualmente, o argumento da violação do princípio da protecção da confiança.

VI — Não se afigura que a sujeição das concessionárias de auto-estradas ao ónus de prova do cumprimento, em concreto, das obrigações de segurança de circulação na via, viole o direito de iniciativa económica privada, mormente por ofensa do princípio da proporcionalidade em qualquer das suas significações.

VII — Mesmo que o direito à reparação de danos por acidentes em auto-estradas possa fundar-se, em alguns casos e, em parte, na violação do direito de propriedade privada de outrem, sempre razões de segurança e de protecção de outros direitos com reconhecimento constitucional, como o direito à vida, à integridade física e à protecção da saúde, podem justificar a opção legislativa de atribuição do ónus de prova do facto danoso a quem incumbe o cumprimento de uma obrigação legal de concreta provisão material e normativa de condições de segurança na circulação rodoviária.

Acordam na 2.ª Secção do Tribunal Constitucional:

I — Relatório

1 — Brisa — Auto-Estradas de Portugal, S. A. interpõe recurso para o Tribunal Constitucional, ao abrigo da alínea *b)* do n.º 1 do artigo 70.º da Lei n.º 28/82, de 15 de Novembro, na sua actual versão (LTC), do acórdão do Supremo Tribunal de Justiça, de 16 de Setembro de 2008, que negou a revista pedida pela ora recorrente e a concedeu parcialmente no recurso interposto pela

autora Maria Eugénia Setas do acórdão do Tribunal da Relação do Porto que, decidindo o recurso de apelação, condenou o ora recorrente no pagamento à mesma autora dos danos que se apurarem em execução de sentença, decorrentes de esta autora ter ficado privada de utilizar o automóvel, desde 21 de Dezembro de 2002 até Maio de 2004, tendo que socorrer-se de transportes de terceiros ou próprios alternativos, suportando os respectivos custos, e manteve a condenação da mesma ré no pagamento à autora, da importância de € 6 122,30, relativa ao custo da reparação do veículo, acrescida de juros de mora desde a citação.

2.1 — A recorrida Maria Eugénia Setas propôs acção com processo ordinário contra Brisa — Auto-Estradas de Portugal, S. A., pedindo a sua condenação a pagar-lhe a quantia global de € 32 872,30 (ou pelo menos € 9 122,30 atento o pedido subsidiário), a título de indemnização e compensação pelos danos sofridos pela autora em consequência directa do acidente de viação, acrescida dos juros vencidos e vincendos até efectivo e integral pagamento.

Para tanto alegou, em síntese, que, no dia 21 de Dezembro de 2002, por volta das 23:50 horas, na auto-estrada A4, ocorreu um acidente de trânsito que envolveu o veículo automóvel n.º 64-79-OG, de marca *Wolswagen Golf*, sua pertença e que era conduzido pelo seu filho Nuno Miguel Setas da Quinta, e uma raposa que se intrometeu na faixa de rodagem por onde o condutor circulava, em virtude de a rede de protecção não estar totalmente vedada, apresentando uma abertura no local do acidente.

A ré contestou alegando efectuar inspecções periódicas da rede de vedação da auto-estrada e consertar imediatamente qualquer anomalia que detectasse, que na data do acidente não era de prever que a rede estivesse danificada, tanto mais que na inspecção realizada pouco antes do acidente acontecer, a vedação estava em bom estado e que só o facto da rede ter sido vandalizada determinou que se encontrasse rompida no dia do acidente, pelo que não houve qualquer culpa sua na eclosão do acidente.

Foi requerida e admitida a intervenção acessória da Companhia de Seguros Fidelidade, S. A., em virtude de a ré haver transferido para ela a responsabilidade civil que, de conformidade com a lei, lhe possa ser exigida por prejuízos causados a terceiros na qualidade de concessionária da exploração e manutenção das auto-estradas.

Efectuada audiência de julgamento para apuramento da matéria de facto controvertida, foi proferida sentença que julgou parcialmente procedente a acção, condenou a ré a pagar à autora a quantia de € 6 122,30, a título de indemnização correspondente ao custo de reparação do veículo, acrescida de juros de mora, à taxa de 4% ao ano, desde 16 de Dezembro de 2005 até integral e efectivo pagamento, e na indemnização a liquidar em execução de sentença correspondente à quantia despendida pela autora na obtenção de viatura de substituição no período de 21 de Dezembro de 2002 até 1 de Maio de 2005. No mais, absolveu-se a ré do pedido.

2.2 — Não se conformando com esta decisão, dela recorreram tanto a autora como a ré para o Tribunal da Relação do Porto, tendo este tribunal julgado parcialmente procedentes os recursos, pelo que, revogando em parte a sentença recorrida, julgou a acção parcialmente procedente e condenou a ré a pagar à autora a quantia de € 6 122,30 acrescida de juros de mora, à taxa legal, desde a citação até integral pagamento e no mais absolveu a ré do pedido.

2.3 — Não aceitando, uma vez mais, o decidido, dele recorreram a autora e a ré, esta subordinadamente, para o Supremo Tribunal de Justiça (STJ).

A revista da autora foi julgada parcialmente procedente, tendo-se condenado a ré no pagamento à autora dos danos que se apurarem em execução de sentença, decorrentes do facto de a autora ter ficado privada de utilizar o veículo automóvel, desde 21 de Dezembro de 2002 até Maio de 2004, tendo que socorrer-se de transportes de terceiros ou próprios alternativos, suportando os respectivos custos, e mantido a condenação da ré no pagamento à autora da importância de € 6 122,30, relativa ao custo de reparação do veículo, acrescida de juros de mora desde a citação.

Por seu lado, foi negado provimento à revista interposta pela ré.

2.4 — O acórdão recorrido negou provimento ao recurso da ré, por entender, em resumo, que, conquanto a doutrina e a jurisprudência se dividissem quanto à natureza da responsabilidade civil das concessionárias das auto-estradas por acidentes nelas ocorridos em razão de animais que nelas se introduzem — defendendo uns a sua natureza extracontratual, com os consequentes corolários da exigência de prova da culpa por parte do titular do direito, e outros uma natureza de responsabilidade contratual, assente, ora num contrato existente entre o utilizador e a concessionária das auto-estradas, atributivo àquela parte de um direito subjectivo à prestação do serviço com certas qualidades ou características, evidenciado pelo pagamento de uma taxa pela sua utilização, ora num contrato firmado entre a concessionária e o Estado (o contrato de concessão), mas atributivo ao utilizador de um direito subjectivo que este pode autonomamente exercer contra a concessionária — o certo é que a questão do ónus da prova do cumprimento das obrigações de segurança das concessionárias das auto-estradas havia sido resolvida pelo artigo 12.º, n.º 1, da Lei n.º 24/2007, de 18 de Julho, em termos correspondentes aos que já eram postulados pela tese contratualista da responsabilidade, ou seja, no sentido de que incumbia ao devedor a prova de que agiu sem culpa na determinação do dano, por força do disposto nas disposições conjugadas dos artigos 799.º, 342.º, 344.º, n.º 1, e 350.º do Código Civil.

Por outro lado, este critério normativo tinha natureza interpretativa, porquanto o preceito que o explicitou mais não fizera do que eleger, entre as duas soluções antes aventadas pela doutrina e pela jurisprudência, aquela que vinha sendo acolhida, no quadro do pertinente sistema jurídico, por vários arestos do Supremo Tribunal de Justiça, designadamente, a partir da prolação do acórdão de 22 de Junho de 2004, relatado pelo Conselheiro Afonso Correia.

Ora, de acordo com o princípio de que cabe ao devedor fazer a prova de que o incumprimento das obrigações de segurança, instituídas no contrato de concessão das auto-estradas, não basta ao devedor fazer a prova do cumprimento genérico desses deveres, mas sim o cumprimento dessas obrigações em concreto.

Não tendo essa prova sido feita, era a ré responsável pelos danos advenientes do acidente ocorrido entre o veículo que circulava na auto-estrada e uma raposa que se havia intrometido na faixa de rodagem por onde circulava o mesmo veículo.

Considerou, ainda, o acórdão recorrido que a aplicação da referida disposição do artigo 12.º da Lei n.º 24/2007, de 18 de Julho, aos processos pendentes de apreciação judicial não atingia o alegado princípio de separação de poderes, nem a solução nele consagrada violava os princípios do processo equitativo, da igualdade, da proporcionalidade e da justiça ou afrontava o direito fundamental à propriedade privada garantido no artigo 62.º, n.ºs 1 e 2, da Constituição, este consubstanciado, no caso, na titularidade de obrigações contratuais com valor económico.

3 — No requerimento de interposição do recurso constitucional, a recorrente disse pretender a "apreciação das questões de inconstitucionalidade das normas que se obtêm, pela interpretação, do artigo 12.º da Lei n.º 24/2007, de 18 de Julho (define os direitos dos utentes nas vias rodoviárias classificadas como auto-estradas concessionadas, itinerários principais e itinerários complementares), e ainda as constantes dos artigos 4.º a 12.º da mesma Lei, na medida em que, com as normas directamente visadas, tenham relações sistemáticas de aplicação".

4 — Porém, em sequência de convite efectuado à recorrente, a coberto do n.º 5 do artigo 75.º-A da LTC, foi, por despacho do relator, fixado como objecto do recurso de constitucionalidade a norma constante do artigo 12.º, n.º 1, da Lei n.º 24/2007, de 18 de Julho, na interpretação segundo a qual, "em caso de acidente rodoviário em auto-estradas, em razão do atravessamento de animais, o ónus de prova do cumprimento das obrigações de segurança pertence à concessionária e esta só afastará essa presunção se demonstrar que a intromissão do

animal na via não lhe é, de todo imputável, sendo atribuível a outrem, tendo de estabelecer positivamente qual o evento concreto, alheio ao mundo da sua imputabilidade moral que não lhe deixou realizar o cumprimento", por alegada violação dos artigos 2.º, 13.º, n.º 1, 20.º, n.º 4, e 62.º, n.º 1, da Constituição da República Portuguesa.

5 — Alegando sobre o objecto do recurso, a recorrente condensou nas seguintes proposições conclusivas o seu discurso argumentativo:

«1.ª A Brisa é uma sociedade concessionária da construção, manutenção e exploração de auto-estradas, caindo nos deveres previstos nas bases anexas ao Decreto-Lei n.º 247-C/2008, de 30 de Dezembro.
2.ª Na sequência de obras de alargamento na A1 (auto-estrada do Norte), a Assembleia da República aprovou a Resolução n.º 14/2004, de 31 de Janeiro (*Diário da República*, I Série-A, n.º 137, de 31 de Janeiro de 2004, p. 550), na qual pede ao Governo a alteração das bases da concessão, de modo a suspender as portagens nas vias em obras e a melhor informar os utentes da sua ocorrência.
3.ª Seguiram-se negociações entre o Governo e as concessionárias: inconclusivas, por falta de disponibilidades orçamentais.
4.ª Posto o que foram, no Parlamento, apresentados dois projectos de Lei: Projecto n.º 145/X (PCP) e n.º 164/X (BE); veio a ser aprovado o primeiro (Decreto n.º 122/X), o qual deu azo à Lei n.º 24/2007, de 18 de Julho, destinada, no fundo, a conseguir, sem contrapartidas, o que não fora possível pela negociação.
5.ª A Lei n.º 24/2007 veio, no essencial, fixar um esquema mais denso e mais gravoso, para as concessionárias, na hipótese de obras nas auto-estradas: sem compensação.
6.ª Além disso, adoptou um sistema que pode conduzir, na hipótese de obras, à suspensão das taxas e ao afastamento do princípio do equilíbrio financeiro: também sem compensação.
7.ª Finalmente e perante um certo tipo de acidentes (entre os quais os derivados do atravessamento de animais), estabeleceu uma denominada "presunção de incumprimento", contra as concessionárias: igualmente sem compensação.
8.ª A Lei n.º 24/2007, de 18 de Julho, veio definir os direitos dos utentes nas vias rodoviárias classificadas como auto-estradas concessionadas, itinerários principais e itinerários complementares.
9.ª No entanto, ao invadir o espaço de conformação dos contratos administrativos de concessão de auto-estradas celebrados por parte do Governo, em representação do Estado Português, a Lei n.º 24/2007, de 18 de Julho, é inconstitucional por violar o princípio da separação e interdependência dos órgãos de soberania e o estatuto constitucional do Governo.
10.ª Na verdade, a leitura restritiva do princípio da separação de poderes que o Tribunal Constitucional fez nos Acórdãos n.ºs 1/97 e 24/98 deixa sérias dúvi-

das, na medida em que não só ignora que o princípio democrático é, hoje, fonte de legitimidade de todos os poderes do Estado, como desconsidera a dimensão positiva da mesma proposição normativa enquanto princípio organizativo de optimização do exercício das funções do Estado.

11.ª A Constituição permite recortar, outrossim, uma área de reserva de Administração a partir das normas de competência do Governo e outra a partir dos modos típicos de exercício da função administrativa.

12.ª O núcleo da reserva de caso concreto é constituído pela autonomia pública, isto é, pela permissão de criação de efeitos de direito não predeterminados por normas jurídicas e titularidade e exercício do correspondente poder, isto é, por margens de livre decisão na criação de efeitos de direito nas situações concretas regidas pelo direito administrativo.

13.ª A autonomia pública corresponde, pois, a uma reserva de decisão parcial a favor da Administração, exercida através da prática de actos administrativos ou da outorga de contratos administrativos.

14.ª No caso em análise, a Assembleia da República pretendeu alterar, através um acto formalmente legislativo, contratos administrativos de concessão celebrados pelo Governo, em representação do Estado Português, com sociedades de direito privado.

15.ª O diploma veio versar matéria que estava ocupada pelo Governo, determinando a alteração de contratos administrativos em execução, através da introdução de novas obrigações que passam a impender sobre os co-contratantes da Administração. Mais: o Parlamento fê-lo prescindindo de qualquer acordo de vontades entre as partes.

16.ª Existe, assim, uma cobertura "com a forma de lei" de uma "pura actividade administrativa" (alteração de um contrato de concessão já existente), com consequências evidentes no futuro desenvolvimento do plano rodoviário traçado pelo Governo, em termos de se não poder falar a este propósito de "uma esporádica e excepcional limitação do espaço de manobra do Governo".

17.ª Por outro lado, o diploma é ainda inconstitucional por violação dos princípios da igualdade e da proporcionalidade.

18.ª Este diploma veio consagrar, com carácter geral, uma presunção de culpa das concessionárias de auto-estradas em matéria de (in)cumprimento de obrigações de segurança daquelas quanto a acidentes rodoviários.

19.ª Fazendo-o, passou a onerar as concessionárias com a demonstração de que não cometeram nenhuma violação dos deveres de segurança a que estavam adstritas, ou seja, são oneradas com a prova de um facto negativo. Estabelece um ónus de prova, mas ao mesmo tempo inviabiliza efectivamente, na prática, a sua realização: atenta contra as regras do processo equitativo e do acesso ao direito.

20.ª A verdade, porém, é que os restantes co-contratantes da Administração — ou sequer os restantes concessionários —, não estão onerados com uma tal presunção de culpa; o caso da ANA, que gere as infra-estruturas aeroportuárias, é paradigmático a este respeito.

21.ª Ponderadas as "propriedades" dos dois casos — o das concessionárias de auto-estradas e o da ANA —, conclui-se inexistir qualquer razão suficiente para um tratamento desigual que não seja a maior frequência dos sinistros rodoviários

22.ª Não se vê, contudo, como possa esse fundamento justificar a diferença de tratamento, visto que, se uma tal asserção é verdadeira, não é menos certo dizer que os acidentes conjecturáveis nas infra-estruturas aeroportuárias causados pela violação das mesmas regras de segurança seriam, potencialmente, de proporções muito superiores aos que se verificam em auto-estradas; ou seja, de certa forma, a magnitude dos acidentes acaba por compensar a respectiva frequência.

23.ª Se assim é, estão aqui dois sujeitos — por um lado, as concessionárias de auto-estradas e, por outro, a concessionária das infra-estruturas aeroportuárias — a ser tratados de forma arbitrariamente desigual, o que se encontra proscrito pelo princípio da igualdade.

24.ª No que concerne ao equilíbrio financeiro uma leitura atenta do artigo 11.º deste diploma demonstra que o que o mesmo determina é que, caso a concessionária não cumpra o disposto nos artigos 4.º a 8.º e, por via disso lhe sejam aplicáveis as sanções previstas nos artigos 9.º e 10.º, tal situação não será "causa justificativa de revisão contratual para efeitos de equilíbrio financeiro".

25.ª De resto, visto que o direito ao equilíbrio financeiro do contrato se encontra constitucionalmente protegido pelo direito fundamental de propriedade privada, associado à liberdade de iniciativa económica privada, e pelo princípio da protecção da confiança, sempre prevaleceria esse direito contra qualquer lei que o negasse.

26.ª Em concreto, através do princípio do equilíbrio financeiro, não se indemnizam prejuízos causados por circunstâncias excepcionais e imprevisíveis alheias à vontade das partes: antes se mantém um equilíbrio que, por respeito ao significado inicial do contrato, a Administração não pode romper.

27.ª A intervenção legislativa em questão configura-se como um caso de *fait du prince*, isto é, trata-se de uma actuação exterior ao contrato que determina uma perturbação significativa na sua equação económico-financeira.

28.ª São vários os requisitos do *factum principis*: (*i*) a imprevisibilidade: (*ii*) a natureza geral da medida; (*iii*) a natureza jurídico-pública da entidade que emana a medida; (*iv*) o grau de perturbação do equilíbrio financeiro do contrato, que deve sofrer um agravamento significativo; e (*v*) a repercussão particular da medida em determinados sujeitos.

29.ª O *fait du prince* gera uma obrigação ressarcitória que deverá ser satisfeita pela pessoa colectiva administrativa contratante, fundada no princípio do equilíbrio do contrato.

30.ª A Lei n.º 24/2007 vem invadir os poderes nucleares do Governo enquanto órgão superior da administração pública — artigo 182.º da Constituição — incumbido da direcção da administração directa do Estado — artigo 199.º, alínea *d*), da Constituição.

31.ª Com efeito, cabe apenas ao Governo negociar os contratos públicos de concessão, tanto mais que apenas ele tem os meios técnicos e humanos necessários para o efeito; nesse sentido, de resto, o próprio Parlamento adoptou a referida Resolução n.º 14/2004.
32.ª A Lei n.º 24/2007 traduz, logo por aí, uma intromissão do Parlamento na área própria do Governo, pondo em crise o princípio da separação dos poderes e violando o artigo 2.º da Constituição.
33.ª O contrato de concessão tem uma inequívoca base contratual, integrando-se nas chamadas leis-contrato ou leis pactuadas.
34.ª Do facto de essas leis serem de formação contratual e terem uma substância contratual decorrem importantes implicações em sede do seu regime jurídico, tais como: a de a sua modificação ou revogação apenas poder realizar-se por mútuo acordo das partes, que lhe deram origem, a menos que a sua modificação resulte do poder de modificação unilateral
35.ª O princípio jurídico fundamental *pacta sunt servanda* é estruturante da nossa ordem constitucional que tem o seu fundamento último na própria ideia de Estado de direito ou no princípio da segurança jurídica ou da protecção da confiança, com assento muito claro no artigo 2.º da Constituição. Pois a "palavra dada" é para respeitar mesmo quando venha a assumir a forma de lei.
36.ª Na revisão do contrato de concessão formalizada pelo Decreto-Lei n.º 247-C/2008, de 30 de Dezembro, e pela Resolução do Conselho de Ministros n.º 198-B/2008, da mesma data (esta publicada no *Diário da República*, I Série, n.º 252, de 31 de Dezembro de 2008), a estipulação da responsabilidade civil na Base XLIX do Decreto-Lei n.º 294/97, de 24 de Outubro, para com os utentes, manteve-se incólume, não tendo sido alvo de modificação.
37.ª Com efeito, não é legítimo tratar uma tal lei como as demais, colocando-as sob o normal poder de revisão (ou alteração) próprio do poder e ordenamento legislativos, uma vez que tais leis, em virtude do vínculo contratual subjacente, não participam inteiramente da livre revisibilidade própria da função legislativa.
38.ª O n.º 1 do artigo 12.º viola também o princípio da protecção da confiança, num outro aspecto, ou seja, enquanto põe em causa o particular mundo das empresas que planeiam a longo prazo com o maior rigor os proveitos que vão obter e os e custos em que vão incorrer.
39.ª Além disso, a Lei n.º 24/2007, designadamente através do seu artigo 12.º, n.º 1, veio interferir na composição de litígios já em curso, surgidos entre particulares.
40.ª Tais litígios só podem ser dirimidos pelos tribunais (artigo 202.º, n.º 2, da Constituição), sob pena de se pôr também em causa o direito de acesso aos mesmos, para defesa dos direitos (artigo 20.º, n.º 1, da Constituição). Interpretar o contrato não compete à lei, mas aos tribunais.
41.ª A Lei n.º 24/2007 equivale a uma intromissão do Parlamento no núcleo do poder judicial; põe em causa, num ponto estruturante do nosso ordenamento, o princípio da separação de poderes, violando, também por aqui, o artigo 2.º da Constituição.

42.ª O direito assenta no postulado básico de tratar o igual de modo igual e o diferente de modo diferente, de acordo com a medida da diferença: a essa luz, as soluções desarmónicas são, já por si, contrárias ao princípio da igualdade.

43.ª O Direito civil, na sequência de um esforço milenário de equilíbrio, distingue a responsabilidade obrigacional da aquiliana: a obrigacional, emergente da violação de deveres concretos pré-existentes, prevê uma presunção de culpa, perante o incumprimento (mais severo); a aquiliana, correspondente à inobservância de deveres gerais de respeito, não comporta tal presunção (mais leve): artigos 799.º, n.º 1, e 487.º, n.º 1, do Código Civil.

44.ª A cominação de um ou outro tipo de responsabilidade não é arbitrária: depende da materialidade em jogo, sob pena de atingir a igualdade.

45.ª No caso de acidentes em auto-estrada, mostrando-se cumpridos os deveres específicos a cargo da Brisa, apenas queda verificar se, com violação do dever genérico de respeito, foram violados direitos dos utentes: a responsabilidade é, pela natureza das coisas, aquiliana.

46.ª A "presunção de incumprimento", ao interferir (e na medida em que interfira) nessa questão, viola o artigo 13.º, n.º 1, da Constituição. Sem conceder,

47.ª A igualdade constitucional projecta-se no princípio da igualdade rodoviária: nas diversas vias e aos vários utentes aplicam-se regras genéricas e nunca *ad hominem*.

48.ª Daí que não seja compaginável, nas auto-estradas, uma regra de maior protecção (ou menor risco) dos utentes, em função de gerar coordenadas jurídicas: ser ou não um lanço concessionado; haver ou não portagem; estar em causa o condutor ou o passageiro, como exemplos: seria violado o artigo 13.º, n.º 1. Sem conceder,

49.ª O artigo 12.º, n.º 1, da Lei n.º 24/2007 veio, de facto, fixar uma presunção de "não cumprimento" (e, não, de culpa); com isso estabelece, de facto, um regime de imputação objectiva: mesmo cumprindo todos os seus deveres, a concessionária ainda será responsabilizada pelo resultado, numa manifestação de puro risco.

50.ª A responsabilidade pelo risco é expoliativa: só se admite em casos especiais, para o futuro, com limitação das indemnizações e acompanhamento por seguros. *In casu*, nada disso foi ponderado: há nova via de inconstitucionalidade, por discriminação subjectiva, atingindo-se o artigo 13.º, n.º 1, da Lei Fundamental. Sem conceder,

51.ª A Lei n.º 24/2007, em vários dos seus preceitos, designadamente o artigo 12.º, n.º 1, veio atingir selectivamente os direitos das concessionárias; fê-lo fora de quaisquer pressupostos tributários, violando, também por aqui, a igualdade prevista no artigo 13.º, n.º 1, da Constituição.

52.ª A recorrente Brisa detém um acervo patrimonial enquanto parte num contrato de concessão; tal acervo, ainda que contratual, é protegido pela Constituição, por reconduzir-se a uma noção ampla de propriedade (artigo 62.º, n.º 1, da Constituição).

53.ª A Lei n.º 24/2007, em vários dos seus preceitos e, designadamente, no seu artigo 12.º, veio atingir direitos patrimoniais pré-existentes, sem compensação: violou a propriedade privada.

54.ª No caso do artigo 12.º em causa, esse fenómeno mais flagrante se torna: foi criada, com referência a situações pré-existentes, uma situação objectiva de risco, que é substancialmente amputante de valores patrimoniais: a violação do artigo 62.º, n.º 1, da Constituição, surge apodíctica.

Nestes termos e naqueles que, suprindo, os Venerandos Conselheiros constitucionais queiram subscrever, deve ser declarada a inconstitucionalidade material da Lei n.º 24/2007 e, designadamente, do seu artigo 12.º, por violação, *inter alia*, dos artigos 2.º, 13.º, n.º 1 e 62.º, n.º 1, da Constituição, assim se dando provimento ao presente recurso».

6 — A recorrida não contra-alegou.

II — Fundamentação

7 — Resulta do relatado que o objecto do recurso de constitucionalidade se cinge à norma constante do artigo 12.º, n.º 1, da Lei n.º 24/2007, de 18 de Julho, na acepção segundo a qual, "em caso de acidente rodoviário em auto-estradas, em razão do atravessamento de animais, o ónus de prova do cumprimento das obrigações de segurança pertence à concessionária e esta só afastará essa presunção se demonstrar que a intromissão do animal na via [não] lhe é, de todo imputável, sendo atribuível a outrem, tendo de estabelecer positivamente qual o evento concreto, alheio ao mundo da sua imputabilidade moral que não lhe deixou realizar o cumprimento".

Em tal norma radica, na verdade, o fundamento normativo do decidido relativamente à obrigação de indemnizar em que a ora recorrente foi condenada.

De fora do objecto do recurso de constitucionalidade, por não terem constituído sua *ratio decidendi*, estão, assim, as normas constantes dos artigos 4.º a 12.º da mesma Lei às quais a recorrente imputa a violação do equilíbrio financeiro do contrato de concessão firmado entre o Estado e a recorrente para a construção, manutenção e exploração de auto-estradas formalizado no Decreto-Lei n.º 294/97, de 24 de Outubro, bem como, em certa medida, "o princípio da separação e interdependência dos órgãos de soberania e o estatuto constitucional do Governo".

Deste modo apenas faz sentido convocar o princípio do equilíbrio dos contratos, mesmo quando de natureza administrativa, enquanto dimensão absorvida no princípio da proporcionalidade que a nossa Constituição acolheu quer como princípio geral próprio do princípio do Estado de direito democrático (artigo 2.º), quer como princípio legitimador das limitações ou restrições aos direitos fundamentais (artigo 18.º, n.º 2, da Constituição).

A problemática da responsabilidade das concessionárias de auto-estradas por acidentes nelas ocorridos por virtude de animais que nelas se introduzem tem sido objecto de larga discussão doutrinária e jurisprudencial, centrada essencialmente na preocupação de dar resposta à questão de saber a quem compete o ónus de prova da culpa do facto, tendo no horizonte como referentes legais os princípios segundo os quais, na responsabilidade contratual, esse ónus incumbe ao devedor (artigo 799.º do Código Civil) e, na responsabilidade extra-contratual, ao lesado (artigo 487.º, n.º 1, do Código Civil).

Pode dizer-se que, para uns, se trata de uma responsabilidade contratual, porque advém de um contrato inominado de utilização da auto-estrada, expresso na oferta de fornecimento do serviço de circulação automóvel, efectuado segundo os parâmetros de qualidade expressos no contrato de concessão, e no pagamento da taxa de portagem que possibilita a utilização do serviço oferecido: a situação ajusta-se a um contrato de facto celebrado directamente entre o utente do serviço e o fornecedor do respectivo bem, por adesão de uma relação factual concreta a um tipo contratual predefinido pela exigência de pagamento de uma taxa de portagem e pela disponibilidade de utilização da auto-estrada em condições de segurança (Sobre as diferentes teses, cfr. a anotação do Professor Sinde Monteiro, in *Revista de Legislação e de Jurisprudência*, anos 131.º, pp. 41 e segs., 132.º, pp. 29 e segs. e 133.º, pp. 27 e segs.).

Outros admitem a natureza contratual da responsabilidade mas fundam-na no contrato de concessão celebrado entre o Estado e a concessionária da construção, conservação e exploração das auto-estradas, descortinando neste uma cláusula de constituição de responsabilidade contratual em benefício de terceiros, os utentes da via: os terceiros utilizadores da via estariam incluídos, por força do próprio contrato, no âmbito da protecção dos interesses acautelados pelo contrato de concessão, em termos que justificam a chamada à colação da figura dos «contratos com eficácia de protecção para terceiros» (cfr. Sinde Monteiro, *loc. cit.*).

Finalmente, depara-se uma tese de responsabilidade extra-contratual ou aquiliana, nos termos da qual, o único contrato discernível na situação é um contrato entre a concessionária das auto-estradas e o Estado que apenas define as suas recíprocas obrigações, pelo que aquela responde perante os terceiros se, com dolo ou mera culpa, violar ilicitamente o direito de outrem ou qualquer disposição legal destinada a proteger interesses alheios (cfr. Professor Menezes Cordeiro, *Igualdade Rodoviária e Acidentes de Viação nas Auto-Estradas*, *Estudo do Direito Civil Português*, 2004, p. 56; Carneiro da Frada, Parecer publicado na *Revista do Supremo Tribunal de Justiça* n.º 650/07, e Conselheiro Armando Triunfante, "Responsabilidade Civil das Concessionarias das Auto-estradas", in *Revista de Direito e Justiça*, tomo 1.º, pp. 45 e segs.).

O Supremo Tribunal de Justiça adoptou tanto a tese da responsabilidade extra-contratual (cfr. acórdãos de 12 de Novembro de 1996, in *Boletim do Minis-*

tério da Justiça, 461.°, p. 411 e *Revista de Legislação e de Jurisprudência*, ano 131, pp. 41 e segs., de 20 de Maio de 2003 e de 1 de Outubro de 2009, in *www.dgsi.pt/jstj,nsf*), como a da responsabilidade contratual que o acórdão recorrido tem por dominante a partir da prolação do Acórdão de 22 de Junho de 2004, disponível no mesmo *site* informático.

O acórdão recorrido resolveu a questão do ónus da prova do cumprimento das obrigações de segurança das auto-estradas em função apenas do disposto na norma questionada do artigo 12.° da Lei n.° 24/2007, de 18 de Junho, que assim dispõe:

"Artigo 12.°
Responsabilidade

1 — Nas auto-estradas, com ou sem obras em curso, e em caso de acidente rodoviário, com consequências danosas para pessoas ou bens, o ónus da prova do cumprimento das obrigações de segurança cabe à concessionária, desde que a respectiva causa diga respeito a:

  a) Objectos arremessados para a via ou existentes nas faixas de rodagem;
  b) Atravessamento de animais;
  c) Líquidos na via, quando não resultantes de condições climatéricas anormais.

2 — Para efeitos do disposto no número anterior, a confirmação das causas do acidente é obrigatoriamente verificada no local por autoridade policial competente, sem prejuízo do rápido restabelecimento das condições de circulação em segurança.

3 — São excluídos do número anterior os casos de força maior, que directamente afectem as actividades da concessão e não imputáveis ao concessionário, resultantes de:

  a) Condições climatéricas manifestamente excepcionais, designadamente graves inundações, ciclones ou sismos;
  b) Cataclismo, epidemia, radiações atómicas, fogo ou raio;
  c) Tumulto, subversão, actos de terrorismo, rebelião ou guerra".

Segundo o aresto recorrido "este dispositivo põe fim à polémica relativa ao ónus de prova, remetendo a discussão sobre a natureza jurídica da responsabilidade civil das concessionárias das auto-estradas para fundamentos meramente teórico-académicos". Todavia, não obstante esta proclamação, certo é que, para resolver o caso concreto, não pôde o aresto ignorar as posições anteriores sobre o fundamento da responsabilidade das concessionárias das auto-estradas, pois se lhe tornou necessário aferir se ao novo preceito deveria ser atribuída natureza interpretativa ou carácter inovatório, dado os factos em questão terem ocorrido antes da entrada em vigor da lei nova.

E no desembaraço dessa tarefa e convocando os critérios definidores das leis interpretativas concluiu o acórdão recorrido que o preceito devia ser tido como lei interpretativa e consequentemente como norma esclarecedora do sentido da norma interpretada e integrando, por isso, *ab initio*, o seu conteúdo prescritivo enquanto cometendo às concessionárias das auto-estradas o ónus da prova das obrigações de segurança, tal qual era antes consagrado pela jurisprudência mais recente do Supremo Tribunal de Justiça.

Ora, conquanto a recorrente, pelos termos em que recorta a norma sindicada, pareça apenas controverter a validade do critério estabelecedor do ónus de prova do cumprimento das obrigações de segurança, *a se*, o certo é que, na sua argumentação, não deixa ela de atacar igualmente a eficácia retroactiva da norma associada àquela qualificação de lei interpretativa.

A elucidação da questão de constitucionalidade dispensa a determinação da natureza da responsabilidade aqui em causa, mas já não desobriga de uma análise da norma impugnada quanto a saber se ela deve ser havida como norma que dispõe sobre matéria cuja regulação tenha sido pactuada entre os intervenientes do contrato de concessão, formalizado no Decreto-Lei n.º 294/97, de 24 de Outubro (ou diploma posterior — Decreto-Lei n.º 247-C/2008, de 30 de Dezembro) ou se dispõe sobre efeitos que são estranhos à negociação contratual ou à ponderação dos interesses que cada um dos contraentes visa acautelar vinculativamente através do contrato.

Ora, o preceito questionado insere-se num diploma que tem como objecto definir, nos termos nele apontados (artigo 1.º da referida Lei n.º 24/2007), "os direitos dos utentes nas vias rodoviárias classificadas como auto-estradas concessionadas, itinerários principais e itinerários complementares e estabalece[r], nomeadamente as condições de segurança, informação e comodidade exigíveis, sem prejuízo de regimes mais favoráveis aos utentes estabelecidos ou a estabelecer".

Se bem que a norma sindicada respeite apenas ao ónus da prova do cumprimento das obrigações de segurança da concessionária de "auto-estradas, com ou sem obras em curso, em caso de acidente rodoviário, com consequências danosas para pessoas ou bens", o certo é que ele atinge não só os sujeitos que já detenham a qualidade de concessionários de auto-estradas, mas igualmente todos aqueles que venham a ficar em tal posição no futuro. Por outro lado, o preceito não visa dispor acerca de um certo e determinado contrato de concessão de auto-estradas, nem interferir com a definição das obrigações contratuais assumidas nesses contratos por quem neles intervém: o Estado concedente e a concreta concessionária. O legislador associa, simplesmente, a constituição de efeitos jurídicos à existência de uma hipótese de facto configurada em torno de uma categoria abstracta de pessoas e de um tipo de situações, igualmente abstractas.

Nesta linha de pensamento não se vê como seja possível sustentar-se que, ao adoptar o regime jurídico de cometer à concessionária das auto-estradas o ónus de prova do cumprimento das obrigações de segurança atinentes à circulação nas respectivas vias, na dimensão aqui sindicada, o legislador parlamentar esteja a violar o "princípio da separação e interdependência dos órgãos de soberania e o estatuto constitucional do Governo", como esgrime a recorrente.

Não tendo a norma em causa a natureza de qualquer cláusula contratual, mesmo que construída sobre um qualquer prévio pacto de legislar em certo sentido, antes derivando da competência da Assembleia da República de "fazer leis sobre todas as matérias, salvo as reservadas pela Constituição ao Governo" [artigo 161.º, alínea c)], não se vislumbra como possa defender-se que, com a conformação do respectivo regime jurídico, com carácter geral e abstracto, se possa estar a atingir o "núcleo essencial" da autonomia pública pressuposta como função material da Administração-Governo em se vincular, com respeito pelo princípio da precedência e da reserva material de lei, em contratos de concessão da concepção, construção, manutenção e exploração de auto-estradas.

Como dizem J. J. Gomes Canotilho e Vital Moreira (*Constituição da República Portuguesa, Anotada*, 3.ª edição, pp. 497-498), o sentido útil do princípio da separação de poderes, como princípio normativo autónomo dotado de um irredutível núcleo essencial, será o de servir de fundamento à declaração de inconstitucionalidade de qualquer acto que ponha em causa o sistema de competências, legitimação, responsabilidade e controlo consagrado no texto constitucional".

A definição do regime de responsabilidade dos concessionários das auto-estradas para com os utentes dessas vias de comunicação não é matéria que respeite à definição das obrigações recíprocas dos contraentes no contrato de concessão respeitantes às operações materiais e jurídicas da concepção, construção, manutenção e exploração de auto-estradas e, consequentemente, ao exercício, com respeito pelos referidos princípios da precedência e de reserva material de lei, de uma competência inserida materialmente na função administrativa, independentemente de esta não caber exclusivamente ao Governo, mas apenas como função-regra, própria da concepção constitucional do Governo como órgão superior da administração pública (artigo 182.º da Constituição) dotado de uma competência administrativa expressamente enunciada no texto fundamental (artigo 199.º da Constituição), mas ao regime de relações com terceiros em relação ao contrato.

Do mesmo passo, pode asseverar-se que a instituição do referido ónus de prova, por banda das concessionárias de auto-estradas, do cumprimento das obrigações de segurança na circulação rodoviária que estas oferecem, não ofende, ao contrário do alegado, as regras do processo equitativo, consagrado no artigo 20.º, n.º 4, da Constituição.

O princípio do processo equitativo tem sido compreendido enquanto um direito a um *due process of law* que deve compreender o direito à igualdade de armas ou direito à igualdade de posições no processo, com proibição de todas as discriminações ou diferenças de tratamento arbitrárias, o direito de defesa e de contraditório traduzido fundamentalmente na possibilidade de cada uma das partes invocar as razões de facto e de direito, oferecer provas, controlar as provas da outra parte, pronunciar-se sobre o valor e resultado dessas provas, direito a prazos razoáveis de acção e de recurso, direito à fundamentação das decisões, direito à decisão em tempo razoável, direito ao conhecimento dos elementos processuais, "direito à apresentação de provas tendentes e aptas a demonstrar os factos alegados e o direito a um processo orientado para a justiça material sem demasiadas peias formalísticas" (cfr. J. J. Gomes Canotilho, *Constituição da República Portuguesa Anotada*, Volume I, pp. 415-416).

Ora a repartição, pelo legislador, entre os sujeitos das obrigações do ónus de prova dos elementos constitutivos de tais obrigações não se afigura constituir matéria de processo, mas antes matéria substantiva, conquanto o momento de primacial efectividade da norma ocorra dentro do processo, determinando a quem incumbe, nele, a tarefa de ter de demonstrar os factos controvertidos e de como deve o tribunal decidir no caso de não se fazer prova do facto. Está ausente dessa atribuição qualquer ideia de igualdade ao processo e no processo.

De qualquer modo, não se vislumbra que seja desprovido de fundamento material bastante a opção de o legislador cometer o ónus em causa à parte que se encontra em melhores condições para antecipadamente poder lançar mão dos meios ou instrumentos materiais aptos à prova dos factos, quer pelo domínio material que tem sobre as auto-estradas e os meios de equipamento e de infra-estruturas adequadas a conferir maior segurança na circulação rodoviária, quer pela sua capacidade económica para se socorrer desses meios.

Entende a recorrente que o estabelecimento, pelo referido preceito, do ónus de prova de cumprimento das obrigações de segurança viola os princípios da igualdade, da proporcionalidade e da protecção da confiança.

Para fundamentar a primeira asserção convoca a circunstância de os restantes co-contratantes da Administração — ou sequer os restantes concessionários — não estarem onerados com uma tal presunção de culpa, constituindo caso paradigmático da diferença de tratamento o que se passa com a ANA que gere as infra-estruturas aeroportuárias e cuja violação das regras de segurança terá potencialmente proporções muito superiores.

Mas tal alegação é manifestamente improcedente. O princípio da igualdade, assumido como princípio fundamental na nossa Constituição (artigo 13.º) não significa igualitarismo ou igualdade formal.

Como se disse no Acórdão do Tribunal Constitucional n.º 186/90, publicado no *Diário da República*, II Série, de 12 de Setembro de 1990, dispensando-se o Tribunal de citar outros locais, dada a uniformidade de critério, "O princípio não impede que, tendo em conta a liberdade de conformação do legislador, se possam (se devam) estabelecer diferenciações de tratamento, "razoável, racional e objectivamente fundadas", sob pena de, assim não sucedendo, "estar o legislador a incorrer em arbítrio, por preterição do acatamento de soluções objectivamente justificadas por valores constitucionalmente relevantes", no ponderar do citado Acórdão n.º 335/94. Ponto é que haja fundamento material suficiente que neutralize o arbítrio e afaste a discriminação infundada (o que importa é que não se discrimine para discriminar, diz-nos J. C. Vieira de Andrade — *Os Direitos Fundamentais na Constituição Portuguesa de 1976,* Coimbra, 1987, p. 299)".

Ora, a afirmação de que o regime de responsabilidade civil do ónus da prova dos restantes co-contratantes da Administração na concessão de bens ou serviços públicos, e mais especificadamente a alegada relativa à ANA, é menos exigente do que a decorrente da aplicação do artigo 12.º da Lei n.º 24/2007 é tudo menos líquida, porquanto é possível sustentar que idêntica inversão do ónus da prova opera, nesse domínio, seja por decorrência do enquadramento na responsabilidade contratual (artigo 799.º do Código Civil), seja por aplicação do regime específico da responsabilidade extracontratual (artigo 493.º, n.º 1, do Código Civil).

Por outro lado, não pode negar-se que as duas situações de facto apresentam contornos evidentes de exigências não inteiramente coincidentes.

Do mesmo passo, tendo em conta que o tipo de bens oferecido através da oferta da via das auto-estradas, diferentemente do que se passa com as demais estradas, pressupõe níveis elevados e especiais de segurança, traduzidos desde logo na concepção, construção, manutenção e exploração das vias segundo padrões materiais ou normativos de grande exigência, e que a sua utilização é feita em termos massivos e mediante o pagamento de uma taxa (ainda que nas SCUT esta seja assumida pelo Estado), não se vê que possa considerar-se existir qualquer violação do princípio da proporcionalidade ao atribuir-se ao concessionário da auto-estrada o ónus de demonstrar que cumpriu, em concreto, relativamente a cada utilizador, a obrigação de segurança cuja pressuposta existência real se apresenta como determinante para que uma grande massa de consumidores opte pela sua utilização.

Não constituindo a instituição legal desse ónus uma interferência no domínio da estipulação das concretas relações contratuais, não pode também defender-se que ela introduza qualquer perturbação anormal e imprevisível na habitual previsão dos riscos que as partes ponderam antecipadamente antes de se decidir pela vinculação contratual, em termos de se poder considerar afectar-se intoleravelmente a autonomia de vontade pressuposta pelo direito à capacidade civil e ao livre desenvolvimento da personalidade.

Estando-se perante especiais actividades económicas geradoras de riscos elevados de lesão de bens e direitos de terceiros, muitas vezes ínsitos ao próprio tipo de bens cuja aquisição se oferece, afigura-se como previsível que o legislador possa submeter essa actividade concreta a especial regime de responsabilidade e isso principalmente quando ela é levada a cabo em regime de concessão pública, pois dela poderá sobrar para o Estado a emergência de ter de suprir as consequências danosas para os utilizadores desses bens, mormente através do cumprimento dos deveres de prestação dos serviços de saúde e de segurança social.

Nesta senda, falece, igualmente, o argumento da violação do princípio da protecção da confiança, independentemente de se afigurar inconsistente a sua convocação quando, como acontece no caso, se está, segundo o entendimento do tribunal *a quo* que constitui um dado para o Tribunal Constitucional, em presença de uma lei interpretativa, por o sujeito não poder deixar de contar com a eventualidade de o legislador vir a assumir como sentido normativo obrigatório aquele que, na jurisprudência aplicada, pese embora a existência de divergências perante a lei interpretada, coincidia com o que veio a ser positivado na lei interpretativa.

Alega, ainda, a recorrente que a norma em questão viola o direito de iniciativa económica privada e o direito de propriedade privadas, consagrados, respectivamente, nos artigos 61.°, n.° 1, e 62.°, n.° 1, ambos da Constituição.

Mas sem razão, uma vez mais. O direito de iniciativa económica privada está expressamente reconhecido como direito fundamental no artigo 61.°, n.° 1, da Constituição. Mas não como direito absoluto. Daí que ele deva ser exercido "nos quadros definidos pela Constituição e pela lei e tendo em conta o interesse geral".

Ora, no preceito constitucional imediatamente antecedente (o artigo 60.°, n.° 1) dispõe-se que "os consumidores têm direito à qualidade dos bens e serviços consumidos, [...] à protecção [...] da segurança e dos seus interesses económicos, bem como à reparação de danos".

Por outro lado, não pode deixar de distrair-se do artigo 2.° da Constituição, consagrador do princípio do Estado de direito democrático, enquanto postulado decorrente do princípio de justiça material em que aquele também se decompõe, um princípio fundamental do reconhecimento de um direito geral à reparação de danos.

O direito à reparação de danos, seja por violação dos direitos do consumidor com protecção constitucional garantida no artigo 60.°, n.° 1, da Constituição, seja por falta de cumprimento de obrigações emergentes de contratos, da violação de direitos ditos "absolutos" ou até da prática de actos que, embora lícitos causam prejuízo a outrem, pressupõe uma tomada de posição legislativa quanto à exigência ou não da culpa pelo facto danoso e dentro desta matéria, da repartição do ónus de prova.

Não se afigura, pelas razões já expendidas, que a sujeição das concessionárias de auto-estradas ao ónus de prova do cumprimento, em concreto, das obrigações de segurança de circulação na via, viole esse direito de iniciativa económica privada, mormente por ofensa do alegado princípio da proporcionalidade em qualquer das suas significações.

E também não procede a alegada violação do direito fundamental à propriedade privada.

Pode, desde logo, questionar-se que, no âmbito material da garantia do direito fundamental à propriedade privada, possa incluir-se as diminuições de património decorrentes do dever de indemnizar.

Mas, independentemente da resposta que essa dúvida possa merecer, certo é que o direito de propriedade privada não está garantido em termos absolutos, mas apenas, como resulta do disposto no n.º 1 do artigo 62.º da Constituição, dentro dos limites e com as restrições previstas em outros lugares da Constituição e na lei quando ela remeta para esta a regulação das matérias previstas nesses outros lugares da Lei Fundamental.

Sendo assim, mesmo que o direito à reparação de danos por acidentes em auto-estradas possa fundar-se, em alguns casos e, em parte, na violação do direito de propriedade privada de outrem, sempre razões de segurança e de protecção de outros direitos com reconhecimento constitucional, como o direito à vida, à integridade física e à protecção da saúde, podem justificar a opção legislativa de atribuição do ónus de prova do facto danoso à quem incumbe o cumprimento de uma obrigação legal de concreta provisão material e normativa de condições de segurança na circulação rodoviária.

Deste jeito, impõe-se concluir que a norma constante do artigo 12.º, n.º 1, da Lei n.º 24/2007, de 18 de Julho, na acepção segundo a qual, "em caso de acidente rodoviário em auto-estradas, em razão do atravessamento de animais, o ónus de prova do cumprimento das obrigações de segurança pertence à concessionária e esta só afastará essa presunção se demonstrar que a intromissão do animal na via não lhe é, de todo, imputável, sendo atribuível a outrem, tendo de estabelecer positivamente qual o evento concreto, alheio ao mundo da sua imputabilidade moral que não lhe deixou realizar o cumprimento", não padece de inconstitucionalidade.

III — Decisão

8 — Destarte, atento tudo o exposto, o Tribunal Constitucional decide negar provimento ao recurso.

Custas pela recorrente com taxa de justiça que se fixa em 25 unidades de conta.

Lisboa, 18 de Novembro de 2009. — *Benjamim Rodrigues* — *Joaquim de Sousa Ribeiro* — *João Cura Mariano* — *Rui Manuel Moura Ramos.*

Anotação:

1 — Acórdão publicado no *Diário da República*, II Série, de 24 de Dezembro de 2009.
2 — O Acórdão n.º 186/90 está publicado em *Acórdãos*, 16.º Vol..
3 — Ver, neste Volume, o Acórdão n.º 597/09.

ACÓRDÃO N.º 597/09

DE 18 DE NOVEMBRO DE 2009

Não julga inconstitucional a norma constante do artigo 12.º, n.º 1, da Lei n.º 24/2007, de 18 de Julho, que determina uma inversão do ónus da prova da culpa, pela ocorrência de acidentes rodoviários em auto--estradas concessionadas, causadores de danos em pessoas ou bens, provocados pelo atravessamento de animais.

Processo: n.º 981/08.
Recorrente: Brisa — Auto-Estradas de Portugal, S. A..
Relator: Conselheiro João Cura Mariano.

SUMÁRIO:

I — A norma *sub iudicio* não viola os princípios da reserva de administração e da reserva de jurisdição, traduzindo uma facilitação da prova da existência da culpa, procurando o estabelecimento desta presunção apenas fazer recair o ónus da prova sobre aquele que está em melhores condições para fornecer os elementos de prova relativos às circunstâncias que permitiram o atravessamento da faixa de rodagem de uma auto-estrada por um animal, funcionando também como um incentivo ao reforço por parte das concessionárias das medidas destinadas a evitar que estes eventos ocorram.

II — Dispondo o Decreto-Lei n.º 294/97, de 24 de Outubro, ao abrigo do qual foi outorgado o contrato de concessão, que esta matéria seria regida nos termos da lei, num juízo objectivo, não é possível configurar uma situação de confiança na estabilidade do direito vigente no momento da celebração do contrato.

III — A norma sob análise, por não consagrar uma solução jurídica diferente daquela que o sistema normativo vigente permite para o apuramento da culpa nos acidentes ocorridos nas pistas dos aeroportos provocados pelo atravessamento de animais não viola o princípio da igualdade.

IV — A norma sindicada não estabelece qualquer responsabilidade objectiva das concessionárias de auto-estradas, consagrando uma simples presunção de culpa que pode ser ilidida pela actividade probatória daquelas, não sendo possível encarar a norma sob fiscalização como a consagração duma ablação de um direito patrimonial das concessionárias das auto-estradas, pelo que a invocação da violação da protecção ao direito de propriedade, garantida pela Constituição, não faz sentido.

V — É compreensível que o legislador tenha feito recair essa presunção de culpa sobre as concessionárias das auto-estradas onde o acidente ocorreu, não constituindo qualquer violação do direito ao processo equitativo fazer impender o ónus da prova da ausência de culpa sobre quem tem objectivamente a possibilidade e o dever, bem como os conhecimentos e os meios técnicos e humanos, para controlar a fonte de perigo do evento danoso e saber as circunstâncias que o permitiram.

Acordam na 2.ª Secção do Tribunal Constitucional:

I — Relatório

Em 21 de Janeiro de 2005, Acácio Couto Jorge e C.ª, Lda. e Acácio Eduardo Soares Couto Jorge instauraram acção contra Brisa — Auto-Estradas de Portugal, S. A., no Tribunal Judicial de Penafiel, peticionando a condenação da ré no pagamento de indemnizações pelos danos provocados pelo acidente ocorrido na auto-estrada A4, pelas 3:20h do dia 24 de Junho de 2003, quando o veículo automóvel, propriedade da autora e conduzido pelo autor embateu num canídeo de grande porte que atravessava essa via concessionada à ré.

Por sentença de 20 de Abril de 2007 a acção foi julgada parcialmente procedente e a ré Brisa foi condenada:

— a pagar à autora as quantias de € 12 500 a título de indemnização por perda do veículo, de € 15 050 a título de perda de rendimentos, e de € 1140, acrescida do que se vier a apurar desde Janeiro de 2005, à razão de € 60 por mês, até ao trânsito em julgado da decisão, pelas despesas decorrentes da recolha do veículo, quantias acrescidas de juros de mora, à taxa legal, desde a citação até integral pagamento;
— e a pagar ao autor a quantia de € 2 500, por danos não patrimoniais, acrescida de juros de mora, à taxa legal, até efectivo e integral pagamento.

A ré Brisa e a chamada Companhia de Seguros Fidelidade Mundial, S. A., recorreram desta sentença para o Tribunal da Relação do Porto, que, por acórdão de 11 de Março de 2008, concedeu provimento à apelação, revogou a sentença recorrida e absolveu a ré do pedido.

Os autores interpuseram recurso de revista deste acórdão para o Supremo Tribunal de Justiça, que, por acórdão de 23 de Setembro de 2008, lhe concedeu provimento, revogando o acórdão recorrido e "ficando a prevalecer a condenação da Brisa, nos precisos termos decididos na sentença da 1.ª instância".

Notificada deste acórdão, veio a ré Brisa arguir a sua nulidade, o que foi indeferido pelo acórdão do Supremo Tribunal de Justiça, de 11 de Novembro de 2008.

Notificada deste último acórdão veio a ré Brisa interpor recurso para o Tribunal Constitucional, ao abrigo da alínea *b)* do n.º 1 do artigo 70.º da Lei de Organização, Funcionamento e Processo do Tribunal Constitucional, aprovada pela Lei n.º 28/82, de 15 de Novembro, e alterada, por último, pela Lei n.º 13-A/98, de 26 de Fevereiro (LTC), referindo no respectivo requerimento de interposição:

"2. Normas cuja inconstitucionalidade se pretende seja apreciada: as que se obtêm pela interpretação do artigo 12.º da Lei n.º 24/2007, de 18 de Julho (define direitos dos utentes nas vias rodoviárias classificadas como auto-estradas concessionadas, itinerários principais e itinerários complementares) e, ainda, as constantes dos artigos 4.º a 12.º da mesma Lei, na medida em que, com as normas directamente visadas, tenham relações sistemáticas de implicação.

3. Preceitos constitucionais violados: consideram-se violados os artigos 2.º (Estado de direito democrático), 13.º, n.º 1 (princípio da igualdade), 20.º, n.º 4 (acesso ao direito e tutela efectiva), e 62.º, n.º 1 (direito de propriedade privada), todos da Constituição. Mais precisamente:

— o artigo 2.º, na parte em que, fixando a República Portuguesa como um Estado de direito baseado na separação de poderes, não permite que o Parlamento, por via de leis formais, interfira na livre negociação de contratos e em processos pendentes perante os tribunais;
— o artigo 13.º, n.º 1, na medida em que, excluindo o arbítrio, os privilégios e os encargos diferenciadores injustificados, afasta quer as leis *ad hominem*, quer as regras contrárias ao sistema e quer, finalmente, os regimes de desigualdade com base em meras aparências de tipo populista;
— o artigo 62.º, n.º 1, na área em que protege os direitos de crédito legitimamente constituídos («propriedade» em sentido amplo) e em que veda a imputação, *ex novo* e sem compensação justa, aos titulares de direitos patrimoniais privados, de riscos que, a ele, não eram inerentes, aquando da sua aquisição".

No Tribunal Constitucional, a recorrente apresentou alegações, que terminam com a formulação das seguintes conclusões:

"I — Quanto à matéria em discussão:

1.ª — No dia 24 de Junho de 2003, o veículo XR, na sequência de um embate com um cão, despistou-se, na A4, tendo sido, depois, abalroado por outro veículo; houve danos materiais, sendo demandada a concessionária Brisa.

2.ª — Verificou-se que a auto-estrada estava devidamente vedada e que a Brisa fizera as patrulhas regulamentares, nada tendo detectado de anormal.

3.ª — A 1.ª instância entendeu que a Brisa, enquanto ré, não ilidira uma presunção de culpa que, sobre ela, impenderia, condenando-a; a Relação do Porto julgou que, não havendo qualquer presunção, os autores não teriam feito prova da culpa da ré, absolvendo-a.

4.ª — O Supremo Tribunal de Justiça, fazendo aplicação retroactiva da Lei n.º 24/2007, de 18 de Julho, entretanto publicada, entendeu que a discussão perdera o interesse, condenando a Brisa.

II — Quanto à Lei n.º 24/2007, de 18 de Julho:

5.ª — A Brisa é uma sociedade concessionária da construção, manutenção e exploração de auto-estradas, caindo nos deveres previstos nas bases anexas ao Decreto-Lei n.º 247-C/2008, de 30 de Dezembro.

6.ª — Na sequência de obras de alargamento na A1 (auto-estrada do Norte), a Assembleia da República aprovou a Resolução n.º 14/2004, de 31 de Janeiro (*Diário da República*, I Série-A, n.º 137, de 31 de Janeiro de 2004, p. 550), na qual pede ao Governo a alteração das bases da concessão, de modo a suspender as portagens nas vias em obras e a melhor informar os utentes da sua ocorrência.

7.ª — Seguiram-se negociações entre o Governo e as concessionárias: inconclusivas, por falta de disponibilidades orçamentais.

8.ª — Posto o que foram, no Parlamento, apresentados dois Projectos de Lei: Projectos n.º 145/X (PCP) e n.º 164/X (BE); veio a ser aprovado o primeiro (Decreto n.º 122/X), o qual deu azo à Lei n.º 24/2007, de 18 de Julho, destinada, no fundo, a conseguir, sem contrapartidas, o que não fora possível pela negociação.

9.ª — A Lei n.º 24/2007 veio, no essencial, fixar um esquema mais denso e mais gravoso, para as concessionárias, na hipótese de obras nas auto-estradas: sem compensação.

10.ª — Além disso, adoptou um sistema que pode conduzir, na hipótese de obras, à suspensão das taxas e ao afastamento do princípio do equilíbrio financeiro: também sem compensação.

11.ª — Finalmente e perante um certo tipo de acidentes (entre os quais os derivados do atravessamento de animais) estabeleceu uma denominada «presunção de incumprimento», contra as concessionárias: igualmente sem compensação.

III — Quanto aos juízos de inconstitucionalidade:

A — Primeiro fundamento: violação dos princípios do Estado de direito democrático e da separação de poderes (artigo 2.º).

12.ª — A Lei n.º 24/2007 vem invadir os poderes nucleares do Governo enquanto órgão superior da administração pública — artigo 182.º da Constituição — incumbido da direcção da administração directa do Estado — artigo 199.º, alínea *d*), da Constituição.

13.ª — Com efeito, cabe apenas ao Governo negociar os contratos públicos de concessão, tanto mais que apenas ele tem os meios técnicos e humanos necessários para o efeito; nesse sentido, de resto, o próprio Parlamento adoptou a já referida Resolução n.º 14/2004.

14.ª — A Lei n.º 24/2007 traduz, logo por aí, uma intromissão do Parlamento na área própria do Governo, pondo em crise o princípio da separação dos poderes e violando o artigo 2.º da Constituição.

15.ª — Além disso, a Lei n.º 24/2007, designadamente através do seu artigo 12.º, n.º 1, veio interferir na composição de litígios já em curso, surgidos entre particulares.

16.ª — Tais litígios só podem ser dirimidos pelos tribunais (artigo 202.º, n.º 2), sob pena de se pôr também em causa o direito de acesso aos mesmos, para defesa dos direitos (artigo 20.º, n.º 1).

17.ª — A Lei n.º 24/2007 equivale a uma intromissão do Parlamento no núcleo do poder judicial; põe em causa, num ponto estruturante do nosso ordenamento, o princípio da separação de poderes, violando, também por aqui, o artigo 2.º da Constituição.

18.ª — Também o princípio da protecção da confiança, num outro aspecto, seria violado por aquela Lei, enquanto põe em causa o particular mundo das empresas que planeiam a longo prazo com o maior rigor os proveitos que vão obter e os custos em que vão incorrer.

B — Segundo fundamento: violação do princípio da igualdade (artigo 13.º).

19.ª — O Direito assenta no postulado básico de tratar o igual de modo igual e o diferente de modo diferente, de acordo com a medida da diferença: a essa luz, as soluções desarmónicas são, já por si, contrárias ao princípio da igualdade.

20.ª — O Direito civil, na sequência de um esforço milenário de equilíbrio, distingue a responsabilidade obrigacional da aquiliana: a obrigacional, emergente da violação de deveres concretos pré-existentes, prevê uma presunção de culpa, perante o incumprimento (mais severo); a aquiliana, correspondente à inobservância de deveres gerais de respeito, não comporta tal presunção (mais leve): artigos 799.º, n.º 1, e 487.º, n.º 1, do Código Civil.

21.ª — A cominação de um ou outro tipo de responsabilidade não é arbitrária: depende da materialidade em jogo, sob pena de atingir a igualdade.

22.ª — No caso de acidentes em auto-estrada, mostrando-se cumpridos os deveres específicos a cargo da Brisa, apenas queda verificar se, com violação do dever genérico de respeito, foram violados direitos dos utentes: a responsabilidade é, pela natureza das coisas, aquiliana.

23.ª — A «presunção de incumprimento», ao interferir (e na medida em que interfira) nessa questão, viola o artigo 13.º, n.º 1, da Constituição. Sem conceder.

24.ª — A igualdade constitucional projecta-se no princípio da igualdade rodoviária: nas diversas vias e aos vários utentes aplicam-se regras genéricas e nunca *ad hominem*.

25.ª — Daí que não seja compaginável, nas auto-estradas, uma regra de maior protecção (ou menor risco) dos utentes, em função de gerar coordenadas jurídicas: ser ou não um lanço concessionado; haver ou não portagem; estar em causa o condutor ou o passageiro, como exemplos: seria violado o artigo 13.º, n.º 1. Sem conceder.

26.ª — O artigo 12.º, n.º 1, da Lei n.º 24/2007 veio, de facto, fixar uma presunção de «não cumprimento» (e, não, de culpa); com isso estabelece, de facto, um regime de imputação objectiva: mesmo cumprindo todos os seus deveres, a concessionária ainda será responsabilizada pelo resultado, numa manifestação de puro risco.

27.ª — A responsabilidade pelo risco é espoliativa: só se admite em casos especiais, para o futuro, com limitação das indemnizações e acompanhamento por seguros. *In casu*, nada disso foi ponderado: há nova via de inconstitucionalidade, por discriminação subjectiva, atingindo-se o artigo 13.º, n.º 1, da Lei Fundamental. Sem conceder,

28.ª — A Lei n.º 24/2007, em vários dos seus preceitos, designadamente o artigo 12.º, n.º 1, veio atingir selectivamente os direitos das concessionárias; fê-lo fora de quaisquer pressupostos tributários, violando, também por aqui, a igualdade prevista no artigo 13.º, n.º 1, da Constituição.

C — Terceiro fundamento: violação da tutela da propriedade privada.

29.ª — A recorrente Brisa detém um acervo patrimonial enquanto parte num contrato de concessão; tal acervo, ainda que contratual, é protegido pela Constituição, por reconduzir-se a uma noção ampla de propriedade (artigo 62.º, n.º 1, da Constituição).

30.ª — A Lei n.º 24/2007, em vários dos seus preceitos e, designadamente, no seu artigo 12.º, veio atingir direitos patrimoniais pré-existentes, sem compensação: violou a propriedade privada.

31.ª — No caso do artigo 12.º em causa, esse fenómeno mais flagrante se torna: foi criada, com referência a situações pré-existentes, uma situação objectiva de risco, que é substancialmente amputante de valores patrimoniais: a violação do artigo 62.º, n.º 1, da Constituição surge apodíctica.

IV — Quanto à relevância nos autos:

32.ª — A Lei n.º 24/2007 levou o Supremo Tribunal de Justiça a abdicar da sua judicação: não atentou nos factos apurados, designadamente nos que traduziram, por parte da Brisa, o cumprimento das suas obrigações.

33.ª — Além disso, o douto acórdão recorrido fez, da Lei n.º 24/2007, uma aplicação retroactiva, o que mais ampliou as apontadas inconstitucionalidades.

34.ª — A não se aplicar a Lei n.º 24/2007, a saída para o litígio em discussão seria a inversa.

Nestes termos e naqueles que, suprindo, os Venerandos Conselheiros Constitucionais queiram subscrever, deve ser declarada a inconstitucionalidade material da Lei n.º 24/2007 e, designadamente, do seu artigo 12.º, por violação, *inter alia*, dos artigos 2.º, 13.º, n.º 1, e 62.º, n.º 1, da Constituição, assim se dando provimento ao presente recurso."

Com a alegação, a recorrente juntou um parecer jurídico.

Os recorridos contra-alegaram, concluindo:

"I — O juízo de constitucionalidade ou inconstitucionalidade que esse Venerando Tribunal Constitucional tem que emitir é tão-somente o respeitante ao artigo 12.º da Lei n.º 24/2007, de 18 de Julho, mais concretamente à norma jurídica e respectiva interpretação, que se extrai do segmento da alínea *b)* do seu n.º 1.

II — Pois foi essa norma restrita e específica que fundamentou a decisão do Supremo Tribunal de Justiça sobre a causa dos presentes autos.

III — Juízos de constitucionalidade ou inconstitucionalidade sobre a Lei n.º 24/2007, na parte em que define, mesmo que de forma inovadora, os direitos dos utentes nas vias rodoviárias a que se aplica e as consequentes obrigações das concessionárias, devem ser excluídos do presente recurso. Assim,

IV — Nesse âmbito, a conformidade das respectivas normas com os princípios constitucionais do Estado de direito democrático e da separação de poderes, da igualdade, da estabilidade dos contratos, da proporcionalidade, da boa fé, da não violação da confiança, do equilíbrio financeiro ou da tutela da propriedade privada, não é, nem pode ser, o objecto do presente recurso.

V — O artigo 12.º da Lei n.º 24/2007, de 18 de Julho, tem, claramente, natureza interpretativa, a qual, não sendo objecto directo do presente recurso, deve ser considerada e declarada na precisa medida em que destrói decisivamente a força argumentativa em favor da sua inconstitucionalidade.

VI — Concretamente, o artigo 12.º da Lei n.º 24/2007, de 18 de Julho, não viola o princípio da separação e interdependência de poderes dos órgãos de soberania, tal como é definido no artigo 2.º da Constituição, nem importa uma ingerência do poder legislativo no poder judicial ou na esfera do poder executivo//administrativo que deva ser preservado.

VII — Pois que, embora inserido no desenvolvimento de uma negociação entre o Estado Português, representado pelo Governo, e as concessionárias das auto-estradas, a partir do Decreto-Lei n.º 294/97, de 24 de Outubro, aplicável ao tempo do acidente dos autos, a verdade é que algumas das bases deste Decreto--Lei, precisamente as respeitantes às obrigações das concessionárias quanto à criação e manutenção de condições de segurança que possam afectar os direitos dos utentes, têm eficácia normativa externa às mesmas bases, como parte integrante que são de um contrato com eficácia de protecção de terceiros. Ora,

VIII — No âmbito dessa eficácia normativa, não se vislumbra como o órgão de soberania Assembleia da República poderia ser afastado da possibilidade de nela intervir através daquele artigo 12.º da Lei n.º 24/2007, já que tal eficácia normativa externa se repercute em sede de responsabilidade civil e de direitos subjectivos, como sejam os direitos à integridade física das pessoas e à integridade dos bens destas.

IX — Os recorridos subscrevem por inteiro aquilo que sobre tal problemática foi decidido no Acórdão n.º 24/98 desse Venerando Tribunal Constitucional, e no Acórdão n.º 1/97, para o qual remete, onde se questiona a existência de uma verdadeira reserva constitucional da Administração, nomeadamente quando a intervenção da Assembleia da República se contenha no limite funcional que representa a proibição de uma pura substituição funcional do executivo no preciso espaço da sua actividade normal.

X — E, no caso dos presentes autos, a intervenção da Lei n.º 24/2007 na problemática do ónus da prova quanto às condições de segurança que cabe às concessionárias das auto-estradas assegurar aos seus utentes quando estes tranquilamente por elas circulam e são surpreendidos pelo atravessamento de animais, não pode considerar-se como tendo ultrapassado o dito limite funcional colocado à actuação do órgão legislativo Assembleia da República, ou como «uma intromissão parlamentar intolerável na esfera administrativa do executivo».

XI — A fixação, a cargo das concessionárias, do ónus da prova quanto à obrigação de criação e manutenção de condições de segurança nas auto-estradas também não viola o princípio constitucional da igualdade.

XII — Lembra-se, por um lado, que em muitos outros dispositivos legais o ónus da prova impende sobre a parte que, eventualmente, mais dificuldades tem em fazer a respectiva prova e muitas vezes implica a difícil prova de um facto negativo. E nem por isso tais dificuldades implicam a inconstitucionalidade do respectivo normativo. Neste aspecto, lembra-se também aqui a lição do saudoso Prof. Manuel de Andrade, a fls. 190 das suas *Noções Elementares de Processo Civil*, Coimbra Editora, 1956, quando já nessa altura afirmava que a natural dificuldade de prova não era circunstância fundamental para fixar o respectivo ónus.

XIII — Por outro lado, o princípio da igualdade não dispensa a consideração de que situações desiguais não podem ter o mesmo tratamento. E certamente que as razões subjacentes à segurança do tráfego automóvel nas auto-estradas, a cargo das respectivas concessionárias, não são idênticas às razões subjacentes ao tráfego aéreo ou ao tráfego nos aeroportos, por exemplo.

XIV — Como norma de natureza interpretativa que opta por uma de duas soluções defendidas pela jurisprudência ou pela doutrina, no caso de acidentes de viação causados pelo atravessamento nas auto-estradas por animais, é também evidente que o artigo 12.º da Lei n.º 24/2007 não viola o princípio da boa fé ou da confiança, visto que, dada tal controvérsia, nenhuma das partes (utentes ou concessionárias) poderia legitimamente contar com a consagração legislativa de qualquer das soluções em confronto.

XV — E muito menos importa uma ilegítima interferência na esfera do poder judicial, o qual existe precisamente para dirimir conflitos ou litígios já em curso, segundo as normas jurídicas que se entenda deverem ser aplicadas. E para isso é que os cidadãos têm acesso aos tribunais.

XVI — Os princípios constitucionais da estabilidade dos contratos e da proporcionalidade, da tutela da propriedade privada ou do equilíbrio financeiro só teriam relevância no presente recurso se este tivesse de ser apreciado em relação ao núcleo dos novos deveres das concessionárias das auto-estradas e dos correspectivos direitos dos seus utentes, definidos pela Lei n.º 24/2007.

XVII — Não tem relevância para o problema da inconstitucionalidade levantado pela Brisa a circunstância de a opção pelo ónus da prova a seu cargo poder, na prática (e se pudesse) conduzir-nos à consagração de uma verdadeira responsabilidade objectiva da mesma. E isto pela razão simples de que a responsabilidade objectiva não fere qualquer princípio constitucional e está prevista, como a própria Brisa reconhece, em vários diplomas legais, tais como os respeitantes a acidentes de trabalho, ao risco em certos acidentes de viação ou à responsabilidade ambiental.

XVIII — De qualquer modo, e fora os casos de força maior previstos no n.º 3 daquele artigo 12.º da Lei n.º 24/2007, em sede de fiscalização da constitucionalidade seria intolerável para a tutela da confiança de quem tranquilamente usa uma auto-estrada para circular em viatura automóvel — tutela subjacente a todos os condicionalismos legais impostos na circulação viária nas auto-estradas — ver essa via subitamente invadida por um qualquer animal e ter o ónus de provar que o aparecimento de tal animal na via se deveu à inobservância, por parte da concessionária, dos seus deveres de vigilância.

XIX — Pelos fundamentos atrás expostos, ou por outros que V. Ex.ªs Venerandos Conselheiros do Tribunal Constitucional tenham, no mesmo sentido, por mais pertinentes, não deve esse Venerando Tribunal pronunciar-se pela inconstitucionalidade material do artigo 12.º da Lei n.º 24/2007 nem declarar a inconstitucionalidade de tal artigo, por nenhum preceito constitucional ele ter violado, nomeadamente os artigos 2.º, 13.º, n.º 1, e 62.º, n.º 1, da Constituição, assim se negando provimento ao presente recurso, julgando-o improcedente, com todas as legais consequências."

II — Fundamentação

1. *Da delimitação do objecto do recurso*

A recorrente pediu ao Tribunal Constitucional que fiscalizasse a constitucionalidade das normas constantes dos artigos 4.º a 12.º da Lei n.º 24/2007, de 18 de Julho.

No domínio da fiscalização sucessiva concreta, o recurso constitucional tem natureza instrumental relativamente à decisão recorrida, o que significa que apenas pode ser apreciada a constitucionalidade de normas ou interpretações normativas que tenham sido aplicadas pela decisão recorrida de modo influente para o desfecho do pleito onde foi interposto o recurso.

Ora, da leitura dos dois acórdãos proferidos pelo Supremo Tribunal de Justiça neste processo verifica-se que apenas foi aplicada a norma constante do artigo 12.º, n.º 1, alínea *b)*, da Lei n.º 24/2007, de 18 de Julho, pelo que o objecto deste recurso deve cingir-se a essa norma.

Nas alegações de recurso, a recorrente pretendeu também estender a fiscalização de constitucionalidade à aplicação retroactiva que o Supremo Tribunal de Justiça fez daquele preceito legal.

Uma vez que o objecto do recurso é definido no requerimento que o interpõe, não é possível nas alegações subsequentes proceder-se à sua ampliação, pelo que apenas se conhecerá da constitucionalidade da norma contida no artigo 12.º, n.º 1, alínea *b)*, da Lei n.º 24/2007, de 18 de Julho.

2. *Do mérito do recurso*

2.1. Enquadramento da questão

O presente recurso de constitucionalidade versa a questão da distribuição do ónus da prova da culpa enquanto pressuposto da responsabilidade civil pelos danos causados por acidentes de viação ocorridos nas auto-estradas.

Sem cuidar agora da questão da respectiva natureza jurídica, pode-se afirmar que o sistema do ónus da prova surgiu para resolver o problema da dúvida insanável sobre a realidade dos factos, nomeadamente quando, conforme prescreve o n.º 1, do artigo 8.º do Código Civil, "o tribunal não pode abster-se de julgar (...) alegando dúvida insanável acerca dos factos em litígio".

Para esse efeito, de acordo com o disposto no n.º 1 do artigo 342.º do Código Civil, "àquele que invocar um direito cabe fazer prova dos factos constitutivos do direito alegado", acrescentando o n.º 2 do mesmo normativo que "a prova dos factos impeditivos, modificativos ou extintivos do direito invocado compete àquele contra quem a invocação é feita".

E para resolver concretamente o problema da dúvida irredutível, o artigo 516.º do Código de Processo Civil, dispõe que "a dúvida sobre a realidade de um facto e sobre a repartição do ónus da prova resolve-se contra a parte a quem o facto aproveita".

Em certos casos, porém, o ónus da prova compete à parte que, segundo a repartição normal, dele estaria libertada.

Esta eventualidade pode suceder por força da lei ou por vontade das partes.

Em especial, a inversão legal do ónus da prova dá-se — nos termos do disposto no artigo 344.º do Código Civil — quando existe presunção legal, dispensa ou liberação da prova ou quando a parte contrária tiver culposamente tornado impossível a prova do onerado.

É neste quadro normativo geral infraconstitucional que emerge a questão da distribuição do ónus da prova a respeito dos pressupostos da responsabilidade civil pelos danos causados por acidentes de viação ocorridos nas auto-estradas, nomeadamente quando os acidentes em questão ocorrem em auto-estradas concessionadas e se ficam a dever a situações de atravessamento de animais na via.

Na pendência da presente acção entrou em vigor a Lei n.º 24/2007, de 18 de Julho, diploma legal que, na parte que ora releva, veio expressamente "definir os direitos dos utentes nas vias rodoviárias classificadas como auto-estradas concessionadas".

Em particular, o artigo 12.º, n.º 1, alínea *b*), do referido diploma, apresenta a seguinte redacção:

"Nas auto-estradas, com ou sem obras em curso, e em caso de acidente rodoviário, com consequências danosas para pessoas e bens, o ónus da prova do cumprimento das obrigações de segurança cabe à concessionária, desde que a respectiva causa diga respeito a:

(...)

b) Atravessamento de animais;

(...)"

Na origem deste diploma encontram-se protestos dirigidos à Assembleia da República pela duração das obras de alargamento da A1, as quais provocavam grandes congestionamentos no trânsito. Na sequência destes protestos o parlamento aprovou a Resolução n.º 14/2004, de 31 de Janeiro, destinada ao Governo, para que este promovesse, junto das concessionárias de auto-estradas, a alteração das bases das respectivas concessões, de modo a suspender as portagens das vias em obras e a melhor informar os utentes da sua ocorrência.

Perante o impasse nas negociações entre o Governo e as concessionárias, o Partido Comunista Português e o Bloco de Esquerda apresentaram na Assembleia da República dois Projectos de Lei (n.º 145/X e n.º 164/X, respectivamente) sobre esta matéria.

O primeiro destes Projectos foi aprovado, tendo, contudo, acolhido no seu seio algumas propostas do Projecto do Bloco de Esquerda, assim surgindo o Decreto n.º 122/X, que se converteu na Lei n.º 24/2007, de 18 de Julho.

Entre as propostas do Projecto do Bloco de Esquerda que vieram a obter consagração nesta Lei, embora com diferente redacção, encontra-se o disposto no referido artigo 12.º

Do preâmbulo do Projecto de Lei n.º 164/X constam as razões visadas pelos proponentes a respeito dessa matéria, nomeadamente que "o Estado também tem de intervir na definição do tipo de responsabilidade que cabe às concessionárias das auto-estradas. O que se passa hoje em dia é que, após demoradas acções judiciais, a jurisprudência dos tribunais portugueses, salvo raras excepções, tem entendido que a responsabilidade das concessionárias das auto-estradas é meramente subjectiva (...). Ora, como de resto acontece em Espanha e em mais países, as concessionárias das auto-estreadas, como estão obrigadas a assegurar a segurança das vias a elas concessionadas, devem dirigir os seus esforços para garantir este importante requisito aos utentes e para tanto devem ser as mesmas concessionárias a acarretar com o ónus da prova em caso de ocorrência anómala nas vias que estão encarregues de velar".

E de acordo com as palavras proferidas pelo Sr. Deputado Jorge Fão (PS), durante a discussão na especialidade, pretendia-se "a inversão do ónus da prova em caso de acidentes que ocorrerem nas auto-estradas mesmo que não se fiquem a dever a obras mas à circulação normal" (cfr. *Diário da Assembleia da República*, I Série, de 18 de Maio de 2007, p. 37).

As normas contidas no artigo 12.º da Lei n.º 24/2007, de 18 de Julho, visaram intervir no debate jurisprudencial e doutrinal então em curso sobre o ónus da prova da culpa nos acidentes rodoviários ocorridos nas auto-estradas concessionadas, provocados pelas condições da via, incluindo a existência indevida nas faixas de rodagem de objectos, animais e líquidos (vide sobre esta discussão, com citação de variada jurisprudência, António Menezes Cordeiro, em *Igualdade Rodoviária e Acidentes de Viação nas Auto-Estradas — Estudo de Direito Civil Português*, edição da Almedina de 2004, e em "Acidente de Viação em Auto-Estrada — Natureza da Eventual Responsabilidade da Concessionária", na *Revista da Ordem dos Advogados*, Ano 65, volume I, Junho 2005, Carneiro da Frada, em "Sobre a responsabilidade das concessionárias por acidentes ocorridos em auto-estradas", na *Revista da Ordem dos Advogados*, Ano 65, volume II, Setembro 2005, pp. 407-433, Sinde Monteiro, em "Acidentes na auto-estrada — natureza e regime de responsabilidade da concessionária", na *Revista de Legislação e de Jurisprudência*, Ano 133.º, pp. 29 e segs.; Armando Triunfante, em "Responsabilidade civil das concessionárias das auto-estradas", em *Direito e Justiça*, volume XV, Tomo 1, 2001, pp. 73 e segs., J. Cardona Ferreira, em *Acidentes de viação em auto-estradas — Casos de Responsabilidade Civil Contratual?*, edição de 2004, da Coimbra Editora, 2004, e Américo Marcelino, em *Acidentes de Viação e Responsabilidade Civil*, pp. 115 e segs., da 7.ª edição, da Petrony).

Na alínea *b)* do n.º 1 do referido artigo 12.º o legislador determinou uma inversão do ónus da prova da culpa pela ocorrência de acidentes rodoviários em auto-estradas concessionadas causadores de danos em pessoas ou bens, provocados pelo atravessamento de animais. Se, segundo as regras gerais de distribuição do ónus da prova, é ao lesado que cabe demonstrar o nexo de imputação do evento ao demandado, a título de culpa (artigos 342.º, n.º 1, e 483.º do Código Civil), nas situações excepcionais previstas naquele preceito, esse ónus é invertido, competindo à concessionária da auto-estrada onde ocorreu o acidente provar que cumpriu todas as obrigações de segurança que sobre ela incidem, de modo a afastar a sua culpa pela produção do acidente.

O artigo 12.º, n.º 1, alínea *b)*, da Lei n.º 24/2007, de 18 de Julho, traduz-se, pois, no estabelecimento duma presunção legal de culpa retirada do facto do acidente ter sido causado pela presença de um animal nas faixas de rodagem de uma auto-estrada (vide sobre a distinção entre as situações de inversão do ónus da prova resultantes do estabelecimento de presunções ilidíveis e de dispensa do ónus da prova, Alberto dos Reis, em *Código de Processo Civil anotado*, volume III,

p. 249, da edição de 1950, da Coimbra Editora, Vaz Serra, em "Provas (direito probatório material)", p. 187, do *Boletim do Ministério da Justiça* n.º 110, e Rita Lynce de Faria, em *A inversão do ónus da prova no direito civil português*, p. 39, da edição de 2001, da Lex), com a consequente atribuição da prova do contrário à entidade a quem está atribuído o dever de velar pelas condições de segurança daquela via.

Num sistema assente na culpa, como refere Sousa Ribeiro, "a inversão do ónus da sua prova não tem um significado meramente técnico-processual, mas também um conteúdo de ordem material. Onde vem estabelecida, ela equivale a uma indicação legal da pessoa do responsável, ainda que sem carácter peremptório e definitivo, pois se lhe reconhece a faculdade de se desonerar" ("Ónus da prova da culpa na responsabilidade civil por acidente de viação", em *Estudos em homenagem ao Prof. Doutor J. J. Teixeira Ribeiro*, II, p. 455).

Note-se que, contrariamente ao que diz a recorrente nas suas alegações, não estamos perante a consagração de uma responsabilidade objectiva, que prescinde do requisito da culpa para concluir por uma situação de responsabilidade civil, mas apenas perante uma mera facilitação da prova da existência da culpa. Para demonstrar a culpa da concessionária da auto-estrada onde ocorreu o acidente provocado pelo atravessamento de um animal, não é necessário ao lesado demonstrar que esse atravessamento resultou do incumprimento por aquela dos deveres de garantia da segurança na auto-estrada que lhe foi concessionada, bastando que esta não consiga demonstrar que, no caso concreto, cumpriu esses deveres.

O estabelecimento desta presunção não procura apenas fazer recair o ónus da prova sobre aquele que está em melhores condições para fornecer os elementos de prova relativos às circunstâncias que permitiram o atravessamento da faixa de rodagem de uma auto-estrada por um animal, mas também funciona como um incentivo ao reforço por parte das concessionárias das medidas destinadas a evitar que estes eventos ocorram.

A recorrente alega que o conteúdo da norma que é objecto de fiscalização neste recurso viola os princípios constitucionais da separação dos poderes e da tutela da confiança, como princípios estruturantes do modelo do Estado de direito democrático (artigo 2.º da Constituição), o princípio da igualdade (artigo 13.º da Constituição) a tutela do direito à propriedade privada (artigo 62.º da Constituição) e ainda o direito a um processo equitativo (artigo 20.º, n.º 4, da Constituição).

2.2. Sobre a violação do princípio da separação de poderes

Nos termos do artigo 2.º da Constituição, na redacção introduzida pela Lei Constitucional n.º 1/97, de 20 de Setembro, a República Portuguesa é um

Estado de direito democrático baseado, *inter alia,* na separação e interdependência de poderes.

Este princípio é contemporaneamente entendido segundo uma concepção positiva, como princípio de organização óptima das funções estaduais tendente a decisões funcionalmente eficazes e materialmente justas (vide Gomes Canotilho em *Direito constitucional e teoria da Constituição*, p. 250, da 7.ª edição, da Almedina, e Nuno Piçarra, em "A separação de poderes como doutrina e como princípio constitucional — um contributo para o estudo das suas origens e evolução", pp. 262-264, da edição de 1989, da Coimbra Editora).

A recorrente entende que a Lei n.º 24/2007, de 18 de Julho, viola o princípio da separação de poderes consagrado no artigo 2.º da Constituição, acusando-a enquanto acto legislativo da Assembleia da República, por um lado, de interferir ilegitimamente na actividade administrativa do Estado e, por outro lado, de constituir uma invasão da função reservada aos tribunais.

2.2.1. O artigo 12.º, n.º 1, alínea *b*), da Lei 24/2007, de 18 de Julho, e a reserva de Administração

Relativamente à primeira acusação importa notar que a recorrente invoca a inconstitucionalidade da Lei n.º 24/2007, de 18 de Julho, considerada na sua globalidade, com isso extravasando o objecto do presente recurso de constitucionalidade acima delimitado.

Neste processo apenas interessa averiguar se a Assembleia da República invadiu a alegada "reserva de Administração" ao aprovar o texto constante da alínea *b)* do n.º 1 do artigo 12.º da Lei 24/2007, de 18 de Julho.

Para esse efeito, importa, antes do mais, caracterizar a relação jurídica existente entre a recorrente e o Estado tendo por objecto a auto-estrada onde ocorreu o acidente dos autos, e, num segundo momento, avaliar o verdadeiro alcance da intervenção legislativa da Assembleia da República em matéria de distribuição do ónus da prova da responsabilidade por acidentes de viação ocorridos em auto-estradas concessionadas.

Remonta ao final da década de sessenta do século passado o início da experiência portuguesa de construção de auto-estradas em regime de concessão.

A abertura de concurso público para a concessão de construção, conservação e exploração de auto-estradas ou seus troços foi autorizada pelo Decreto-Lei n.º 49 139, de 25 de Outubro de 1969.

Na sequência de concurso público, o Governo outorgou a referida concessão à Brisa — Auto-Estradas de Portugal, SARL, nos termos das bases anexas ao Decreto n.º 467/72, de 22 de Novembro.

Este contrato de concessão vigorou até Outubro de 1985, data em que um novo contrato de concessão entrou em vigor ao abrigo do Decreto-Lei n.º 458/85, de 30 de Outubro, o qual foi, sucessivamente, objecto de várias alterações, a mais importante das quais através do Decreto-Lei n.º 315/91, de 20 de Agosto.

Este último diploma, por seu turno, acabou por ser revogado pelo Decreto-Lei n.º 294/97, de 24 de Outubro, que aprovou as bases da concessão que se encontravam, no essencial, vigentes à data do acidente de viação sob discussão — sendo, pois, completamente irrelevantes, na economia do presente recurso, as sucessivas alterações introduzidas desde então nas referidas bases da concessão, a últimas das quais pelo Decreto-Lei n.º 247-C/2008, de 30 de Dezembro.

Para o efeito que ora releva, dispõe o n.º 1 da Base I anexa ao Decreto-Lei n.º 294/97, de 24 de Outubro, que a concessão tem por objecto a construção, conservação e exploração em regime de portagem de determinadas auto-estradas.

O financiamento necessário à realização do objecto da concessão será assegurado — esclarece o n.º 1 da Base X — pela concessionária e pelo Estado, tendo aquela o direito de receber dos utentes das auto-estradas as importâncias das portagens nas mesmas cobradas e os rendimentos de exploração das áreas de serviço.

O estabelecimento da concessão é integrado — nos termos do n.º 1 da Base IV — pelas auto-estradas e por todas as obras, máquinas e aparelhagem e respectivos acessórios utilizados para a exploração e conservação das auto-estradas.

O n.º 2 da Base IV acrescenta que todos os bens que integram o estabelecimento da concessão revertem, no termo desta, para o Estado.

A recorrente Brisa foi essencialmente encarregue pelo Estado de executar e explorar uma obra pública, mediante retribuição a obter directamente dos utentes, através do pagamento por estes de taxas de utilização.

Está-se, assim, na presença de um contrato administrativo, mais concretamente, na presença de um contrato de concessão de obras públicas que leva acessoriamente acoplada uma concessão de exploração do domínio público (vide sobre este tipo contratual, Pedro Gonçalves, em "A Concessão de Serviços Públicos", pp. 90-95, da edição de 1999, da Almedina, e Diogo Freitas do Amaral/Lino Torgal, em *Estudos sobre concessões e outros actos da Administração (Pareceres)*, pp. 577-588, da edição de 2000, da Almedina).

Na verdade, nem sempre é possível à Administração Pública prosseguir os fins de interesse público que a lei põe a seu cargo por via de autoridade e pela tomada de decisões unilaterais. Muitas vezes, a própria lei prevê que a Administração lance mão da figura do contrato sujeito a um regime jurídico especial, diferente daquele que existe no Direito Civil, já que aquela continua a dispor de prerrogativas ou privilégios de que as partes nos contratos civis não dispõem, designadamente o poder de modificação unilateral do conteúdo das prestações ou o poder de rescisão unilateral do contrato.

Este regime especial dos contratos administrativos constitui uma das manifestações do poder administrativo ou, por outras palavras, da supremacia jurídica da Administração, sem que o interesse do contratante particular na estabilidade do contrato se mostre protegido pelo estabelecimento de limites e condições ao exercício dos poderes públicos de destabilização da relação contratual.

Se, em princípio, a concessão administrativa é efectuada pela Administração mediante uma forma de actuação típica da função administrativa, o facto de, no caso concreto, a circunstância da concessão ter sido efectuada por acto jurídico com forma de lei não coloca em crise a existência de uma concessão administrativa (vide Pedro Gonçalves, *ob. cit*, p. 69).

É conhecida a discussão sobre o âmbito de uma reserva de exercício da função administrativa pública oponível perante o poder legislativo, nomeadamente em matéria de intervenção legislativa com efeitos extintivos ou modificativos de uma concreta relação contratual pública (vide, além do parecer junto aos autos, Paulo Otero, em *Legalidade e Administração Pública*, pp. 949-950, da edição de 2003, da Almedina, Gomes Canotilho, na *Revista de Legislação e de Jurisprudência*, Ano 129.º, p. 82, Reis Novais, em *Separação de poderes e limites da competência legislativa da Assembleia da República*, pp. 59 e segs., da edição de 1997, e o Acórdão n.º 1/97, deste Tribunal, em *Acórdãos do Tribunal Constitucional*, 36.º Volume, p. 7).

Contudo, no caso concreto, independentemente da posição que se tome nesta questão, não é possível detectar uma invasão ilegítima dos poderes do Governo pela Assembleia da República. Neste domínio, a aprovação do regime legal consagrado no artigo 12.º, n.º 1, alínea *b)*, da Lei n.º 24/2007, de 18 de Julho, não pode, em qualquer perspectiva, ser vista como uma revogação ou modificação legislativa de cláusulas ou efeitos de qualquer contrato de concessão celebrado pelo Governo.

Na verdade, o contrato de concessão outorgado pela recorrente ao abrigo do disposto no Decreto-Lei n.º 294/97, de 24 de Outubro, dispõe muito pouco, ou mesmo nada, sobre a responsabilidade da concessionária para com terceiros.

A esse respeito, a Base XLIX, n.º 1, anexa ao Decreto-Lei n.º 294/97, de 24 de Outubro, limita-se a remeter, como é habitual neste tipo de concessões, para o regime geral de responsabilidade civil quando preceitua que "serão da inteira responsabilidade da concessionária todas as indemnizações que, nos termos da lei, sejam devidas a terceiros em consequência de qualquer actividade decorrente da concessão".

Esta remissão para os termos da lei limita-se a constatar que compete ao legislador a definição dos termos em que deve ocorrer a responsabilidade pelos danos sofridos por terceiros em consequência da actividade concessionada, nomeadamente os acidentes rodoviários ocorridos nas auto-estradas cuja exploração se encontra concessionada resultantes do atravessamento de animais.

Foi exactamente no campo dessa definição que a Lei n.º 24/2007, de 18 de Julho, interveio, pelo que não alterou nenhum contrato de concessão em particular, muito menos o contrato de concessão respeitante à auto-estrada onde ocorreu o acidente dos autos, sendo antes aquela lei aplicável a todos os acidentes de viação ocorridos em auto-estradas concessionadas às várias empresas concessionárias a operar em Portugal.

Compreende-se que assim seja, na medida em que os acidentes de viação ocorridos nas auto-estradas concessionadas envolvem os seus utentes, os quais, obviamente, são terceiros relativamente ao contrato de concessão e não podem ficar subordinados ou limitados pelo acordo alcançado no passado entre o concedente e o concessionário, no que respeita à definição dos pressupostos dos seus direitos de indemnização, relativamente a danos morais e patrimoniais emergentes desses acidentes.

O utente é a razão de ser do contrato de concessão mas não intervém na atribuição da concessão.

Não se vislumbra, pois, como possa esta matéria integrar qualquer reserva de Administração, mesmo segundo as teses doutrinárias mais generosas à limitação do legislador pela autonomia administrativa contratual, uma vez que é o próprio contrato de concessão que remete para o legislador a sua regulamentação.

Por estes motivos não tem suporte a posição da recorrente segundo a qual a Assembleia da República não tem competência para legislar sobre o regime de responsabilidade civil emergente dos acidentes de viação ocorridos nas auto-estradas concessionadas, ou que deixou de ter essa competência a partir do momento em que foi outorgado um qualquer contrato administrativo pelo Governo, tendo por objecto a concessão de construção e exploração de auto-estradas, por violação da alegada reserva de Administração.

2.2.2. O artigo 12.º, n.º 1, alínea *b*), da Lei n.º 24/2007, de 18 de Julho, e a reserva de jurisdição

A recorrente defende também que esta intervenção legislativa redunda numa ilegítima interferência na esfera do poder judicial, a quem cabe resolver as questões entre particulares.

O princípio da separação de poderes determina a existência duma reserva de competência da função jurisdicional em proveito dos tribunais, incumbindo apenas a estes a administração da justiça, onde se inclui a tarefa de dirimir os conflitos de interesses particulares (artigo 202.º, n.ºs 1 e 2, da Constituição).

Contudo a função jurisdicional respeita à resolução de conflitos concretos e não à definição de regras gerais e abstractas sobre determinada matéria do direito privado, mesmo que essas regras se limitem a resolver discussões jurisprudenciais sobre o verdadeiro sentido de normas já existentes.

O artigo 12.º, n.º 1, alínea *b)*, da Lei n.º 24/2007, de 18 de Julho, limita-se, a estabelecer uma regra geral e abstracta de ónus da prova relativo aos pressupostos da responsabilidade civil pelos danos causados por acidentes de viação ocorridos nas auto-estradas concessionadas provocados pelo atravessamento de animais na via e não a solucionar qualquer caso concreto ocorrido nestas circunstâncias, pelo que não se verifica qualquer invasão das tarefas estaduais reservadas aos tribunais.

2.3. A tutela da confiança

A recorrente defende também que a Lei n.º 24/2007, de 18 de Julho, viola o princípio da tutela da confiança, ínsito na ideia de Estado de direito democrático consagrado no artigo 2.º da Constituição.

Mais uma vez convém relembrar que, atenta a delimitação do objecto do recurso de constitucionalidade, a análise aqui feita apenas incide sobre a norma constante do artigo 12.º, n.º 1, alínea *b)*, da Lei n.º 24/2007, de 18 de Julho.

Ora, além dos contratos administrativos de concessão serem geneticamente susceptíveis de sofrer alterações ditadas pela prossecução do interesse público, as quais, à partida, por si só, não envolvem a violação de qualquer princípio ou regra constitucional, conforme já se deixou escrito antes, a norma aqui em apreciação não alterou nenhum contrato de concessão em particular, tendo apenas introduzido uma nova regra relativa à responsabilidade pelos danos sofridos por terceiros em acidentes rodoviários ocorridos nas auto-estradas cuja exploração se encontra concessionada, resultantes do atravessamento de animais.

Dispondo o Decreto-Lei n.º 294/97, de 24 de Outubro, ao abrigo do qual foi outorgado aquele contrato, que esta matéria seria regida nos termos da lei, num juízo objectivo, não é possível configurar uma situação de confiança na estabilidade do direito vigente no momento da celebração do contrato.

A tutela da confiança não pode conduzir à impossibilidade de qualquer alteração das leis em vigor, isto é, a segurança jurídica não pode caracterizar-se simplesmente pela imutabilidade e cristalização do direito legislado.

O Direito cumpre "uma função dinamizadora e modeladora, capaz de ajustar a ordem estabelecida à evolução social e de promover mesmo esta evolução num determinado sentido" (Baptista Machado, em *Introdução ao Direito e ao Discurso Legitimador*, p. 223, da edição de 1989, da Almedina).

Efectivamente, o legislador do Estado de direito democrático está vinculado à prossecução do interesse público ditado pela Constituição e, consequentemente, tem de dispor de uma ampla margem de conformação da ordem jurídica ordinária para prosseguir fins constitucionalmente legítimos em cumprimento do mandato democrático recebido dos eleitores.

Por isso, nada o impedia de no decurso da vigência dos contratos de concessão em causa criar uma regra como a que consta do artigo 12.º, n.º 1, alínea b), da Lei n.º 24/2007, de 18 de Julho, não resultando daí sequer beliscada a protecção da tutela da confiança.

É certo que poderia a violação deste princípio ser analisada pelo ângulo da aplicação da lei no tempo, uma vez que o disposto no artigo 12.º, n.º 1, alínea b), da Lei 24/2007, de 18 de Julho, foi aplicado neste processo a factos ocorridos antes da respectiva entrada em vigor. Contudo, isso não é possível fazer no âmbito deste recurso, uma vez que a recorrente, no respectivo requerimento de interposição, não questionou a constitucionalidade da interpretação normativa feita nesse sentido pela decisão recorrida, pelo que a mesma não integra o objecto do recurso.

2.4. Do princípio da igualdade

Nos termos do artigo 13.º, n.º 1, da Constituição, todos os cidadãos têm a mesma dignidade social e são iguais perante a lei.

A igualdade é um valor relativo e só no plano da relatividade tem sentido, sendo comummente entendido que o princípio da igualdade impõe o tratamento igual do igual e diferente do diferente, exigindo, para a medida da diferença, uma razão justificativa.

Não obstante a Constituição falar em igualdade dos cidadãos, é óbvio que este princípio também se projecta sobre as pessoas colectivas (vide Jorge Miranda/Rui Medeiros, em *Constituição Portuguesa Anotada*, Tomo I, p. 121, da edição de 2005, da Coimbra Editora).

A recorrente alega que este princípio se mostra violado pela norma sob fiscalização, por um lado porque cria uma regra específica que se aplica apenas num determinado tipo de estradas, desrespeitando assim a denominada "igualdade rodoviária" (no mesmo sentido opina Menezes Cordeiro em "A lei dos direitos dos utentes das auto-estradas e a Constituição (Lei n.º 24/2007, de 18 de Julho)", na *Revista da Ordem dos Advogados*, Ano 67, volume II, p. 571), e, por outro lado, porque consagra um regime discriminatório das concessionárias das auto-estradas em relação às demais empresas concessionárias doutras infra-estruturas públicas, como sejam os aeroportos.

2.4.1. Da violação da "igualdade rodoviária"

A expressão "igualdade rodoviária" foi introduzida na discussão jurídica em torno dos acidentes em auto-estradas por António Menezes Cordeiro, pretendendo-se com a mesma chamar a atenção para a essencialidade da existência de uma regulação unitária das situações do tráfego rodoviário (em *Igualdade Rodoviária e Acidentes de Viação nas Auto-Estradas — Estudo de Direito Civil Português*, pp. 37-39, da edição de 2004, da Almedina). Todavia, esta posição doutrinária pretendia, no essencial, colocar em crise as soluções contratuais adoptadas em matéria de responsabilidade por acidentes ocorridos em auto-estradas, em especial, a sua aplicação nas situações em não seja devido o pagamento de portagens pelos utentes das auto-estradas.

Em primeiro lugar cumpre mencionar que a norma aplicada pelo tribunal recorrido não faz qualquer distinção entre as diversas concessionárias de auto--estradas existentes nem entre concessões de auto-estradas com portagem e sem portagem.

Acresce que a especificidade das auto-estradas justifica um tratamento jurídico diferenciado, relativamente aos demais tipos de estradas.

Na verdade, nos termos do artigo 1.º, alínea *a*), do Código da Estrada de 1994 (CE), na redacção do Decreto-Lei n.º 44/2005, de 23 de Fevereiro, a auto--estrada é uma via pública destinada a trânsito rápido, com separação física de faixas de rodagem, sem cruzamentos de nível nem acesso a propriedades marginais, com acessos condicionados e sinalizada como tal.

A circulação nas auto-estradas apresenta muitas restrições de ordem legal que importa assinalar, nomeadamente:
- é proibido o trânsito de peões, animais, veículos de tracção animal, velocípedes, ciclomotores e motociclos de cilindrada não superior a 50 cm^3 (artigo 72.º, n.º 1, do CE);
- em matéria de limites gerais de velocidade, os condutores em geral não podem transitar a velocidade instantânea inferior a 50 km/h (artigo 27.º, n.º 6, do CE);
- por seu turno, os motociclos de cilindrada superior a 50 cm^3 e os automóveis ligeiros de passageiros e mistos sem reboque podem circular a uma velocidade instantânea máxima de 120 Km/hora (artigo 27.º, n.º 1, do CE);
- é proibido parar ou estacionar, ainda que fora das faixas de rodagem [artigo 72.º, n.º 2, alínea *b*), do CE];
- é proibida a inversão do sentido de marcha [artigo 72.º, n.º 2, alínea *c*), do CE];
- é proibida a realização da manobra de marcha atrás [artigo 72.º, n.º 2, alínea *d*), do CE];

— é proibido transpor os separadores de trânsito ou as aberturas neles existentes [artigo 72.º, n.º 2, alínea e), do CE];
— a entrada e saída das auto-estradas faz-se unicamente pelos acessos a tal fim destinados (artigo 73.º, n.º 1, do CE).

Todas estas restrições visam garantir condições acrescidas de segurança, permitindo-se, perante essas condições, a circulação do trânsito a uma maior velocidade do que nas restantes estradas. Daí que também, neste tipo de via, as exigências quanto ao cumprimento pela concessionária da sua exploração dos deveres de prevenção e segurança e à rapidez na correcção de anomalias devem ser especialmente elevadas e justificam um tratamento jurídico diferenciado (vide, neste sentido, Sinde Monteiro, em "Acidente na auto-estrada provocado pelo atravessamento de um animal", na *Revista de Legislação e de Jurisprudência*, Ano 131.º, pp. 49-50).

Por isso, a consagração de uma presunção legal de culpa da concessionária, relativamente aos acidentes causados pela presença de um animal nas faixas de rodagem de uma auto-estrada, fundamentada no melhor conhecimento que esta tem das circunstâncias que estarão na origem desse evento, e no incentivo ao reforço das medidas destinadas a evitar a sua repetição, não se traduz, relativamente aos acidentes idênticos ocorridos noutro tipo de estrada, num tratamento diferenciado de situações iguais, mas sim na aplicação duma regra específica a uma situação diferente, estando a diferença de regime justificada pela especificidade da situação.

2.4.2. Do tratamento discriminatório das concessionárias das auto-estradas

Alega também a recorrente que o princípio da igualdade é violado pela norma sindicada enquanto estabelece um regime discriminatório das concessionárias das auto-estradas, relativamente a outras concessionárias de infra-estruturas, como sejam os aeroportos, onde também podem ocorrer acidentes provocados pela presença de animais nas pistas.

Conforme resulta da leitura do texto do Decreto-Lei n.º 404/98, de 18 de Dezembro, e do Regulamento (CE) n.º 2320/2002, a concessionária do serviço público aeroportuário está sujeita a um regime jurídico bem mais complexo e exigente do que as concessionárias das auto-estradas, o que se compreende atenta a necessidade de garantir um nível de segurança muitíssimo elevado na navegação aérea.

Efectivamente, a segurança da aviação civil conhece exigências de segurança sem paralelo noutra actividade de transporte de passageiros e carga.

A ANA — Aeroportos de Portugal, S. A. (ANA) que passou a ter por objecto principal a exploração, em regime de concessão, do serviço público aeroportuário de apoio à aviação civil em Portugal (artigo 3.º dos Estatutos da ANA que constitui o anexo II, do Decreto-Lei n.º 404/98, de 18 de Dezembro) deve especialmente:

— executar, sob sua responsabilidade e em regime de exclusivo, o referido serviço nas melhores condições de qualidade, continuidade e regularidade e eficiência e economia do serviço, devendo manter actualizadas as regras de gestão aeroportuária a adoptar, de acordo com a evolução tecnológica e normas de produtividade seguidas na exploração de aeroportos com movimento de tráfego semelhante àqueles compreendidos na concessão [artigo 13.º, n.º 1, alínea *a*), do Decreto-Lei n.º 404/98, de 18 de Dezembro];

— organizar os serviços, disciplinar a sua actuação, aplicar as regras de segurança geralmente seguidas na exploração aeroportuária, conservar as infra-estruturas e equipamentos afectos ao serviço público concessionado, promovendo a respectiva actualização e renovação oportunas [artigo 13.º, n.º 1, alínea *b*), do Decreto-Lei n.º 404/98, de 18 de Dezembro];

— cumprir e fazer observar as normas, recomendações e orientações aplicáveis à actividade aeroportuária, designadamente as de natureza legal e regulamentar decorrentes de convenções e acordos internacionais de que o Estado Português seja subscritor e bem assim aquelas que sejam emanadas do Instituto Nacional de Aviação Civil e das organizações internacionais de que Portugal seja membro [artigo 13.º, n.º 1, alínea *d*), do Decreto-Lei n.º 404/98].

Assim, e no que respeita ao tipo de acidente aqui em análise:

— na zona de movimento dos aeroportos e seus terrenos e edifícios adjacentes (lado ar), o controlo dos acessos deve ser assegurado em permanência para impedir nomeadamente a entrada nessas zonas a pessoas e veículos não autorizados [n.º 2.2.1. do Anexo ao Regulamento (CE) n.º 2320/2002 do Parlamento Europeu e do Conselho de 16 de Dezembro de 2002].

— todo o pessoal, incluindo os tripulantes das aeronaves e os objectos transportados, é rastreado antes de lhe ser permitido o acesso às zonas restritas de segurança [n.º 2.3. do Anexo ao Regulamento (CE) n.º 2320/2002].

— as placas e outras áreas de estacionamento devem ser adequadamente iluminadas e a iluminação existente deverá iluminar, em particular, zonas vulneráveis do aeroporto [alínea *a*) do n.º 2.4. do Anexo ao Regulamento (CE) n.º 2320/2002].

— as vedações e zonas limítrofes das zonas restritas de segurança serão vigiadas por meio de patrulhas, de circuitos fechados de televisão e de outras medidas de vigilância [alínea *c)* do n.° 2.4. do Anexo ao Regulamento (CE) n.° 2320/2002].

Da simples leitura destas obrigações legais, resulta manifesto que a concessionária do serviço público aeroportuário está sujeita a um regime jurídico bem mais complexo e exigente do que as concessionárias das auto-estradas, o que se compreende atenta a necessidade de garantir um nível de segurança muitíssimo elevado na navegação aérea.

Não obstante todas estas obrigações apertadas de segurança, os utilizadores das infra-estruturas geridas pela ANA, designadamente as companhias aéreas, podem sofrer danos, em resultado de um acidente de aviação causado pelo atravessamento de um animal de grande porte na pista de descolagem do aeroporto.

A mera actividade de investigação técnica dos acidentes e incidentes aeroportuários é objecto de legislação especial destinada a reforçar o nível de segurança na navegação área (cfr. Decreto-Lei n.° 318/99, de 11 de Agosto, e Decreto-Lei n.° 218/2005, de 14 de Dezembro).

Em matéria de incidentes, a simples presença incorrecta de um veículo ou pessoa nas áreas protegidas de uma superfície designada para aterragens e descolagens constitui ocorrência para efeito de notificação obrigatória ao Gabinete de Prevenção e Investigação de Acidentes com Aeronaves [cfr. alínea *o)* do Anexo I ao Decreto-Lei n.° 218/2005, de 14 de Dezembro].

Igual notificação tem lugar, por maioria de razão, no caso de chegar a ocorrer uma obstrução da área de movimento de um aeródromo por parte de veículos, animais ou objectos estranhos de que resulte uma situação perigosa ou potencialmente perigosa, [cfr. n.° 1 da Parte D e alínea *j)* do apêndice n.° 2 do Anexo I ao Decreto-Lei n.° 218/2005, de 14 de Dezembro].

Logicamente, a colisão no solo entre uma aeronave e veículo, pessoa, animal ou obstáculo, também não pode deixar de ser reportada com carácter de obrigatoriedade [cfr. alínea *v)* do n.° 1 do Anexo II ao Decreto-Lei n.° 218/2005, de 14 de Dezembro].

Note-se, contudo, que esta participação visa a prevenção de acidentes e incidentes, podendo conduzir à imposição de medidas destinadas a evitar a sua repetição no futuro, mas não podendo ser utilizada para apuramento de qualquer tipo de responsabilidade (n.° 3 do artigo 1.° do Decreto-Lei n.° 218/2005, de 14 de Dezembro), pelo que não facilita a prova das causas dos acidentes em acções judiciais.

Avança a recorrente que as concessionárias destas infra-estruturas não se encontram oneradas com a aplicação de uma presunção de culpa idêntica à prevista no artigo 12.º, n.º 1, alínea *b)*, da Lei n.º 24/2007, de 18 de Julho, o que consubstanciaria um tratamento desigual arbitrário em detrimento das concessionárias das auto-estradas.

Apesar de existirem diferenças assinaláveis entre estas duas situações, como seja o tipo de utentes das diferentes infra-estruturas, a frequência de ocorrência deste género de acidentes, a extensão das zonas a vigiar, e os meios de controle de cumprimento das regras de segurança, concede-se que essas diferenças acabam por se compensar, relativamente aos fundamentos que justificam o estabelecimento daquela presunção, e que existe uma igualdade relativa entre as duas situações, passando o critério de qualificação da igualdade essencialmente pela exigência de um elevado nível de segurança na circulação a assegurar simultaneamente pelas concessionárias das auto-estradas e pela concessionária do serviço público aeroportuário, e pelo domínio por estas da aplicação das respectivas medidas de segurança.

Todavia, não se pode acompanhar a recorrente quando afirma que as duas situações são objecto de tratamento jurídico diferenciado em caso de acidente causado pelo atravessamento de um animal.

Na verdade, o funcionamento duma presunção de culpa que recaia sobre a concessionária das infra-estruturas aero-portuárias, idêntica à estabelecida na alínea *b)* do n.º 1 do artigo 12.º da Lei n.º 24/2007, de 18 de Julho, pode ser encontrada, por actividade interpretativa, quer no artigo 799.º, n.º 1, do Código Civil, quer no artigo 493.º, n.º 1, do Código Civil, conforme se entenda que a respectiva responsabilidade tem origem contratual ou extra-contratual.

Era essa a solução que largos sectores da doutrina e da jurisprudência já seguiam, relativamente aos acidentes ocorridos nas auto-estradas, provocados pelos atravessamentos de animais, anteriormente à vigência da Lei n.º 24/2007, de 18 de Julho, permitindo o sistema legal vigente igual solução para a determinação da culpa na ocorrência de acidentes idênticos nas pistas dos aeroportos.

Assim sendo, verifica-se que o sistema jurídico vigente permite que a concessionária do serviço público aeroportuário esteja sujeita às mesmas soluções normativas de presunção de culpa aplicáveis às concessionárias das auto-estradas, justificando-se o estabelecimento específico dessa presunção para as concessionárias das auto-estradas, pela divergência de opiniões que se vinha registando nesse tema na jurisprudência e na doutrina, ao contrário do que sucede relativamente a acidentes do mesmo género ocorridos nas pistas dos aeroportos.

Concluindo, a norma sob análise por não consagrar uma solução jurídica diferente daquela que o sistema normativo vigente permite para o apuramento da culpa nos acidentes ocorridos nas pistas dos aeroportos provocados pelo atravessamento de animais não viola o princípio da igualdade.

2.5. Inconstitucionalidade por violação do direito de propriedade

A recorrente entende também que a interpretação normativa da alínea *b)* do n.º 1 do artigo 12.º da Lei n.º 24/2007, de 18 de Julho, viola o disposto no artigo 62.º, n.º 1, da Constituição, porque ao consagrar nas situações aí previstas uma responsabilidade objectiva das concessionárias de auto-estradas, sem quaisquer compensações, permite uma ablação ilegítima de direitos patrimoniais pré-existentes (no mesmo sentido se pronunciou Menezes Cordeiro em "A lei dos direitos dos utentes das auto-estradas e a Constituição (Lei n.º 24/2007, de 18 de Julho)", na *Revista da Ordem dos Advogados*, Ano 67, volume II, p. 571).

Não se questiona, nesta sede, que os direitos de conteúdo patrimonial emergentes do contrato administrativo de concessão possam estar em geral garantidos pela Constituição contra qualquer privação arbitrária ou sem a atribuição de qualquer compensação.

Contudo, neste caso, não só a norma sindicada não estabelece qualquer responsabilidade objectiva das concessionárias de auto-estradas, conforme acima se apontou, consagrando uma simples presunção de culpa que pode ser ilidida pela actividade probatória daquelas, como também a recorrente não identifica minimamente quais sejam os direitos concretamente afectados por essa regra de distribuição do ónus de prova, o que dificulta qualquer tratamento da questão de constitucionalidade assim suscitada.

Se a recorrente se pretende referir ao aumento de despesas com o pagamento de indemnizações que lhe poderá acarretar o funcionamento daquela regra probatória, relembre-se que, além desta regra não ter introduzido qualquer alteração no equilíbrio prestacional dos contratos de concessão de auto-estradas, ela limita-se a definir a quem cabe produzir a prova sobre a culpa de um evento lesivo, não atribuindo a responsabilidade pela sua verificação.

Em qualquer caso, não é possível encarar a norma sob fiscalização como a consagração duma ablação de um direito patrimonial das concessionárias das auto-estradas, pelo que a invocação da violação da protecção ao direito de propriedade, garantida pela Constituição, não faz sentido.

2.6. Inconstitucionalidade por violação do direito a um processo equitativo

Das alegações apresentadas pela recorrente resulta que esta também entende que a norma em fiscalização viola o direito a um processo equitativo, imposto no n.º 4 do artigo 20.º da Constituição (no mesmo sentido se pronunciou Menezes Cordeiro em "A lei dos direitos dos utentes das auto-estradas e a Constituição (Lei n.º 24/2007, de 18 de Julho)", na *Revista da Ordem dos Advogados*, Ano 67, volume II, p. 571).

O legislador dispõe de uma ampla margem de liberdade na concreta modelação do processo, mas não está autorizado, nos termos dos artigos 13.º e 18.º, n.ºs 2 e 3, da Constituição, a criar obstáculos que dificultem ou prejudiquem, arbitrariamente ou de forma desproporcionada, o direito de acesso aos tribunais e a uma tutela jurisdicional efectiva.

Ora, a ideia de processo equitativo atinge seguramente as regras sobre a distribuição do ónus da prova, independentemente da sua natureza substantiva.

Conforme já se avançou supra, o ónus da prova objectivo surge como uma ultima ratio de decisão, quando se tenha esgotado qualquer possibilidade de solução com base na matéria de facto provada, quer pelas partes, quer pela iniciativa instrutória do juiz (vide, sobre esta temática, Pedro Múrias, em *Por uma distribuição fundamentada do ónus da prova*, p. 33, da edição de 2000, da Lex).

Reflectindo esta realidade, todo o sistema de ónus da prova não pode deixar de assentar estruturalmente no critério da facilidade probatória, o qual emerge e ganha visibilidade em todas as situações de presunção legal (vide Piedad Granda, em "Los critérios de disponibilidad y facilidad probatória en el sistema del artículo 217 de la LEC", e Pedro Movellán, em "Las presunciones en la ley de enjuiciamiento civil", ambos em *Carga de la prueba e responsabilidad civil*, respectivamente, pp. 64 e 105, da edição de 2007, de Tirant Lo Blanch).

Em matéria de responsabilidade civil aquiliana, em regra, cabe ao lesado provar a culpa do agente (artigo 487.º, n.º 1, do Código Civil).

Diversamente, no domínio da responsabilidade contratual, é ao devedor que compete provar que o incumprimento ou cumprimento defeituoso da sua prestação, não procede de culpa sua (artigo 799.º, n.º 1, do Código Civil). Entre as razões que fundamentam esta solução avulta a circunstância do devedor, por via de regra, estar em melhores condições de fazer prova do seu comportamento em face do credor, bem como dos motivos que o levaram a não efectuar a prestação a que estava vinculado.

Pela mesma razão, o legislador não pode numa acção destinada à efectivação da responsabilidade civil aquiliana, ser indiferente à existência de factos que pela sua especial natureza oferecem uma grande dificuldade de prova por parte de quem sofreu o dano, e que, pelo contrário, são susceptíveis de prova pelo lesante.

As presunções legais surgem muitas vezes para responder a essas situações em que a prova directa pode resultar particularmente gravosa ou difícil para uma das partes, causando, ao mesmo tempo, o mínimo prejuízo possível à outra parte, dentro dos limites do justo e do adequado.

A tutela da parte "prejudicada" pela presunção obtém-se pela exigência fundamentada e não arbitrária de um nexo lógico entre o facto indiciário e o facto presumido, o qual deve assentar em regras de experiência e num juízo de probabilidade qualificada.

No caso concreto, a presunção legal pretende resolver problemas de prova da culpa em matéria de responsabilidade civil.

Nos termos da alínea *b)* do n.º 1 do artigo 12.º da Lei n.º 24/2007, de 18 de Julho, um acidente rodoviário causado pelo atravessamento de um animal na faixa de rodagem da auto-estrada faz presumir a culpa da concessionária, podendo esta ilidir essa culpa se demonstrar que cumpriu todas as obrigações de segurança que sobre ela incidem, de modo a afastar a sua culpa pela ocorrência do acidente.

Não oferece qualquer controvérsia o entendimento de que a presença de um animal na faixa de rodagem de uma auto-estrada constitui uma verdadeira "armadilha" para os automobilistas e que esse facto anómalo é manifestamente incompatível com a circulação automóvel à velocidade de 120 km/h.

Para a determinação da responsabilidade pelos danos resultantes do acidente causado pela presença do animal naquele local, resta apurar quais foram as circunstâncias que permitiram essa presença.

Ora, são notórias as dificuldades do utente lesado demonstrar tais circunstâncias e que permitem elaborar um juízo de culpa, uma vez que aquele é invariavelmente alheio ao aparecimento do animal na auto-estrada, não goza aprioristicamente de qualquer possibilidade de controlo sobre a fonte do perigo e revela *a posteriori* uma incapacidade quase absoluta de recolha de elementos de prova sobre a causa da presença do animal naquele local.

Perante a insuperabilidade destas dificuldades está plenamente fundamentado o estabelecimento de uma presunção de culpa determinante duma inversão do ónus da prova.

E também é compreensível que o legislador tenha feito recair essa presunção de culpa sobre as concessionárias das auto-estradas onde o acidente ocorreu.

A esta solução não foi indiferente a circunstância destas entidades estarem legal e contratualmente obrigadas, salvo caso de força maior devidamente verificado, a assegurar permanentemente, em boas condições de segurança e comodidade, a circulação nas auto-estradas tenham sido por si construídas, quer lhe tenham sido entregues para conservação e exploração, sujeitas ou não ao regime de portagem (Base XXXVI, n.º 2, anexa ao Decreto-Lei n.º 294/97, de 24 de Outubro).

Acresce ainda que as referidas entidades também estão legal e contratualmente obrigadas a vedar as auto-estradas em toda a sua extensão [Base XXII, n.º 5, alínea *a)*], anexa ao Decreto-Lei n.º 294/97, de 24 de Outubro) bem como a estudar e implementar os mecanismos necessários para garantir a monitorização do tráfego, a detecção de acidentes e a consequente e sistemática informação de alerta ao utente (Base XXXVI, n.º 3, anexa ao Decreto-Lei n.º 294/97, de 24 de Outubro).

Sendo sobre as concessionárias das auto-estradas que recai o dever de evitar a presença de animais naquelas vias de circulação rápida, é lógico que seja sobre elas que também recaia a presunção de culpa, quando esse evento não foi evitado, além de que são elas que se encontram objectivamente em melhores condições para investigar, explicar e provar a concreta proveniência do animal que se atravessou na auto-estrada e causou o acidente.

Não constitui, pois, qualquer violação do direito ao processo equitativo consagrado no artigo 20.º, n.º 4, da Constituição, fazer impender o ónus da prova da ausência de culpa sobre quem tem objectivamente a possibilidade e o dever, bem como os conhecimentos e os meios técnicos e humanos, para controlar a fonte de perigo do evento danoso e saber as circunstâncias que o permitiram.

2.7. Conclusão

Não se revelando que a norma contida na alínea *b)* do n.º 1 do artigo 12.º do Decreto-Lei n.º 24/2007, de 18 de Julho, viole qualquer parâmetro constitucional, deve o recurso interposto ser julgado improcedente.

III — Decisão

Nestes termos, decide-se não julgar inconstitucional alínea *b)* do n.º 1 do artigo 12.º do Decreto-Lei n.º 24/2007, de 18 de Julho, negando-se provimento ao recurso interposto por Brisa — Auto-Estradas de Portugal, S. A..

Custas do recurso pela recorrente, fixando-se a taxa de justiça em 25 unidades de conta, ponderados os critérios referidos no artigo 9.º, n.º 1, do Decreto-Lei n.º 303/98, de 7 de Outubro (artigo 6.º, n.º 1, do mesmo diploma).

Lisboa, 18 de Novembro de 2009. — *João Cura Mariano* — *Benjamim Rodrigues* — *Joaquim de Sousa Ribeiro* — *Rui Manuel Moura Ramos.*

Anotação:

1 — Acórdão publicado no *Diário da República*, II Série, de 24 de Dezembro de 2009.
2 — Ver, neste Volume, o Acórdão n.º 596/09.

ACÓRDÃO N.° 598/09

DE 18 DE NOVEMBRO DE 2009

Não julga organicamente inconstitucional o arco normativo formado pelos artigos 8.°, n.° 1, 10.°, n.° 2, e 16.° do Decreto-Lei n.° 237/2007, de 19 de Junho, quando prevê a punição do empregador pela infracção ao disposto no artigo 8.°, n.° 1, como contra-ordenação.

Processo: n.° 623/09.
Recorrente: Ministério Público.
Relator: Conselheiro João Cura Mariano.

SUMÁRIO:

I — A norma do artigo 165.°, n.° 1, alínea d), da Constituição impõe que o regime geral da punição dos actos ilícitos de mera ordenação social e do respectivo processo seja definido pela Assembleia da República, salvo autorização ao Governo, abrangendo esta reserva legislativa apenas o regime geral deste direito sancionatório, ou seja, a definição geral do ilícito contra-ordenacional, do tipo de sanções aplicáveis às contra-ordenações e dos seus limites, e das linhas gerais da tramitação processual a seguir para a aplicação concreta de tais sanções, podendo o Governo, com respeito por este regime geral, criar livremente contra-ordenações concretas, modificar ou eliminar as contra-ordenações já existentes e estabelecer as coimas a elas aplicáveis.

II — A definição do regime geral pode destinar-se genericamente a todas e quaisquer contra-ordenações, ou ter como objecto apenas as contra-ordenações previstas para um determinado sector, nada impedindo o Governo que, desde que respeite o disposto nesses regimes gerais, por razões de economia legislativa, também aprove algumas regras comuns a um determinado conjunto de contra-ordenações, agrupadas tematicamente.

Acordam na 2.ª Secção do Tribunal Constitucional:

I — Relatório

Por decisão da Autoridade Para as Condições do Trabalho, de 16 de Março de 2009, foi a ora recorrida, Mar Ibérica, Sociedade de Produtos Alimentares, S. A., condenada ao pagamento de uma coima no valor de € 1920, pela prática de uma contra-ordenação laboral prevista e punida nos termos do disposto no n.º 1 do artigo 7.º do Decreto-Lei n.º 272/89, de 19 de Agosto.

Inconformada com esta decisão a arguida recorreu para o Tribunal do Trabalho de Faro, que, por sentença de 4 de Maio de 2009, julgou o recurso procedente e, em consequência, revogou a decisão administrativa que havia imposto uma coima à arguida.

Para assim concluir, ponderou, designadamente, o seguinte:

"No domínio contra-ordenacional valem também os princípios da legalidade, quer das contra-ordenações, quer do processo e, bem assim, da presunção de inocência do arguido (cfr. artigos 2.º e 43.º do Decreto-Lei n.º 433/82, de 27 de Outubro e 32.º, n.º 2, da Constituição).

Do auto de notícia não consta qualquer facto imputando à recorrente a responsabilidade pelo cometimento da infracção enquanto entidade patronal do condutor daquele veículo. O que, diga-se em abono da verdade, não era exigido pelo precedente regime das contra-ordenações laborais constante da Lei n.º 116/99, de 4 de Agosto, uma vez que, no seu artigo 4.º se prescrevia o seguinte:

«1. São responsáveis pelas contra-ordenações laborais e pelo pagamento das coimas:

a) A entidade patronal, quer seja pessoa singular ou colectiva, associação sem personalidade jurídica ou comissão especial;

(...).»

Todavia, conforme refere o acórdão da Relação de Coimbra, proferido a 4 de Março de 2004, nas Bases Jurídico-Documentais do Ministério da Justiça, em Bases Jurídico-Documentais do Ministério da Justiça, em *www.dgsi.pt*, com expressa revogação da Lei n.º 116/99, «tem que se entender que o sujeito da referida contra-ordenação é quem pratica (o motorista), apenas podendo também responder a sua entidade patronal desde que no auto de notícia conste a materialidade fáctica que permita a imputação do ilícito penal à entidade empregadora, quer seja a nível da sua exclusiva autoria, quer como co-autora, quer a titulo de cúmplice (artigos 614.º do Código do Trabalho e 26.º e 27.º do Código Penal).»

E acrescenta este aresto:

«Não havendo no auto de notícia factos que permitam a imputação directa do referido ilícito à empregadora, impõe-se a respectiva absolvição em processo contra-ordenacional com base nos citados preceitos.»

Nesse sentido, pode ver-se também o acórdão da Relação de Coimbra, de 26 de Fevereiro de 2004, igualmente disponível em Bases Jurídico-Documentais do Ministério da Justiça, em *http://www.gde.mj.pt*.

Daí que também se tenha entendido no acórdão da Relação do Porto, proferido em 12 de Julho de 2004, em Bases Jurídico-Documentais do Ministério da Justiça, em *http://www.gde.mj.pt*, que «é o condutor-trabalhador, e não a entidade empregadora, o responsável pela infracção traduzida no incumprimento das disposições legais relativas aos tempos de condução e de repouso.» Isto porque, conforme se sustentou no referido acórdão:

«A imputação ao trabalhador-condutor da infracção só é compreensível pelo facto de estar em causa, conforme já referido, a segurança nas estradas. Na verdade, quando o trabalhador está na estrada, exercendo as funções de condução, é ele que controla essa actividade e mais ninguém, e por isso tem ele de respeitar as interrupções na condução e os tempos de repouso tendo em conta a sua segurança e a dos demais utentes da estrada.

E argumentar-se-á: mas assim fica de fora qualquer responsabilidade da entidade patronal. Mas não, já que à entidade patronal compete organizar o serviço e forma a dar cumprimento à regulamentação social em matéria de segurança rodoviária (artigo 8.º do Decreto-Lei n.º 272/89, de 19 de Agosto, na redacção dada pela Lei n.º 114/99 e artigo 10.º do Regulamento).

Assim, e tendo em conta a redacção dada pela Lei n.º 114/99 ao artigo 7.º do Decreto-Lei n.º 272/89, em especial o seu n.º 6, quis o legislador imputar ao condutor/trabalhador e o não cumprimento de qualquer disposição relativa aos tempos de condução e repouso, assim como as interrupções da condução previstas no Regulamento (CEE) n.º 3820/85 do Conselho de 20 de Dezembro de 1985.

Por isso, não pode a recorrente — entidade patronal — ser responsabilizada pela prática da referida infracção na medida em que ela não foi o seu agente, sendo certo que não nos encontramos perante qualquer responsabilidade objectivo ou responsabilidade a título de *culpa in vigilando*.

Ou seja, a existir qualquer infracção foi ela praticada pelo supra identificado condutor, que é trabalhador da Arguida, pelo que, em consonância com o atrás referido, a responsabilidade pela prática da infracção em causa no presente processo e, consequentemente, pelo pagamento da correspondente coima e das custas do processo, não pode recair sobre aquela.

Com efeito, face à entrada em vigor do Código de Trabalho e à consequente revogação da Lei n.º 116/99, tem que se entender que o sujeito da referida contra-ordenação é quem a pratica, ou seja, o motorista. Apenas podendo, também responder a entidade patronal desde que o Auto de Notícia conste a materialidade fáctica que permita a imputação do ilícito à entidade empregadora, quer seja a nível da sua exclusiva autoria, quer, como co-autora, quer a título de cúmplice. Não havendo no Auto de Notícia factos que permitam a imputação directa do referido ilícito à entidade empregadora, impõe-se a respectiva absolvição em processo contra-ordenacional com base nos artigos 614.º do Código do Trabalho e 26.º e 27.º do Código Penal. Pelo que assim sendo deverá proceder o recurso.

É certo que entretanto entrou em vigor o Decreto-Lei n.º 237/2007, de 19 de Junho de 2007, o qual, no n.º 1 do seu artigo 1.º esclareceu que «o disposto nos artigos 3.º a 9.º prevalece sobre as disposições correspondentes do Código do Trabalho».

Ora, o n.º 1 do seu artigo 8.º, veio estipular que «o período de trabalho diário dos trabalhadores de duração não inferior a trinta minutos, se o número de horas de trabalho estiver compreendido entre seis e nove, número de horas for superior a nove» e no n.º 2 que «os trabalhadores móveis não podem prestar mais de seis horas de trabalho consecutivo.» E por sua vez, o n.º 2 do artigo 10.º desse diploma estabeleceu que «o empregador é responsável pelas infracções ao disposto no presente decreto-lei.»

Destarte, aparentemente estaria assim estabelecida nova fonte legal de responsabilização contra-ordenacional para os empregadores cujos trabalhadores fossem motoristas de veículos pesados de mercadorias ou de passageiros que tivessem violado o ali estabelecido sobre os tempos máximos de trabalho/de descanso. Mas vejamos mais cuidadosamente se assim será.

Conforme estipula o n.º 2 do artigo 1.º do mencionado diploma legal, «o presente diploma transpõe para a ordem jurídica interna a Directiva n.º 2002/15/CE, do Parlamento Europeu e do Conselho, de 11 de Março, relativa à organização do tempo de trabalho das pessoas que exercem actividades móveis de transporte rodoviário.»

Sabemos bem que segundo o n.º 4 do artigo 8.º da Constituição da República, «as disposições dos tratados que regem a União Europeia e as normas emanadas das suas instituições, no exercício das respectivas competências, são aplicáveis na ordem interna, nos termos definidos pelo direito da União, com respeito pelos princípios fundamentais do Estado de direito democrático.» Ora, sobre essa matéria diz-nos o artigo 249.º do Tratado da Comunidade Europeia diz que «a directiva vincula o Estado-membro destinatário quanto ao resultado a alcançar, deixando no entanto às instâncias nacionais a competência quanto à forma e aos meios.» Daí que importe saber se o que sobre isso dispõe a Constituição da República Portuguesa.

Releva, desde logo, o n.º 8 do seu artigo 112.º, segundo o qual «a transposição de actos jurídicos da União Europeia para a ordem jurídica interna assume a forma de lei, decreto-lei ou, nos termos do disposto no n.º 4, decreto legislativo regional.» E também o artigo 165.º, o qual, no que interessa tem o seguinte conteúdo.

«1. É da exclusiva competência da Assembleia da República legislar sobre as seguintes matérias, salvo autorização ao Governo:

(...)

d) Regime geral (...) dos actos ilícitos de mera ordenação social e do respectivo processo;

(...)»

Ora, o Governo publicou o citado Decreto-Lei n.º 237/2007, de 19 de Junho de 2007, desprovido de qualquer autorização legislativa. De resto, nem escondeu que o fazia, uma vez que ali invocou para legitimar a sua tarefa o disposto no artigo 198.º, n.º 1, alínea *a*), da Constituição, o qual, como é de conhecimento generalizado, versa sobre a competência legislativa própria daquele órgão. Que assim é pode facilmente constatar-se lendo seu conteúdo, que é este:

«1. Compete ao Governo, no exercício de funções legislativas:

a) Fazer decretos-leis em matérias não reservadas à Assembleia da República;

(…).»

Assim sendo as coisas, afigura-se-nos singelamente claro que aquele diploma é inconstitucional e por isso não pode ser aplicado pelos tribunais, sem ofensa da própria Lei Fundamental (cfr. o seu artigo 204.º). O que, não ignoramos, o acórdão do Tribunal da Relação do Porto, de 18 de Fevereiro de 2008, publicado nas Bases Jurídico-Documentais do Ministério da Justiça, em *http://www.dgsi.pt*, não ponderou, tendo aplicado aquele diploma sem qualquer consideração acerca do regime normativo que atrás referimos.

Daí que a solução seja, como atrás se delineou, aplicar o direito em vigor e que mais não é do que o que atrás deixámos referido, tanto bastando para que proceda o recurso."

O Ministério Público recorreu desta sentença, nos termos do artigo 70.º, n.º 1, alínea *a*), da Lei do Tribunal Constitucional, por ter recusado a aplicação do Decreto-Lei n.º 237/2007, de 19 de Junho, com fundamento na sua inconstitucionalidade.

Apresentou alegações em que concluiu do seguinte modo:

"1. Apenas se situa no âmbito da competência legislativa reservada da Assembleia da República o estabelecimento do regime geral do ilícito de mera ordenação social, podendo o Governo legislar em tal matéria, desde que o faça dentro dos limites impostos por esse regime geral.

2. No uso dessa sua competência própria, pode a Assembleia definir regimes gerais sectoriais, tendo em atenção as especificidades das matérias que visa regular, como é o caso das infracções laborais.

3. Face à definição de contra-ordenação laboral constante do artigo 614.º do Código do Trabalho de 2003 (norma integrada no Regime Geral das Contra-Ordenações Laborais), podem estar incluídos entre os sujeitos responsáveis pela infracção tanto as entidades empregadoras como os trabalhadores.

4. Dessa forma, e uma vez que é respeitado aquele o regime geral, o critério normativo, extraído dos artigos 1.º, n.º 3, 8.º, n.ºs 1 e 2, e 10.º, n.º 2, do Decreto-Lei n.º 237/2007, de 19 de Junho, que determina a responsabilidade do empregador pela contra-ordenação consistente em violação do limite máximo de duração do trabalho diário dos "trabalhadores móveis" [definidos no artigo 2.º, alínea *d*), do mesmo diploma], não viola o artigo 165.º, n.º 1, alínea *d*), da Constituição, não sendo, por isso, organicamente inconstitucional.

5. Termos em que deverá proceder o presente recurso."

Não foram apresentadas contra-alegações.

II — Fundamentação

1. *Da delimitação do objecto do recurso*

Apesar da decisão recorrida explicitar a recusa de aplicação do Decreto-Lei n.º 237/2007, de 19 de Junho, na sua totalidade, do raciocínio nela efectuado resulta que apenas se afastou a aplicação do disposto no artigo 8.º, n.º 1, conjugado com os artigos 10.º, n.º 2, e 16.º, daquele diploma, uma vez que foi da leitura destes preceitos que se entendeu que dos mesmos resultava a responsabilização do empregador pela prática da infracção pela qual havia sido aplicada uma coima à arguida.

Assim, apenas cumpre apreciar da constitucionalidade do arco normativo constituído pelos artigos 8.º, n.º 1, 10.º, n.º 2, e 16.º, do Decreto-Lei n.º 237/2007, de 19 de Junho.

2. *Do mérito do recurso*

Considerou a decisão recorrida que o Decreto-Lei n.º 237/2007, de 19 de Junho, que transpôs para a ordem jurídica interna a Directiva n.º 202/15/CE do Parlamento Europeu e do Conselho, de 11 de Março, relativa à organização do tempo de trabalho das pessoas que exerçam actividades móveis de transporte rodoviário, é organicamente inconstitucional, quando prevê a punição do empregador pela infracção ao disposto no artigo 8.º, n.º 1, como contra-ordenação, por alegada violação do artigo 165.º, n.º 1, alínea *d)*, da Constituição.

Neste preceito constitucional impõe-se que o regime geral da punição dos actos ilícitos de mera ordenação social e do respectivo processo seja definido pela Assembleia da República, salvo autorização ao Governo.

Mas esta reserva legislativa abrange apenas o regime geral deste direito sancionatório.

Como tem dito este Tribunal (*v. g.* os Acórdãos n.ºs 56/84, em *Acórdãos do Tribunal Constitucional*, 3.º Vol, p. 153, 158/92, em *Acórdãos do Tribunal Constitucional*, 21.º Volume, p. 713, 594/97, em *Diário da República*, II Série, de 10 de Dezembro de 1997, 236/03, em *Acórdãos do Tribunal Constitucional,* 56.º Volume, p. 233, e 324/03, em *www.tribunalconstitucional.pt*) tal regime abrange apenas as regras essenciais deste direito sancionatório, ou seja, a definição geral do ilícito contra-ordenacional, do tipo de sanções aplicáveis às contra-ordenações e dos seus limites, e das linhas gerais da tramitação processual a seguir para a aplicação concreta de tais sanções, podendo o Governo, com respeito por este regime geral, criar livremente contra-ordenações concretas, modificar ou eliminar as contra-ordenações já existentes e estabelecer as coimas a elas aplicáveis.

A definição do regime geral pode destinar-se genericamente a todas e quaisquer contra-ordenações, como sucede com o Decreto-Lei n.º 433/82, de 27 de Outubro, ou ter como objecto apenas as contra-ordenações previstas para um determinado sector (v. g. o regime geral das contra-ordenações laborais, constante do Código do Trabalho, ou o regime geral das contra-ordenações fiscais, constante do Regulamento Geral das Infracções Tributárias), nada impedindo, contudo, que o Governo, desde que respeite o disposto nesses regimes gerais, por razões de economia legislativa, também aprove algumas regras comuns a um determinado conjunto de contra-ordenações, agrupadas tematicamente.

Necessário é que essas regras não invadam o âmbito do regime geral ou essencial das contra-ordenações e, quando nele se insiram, se limitem a reproduzir as soluções que já constam do regime fixado pela Assembleia da República ou por ela autorizado.

O Decreto-Lei n.º 237/2007, de 19 de Junho, procedeu à transposição para a ordem jurídica interna da Directiva n.º 2002/15/CE, do Parlamento Europeu e do Conselho, de 11 de Março, relativa à organização do tempo de trabalho das pessoas que exercem actividades móveis de transporte rodoviário, regulando determinados aspectos da duração e organização do tempo de trabalho de trabalhadores móveis que participem em actividades de transporte rodoviário efectuadas em território nacional e abrangidas pelo Regulamento (CEE) n.º 3820/85, do Conselho, de 20 de Dezembro, ou pelo Acordo Europeu Relativo ao Trabalho das Tripulações dos Veículos Que Efectuam Transportes Internacionais Rodoviários (AETR), aprovado, para ratificação, pelo Decreto n.º 324/73, de 30 de Junho.

No artigo 8.º, n.º 1, impõe-se que o período de trabalho diário dos trabalhadores móveis seja interrompido por um intervalo de descanso de duração não inferior a 30 minutos, se o número de horas de trabalho estiver compreendido entre seis e nove, ou a quarenta e cinco minutos, se o número de horas for superior a nove, e no artigo 16.º tipifica-se a violação deste dever como contra-ordenação.

O artigo 10.º, depois de no n.º 1 determinar que o regime geral previsto nos artigos 614.º a 640.º do Código do Trabalho se aplica às contra-ordenações por violação daquele diploma, no n.º 2 responsabiliza o empregador pela prática das respectivas infracções.

Deste modo, os preceitos sob análise limitam-se a tipificar uma determinada contra-ordenação, submetida ao regime geral das contra-ordenações laborais aprovado pela Assembleia da República.

Note-se que o n.º 2 do artigo 10.º é perfeitamente compatível com o regime geral do artigo 614.º do Código do Trabalho, uma vez que este regime comporta a imputação subjectiva a qualquer um dos sujeitos da relação laboral.

Estes preceitos, como é evidente, não se integram num regime geral das contra-ordenações, correspondendo apenas à criação de contra-ordenações no domínio da duração e organização do tempo de trabalho de trabalhadores móveis que participem em actividades de transporte rodoviário efectuadas em território nacional, sujeitas ao regime geral das contra-ordenações laborais previsto no Código do Trabalho.

Por isso a sua aprovação pelo Governo não viola a reserva legislativa da Assembleia da República consagrada no artigo 165.º, n.º 1, alínea *d)*, da Constituição, devendo, assim, ser julgado procedente o presente recurso.

III — Decisão

Nestes termos decide-se:

a) Não julgar organicamente inconstitucional o arco normativo formado pelos artigos 8.º, n.º 1, 10.º, n.º 2, e 16.º do Decreto-Lei n.º 237/2007, de 19 de Junho;
b) Consequentemente, conceder provimento ao recurso, determinando a reformulação da decisão recorrida em conformidade com este julgamento.

Sem custas.

Lisboa, 18 de Novembro de 2009. — *João Cura Mariano* — *Benjamim Rodrigues* — *Joaquim de Sousa Ribeiro* — *Rui Manuel Moura Ramos.*

Anotação:

Ver, neste Volume, o Acórdão n.º 578/09.

ACÓRDÃO N.º 600/09

DE 18 DE NOVEMBRO DE 2009

Não conhece do recurso na parte referente às normas dos artigos 120.º e 123.º do Código do Procedimento Administrativo, do artigo 133.º do mesmo Código, e dos artigos 111.º, 112.º, 115.º, 116.º e 117.º do Código do Imposto Municipal de Sisa e do Imposto sobre as Sucessões e Doações; não julga inconstitucional a norma do artigo 284.º, n.º 5, do Código de Procedimento e de Processo Tributário, quando interpretada no sentido de que cumpre ao relator no tribunal recorrido verificar a existência de oposição de julgados em recurso interposto com este fundamento.

Processo: n.º 84/09.
Recorrente: Alpabrantes — Planeamento, Desenvolvimento Urbano e Construção, Lda..
Relator: Conselheiro Sousa Ribeiro.

SUMÁRIO:

I — Quanto às normas dos artigos 120.º e 123.º do Código do Procedimento Administrativo, do artigo 133.º do mesmo Código, e dos artigos 111.º, 112.º, 115.º, 116.º e 117.º do Código do Imposto Municipal de Sisa e do Imposto sobre as Sucessões e Doações, estavam directamente ligadas com o litígio dos autos e com o próprio objecto do recurso, pelo que era exigível que a recorrente antecipasse quaisquer questões de constitucionalidade relacionadas com tais normas legais, suscitando-as perante o tribunal recorrido, em momento anterior à prolação da decisão de modo a este estar obrigado a delas conhecer.

II — De todo o modo, sempre o recurso não poderia ser admitido porque as questões em causa não têm natureza normativa, não tendo a recorrente suscitado a inconstitucionalidade de 'normas', ou de interpretações 'normativas' dos citados preceitos legais, mas antes questionado o resultado da interpretação e aplicação de alguns daqueles preceitos ao seu caso concreto.

III — Acresce que, quanto aos artigos 111.º e 112.º do Código do Imposto Municipal de Sisa e do Imposto sobre as Sucessões e Doações, tais normas não foram sequer aplicadas pela decisão recorrida, que, pelo contrário, afastou a aplicabilidade do seu regime ao caso dos autos.

IV — Quanto às questões de inconstitucionalidade orgânica da norma do n.º 5 do artigo 284.º do Código de Procedimento e de Processo Tributário, decorrente de falta de autorização legislativa, bem como a sua inconstitucionalidade material, por violação do "direito ao recurso", estas questões foram já objecto de apreciação por este Tribunal, que se pronunciou no sentido da não inconstitucionalidade da norma em causa, nos Acórdãos n.os 403/08 e 300/09, reiterando-se aqui o juízo de não inconstitucionalidade neles constante.

Acordam na 2.ª Secção do Tribunal Constitucional:

I — Relatório

1. Nos presentes autos, vindos do Tribunal Central Administrativo Sul, em que é recorrente Alpabrantes — Planeamento, Desenvolvimento Urbano e Construção, Lda., e recorrida a Fazenda Pública, foi interposto recurso de constitucionalidade para apreciação das seguintes questões, assim identificadas no requerimento de interposição do recurso:

«[...]V — A recorrente pretende ver apreciada a conformidade constitucional das seguintes normas aplicadas na decisão de 18 de Novembro de 2008:

  a) do artigo 284.º, n.º 5, do Código de Procedimento e de Processo Tributário, porquanto "a atribuição pelo artigo 284.º, n.º 5 do Código de Procedimento e de Processo Tributário da competência ao relator nos Tribunais Centrais Administrativos para o julgamento da questão preliminar da oposição de julgados como condição do seguimento do recurso, retirando-a ao Plenário da Secção do Contencioso Tributário é organicamente inconstitucional", "uma vez que a autorização legislativa ao abrigo do qual foi aprovado — artigo 51.º, n.os 1 e 6, da Lei n.º 87-B/98 — não prevê a possibilidade de alteração da competência dos tribunais, que como se sabe é matéria incluída na reserva relativa de competência legislativa da Assembleia da República, artigo 165.º, n.º 1, alínea p), da Constituição." (Requerimento de interposição do recurso entrado em 18 de Dezembro de 2007);
  b) do mesmo artigo 284.º, n.º 5, do Código de Procedimento e de Processo Tributário, porquanto "o despacho do relator de não prossecução do recurso envolve uma verdadeira apreciação de mérito que pode inviabi-

lizar o recurso. E nessa medida equivale a uma verdadeira denegação do direito ao recurso." "é claramente [materialmente] inconstitucional, por violação do direito ao recurso instituído no artigo 32.°, n.° 1, da Constituição que pressupõe que o recurso seja avaliado por uma instância e por *persona* diferente daquele de quem se recorre;" (Reclamação para a conferência entrada a 2 de Julho de 2007. Interpolou-se o parêntesis). O parâmetro da conformidade constitucional, como o próprio tribunal recorrido notou, é, de facto, o artigo 20.° da Constituição (e não o artigo 32.°, que, por lapso, foi indicado).
[...]

VIII — Independentemente do desfecho da averiguação da conformidade constitucional da intervenção do Tribunal Central Administrativo Sul em matéria que (à luz dos bons princípios de conformidade constitucional e/ou de respeito por uma lei reforçada) devia ser da competência do Supremo Tribunal Administrativo, a recorrente pretende ver apreciada a conformidade constitucional das seguintes normas, tal como aplicadas na decisão de 19 de Setembro de 2007:

a) "dos artigos 120.° e 123.° do Código do Procedimento Administrativo, no caso aplicável por força do artigo 2.°, alínea *c),* do Código de Procedimento e de Processo Tributário" (Requerimento entrado em 26 de Setembro), face a uma decisão que constitui uma total surpresa, na medida em que, por um lado, fundiu numa única categoria os requisitos de validade e eficácia dos actos administrativos, e por outro, considerou que uma notificação — que não continha os elementos essenciais do "objecto" (artigo 123.° do Código do Procedimento Administrativo), como reconhecido pelo tribunal de 1.ª instância ["circunstância de o acto tributário não vir assinado, não identificar a entidade que o praticou e não indicar a data do acto"] — era, afinal, suficiente para consubstanciar um acto prévio (o da liquidação) desde que tivesse essas indicações que não tinha (!): "através da notificação quando realizada nos *supra* citados moldes, o CSFinanças como que assume a autoria da liquidação oficiosa do imposto, pelo que, se a referida notificação contiver a identificação do seu autor e a respectiva assinatura, ainda que por meios mecanográficos, o acto tributário não padece da ausência aos mesmos como defende a recorrente." (pp. 12-13 da referida decisão);

b) do artigo "133.° do Código do Procedimento Administrativo" — que, no requerimento entrado em 18 de Dezembro de 2007, completou a indicação das normas do Código do Procedimento Administrativo referidas na alínea anterior, e com o mesmo fundamento de desconformidade constitucional (e que vai autonomizado para que o juízo sobre o tempo e oportunidade de suscitação seja também autónomo);

c) "o entendimento que o venerando Desembargador fez dos artigos 111.°, 112.°, 115.°, 116.°, 117.° do Código do Imposto Municipal de Sisa e do Imposto sobre as Sucessões e Doações", questão de constitucionalidade suscitada na mesma ocasião e com o mesmo fundamento. [...]»

2. As partes foram notificadas para alegar, bem como para se pronunciarem sobre a eventualidade de o Tribunal não vir a conhecer do objecto do recurso que se prende com o conjunto de preceitos legais identificados nas alíneas *a)* a *c)* do ponto VIII do requerimento de interposição do recurso, pelas razões invocadas no despacho de fls. 288.

3. A autora apresentou alegações, onde conclui o seguinte:

«1. O presente recurso de constitucionalidade visa a apreciação de normas aplicadas em duas decisões do Tribunal Central Administrativo Sul:

— o acórdão de 18 de Novembro de 2008, que inviabilizou o recurso por oposição de julgados que a recorrente pretendeu interpor do acórdão desse mesmo tribunal proferido em 19 de Setembro de 2007; e
— este último acórdão.

Se proceder a impugnação de constitucionalidade dirigida ao modo como foi aplicada a norma do artigo 284.º do Código de Procedimento e de Processo Tributário (CPPT) — e da aplicação da qual resultou uma indevida decisão do relator do tribunal Central Administrativo Sul, confirmada pelo acórdão desse Tribunal de 18 de Novembro de 2008 — há-de prosseguir o referido recurso por oposição de julgados e ficarão prejudicadas as questões de constitucionalidade desde já suscitadas em relação às normas aplicadas pelo mesmo Tribunal Central Administrativo Sul no seu acórdão de 19 de Setembro de 2007, na medida em que o modo como tais normas foram aplicadas ficará ainda sujeita a reapreciação na ordem dos tribunais administrativos.

Se não proceder essa impugnação de constitucionalidade, o que se admite sem conceder, será adequado passar de imediato ao conhecimento das questões de constitucionalidade suscitadas em relação às normas aplicadas na decisão de 19 de Setembro de 2007, ou recusando o seu conhecimento, determinar a baixa do processo, após trânsito da decisão sobre o recurso interposto do acórdão de 18 de Novembro de 2008 — o que levará a re-apresentação, no prazo previsto no n.º 2 do artigo 75.º da Lei do Tribunal Constitucional, do recurso de constitucionalidade dirigido às normas aplicadas, em desconformidade com a Constituição, no referido acórdão de 19 de Setembro de 2007 do Tribunal Central Administrativo Sul.

2. A adequada interpretação do disposto no n.º 5 do artigo 284.º do CPPT é alvo de debate na doutrina. Não cabe ao Tribunal Constitucional arbitrar a controvérsia, mas apenas aferir da conformidade com a Constituição da interpretação de tal norma que foi aplicada na decisão para ele recorrida.

3. No acórdão do Tribunal Central Administração Sul de 18 de Novembro de 2008 aplicou-se tal norma no sentido de o "relator" aí referido ser o tribunal *a quo* e não o do tribunal *ad quem*. Uma tal interpretação, não obstante ser incompatível com as normas e princípios constitucionais, já encontrou arrimo numa decisão do Tribunal Constitucional, que não declarou nem a sua inconstitucionalidade orgânica nem material.

4. De facto, no seu Acórdão n.º 403/08, o Tribunal Constitucional considerou que:

i) a reserva parlamentar de competência legislativa prevista na alínea *p)* do n.º 1 do artigo 165.º da Constituição se circunscreve à modificação da competência dos tribunais dispostos horizontalmente (no mesmo plano);

ii) que tal reserva não contempla alterações indirectas da competência dos tribunais (resultantes de alterações processuais) e que a transferência da aferição dos requisitos do recurso por oposição de julgados do pleno da Secção de Contencioso Tributário do Supremo Tribunal Administrativo para o relator do acórdão a ser alvo de recurso (no caso, do Tribunal Central Administrativo Sul) é uma alteração indirecta de competência dos tribunais;

iii) que a função do recurso "de uniformização de jurisprudência" só indirectamente se repercute na situação dos recorrentes, que a ela não têm direito;

iv) que a ampla margem de conformação do legislador não desborda, com a solução adoptada — típica da normal tramitação da generalidade dos recursos — o que é consentido pelo artigo 20.º da Constituição;

v) e também não afecta o princípio do processo equitativo, pois a decisão do tribunal *a quo* é objectiva, está rodeada de suficientes garantias de controlo da legalidade e não implica diminuição das garantias formais do processo;

vi) tal como não ofende o princípio da tutela jurisdicional efectiva, por se tratar de mera alteração do regime procedimental relativo a uma questão preliminar (a oposição de julgados) e não haver direito a um duplo grau de recurso nem, muito menos, a uma uniformização de jurisprudência.

5. Nenhum dos argumentos do referido acórdão é convincente — e alguns são, mesmo, não-argumentos:

i) a reserva parlamentar de competência legislativa do parlamento pode fundar-se, além de na alínea *p)* do n.º 1 do artigo 165.º da Constituição, nas alíneas *b)* (por estar em causa o acesso aos tribunais e este ser um direito análogo aos direitos, liberdades e garantias, sujeito, como tal, às regras do artigo 18.º da Constituição) e *i)* do mesmo normativo (neste caso por as garantias dos contribuintes, que a configuração das vias de recurso integra, estarem incluídas na reserva referente ao sistema fiscal).

ii) mesmo considerando só a reserva parlamentar prevista na alínea *p)* do n.º 1 do artigo 165.º da Constituição, haveria de considerar nela incluída não apenas a competência dos tribunais, mas também a organização dos tribunais. Ora, a única forma de não incluir a transferência *qua tale* de competências de verificação da existência, ou não, de oposição de julgados — do pleno da Secção de Contencioso Tributário do

Supremo Tribunal Administrativo para o relator do Tribunal Central Administrativo Sul — seria incluir essa transferência no domínio da organização dos tribunais;

iii) mesmo restringindo a questão da avaliação da reserva legislativa do Parlamento sobre a "competência dos tribunais", o Acórdão n.° 403/08, invocando em abono anterior jurisprudência, afirmou o contrário dela: enquanto antes se considerara que a distribuição horizontal de competências *ratione materiae* era um mínimo incluído nessa reserva, o Acórdão n.° 403/08 afirmou que essa reserva de competência não ia para além disso;

iv) o referido Acórdão invocou ainda a distinção anteriormente firmada na jurisprudência constitucional entre alterações directas e deliberadas da competência dos tribunais — que estariam reservadas à Assembleia da República — e alterações indirectas e consequenciais de reformas processuais. Tal distinção também se revela imprestável, pois a única forma de defender a interpretação que prevaleceu nas instâncias é supondo que o legislador quis transferir as mesmas competências que vinham sendo exercidas pelo tribunal *ad quem* para o tribunal *a quo*, e, para isso, revogou uma norma que expressamente as atribuía àquele;

v) de resto, além de qualificar como "indirecta" uma consequência que só pode justificar como tendo sido "directa", sustentou a referida distinção num precedente que, a mais de a ter estabelecido liminarmente com base na sede substantiva da alteração legislativa então em causa, a afirmou, apenas, para a competência do Ministério Público, ficando por explicar a sua pertinência em relação aos órgãos de soberania que, diferentemente daquele, os tribunais são;

vi) ali, ao contrário do invocado, nem tal exercício de competências de tiragem acelera a tramitação recursiva, nem é ela regra em matéria de verificação da oposição de julgados; e na medida em que a decisão a proferir pelo tribunal *ad quem* se repercute na decisão das instâncias, não faz sentido invocar que à recorrente não assiste um direito ao recurso, sendo apenas indirecta beneficiária da uniformização jurisprudencial;

vii) por outro lado, a vinculação dos tribunais à lei (que, como a espécie revela, deixa larga margem de discricionariedade), a existência de uma reclamação para reavaliar a decisão sobre a verificação dos pressupostos do recurso feita pelo relator do próprio acórdão que seria recorrido, e a "isenção, objectividade e imparcialidade dos juízes" não podem servir para fundar a restrição, interpretativamente feita decorrer da intervenção de um legislador governamental que estava expressamente mandatado para não prejudicar "a possibilidade de recurso para o Supremo Tribunal Administrativo, no caso de aquele visar a uniformização das decisões sobre idêntica questão de direito" [alínea *c*) do n.° 6 do artigo 51.° da Lei n.° 87-B/98, de 31 de Dezembro].

6. A alteração das competências (ou organização das funções) do Supremo Tribunal Administrativa e do Tribunal Central Administrativo Sul, operada com base na interpretação literal de uma norma de distribuição de competências (e, em consequência, implícita revogação de uma outra norma atributiva de competência) não pode ser imputada a um legislador razoável e de boa fé, se este estava parlamentarmente mandatado para não interferir com a configuração do recurso de oposição de julgados apesar das alterações processuais que nele se podiam repercutir (o estabelecimento de alçadas). E se o for, serão organicamente inconstitucionais as normas que fundarem tal entendimento.

7. Atendendo à sensibilidade social, à desigualdade de tratamento, sobretudo em matéria tributária, a uniformização de jurisprudência nesta matéria é especialmente importante e justifica a cautela do legislador parlamentar ao determinar que a introdução de alçadas não se repercutisse nela. Imputar, jurisprudencialmente, ao legislador governamental outra intenção, que implica uma redução de facto (e uma percepção pública acrescida) da diminuição das hipóteses de controlo da aplicação diferenciada da lei tributária, lesa:

— o princípio da separação de poderes (artigo 111.º da Constituição);
— o princípio da igualdade (artigo 13.º da Constituição);
— os princípios da legalidade da Administração e da sujeição dos tribunais à lei e à Constituição (artigos 266.º, 203.º e 204.º da Constituição);
— o princípio do processo equitativo enquanto modalidade do direito de acesso aos tribunais (artigo 20.º, n.º 1, da Constituição);
— o princípio da proporcionalidade (artigo 20.º, n.º 5, da Constituição); e
— o direito de acesso aos tribunais (artigo 20.º, n.º 1, da Constituição).

8. Caso improcedam as razões da recorrente em relação à norma aplicada para determinar, indevidamente, a competência do relator do tribunal *a quo* — o que se tem de admitir por dever de patrocínio — haverá que avaliar (de imediato ou após trânsito em julgado da decisão que venha a pôr termo ao recurso com fundamento em oposição de acórdãos) da conformidade com a Constituição das normas aplicadas na decisão de 19 de Setembro de 2007 do Tribunal Central Administrativo Sul, designadamente as dos artigos 120.º e 123.º do Código do Procedimento Administrativo. Estas foram impugnadas logo na primeira oportunidade processual para o efeito, no pedido de reforma desse acórdão, que, surpreendentemente, decidiu "integrar" os actos de liquidação e notificação praticados pela Administração Fiscal, para o efeito de, combinando as suas características, dar por preenchidos os requisitos, ora de um, ora de outro. Admitindo que o Tribunal pudesse enquadrar essa fundamental questão sob outras previsões normativas (porque nenhumas eram indicadas na decisão para justificar tal comunicabilidade de propriedades) logo advertiu a recorrente para a alternativa: a ausência de suporte legal para um tal entendimento. Na decisão que indeferiu a reforma não se pôs em causa a subsunção normativa que assim se traz ao Tribunal Constitucional, pelo que se deve considerar que a questão de constitucionalidade traduzida em

considerar suprimidas as invalidades do acto de liquidação com base no suprimento do acto de notificação se pode reconduzir a tais normas.

9. Seria inconstitucional (por violação dos princípios da sujeição da Administração à lei, da proporcionalidade e da boa fé) o entendimento dos artigos 120.º e 123.º do Código do Procedimento Administrativo que permitisse considerar que um qualquer funcionário da Administração Tributária é um órgão administrativo e que as invalidades decorrentes da falta de sujeito (e de identificação) do acto de liquidação se podem suprir com as que forem detectáveis no acto de notificação.

10. Do mesmo modo, e pelas mesmas razões, seria inconstitucional o entendimento da norma do artigo 133.º do Código do Procedimento Administrativo — norma sancionadora desses vícios dos actos — se interpretado de modo a excluir do seu âmbito de aplicação as insuficiências dos actos praticados pela Administração Tributária no caso dos autos.

11. Também as normas dos artigos 111.º, 112.º e 116.º se apresentam como inconstitucionais, se interpretadas no sentido de que a competência aí atribuída ao chefe da repartição de finanças para proceder às liquidações oficiosas pode ser desempenhada por um qualquer funcionário tributário, por violação dos princípios da legalidade da actuação administrativa (artigo 266.º da Constituição) e da igualdade (artigo 13.º da Constituição). E, sendo tal interpretação reiterada pelos tribunais tributários, também por violação do princípio de sujeição dos tribunais à lei e à Constituição (artigos 203.º e 204.º da Constituição).

12. Por sua vez, a norma do artigo 115.º do Código do Imposto Municipal de Sisa e do Imposto sobre as Sucessões e Doações, na parte aplicável, incorre em inconstitucionalidade de idêntico recorte e fundamento, na medida em que a sua previsão assente num (prévio ou, na interpretação da decisão recorrida do Tribunal Central Administrativo Sul, contemporâneo) acto administrativo viciado por falta de sujeito com competência para o praticar e por falta das menções estabelecidas na lei.

13. Inconstitucionalidade de que enferma também, por idênticas razões, a estatuição do artigo 117.º do Código do Imposto Municipal de Sisa e do Imposto sobre as Sucessões e Doações, na medida em que faça decorrer a consequência aí prevista de um acto de liquidação a que faltam os requisitos essenciais para poder ser considerado válido e legítimo.

Nestes termos:

— deve ser julgada inconstitucional a norma do artigo 284.º, n.º 5, do CPPT, quando interpretada no sentido de que cabe ao relator do tribunal a quo a aferição da existência de oposição de julgados, condição de seguimento do recurso;

— caso assim não se entenda (porque, reabrindo uma via de recurso ordinário, de outro modo as seguintes questões de constitucionalidade ficam, de momento, prejudicadas), devem ser julgadas inconstitucionais as normas dos artigos 120.º, 123.º e 133.º do Código do Procedimento Administrativo, e as normas dos artigos 111.º, 112.º, 115.º, 116.º e

117.º do Código do Imposto Municipal de Sisa e do Imposto sobre as Sucessões e Doações, fazendo-se assim Justiça.»

4. A recorrida Fazenda Pública não contra-alegou.

5. O presente recurso emerge de impugnação judicial, intentada por Alpabrantes — Planeamento, Desenvolvimento Urbano e Construção, Lda., do acto de liquidação de Sisa efectuado à impugnante com fundamento na não efectivação da revenda do prédio adquirido para esse fim.

Por sentença do Tribunal Administrativo e Fiscal de Sintra a impugnação foi julgada improcedente.

Inconformada, a impugnante recorreu para o Tribunal Central Administrativo Sul (TCAS) que, por acórdão de 19 de Setembro de 2007, negou provimento ao recurso.

Ainda inconformada, a impugnante requereu a reforma deste acórdão que veio a ser desatendida.

A impugnante interpôs recurso, por oposição de acórdãos, para o Pleno da Secção do Contencioso Tributário, tendo o relator no Tribunal Central Administrativo Sul julgado o recurso findo, com fundamento na não ocorrência de qualquer contradição/ oposição entre o acórdão proferido nos autos e o acórdão fundamento.

A impugnante reclamou deste despacho, tendo a reclamação sido julgada totalmente improcedente por acórdão de 18 de Novembro de 2008.

O presente recurso vem interposto dos citados acórdãos do TCAS de 18 de Novembro de 2008 e de 19 de Setembro de 2007.

Tudo visto, cumpre apreciar e decidir.

II — Fundamentação

A) *Questão prévia*

6. Importa começar por decidir a questão do não conhecimento do objecto do recurso na parte referente às normas identificadas no ponto VIII., alíneas *a)* a *c)* do requerimento de interposição do recurso, ou seja, as normas dos artigos 120.º e 123.º do Código do Procedimento Administrativo (CPA); do artigo 133.º do mesmo Código; e dos artigos 111.º, 112.º, 115.º, 116.º e 117.º do Código do Imposto Municipal de Sisa e do Imposto sobre as Sucessões e Doações (CIMSISD).

Em resposta ao despacho que sucitou esta questão, a recorrente limitou-se a dizer que o conhecimento do recurso, nesta parte, só se mostra útil caso o Tribunal Constitucional não venha a julgar inconstitucional a norma do artigo 284.º do CPPT.

Acontece que, independentemente da utilidade no conhecimento desta parte do recurso, a verdade é que, tal como referido no citado despacho, não se mostram verificados os pressupostos necessários ao conhecimento do objecto do recurso.

Desde logo, porque a recorrente não suscitou, atempadamente, qualquer questão de constitucionalidade respeitante aos referidos preceitos legais. Como a própria assume, no requerimento de interposição do recurso, a primeira vez que referiu a alegada inconstitucionalidade dos artigos 120.º e 123.º do Código do Procedimento Administrativo (CPA) foi no pedido de reforma do acórdão do TCAS (de 19 de Setembro de 2007), aqui recorrido (cfr. fls. 166 e segs. dos autos). E quanto ao artigo 133.º do CPA e aos artigos 111.º, 112.º, 115.º, 116.º e 117.º do CIMSISD, só o fez no requerimento de interposição de recurso por oposição de acórdãos, datado de 18 de Dezembro de 2007 (fls. 194 e segs. dos autos).

Ora, em qualquer dos casos, as disposições legais em causa estavam directamente ligadas com o litígio dos autos e com o próprio objecto do recurso, interposto pela aqui recorrente, que deu origem ao citado acórdão do TCAS de 19 de Setembro de 2007. Era, por isso, exigível que a recorrente antecipasse quaisquer questões de constitucionalidade relacionadas com tais normas legais, suscitando-as perante o tribunal recorrido, em momento anterior à prolação da decisão — o que, como vimos, aqui não aconteceu — de modo a este estar obrigado a delas conhecer (artigo 72.º, n.º 2, da Lei do Tribunal Constitucional).

De todo o modo, sempre o recurso não poderia ser admitido porque as questões em causa não têm natureza normativa, não tendo a recorrente suscitado a inconstitucionalidade de normas, ou de interpretações normativas dos citados preceitos legais, mas antes questionado o resultado da interpretação e aplicação de alguns daqueles preceitos ao seu caso concreto.

Assim, quanto aos artigos 120.º e 123.º do CPA, a recorrente questiona a constitucionalidade da solução dada ao caso concreto, no que respeita aos pressupostos da validade do acto, por alegadamente o tribunal recorrido ter entendido que «o acto de notificação da liquidação se integra na própria liquidação» (cfr. conclusão 7. do requerimento de 26 de Setembro de 2007, a fls. 173 dos autos). Mas em momento algum a recorrente enuncia uma dimensão normativa daqueles dois preceitos legais — que estipulam o "conceito de acto administrativo" e as "menções obrigatórias do acto administrativo — pondo-a em confronto com a Constituição. Como é sabido, o recurso de constitucionalidade tem natureza estritamente normativa, não podendo o Tribunal Constitucional pronunciar-se sobre a concreta e casuística valoração de circunstâncias próprias e específicas de um caso concreto.

E no que se refere ao artigo 133.º do CPA e aos artigos 111.º, 112.º, 115.º, 116.º e 117.º do CIMSISD, a recorrente limita-se a sustentar, de forma conclusiva e global, a inconstitucionalidade de todas aquelas normas (cfr. ponto 19. do requerimento de 18 de Dezembro de 2007, a fls. 198 dos autos). O que, manifestamente, não pode ser entendido como suscitação de uma questão de constitucionalidade, pois esta exige que a recorrente enuncie a regra, o concreto sentido normativo com que tal regra foi tomada no caso concreto pela decisão que pretende impugnar junto do Tribunal Constitucional (cfr. Lopes do Rego, "O objecto idóneo dos recursos de fiscalização concreta da constitucionalidade: as interpretações normativas sindicáveis pelo Tribunal Constitucional", in *Jurisprudência Constitucional*, n.º 3, pp. 4-15).

Além de que, quanto aos artigos 111.º e 112.º do CIMSISD, tais normas não foram sequer aplicadas pelo acórdão do TCAS de 19 de Setembro de 2007, que, pelo contrário, afastou a aplicabilidade do seu regime ao caso dos autos (cfr. fls. 155).

Não se mostram, por tudo isto, reunidos os pressupostos para conhecimento do objecto do recurso quanto às questões colocadas no ponto VIII do requerimento de interposição do recurso, acima identificadas.

B) *Mérito do recurso*

7. O objecto do presente recurso fica, assim, limitado à norma do artigo 284.º, n.º 5, do Código de Procedimento e de Processo Tributário (CPPT), aprovado pelo Decreto-Lei n.º 433/99, de 26 de Outubro, com as alterações posteriores. Este preceito, sob a epígrafe "Oposição de acórdãos", dispõe o seguinte:

«1 — Caso o fundamento for a oposição de acórdãos, o requerimento da interposição do recurso deve indicar com a necessária individualização os acórdãos anteriores que estejam em oposição com o acórdão recorrido, bem com o lugar em que tenham sido publicados ou estejam registados, sob pena de não ser admitido o recurso.

2 — O relator pode determinar que o recorrente seja notificado para apresentar certidão do ou dos acórdãos anteriores para efeitos de seguimento do recurso.

3 — Dentro dos 8 dias seguintes ao despacho de admissão do recurso o recorrente apresentará uma alegação tendente a demonstrar que entre os acórdãos existe a oposição exigida.

4 — Caso a alegação não seja feita, o recurso será julgado deserto, podendo, em caso contrário, o recorrido responder, contando-se o prazo de resposta do recorrido a partir do termo do prazo da alegação do recorrente.

5 — Caso o relator entenda não haver oposição, considera o recurso findo, devendo, em caso contrário, notificar o recorrente e recorrido para alegar nos termos e no prazo referido no n.º 3 do artigo 282.º»

O acórdão recorrido interpretou a citada norma do n.º 5 do artigo 284.º no sentido de que cumpre ao relator no tribunal recorrido (no caso, o Tribunal Central Administrativo Sul) a verificação dos pressupostos necessários à admissão do recurso por oposição de julgados, incluindo a decisão sobre se ocorre, ou não, oposição entre o acórdão recorrido e o acórdão fundamento, e, com base nessa apreciação, decidir sobre o prosseguimento do recurso com fundamento em oposição.

Antes da entrada em vigor do CPPT, a decisão desta questão preliminar cabia ao pleno da Secção de Contencioso Tributário do Supremo Tribunal Administrativo, nos termos do artigo 30.º, alínea *c)*, do Estatuto dos Tribunais Administrativos e Fiscais de 1984 (entretanto revogado pela Lei n.º 13/2002, de 19 de Fevereiro, com as alterações posteriores, que aprovou o actual Estatuto dos Tribunais Administrativos e Fiscais).

No caso *sub juditio*, a recorrente invoca a inconstitucionalidade orgânica da norma, decorrente de falta de autorização legislativa, bem como a sua inconstitucionalidade material, por violação do "direito ao recurso", contemplado, segundo a recorrente, no artigo 20.º da Constituição.

Estas questões foram já objecto de apreciação por este Tribunal, que se pronunciou no sentido da não inconstitucionalidade da norma em causa, nos Acórdãos n.ºs 403/08 e 300/09 (disponíveis em *www.tribunalconstitucional.pt*).

Os fundamentos do Acórdão n.º 403/08 podem ser assim sumariados:

«I — A norma *sub iudicio*, ao revogar a norma do artigo 30.º, alínea *c)*, do Estatuto dos Tribunais Administrativos e Fiscais, veio atribuir ao relator no tribunal recorrido, com possibilidade de reclamação para a conferência, a pronúncia relativa à questão preliminar, da existência de oposição de acórdãos e com base nessa apreciação em concreto, decidir do prosseguimento de recurso com fundamento nessa oposição.

II — Embora a norma da alínea *p)* do n.º 1 do artigo 165.º da Constituição da República atribua competência exclusiva à Assembleia da República, salvo autorização ao Governo, em matéria de "organização e competência dos tribunais e do Ministério Público", ao passo que a autorização legislativa concedida pelo artigo 51.º da Lei n.º 87-B/98, de 31 de Dezembro, em matéria de processo tributário, e ao abrigo da qual foi aprovado o Código de Procedimento e de Processo Tributário, não faça qualquer alusão à apontada alteração de competência para a apreciação do recurso por oposição de julgados, é entendimento do Tribunal Constitucional, frequentemente reiterado, que a referida reserva parlamentar inclui a definição da competência judiciária *ratione materiae*, ou seja, a distribuição das matérias pelas diferentes espécies de tribunais dispostos horizontalmente no mesmo plano, aí se incluindo a definição de matérias cujo conhecimento cabe aos tribunais judiciais e aos tribunais administrativos e tributários e a distribuição de competências, dentro da ordem jurisdicional comum, pelos diferentes tribunais de competência genérica e de competência especializada ou específica.

III — Ora, o que está em causa na norma sob apreciação não é uma modificação das regras de competência judiciária em razão da matéria, mas unicamente uma alteração do regime processual aplicável ao recurso por oposição de julgados, implicando que a fase inicial do recurso, destinada a verificar a existência de oposição, passe a ser atribuída ao tribunal recorrido; não há aí uma qualquer alteração inovatória da competência entre tribunais de diferentes espécies, mas apenas uma nova distribuição de competência dentro da mesma ordem de tribunais que constitui uma mera decorrência da reformulação do procedimento do recurso e que não põe, por isso, em causa a reserva de competência legislativa da Assembleia da República.

IV — Embora a norma *sub iudicio* não preveja qualquer meio processual específico de controlo jurisdicional da decisão do relator, implicando que, nos termos gerais, a decisão de não admissão de recurso possa ser apenas passível de reclamação para a conferência, afastando-se embora do regime tradicional que previa, em caso de indeferimento do recurso, a reclamação para o presidente do tribunal superior, corresponde ao regime geral de impugnação das decisões do relator e tem aplicação, em situação similar, no que se refere ao despacho do relator que não receba recurso interposto da decisão da secção de contencioso administrativo do Supremo Tribunal Administrativo para o Pleno do mesmo Tribunal.

V — Reconhecendo-se ao legislador uma ampla margem de conformação na definição do regime procedimental que devam seguir os diferentes meios específicos de dirimição de litígios, não se afigura que a opção legislativa de atribuir ao próprio tribunal recorrido a actividade judiciária de verificação dos pressupostos de admissão de recurso constitua uma solução que afecte de modo desproporcionado ou excessivo o direito de acesso aos tribunais, tal como consagrado no artigo 20.º da Constituição, a qual se encontra justificada por razões de simplificação processual que visariam garantir uma maior celeridade processual na resolução do conflito jurisprudencial.

VI — Acresce que, por um lado, a recorrente não pode arrogar-se um direito à uniformização de jurisprudência — que constitui antes um interesse geral da comunidade inerente ao bom funcionamento dos tribunais —, mas apenas beneficiar de uma possível revogação de uma decisão judicial desfavorável por via de um mecanismo processual que assenta na conveniência de harmonizar o entendimento jurisprudencial relativamente a uma dada questão jurídica; por outro lado, o que está em apreciação nessa fase procedimental, é a mera averiguação dos requisitos de admissibilidade de recurso, que não envolve a aplicação de quaisquer conceitos indeterminados, mas corresponde antes a um exercício vinculado de avaliação de elementos objectivos: a legitimidade do recorrente; a tempestividade do recurso; e, como requisito específico do recurso por oposição de julgados, a identidade da questão fundamental de direito sobre que existe divergência jurisprudencial, que pressupõe a identidade dos respectivos pressupostos de facto.

VII — A reclamação para a conferência do eventual despacho de não admissão do recurso, proferido pelo relator, já oferece suficientes garantias de controlo jurisdicional da legalidade da decisão, não sendo possível caracterizar uma situação de violação do princípio do processo equitativo quando não está em causa uma diminuição das garantias formais do processo mas uma hipotética suspeição sobre os juízes a quem a lei atribui a competência legal para decidir.

VIII — A norma do artigo 284.º, n.º 5, do Código de Procedimento e de Processo Tributário também não ofende o princípio da tutela jurisdicional efectiva — não está em causa qualquer denegação do direito ao recurso, mas uma mera alteração do regime procedimental relativo à apreciação da questão preliminar da existência de oposição de julgados; por outro lado, mesmo que se entenda que o novo regime dificulta ou elimina, na prática, a possibilidade de prosseguimento do recurso por oposição de julgados — o que carece de ser demonstrado —, importa considerar que o princípio da tutela jurisdicional efectiva não garante um ilimitado direito ao recurso, não podendo o recorrente invocar, à luz do princípio da tutela jurisdicional efectiva, um direito a um duplo grau de recurso e, muito menos, um direito à uniformização da jurisprudência.»

E no Acórdão n.º 300/09, conclui-se o seguinte quanto à questão da alegada inconstitucionalidade orgânica:

«O Tribunal Constitucional tem entendido que a referida reserva parlamentar inclui a definição da competência judiciária *ratione materiae*, ou seja, a distribuição das matérias pelas diferentes espécies de tribunais dispostos horizontalmente no mesmo plano, aí se incluindo a definição de matérias cujo conhecimento cabe aos tribunais judiciais e aos tribunais administrativos e tributários e a distribuição de competências, dentro da ordem jurisdicional comum, pelos diferentes tribunais de competência genérica e de competência especializada ou específica (Acórdãos n.os 356/89, 72/90, 271/92, 163/95, 198/95, 268/97, 476/98, 114/00 e 690/06, todos acessíveis no *site www.tribunalconstitucional.pt*)

Ora, o regime do n.º 5 do artigo 284.º do CPPT, no entendimento do acórdão recorrido não traduz uma modificação das regras de competência judiciária em razão da matéria, mas unicamente uma alteração do regime processual aplicável ao recurso por oposição de julgados, implicando que a fase inicial do recurso, destinada a verificar a existência de oposição, passe a ser atribuída ao relator do tribunal recorrido, com possibilidade de reclamação para a conferência.

Não há aqui uma qualquer alteração inovatória da competência entre tribunais de diferentes espécies, mas apenas uma nova distribuição de competência dentro da mesma ordem de tribunais, que constitui uma mera decorrência da reformulação do procedimento do recurso e que não põe, por isso, em causa a reserva de competência legislativa da Assembleia da República imposta pelo artigo 165.º, alínea *p*), da Constituição».

Não colocando o presente recurso qualquer questão nova que justifique a reapreciação destas questões e concordando-se integralmente com a fundamentação dos arestos citados, sendo certo que o último deles foi subscrito nesta 2.ª Secção, por unanimidade, é de reiterar aqui o juízo de não inconstitucionalidade neles constante.

III — Decisão

Nestes termos, e pelos fundamentos expostos, decide-se:

a) Não conhecer do objecto do recurso na parte referente às normas dos artigos 120.º e 123.º do Código do Procedimento Administrativo (CPA); do artigo 133.º do mesmo Código; e dos artigos 111.º, 112.º, 115.º, 116.º e 117.º do Código do Imposto Municipal da Sisa e do Imposto sobre as Sucessões e Doações (CIMSISD).

b) Não julgar inconstitucional a norma do artigo 284.º, n.º 5, do CPPT, quando interpretada no sentido de que cumpre ao relator no tribunal recorrido verificar a existência de oposição de julgados em recurso interposto com este fundamento.

c) Consequentemente, julgar o recurso improcedente.

Custas pela recorrente, fixando-se a taxa de justiça em 25 unidades de conta.

Lisboa, 18 de Novembro de 2009. — *Joaquim de Sousa Ribeiro* — *João Cura Mariano* — *Benjamim Rodrigues* — *Rui Manuel Moura Ramos.*

ACÓRDÃO N.° 603/09

DE 2 DE DEZEMBRO DE 2009

Não julga inconstitucional a norma do n.° 6 do artigo 215.° do Código de Processo Penal, na redacção introduzida pela Lei n.° 48/2007, de 29 de Agosto, na interpretação segundo a qual a elevação do limite máximo da prisão preventiva aí previsto para metade da pena que tiver sido fixada pelo tribunal superior, em caso de recurso, se aplica não apenas quando tenha sido confirmada a sentença condenatória da primeira instância, mas também quando tenha sido agravada pelo tribunal de recurso a pena fixada nessa sentença.

Processo: n.° 777/09.
Recorrente: Miguel Francisco da Conceição Soares.
Relator: Conselheiro Carlos Fernandes Cadilha.

SUMÁRIO:

I — O princípio da legalidade penal que surge concretizado no artigo 29.°, n.° 3, da Constituição é extensivo às normas processuais que condicionam a aplicação das sanções penais, bem como àquelas que possam afectar o direito à liberdade do arguido ou que asseguram os seus direitos fundamentais de defesa.

II — À luz desse princípio, as normas de definem a duração do prazo de prisão preventiva, e designadamente a do artigo 215.°, n.° 6, do Código Penal, não poderão ser objecto de interpretação analógica ou de interpretação extensiva que exceda o sentido possível da palavras da lei.

III — A interpretação normativa que considera haver confirmação da sentença condenatória de primeira instância, para efeitos do disposto no n.° 6 do artigo 215.° do Código Penal, em caso de agravamento da pena em sede de recurso, corresponde ainda a uma forma de interpretação declarativa que, como tal, não viola o princípio da legalidade penal.

IV — A solução legislativa do artigo 215.º, n.º 6, do Código Penal, ao permitir que ao agravamento da pena em recurso corresponda um agravamento do limite temporal da duração da prisão preventiva, não fere o princípio da proporcionalidade.

Acordam na 3.ª Secção do Tribunal Constitucional:

I — Relatório

1. Miguel Francisco da Conceição Soares, encontrando-se preso preventivamente desde 27 de Julho de 2007, formulou um pedido de *habeas corpus* perante o Supremo Tribunal de Justiça por considerar que o prazo máximo da prisão preventiva está excedido, defendendo para tanto o entendimento de que a norma do artigo 215.º, n.º 6, do Código de Processo Penal, na redacção dada pela Lei n.º 48/2007, de 29 de Agosto, ao elevar o prazo máximo da prisão preventiva para metade da pena que tiver sido fixada quando o arguido tenha sido condenado a pena de prisão em 1.ª instância e a sentença condenatória tiver sido confirmada em sede de recurso ordinário, não abrange os casos em que o tribunal de recurso tiver agravado essa pena.

Alegou, além do mais, que o n.º 6 do artigo 215.º do Código de Processo Penal é inconstitucional, na interpretação que estende a respectiva previsão à hipótese de o acórdão proferido pelo tribunal de segunda instância agravar a pena de prisão imposta pela sentença de primeira instância, por ofensa, entre outros, dos artigos 18.º, n.º 2, e 29.º, n.º 3, Constituição da República, e que o conjunto normativo formado por essa norma e pela da alínea *f)* do n.º 1 do artigo 400.º do mesmo Código é igualmente inconstitucional, na interpretação que permite que um arguido condenado por decisão não transitada em julgado fique sujeito a prisão preventiva por prazos que oscilam de quatro a doze anos e meio, o que considera ser incompatível com a presunção de inocência e o direito ao julgamento no mais curto prazo, com a natureza subsidiária da prisão preventiva e com os princípios da necessidade, adequação, proporcionalidade e razoabilidade das restrições aos direitos, liberdades e garantias fundamentais, ofendendo o disposto nos artigos 18.º, n.º 2, 28.º, n.º 2, e 32.º, n.º 2, da Constituição.

Por acórdão de 27 de Agosto de 2009, o Supremo Tribunal de Justiça indeferiu o pedido de *habeas corpus*, dizendo, no essencial, que há confirmação da sentença, para os efeitos previstos n.º 6 do artigo 215.º em matéria de limites à prisão preventiva, quando o tribunal superior aplica uma pena igual ou superior à fixada pela sentença recorrida, elevando-se o prazo máximo da prisão preventiva, em caso de agravamento da pena, a metade da pena de prisão aplicada pelo tribunal superior.

O arguido interpôs recurso para o Tribunal Constitucional, ao abrigo do disposto na alínea *b*) do n.º 1 do artigo 70.º da Lei do Tribunal Constitucional, pretendendo ver apreciada a constitucionalidade das seguintes normas legais:

— artigo 215.º, n.º 6, do Código de Processo Penal (CPP), na redacção introduzida pela Lei n.º 48/2007, de 29 de Agosto, na interpretação que estende a respectiva previsão à hipótese de o acórdão proferido pelo tribunal de segunda instância agravar a pena de prisão imposta pela sentença de primeira instância, por ofensa, entre outros, dos artigos 18.º, n.º 2, e 29.º, n.º 3, da Constituição (CRP);

— conjunto normativo formado pela alínea *f*) do n.º 1 do artigo 400.º e pelo n.º 6 do artigo 125.º do CPP, na redacção introduzida pela Lei n.º 48/2007, de 29 de Agosto, na medida e na interpretação que permite que um arguido condenado por decisão não transitada em julgado fique sujeito a prisão preventiva por prazos que oscilam de quatro a doze anos e meio, o que é incompatível com a presunção de inocência e o direito ao julgamento no mais curto prazo, com a natureza subsidiária da prisão preventiva e com os princípios da necessidade, adequação, proporcionalidade e razoabilidade das restrições aos direitos, liberdades e garantias fundamentais, e ofende o disposto, entre outros, nos artigos 18.º, n.º 2, 28.º, n.º 2, e 32.º, n.º 2, da CRP.

Tendo prosseguido o processo, o recorrente apresentou alegações, em que formulou as seguintes conclusões:

1. O recorrente está sujeito, desde 27 de Julho de 2007 a prisão preventiva.
2. O acórdão da Relação que agravou a pena de prisão que lhe foi aplicada em primeira instância não transitou em julgado, por estar pendente de recurso interposto, com efeito suspensivo, para o Supremo Tribunal de Justiça.
3. Entendimento diverso implicaria que o arguido tivesse entrado em cumprimento antecipado de pena,
4. o que contraria o teor literal da Lei (artigos 214.º, n.º 2, 215.º, n.º 6, 408.º, n.º 1, alínea *a*), do CPP).
5. e envolveria a interpretação inconstitucional do n.º 6 do artigo 215.º, por ofensa, entre outros, do n.º 2 do artigo 32.º da CRP.
6. Não se justificam, por isso, dúvidas sobre a utilidade do presente recurso, uma vez que o recorrente continua em prisão preventiva.
7. O n.º 6 do artigo 215.º é inconstitucional, na interpretação que estende a respectiva previsão à hipótese de o acórdão proferido pelo tribunal de segunda instância agravar a pena de prisão imposta pela sentença de primeira instância, além do mais por implicar o recurso à analogia, o que ofende, entre outros, os artigos 18.º, n.º 2, e 29.º, n.º 3, da CRP.
8. O conjunto normativo formado pela alínea *f*) do n.º 1 do artigo 400.º e pelo n.º 6 do artigo 125.º do CPP é inconstitucional, na medida e na interpreta-

ção que permite que um arguido condenado por decisão não transitada em julgado fique sujeito a prisão preventiva por prazos que oscilam de quatro a doze anos e meio, o que é incompatível com a presunção de inocência e o direito ao julgamento no mais curto prazo, com a natureza subsidiária da prisão preventiva e com os princípios da necessidade, adequação, proporcionalidade e razoabilidade das restrições aos direitos, liberdades e garantias fundamentais e ofende o disposto, entre outros, nos artigos 18.º, n.º 2, 28.º, n.º 2, e 32.º, n.º 2, da CRP.

O Magistrado do Ministério Público contra-alegou, concluindo, por sua vez, do seguinte modo:

    1. Estando o arguido preso preventivamente há cerca de dois anos e três meses, apreciar a inconstitucionalidade de normas [artigos 400.º, n.º 1, alínea j), e 215.º, n.º 6, do CPP], numa interpretação que possa permitir que um arguido fique em prisão preventiva entre quatro anos e doze anos e meio, não se reveste de qualquer efeito útil.

    2. Assim, nesta parte, não deverá conhecer-se do recurso.

    3. A norma do n.º 6 do artigo 215.º do CPP, na interpretação que estende a respectiva previsão à hipótese de o acórdão proferido pelo tribunal de segunda instância agravar a pena imposta pela sentença de 1.ª instância, não viola nem o princípio da proporcionalidade, nem o princípio da legalidade, nem o princípio da presunção de inocência (artigos 18.º, n.º 2, 29.º, n.º 3, e 32.º, n.º 2, da Constituição, respectivamente).

    4. Essa é, aliás, a única interpretação correcta e lógica, pois não faria qualquer sentido que, precisamente nos casos em que o tribunal superior agravasse a pena, tudo se passasse como se não tivesse ocorrido qualquer condenação.

    5. Termos em que deve ser negado provimento ao recurso.

Tendo sido suscitado pelo relator a questão prévia da não apreciação do objecto do recurso da segunda questão de constitucionalidade, por inutilidade, o recorrente respondeu, dizendo o seguinte:

    Com o maior respeito, o recorrente não compreende, de todo, a razão de ser desta questão prévia, desde logo porque não alcança qual seja, no contexto do processo, a justificação para trazer ao debate aquele prazo de quatro anos. Tal prazo não está previsto, em abstracto, em nenhuma das normas contidas no artigo 215.º do CPP, sem prejuízo de poder emergir, em concreto, da aplicação da norma do n.º 6 do preceito, cuja constitucionalidade está posta em causa neste recurso.

    Ora, bem ou mal, não foi este último o sentido da norma adoptado pelo Supremo Tribunal de Justiça, que, entre a metade da pena aplicada em primeira instância — quatro anos, ou seja, metade da pena de nove anos —, e a metade da pena aplicada pelo Tribunal da Relação — quatro anos e seis meses, ou seja, metade da pena de nove anos —, optou pela segunda, subscrevendo o entendimento de que "o prazo de prisão preventiva eleva-se para quatro anos e meio de prisão" (vide acórdão, fls. 16).

Os termos em que a questão prévia vem anunciada só poderão compreender-se, portanto, se referidos a um prazo de prisão preventiva (quatro anos) que nem consta dos prazos gerais nem foi o prazo concreto fixado pela decisão recorrida.

Mas o problema parece ser outro e bem mais relevante: postular a inutilidade superveniente do recurso por não estar ainda excedido o prazo máximo da prisão preventiva permitida numa das interpretações do artigo 215.º, n.º 6 — que não é sequer a interpretação fixada pala decisão recorrida —, significa, sem margem para dúvidas, que está a antecipar-se a decisão final de recurso.

Dito por outras palavras: aquele prazo de quatro anos pode ser considerado seja para que efeito for, assumindo que o n.º 6 do artigo 215.º não é inconstitucional.

Mas, sendo esse, como é, o objecto do recurso, esse pressuposto não poderá jamais sustentar uma questão prévia, sob pena de se antecipar, a título provisório, a decisão final, o que envolve uma contradição nos próprios termos.

Termos em que, deve declarar-se que não se verifica a inutilidade superveniente do recurso, conhecendo-se do respectivo objecto.

Cabe apreciar e decidir.

II — Fundamentação

Delimitação do objecto do recurso

2. O recorrente pretende a apreciação da constitucionalidade da norma do artigo 215.º, n.º 6, do CPP, na redacção introduzida pela Lei n.º 48/2007, de 29 de Agosto, na interpretação segundo a qual a elevação do limite máximo da prisão preventiva aí previsto para metade da pena que tiver sido fixada pelo tribunal superior, em caso de recurso, se aplica não apenas quando tenha sido confirmada a sentença condenatória da primeira instância, mas também quando tenha sido agravada pelo tribunal de recurso a pena fixada nessa sentença, implicando que o referente para o prazo máximo da prisão preventiva seja o da pena agravada.

Partindo do entendimento sufragado no acórdão recorrido quanto a essa específica questão, o recorrente aditou ainda ao objecto de recurso de constitucionalidade uma outra dimensão interpretativa, agora reportada ao conjunto normativo constituído por aquela disposição e pela norma da alínea *f)* do n.º 1 do artigo 400.º do CPP, e que se traduz na possibilidade de um arguido condenado por decisão não transitada em julgado ficar sujeito a prisão preventiva por prazos que oscilam de quatro a doze anos e meio.

O recorrente chega a este resultado interpretativo por aplicação, em abstracto, do critério normativo adoptado pelo tribunal recorrido no caso *sub juditio*: partindo desse mesmo critério, quando esteja em causa um recurso para o

Supremo Tribunal de Justiça de um acórdão condenatório das Relações que confirma pena de prisão superior a 8 anos [hipótese de admissibilidade de recurso contemplada no artigo 400.°, n.° 1, alínea *f)*, do CPP], e tendo em consideração que o limite máximo da pena de prisão aplicável é de 25 anos, torna-se possível que um arguido fique preso preventivamente por períodos de tempo que oscilam entre quatro a doze anos e meio, por virtude de o prazo máximo da prisão preventiva dever corresponder a metade de uma qualquer pena de prisão que se fixe, em julgamento definitivo, entre aqueles dois limites.

Parece a todos os títulos evidente que esta segunda questão de constitucionalidade, tal como o recorrente a identifica, é uma mera extrapolação do julgamento feito pelo Supremo Tribunal de Justiça quanto à questão que lhe vinha colocada e que não tem qualquer aplicação no caso concreto. De facto, o arguido encontra-se preso preventivamente desde 27 de Julho de 2007 (e, portanto, há pouco mais de dois anos) e não resulta, de nenhum modo, da decisão recorrida que ele tenha de manter-se nessa situação durante quatro anos ou por período que possa estender-se até doze anos e meio.

Como o Tribunal Constitucional tem afirmado sistematicamente, o recurso de constitucionalidade tem uma função meramente instrumental que é aferida pela repercussão que o julgamento da questão de constitucionalidade possa ter no momento em que se deva proceder à reforma da decisão recorrida, o que leva a concluir que é inútil a apreciação do objecto do recurso quando o sentido da decisão a proferir não possa ter qualquer efeito prático (entre muito outros, os Acórdãos do Tribunal Constitucional n.os 397/08 e 152/09).

A hipótese normativa que o recorrente coloca como segunda questão de constitucionalidade é meramente académica, e, como ele próprio reconhece na resposta à questão prévia suscitada pelo relator, não foi sequer aplicada pela decisão recorrida. E, como é claro, não pode conhecer-se do recurso apenas para acautelar quaisquer incidências processuais futuras e meramente eventuais, que por isso não tenham reflexo imediato na resolução do caso concreto.

Termos em que se entende ser de não conhecer do recurso no que concerne à segunda questão de constitucionalidade invocada.

3. A única questão a decidir é, pois, a de saber se a norma do n.° 6 do artigo 215.° do Código de Processo Penal, tal como foi interpretada pelo tribunal recorrido, se encontra ferida de inconstitucionalidade, por violação do princípio ínsito no artigo 18.°, n.° 2, bem como do princípio da legalidade penal resultante do artigo 29.°, n.° 3, todos da Constituição.

O artigo 215.° do CPP, que fixa os prazos de duração máxima da prisão preventiva, na sua redacção actual, introduzida pela Lei n.° 48/2007, de 29 de Agosto, dispõe o seguinte:

1 — A prisão preventiva extingue-se quando, desde o seu início, tiverem decorrido:

a) Quatro meses sem que tenha sido deduzida acusação;
b) Oito meses sem que, havendo lugar a instrução, tenha sido proferida decisão instrutória;
c) Um ano e dois meses sem que tenha havido condenação em 1.ª instância;
d) Um ano e seis meses sem que tenha havido condenação com trânsito em julgado.

2 — Os prazos referidos no número anterior são elevados, respectivamente, para 6 meses, 10 meses, 1 ano e 6 meses e 2 anos, em casos de terrorismo, criminalidade violenta ou altamente organizada, ou quando se proceder por crime punível com pena de prisão de máximo superior a 8 anos, ou por crime:

a) Previsto no artigo 299.°, no n.° 1 do artigo 318.°, nos artigos 319.°, 326.°, 331.° ou no n.° 1 do artigo 333.° do Código Penal e nos artigos 30.°, 79.° e 80.° do Código de Justiça Militar, aprovado pela Lei n.° 100/2003, de 15 de Novembro (uma vez que os artigos 312.° e 315.° do Código Penal foram revogados pela Lei n.° 100/2003, de 15 de Novembro, que os substituiu pelos indicados artigos 30.°, 79.° e 80.°);
b) De furto de veículos ou de falsificação de documentos a eles respeitantes ou de elementos identificadores de veículos;
c) De falsificação de moeda, títulos de crédito, valores selados, selos e equiparados ou da respectiva passagem;
d) De burla, insolvência dolosa, administração danosa do sector público ou cooperativo, falsificação, corrupção, peculato ou de participação económica em negócio;
e) De branqueamento de vantagens de proveniência ilícita;
f) De fraude na obtenção ou desvio de subsídio, subvenção ou crédito;
g) Abrangido por convenção sobre segurança da navegação aérea ou marítima.

3 — Os prazos referidos no n.° 1 são elevados, respectivamente, para um ano, um ano e quatro meses, dois anos e seis meses e três anos e quatro meses, quando o procedimento for por um dos crimes referidos no número anterior e se revelar de excepcional complexidade, devido, nomeadamente, ao número de arguidos ou de ofendidos ou ao carácter altamente organizado do crime.

4 — A excepcional complexidade a que se refere o presente artigo apenas pode ser declarada durante a 1.ª instância, por despacho fundamentado, oficiosamente ou a requerimento do Ministério Público, ouvidos o arguido e o assistente.

5 — Os prazos referidos nas alíneas *c)* e *d)* do n.° 1, bem como os correspondentemente referidos nos n.ºs 2 e 3, são acrescentados de seis meses se tiver havido recurso para o Tribunal Constitucional ou se o processo penal tiver sido suspenso para julgamento em outro tribunal de questão prejudicial.

6 — No caso de o arguido ter sido condenado a pena de prisão em 1.ª instância e a sentença condenatória ter sido confirmada em sede de recurso ordinário, o prazo máximo da prisão preventiva eleva-se para metade da pena que tiver sido fixada.

7 — A existência de vários processos contra o arguido por crimes praticados antes de lhe ter sido aplicada a prisão preventiva não permite exceder os prazos previstos nos números anteriores.

8 — Na contagem dos prazos de duração máxima da prisão preventiva são incluídos os períodos em que o arguido tiver estado sujeito a obrigação de permanência na habitação.

Segundo o regime assim consignado, o prazo de duração da prisão preventiva conta-se sempre do seu início e não pode exceder certos limites (acumulados) que se reportam a quatro marcos processuais: 1.º — dedução da acusação; 2.º — prolação de decisão instrutória quando tenha havido instrução; 3.º — condenação em 1.ª instância; 4.º — trânsito em julgado da condenação.

Aos prazos fixados para cada uma dessas fases processuais aplicam-se, consoante os casos, três diferentes regimes: o normal (4 meses, 8 meses, 1 ano e 2 meses e 1 ano e 6 meses); o especial, em que se atende à gravidade dos crimes (6 meses, 10 meses, 1 ano e 6 meses e 2 anos); e o excepcional, quando a essa gravidade dos crimes acresce a excepcional complexidade do procedimento (1 ano, 1 ano e 4 meses, 2 anos e 6 meses e 3 anos e 4 meses) — n.ºs 1, 2 e 3 do artigo 215.º do CPP.

A ideia central do sistema é a de fazer coincidir, ao menos tendencialmente, a duração máxima (acumulada) de prisão preventiva com o termo das sucessivas fases processuais. Dentro de cada fase processual, os prazos de duração máxima de prisão preventiva são ainda pré-determinados segundo a gravidade do tipo legal de crime e a complexidade do procedimento (veja-se sobre estes aspectos, o Acórdão do Tribunal Constitucional n.º 2/08, publicado no *Diário da República*, 2.ª série, de 14 de Fevereiro de 2008).

Na base da introdução do sistema terá estado — como se afirma também no Acórdão do Tribunal Constitucional n.º 404/05 — o propósito de promover o andamento sem delongas do processo, incentivando os respectivos responsáveis a respeitar os prazos de conclusão de cada fase, sob risco de insubsistência de uma prisão preventiva tida por essencial para a prossecução dos objectivos da justiça criminal.

A lei prevê, no entanto, um outro limite para o prazo máximo da prisão preventiva, através do transcrito n.º 6 desse artigo 215.º, que resulta da confirmação em sede de recurso ordinário da sentença condenatória de primeira instância. O que parece ter-se pretendido, através da previsão legal, é um prolongamento da prisão preventiva quando exista já um suficiente grau de certeza acerca da prática do crime, da sua autoria e da existência de culpa (baseado num duplo juízo condenatório), de modo a evitar que a extinção da medida de coacção pudesse vir a ocorrer por virtude da interposição de novo recurso (para o Supremo Tribunal de Justiça ou para o Tribunal Constitucional) ou da utilização de expedientes dilatórios que prolongassem artificialmente a duração do processo (cfr. Paulo Pinto de Albuquerque, *Comentário ao Código de Processo Penal*, Universidade Católica Editora, 2007, pp. 595-596).

A elevação do prazo máximo de prisão preventiva, nessa circunstância, assenta, por sua vez, em dois factores distintos: a confirmação do juízo condenatório por parte do tribunal superior implica de per si a prorrogação do prazo de prisão preventiva; a medida da pena influencia o limite temporal dessa prorrogação, visto que o prazo é ampliado em metade da pena que tiver sido fixada.

Por outro lado, esses dois factores são revelados pela sucessiva actividade cognitiva do tribunal no momento da elaboração da sentença. Em primeiro lugar, como determina o artigo 368.º do CPP (também aplicável em sede de recurso — artigo 424.º, n.º 2, do CPP), o tribunal aprecia a questão da culpabilidade, verificando se estão definidos os elementos constitutivos do tipo de crime, se o arguido praticou o crime ou nele participou, se actuou com culpa, se se verificou alguma causa de exclusão da ilicitude ou da culpa, e se se verificaram quaisquer outros pressupostos de que a lei faça depender a punibilidade do agente. Se se concluir que ao arguido deve ser aplicada uma pena, o tribunal pronuncia-se em seguida, nos termos consignados no subsequente artigo 369.º, sobre a questão da determinação da sanção, verificando aspectos relativos aos antecedentes criminais do arguido, à sua personalidade e situação social, para efeito de fixar a espécie e medida da pena.

Facilmente se compreende o peso relativo que o legislador quis atribuir à resposta dada pelo tribunal a estas duas questões: um juízo confirmativo da existência de culpa determina a ampliação do prazo de prisão preventiva; a medida da pena determina o *quantum* dessa ampliação.

No caso vertente, o ora recorrente foi condenado em primeira instância numa pena única, em cúmulo jurídico, de 8 anos de prisão. O Tribunal da Relação negou provimento ao recurso interposto pelo arguido e concedeu provimento parcial ao recurso interposto pelo Ministério Público, condenando o arguido na pena única de 9 anos de prisão. Na sequência, foi produzido despacho judicial que elevou o prazo de prisão para metade da pena aplicada.

Interposto pedido de *habeas corpus*, o Supremo Tribunal de Justiça, através da decisão ora recorrida, considerou que há confirmação da sentença, para os efeitos previstos no artigo 215.º, n.º 6, do CPP, quando o tribunal de recurso aplica uma pena igual ou superior à da sentença de primeira instância, e manteve assim o entendimento de que o prazo de prisão preventiva se ampliou para 4 anos e meio, correspondente a metade da pena aplicada em recurso.

Sustenta o recorrente que o tribunal recorrido efectuou uma interpretação extensiva ou analógica da disposição do artigo 215.º, n.º 6, e que, assim interpretada, essa norma é inconstitucional, por violação dos artigos 18.º, n.º 2, e 29.º, n.º 3, da Constituição.

O Tribunal Constitucional tem vindo a admitir, começando por este último parâmetro de constitucionalidade, que o princípio da legalidade penal, que surge concretizado no artigo 29.º, n.º 3, da Constituição, se torna extensivo às normas processuais que condicionam a aplicação das sanções penais (*v. g.* as relativas à prescrição, ao exercício, caducidade e desistência do direito de queixa, e à *reformatio in pejus*), bem como àquelas que possam afectar o direito à liberdade do arguido (*v. g.* as relativas à prisão preventiva) ou que asseguram os seus direitos fundamentais de defesa, disposições que, assim, poderão entender-se como normas processuais penais substantivas (cfr., neste sentido, o Acórdão n.º 551/09 e a doutrina e jurisprudência nele citada).

Como corolário ou consequência do princípio da legalidade penal conta-se a exigência de determinabilidade do conteúdo da lei criminal, que acarreta que devam ser tidas como ilegítimas as definições vagas, incertas ou insusceptíveis de delimitação, e leva igualmente à proibição da aplicação analógica da lei criminal (Gomes Canotilho/Vital Moreira, *Constituição da República Portuguesa Anotada*, 4.ª edição, I volume, Coimbra, p. 495; Jorge Miranda/Rui Medeiros, *Constituição Portuguesa Anotada*, I Tomo, Coimbra, 2005, pp. 327-328). Neste sentido, o princípio da legalidade, na qualidade de parâmetro constitucional, impõe a formulação da norma penal com um conteúdo autónomo e suficiente, possibilitando um controlo objectivo na sua aplicação individualizada e concreta, como também se afirma no Acórdão do Tribunal Constitucional n.º 93/01.

Aplicados tais princípios às normas processuais penais substantivas, como antes se expôs, seria sustentável afirmar-se que as normas que definem a duração do prazo de prisão preventiva, e, designadamente, a do artigo 215.º, n.º 6, aqui particularmente em foco, não poderão ser objecto de interpretação analógica no ponto em que uma tal interpretação pode pôr em causa o direito à liberdade do arguido. E poderia ainda fazer-se equivaler a essa situação uma interpretação extensiva que, tendo embora no texto legal um mínimo de correspondência verbal, excedesse o sentido possível das palavras da lei, por ser ela ainda assim incompatível com o fundamento da segurança jurídica que está ínsito no princípio da legalidade penal (neste sentido, Sousa Brito, "A lei penal na Constituição", in *Estudos sobre a Constituição*, 2.º volume, p. 253; admitindo, em geral, a interpretação extensiva em processo penal, o Acórdão do Tribunal Constitucional n.º 602/04).

No caso vertente, porém, não subsiste qualquer lacuna que careça de ser integrada pelo intérprete através da analogia, nem tão-pouco se adoptou uma interpretação que ultrapasse o que resulta estritamente da letra da lei, limitando-se o tribunal recorrido a escolher, no quadro de uma interpretação declarativa, um dos sentidos literais possíveis, que está ainda coberto pela formulação verbal da norma.

Como se deixou esclarecido, a norma do artigo 215.º, n.º 6, do CPP consagrou uma prorrogação do prazo máximo da prisão preventiva para o caso em que a sentença condenatória de primeira instância tenha sido «confirmada em sede de recurso ordinário» e definiu a proporção do aumento do prazo em função da «pena que tiver sido fixada».

Há lugar à ampliação do prazo da prisão preventiva quando tenha havido confirmação, pela Relação, da sentença condenatória de primeira instância, e corresponde ao sentido literal da lei (ou, pelo menos, a um dos sentidos literais possíveis) que o prazo máximo se eleve para metade da pena que tiver sido aplicada no tribunal de recurso.

A «confirmação» opera quando o tribunal de recurso rejeita o recurso nos termos do artigo 420.º do CPP (e, por isso, não altera o julgado) ou aplica pena igual, inferior ou superior à pena da sentença recorrida, visto que, em qualquer desses casos há um juízo confirmativo de uma sentença condenatória que preenche, por si, o requisito legal de que depende a elevação do prazo máximo da prisão preventiva.

Quando houver um agravamento da pena em sede de recurso, pode considerar-se que existe uma ambiguidade na análise literal do inciso «pena que tiver sido fixada» constante do artigo 215.º, n.º 6, visto que pode entender-se que essa pena, é a que foi aplicada pelo tribunal de recurso (por ser esse o alcance do juízo confirmativo) ou é a que foi aplicada pelo tribunal de primeira instância (por ser até ao limite dessa pena que ocorreu uma efectiva reiteração pelo tribunal da Relação do juízo da primeira instância sobre a culpa e a gravidade da pena).

O Supremo Tribunal de Justiça, no caso em apreço, optou pela primeira dessas possíveis interpretações, mas trata-se, sem sombra de dúvida, de um entendimento que cabe na letra da lei e corresponde a uma forma de interpretação declarativa.

A interpretação efectuada não envolve, por conseguinte, o recurso à analogia ou sequer uma interpretação extensiva, pelo que não há nenhuma razão para considerar verificada a violação do princípio da legalidade penal.

Um outro parâmetro de constitucionalidade invocado tem como referente o disposto no artigo 18.º, n.º 2, da Constituição.

Como é sabido, o direito à liberdade admite as restrições que se encontram previstas nos n.ᵒˢ 2 e 3 do artigo 27.º da Constituição, entre as quais se conta a detenção ou prisão preventiva por fortes indícios de prática de crime doloso a que corresponda pena de prisão cujo limite máximo seja superior a três anos.

Constituindo as restrições ao direito à liberdade restrições a um direito fundamental integrante da categoria de direitos, liberdades e garantias, estão sujeitas às regras do artigo 18.°, n.ᵒˢ 2 e 3, da Constituição, o que quer dizer que «só podem ser estabelecidas para proteger direitos ou interesses constitucionalmente protegidos, devendo limitar-se ao necessário para os proteger» (nestes precisos termos, Gomes Canotilho/Vital Moreira, *ob. cit.*, p. 479).

Por outro lado, como decorre do artigo 28.°, n.° 4, do texto constitucional, «[a] prisão preventiva está sujeita aos prazos estabelecidos na lei», o que significa que não pode deixar de ser temporalmente limitada de acordo com a sua natureza. Cabendo à lei a fixação dos prazos de prisão preventiva, como resulta desse preceito, dispõe o legislador ordinário, nessa matéria, de uma relativa margem de liberdade de conformação, ainda que deva respeitar o princípio da proporcionalidade (*idem*, p. 490; no mesmo sentido, Jorge Miranda/Rui Medeiros, *ob. cit.*, p. 321; entre outros, o Acórdão do Tribunal Constitucional n.° 246/99).

Ora, não se vê, no caso concreto, em que medida é que a interpretação adoptada pelo tribunal recorrido poderá ferir o princípio da proporcionalidade. A decisão do Supremo Tribunal de Justiça assentou na ideia de que há confirmação da sentença condenatória quando o tribunal superior mantém a pena aplicada ou estabelece pena superior. Considerou, por outro lado, que, tendo havido um agravamento da pena em sede de recurso, a elevação do prazo máximo de prisão preventiva, por efeito do disposto no artigo 215.°, n.° 6, do CPP, passaria a ser metade da pena agravada.

Independentemente da correcção da interpretação efectuada, no plano do direito ordinário, aspecto que ao Tribunal Constitucional não cabe apreciar, o certo é que a interpretação adoptada é congruente com o espírito do sistema e corresponde a uma solução proporcionada em relação aos objectivos que o legislador pretendeu atingir com a ampliação do prazo para a prisão preventiva.

O recorrente parece defender o entendimento de que só uma decisão confirmativa que se mostrasse ser inteiramente coincidente, quanto à medida da pena, com a sentença condenatória da primeira instância é que poderia preencher os pressupostos da ampliação do prazo de prisão preventiva previsto no artigo 215.°, n.° 6, do Código de Processo Penal. Já se viu, no entanto, que a solução legislativa assenta em dois diferentes fundamentos: a confirmação do juízo de culpabilidade é motivo bastante para a prorrogação do prazo da prisão preventiva; a medida da pena (aqui relevando a variação para mais ou para menos resultante do julgamento efectuado pelo tribunal de recurso) determina o prazo pelo qual a prisão preventiva será prorrogada.

Neste contexto, tem pleno cabimento (sobretudo à luz do princípio da proporcionalidade) que ao agravamento da pena em recurso corresponda um agravamento do limite temporal da duração da prisão preventiva. O que não faz qualquer sentido, e seria flagrantemente contrário ao dito princípio da proporcionalidade, é que a medida legislativa — que tem um objectivo de evitar a eventual a libertação de réus presos já condenados por simples efeito da utilização de expedientes dilatórios — apenas pudesse ser aplicada quando houvesse uma absoluta sobreposição entre a decisão de recurso e a decisão de primeira instância, e não já em todos os demais casos que justificam idêntico tratamento (por envolverem um duplo juízo condenatório), mas relativamente aos quais, em razão do poder de reapreciação do tribunal superior, tenha havido uma ligeira discrepância quanto à dosimetria da pena.

A decisão recorrida não merece, pois, qualquer censura no plano jurídico--constitucional.

III — Decisão

Termos em que se decide:

a) Não conhecer do recurso quanto à segunda questão de constitucionalidade;

b) Negar provimento ao recurso na parte em que dele se conhece.

Custas pelo recorrente, fixando-se a taxa de justiça em 25 unidades de conta.

Lisboa, 2 de Dezembro de 2009. — *Carlos Fernandes Cadilha — Ana Maria Guerra Martins — Maria Lúcia Amaral — Vítor Gomes — Gil Galvão* (vencido quanto ao conhecimento da questão de constitucionalidade respeitante à violação do princípio da legalidade, no essencial, pelas razões constantes do ponto 7. do Acórdão n.º 494/03, de que fui relator).

Anotação:

Os Acórdãos n.os 246/09, 93/01, 602/04, 404/05 e 2/08 estão publicados em *Acórdãos*, 43.º, 49.º, 60.º, 62.º e 71.º, Vols., respectivamente.

ACÓRDÃO N.º 612/09

DE 2 DE DEZEMBRO DE 2009

Julga inconstitucional a norma do n.º 2 do artigo 8.º do Código das Expropriações, aprovado pela Lei n.º 168/99, de 18 de Setembro, interpretada no sentido de que não confere direito a indemnização a constituição de uma servidão *non aedificandi* de protecção a uma auto-estrada que incida sobre a totalidade da parte sobrante de um prédio expropriado, quando essa parcela fosse classificável como "solo apto para construção" anteriormente à constituição da servidão.

Processo: n.º 275/08.
Recorrente: Ministério Público.
Relator: Conselheiro Vítor Gomes.

SUMÁRIO:

I — Enquanto a "justa indemnização" por expropriação de um terreno abrange o ressarcimento das potencialidades edificativas existentes à data da declaração da utilidade pública, o direito a indemnização consequente à imposição de uma servidão legal *non aedificandi* apenas abarca a utilidade actual e efectiva que era extraída do imóvel onerado.

II — Se, nos casos de expropriação total, a aptidão edificativa actual funciona como um dos factores a ter em conta na fixação da indemnização a atribuir ao expropriado a título de ressarcimento pelo prejuízo decorrente da expropriação, também naqueles casos em que a Administração impõe a certos particulares vínculos que diminuem substancialmente a *utilitas rei* a igualdade exige que se reconheça ao titular afectado o direito à "justa indemnização".

Acordam na 3.ª Secção do Tribunal Constitucional:

I — Relatório

1. No processo de fixação de indemnização por expropriação por utilidade pública de uma parcela de terreno, a desanexar de um prédio misto, com vista à construção de uma auto-estrada, em que é expropriante EP — Estradas de Portugal E.P.E. e expropriados Camilo Carvalho Araújo e Adelina Pinheiro Cardoso Araújo, por acórdão de 24 de Janeiro de 2008, o Tribunal da Relação de Guimarães decidiu:

"(...)
3 e 4 — No que respeita à valorização da parte sobrante a entidade expropriante entende que não se verificam os pressupostos para a fixação da indemnização consignados no artigo 29.º do Código das Expropriações de 1999, e além disso, os fundamentos extravasam o objecto do processo expropriativo, porque incidem sobre questões ambientais que depreciam a construção existente na parte sobrante, devendo ser apreciada noutro processo.

É o artigo 29.º do Código das Expropriações de 1999 que regula os termos em que deve ser atribuída indemnização à parte sobrante numa expropriação parcial. Começa por dizer que é obrigatório fixar valores relativos à parte expropriada e sobrante. E impõe também, nos casos identificados no n.º 2 do referido normativo, que sejam fixados os montantes emergentes da depreciação e dos prejuízos ou encargos que acrescem ao valor da parte expropriada.

Porém o n.º 3 excepciona a avaliação, quando se verifique que a parte não expropriada continua a satisfazer de forma proporcional, os mesmos cómodos que a totalidade do prédio ou se os cómodos assegurados pela parte sobrante não tiverem interesse económico para o expropriado, determinado objectivamente. Destacam-se aqui dois requisitos em que não é obrigada a avaliação na expropriação parcial. Mas para que isso se concretize, necessário se toma que os árbitros ou os peritos fundamentem as suas decisões ou laudos no sentido de justificarem que a parte sobrante não é afectada nos pontos acima enunciados.

E não foi o que aconteceu nos autos, em que tanto os árbitros na sua decisão arbitral como os peritos indicados pelo tribunal, pelos expropriados e expropriante, no seu laudo, justificaram, respectivamente, que a parte sobrante sofria de danos consignados na perda total construtiva devido à constituição duma servidão *non aedificandi*, originada pela implantação da via de comunicação, e de depreciação da habitação originada pela mesma.

Resta-nos analisar se são fundamentadas as depreciações aventadas pelo árbitros e peritos, que foram de alguma forma acolhidas pela decisão recorrida, que se apoia nas circunstâncias ambientais oriundas da auto-estrada construída, mais concretamente nos ruídos e gases que influenciam, de forma negativa, a procura e valor venal da construção.

No que respeita à desvalorização da habitação, julgamos que os fundamentos não podem proceder face à natureza do processo expropriativo. Pois, estamos perante circunstâncias que são analisadas num processo prévio ao acto administrativo de declaração de utilidade pública. Processo esse de impacto ambiental que definirá se há possibilidades de implantar a obra em causa, e em que circunstâncias. E no caso do resultado ser favorável dirá em que circunstâncias haverá danos susceptíveis de serem indemnizados que deverão fundamentar o acto administrativo de declaração de utilidade pública. Se isto não vier a acontecer, os cidadãos que venham a sofrer danos não previstos, terão de se socorrer da impugnação do acto administrativo demonstrando que o mesmo está viciado. E se não optarem por esta via, terão de o fazer num processo próprio, demonstrando os danos que a infra-estrutura construída lhes, provoca. O que quer dizer que a depreciação na habitação não pode ser objecto de análise nestes autos.

Por sua vez, estamos perante uma servidão administrativa *non aedificandi*, provocada pela construção da via de comunicação. E antes da declaração de utilidade pública da parcela expropriada, esta tinha potencialidades edificativas. O que quer dizer que a parte sobrante, que antes da desanexação da parte expropriada fazia parte da totalidade do prédio, gozava de potencialidades edificativas, e agora perdeu-as na totalidade, como o referem os árbitros na sua decisão. Estamos perante uma servidão administrativa, que afecta a totalidade construtiva da parcela sobrante, pelo que teremos de analisar se a mesma é indemnizável nos termos conjugados do n.º 2 do artigo 29.º e n.ºs 1 e 2 do artigo 8.º do Código das Expropriações de 1999.

O disposto no n.º 2 do artigo 8.º do Código das Expropriações de 1999 é muito restritivo, porque não abrange todas as situações de danos provocados pela servidão administrativa constituída ou não por expropriação. Porém, podemos estar perante uma servidão administrativa que atinja de forma substancial, excepcional, as utilidades essenciais do bem, que imponham ao seu titular um encargo desproporcionado, isto é, danos especiais, excepcionais, violando o princípio da igualdade, da justa indemnização, vista no plano da expropriação por sacrifício, que justifica ou impõe a correspondente indemnização. O que quer dizer que nestas circunstâncias, quando existam estes danos e não sejam previstos e indemnizáveis ao abrigo do disposto no artigo 8.º, n.ºs 2 e 3, do Código das Expropriações de 1999, estamos perante uma inconstitucionalidade desta norma, por violação do princípio da igualdade, da justa indemnização e do princípio do Estado de direito democrático, nos termos dos artigos 13.º, n.º 1, 62.º, n.º 2, e 2.º e 9.º, alínea *b*), da Constituição. (Fernando Alves Correia, «Expropriações por Utilidade Pública», in *Colectânea de Jurisprudência*, 2007, pp. 448 a 464).

É que no domínio do artigo 8.º, n.º 3, do Código das Expropriações de 1991, que foi substituído pelo artigo 8.º, n.º 2, do Código das Expropriações de 1999, era prevista uma indemnização quando a servidão administrativa diminuía efectivamente o valor ou o rendimento do bem. E foi declarada inconstitucional, com força obrigatória geral a norma do n.º 2 do artigo 8.º do Código das Expropriações de 1991, "na medida em que não permite que haja indemnização pelas servidões fixadas directamente pela lei que incidam sobre parte sobrante do prédio expropriado, no âmbito de expropriação parcial, desde que a mesma parcela já tivesse, anteriormente ao processo expropriativo, capacidade edificativa" (Acórdão do Tribunal Constitucional n.º 331/99, in *Diário da República*, I Série-A, de 14 de Junho de 1999). O problema destas servidões administrativas *non aedificandi* sobre a parte sobrante dos prédios expropriados, foi objecto de algumas decisões, cuja jurisprudência veio a uniformizar-se no domínio do Código das Expropriações de 1976 pelo Assento 16/94, publicado no *Diário da República*, I Série-A, de 19 de Outubro de 1994 que refere "Na vigência do Código das Expropriações, aprovado pelo Decreto-Lei n.º 845/76, de 11 de Dezembro, é devida indemnização, em sede de expropriação, na parte sobrante dos prédios expropriados, da servidão *non aedificandi* decorrente da implantação de uma auto-estrada". No domínio do Código das Expropriações de 1991 a situação continuou a ser controversa como o já afloramos, vindo a ser declarada inconstitucional, com força obrigatória geral, a norma do artigo 8.º, n.º 3. O que quer dizer que a situação mantém-se, neste caso, porque o artigo 8.º, n.º 2, do Código das Expropriações de 1999 não abrange a situação da servidão *non aedificandi*. Pois, o solo, com essa servidão, não perde a utilização que vinha tendo e não perde completamente o seu valor económico. Na verdade, a servidão, em si, apenas limita a possibilidade de construção futura, mantendo-lhe as outras potencialidades. Daí que, no caso em apreço, não seja indemnizável, nos termos do n.º 2 do artigo 8.º do Código das Expropriações de 1999.

Porém julgamos que estamos perante uma situação duma servidão administrativa *non aedificandi* que abrange a totalidade da parcela sobrante, que, anteriormente ao processo expropriativo tinha potencialidades edificativas, que foram eliminadas perante a construção da auto-estrada. Esta servidão é a consequência necessária da declaração de utilidade pública da parcela expropriada que dividiu o prédio em causa, e o restringiu nas suas utilidades mais valiosas, neste caso, a capacidade edificativa. Julgamos que estamos numa situação em que os danos, em consequência da servidão, são excepcionais, especiais, pelo que não são uma consequência da função social, vinculação social ou situacional do prédio que justificavam uma servidão não indemnizável. Pois "não estamos perante uma consequência da especial situação factual dos bens, da sua inserção na natureza e na paisagem e das suas características intrínsecas, ou cujos efeitos ainda se contenham dentro dos limites ao direito de propriedade definidos genericamente pelo legislador." (Dr. Alves Correia, *obra acima citada*, p. 454). Pelo contrário, o valor do solo em causa é de tal ordem atingido, porque deixou de ter potencialidades edificativas, devido à expropriação parcial, que se torna num encargo desproporcionado para o seu proprietário face ao interesse público, se não for indemnizado. Pois participa com uma quota parte superior aos outros cidadãos para os encargos públicos, violando-se o princípio da igualdade. Além disso, impõe-se um sacrifício excepcional sem contrapartida, isto é, sem indemnização, violando-se o princípio da justa indemnização e ainda o princípio do Estado de direito democrático que garante o princípio da igualdade e da justa indemnização. O que quer dizer que o artigo 8.º, n.º 2, do Código das Expropriações de 1999 é inconstitucional, por violação do artigo 13.º, n.º 1, 2.º e 9.º, e 62.º, n.º 2, todos da Constituição, quando não abrange a servidão administrativa *non aedificandi* emergente duma expropriação parcial duma parcela de terreno com capacidade edificativa anterior ao processo expropriativo.

Assim, no caso, é de atender à ressarcibilidade do dano efectivo emergente da expropriação, e indemnizar os expropriados pelos prejuízos sofridos calculados pelo valor da construção que deixaram de poder implantar na parcela sobrante. Valor esse que foi determinado pelos árbitros na sua decisão arbitral, e que foi substituído na decisão recorrida pela depreciação na habitação e que é de € 8 295,84. Porém este valor teve como fundamento 180m² de construção ao valor de € 46 088. O certo é que o valor tido em conta pelos peritos é de € 45,36/m², o que deve ser aplicado ao caso. Assim o valor indemnizatório cifra-se em € 8 164,87. Temos de retirar do valor global da indemnização o montante de € 31 250, fixado por depreciação do valor venal da habitação e acrescentar o montante de € 8 164,87, correspondente aos danos causados pela servidão administrativa *non aedificandi*, sobre a parcela sobrante. O que equivale a dizer que o montante global indemnizatório é de € 158 535,73 (€ 181 620,93 - € 31 250 + € 8 164,87). E será este o montante a fixar a favor dos expropriados.

Conclusão:

1 — O artigo 8.º, n.º 2, do Código das Expropriações de 1999 é inconstitucional, por violação do princípio da igualdade, da justa indemnização e do Estado de direito democrático quando não abrange servidões administrativas que atinjam a essencialidade das utilidades dos bens, impondo-lhes encargos excepcionais.

2 — A servidão *non aedificandi* emergente da implantação duma auto-estrada sobre a parte sobrante duma parcela de terreno expropriada parcialmente, com capacidade edificativa antes do processo expropriativo, deve ser indemnizada nos termos do artigo 29.º, n.º 2, do Código das Expropriações de 1999, por inconstitucionalidade do artigo 8.º, n.º 2, por violação dos artigos 13.º, 2.º e 9.º e 62.º, n.º 2, todos da Constituição."

2. O Ministério Público interpôs recurso desta decisão, ao abrigo da alínea *a*) do n.º 1 do artigo 70.º da Lei n.º 28/82, de 15 de Novembro (LTC), visando a apreciação da norma a que se recusou aplicação com fundamento em inconstitucionalidade: o artigo 8.º, n.º 2, do Código das Expropriações, aprovado pela Lei n.º 168/99, de 18 de Setembro, na interpretação segundo a qual não abrange servidões administrativas que atinjam a essencialidade das utilidades dos bens, impondo-lhes encargos excepcionais.

Tendo o recurso sido admitido e prosseguido, apenas o Ministério Público alegou, tendo concluindo nos seguintes termos:

"1.º
A norma constante do n.º 2 do artigo 8.º do Código das Expropriações de 1999, ao estabelecer um regime unitário de ressarcimento da privação de utilida-

des de um prédio, como imediata consequência da imposição sobre ele de uma servidão legal (independentemente de esta emergir ou não de um processo expropriativo), assegurando a indemnização relativamente às utilidades actuais que o proprietário extraía do prédio, na parte onerada, bem como nos casos de privação absoluta de valor económico do imóvel, não afronta os princípios constantes dos artigos 13.° e 62.° da Constituição da República Portuguesa.

2.°

Na verdade, os critérios de fixação da justa indemnização não têm de ser idênticos nos casos em que ocorre um acto ablativo da propriedade e naqueles em que se verifica uma mera restrição ou oneração ao direito do respectivo titular, assegurando o regime legal em causa o núcleo essencial de tal direito ao ressarcimento, que não tem de se reportar necessariamente ao valor efectivo e venal dos bens.

3.°

Sendo certo que o princípio da igualdade, na sua vertente externa, sempre se mostraria inconciliável com um tratamento radicalmente diversificado do proprietário que é sujeito à oneração com certa servidão legal, fora de qualquer processo expropriativo, relativamente àquele que sofre uma restrição que só de modo remoto e indirecto se conexiona com o típico efeito ablativo da expropriação por utilidade pública, radicando antes, de forma directa e imediata, na construção da infra-estrutura pública, visada com a dita expropriação.

4.°

Termos em que deverá proceder o presente recurso."

II — Fundamentos

3. O artigo 8.° do Código das Expropriações, aprovado pela Lei n.° 168/99, de 18 de Setembro (CE99), dispõe o seguinte:

Artigo 8.°
Constituição de servidões administrativas

1 — Podem constituir-se sobre imóveis as servidões necessárias à realização de fins de interesse público.

2 — As servidões, resultantes ou não de expropriações, dão lugar a indemnização quando:

a) Inviabilizem a utilização que vinha sendo dada ao bem, considerado globalmente;
b) Inviabilizem qualquer utilização do bem, no caso em que estes não estejam a ser utilizados;

ou

c) Anulem completamente o seu valor económico.

3 — À constituição das servidões e à determinação da indemnização aplica--se o disposto no presente Código com as necessárias adaptações, salvo o disposto em legislação especial.

As servidões administrativas, que correntemente se definem como "o encargo imposto por lei sobre certo prédio, em proveito da utilidade pública de uma coisa" (Marcello Caetano, *Manual de Direito Administrativo*, volume II, pp. 1052-1053), têm pontos comuns com as "restrições de utilidade pública" que podem limitar, afectar ou condicionar a situação jurídica do titular de direitos reais sobre imóveis, mas não se confundem com estas. Ambas as figuras se traduzem em proibições, limitações ou condicionamentos ao uso, ocupação e transformação dos prédios sobre que incidem em razão do interesse público. Porém, enquanto nas primeiras há uma ligação intrínseca do ónus imposto sobre o prédio serviente à utilidade pública ou função de interesse público de uma coisa determinada (coisa "dominante" esta que não é necessariamente de natureza predial, diferentemente do que sucede na servidão predial em direito civil), as segundas são limitações ao direito de propriedade que visam a realização de interesses públicos abstractos, de utilidade pública ideal, sem relação imediata com uma coisa pública (ou de utilidade pública) determinada (Fernando Alves Correia, "A Jurisprudência do Tribunal Constitucional sobre Expropriações por Utilidade Pública e o Código de Expropriações de 1999", in Separata da *Revista de Legislação e de Jurisprudência*, p. 79).

As servidões administrativas são sempre legais, no sentido de que a sua constituição está sujeita ao princípio da precedência de lei. Porém, a par de servidões administrativas cuja constituição resulta *ope legis*, mediante a submissão automática a regimes uniforme e directamente predeterminados de todos os prédios que se encontrem em determinadas condições fixadas legalmente por via geral e abstracta, outras servidões há cuja constituição exige a prática de um acto individual e concreto por parte da Administração (um acto administrativo — cfr. artigo 120.º do Código do Procedimento Administrativo), seja para verificar se ocorrem os pressupostos legalmente exigidos, seja para definição de certos aspectos do respectivo regime, designadamente, no respeitante à área sujeita à servidão e aos encargos por ela impostos (cfr. preâmbulo do Decreto-Lei n.º 181/70, de 28 de Abril).

As servidões administrativas podem classificar-se em várias espécies, em função da utilidade pública que servem, do tipo de encargos que impõem sobre o prédio onerado ou do modo de constituição. Aquela que agora nos interessa é, em função dos encargos que impõe ao prédio serviente, a das servidões *non aedi-*

ficandi. São limitações instituídas por lei, uma vezes directamente outras por intermediação de acto administrativo, que se traduzem na proibição de construir em certos prédios (ou em condicionamentos especiais à edificação aí consentida) por causa ou em benefício da utilidade pública de uma coisa com a qual se encontram na relação de vizinhança ou proximidade espacial legalmente predeterminada.

A servidão administrativa que dá origem à questão de constitucionalidade colocada é uma servidão *non aedificandi* de protecção às estradas da rede viária nacional. De modo genérico (assim dito porque, embora obedecendo ao mesmo modelo essencial, o programa legal de algumas estruturas rodoviárias inclui previsão específica quanto às respectivas servidões ou faixas de respeito), trata-se de servidões que se constituem com a publicação da planta parcelar da via a construir ou reconstruir e que incidem sobre uma certa faixa de terreno, determinada para cada um dos lados da estrada, cuja largura depende da natureza da rodovia (cfr. artigo 5.º do Decreto-Lei n.º 13/94, de 15 de Janeiro, artigo 3.º do Decreto-Lei n.º 294/97, de 24 de Outubro e Decreto-Lei n.º 13/71, de 23 de Janeiro, alterado pelo Decreto-Lei n.º 219/72, de 27 de Junho, pelo Decreto-Lei n.º 25/2004, de 24 de Janeiro e pelo Decreto-Lei n.º 175/2006, de 28 de Agosto).

4. Postas estas referências gerais, importa reter do caso quatro aspectos que, tendo em conta a jurisprudência do Tribunal sobre a matéria da indemnização por expropriações, são susceptíveis de condicionar (ou recortar) a apreciação da questão de constitucionalidade que agora se coloca:

(i) trata-se de uma servidão *non aedificandi* que incide sobre a parte sobrante de um prédio sujeito a expropriação parcial para construção da via em favor da qual se constitui a servidão;

(ii) a parcela era anteriormente "solo apto para construção", segundo os elementos a que o Código das Expropriações manda atender;

(iii) a sujeição à servidão *non aedificandi* implica, segundo a matéria de facto fixada e o juízo que sobre ela fez o acórdão recorrido, a perda total dessa anterior aptidão edificativa;

(iv) a decisão recorrida considerou que essa perda de valor devia ser atendida no processo de expropriação, relevando a título de desvalorização da parcela sobrante, a calcular o abrigo do artigo 29.º do Código das Expropriações.

Deste modo, a questão que cumpre apreciar, no presente recurso de fiscalização concreta cujo objecto é delimitado pela particular dimensão normativa a que foi recusada aplicação, é a da norma do n.º 2 do artigo 8.º do Código das Expropriações, aprovado pela Lei n.º 168/99, de 18 de Setembro (CE99), interpretado no sentido de que não confere direito a indemnização a constituição de uma servidão *não aedificandi* que incida sobre a parte sobrante do prédio expropriado, quando a parcela sobre que recai o ónus fosse classificável como terreno para construção anteriormente à declaração da utilidade pública da expropriação e o ónus atinja a totalidade da parcela.

5. É matéria de longa controvérsia saber quais e em que condições devem as servidões administrativas dar lugar a indemnização (colocando o problema de modo genérico porque relativamente a muitas delas a questão é objecto de regulação especial, na legislação que as institui).

Anteriormente à Constituição de 1976, o princípio geral, estabelecido pelo artigo 3.º da Lei n.º 2030, era o de que "as servidões derivadas directamente da lei não d[avam] direito a indemnização" (n.º 2) e que "as servidões constituídas por acto administrativo d[avam] direito a indemnização, quando envolve[ssem] diminuição efectiva do valor dos prédios servientes".

Este regime foi mantido pelos n.ºs 2 e 3 do artigo 3.º do Código das Expropriações de 1976 (CE76). E foi repetido pelos n.ºs 2 e 3 do artigo 8.º do Código das Expropriações de 1991 (CE91), com a relevante inovação de que este último preceito reconhecia direito a indemnização, não só quando as servidões acarretassem diminuição efectiva do valor, mas também quando delas decorresse a diminuição efectiva do rendimento do prédio onerado (Embora, mesmo sem esta última previsão, não fosse descabido sustentar que a diminuição do rendimento implicava diminuição efectiva do valor da coisa onerada, calculado este, em termos de racionalidade económica, em função daquela utilidade afectada pela servidão).

O Código das Expropriações de 1999, procurando solucionar alguns aspectos em que o regime anterior fora objecto de críticas, designadamente por fazer depender a indemnizabilidade da distinção entre servidões resultantes (directamente) da lei e servidões impostas por acto administrativo, reformulou o regime nos termos do preceito acima transcrito. Essencialmente, a atribuição ou não do direito a indemnização deixou de depender do modo imediato de constituição da servidão e passou a estar ligada à índole dos prejuízos emergentes do encargo.

Como traços fundamentais deste novo regime, importa realçar, em primeiro lugar, o tratamento unitário que é conferido ao direito de indemnização por servidões administrativas, quer tenham sido constituídas na sequência de um processo expropriativo, quer dele sejam totalmente independentes [artigo 8.º, n.º 2: "(...) resultantes ou não de expropriações (...)"].

E, em segundo lugar, a limitação da indemnização ao sacrifício das utilidades actuais, conferindo ao titular da coisa onerada um direito de indemnização de contornos mais restritivos do que o atribuído ao proprietário expropriado (*hoc sensu* aquele que suporta uma expropriação dita "clássica", a extinção da titularidade do direito sobre todo ou parte do prédio e a sua "transferência" para um sujeito diferente com vista à realização de um fim público). Na verdade, o titular do prédio onerado com a servidão *non aedificandi* apenas terá direito a ser ressarcido — além daqueles casos em que a imposição da servidão retire qualquer valor económico ao prédio ou inviabilize qualquer utilização [alíneas *c*) e *b*) do n.º 2 do artigo 8.º do CE99], em que há uma substancial equivalência de efeitos económicos entre a imposição da servidão e a privação da titularidade (redução do valor da coisa a zero, para o seu titular) — da perda de valor correspondente às concretas utilidades que lhe vinham sendo efectivamente dadas à data da constituição da servidão [n.º 2, alínea *a*): (...) a utilização que vinha sendo dada ao bem (...)"].

Assim, centrando-nos no tipo de servidão em causa, enquanto a "justa indemnização" por expropriação de um terreno (expropriação "clássica" ou da titularidade do bem) abrange o ressarcimento das potencialidades edificativas existentes à data da declaração da utilidade pública, o direito a indemnização consequente à imposição de uma servidão legal *non aedificandi* apenas abarca a utilidade actual e efectiva que era extraída do imóvel onerado. Deste modo, quando uma parcela onerada seja classificável como "solo apto para construção" segundo os critérios objectivos a que o Código manda atender (artigo 25.º), se não lhe estivesse a ser conferida uma efectiva e actual utilização com vista à edificação (*v. g.* por nela estar em curso uma edificação ou, no extremo, por estar para ela aprovado um projecto de construção ou urbanização), a oneração (*rectius*, a perda de valor inerente à imposição do ónus) decorrente directamente da servidão legal (associada à construção da auto-estrada que justifica a expropriação parcial) será insusceptível de ressarcimento.

Foi este tratamento normativo, esta interpretação do regime jurídico no sentido de ser indemnizável a perda de valor inerente à privação total da aptidão edificativa que a parcela sobrante anteriormente detinha (a potencialidade edificativa reconhecida segundo os critérios legais que levariam a que o valor do terreno fosse classificado como solo apto para construção no cálculo do valor do bem, em processo expropriativo), que a desaplicação da norma do n.º 2 do artigo 8.º do CE99 pela decisão recorrida quis afastar.

6. O Tribunal Constitucional apreciou, por diversas vezes, a constitucionalidade de exclusões de compensação pela imposição de servidões desta natureza que figuravam nos anteriores Códigos das Expropriações. A questão foi colocada ao Tribunal em recursos de fiscalização concreta de constitucionalidade, relativamente a servidões constituídas na sequência de processos de expropriação parcial e a propósito da desvalorização da "parcela sobrante" por virtude da servidão *non aedificandi* que sobre ela passava a incidir a favor da obra pública (geralmente de carácter rodoviário) que motivava a expropriação. Isto é, perante "situações de facto" em tudo semelhantes àquela de que emerge o presente recurso.

No Código das Expropriações de 1976, o Tribunal considerou inconstitucional a norma do n.º 2 do artigo 3.º desse Código que dispunha que "as servidões fixadas directamente na lei não dão direito a indemnização, salvo se a própria lei determinar o contrário", na medida em que não consentia a indemnização do prejuízo resultante da imposição de uma servidão *non aedificandi* sobre a parcela sobrante do prédio expropriado quando este tivesse já aptidão edificativa anteriormente ao processo expropriativo (Acórdãos n.º 262/93, n.º 594/93, n.º 800/93, n.º 329/94, n.º 405/94, n.º 657/94, n.º 72/95, n.º 112/95, n.º 142/95, n.º 154/95, n.º 192/95, n.º 230/95, n.º 250/95, n.º 391/95, n.º 588/95, n.º 665/95 e n.º 147/96, disponíveis em *www.tribunalconstitucional.pt*).

Saliente-se que em algumas destas decisões a dimensão da norma julgada inconstitucional comportava um elemento, inerente às circunstâncias do caso de espécie mas redutor do alcance (da extensão) do julgamento de inconstitucionalidade, de a servidão *non aedificandi* abranger a totalidade da parcela sobrante. E, retenha-se, é também esta a extensão da servidão na situação que agora é presente ao Tribunal.

No Código de Expropriações de 1991, o Tribunal veio a julgar igualmente inconstitucional, fiel à mesma fundamentação e também no âmbito de recursos de fiscalização concreta emergentes de processos de expropriação parcial em que a servidão incidia sobre a parte sobrante do prédio, a norma do n.º 2 do artigo 8.º deste Código, de conteúdo idêntico à do n.º 2 do artigo 3.º do CE76 e em interpretação com o mesmo conteúdo normativo, pelos Acórdãos n.ºs 193/98, 614/98, 740/98, 41/99 e 243/99, todos disponíveis em *www.tribunalconstitucional.pt*.

Finalmente, pelo Acórdão n.º 331/99, publicado no *Diário da República*, I Série-A, de 14 de Julho de 1999, em processo de generalização ao abrigo do artigo 82.º da LTC, foi declarada a inconstitucionalidade, com força obrigatória geral, "do artigo 8.º, n.º 2, do Código das Expropriações, aprovado pelo Decreto-Lei n.º 438/91, de 9 de Novembro, na medida em que não permite que haja indemnização pelas servidões fixadas directamente pela lei que incidam sobre parte sobrante do prédio expropriado, no âmbito de expropriação parcial, desde que a mesma parcela já tivesse, anteriormente ao processo expropriativo, capacidade edificativa, por violação do disposto nos artigos 13.º, n.º 1, e 62.º, n.º 2, da Constituição".

Note-se que, neste julgamento, o Tribunal frisou na fundamentação e expressou na decisão que apreciava a dimensão normativa que se refere à servidão constituída sobre a parte sobrante do prédio expropriado na sequência de expropriação parcial.

A fundamentação desta jurisprudência é assim expressa neste acórdão de generalização, que a reassume dos casos anteriores:

"4. A *ratio* do juízo de inconstitucionalidade nos Acórdãos que servem de fundamento a este pedido tem como pressuposto a diminuição efectiva da utilidade do prédio (serviente) derivada da imposição legal de uma servidão *non aedificandi* decorrente de acto expropriativo e relativamente a parte sobrante com anterior aptidão edificante.

Com efeito, apesar de, em si mesma, uma servidão *non aedificandi* não se confundir com a expropriação, ela suscita pela afectação de uma faculdade essencial do direito de propriedade, um prejuízo do titular do direito de propriedade, que é, pelo menos em princípio, susceptível de indemnização, por força de um princípio geral de indemnização de danos que, no que se refere à afectação do direito de propriedade, radica no artigo 62.º da Constituição (como resultante da protecção constitucional de tal direito).

Independentemente dessa susceptibilidade abstracta decorrente da tutela constitucional do direito de propriedade, mas que pode sofrer compressões em razão do interesse público, cuja constitucionalidade não cabe, aqui, averiguar em geral, uma razão específica aponta, no tipo de situações agora consideradas, para, por razões de justiça e de igualdade, tornar concretamente exigível uma indemnização quando a constituição da servidão incidente sobre a parte sobrante do prédio surgir na sequência de expropriação de parte do mesmo prédio. Essa razão consiste em que, nesse caso, à extinção do direito de propriedade decorrente da mesma expropriação acresce uma essencial diminuição das faculdades do direito de propriedade quanto à parte sobrante.

Embora a constituição da servidão tenha, obviamente, como causa jurídica, a protecção legal do interesse público, a precedência da expropriação cria um efeito global na função económica da propriedade, que, incidindo a sujeição sobre a parte sobrante, faz decorrer histórica e funcionalmente da expropriação uma redução global das utilidades do bem que é objecto do direito de propriedade. A não indemnização da servidão *non aedificandi* implicaria, por isso, uma compressão desproporcionada do direito de propriedade e uma violação da igualdade na tutela desse direito.

São estas razões que justificaram a decisão do Tribunal Constitucional nos Acórdãos-fundamento, os quais se limitaram a julgar a inconstitucionalidade do artigo 8.º, n.º 2, do Código das Expropriações, por violação dos artigos 62.º, n.º 2, e 13.º, n.º 1, da Constituição, enquanto admitisse, sem indemnização, a constituição de uma servidão legal na sequência fáctica de um processo expropriativo."

O Tribunal admitiu, portanto, que a garantia da justa indemnização contida no n.º 2 do artigo 62.º não se limita aos actos ablativos da titularidade do bem (ou direito real) para prossecução do bem comum, abrangendo a perda de valor inerente à imposição de uma servidão de direito público que sacrifique uma das faculdades de gozo ou uso (*utilitas rei*) que a coisa anteriormente proporcionava. Mas também frisou que se ocupava apenas daquelas imposições de sacrifício que acresciam a expropriações da titularidade de outra parcela do (mesmo) bem onerado.

7. Deve ainda referir-se que o Supremo Tribunal de Justiça também foi chamado a intervir na matéria, aí para resolver o conflito de jurisprudência quanto à interpretação do direito ordinário, no âmbito de aplicação do CE76. Pelo Assento n.º 16/94 fixou-se jurisprudência no sentido de que "na vigência do Código das Expropriações, aprovado pelo Decreto-Lei n.º 845/76, de 11 de Dezembro, é devida indemnização, em sede de expropriação, pelo prejuízo que efectivamente resulte, na parte sobrante dos prédios expropriados, da servidão *non aedificandi* decorrente da implantação de uma auto-estrada".

Neste acórdão entendeu-se, com um número significativo de votos de vencido, que a servidão em causa resultava directamente da lei e não de um acto administrativo concreto. O que, na opinião de Alves Correia, *A Jurisprudência do Tribunal Constitucional...*, p. 87, dada a clareza do n.º 2 do artigo 3.º do CE76 quanto à não indemnização das servidões fixadas directamente na lei, significa que o Supremo Tribunal de Justiça recusou implicitamente a aplicação dessa norma com fundamento em inconstitucionalidade, não havendo, assim, divergência entre o Tribunal Constitucional e aquele Supremo Tribunal quanto à problemática da indemnização das servidões *non aedificandi* relacionadas com um procedimento expropriativo.

8. Não pode dizer-se que a norma agora sob exame seja a mesma que foi objecto de apreciação na jurisprudência do Tribunal anteriormente referida, uma vez que ocorreu, não só uma alteração legislativa formal (o que sempre afastaria a identidade de objecto), mas sobretudo uma modificação substancial do regime global de indemnização dos prejuízos resultantes de servidões administrativas, como se referiu (cfr. *supra* 4.).

Todavia existe substancial identidade de questão problemática face à Constituição, entre a situação jurídica que agora nos é presente e as que foram anteriormente examinadas. Pergunta-se agora ao Tribunal, como então se perguntava e se respondeu negativamente, se é admissível, face ao n.º 2 do artigo 62.º e ao n.º 1 do artigo 13.º da Constituição, que não seja indemnizado o prejuízo resultante da constituição de servidões *non aedificandi* que afectem a parte sobrante de prédios expropriados que, anteriormente à declaração pública da expropriação, tinha aptidão edificativa.

9. Perspectivada a questão deste modo, e mantendo-se inteiramente válidos os fundamentos da jurisprudência do Tribunal que culminou naquela declaração com força obrigatória geral, tem de concluir-se que a alteração do regime jurídico ordinário em nada muda os termos de análise do problema e a resposta que lhe deve ser dada.

Efectivamente, os parâmetros constitucionais relevantes permaneceram inalterados e a provisão que o direito infraconstitucional actual fornece para esta situação típica (o concreto conteúdo normativo extraído do preceito actualmente vigente que se entendeu recusar por inconstitucionalidade para poder decidir como se decidiu) é a mesma que lhe era dada pelo direito anterior. Trata-se, agora como então, de saber se a Constituição garante ou não indemnização pela perda de valor sofrida pelo proprietário onerado que decorra da imposição de uma servidão *non aedificandi* que abrange toda a parcela sobrante de um prédio parcialmente expropriado, quando essa parcela constituía anteriormente "solo apto para construção" e essa diminuição da *utilitas rei* surge facticamente associada a um processo expropriativo.

Ora, como se disse no Acórdão n.° 331/99, à extinção do direito de propriedade decorrente da mesma expropriação acresce uma essencial diminuição das faculdades actuais do direito de propriedade quanto à parte sobrante, criando um efeito global que decorre histórica e funcionalmente da expropriação e uma redução global das utilidades do bem cuja não indemnização implicaria uma compressão desproporcionada do direito de propriedade e uma violação da igualdade na tutela desse direito.

10. E os argumentos trazidos pelo Ministério Público não convencem de que deva abandonar-se a referida jurisprudência ou que se imponha, perante a norma em causa, análise diversa daquela a que se procedeu perante o direito anterior.

Com efeito, ao Tribunal não cabe apreciar o equilíbrio global do novo regime de indemnização por constituição de servidões, mas apenas responder ao que interesse à particular dimensão normativa integrada pelos elementos acima referidos: *(i)* servidão *non aedificandi*, *(ii)* incidência da servidão sobre parcela sobrante de prédio parcialmente expropriado, *(iii)* existência actual de aptidão construtiva dessa parcela, *(iiii)* sacrifício total dessa potencialidade.

Ora, para esta situação normativa a resposta do direito anterior e do direito actual é invariável, ou seja, para uma dada situação carecida de tutela jurídica o direito infraconstitucional mantém, apesar da alteração legislativa, a solução já julgada desconforme à Constituição. Na verdade, o que levou a concluir pela inconstitucionalidade do regime anterior não foi a distinção em razão do modo de constituição da servidão (resultar o ónus directamente da lei ou ser intermediado por acto administrativo), mas o facto de a privação, em benefício da coisa pública cuja utilidade justifica a expropriação, de faculdades concretas e actuais, determinantes do valor do bem num aproveitamento económico normal, não ser acompanhada de adequada compensação. Num ou noutro regime, o proprietário onerado com a servidão fica colocado numa posição mais gravosa do que a da generalidade dos proprietários de bens da mesma natureza ou, até, daqueles que sofreram expropriação total e viram esse direito ou faculdade de uso da coisa ser valorado na determinação da justa indemnização, em violação do princípio da igualdade de contribuição de todos para os encargos públicos.

Trata-se, neste tipo de servidões, de uma limitação singular às possibilidades objectivas de uso do solo preexistentes que comporta uma restrição significativa da sua utilização (a totalidade da aptidão edificativa actual) de efeitos equivalentes a uma expropriação, porque sacrifica um factor de valorização do solo que numa expropriação do prédio, em igualdade de circunstâncias, seria necessariamente levado em conta no cálculo da indemnização. Se, nos casos de expropriação total, a aptidão edificativa actual funciona como um dos factores a ter em conta na fixação da indemnização a atribuir ao expropriado a título de ressarcimento pelo prejuízo decorrente da expropriação, também naqueles casos em que a Administração impõe a certos particulares vínculos que diminuem substancialmente a *utilitas rei* a igualdade exige que se reconheça ao titular afectado o direito à "justa indemnização".

Deve, pois, concluir-se que estamos perante um encargo que incide especialmente sobre os cidadãos onerados, que implica o sacrifício total e permanente de uma faculdade actual inerente à propriedade da coisa (a aptidão edificativa que a parcela sobrante já detinha como solo classificado como apto para construção segundo os factores objectivos relevantes à luz do artigo 25.° do Código das Expropriações) e que é imposto por razões de interesse público. Justifica-se que à luz do princípio da igualdade dos cidadãos perante os encargos públicos o proprietário expropriado e simultaneamente onerado seja indemnizado da perda de valor correspondente.

Assim, ao não consentir a indemnização da servidão *non aedificandi* que incida sobre a totalidade da parcela sobrante de um prédio expropriado para construção de uma auto-estrada, parcela onerada essa que anteriormente ao processo expropriativo tinha potencialidades edificativas que foram totalmente eliminadas, o n.° 2 do artigo 8.° do Código das Expropriações de 1999 viola o direito à justa indemnização e o princípio da igualdade de contribuições para os encargos públicos. No mesmo sentido se pronuncia Fernando Alves Correia, *op. cit.,* p. 83, que afirma. "Tendo em conta o que vimos de referir, propendemos a entender que a norma do n.° 2 do artigo 8.° do Código das Expropriações de 1999, na parte em que não consente a indemnização de todas e quaisquer servidões administrativas que produzam danos especiais e anormais (ou graves) na esfera jurídica dos proprietários dos prédios pelas mesmas onerados, é inconstitucional, por violação do princípio do Estado de direito democrático, condensado nos artigos 2.° e 9.°, alínea b), da Constituição (a indemnização dos prejuízos oriundos daquelas servidões é uma exigência deste princípio), do princípio da igualdade, plasmado no artigo 13.°, n.° 1, da Lei Fundamental (o proprietário do prédio afectado pelas referidas servidões administrativas contribuirá em maior medida do que os restantes cidadãos para o interesse público, havendo, assim, uma violação do "princípio da igualdade dos cidadãos perante os encargos públicos", se os danos por ele suportados não forem indemnizados) e do princípio da "justa indemnização" por expropriação (entendida, aqui, no sentido de expropriação de sacrifício ou substancial), consagrado no artigo 62.º, n.º 2, também da Constituição".

Deste modo, tal como nos Acórdãos anteriores do Tribunal em que se reconheceu direito a indemnização pela imposição de servidão *non aedificandi* se considerou, a acumulação de efeitos lesivos no mesmo titular (a expropriação de substância de uma parte e o sacrifício da potencialidade edificativa na parcela sobrante) constitui "uma razão específica [que] aponta, no tipo de situações agora consideradas, para, por razões de justiça e de igualdade, tornar concretamente exigível uma indemnização", considerando-se que "a precedência da expropriação cria um efeito global na função económica da propriedade, que, incidindo a sujeição sobre a parte sobrante, faz decorrer histórica e funcionalmente da expropriação uma redução global das utilidades do bem que é objecto do direito de propriedade".

III — Decisão

Pelo exposto, decide-se:

A) Julgar inconstitucional, por violação do n.º 1 do artigo 13.º e do n.º 2 do artigo 62.º da Constituição, a norma do n.º 2 do artigo 8.º do Código das Expropriações, aprovado pela Lei n.º 168/99, de 18 de Setembro, interpretada no sentido de que não confere direito a indemnização a constituição de uma servidão *non aedificandi* de protecção a uma auto-estrada que incida sobre a totalidade da parte sobrante de um prédio expropriado, quando essa parcela fosse classificável como "solo apto para construção" anteriormente à constituição da servidão.

B) Consequentemente, negar provimento ao recurso, confirmando a sentença recorrida no que à questão de constitucionalidade respeita.

Lisboa, 2 de Dezembro de 2009. — *Vítor Gomes* (com declaração anexa) — *Carlos Fernandes Cadilha* — *Ana Maria Guerra Martins* — *Maria Lúcia Amaral* — *Gil Galvão.*

DECLARAÇÃO DE VOTO

1. Não acompanho inteiramente a fundamentação adoptada, na parte em que considera que a confluência, sobre o mesmo prédio, da imposição da servidão administrativa e da expropriação parcial constitui uma razão específica para o juízo de inconstitucionalidade a que se chegou.

A meu ver, não é consistente, podendo mesmo contender com o princípio da igualdade, eleger como factor distintivo, para efeitos do direito à indemnização pela sujeição à servidão administrativa *non aedificandi,* a circunstância acidental de a oneração incidir sobre a parcela sobrante de um prédio expropriado.

Efectivamente, no plano substantivo, do direito à indemnização (mas já pode haver para um tratamento diferenciado no domínio processual), não se vê razão para tratar mais favoravelmente este tipo de situações (servidão incidente sobre a parte sobrante de prédio expropriado) daquelas outras em que a mesma servidão (com idêntico conteúdo, decorrente da mesma disposição legal, estabelecida em benefício da mesma coisa pública dominante e implicando o mesmo efeito gravoso na consistência económica da parcela onerada) é constituída sem relação com qualquer processo expropriativo, isto é, passa a existir simplesmente porque o prédio passa a ser marginado pela auto-estrada. Sob todos os pontos de vista relevantes para o problema da indemnizabilidade dos prejuízos decorrentes da servidão (limitação das faculdades inerentes ao direito de propriedade, igualdade de contribuição para os encargos públicos, natureza da via geradora da sujeição, gravidade das consequências do encargo no aproveitamento económico do prédio) as situações são perfeitamente equiparáveis. A concomitância da expropriação confere oportunidade para a apreciação da perda patrimonial através do processo de expropriação (*lato sensu,* fase administrativa e judicial), mas não induz qualquer efeito diferencial no sacrifício substancial suportado pelo proprietário onerado.

Na verdade, mesmo quando surge na sequência de processo expropriativo relativo a parte do prédio, a servidão não deriva dessa expropriação mas antes, em termos imediatos e directos, da construção da obra pública. A acumulação destas qualidades no mesmo sujeito (a de proprietário expropriado e a de proprietário onerado com a servidão) é meramente circunstancial. O ónus desvaloriza do mesmo modo e com a mesma intensidade um prédio simplesmente marginado pela auto-estrada e aquele outro que resultou do parcelamento imposto pela expropriação se, por efeito dele, ambos perderam totalmente a aptidão que anteriormente a ordem jurídica lhes reconhecia.

Assim, no aspecto material, do direito à "justa indemnização" pelo sacrifício — coisa diversa, repete-se, será o aspecto processual, em que razões de economia processual justificam o aproveitamento do processo relativo à expropriação parcial para determinar conjuntamente a indemnização quanto aos dois aspectos, não se vendo como daí possa decorrer violação do princípio da igualdade — não há razão para tratar diversamente as situações (como a presente) em que a servidão incide sobre a parte sobrante de prédio expropriado. Tal hipótese é idêntica, sob os pontos de vista jurídico-constitucionalmente relevantes, à imposição de servidão sobre prédio não expropriado que tenha e veja sacrificadas as mesmas possibilidades de aproveitamento económico normal e igualmente marginado por uma estrada ou auto-estrada. O reconhecimento do direito à indemnização não pode, pois, repousar no efeito "sinérgico" que impressionou a maioria dos juízes do Tribunal no Acórdão n.º 331/99 e que no presente Acórdão se continua a adoptar como decisivo.

2. Posto isto, não sendo mobilizável o argumento da concorrência do efeito gravoso decorrente de processo de expropriação parcial do mesmo prédio para justificar a indemnização pelo ónus imposto sobre a parte sobrante, importa averiguar, de forma mais extensa, se é desconforme à Constituição (designadamente, ao seu artigo 62.º, n.º 2) a exclusão do direito de indemnização para as servidões *non aedificandi* de protecção às auto-estradas e estradas nacionais que se não compreendam no n.º 2 do artigo 8.º do Código das Expropriações de 1999, ou seja, relativamente a servidões desta natureza que incidam sobre solo apto para construção que não o privem da utilização que lhe vinha sendo dada [alínea *a*) do n.º 2 do artigo 8.º], nem lhe façam perder completamente o valor económico [alínea *c*) do n.º 2 do artigo 8.º], mas que lhe retirem totalmente a capacidade edificatória que detinha à data do acto impositivo do ónus.

As servidões *non aedificandi* de protecção à rede rodoviária nacional decorrem da lei, no sentido de que não exigem um acto definitório (*accertamento*) por parte da Administração, que individualize o prédio, identifique os titulares e defina a extensão concreta do ónus. A servidão define-se mediante certa relação de vizinhança legalmente prevista entre o prédio e a estrada, sem necessidade de acto administrativo (ou judicial) que o declare. Mas apenas nesse sentido pode dizer-se que a servidão não é imposta por acto administrativo. Com efeito, a servidão só fica constituída com a decisão administrativa de aprovação do projecto da via em benefício da qual é estabelecida ou com a construção ou afectação desta (a opção sobre em qual destes momentos a servidão fica perfeita depende da análise do respectivo regime legal e não é aqui decisiva). Há sempre, portanto, um acto da Administração que, escolhendo o traçado da via, irremediavelmente determina quais os prédios (e, consequentemente, os proprietários) onerados com a servidão *non aedificandi* correspondente. Concede-se que seja um efeito indirecto ou reflexo, se pensarmos no elemento da intencionalidade da decisão administrativa; mas não deixa de ser um efeito necessário e típico dessa decisão. Em termos sintéticos, é o traçado da via e não a lei que individualiza o encargo.

Assim e em geral, por um lado, este ónus é imposto, em último termo, por uma intervenção administrativa justificada por razões de interesse público e, por outro, não se identifica com o mero reconhecimento de uma vinculação situacional objectiva do solo. Não é consequência das características do terreno afectado pela proibição de construir (pantanoso, alagadiço, declivoso, instável, sujeito a avalanches, etc.), da sua relação com acidentes geográficos (rios, lagos, mar, etc.) ou com as características, ocupação ou aproveitamento consolidado anterior do espaço envolvente (especial aptidão agrícola, sítios paisagísticos, protecção de biótopos naturais, zonas históricas, monumentos, etc.), mas de uma decisão da Administração de construção da estrada com aquele traçado e não com outro qualquer. Apesar de o ónus surgir por efeito de uma relação de vizinhança com a coisa pública que é dada pela lei, sem necessidade de identificação individual dos prédios sujeitos ao ónus, há sempre um acto pressuposto que comporta uma escolha, uma opção administrativa para servir um interesse público concreto daquela maneira, que equivale a um acto singular porque comporta uma intervenção unilateral das entidades públicas que, escolhendo o traçado da via, indirecta mas inexoravelmente designa os prédios que ficarão sujeitos à servidão *non aedificandi*.

E, considerando a especificação ou dimensão aplicativa concreta da norma em causa (incidência do ónus sobre parcela classificada como "solo apto para construção" com privação total dessa potencialidade), trata-se de uma limitação singular às possibilidades objectivas de uso do solo preexistentes que comporta uma restrição significativa da sua utilização (a totalidade da aptidão edificativa actual) de efeitos equivalentes a uma expropriação, porque sacrifica um factor de valorização do solo que seria necessariamente levado em conta no cálculo da indemnização numa expropriação (da titularidade) do mesmo bem, em igualdade de circunstâncias. Se, nos casos de expropriação total, a aptidão edificativa actual funciona como um dos factores a atender no cálculo da indemnização a atribuir ao expropriado a título de ressarcimento pelo prejuízo decorrente da expropriação, também naqueles casos em que a Administração impõe a certos particulares vínculos que diminuem substancialmente a *utilitas rei*, a igualdade exige que se reconheça ao titular afectado o direito à "justa indemnização".

Parece, pois, poder concluir-se que se depara um encargo que incide especialmente sobre os cidadãos onerados, que implica o sacrifício total e permanente de uma faculdade actual inerente à propriedade da coisa (a aptidão edificativa que a parcela sobrante *já* detinha como solo classificado como apto para construção, segundo os factores objectivos relevantes à luz do artigo 25.º do Código das Expropriações) e que é imposto por razões de interesse público. Justifica-se que à luz do princípio da igualdade dos cidadãos perante os encargos públicos o proprietário onerado seja indemnizado da perda de valor correspondente.

Com efeito, não pode dizer-se, mormente quando a coisa dominante é uma auto-estrada que, por definição, não serve os prédios marginantes, que se trate de uma contrapartida do funcionamento dos serviços públicos que deva ser suportado, à luz de um princípio de socialidade ou de conformação social da propriedade, pelo sujeito sobre que incide. Nem pode pretender-se que essa relação de vizinhança com a via significa que a limitação das possibilidades de aproveitamento urbanístico é consequência da vinculação situacional do solo, porque a sua emergência concreta só surge como efeito de uma opção da entidade administrativa que estabeleceu aquele traçado, não sendo inerente às características intrínsecas ou à particular situação factual do terreno. Não é, pois, uma regulação geral ou delimitação do conteúdo do direito de propriedade quanto a certo tipo de bens, mas de uma privação singular e substancial do aproveitamento económico da coisa, com "penetrante incidência" no gozo *standard* que a lei permitia ao proprietário à data da imposição do ónus, por causa de utilidade pública.

3. Deste modo, acompanho o juízo de inconstitucionalidade da norma, mas porque entendo que a indemnização é constitucionalmente devida pela imposição de quaisquer servidões administrativas que produzam danos especiais e anormais (ou graves) na esfera jurídica dos proprietários de solos classificáveis como "solo apto para construção", independentemente da circunstância acidental que consiste na convergência da expropriação parcial e da imposição do sacrifício sobre o mesmo prédio (e o mesmo sujeito).

A esta luz, fica suprimida a base argumentativa para a alegada violação do princípio da igualdade, na vertente da chamada "igualdade externa" da relação de expropriação. O tratamento privilegiado que se traduz em o proprietário simultaneamente afectado pela imposição do sacrifício e pela privação da titularidade ver a indemnização fixada no processo de expropriação, além de respeitar ou de decorrer de uma norma que não é objecto do presente recurso (o artigo 29.º do CE99), não constitui diferenciação constitucionalmente proibida. A "competência por atracção" que leva à fixação da indemnização por esta via — supondo que corresponda à correcta interpretação do regime legal, o que não cabe ao Tribunal apreciar — é perfeitamente justificada pelo princípio da economia processual (na vertente não só de economia de actos processuais, como de economia de processos) e tem pleno suporte na realidade procedimentalmente diferenciada em que se encontram os diversos sujeitos passivos da servidão. Quem for expropriado entra necessariamente em relação procedimental com a entidade expropriante, sendo razoável que se aproveite o procedimento e o processo subsequente para regular a situação relativamente aos dois efeitos gravosos que, na qualidade de proprietário daquela unidade predial, lhe são impostos em função daquela mesma obra pública. Quem sofre, apenas, a privação de faculdades, sem privação da titularidade, não está nessa relação procedimental necessária de iniciativa pública, pelo que o ónus de ter que desencadear as vias administrativas e judiciais adequadas a ser ressarcido pelo sacrifício não é senão consequência dessa diversa situação de partida quanto à relação procedimental com a entidade expropriante. Pode discutir-se se a imposição da servidão administrativa não deveria ser sempre acompanhada de um procedimento de iniciativa oficiosa destinado a assegurar a indemnização, mesmo para aqueles proprietários que não sofrem expropriação de titularidade. Mas essa é questão estranha à constitucionalidade da norma em causa, não podendo converter-se um eventual *deficit* de protecção de um grupo de sujeitos em vício da norma que protege outros sujeitos do mesmo universo de situações juridicamente relevantes, por violação do princípio da igualdade. — *Vítor Gomes.*

Anotação:

1 — Acórdão publicado no *Diário da República*, II Série, de 25 de Janeiro de 2010.
2 — Os Acórdãos n.os 262/93, 594/93, 329/94, 193/98 e 243/99 estão publicados em *Acórdãos*, 24.º, 26.º, 27.º, 39.º e 43.º Vols., respectivamente.

ACÓRDÃO N.º 624/09

DE 2 DE DEZEMBRO DE 2009

Revoga a decisão sumária reclamada por se considerarem susceptíveis de recurso de constitucionalidade as decisões proferidas em providências cautelares, mesmo que versem sobre normas que irão também ser utilizadas na decisão da acção principal.

Processo: n.º 850/08.
Recorrente: Francisco da Silva Ribeiro.
Relator: Conselheiro Benjamim Rodrigues.

SUMÁRIO:

I — De entre as 'decisões provisórias' há que distinguir duas situações, conforme a questão de constitucionalidade respeite a normas específicas da própria providência cautelar (respectivos requisitos, sua tramitação especial, etc.) ou a normas respeitantes à relação material litigiosa que irão ser relevantes no processo principal a que a providência cautelar respeita; quanto ao primeiro grupo de normas, que só relativamente às providências cautelares têm operatividade, não se vê como se possa negar a admissibilidade de recurso de constitucionalidade que as tenha por objecto, sob pena de se excluir em absoluto o controlo do Tribunal Constitucional sobre esses domínios normativos; a questão verdadeiramente só se coloca relativamente a normas que sejam susceptíveis de ser aplicadas quer no processo da providência cautelar, quer no processo da acção principal.

II — Quer, porque a "provisoriedade" da decisão da providência cautelar não contagia o juízo de constitucionalidade a emitir pelo Tribunal Constitucional, com relevância sobre o caso concreto, quer porque apenas dessa forma se respeita a relevância constitucional da tutela cautelar, devem considerar-se susceptíveis de recurso de constitucionalidade as decisões proferidas naquelas decisões, mesmo que versem sobre normas que irão também ser utilizadas na decisão da acção principal.

Acordam na 2.ª Secção do Tribunal Constitucional:

I — Relatório

1 — Francisco da Silva Ribeiro intentou no Tribunal do Comércio de Lisboa (processo n.º 1270/07.3TYLSB, do 1.º Juízo) procedimento cautelar de suspensão de deliberações sociais contra Queluzsintra — Centro Médico, Lda.

2 — Após produção de prova, foi proferida sentença em 13 de Maio de 2008 que julgou improcedente a providência cautelar requerida.

3 — O requerente interpôs recurso desta decisão para o Tribunal da Relação de Lisboa que, por acórdão proferido em 7 de Outubro de 2008, negou provimento ao recurso.

4 — O requerente interpôs então recurso para o Tribunal Constitucional nos seguintes termos:

"O recurso é interposto ao abrigo da alínea *b)* do n.º 1 do artigo 70.º da Lei n.º 28/82, de 15 de Novembro, na redacção dada pela Lei n.º 85/89, de 7 de Setembro.

Pretende o ora recorrente ver apreciada a inconstitucionalidade da norma do artigo 255.º n.º 1 e n.º 2, do Código das Sociedades Comerciais, segundo a interpretação que lhe foi dada pela 1.ª instância e que foi confirmada pelo acórdão dessa Relação de 8 de Outubro de 2008.

Com efeito nas alegações de recurso o ora recorrente demonstrou à saciedade que o princípio da livre redução da remuneração dos gerentes, como é consagrado no acórdão recorrido, viola princípios fundamentais do nosso ordenamento jurídico.

Como diz, e muito bem o Professor Raul Ventura (*Sociedade por Quotas,* volume III, p. 70) a possibilidade da redução da remuneração só poderá ter lugar através do recurso ao tribunal.

É facto inquestionável que a relação jurídica da gerência consubstancia um contrato que há-de ser regulado pelos princípios gerais de direito civil, designadamente as normas sobre contratos da sociedade por força do disposto no artigo 2.º do Código das Sociedades Comerciais.

Ora, estando-se no domínio da matéria contratual, é inequívoco que um elemento do contrato — remuneração — só por mútuo acordo pode ser alterado, como resulta do disposto no artigo 406.º, n.º 1, do Código Civil, conjugado com o artigo 987.º, n.º 1, do mesmo Código.

Aceitar-se o livre princípio da remuneração dos gerentes é aceitar-se normas que atentam contra a protecção dos cidadãos que, desse modo, viam a sua estabilidade e a do seu agregado familiar sofrer as alterações ao sabor das deliberações arbitrárias e prepotentes dos sócios maioritários das sociedades por quotas.

Ora, o Estado de direito democrático, ínsito no artigo 2.º da Lei Fundamental, repudia frontalmente interpretações como a que é sufragada pela decisão recorrida, sem esquecer que no artigo 255.º do Código das Sociedades Comerciais não está, de modo algum, consagrado o princípio da livre redução da remuneração dos gerentes pela assembleia geral dos sócios de uma sociedade por quotas.

O Código das Sociedades Comerciais não precisou de proibir a redução da remuneração de gerentes, pela razão simples de que tal redução é repelida pelos princípios gerais de direito ínsitos no artigo 406.º, n.º 1, do Código Civil e 232.º, n.º 1, do Código Comercial.

A verdade é que as normas do artigo 255.º, n.º 1 e n.º 2, do Código das Sociedades Comerciais interpeladas com o sentido que lhes foi atribuído, constitui um atentado ao princípio da confiança e dos direitos adquiridos consagrado no artigo 2.º da Lei Fundamental.

Por outro lado, conceder às assembleias gerais das sociedades o direito de redução da remuneração do gerente constitui um verdadeiro entrave ao recurso ao tribunal para impugnar a deliberação, já que a assembleia de sócios se substitui ao tribunal, impedindo o acesso aos tribunais, e dessa forma violando o disposto no artigo 20.º, n.º 1, da Constituição da República Portuguesa, e impedindo, também por esse lado, o tribunal de dirimir o conflito, viola-se o disposto no artigo 202.º, n.º 2, da Constituição da República Portuguesa.

É, assim, mais que evidente que a norma prevista no artigo 255.º, n.º 1 e n.º 2, do Código das Sociedades Comerciais na interpretação e sentido que lhe foi dado pelo acórdão recorrido, está ferida do vício de inconstitucionalidade material.

A questão da inconstitucionalidade foi suscitada pelo recorrente nos artigos 42.º a 66.º e nas conclusões 26.ª a 38.ª das alegações de recurso para o Tribunal da Relação de Lisboa, que aqui se reproduzem para todos os efeitos legais (cfr. artigo 72.º, n.º 2, da Lei do Tribunal Constitucional, na redacção da Lei n.º 13-A/98, de 26 de Fevereiro).

Das decisões proferidas nos procedimentos cautelares não há recurso para o Supremo Tribunal de Justiça, por força do disposto no artigo 397.º-A, do Código de Processo Civil, e, por isso, a douta decisão não admite recurso ordinário (cfr. artigo 70.º, n.º 2, da Lei do Tribunal Constitucional, na redacção da Lei n.º 13-A/98, de 26 de Fevereiro).

Os recursos para o Tribunal Constitucional estão isentos de custas nos termos do artigo 84.º, n.º 1, da Lei do Tribunal Constitucional na redacção dada pela Lei n.º 85/89, de 7 de Setembro.

Nestes termos, e porque o recorrente tem legitimidade para recorrer e estão verificados os pressupostos exigidos para a interposição do recurso, requer a V. Ex.ª se digne admitir o presente recurso com efeito suspensivo, seguindo-se os demais termos legais.

Embora as alegações de recurso devam ser sempre produzidas no Tribunal Constitucional, por força do disposto no artigo 79.º da Lei do Tribunal Constitucional, aprovado pela Lei n.º 28/82, de 15 de Novembro, e sem abdicar de exercer o direito de alegar no referido Tribunal, e por mera cautela, desde já, ainda que de forma sumária, vem o ora recorrente apresentar ligeiras alegações.

Interpretar o artigo 155.º, n.º 1 e n.º 2, do Código das Sociedades Comerciais no sentido de permitir às assembleias gerais das sociedades por quotas reduzir a remuneração dos gerentes constitui uma afronta aos princípios gerias de direito que rodeiam os contratos, ainda que atípicos, como é o contrato de gerência;

A remuneração é elemento essencial de um contrato bilateral e só pode ser reduzida por acordo das partes, pelo que aceitar o contrário se viola o disposto no artigo 406.º, n.º 1, conjugado com o artigo 987.º, n.º 1, ambos do Código Civil, e, ainda, o disposto no artigo 232.º, § 1.º, do Código Comercial;

O princípio da livre redução da remuneração dos gerentes atenta contra a protecção dos cidadãos, que têm na remuneração de gerentes a sua única fonte de rendimento;

O Estado de direito democrático ínsito no artigo 2.º da Lei Fundamental assenta no princípio da confiança e na protecção dos direitos adquiridos;

Tal princípio da confiança e dos direitos adquiridos é um elemento essencial dos contratos, pelo que a redução da remuneração dos gerentes sem recurso a tribunal viola o artigo 2.º da Lei Fundamental;

Dando-se às assembleias gerais o direito da redução da remuneração dos gerentes da sociedade por quotas, impede-se o recurso ao tribunais em caso de as deliberações dos sócios violarem direitos fundamentais dos gerentes, o que constitui violação do artigo 20.º, n.º 1, da Constituição da República;

Por outro lado, tal direito das assembleias gerais de redução da remuneração de gerência, ao decretar a redução sem recurso ao tribunal viola o disposto no artigo 202.º, n.º 2, da Constituição.

Termos em que o sentido com que foi interpretado o artigo 255.º, n.º 1, e n.º 2, pelo acórdão do Tribunal da Relação de Lisboa está ferido do vício de inconstitucionalidade material, por violar o disposto nos artigos 2.º, 20.º, n.º 1, e 202.º, n.º 2, da Constituição".

5 — O primitivo relator proferiu decisão sumária de não conhecimento do recurso, abonando-se nas seguintes considerações:

"A tutela cautelar é caracterizada pela sua instrumentalidade, provisoriedade e sumariedade.

Em primeiro lugar, é a sua função meramente instrumental que a distingue as providências cautelares das providências definitivas, tomadas como resultado final de acção judicial. Não a instrumentalidade que qualquer processo reveste perante o direito substantivo cuja tutela procura realizar, mas uma instrumentalidade relativa a essa tutela de cariz definitivo. Na verdade, as providências cautelares não se destinam a solucionar, com autonomia, uma situação de conflito, mas apenas a assegurar que as soluções definitivas possam ser adoptadas pelas instâncias jurisdicionais, sem que o decurso do tempo as inviabilize ou prejudique. São simples instrumentos dessas decisões definitivas, concebidos para intervirem em casos de urgência, de forma a assegurar que aquelas consigam conceder às partes idêntica satisfação de interesses à que elas obteriam através da realização "pacífica" dos seus direitos. São, nas palavras de Calamandrei, "a garantia da garantia judiciária".

Destinando-se elas a servir a tutela de um direito a determinar num determinado processo, necessariamente encontram-se dependentes desse processo, podendo dizer-se que, nesse aspecto, não gozam de autonomia, O seu nascimento, a sua vida e a sua morte estão dependentes do processo do qual são dependentes, porque é nele que encontram a sua razão de existência, reflectindo-se nelas as vicissitudes da tutela a encontrar no processo-mãe.

Também como consequência da sua função instrumental, as providências cautelares são meramente provisórias, tendo uma duração, apesar de incerta, limitada no tempo *(dies certus an, incertus quando)*. São providências a termo incerto.

Tendo elas como única finalidade obviar ao perigo da demora de um determinado processo, o não nascimento deste ou a sua extinção provocam o seu fim.

E sendo a sua existência justificada pela urgência não é possível seguir uma tramitação que permita apurar com certeza da existência do direito cuja tutela se pretende assegurar, a qual apenas é possível apurar no processo principal. É suficiente para alcançar uma decisão cautelar provisória, uma prova informatória, um *fumus boni iuris*.

Este juízo de probabilidade séria deve recair não só sobre a existência dos factos constitutivos do direito ameaçado, mas também sobre a verificação dos pressupostos jurídicos da existência do direito. O juízo de probabilidade é aplicável quer às questões de facto, quer às questões de direito, colocadas ao juiz nos procedimentos cautelares. O juiz não tem que se convencer da veracidade dos factos que integram a causa de pedir, nem de que o direito invocado existe perante a prova desses factos, bastando que a existência dos factos seja provável, tal como a existência do direito.

São estas características específicas das providências cautelares que têm obstaculizado a que a jurisprudência constitucional admita a recorribilidade para o Tribunal Constitucional de muitas das questões de constitucionalidade suscitadas em procedimentos cautelares (vide, a título de exemplo, os Acórdãos n.º 151/85, em *Acórdãos do Tribunal Constitucional*, 6.º Vol., p. 351; n.º 400/97, em *Acórdãos do Tribunal Constitucional*, 37.º Vol, p. 235; n.º 664/97, em *Acórdãos do Tribunal Constitucional*, 38.º Vol, p. 257; n.º 442/00, em *Acórdãos do Tribunal Constitucional*, 48.º Vol, p. 709; n.º 235/01, em *Acórdãos do Tribunal Constitucional*, 50.º Vol, p. 431; e n.º 457/07, disponível no *site www.tribunalconstitucional.pt*).

Na verdade, a provisoriedade das providências cautelares implicaria sempre que a formulação de um juízo pelo Tribunal Constitucional, de (in)constitucionalidade de norma aplicada por um tribunal judicial, nas vestes de juiz cautelar, constituiria um juízo meramente provisório. Isto é, a eventual decisão do Tribunal Constitucional apenas produziria efeitos jurídicos enquanto não fosse proferida decisão definitiva sobre o incidente de inconstitucionalidade suscitado no âmbito da respectiva acção principal.

E ainda que o Tribunal Constitucional se pronunciasse perfunctoriamente pela inconstitucionalidade de norma aplicada em procedimento cautelar, aquela decisão apenas produziria os seus efeitos (ou seja, a desaplicação da norma em causa) de modo provisório. Esta decisão de desaplicação apenas poderia formar caso julgado formal, restrito ao procedimento cautelar, pelo que não poderia afectar a liberdade de apreciação quer do tribunal, em sede de julgamento da acção principal, quer do próprio Tribunal Constitucional, caso voltasse a ser chamado a pronunciar-se, em sede de recurso de inconstitucionalidade interposto da decisão final da acção principal.

Entendimento diverso, isto é, admitir a possibilidade de a decisão deste Tribunal formar caso julgado material, conduziria a que o juiz constitucional se substituísse ao juiz do processo principal, pois aquele juízo determinaria previamente o sentido da decisão final a proferir nesse processo.

Ora, o sistema de fiscalização da constitucionalidade nem se compadece com uma solução em que o juiz constitucional se substitui ao juiz do processo principal, nem comporta a possibilidade de decisões de inconstitucionalidade provisórias.

Além disso, o julgamento pelo Tribunal Constitucional, em sede de recurso, sobre uma questão de inconstitucionalidade suscitada em autos de procedimento cautelar, coloca em causa a natureza instrumental das providências cautelares, dado que implica uma antecipação do juízo sobre a inconstitucionalidade de normas a aplicar na acção principal. Juízo esse a formular quer pelos tribunais judiciais que julgam em primeira instância e, eventualmente, em recurso (artigo 204.º da Constituição), quer pelo próprio Tribunal Constitucional, caso venha, nesses autos, a ser interposto o competente recurso (artigo 280.º da Constituição).

Só assim não será, se se tratar do conhecimento de questões de inconstitucionalidade de normas que sejam exclusivamente aplicáveis em sede de processo cautelar — *v. g.*, normas processuais que regulem a sua tramitação —, visto que a decisão sobre a inconstitucionalidade se restringe aos autos de processo cautelar, não se recolocando no processo principal.

Ora, não é este o caso que se verifica no recurso interposto, pelo que a instrumentalidade da providência cautelar ficaria prejudicada pela prolação de juízo perfunctório sobre a inconstitucionalidade por parte deste Tribunal, ou estaríamos a admitir recursos de constitucionalidade de decisões de cariz provisório, fundamentadas num juízo sumário".

6 — Desta decisão reclamou o recorrente para a conferência ao abrigo do disposto no n.º 3 do artigo 78.º-A da Lei n.º 28/82, de 15 de Novembro, sustentando, em resumo, que o carácter cautelar da decisão recorrida não afecta a utilidade da decisão de constitucionalidade, no caso concreto, na medida em que pode minorar os danos decorrentes da ilegalidade dos actos impugnados judicialmente, na pendência da acção principal, e que a jurisprudência em que se abona a decisão reclamada está eivada de inconstitucionalidade por vedar ao recorrente o direito ao recurso, nos termos do artigo 20.º da Constituição.

7 — Não havendo unanimidade na conferência e tendo intervindo o Plenário da Secção (artigo 78.º-A, n.º 4, da Lei do Tribunal Constitucional) e ficando o relator vencido, ocorreu mudança de relator, tendo ocupado essa posição o Senhor Conselheiro Mário Torres. Mas porque este deixou de prestar funções, passou o processo para o actual relator.

Cumpre, assim, proferir decisão dentro das linhas de força do vencimento.

II — Fundamentação

7.1 — A inadmissibilidade de recurso de constitucionalidade nos processos de providências cautelares não corresponde a uma orientação pacífica e com fundamentação sempre coincidente.

O primeiro Acórdão em que tal tese foi sustentada — o Acórdão n.º 151/85 (*Diário da República,* II Série, n.º 301, de 31 de Dezembro de 1985, p. 12 205; *Boletim do Ministério da Justiça,* Suplemento ao n.º 360, p. 710; e *Acórdãos do Tribunal Constitucional,* 6.º Volume, p. 351) — proferido em processo de suspensão judicial de despedimento, desenvolveu fundamentação assim sumariada:

"I — Como todos os procedimentos da mesma natureza, o respeitante à providência cautelar da suspensão do despedimento não visa a resolução definitiva da questão jurídica que lhe está subjacente, mas apenas a sua solução interina ou provisória, ou seja, a regulamentação da situação de facto que haverá de existir entre as partes até que chegue a final a acção destinada a dirimir aquela questão.

II — Nos procedimentos cautelares, dada a sua índole, não cabe senão uma decisão «provisória» da questão da constitucionalidade de normas de que substantivamente dependa a resolução da questão a decidir no processo principal e, portanto, a concessão da providência.

III — De tal decisão não cabe recurso para o Tribunal Constitucional, pois que de outro modo se teria de admitir ou que também este Tribunal proferisse uma decisão provisória sobre a constitucionalidade (o que seria absurdo e incongruente com o sistema de fiscalização da constitucionalidade delineado na lei fundamental), ou então que ele decidisse no próprio procedimento cautelar questão que haveria de ser resolvida na acção de que tal procedimento depende (o que significaria a subversão da índole e finalidade do próprio procedimento).

IV — Os recursos previstos no n.º 1 do artigo 280.º da Constituição só são de admitir de decisões definitivas (*scil.*, para o tribunal que as tiver proferido) respeitando, ainda que só implicitamente, à questão de inconstitucionalidade de normas jurídicas."

Desse entendimento se afastou logo o Acórdão n.º 92/87 *(Boletim do Ministério da Justiça,* n.º 365, p. 261; e *Acórdãos do Tribunal Constitucional,* 9.º Volume, p. 625), sublinhando que "decisões judiciais", para efeitos de recurso de constitucionalidade, "não serão apenas aquelas que, afinal, resolvem o conflito entre dois sujeitos sobre um determinado caso concreto; mas também todas aquelas que intermediamente, e segundo a sequência processual legalmente estabelecida, foram necessárias, já que, sem elas, os tribunais não poderão nunca decidir esses mesmos conflitos", acrescentando que "distinguir neste sector entre decisões provisórias e decisões definitivas, e só se admitir o recurso de constitucionalidade, do tipo em causa, em relação às últimas, seria violar um princípio elementar da interpretação jurídica: *ubi lex non distinguit, nec nos distinguere debemus*", para além de que, a enveredar-se por essa via, chegar-se-ia a uma situação de indefinição quanto a saber "quais as decisões definitivas e susceptíveis, por isso, de recurso de constitucionalidade" e "quais as decisões provisórias que, pelo seu baixo grau de provisoriedade, seriam ainda passíveis de recurso para o Tribunal Constitucional", indefinição essa que "poria gravemente em xeque a operatividade do sistema de fiscalização concreta de constitucionalidade".

A orientação no sentido da admissibilidade do recurso, traçada pelo Acórdão n.º 92/87, foi reiterada no Acórdão n.º 466/95 *(Diário da República,* II Série, n.º 259, de 9 de Novembro de 1995, p. 13 414), proferido em processo de restituição provisória de posse, onde se consignou:

> "(...) No modo específico por que se realiza a aplicação das normas dos artigos 8.º e 9.º, n.ºs 1 e 2, do Decreto-Lei n.º 507-A/79, de 24 de Dezembro, há-de ver-se que a eventual emergência de uma decisão de não restituição provisória da posse provoca já efeitos materiais na esfera de existência do interessado cuja reversibilidade não pode à partida ter-se por assegurada. E, porque é assim, porque na «ordem prática das coisas» (Jorge Miranda) a decisão provisória é capaz de, no seu espaço de aplicação, produzir efeitos definitivos na esfera do titular do direito ou interesse em causa, não pode afirmar-se a irrecorribilidade para o Tribunal Constitucional dessa mesma decisão. Não pode porque não está assegurada a consumpção dos efeitos da sentença provisória nos efeitos da sentença definitiva. Para mais, é o próprio teor dos enunciados relativos aos pressupostos do recurso para o Tribunal Constitucional, da Lei n.º 28/82, de 15 de Novembro, a não distinguir entre sentenças provisórias e definitivas em ordem à tutela do princípio da constitucionalidade. Do que se deriva aqui uma conclusão que já não é a dos Acórdãos n.º 151/85 *(Acórdãos do Tribunal Constitucional,* 6.º Volume, p. 351 e seguintes), e n.º 267/91 *(Diário da República,* II Série, de 23 de Outubro de 1991). Daí que a decisão proferida pelo Supremo Tribunal de Justiça haja de considerar-se uma decisão recorrível para efeitos do artigo 70.º, n.º 1, alínea *b),* da Lei do Tribunal Constitucional."

Porém, a orientação do Acórdão n.º 151/85 viria a ser retomada no Acórdão n.º 400/97 *(Diário da República,* II Série, n.º 163, de 17 de Julho de 1997,

p. 8543; *Boletim do Ministério da Justiça,* n.º 467, p. 194; e *Acórdãos do Tribunal Constitucional,* 37.º Volume, p. 235), proferido em processo de embargos a providência cautelar não especificada, que reproduziu a fundamentação daquele aresto, sublinhando que "os procedimentos cautelares, pela sua própria natureza, visam apenas uma solução provisória, tendente a evitar os prejuízos que a demora da resolução da acção principal pode ocasionar ao requerente", o que acarreta que, "bastando, para tanto, a aparência ou probabilidade séria da existência do direito, também o tribunal decidirá essa questão, numa apreciação sumária, formulando assim uma decisão meramente provisória, quer sobre a existência do direito, quer quanto às medidas — por natureza, provisórias — a decretar".

E nesta mesma linha jurisprudencial, sem aditamento de novos argumentos aos expendidos nos Acórdãos n.ºs 151/85 e 400/97, viria a inserir-se o Acórdão n.º 664/97 *(Diário da República,* II Série, n.º 65, de 18 de Março de 1998, p. 3490; e *Acórdãos do Tribunal Constitucional,* 38.º Volume, p. 257), proferido em providência cautelar de suspensão de despedimento colectivo.

A questão foi objecto de reanálise no Acórdão n.º 442/00 *(Diário da República,* II Série, n.º 280, de 5 de Dezembro de 2000, p. 19 592; e *Acórdãos do Tribunal Constitucional,* 48.º Volume, p. 709), proferido em reclamação do Representante do Ministério Público neste Tribunal Constitucional contra decisão sumária da respectiva Relatora, que seguira a orientação traçada pelos Acórdãos n.ºs 151/85, 400/97 e 664/97, reproduzindo a fundamentação do primeiro e considerando que a situação em nada era alterada pela circunstância de o recurso então em causa (recurso de decisão de tribunal de 1.ª instância que deferira providência cautelar visando impedir a celebração de escritura pública da aquisição compulsiva de acções de sociedade anónima detidas por accionistas que não aceitaram a oferta, tendo, para tanto, recusado a aplicação, com fundamento em inconstitucionalidade, da norma do artigo 490.º do Código das Sociedades Comerciais) ter sido interposto ao abrigo da alínea *a)* [e não da alínea *b),* como sucedera nos três casos anteriores] do n.º 1 do artigo 70.º da Lei do Tribunal Constitucional.

Nessa reclamação, o representante do Ministério Público sustentara a revisão da orientação expressa no Acórdão n.º 151/85, argumentando:

> "4 — Na verdade — e desde logo — parece-nos que não fará sentido distinguir — enquanto objecto idóneo da fiscalização concreta — as decisões adjectivas proferidas no decurso do procedimento cautelar (admitindo, quanto a elas, a possível interposição de recursos de constitucionalidade) e a decisão de mérito, concedendo ou denegando a providência requerida — com o argumento de que nela se não contém regulação definitiva do litígio.
>
> 5 — Sendo tais decisões adjectivas meramente instrumentais da que dirime a final o procedimento, mal se compreende que se admita a fiscalização da constitucionalidade quanto a decisões puramente interlocutórias, proferidas no

decurso do procedimento cautelar — considerando, pelo contrário, objecto inidóneo de tal recurso a decisão final, que compõe, embora em termos provisórios e meramente cautelares, o litígio entre as partes.

6 — Por outro lado — e como se salienta no citado Acórdão n.º 466/95 — a circunstância de tal decisão final conter uma composição provisória da lide não significa que a mesma não possa produzir efeitos definitivos e irremovíveis na esfera jurídica dos interessados — insusceptíveis de virem a ser inteiramente «apagados» ou precludidos com a solução definitiva dada ao litígio, através da sentença proferida na acção principal.

7 — É que a circunstância de ter vigorado transitoriamente (ou de ter sido rejeitada) certa providência cautelar requerida — entre os momentos da decisão que a apreciou e da sentença que julgou a causa principal — *é* susceptível de afectar direitos — inclusivamente direitos fundamentais das partes — sendo tal ofensa insusceptível de «desaparecer» como mera consequência do julgamento da acção principal, não se encontrando qualquer razão válida para denegar à parte cujos direitos foram afectados por uma aplicação (ou desaplicação) normativa inconstitucional a possibilidade de a fazer sindicar, nos termos gerais, pelo Tribunal Constitucional.

8 — Acresce que — a partir da revisão constitucional de 1997 — a justiça cautelar goza inclusivamente de tutela constitucional, ao ser perspectivada como meio de assegurar o acesso ao direito e aos tribunais «em prazo razoável» — cumprindo à lei assegurar, para defesa dos direitos, liberdades e garantias pessoais, «procedimentos judiciais caracterizados pela celeridade e prioridade, de modo a obter tutela efectiva e em tempo útil contra ameaças ou violações desses direitos» (artigo 20.º, n.º 5, da Constituição da República Portuguesa).

9 — Parecendo-nos manifestamente incompatível com tal relevância constitucional, conferida aos procedimentos cautelares, a orientação, fundada em acórdão tirado em 1985, que «desvaloriza» tais decisões, privando, em absoluto, do controlo da constitucionalidade pelo Tribunal Constitucional as decisões judiciais que concedam ou rejeitam as providências requeridas.

10 — Deste modo e em conclusão:

— a justiça cautelar goza presentemente de relevância — e tutela — constitucionais, estando expressamente consagrada no artigo 20.º, n.º 5, da Constituição como uma das formas de acesso, célere e prioritário, ao direito e aos tribunais;

— a disciplina jurídica «provisória» instituída por decisão que conceda ou denegue providência cautelar é susceptível de afectar, em termos irremediáveis, direitos dos litigantes, não sendo necessariamente a eficácia de tal decisão «apagada», «consumida» ou «precludida» em resultado do que vier a ser decidido na causa principal (fenómeno que, aliás, justifica que tais decisões sejam normalmente recorríveis na ordem dos tribunais judiciais);

— tais direitos — afectados pela decisão proferida no procedimento cautelar — podem inclusivamente ser direitos fundamentais, constitucionalmente tutelados;

— face ao conteúdo do artigo 20.º, n.º 5, da Constituição da República Portuguesa, não há razão para negar aos litigantes, no âmbito da justiça cautelar, o acesso ao Tribunal Constitucional, nos termos gerais, para sindicar questões de constitucionalidade normativa co-envolvidas na decisão proferida no termo do procedimento cautelar.

11 — Neste termos — e em consonância com o entendimento de que a decisão de mérito, proferida em procedimento cautelar, deverá constituir objecto idóneo dos recursos de fiscalização concreta — deverá determinar-se o normal prosseguimento do presente recurso."

Esta reclamação foi indeferida pelo referido Acórdão n.º 442/00, com base na seguinte fundamentação:

"3. Cabe começar por reconhecer que existe efectivamente divergência na jurisprudência constitucional quanto à questão da recorribilidade de que aqui se trata; considera-se, todavia, que é de manter a que é seguida na decisão reclamada, como se passa a justificar.

Assim, e em primeiro lugar, porque a razão que levou à decisão reclamada de não conhecimento do recurso, que se baseou no Acórdão n.º 151/85, não foi, nem a de que havia que distinguir, para o efeito de admissibilidade do recurso de fiscalização da constitucionalidade, entre decisões adjectivas e decisões de mérito, nem a de que era o carácter definitivo ou provisório da decisão que concedia (ou não) a providência solicitada que relevava.

Em segundo lugar, porque a revisão constitucional operada em 1997 — anterior à prolação do Acórdão n.º 664/97 — não obriga de forma alguma a resolver de forma diferente a questão de admissibilidade do recurso que aqui se coloca.

4. Com efeito, quando a decisão reclamada, fazendo sua a justificação apresentada no Acórdão n.º 151/85, julgou não ser admissível o recurso interposto para o Tribunal Constitucional, não se baseou na circunstância de se pretender a apreciação da constitucionalidade de uma norma claramente substantiva, cuja aplicação era determinante para o juízo de mérito proferido no âmbito da providência requerida; assentou, sim, na verificação de que dessa mesma norma dependia o juízo de mérito a proferir, quer no âmbito da providência, quer no domínio da acção correspondente.

A referência a normas de tramitação dos procedimentos cautelares que aparece no Acórdão n.º 151/85 é feita, apenas, a título de exemplo. O critério distintivo ali definido assenta, não na natureza adjectiva ou substantiva da norma em causa, mas na circunstância de estar ou não em causa a sua aplicação, simultaneamente, na acção principal e na providência cautelar, o que não é equivalente. Assim, por exemplo, pode ser questionada a constitucionalidade de uma norma que defina os requisitos substanciais de concessão da providência cuja aplicação não tenha cabimento da acção principal.

Ora a circunstância de a mesma norma ser aplicável em ambos os casos é que torna inadmissível o recurso interposto no âmbito da providência cautelar, atento o valor meramente provisório, não da decisão de mérito nela proferida, como aponta o reclamante, mas do juízo de constitucionalidade emitido igualmente ao julgar a providência cautelar.

5. Na verdade, as duas razões são indissociáveis. Como claramente se afirma no Acórdão n.º 151/85, seria a natureza provisória do juízo de constitucionalidade efectuado ao julgar a providência cautelar que, fundamentalmente, justifica a inadmissibilidade do recurso.

Com efeito, se fosse julgada a questão de constitucionalidade numa hipóteses destas, ou o julgamento não constituía caso julgado relativamente à acção principal, admitindo-se que, nesta, se viesse a emitir novo julgamento, eventualmente não coincidente, com possibilidade de outro recurso para o Tribunal Constitucional; ou constituía, subvertendo a lógica inerente à relação de instrumentalidade existente entre a acção e o procedimento, pois que a sorte daquela era traçada por uma decisão tomada no âmbito deste.

6. É incontestável a afirmação de que as medidas cautelares podem afectar de forma irreversível a situação das partes. Essa observação — que, aliás, prova demais, pois levaria a que o recurso de constitucionalidade, para além de ser admissível, tivesse sempre efeito suspensivo —, todavia, não conduz à conclusão sustentada pelo reclamante.

Desde logo, e sendo exacto que esse efeito só é relevante se a providência vier a caducar ou a ser julgada injustificada, a lei prevê a hipótese de o requerente ter de indemnizar o requerido se lhe causou danos culposamente (n.º 1 do artigo 390.º do Código de Processo Civil). Esta obrigação, associada à eventual necessidade de prestação de caução, são os meios através dos quais se tenta proteger a parte prejudicada.

Para além disso, a vantagem eventualmente conseguida não prevaleceria sobre os inconvenientes atrás apontados.

7. Finalmente, não se vê em que medida é que o acrescentamento do n.º 5 do artigo 20.º da Constituição pela revisão constitucional de 1997 altera a conclusão de que o recurso não é admissível. Na verdade, a consagração constitucional da necessidade de a lei prever «procedimentos judiciais caracterizados pela celeridade e prioridade, de modo a obter tutela efectiva e em tempo útil contra ameaças ou violações desses direitos» não obriga a que se considerem recorríveis para o Tribunal Constitucional todas as decisões proferidas nesses procedimentos."

O processo onde foi proferido o Acórdão n.º 442/00 voltaria a este Tribunal Constitucional, então por força de recurso interposto, de novo ao abrigo da alínea *a)* do n.º 1 do artigo 70.º da Lei do Tribunal Constitucional, do acórdão do Tribunal da Relação do Porto, que confirmara o deferimento da providência decretada na 1.ª instância, para tanto tendo, igualmente, recusado a aplicação, fundado num juízo de inconstitucionalidade material, da norma vertida no artigo 490.º do Código das Sociedades Comerciais.

Mas este Tribunal Constitucional, pelo Acórdão n.º 235/01 *(Diário da República,* II Série, n.º 243, de 19 de Outubro de 2001, p. 17 462) — com dois votos de vencido —, continuou a entender, de acordo com os Acórdãos n.ºs 151/85, 400/97, 664/97 e 442/00, que deste tipo de decisões, tomadas em providências cautelares, não cabia recurso de constitucionalidade (isto independentemente da questão de saber se não se teria formado caso julgado, no processo, pela decisão contida no Acórdão n.º 442/00).

Na linha desenhada pelo Acórdão n.º 151/85 se inseriu, por último, o Acórdão n.º 81/02, proferido em processo de suspensão de eficácia de acto administrativo, sendo questionadas normas que também seriam relevantes no processo principal.

Para terminar esta resenha jurisprudencial cabe referir, por último, o Acórdão n.º 457/07. Nele, concluiu-se, uma vez mais, pela inadmissibilidade do recurso de constitucionalidade de decisões proferidas pelos tribunais em processo cautelar, com base, essencialmente, em dois argumentos: o da natureza provisória do julgamento cautelar (a norma aplicada na decisão proferida no processo cautelar deverá ser de novo apreciada no processo principal) e o da provisoriedade do julgamento do Tribunal Constitucional decorrente da provisoriedade do julgamento cautelar, já que o julgamento constitucional só poderia produzir efeitos jurídicos enquanto não fosse proferida decisão definitiva sobre o incidente de inconstitucionalidade suscitado na acção principal.

A nível doutrinário, cumpre assinalar que Jorge Miranda (*Manual de Direito Constitucional,* tomo II, 3.ª edição, Coimbra Editora, Coimbra, 1991, p. 449), após referir que da circunstância de o juiz, na providência cautelar, não formular "um juízo definitivo, mas tão-só um juízo sobre a probabilidade séria da ocorrência da inconstitucionalidade" se poderia fazer derivar que desse juízo provisório não cabia recurso para o Tribunal Constitucional, sustenta, porém, que "na ordem prática das coisas o direito ou interesse em causa pode justificar a interposição do recurso".

Por seu turno, José Joaquim Gomes Canotilho (*Direito Constitucional e Teoria da Constituição,* 5.ª edição, Almedina, Coimbra, 2002, p. 974), referindo que a questão de constitucionalidade deve ser levantada num "feito submetido a julgamento" perante um tribunal (artigo 204.º da Constituição), sustenta que esse enunciado "abrange (…) os processos cautelares em que a parte interessada «ao chorar antes de doer» (na expressão sugestiva do juiz americano Benjamin Cardoso), suscita também a excepção de inconstitucionalidade".

Dentro da mesma linha, José Manuel Sérvulo Correia (*A Jurisprudência Constitucional Portuguesa e o Direito Administrativo,* comunicação efectuada por ocasião do XXV Aniversário do Tribunal Constitucional, de que se cita versão policopiada), em comentário, precisamente, ao Acórdão n.º 457/07, defende convictamente a tese da admissibilidade do recurso de constitucionalidade de decisões proferidas pelos tribunais em processo cautelar, com base em diversificada argumentação.

Entre o mais, para este autor, "a resolução da questão de constitucionalidade poderá obrigar à reforma da decisão do tribunal *a quo*, mas não determina inexoravelmente o sentido da decisão deste. E, ainda quando assim suceda, tratar-se-á apenas de uma consequência indirecta, a ser retirada da decisão do Tribunal Constitucional pelo juiz *a quo*" [...]. O bom senso poderá recomendar ao juiz da causa principal que se atenha ao sentido da decisão de constitucionalidade formulada pelo Tribunal Constitucional a propósito da aplicação de certa norma no âmbito do correspondente processo cautelar", mas "a verdade é que ele não estará vinculado por esse julgamento, do qual sempre poderá afastar-se" e "a provisoriedade que caracteriza a decisão cautelar não significa apenas que esta se destina a caducar quando for proferida a decisão na causa principal. Ela significa também que as razões de decidir na decisão principal poderão divergir daquelas que foram sumariamente adoptadas em face da necessidade de decidir com urgência no processo cautelar, de modo a assim se neutralizar o *periculum in mora*. Em suma, que a apreciação da questão de constitucionalidade de uma norma relevante possa ser levada a cabo com resultado diferente a propósito da decisão da causa principal em nada choca, antes pelo contrário, com a natureza do processo cautelar".

7.2 — Indicadas as posições jurisprudenciais e doutrinais conhecidas, há que tomar posição.

Antes de tudo cumpre diferenciar duas espécies distintas de decisões judiciais: as decisões precárias por natureza, como, por exemplo, a de admissão de recurso no tribunal *a quo*, que não só não vincula o tribunal *ad quem*, como neste é objecto de revisão (ao menos implícita), quer oficiosa quer a requerimento do recorrido, que só pode questionar a admissão do recurso nas respectivas contra-alegações (artigo 687.º, n.º 1, do Código de Processo Civil), e as decisões provisórias, no sentido de que procedem a uma composição provisória do litígio, como acontece nas providências cautelares. Foi sobre as primeiras (decisões precárias) que recaiu o Acórdão n.º 267/91 (*Diário da República,* II Série, n.º 244, de 23 de Outubro de 1991, p. 10 625; *Boletim do Ministério da Justiça,* n.º 408, p. 120; e *Acórdãos do Tribunal Constitucional,* 19.º Volume, p. 373), nenhum reparo merecendo o entendimento, aí, sufragado no sentido da inadmissibilidade de recurso de constitucionalidade de decisão de admissão de recurso (ordinário) proferida com fundamento na inconstitucionalidade de determinada norma.

Com efeito, essa inadmissibilidade em nada prejudica a finalidade prevista para o recurso de constitucionalidade, visto que o mesmo poderá ser sempre interposto da decisão do tribunal superior, quer este não admita o recurso (ordinário), com o que dará aplicação às normas cuja constitucionalidade é questionada, quer o admita, com confirmação, mesmo não expressa, da decisão da instância inferior, caso em que tal recurso (de constitucionalidade) será de interposição obrigatória para o Ministério Público, sendo certo, por outro lado, que a solução oposta conduziria a que a decisão do Tribunal Constitucional sobre o despacho ("precário") do tribunal *a quo* faria caso julgado no processo sobre a questão de constitucionalidade, vindo assim a condicionar, por forma radical, o tribunal *ad quem,* ao qual verdadeiramente competiria resolver em definitivo a questão da admissibilidade do recurso.

Do que se trata, agora, não é dessas decisões precárias, mas antes das aludidas decisões provisórias, com o alcance assinalado.

Ora, dentre destas há que distinguir duas situações, conforme a questão de constitucionalidade respeite a normas específicas da própria providência cautelar (respectivos requisitos, sua tramitação especial, etc.) ou a normas respeitantes à relação material litigiosa que irão ser relevantes no processo principal a que a providência cautelar respeita.

Quanto ao primeiro grupo de normas, que só relativamente às providências cautelares têm operatividade, não se vê como se possa negar a admissibilidade de recurso de constitucionalidade que as tenha por objecto, sob pena de se excluir em absoluto o controlo do Tribunal Constitucional sobre esses domínios normativos.

A questão verdadeiramente só se coloca relativamente a normas que sejam susceptíveis de ser aplicadas quer no processo da providência cautelar, quer no processo da acção principal.

A tese da inadmissibilidade do recurso de constitucionalidade nos procedimentos cautelares assenta, basicamente, em três argumentos: na asserção de que a natureza provisória do julgamento cautelar postula que a norma aplicada no procedimento cautelar deva ser apreciada novamente no processo principal; na premissa de que essa provisoriedade do julgamento cautelar acarretaria, também, a provisoriedade do julgamento do Tribunal Constitucional (este só poderia produzir efeitos jurídicos enquanto não fosse proferida decisão definitiva), e, finalmente, no argumento de que a tramitação célere e simplificada que caracteriza a tutela cautelar não se ajustaria com "os tempos próprios da fiscalização de constitucionalidade".

Não se acompanham, porém, tais argumentos. Em primeiro lugar, importa notar que, na fiscalização concreta, que é a que está, aqui, em causa, o juízo de inconstitucionalidade se traduz sempre num juízo de compatibilidade ou de não compatibilidade da norma infraconstitucional com os princípios e as normas constitucionais, com reflexo directo sobre os termos em que, no caso, fica concedida a tutela cautelar.

A circunstância de a apreciação da questão de constitucionalidade "se inserir entre os critérios de decisão sobre um pedido cautelar não lhe retira utilidade. A decisão cautelar não constitui objecto de uma reserva do juiz em face do legislador constituinte, nem uma área da jurisdição estanque aos imperativos de constitucionalidade" (cfr. José Manuel Sérvulo Correia, *op. cit.*, p. 67).

Enquanto não for proferida a decisão na causa principal, a tutela efectiva e eficaz, possível de ser judicialmente obtida, é a tutela cautelar. Deste modo, o juízo de constitucionalidade tem o efeito de tornar possível uma tutela cautelar da relação material que está em causa com respeito pelos princípios e normas constitucionais, podendo obrigar à reforma da decisão recorrida.

Por outro lado, se se releva a provisoriedade que caracteriza a decisão cautelar para justificar a tese de inadmissibilidade do recurso constitucional nos processos cautelares, não pode deixar de atender-se, então, também, a que esse juízo de provisoriedade assenta no pressuposto de que as razões de decidir na acção principal "poderão divergir daquelas que foram sumariamente adoptadas, em face da necessidade de decidir com urgência no processo cautelar, de modo a assim se neutralizar o *periculum in mora*". E assim, congruentemente, tem de admitir-se, igualmente, que a questão de constitucionalidade de uma norma relevante para a decisão do caso possa ser resolvida em termos diferentes a propósito da decisão da causa principal.

De qualquer modo, a circunstância de a resolução da questão de constitucionalidade, feita no processo cautelar, não determinar "inexoravelmente" o sentido da decisão do tribunal *a quo* sobre a relação material em litígio, a tomar no processo principal, não retira utilidade à decisão cautelar.

Desde logo, porque torna possível, para além dos ganhos advenientes do funcionamento sistema de controlo difuso da constitucionalidade, a obtenção de uma tutela cautelar da relação material conforme aos ditames constitucionais, qualquer que seja a tutela cautelar pedida.

Enquanto não for substituída pela tutela conseguida na acção principal, a tutela que vigora e, consequentemente, se apresenta como útil é a obtida no processo cautelar.

Depois, porque não deixam de existir algumas consequências indirectas de relevo que estão associadas à decisão do Tribunal Constitucional.

Por outro lado, não obstante a decisão do recurso faça caso julgado, quanto à questão de constitucionalidade, apenas no âmbito do processo em que foi proferida, certo é que "a decisão produz outros efeitos, potenciando ou desencadeando mecanismos de aperfeiçoamento da ordem jurídica através da eliminação de normas inconstitucionais" (cfr. José Manuel Sérvulo Correia, *op. cit.*, p. 70): a criação de um precedente torna obrigatório para o Ministério Público o recurso de novas decisões de aplicação da norma anteriormente julgada inconstitucional e tem, igualmente, a relevância de contar para o efeito previsto no artigo 281.º, n.º 3, da Constituição (declaração de inconstitucionalidade de qualquer norma pelo Tribunal Constitucional em três casos concretos).

Finalmente, também o argumento de que a tramitação célere e simplificada que caracteriza a tutela cautelar não se ajusta com os tempos próprios da fiscalização de constitucionalidade não procede.

Na verdade, pode dizer-se com José Manuel Sérvulo Correia (*op. cit.*, pp. 73-74):

"Em primeiro lugar, nos termos conjugados do artigo 78.º, n.ºs 1 e 3, da Lei do Tribunal Constitucional e do artigo 143.º, n.º 2, do Código de Processo nos Tribunais Administrativos, os recursos das decisões em processo cautelar para o Tribunal Constitucional têm efeito meramente devolutivo. A morosidade na decisão do Tribunal Constitucional não contende, pois, com a célere concretização das providências cautelares, quando seja o caso.

Em segundo lugar, cumpre ter presente que, na maioria das lides, as providências cautelares só caducam no termo do processo principal [Código de Processo nos Tribunais Administrativos, artigo 123.º, n.º 1, alíneas *c), f) e g)*]. Assim sendo, a superveniência de uma decisão do Tribunal Constitucional que, dando provimento ao recurso, ordene a reforma da decisão cautelar recorrida em conformidade com o julgamento sobre a questão de inconstitucionalidade ocorrerá frequentemente antes do termo da causa principal, produzindo efeitos úteis.

E, em terceiro e último lugar, quando a causa principal findar antes da pronúncia do Tribunal Constitucional no recurso interposto da decisão cautelar, este recurso extinguir-se-á por perda de utilidade actual e efectiva na declaração de inconstitucionalidade. A inutilidade superveniente da lide neutralizará assim a disfunção gerada pela dessintonia entre processo cautelar e recurso perante o Tribunal Constitucional.

Note-se que a Lei do Tribunal Constitucional procura obviar tanto quanto possível ao risco daquela dessintonia: nos termos conjugados dos artigos 79.º-B, n.º 3, e 43.º, n.º 5, nos recursos de constitucionalidade interpostos de decisões proferidas em processo cautelar [e, logo, urgente — Código de Processo nos Tribunais Administrativos, artigo 36.º, n.º 1, alínea *e)*], os prazos são reduzidos a metade e o relator deve conferir lhes prioridade".

A garantia do efeito útil da decisão final da acção principal que, segundo o requerente, dependeria do deferimento de adequada providência cautelar, ficaria gravemente comprometida se, sustentando o requerente que ela passaria pela desaplicação pelo tribunal comum de norma arguida de inconstitucional e não acolhida essa tese por esse tribunal, lhe fosse vedado o acesso ao Tribunal Constitucional, a quem constitucionalmente compete a última palavra nesse domínio.

No presente caso, o indeferimento do pedido de suspensão da deliberação social que diminuiu a retribuição do gerente de € 3 345,77 para € 1 929,00 com base em normas que o requerente argui de inconstitucionais pode-lhe causar prejuízos insusceptíveis de serem completamente compensados com eventual procedência da acção de anulação da deliberação social, como sejam a não satisfação das necessidades passadas do recorrente e dos membros do seu agregado familiar.

Em suma: quer, porque a "provisoriedade" da decisão da providência cautelar não contagia o juízo de constitucionalidade a emitir pelo Tribunal Constitucional, com relevância sobre o caso concreto, quer porque, apenas, dessa forma se respeita a relevância constitucional da tutela cautelar, devem considerar-se susceptíveis de recurso de constitucionalidade as decisões proferidas naquelas decisões, mesmo que versem sobre normas que irão também ser utilizadas na decisão da acção principal.

Esta solução é, de resto, aquela que se posiciona na linha do princípio da máxima expansividade da eficácia e da força jurídica dos direitos fundamentais, como é o caso do direito de acesso aos tribunais, consagrado no artigo 20.º da Constituição, de que o direito ao recurso de constitucionalidade constitui uma dimensão.

Estas considerações valem, quer o recurso de constitucionalidade haja sido interposto ao abrigo da alínea *a)*, quer ao abrigo da alínea *b)* do n.º 1 do artigo 70.º da Lei do Tribunal Constitucional.

Assim sendo, a reclamação é de deferir.

8 — A recorrida pediu a condenação do recorrente com litigante de má fé, alegando que o mesmo apenas pretendeu com a reclamação obstar ao trânsito em julgado da decisão recorrida.

Ora, verificando-se ser a reclamação de deferir, torna-se evidente a improcedência de tal pedido.

III — Decisão

9 — Destarte, atento tudo o exposto, o Tribunal Constitucional decide:

a) Deferir a reclamação e, consequentemente, revogar a decisão sumária reclamada e ordenar a notificação do recorrente e recorrida para, respectivamente, alegar e contra-alegar, no prazo legal;

b) Julgar improcedente o pedido de condenação como litigante de má fé do recorrente.

Lisboa, 2 de Dezembro de 2009. — *Benjamim Rodrigues* — *Joaquim de Sousa Ribeiro* — *João Cura Mariano* (vencido conforme declaração que junto) — *Rui Manuel Moura Ramos.*

DECLARAÇÃO DE VOTO

Votei vencido, por entender que não é admissível recurso para o Tribunal Constitucional, ao abrigo da competência prevista na alínea *b)* do n.º 1 do artigo 70.º da LTC, questionando a constitucionalidade de norma de direito substantivo invocada em sentença proferida em procedimento cautelar.

As razões desta minha posição constam da decisão sumária revogada e que se encontra transcrita neste Acórdão.

Perante a fundamentação que fez vencimento e que optou pela desconsideração da provisoriedade da aplicação pelo tribunal recorrido da norma questionada, faz-se notar que a Constituição não admitiu o direito ao recurso para o Tribunal Constitucional das decisões dos tribunais que apliquem norma inconstitucional de forma absoluta, tendo ela própria estabelecido alguns limites [na própria alínea b) do n.º 1 do artigo 280.º e nos n.ºs 4 e 6 do mesmo artigo] e conferido ao legislador ordinário liberdade para fixar os requisitos de admissão deste tipo de recursos (artigo 280.º, n.º 4, da Constituição).

Um desses requisitos, nos recursos interpostos ao abrigo da competência estabelecida na alínea b) do n.º 1 do artigo 70.º foi o da exaustão das instâncias (artigo 70.º, n.º 2). Visou-se poupar o Tribunal Constitucional a intervenções dirigidas à aplicação de normas sem carácter definitivo no processo em causa. Quando essa aplicação tem um cariz ainda provisório, uma vez que a decisão que fundamenta encontra-se sujeita a recurso perante uma instância superior, o Tribunal Constitucional não se pode pronunciar sobre a constitucionalidade das normas aplicadas, devendo aguardar que essa aplicação se torne definitiva no processo. Sendo este tipo de recurso mais volúvel a uma utilização dilatória ou extemporânea pelas partes, exigiu-se que previamente à intervenção do Tribunal Constitucional tenham sido esgotados todos os recursos ordinários.

Preferiu-se uma intervenção selectiva do Tribunal Constitucional apesar dos riscos da produção de efeitos prejudiciais para as partes de decisões provisórias (uma vez que estas podem ser muitas vezes executadas, face ao efeito meramente devolutivo da maior parte dos recursos).

Como consequência da sua função instrumental, as providências cautelares são meramente provisórias, tendo uma duração, apesar de incerta, limitada no tempo. São providências a termo incerto.

Tendo elas como única finalidade obviar ao perigo da demora de um determinado processo, o não nascimento deste ou a sua extinção provocam o seu fim, pelo que as decisões tomadas nos procedimentos cautelares tem também uma natureza provisória, assim como a aplicação do direito que as fundamentam.

Além disso, sendo a existência dos procedimentos cautelares justificada pela urgência de intervenção, não é possível seguir uma tramitação que permita averiguar com certeza da existência do direito cuja tutela se pretende assegurar, a qual apenas é possível apurar no processo principal. É suficiente para alcançar uma decisão cautelar provisória, uma prova informatória, um *fumus boni iuris*. Este juízo de probabilidade séria deve recair não só sobre a existência dos factos constitutivos do direito ameaçado, mas também sobre a verificação dos pressupostos jurídicos da existência do direito. O juízo de probabilidade é aplicável quer às questões de facto, quer às questões de direito, colocadas ao juiz nos procedimentos cautelares. O juiz não tem que se convencer da veracidade dos factos que integram a causa de pedir, nem de que o direito invocado existe perante a prova desses factos, bastando que a existência dos factos seja provável, tal como a existência do direito.

Assim, a aplicação das normas que permitem formular um juízo sobre a probabilidade de existência do direito cuja tutela se pretende assegurar com a providência não só é provisória como além disso é meramente hipotético.

Daí que na lógica de um sistema que impõe a obrigatoriedade da exaustão das instâncias para que o Tribunal Constitucional intervenha, o simples juízo de verificação da probabilidade de aplicação futura de uma norma, não justifica a intervenção imediata do Tribunal Constitucional, devendo o recurso a este ser apenas admissível quando essa norma seja definitivamente aplicada no processo principal de que o procedimento cautelar é instrumental.

Note-se que a interpretação das normas de direito constitucional e ordinário que estabelecem os requisitos do recurso constitucional, de modo a racionalizar a actividade do Tribunal Constitucional, segundo a qual não é admissível submeter a este tribunal a apreciação da constitucionalidade de norma aplicada como direito substantivo em sentença proferida em procedimento cautelar, considerando o carácter provisório desta decisão, não retira ao interessado a possibilidade de submeter à fiscalização do Tribunal Constitucional a norma aplicada pelo tribunal que entende violar a Constituição, impondo apenas que o exercício desse direito se faça somente quando ocorra uma pronúncia definitiva na acção de que aquele procedimento é meramente instrumental.

Se este deferimento na apreciação da questão de constitucionalidade pode permitir que se concretizem os danos que a providência requerida visava evitar, isso não é razão suficiente para que se subvertam os princípios que configuram o nosso sistema de recursos de constitucionalidade, uma vez que a possibilidade da demora processual permitir a ocorrência ou o agravamento de danos para as partes também se verifica relativamente às sentenças proferidas nas acções declarativas susceptíveis de recurso para os tribunais superiores, também elas dotadas de um cariz provisório, sem que se questione a vigência da regra de que só após a exaustão das instâncias se poderá recorrer para o Tribunal Constitucional.

A solução defendida na decisão reclamada é a única que se integra coerentemente na lógica do nosso sistema de recursos de fiscalização sucessiva concreta para o Tribunal Constitucional, pelo que a extensão destes recursos ao juízo que verifica a probabilidade da existência de um determinado direito para determinar a aplicação de uma medida cautelar, só poderá ser feita excepcionalmente pelo legislador, não podendo o próprio Tribunal Constitucional, abrir uma brecha naquele sistema.

Por estas razões teria indeferido a reclamação apresentada. — *João Cura Mariano.*

Anotação:

1 — Acórdão publicado no *Diário da República*, II Série, de 18 de Janeiro de 2010.
2 — O Acórdão n.º 235/01 está publicado em *Acórdãos*, 50.º Vol..

ACÓRDÃO N.º 626/09

DE 2 DE DEZEMBRO DE 2009

Julga inconstitucional a norma constante do n.º 3 do artigo 1817.º do Código Civil, na redacção conferida pelo Decreto-Lei n.º 496/77, de 25 de Novembro, quando interpretado no sentido de estabelecer um limite temporal de 6 meses após a data em que o autor conheceu ou devia ter conhecido o conteúdo do escrito no qual o pretenso pai reconhece a paternidade, para o exercício do direito de investigação da paternidade.

Processo: n.º 271/09.
Recorrente: Ministério Público.
Relator: Conselheiro João Cura Mariano.

SUMÁRIO:

I — O recurso de constitucionalidade previsto na alínea *a)* do n.º 1 do artigo 70.º da Lei do Tribunal Constitucional, caracteriza-se pela possibilidade de intervenção directa e imediata do Tribunal Constitucional, não se exigindo aqui um esgotamento das instâncias, pelo que não tem sentido antecipar-se, num juízo probabilístico, a posição dessas instâncias, cuja intervenção ainda é incerta, para se verificar a utilidade da intervenção do Tribunal Constitucional; por outro lado, o facto de posteriormente à emissão da decisão recorrida ter sido alterada a norma cuja aplicação foi recusada também não influi na utilidade do conhecimento do mérito dessa desaplicação, uma vez que esta foi determinante do sentido da decisão recorrida, pelo que o julgamento pelo Tribunal Constitucional da questão de constitucionalidade colocada terá reflexo na manutenção dessa concreta decisão.

II — Apesar de as razões avançadas pela doutrina para a previsão de prazos limitativos da acção de investigação da paternidade — segurança jurídica dos pretensos pais e seus herdeiros, o progressivo "envelhecimento" das provas e a prevenção da "caça às fortunas" — terem já sido reputadas atendíveis na jurisprudência constitucional, foi o próprio Tribunal Constitucional que inflectiu este entendimento: a desvalorização de todas as referidas razões que vinham justificando a previsão legal de limites temporais, relativamente ao exercício do direito de investigação e reconhecimento de paternidade, e a ausência de quaisquer outras razões reportadas a outros direitos e interesses constitucionalmente protegidos, determinou que se começasse a considerar insustentável continuar a alegar a não inconstitucionalidade dos prazos de caducidade estabelecidos nos artigos 1817.º e 1873.º do Código Civil.

III — Todavia, o prazo especial previsto no n.º 3 do artigo 1817.º do Código Civil, na redacção do Decreto-Lei n.º 496/77, de 25 de Novembro, apresenta uma diferença assinalável relativamente ao prazo-regra outrora consagrado no n.º 1 do mesmo artigo, quando aplicável às acções de investigação da paternidade, já que aqui se trata de um prazo cujo início de contagem coincide com o momento em que o titular do direito tem conhecimento do facto que o motiva a agir; nesta situação, pelo menos o direito à segurança jurídica, nomeadamente o direito do pretenso progenitor em não ver indefinida ou excessivamente protelada uma situação de incerteza quanto à sua paternidade, justifica que se condicione o exercício do direito do filho à investigação da paternidade, através do estabelecimento de um prazo para o accionar; o estabelecimento de um prazo de caducidade para o exercício do direito à investigação de paternidade nestes casos, revela-se, em abstracto, uma limitação adequada, necessária e proporcional deste direito, para satisfação do interesse da segurança jurídica, como elemento essencial de Estado de direito.

IV — Contudo, a decisão de avançar para o estabelecimento da ascendência biologicamente verdadeira convoca uma reflexão prévia e profunda sobre aspectos pessoalíssimos da pessoa humana — e, secundariamente, também de ordem social e patrimonial — que não é seguramente compatível com a exigência legal do seu exercício judicial no prazo em apreço, de 6 meses a contar do conhecimento da existência de escrito de pai.

Acordam na 2.ª Secção do Tribunal Constitucional:

I — Relatório

No âmbito da acção de investigação de paternidade, proposta por Catarina Alexandra Ferreira Araújo contra Petrovert Maurice, que corre os seus termos, sob o n.º 4002/08.0 TBMAI, no 4.º Juízo Cível do Tribunal Judicial da Maia, foi proferido despacho saneador, datado de 5 de Março de 2009, em que foi apreciada a excepção de caducidade deduzida pelo réu, tendo-se concluído do seguinte modo:

"(…) decide-se julgar improcedente a excepção peremptória de caducidade invocada pelo réu:

— no que respeita ao artigo 1817.º, n.º 1, do Código Civil, por força da declaração de inconstitucionalidade, com força obrigatória geral, proferida pelo Acórdão n.º 23/06, de 10 de Janeiro e,
— no que respeita ao artigos 1817.º, n.os 3 e 4, do Código Civil, porquanto este tribunal recusa a aplicação do disposto no n.º 3 e n.º 4 do artigo 1817.º do Código Civil, por violação das disposições conjugadas dos artigos 16.º, n.º 1, 36.º, n.º 1, e 18.º, n.º 2, da Constituição da República Portuguesa, quando interpretados no sentido de estabelecerem um limite temporal para o exercício do direito de investigação da paternidade (…)".

O Ministério Público interpôs recurso desta decisão para o Tribunal Constitucional, ao abrigo do disposto na alínea *a*) do n.º 1 do artigo 70.º da Lei da Organização, Funcionamento e Processo do Tribunal Constitucional (LTC), suscitando a fiscalização da constitucionalidade das normas constantes do artigo 1817.º, n.os 3 e 4, do Código Civil, quando interpretados no sentido de estabelecerem um limite temporal para o exercício do direito de investigação da paternidade, cuja aplicação foi recusada com fundamento em inconstitucionalidade material, por violação do disposto nos artigos 16.º, n.º 1, 36.º, n.º 1, e 18.º, n.º 2, da Constituição.

Notificado para efeito de apresentação de alegações de recurso, o Ministério Público alegou e concluiu do seguinte modo:

"Passando a apreciar as questões suscitadas, importa notar que — relativamente à recusa de aplicação da norma constante do artigo 1817.º, n.º 4, do Código Civil, na versão em vigor à data da decisão recorrida — é inútil a pronúncia deste Tribunal Constitucional, já que a própria decisão recorrida admite que o prazo ali previsto ainda se não esgotou (p. 77): não sendo alegada "a cessação do tratamento como filho pelo réu e sendo este ainda vivo, forçoso seria de concluir que a acção é tempestiva, pois que dispunha a autora de um ano posterior à morte do réu para intentar a acção de investigação de paternidade com fundamento em posse de estado".

Relativamente à questão de constitucionalidade suscitada quanto à norma constante do n.º 3 daquele preceito legal, importa começar por realçar uma circunstância fundamental e decisiva: é que, ao contrário do que se afirma na decisão recorrida, a jurisprudência constitucional nunca considerou que o único regime normativo, conforme à Lei Fundamental, é o da imprescritibilidade do direito de investigar a paternidade (afirmando-se, aliás, tal conclusão expressamente no Acórdão n.º 23/06, bem como nas decisões anteriores que estiveram na base daquela declaração de inconstitucionalidade); ou seja, o que este Tribunal Constitucional considerou desconforme à Constituição foi o específico e concreto regime de caducidade, plasmado no n.º 1 do artigo 1817.º, tendo por insuficiente o prazo de 2 anos, contados do alcance da maioridade pelo investigante, e cujo início assentava irremediavelmente em tal "facto objectivo", não conferindo relevância, em regra, a um superveniente e "tardio" conhecimento subjectivo de factos ou provas, só então reveladas ao interessado.

A correcta interpretação da declaração de inconstitucionalidade constante do citado aresto, é essencial para compreender e apreciar o novo regime instituído pela Lei n.º 14/2009, de 1 de Abril, aplicável aos processos pendentes nessa data — sendo evidente que — se porventura, resultasse da jurisprudência constitucional a necessária "imprescritibilidade" das referidas acções — o regime ali inovatoriamente fixado padeceria de evidente inconstitucionalidade material (...).

A nosso ver, o regime plasmado no n.º 3 do artigo 1817.º, na versão anterior à Lei n.º 14/2009, ao atribuir ao filho a possibilidade de interpor ainda (tardiamente) a acção, no prazo de 6 meses contados do conhecimento do conteúdo do escrito em que o pretenso pai afirmava inequivocamente a sua paternidade, não era violador de qualquer preceito ou princípio constitucional, já que, neste caso, a acção podia ainda ser proposta a partir do momento em que ficava disponível para o interessado um elemento probatório fundamental, de que, aliás, se presumia a paternidade — não podendo afirmar-se que o prazo de 6 meses (embora algo limitado) fosse manifesta e ostensivamente exíguo e inadequado para se poder ainda mover a acção de reconhecimento judicial.

Admitimos, porém, que a imediata entrada em vigor da Lei n.º 14/2009 — e a sua aplicação aos "processos pendentes" — retire utilidade à dirimição de tal questão de constitucionalidade, já que — não tendo obviamente transitado em julgado a decisão que apreciou a caducidade, face à lei em vigor à data da decisão recorrida, será necessário proceder a uma nova apreciação de tal matéria, perante o novo quadro normativo do qual decorre ampliação para três anos do prazo da acção "tardia", fundada em ulterior acesso pelo investigante a matéria fáctica ou probatória, relevante ou decisiva para a viabilidade da investigação da paternidade.

2. *Conclusão*

Nestes termos e pelo exposto conclui-se:

1.º) Não é enquadrável no âmbito do artigo 78.º, n.º 2, da Lei do Tribunal Constitucional um recurso obrigatório, baseado na alínea *a*) do n.º 1 do artigo 70.º, cujo regime nunca é moldado pelo que seria aplicável no recurso ordinário que, no caso, nunca poderia ser interposto — o que dita a aplicação do regime contido no n.º 4 daquele artigo 78.º

2.º) Não há interesse processual em apreciar as questões de constitucionalidade colocadas quanto aos n.ºs 3 e 4 do artigo 1817.º do Código Civil, na sua redacção originária, já que, por um lado, não está sequer esgotado o prazo previsto naquele n.º 4, face ao teor da decisão recorrida.

3.º) E — quanto ao referido n.º 3 — será aplicável, porventura, o regime inovatoriamente definido pela Lei n.º 14/2009, face à disposição transitória do respectivo artigo 3.º (o que conduz à aplicação de no prazo de caducidade de 3 anos para a acção "tardia", fundada em conhecimento superveniente de factos ou provas relevantes para a propositura o da acção, em momento ulterior ao esgotamento do "prazo-regra", afirmado no n.º 1 do referido artigo 1817.º) [...]".

Não foram apresentadas contra-alegações.

II — Fundamentação

1. *Da delimitação do objecto do recurso*

Foi interposto recurso da decisão que recusou a aplicação do disposto nos n.os 3 e 4 do artigo 1817.º do Código Civil (CC), por violação das disposições conjugadas dos artigos 16.º, n.º 1, 36.º, n.º 1, e 18.º, n.º 2, da Constituição da República Portuguesa (CRP), quando interpretados no sentido de estabelecerem um limite temporal para o exercício do direito de investigação da paternidade.

Nas suas alegações o Ministério Público colocou a possibilidade do recurso não ser conhecido, pela susceptibilidade desse conhecimento não ter repercussão útil no processo concreto de que emerge.

Relativamente à recusa de aplicação da norma constante do n.º 4 do artigo 1817.º do CC, na redacção conferida pela Lei n.º 21/98, de 12 de Maio, quando interpretado no sentido de estabelecer um limite temporal para o exercício do direito de investigação da paternidade, com fundamento em inconstitucionalidade material, a referida disposição legal apresenta a seguinte redacção:

"4. Se o investigante for tratado como filho pela pretensa mãe, sem que tenha cessado voluntariamente esse tratamento, a acção pode ser proposta até um ano posterior à data da morte daquela; tendo cessado voluntariamente o tratamento como filho, a acção pode ser proposta dentro do prazo de um ano a contar da data em que o tratamento tiver cessado."

A decisão recorrida admitiu, expressamente, que o prazo de caducidade em questão, respeitante à situação de posse de estado, ainda não se esgotou, ou melhor dizendo, ainda nem sequer se iniciou, uma vez que o pretenso pai ainda é vivo e nenhuma das partes alegou a cessação voluntária do tratamento da investigante como filha.

Assim sendo, a recusa de aplicação da disposição que estabelece um prazo de caducidade, com fundamento na sua inconstitucionalidade, não foi determinante da decisão recorrida, sendo apenas um simples *obicter dictum*, uma vez que nem sequer se coloca a questão de aplicação daquele prazo, dado que o mesmo ainda nem sequer se iniciou.

Deste modo a intervenção do Tribunal Constitucional em relação à referida norma é totalmente inútil uma vez que não haverá lugar a qualquer alteração da decisão recorrida nesta parte, seja qual for o sentido da decisão do recurso de constitucionalidade.

Verificada a falta de interesse processual no recurso, nesta parte, importa concluir que não estão preenchidos todos os requisitos de conhecimento do recurso de constitucionalidade, no que respeita à apreciação do n.º 4 do artigo 1817.º do CC.

Já relativamente à recusa de aplicação do prazo de caducidade previsto no n.º 3 do artigo 1817.º do CC, o recorrente apenas coloca a hipótese do seu conhecimento não ter qualquer utilidade, por entretanto ter sido aprovada pela Lei n.º 14/2009, de 1 de Abril, uma alteração do prazo de caducidade nela prescrito, com aplicação aos processos pendentes, o que poderá conduzir a uma alteração da decisão recorrida pelas instâncias ordinárias de recurso.

Ora, o recurso de constitucionalidade previsto na alínea *a*) do n.º 1 do artigo 70.º da Lei do Tribunal Constitucional, caracteriza-se precisamente pela possibilidade de intervenção directa e imediata do Tribunal Constitucional, não se exigindo aqui um esgotamento das instâncias.

Perante uma presunção de validade das regras do direito ordinário interno dotadas de hierarquia mais elevada, se essa validade é negada pela decisão de uma jurisdição comum, entendeu-se que esse incidente podia ser apreciado imediatamente pelo Tribunal Constitucional, sem se aguardar pela posição das instâncias superiores daquela jurisdição.

Daí que não tenha sentido antecipar-se, num juízo probabilístico, a posição dessas instâncias, cuja intervenção ainda é incerta, para se verificar a utilidade da intervenção do Tribunal Constitucional.

E o facto de posteriormente à emissão da decisão recorrida ter sido alterada a norma cuja aplicação foi recusada, isso também não influi na utilidade do conhecimento do mérito dessa desaplicação, uma vez que esta foi determinante do sentido da decisão recorrida, pelo que o julgamento pelo Tribunal Constitucional da questão de constitucionalidade colocada terá reflexo na manutenção dessa concreta decisão.

Deste modo, deve o presente recurso cingir-se à recusa de aplicação do disposto no n.º 3 do artigo 1817.º do CC, quando interpretado no sentido de estabelecer um limite temporal de 6 meses após a data em que o autor conheceu ou devia ter conhecido o conteúdo do escrito no qual o pretenso pai reconhece a paternidade para o exercício do direito de investigação da paternidade.

Impõe-se ainda tecer uma consideração suplementar relativamente aos parâmetros constitucionais pretensamente contrariados pela referida interpretação normativa.

O tribunal recorrido recusou a aplicação da referida interpretação normativa do n.º 3 do artigo 1817.º do CC, na redacção conferida pelo Decreto-Lei n.º 496/77, de 25 de Novembro, com fundamento em inconstitucionalidade material traduzida na violação do disposto nos artigos 16.º, n.º 1, 36.º, n.º 1, e 18.º, n.º 2, da Constituição.

Analisada a fundamentação da decisão recorrida, alcança-se facilmente que a mesma se estribou nos mesmos parâmetros constitucionais que sustentaram a declaração de inconstitucionalidade com força obrigatória geral levada a cabo pelo Acórdão do Tribunal Constitucional n.º 23/06, por referência ao artigo

1817.º, n.º 1, do CC, quando aplicável às acções de investigação de paternidade.

Assim sendo, é indubitável que a alusão ao artigo 16.º, n.º 1, da Constituição, respeitante ao âmbito e sentido dos direitos fundamentais em geral, deveu-se a mero lapso, na medida em que se pretendia efectivamente indicar o artigo 26.º, n.º 1, da Constituição, na parte respeitante ao direito fundamental à identidade pessoal.

Por conseguinte, a análise das questões de constitucionalidade suscitadas pelo recorrente será levada a cabo, em primeira linha, tendo por referência os parâmetros constitucionais constantes dos artigos 26.º, n.º 1, 36.º, n.º 1, e 18.º, n.º 2, da Constituição, sem prejuízo, obviamente, da convocação de outros parâmetros que o caso concreto coloque em evidência, por respeito ao disposto no artigo 79.º-C da Lei do Tribunal Constitucional.

2. *Do mérito do recurso*

2.1. A interpretação normativa sob fiscalização e o caso concreto

O tribunal recorrido recusou a aplicação da norma constante do n.º 3 do artigo 1817.º do CC, na redacção conferida pelo Decreto-Lei n.º 496/77, de 25 de Novembro, quando interpretado no sentido de estabelecer um limite temporal de 6 meses após a data em que o autor conheceu ou devia ter conhecido o conteúdo do escrito no qual o pretenso pai reconhece a paternidade para o exercício do direito de investigação da paternidade, com fundamento em inconstitucionalidade material traduzida na violação do disposto nos artigos 26.º, n.º 1, 36.º, n.º 1, e 18.º, n.º 2, da Constituição.

A referida disposição legal, aplicável às acções de investigação de paternidade por força do disposto no artigo 1873.º do CC, apresenta a seguinte redacção:

"3. Se a acção se fundar em escrito no qual a pretensa mãe declare inequivocamente a maternidade, pode ser intentada nos seis meses posteriores à data em que o autor conheceu ou devia ter conhecido o conteúdo do escrito."

A existência de carta ou outro escrito no qual o pretenso pai declare inequivocamente a sua paternidade (escrito de pai) facilita em muito a tarefa probatória do investigante na medida em que a paternidade se presume na referida situação, por força do artigo 1871.º, n.º 1, alínea *b*), do CC, na redacção do Decreto-Lei n.º 496/77, de 25 de Novembro.

No caso concreto, a autora, nascida em 1 de Novembro de 1971, propôs uma acção de investigação da respectiva paternidade, quando já perfazia 36 anos de idade, com fundamento, *inter alia*, na alegada existência de escrito datado de 1975 no qual o pretenso pai declara inequivocamente a paternidade.

Em sede de contestação, a autora viu ser-lhe excepcionada a caducidade do direito de investigação da paternidade fundada no alegado escrito de pai.

O tribunal recorrido reputou de inconstitucional a existência do prazo previsto no n.º 3 do artigo 1817.º do CC, para a propositura da acção de investigação da paternidade e, consequentemente, recusou a aplicação da norma em questão ao caso concreto.

Interessa, pois, saber se a Constituição tolera a existência de tal limite temporal em sede de acção de investigação da paternidade proposta pelo filho contra o pretenso pai.

2.2. A presunção de paternidade resultante de escrito que a reconheça

A existência de carta ou outro escrito no qual o pretenso pai declare inequivocamente a sua paternidade começou por ser no nosso direito uma das condições em que, excepcionalmente, era admitida uma acção de investigação de paternidade.

Na verdade, sob a influência da doutrina da Revolução Francesa nesta matéria, segundo a qual a imposição judicial da paternidade envolvia, além de um atentado contra a liberdade individual, arbítrio, incerteza e possibilidade de abuso, constituindo um risco grosseiro de erro, o Código de 1867 (Código de Seabra) previu no seu artigo 130.º, n.º 2, como uma das situações em que excepcionalmente era admissível a propositura de uma acção de investigação de paternidade, a existência de escrito do pai em que este declarasse expressamente a sua paternidade.

A relevância jurídica deste facto não residia, contudo, no seu valor indiciário da paternidade, mas sobretudo porque o seu autor ao emitir esse escrito abria voluntariamente uma brecha no seu direito à autonomia privada, deixando de merecer o anonimato que o ordenamento jurídico lhe garantia, pelo que se justificava que passasse a estar exposto ao risco de uma acção de investigação de paternidade, conferindo-se prevalência aos interesses do filho (vide, neste sentido, Guilherme de Oliveira, em *Critério jurídico da paternidade*, pp. 125-126, da edição de 1998, da Almedina).

A valia jurídica deste facto manteve-se nestes precisos termos na redacção original do CC de 1966, tendo o sentido jurídico da sua utilização apenas mudado com a reforma de 1977. As situações referidas pelo artigo 1871.º, n.º 1, do CC, na redacção conferida pelo Decreto-Lei n.º 496/77, de 25 de Novembro, onde se contam os referidos escritos, num sistema de liberdade de investigação, passaram a assumir o valor de índices da verdade biológica, de factos denunciadores de uma probabilidade forte da existência da paternidade por eles revelada.

Por isso, deles se passou a extrair uma presunção de paternidade, sendo essa presunção ilidível mediante a demonstração de circunstâncias donde resultem dúvidas sérias acerca dessa paternidade (artigo 1871.º, n.º 2, do CC).

2.3. A existência de limites temporais à investigação da paternidade no direito ordinário português

O estabelecimento de prazos específicos de caducidade para as acções de reconhecimento da filiação surgiu expressamente com o Código de Seabra.

Durante a vigência das Ordenações Filipinas, na ausência de previsão de prazos de caducidade para as acções de reconhecimento da filiação, a doutrina divergia entre a solução da imprescritibilidade e a da sujeição ao prazo ordinário de prescrição de 30 anos relativo aos direitos de crédito (vide Guilherme de Oliveira, na *ob. cit.*, p. 461).

Na redacção originária do Código de Seabra, os filhos só podiam investigar a filiação durante a vida dos investigados, excepto se estes falecessem durante a menoridade dos filhos — caso em que se sobrepunha um prazo de caducidade de 4 anos após a maioridade, ou emancipação —, ou quando os filhos obtivessem após a morte dos pais documento escrito destes revelando a sua paternidade (artigo 133.º).

A implantação do regime republicano foi acompanhada de alterações em sede de direito da filiação.

O artigo 37.º do Decreto n.º 2, de 25 de Dezembro de 1910, veio admitir que a acção de investigação de filiação pudesse ser ainda intentada no ano seguinte à morte dos pretensos progenitores e estabeleceu um prazo de seis meses para a propositura da acção quando esta se fundasse em escrito obtido após a morte daqueles (artigo 37.º).

Perante as críticas (vide, por exemplo, Paulo Cunha, em *Lições de direito de família*, II volume, p. 238, da edição de 1941, da Imprensa Baroeth, e Gomes da Silva, em "O direito de família no futuro Código Civil", no *Boletim do Ministério da Justiça* n.º 88, pp. 86-87) que vinham sendo feitas à permissividade deste regime, o CC de 1966, no seu artigo 1854.º, estabeleceu um sistema de prazos de caducidade mais curtos e que, com pequenas alterações e aditamento de normas interpretativas, se mantém na redacção actual do artigo 1817.º do CC [esta opção não era seguida porém no artigo 51.º do Anteprojecto de Pires de Lima, publicado no *Boletim do Ministério da Justiça* n.º 89, p. 54, que não se distanciava do regime do Código de Seabra, e foi criticada por Vaz Serra, em *Observações do Autor à segunda revisão ministerial do Anteprojecto do Código Civil*

(Direito de Família), defendendo a imprescritibilidade destas acções, conforme refere Guilherme de Oliveira, na *ob. cit*, pp. 464-465].

O prazo-regra passou a ser de dois anos após o investigante ter atingido a maioridade ou a emancipação (artigo 1817.º, n.º 1, do CC).

Excepcionalmente, transcorrido o referido prazo-regra, o Código Civil deu ainda a possibilidade ao filho: *a)* de reagir no prazo de um ano à destruição do registo da paternidade até então tido por verdadeiro e que inibia qualquer investigação de paternidade (artigo 1817.º, n.º 2, do CC); *b)* de utilizar o escrito do progenitor reconhecendo a paternidade, sendo aqui o prazo de seis meses a contar do conhecimento desse escrito (artigo 1817.º, n.º 3); *c)* e, existindo posse de estado, de investigar a paternidade no prazo de um ano a contar da data em que cessou o tratamento (artigo 1817.º, n.º 4, do CC).

A Lei n.º 21/98, de 12 de Maio, veio clarificar certos aspectos do referido regime sem, todavia, alterar os referidos prazos.

Este sistema, com um prazo-regra de caducidade muito curto, se já tinha sido alvo de ataques aquando da sua adopção, com os assinaláveis progressos verificados na obtenção científica da prova da paternidade passou a ser objecto de numerosas críticas (vide, Guilherme de Oliveira, em *Estabelecimento da filiação*, pp. 40-41, da edição de 1979, da Almedina, em *Critério jurídico da paternidade*, pp. 470-471, e em "Caducidade das acções de investigação", em *Comemorações dos 35 anos do Código Civil e dos 25 anos da Reforma de 1977*, volume I, pp. 49-58, da edição de 2004, da Coimbra Editora), tendo a Provedoria de Justiça, pela Recomendação n.º 36/B/99, e o partido "Os Verdes", através do Projecto de Lei n.º 92/IX, de 2002, defendido a alteração do artigo 1817.º do CC, de modo a não se imporem prazos de caducidade, desde que o investigante renunciasse aos eventuais efeitos patrimoniais do estabelecimento do vínculo.

Recentemente, a Lei n.º 14/2009, de 1 de Abril, alterou sensivelmente os prazos de caducidade das acções de investigação de paternidade. O prazo-regra passou a ser de 10 anos, contado a partir da maioridade ou emancipação do investigante, e os prazos excepcionais atrás aludidos, incluindo o prazo para a acção de investigação de paternidade, com fundamento na existência de escrito do progenitor reconhecendo a paternidade, foram todos elevados para três anos.

Por conseguinte, a lei civil portuguesa não adoptou a regra da "imprescritibilidade" do direito de investigação de paternidade e continua a insistir na necessidade de existência de limites temporais ao exercício desse direito, embora na última alteração tenha alargado consideravelmente esses limites temporais.

As razões avançadas para a previsão de prazos limitativos da acção de investigação da paternidade encontram-se há muito identificadas pela doutrina portuguesa e prendem-se com a segurança jurídica dos pretensos pais e seus herdeiros, o progressivo "envelhecimento" das provas e com a prevenção da "caça às fortunas" (vide Guilherme de Oliveira, em "Caducidade das acções de investigação", in *Comemorações dos 35 anos do Código Civil e dos 25 anos da Reforma de 1977*, Volume I, pp. 49 e segs., da edição de 2004, da Coimbra Editora).

2.4. A jurisprudência constitucional portuguesa em matéria de prazos de caducidade das acções de investigação e de impugnação de paternidade

A temática da existência de prazos de caducidade limitativos do direito de investigação de paternidade ocupou o Tribunal Constitucional logo na sua primeira década de existência.

Numa primeira fase, dir-se-ia que o Tribunal Constitucional decidiu sempre no sentido da compatibilidade das normas que prevêem os referidos prazos com os princípios constitucionais.

No Acórdão n.° 99/88 (publicado em *Acórdãos do Tribunal Constitucional*, 11.° Volume, p. 785), o Tribunal Constitucional não julgou inconstitucionais as normas dos n.ºs 3 e 4 do artigo 1817.° do CC, na redacção do Decreto-Lei n.° 496/77, de 25 de Novembro, enquanto aplicáveis às acções de investigação de paternidade por força do artigo 1873.° do mesmo Código (vide, no mesmo sentido, o Acórdão n.° 370/91, publicado em *Acórdãos do Tribunal Constitucional*, 20.° Volume, p. 321).

Por seu turno, no Acórdão n.° 413/89 (publicado no *Boletim do Ministério da Justiça* n.° 387, p. 362), o Tribunal Constitucional não julgou inconstitucional a norma do n.° 1 do artigo 1817.° do CC, na redacção do Decreto-Lei n.° 496/77, de 25 de Novembro, enquanto aplicáveis às acções de investigação de paternidade por força do artigo 1873.° do mesmo Código (vide, no mesmo sentido, os Acórdãos n.ºs 451/89, publicado em *Acórdão do Tribunal Constitucional*, 13.° Volume, Tomo II, p. 1321; 311/95, disponível em www.tribunalconstitucional.pt; 506/99, publicado em *Acórdão do Tribunal Constitucional*, 44.° Volume, p. 763, e 525/03, disponível em www.tribunalconstitucional.pt).

Em todos os referidos arestos, o Tribunal encarou os prazos de caducidade como meros condicionamentos do exercício do direito de investigação da paternidade, inerente ao direito à identidade pessoal, e não como verdadeiras restrições desse direito fundamental.

No essencial, o Tribunal Constitucional entendeu invariavelmente que o regime jurídico da filiação em questão assegurava um equilíbrio adequado entre o direito do filho ao reconhecimento da paternidade e o interesse do pretenso progenitor a não ver protelada uma situação de incerteza — agravada pelo envelhecimento e aleatoriedade da prova — e ainda o interesse da paz da família conjugal do investigado.

A primeira viragem neste entendimento deu-se com a prolação do Acórdão n.° 456/03 (publicado em *Acórdãos do Tribunal Constitucional*, 57.° Volume,

p. 461) que julgou inconstitucional a norma constante do artigo 1817.º, n.º 2, do CC, na redacção introduzida pelo Decreto-Lei n.º 496/77, de 25 de Novembro, enquanto impede a investigação da paternidade em função de um critério de prazos objectivos, nos casos em que os fundamentos e as razões para instaurar a acção de investigação surgem pela primeira vez em momento ulterior ao termo daqueles prazos.

Este aresto não censurou a existência de limites temporais ao exercício do direito de instaurar acção de investigação, mas apenas a consagração de limites temporais que inviabilizam absolutamente a possibilidade do interessado averiguar o vínculo de filiação natural, nomeadamente aqueles que propiciam concretamente que uma filha com 31 anos de idade não possa investigar a paternidade biológica quando a mesma veja impugnada com sucesso a paternidade presumida em acção proposta pelo cônjuge da mãe após a investigante já ter perfeito 20 anos de idade.

Novo passo seria dado no Acórdão n.º 486/04 (publicado em *Acórdãos do Tribunal Constitucional*, 60.º Volume, p. 191), através do qual o Tribunal Constitucional julgou inconstitucional o artigo 1817.º, n.º 1, do CC, na redacção introduzida pelo Decreto-Lei n.º 496/77, de 25 de Novembro, ao prever a extinção do direito de investigar a paternidade, em regra, a partir dos vinte anos de idade.

Porém, este último aresto também não censurou a existência de limites temporais ao exercício do direito de instaurar acção de investigação, mas apenas a consagração de limites temporais que dificultam seriamente ou inviabilizam a possibilidade do interessado averiguar o vínculo de filiação natural, nomeadamente a circunstância do prazo se esgotar num momento em que o investigante não é ainda uma pessoa inteiramente madura e em que o mesmo pode nem sequer ter qualquer justificação para a interposição da acção de investigação.

Esta última inconstitucionalidade — traduzida na reputada diminuição do alcance do conteúdo essencial dos direitos fundamentais à identidade pessoal e a constituir família — viria a ser declarada com força obrigatória geral pelo Acórdão n.º 23/06 (publicado em *Acórdãos do Tribunal Constitucional*, 64.º Volume, p. 81).

No ano imediatamente seguinte, desta feita no âmbito de uma acção de impugnação da paternidade presumida, o Tribunal Constitucional no Acórdão n.º 589/07 (publicado em *Acórdãos do Tribunal Constitucional*, 70.º Volume, p. 519) não julgou inconstitucional a norma prevista no artigo 1842.º, n.º 1, alínea *a*), do CC, na redacção dada pelo Decreto-Lei n.º 496/77, de 25 de Novembro, na medida em que prevê, para a caducidade do direito do marido da mãe impugnar a sua própria paternidade presumida, o prazo de dois anos a contar da data em que teve conhecimento de circunstâncias donde se possa concluir a sua não paternidade. O referido prazo de dois anos, porque contado a partir de um facto subjectivo, foi então considerado como sendo razoável e adequado à ponderação do interesse acerca do exercício do direito de impugnar na medida em que permite avaliar todos os factores que podem condicionar a decisão.

Alguns dias depois, também no âmbito de uma acção de impugnação da paternidade presumida, o Tribunal Constitucional, no Acórdão n.º 609/07 (publicado na 2.ª série do *Diário da República*, de 7 de Março de 2008) julgou inconstitucional a norma prevista no artigo 1842.º, n.º 1, alínea *c)*, do CC, na redacção dada pelo Decreto-Lei n.º 496/77, de 25 de Novembro, na medida em que prevê, para a caducidade do direito do filho maior ou emancipado de impugnar a paternidade presumida do marido da mãe, o prazo de um ano a contar da data em que teve conhecimento de circunstâncias donde possa concluir-se não ser o filho do marido da mãe, por violação dos artigos 26.º, n.º 1, 36.º, n.º 1, e 18.º, n.º 2, da Constituição. O mencionado prazo de um ano foi então considerado manifestamente exíguo, particularmente nos casos em que o conhecimento das circunstâncias que indiciam a paternidade não biológica do marido da mãe ocorre em momento temporalmente próximo da data em que o interessado alcançou a maioridade e a sua autonomia.

2.5. O direito fundamental à identidade pessoal

O parâmetro constitucional mais relevante para a aferição da legitimidade da previsão legal de limitações temporais ao direito de investigar a paternidade encontra-se no artigo 26.º, n.º 1, da Constituição, nos termos do qual é reconhecido o direito à identidade pessoal a todos os cidadãos.

A identidade pessoal consiste no conjunto de atributos e características que permitem individualizar cada pessoa na sociedade e que fazem com que cada indivíduo seja ele mesmo e não outro, diferente dos demais, isto é, "uma unidade individualizada que se diferencia de todas as outras pessoas" (Jorge Miranda/Rui Medeiros, em *Constituição Portuguesa Anotada*, Tomo I, p. 284, da edição de 2005, da Coimbra Editora).

Este direito fundamental pode ser visto numa perspectiva estática — onde avultam a identificação genética, a identificação física, o nome e a imagem — e numa perspectiva dinâmica — onde interessa cuidar da verdade biográfica e da relação do indivíduo com a sociedade ao longo dos tempos.

Nunca suscitou qualquer oposição o entendimento de que deste direito fundamental se extrai um direito fundamental ao conhecimento e ao reconhecimento da ascendência biologicamente verdadeira (identidade biológica).

A importância da identidade biológica é fácil de alcançar já que o conhecimento dos progenitores significa o conhecimento do princípio da existência de cada indivíduo e responde ao interesse de todo o ser humano em saber donde provém a sua própria vida e quem o precedeu biológica e socialmente.

Isso não impede, contudo, que o legislador possa modelar o exercício de um tal direito em função de outros interesses ou valores constitucionalmente tutelados.

No actual ordenamento jurídico português, a acção de investigação de paternidade constitui precisamente o único meio destinado à efectivação do direito fundamental ao conhecimento da ascendência biologicamente verdadeira.

Em certos casos, por motivos de ordem social e para prevenir danos psíquicos graves, a lei proíbe a investigação da paternidade, nomeadamente a investigação da paternidade incestuosa [artigos 1809.º, alínea *a*), e 1866.º, alínea *a*), do CC], com isso acautelando o direito fundamental à integridade moral consagrado no artigo 26.º, n.º 1, da Constituição (vide João de Pina Cabral, "A lei e a paternidade: as leis de filiação portuguesas vistas à luz da antropologia social", in *Análise Social*, volume XVIII, 1993 (4.º-5.º), pp. 983 e segs.; Paula Costa e Silva, "A realização coerciva de testes de ADN em acções de estabelecimento da filiação", in *Estudos em homenagem à Prof. Doutora Isabel de Magalhães Collaço*, volume II, pp. 579-580).

Para além destas proibições de investigação, importa, pois, saber, se será admissível, à luz do n.º 1, do artigo 26.º da Constituição, a existência de prazos de caducidade para a investigação da paternidade, mais concretamente o prazo previsto no n.º 3 do artigo 1817.º do CC, na redacção do Decreto-Lei n.º 496/77, de 25 de Novembro, nos termos do qual a acção de investigação de paternidade fundada em escrito de pai apenas pode ser intentada nos seis meses posteriores à data em que o investigante — com mais de 20 anos de idade — conheceu ou devia ter conhecido o conteúdo do escrito.

Conforme já se tinha antecipado atrás, as razões avançadas para a previsão de prazos limitativos da acção de investigação da paternidade encontram-se há muito identificadas pela doutrina portuguesa e prendem-se com a segurança jurídica dos pretensos pais e seus herdeiros, o progressivo "envelhecimento" das provas e com a prevenção da "caça às fortunas".

Estas justificações já foram reputadas atendíveis na jurisprudência constitucional (vide o acima citado Acórdão n.º 99/88).

Mas foi o próprio Tribunal Constitucional que inflectiu este entendimento, nomeadamente quando procedeu a uma nova reflexão, no Acórdão n.º 486/04, nos seguintes termos:

«[...] 15. Como se disse, invocam-se, para justificar o regime actual, os riscos de fraudes decorrentes de um "envelhecimento das provas".

Tal dificuldade de prova constituía uma justificação de peso, frequentemente invocada, para a limitação temporal prevista na lei, desde logo, porque contendia com a própria fiabilidade do resultado da acção, e, consequentemente, com a credibilidade do resultado quanto à identidade pessoal invocada.

Não parece, porém, que esta justificação possa actualmente ser considerada relevante. É que os avanços científicos permitiram o emprego de testes de ADN com uma fiabilidade próxima da certeza — probabilidades bio-estatísticas superiores a 99,5% —, e, por esse meio, mesmo depois da morte é hoje muitas vezes possível estabelecer com grande segurança a maternidade ou a paternidade. Assim, a justificação relativa à prova perdeu quase todo o valor, com a eficácia e a generalização das provas científicas, podendo as acções ser julgadas com base em testes de ADN, que não envelhecem nunca. Como salienta Guilherme de Oliveira, *Caducidade...*, *cit.*, p. 11, "os exames podem fazer-se muitos anos depois da morte do suposto pai, ou na ausência do pai! Morrem as testemunhas, mudam os lugares, é certo, mas nada disso altera, verdadeiramente, o caminho que as acções seguem, e hão-de seguir cada vez mais, no futuro".

16. Não é, pois, o valor da certeza objectiva da identidade pessoal que está em causa, mas antes a segurança para sujeitos ou pessoas concretas — designadamente, o interesse do pretenso progenitor, que poderia ser investigado, em não ver indefinida ou excessivamente protelada uma situação de incerteza quanto à sua paternidade, bem como o interesse, sendo o caso, da paz e harmonia da família conjugal constituída pelo pretenso pai, a que se junta o argumento de que as acções de investigação visam frequentemente fins tão-só patrimoniais (de "caça à herança").

Começando por este último, também ele não pode deixar de ser visto a outra luz. Se já anteriormente não era claro que acções antigas fossem necessariamente intentadas contra honestos cidadãos, com uma finalidade de cobiça, é certo que, hoje, quer o acesso ao direito quer a composição da riqueza mudaram, podendo mesmo muitas acções que poderiam beneficiar da imprescritibilidade decorrer hoje, provavelmente, entre autores e réus com meios de fortuna não muito diversos, com formação profissional e um emprego — Guilherme de Oliveira (*ob. cit.*, p. 11, nota 14) pergunta mesmo: "Seria concebível, nas leis contemporâneas, ler: 'O filho ilegítimo (...) presume-se pobre, salvo prova em contrário (...)', como se lia no artigo 44.º do Decreto n.º 2, de 1910?". E o móbil do investigante pode bem ser apenas esclarecer a existência do vínculo familiar, chamar o progenitor a assumir a sua responsabilidade e descobrir o lugar no sistema de parentesco para deixar de estar só. Isto, mesmo em momentos em que não tenha pretensões patrimoniais, por não poder deduzir pretensões de natureza alimentar e não ter ainda previsivelmente expectativas sucessórias.

Acresce que o argumento se situa num plano predominantemente patrimonial, não podendo ser decisivo ante o exercício de uma faculdade personalíssima, constituinte clara da identidade pessoal, como a de averiguar quem é o seu progenitor. Pode, aliás, deixar-se em aberto a questão de saber se a motivação, também patrimonial, da família do pretenso progenitor merece maior apreço do que a do investigante quando aquela pretende "proteger" a herança à protecção deste último, por se afigurar decisiva a impossibilidade de anular totalmente a possibilidade de exercer o "direito pessoal" a conhecer o progenitor, a partir dos vinte anos, com invocação de uma tal motivação de segurança patrimonial. Perante esta diferença, verdadeiramente qualitativa, dos interesses em presença, afigura-se, aliás, difícil que se possa sindicar a motivação do investigante — e, de toda a forma, se a motivação censurável pode fundar limitações em casos extremos (a aplicação do instrumento do abuso do direito ou de outro remédio expressamente previsto), não legitimará por certo uma exclusão geral e total do direito a investigar a paternidade.

Poderá aceitar-se que o argumento da segurança possa eventualmente justificar um prazo de caducidade da investigação de paternidade. Mas o certo é que no presente caso está apenas em causa o concreto prazo previsto no artigo 1817.º, n.º 1, do Código Civil, que conduz à caducidade da acção logo a partir dos vinte anos de idade.

17. Quanto ao interesse do pretenso progenitor em não ver indefinida ou excessivamente protelada a dúvida quanto à sua paternidade, não pode, desde logo, deixar de observar-se que, se o que está em questão é realmente a incerteza quanto à paternidade, esta pode hoje, com grande segurança, ser logo eliminada, com a concordância do próprio pretenso progenitor que nisso estiver realmente interessado, bastando, para tal, aceitar a realização de um vulgar teste genético de paternidade.

Não deve sobrevalorizar-se, no confronto com bens constitutivos da personalidade, a garantia de "segurança jurídica", que releva sobretudo no âmbito patrimonial. Note-se que a ordem jurídica não mostra uma preocupação absoluta com a segurança patrimonial dos herdeiros reconhecidos do progenitor, podendo qualquer herdeiro preterido intentar acção de "petição da herança", a todo o tempo, com sacrifício de quem tiver recebido os bens (artigo 2075.º do Código Civil).

E, de qualquer modo, pode duvidar-se de que o pretenso progenitor mereça uma protecção da segurança da sua vida patrimonial que justifique a regra de exclusão do direito do investigante, logo a partir dos vinte anos e sem consideração de outras circunstâncias, a saber que é o seu pai. É que não pode conceder-se a uma certeza ou segurança patrimonial de outros filhos, ou do pretenso progenitor, relevância decisiva para excluir o direito, eminentemente pessoal e que integra uma dimensão fundamental da personalidade, a saber quem é o pai ou a mãe biológicos.

Na verdade, afigura-se que a pretensão de satisfazer, através do sacrifício do direito do filho a saber quem é o pai, um puro interesse na tranquilidade — em "ser deixado em paz" — ou na eliminação rápida de dúvidas — em resolver o assunto — não é digna de tutela, se se tratar realmente do progenitor. Este tem uma responsabilidade para com o filho que não deve pretender extinguir pelo decurso do tempo, logo que aquele completa 20 anos, pela simples invocação de razões de segurança, confiança ou comodidade. E se, diversamente, não se tratar do verdadeiro progenitor, pode, como se disse, submeter-se a um teste genético sem nada a temer. Retomando as palavras de Guilherme de Oliveira (*ob. cit.*, p. 10), "se o suposto progenitor julga que é o progenitor, está nas suas mãos acabar com a insegurança — perfilhando — e se tem dúvidas pode mesmo promover a realização de testes científicos que as dissipem; se, pelo contrário, não tem a consciência de poder ser declarado como progenitor, não sente a própria insegurança. E se for um dia surpreendido pelas consequências de um 'acidente' passado há muito tempo, dir-se-á que tem sempre o dever de assumir as responsabilidades, porque mais ninguém o pode fazer no lugar dele."

Também a circunstância, aduzida em defesa do regime actual, de o estabelecimento da filiação alegadamente dever ter lugar quando é mais necessário, e pode ser mais útil para o filho, não pode considerar-se decisiva, desde logo, porque — mesmo aceitando a lógica "assistencial" deste argumento — o dever de prestação de alimentos pelos pais aos filhos se prolonga bem para além da maioridade. E, de qualquer forma, a apreciação da conveniência em determinar a identidade do seu progenitor, como elemento da sua identidade pessoal, corresponde a uma faculdade eminentemente pessoal, em que apenas pode imperar o critério do próprio filho, e não qualquer "interpretação" externa do seu interesse ou utilidade deste na investigação da paternidade.

E também não se vê que possa só por si a protecção do interesse na paz e harmonia da família conjugal que pode ter sido constituída pelo pretenso pai, considerar-se decisiva. Ao que acresce especificamente, ainda, que o investigado casado não deve ou pode seguramente receber, por esse facto, maior protecção contra potenciais investigantes do que o solteiro. Tal tratamento desigual baseia-se numa circunstância irrelevante para o fim visado pelo investigante, com a acção de investigação de paternidade, para além de tais limitações específicas ao direito de agir contra supostos progenitores casados (ao tempo do nascimento ou apenas no momento do reconhecimento), embora com antecedentes no nosso sistema jurídico, se traduzirem em efeitos discriminatórios, constitucionalmente vedados, contra os filhos concebidos fora do casamento.

É certo que o investigado poderá também invocar direitos fundamentais, como o "direito à reserva da intimidade da vida privada e familiar" (ou, mesmo, também, como se disse, o direito ao desenvolvimento da personalidade), que poderão ser afectados pela revelação de factos que o possam comprometer. Não se vê, porém, que se possa proteger tais interesses do eventual progenitor à custa do direito de investigar a própria paternidade. Uma alegada "liberdade-de-não-ser-considerado-pai", apenas por terem passado muitos anos sobre a concepção, ou um interesse em eximir-se à responsabilidade jurídica correspondente, determinada fundamentalmente pelo "princípio da verdade biológica" que inspira o nosso direito da filiação, não podem considerar-se dignos de tutela, pelo menos, a ponto de sacrificar o direito do filho a apurar e ver judicialmente declarado que é o seu pai (e lembre-se, aliás, que como se disse, não é de excluir que se possa chegar, mesmo fora de um processo judicial, mediante exames realizados no próprio Instituto Nacional de Medicina Legal, à conclusão de que certa pessoa é progenitora de outra, ficando, porém, a verdade biológica sem relevância simplesmente porque o progenitor não pretende perfilhar e o filho já completou vinte anos).»

A desvalorização de todas as referidas razões que vinham justificando a previsão legal de limites temporais, relativamente ao exercício do direito de investigação e reconhecimento de paternidade, e a ausência de quaisquer outras razões reportadas a outros direitos e interesses constitucionalmente protegidos, determinou que se começasse a considerar insustentável continuar a alegar a não inconstitucionalidade dos prazos de caducidade estabelecidos nos artigos 1817.º e 1873.º do Código Civil (vide, neste sentido Guilherme de Oliveira, em "Caducidade das acções de investigação", in *Comemorações dos 35 anos do Código Civil e dos 25 anos da Reforma de 1977*, Volume I, pp. 57-58, J. P. Remédio Marques, em "Caducidade de acção de investigação da paternidade fundada no artigo 1817.º, n.º 1, do Código Civil", in *Jurisprudência Constitucional*, n.º 4, Out-Dez 2004, p. 42, e Jorge Duarte Pinheiro, em *Direito da Família e das Sucessões*, pp. 149 e segs., da 3.ª edição, da Associação Académica da Faculdade de Direito de Lisboa).

Todavia, o prazo especial previsto no n.º 3 do artigo 1817.º do Código Civil, na redacção do Decreto-Lei n.º 496/77, de 25 de Novembro, apresenta uma diferença assinalável relativamente ao prazo-regra outrora consagrado no n.º 1 do mesmo artigo, quando aplicável às acções de investigação da paternidade.

Diversamente do que sucedia com o prazo-regra declarado inconstitucional, que começava a correr inexorável e ininterruptamente desde o nascimento do filho e se podia esgotar integralmente sem que o mesmo tivesse qualquer justificação para a instauração da acção de investigação de paternidade contra o pretenso pai, o prazo especial, ora sob análise, apenas começa a correr a partir do momento em que o investigante — com mais de vinte anos de idade — conheceu ou devia ter conhecido o conteúdo do escrito de pai, o que, em princípio, viabilizará a instauração da acção de investigação de paternidade a todo o tempo ainda que sujeita à referida limitação temporal.

Não estamos aqui perante um prazo "cego", que começa a correr independentemente de poder haver qualquer justificação para o exercício do direito pelo respectivo titular, como sucede com o prazo estabelecido no n.º 1 do artigo 1817.º do CC, mas sim perante um prazo cujo início de contagem coincide com o momento em que o titular do direito tem conhecimento do facto que o motiva a agir.

Nesta situação, pelo menos o direito à segurança jurídica, nomeadamente o direito do pretenso progenitor em não ver indefinida ou excessivamente protelada uma situação de incerteza quanto à sua paternidade, justifica que se condicione o exercício do direito do filho à investigação da paternidade, através do estabelecimento de um prazo para o accionar.

Na verdade, tendo o titular deste direito conhecimento dos factos que lhe permitem exercê-lo é legítimo que o legislador estabeleça um prazo para a propositura da respectiva acção, após esse conhecimento, de modo a que o interesse da segurança jurídica não possa ser posto em causa por uma atitude desinteressada daquele.

O estabelecimento de um prazo de caducidade para o exercício do direito à investigação de paternidade nestes casos, revela-se, em abstracto, uma limitação adequada, necessária e proporcional deste direito, para satisfação do interesse da segurança jurídica, como elemento essencial de Estado de direito (artigo 2.º da CRP).

Contudo, para além do modo como se processa a contagem desse prazo, importa também saber se este permite, em concreto, o exercício do direito em tempo útil, ou se, pelo contrário, é de tal modo exíguo que inviabiliza ou dificulta gravemente esse exercício, tornando-se numa verdadeira restrição ao conteúdo daquele direito fundamental (vide, fazendo este juízo, os Acórdãos n.os 140/94, 70/00 e 247/02, todos disponíveis em *www.tribunalconstitucional.pt*).

O prazo de caducidade de 6 meses em apreço, ainda que estabelecido relativamente à existência de um documento escrito no qual o pretenso pai reconhece inequivocamente a sua paternidade, apresenta-se objectivamente exíguo para efeito de serena avaliação e ponderação de todos os factores que podem condicionar a difícil tomada de decisão de investigar a paternidade por parte de quem até então não tinha quaisquer razões, ou pelo menos razões sérias, que justificassem a propositura de uma acção de investigação da paternidade contra uma determinada pessoa na qualidade de pretenso pai.

É óbvio que não se partirá imediata e directamente da descoberta do escrito de pai para a propositura da acção de investigação de paternidade, havendo, assim, que contar com tempos razoáveis para a habituação do filho com a revelação da novidade da pretensa ascendência biológica, para as necessárias tentativas de aproximação e de estabelecimento de contactos com o pretenso pai, para a eventual necessidade de superação da atitude de rejeição do reconhecimento da paternidade adoptada pelo pretenso pai, para a informação e patrocínio judiciários e, finalmente, para a assunção da decisão de estabelecer a paternidade pelos meios jurisdicionais, sendo certo que a caducidade relativa aos direitos indisponíveis em presença apenas é impedida pela instauração da própria acção de investigação.

A decisão de avançar para o estabelecimento da ascendência biologicamente verdadeira convoca uma reflexão prévia e profunda sobre aspectos pessoalíssimos da pessoa humana — e, secundariamente, também de ordem social e patrimonial — que não é seguramente compatível com a exigência legal do seu exercício judicial no prazo de 6 meses a contar do conhecimento da existência de escrito de pai.

Aliás, a lei civil portuguesa está bem provida de exemplos de previsão de prazos subjectivos de caducidade mais dilatados relativamente ao exercício de direitos de conteúdo estritamente patrimonial, sem a indiscutível ressonância ética inerente às acções de filiação, que revelam a exiguidade do prazo previsto para a investigação da paternidade, designadamente:

— prevê-se um prazo de um ano para pedir a anulação dos negócios (artigo 287.º, n.º 1, do CC);
— prevê-se um prazo de um ano para o doador revogar a doação por ingratidão do donatário (artigo 976.º, n.º 1, do CC);
— prevê-se o prazo de um ano para o possuidor para pedir a restituição da posse (artigo 1282.º, n.º 1, do CC);
— prevê-se o prazo de dez anos para o sucessível aceitar a herança (artigo 2059.º, n.º 1, do CC);
— prevê-se um prazo de dois anos para o interessado anular o testamento (artigo 2308.º, n.º 2, do CC).

Regista-se também que a recente Lei n.º 13/2009, de 1 de Abril, veio alterar o prazo ora sob análise de 6 meses para 3 anos, reconhecendo implicitamente a manifesta exiguidade daquele.

Atentas as ponderações efectuadas conclui-se que o referido prazo de 6 dificulta de tal modo o exercício do direito à investigação de paternidade que resulta numa verdadeira restrição a este direito fundamental, não se revelando que o peso do interesse da segurança jurídica do investigado exija a imposição de tal dificuldade ao investigante, sendo por isso a duração de tal prazo claramente desproporcionada.

Assim sendo, importa concluir que a norma constante do n.º 3 do artigo 1817.º do CC, na redacção conferida pelo Decreto-Lei n.º 496/77, quando interpretada no sentido de estabelecer um limite temporal de 6 meses após a data em que o autor conheceu ou devia ter conhecido o conteúdo do escrito no qual o pretenso pai reconhece a paternidade, para o exercício do direito de investigação da paternidade, padece de inconstitucionalidade material, por violação do disposto nos artigos 26.º, n.º 1, e 18.º, n.º 2, da Constituição, por consagrar uma restrição desproporcionado ao direito fundamental ao conhecimento dos ascendentes biológicos.

Mostrando-se alcançado o anterior juízo negativo de constitucionalidade, torna-se desnecessário o confronto da interpretação normativa desaplicada com outros parâmetros constitucionais que o presente recurso poderia suscitar, nomeadamente com o direito a constituir família consagrado no artigo 36.º, n.º 1, da Constituição.

III — Decisão

Pelo exposto, decide-se:

a) Não conhecer do recurso na parte em que o mesmo tem por objecto a norma constante do n.º 4 do artigo 1817.º do Código Civil, na redacção introduzida pela Lei n.º 21/98, de 12 de Maio;

b) Julgar inconstitucional, por violação do disposto nos artigos 26.º, n.º 1, e 18.º, n.º 2, da Constituição, a norma constante do n.º 3 do artigo 1817.º do Código Civil, na redacção conferida pelo Decreto-Lei n.º 496/77 de 25 de Novembro, quando interpretado no sentido de estabelecer um limite temporal de 6 meses após a data em que o autor conheceu ou devia ter conhecido o conteúdo do escrito no qual o pretenso pai reconhece a paternidade, para o exercício do direito de investigação da paternidade;

c) E, consequentemente, confirmar o juízo de inconstitucionalidade adoptado na decisão recorrida, relativamente a esta norma, negando desta forma provimento ao recurso.

Sem custas.

Lisboa, 2 de Dezembro de 2009. — *João Cura Mariano* — *Benjamim Rodrigues* — *Joaquim de Sousa Ribeiro* — *Rui Manuel Moura Ramos* (Assim revendo, após melhor estudo, a posição assumida em sede de conhecimento no Acórdão n.º 579/09, da 1.ª Secção).

Anotação:

1 — Acórdão publicado no *Diário da República*, II Série, de 18 de Janeiro de 2010.
2 — Os Acórdãos n.os 140/94, 70/00 e 247/02 estão publicados em *Acórdãos*, 27.º, 46.º e 53.º Vols., respectivamente.

ACÓRDÃO N.º 632/09

DE 3 DE DEZEMBRO DE 2009

Não julga inconstitucionais as normas do artigo 50.º da Lei n.º 18/2003, de 11 de Junho, e do artigo 75.º do Regime Geral das Contra-Ordenações.

Processo: n.º 103/08.
Recorrente: Ordem dos Médicos.
Relatora: Conselheira Maria João Antunes.

SUMÁRIO:

I — A atribuição de competência a um tribunal judicial, para conhecer de recurso interposto de decisão da Autoridade da Concorrência que aplica coima e sanção acessória contra-ordenacional à Ordem dos Médicos (artigo 50.º da Lei n.º 18/2003), não põe em causa a reserva constitucional da jurisdição administrativa.

II — Não impondo a Constituição o duplo grau de recurso em matéria de facto, há que concluir pela conformidade constitucional do artigo 75.º do Regime Geral das Contra-Ordenações, 'enquanto limita o recurso em 2.ª instância à matéria de direito'.

Acordam na 1.ª Secção do Tribunal Constitucional:

I — Relatório

1. Nos presentes autos, vindos do Tribunal da Relação de Lisboa, em que é recorrente a Ordem dos Médicos e são recorridos o Ministério Público e a Autoridade da Concorrência, foi interposto recurso para o Tribunal Constitucional, ao abrigo da alínea *b)* do n.º 1 do artigo 70.º da Lei de Organização,

Funcionamento e Processo do Tribunal Constitucional (LTC), do acórdão daquele tribunal de 22 de Novembro de 2007.

2. Por decisão de 26 de Maio de 2006, a Autoridade da Concorrência aplicou à Ordem dos Médicos uma coima no valor de € 250 000 e ordenou a publicação do sumário da decisão no *Diário da República* e a da parte decisória num jornal nacional de expansão nacional.

A Ordem dos Médicos impugnou judicialmente esta decisão, suscitando a questão prévia da incompetência material do Tribunal de Comércio.

Em 6 de Setembro de 2006, o Tribunal de Comércio decidiu declarar-se materialmente competente para apreciar o recurso interposto. Em 18 de Janeiro de 2007 o recurso foi julgado parcialmente procedente. Consequentemente, a Ordem dos Médicos foi condenada na coima de € 230 000 e na publicação de súmula da decisão, incluída a parte decisória, no *Diário da República* e da parte decisória em jornal nacional de expansão nacional.

A Ordem dos Médicos recorreu da decisão proferida quanto à questão prévia da competência material do Tribunal de Comércio (fl. 167 e segs.) e da sentença deste tribunal de 18 de Janeiro de 2007 (fl. 322 e segs.) para o Tribunal da Relação de Lisboa. Para o que importa apreciar e decidir, extrai-se da motivação deste recurso o seguinte:

«Da incompetência legal da autoridade da concorrência para punir a recorrente

20. A recorrente considera que a Autoridade da Concorrência não tem competência legal para sancionar a Ordem dos Médicos.

Na verdade, importa ter presente que a lei autoriza a subsunção das ordens profissionais, enquanto entidades (auto) reguladoras, ao conceito de "entidades reguladoras sectoriais" para efeitos de caracterização da sua relação com a Autoridade da Concorrência como de colaboração — vide artigo 15.º da Lei n.º 18/2003 e Vital Moreira in *Auto-Regulação profissional e Administração Pública*, Almedina, 1997.

22. E, nesta medida, não se vislumbra que a AdC tenha competência para instaurar processos sancionatórios contra as demais entidades reguladoras sectoriais, como seja, a Comissão de Mercados de Valores Mobiliários (CMVM) ou a Autoridade Nacional de Comunicações (ANACOM).

23. A Ordem dos Médicos é uma pessoa colectiva pública.

24. Se é certo que as contra-ordenações previstas na Lei da Concorrência se aplicam, de facto, a pessoas colectivas, nada no referido diploma aponta para que as pessoas colectivas públicas tenham sido abrangidas pelo legislador; bem pelo contrário, um conjunto de elementos literais, históricos, sistemáticos, estruturais e teleológicos indiciam a solução contrária.

25. Tratando-se de uma questão extremamente delicada, que comporta opções de fundo de política criminal, pelo que seria de esperar uma menção

expressa por parte do legislador; não existindo essa indicação, o intérprete deverá rejeitar a aplicação de sanções desta natureza a pessoas colectivas públicas por violações do direito nacional da concorrência, não só em razão dos argumentos referidos, mas também porque estamos aqui perante matéria de direito sancionatório público.

26. Acresce que uma interpretação da Lei da Concorrência que submeta as ordens profissionais ao direito nacional da concorrência é inconstitucional, porquanto, não tendo o legislador democrático sido explícito nessa inclusão, deverá prevalecer, *prima facie*, a garantia constitucional da autonomia das associações públicas — artigo 267.º da Constituição.

27. Por último, a aplicação de vários preceitos da Lei da Concorrência, às ordens profissionais apresenta-se corno legalmente impossível, pois a mesma identifica, como destinatários da sanção, as "empresas associadas que hajam participado no comportamento proibido", e como critério para calcular a medida da coima, "10% do volume agregado anual das empresas associadas".

28. Em matéria de direito sancionatório público, não só não se vislumbra de que forma se procederá à identificação das "empresas participantes", como não se configura quem será o titular dos "negócios" referidos na norma em questão, nem qual a forma legal e minimamente rigorosa de o calcular.

29. Em face das condicionantes identificadas, a conclusão não poderá ser outra senão a de que, no direito português da concorrência vigente, a Autoridade da Concorrência carece de competência para aplicar coimas às ordens profissionais, pelo que sentença recorrida é ilegal.

30. Além de ilegal, é também inconstitucional por violação do artigo 267.º, n.º 4, da Constituição, aliás neste sentido veja-se o parecer do Professor Jorge Miranda, que se junta.

31. De notar que, na esteira do afirmado pelo dito Professor Jorge Miranda, a Ordem dos Médicos integra a Administração Autónoma do Estado, pelo que apenas está submetida à tutela do Governo, nos termos do artigo 199.º, alínea *d)*, da Constituição.

32. Tutela que não pode ser delegada noutro órgão e que não integra poderes sancionatórios.

33. Ignorando todas estas questões, a M.ma Juiz *a quo* refere diversos argumentos para não declarar a ilegalidade invocada pela arguida, aqui recorrente.

34. Todavia, e salvo o devido respeito, todos pouco consistentes e sem valia.

35. O primeiro argumento invocado na decisão recorrida é o carácter transversal da Autoridade da Concorrência (AdC), do qual resulta que a AdC tem poderes sobre todos os sectores da actividade económica.

36. Constata-se, contudo, que essa transversalidade quer significar que a Autoridade tem 'jurisdição" alargada a todos os sectores da actividade económica, por contraposição às entidades reguladoras sectoriais, que como é evidente se limitam a actuar num determinado sector da economia (ANACOM, nas telecomunicações, CMVM, no mercado bolsista, etc., etc., — vide a lista exemplificativa constante do n.º 4 do artigo 6.º do Decreto-Lei n.º 10/2003, de 18 de Janeiro).

37. Ora, salvo o devido respeito, este raciocínio não permite retirar qualquer conclusão no sentido de incluir a Ordem dos Médicos sob a 'jurisdição" da AdC.

38. O que resulta da Lei neste ponto é que a AdC tem jurisdição (também) sobre o sector da saúde. E nada mais.

39. É caso para utilizar o argumento da M.^{ma} Juiz *a quo*: onde a Lei não distingue não deve o intérprete distinguir.

40. De todo o modo, no entender da recorrente, essa "jurisdição" não afecta a própria "jurisdição" da Ordem dos Médicos sobre parte dos intervenientes nesse mesmo sector da saúde, que são os médicos.

41. É que um dos fins da Ordem é a defesa do direito dos cidadãos a uma medicina qualificada, por via da defesa da ética, da deontologia e da qualificação profissional — vide alínea *a)* do artigo 6.º do Estatuto da Ordem dos Médicos — Decreto-Lei n.º 282/77, de 5 de Julho.

42. A criação e existência da Entidade Reguladora da Saúde (ERS) não retira essa característica (auto) reguladora à Ordem dos Médicos — vide Rui Nunes in *Regulação da Saúde*, p. 116, Vida Económica, 2005.

43. O segundo argumento apresentado na sentença recorrida assenta no fim alegadamente prosseguido pela Ordem de defesa dos interesses dos médicos.

44. Ora, esta ideia está errada e só pode resultar de uma leitura incorrecta dos Estatutos da Ordem dos Médicos.

45. O que o Estatuto refere claramente é que a Ordem fomenta e defende os interesses da profissão médica e não dos seus membros, o que é algo bem distinto e com toda uma outra ressonância valorativa.

46. É preciso ter bem presente que a Ordem é um organismo público e não um organismo corporativo ou um sindicato.

47. Por outro lado, sendo uma pessoa colectiva de direito público, a Ordem está sujeita aos princípios gerais da actuação da Administração, entre os quais ressaltam os de isenção e imparcialidade, ou seja, precisamente os mesmos que delimitam a actuação das entidades reguladoras sectoriais.

48. Por fim, não é verdade nem está demonstrado nos autos que a Ordem dos Médicos exerça uma actividade económica, nem se vislumbra qual ela possa ser.

49. Conclui-se assim que a decisão da M.^{ma} Juiz *a quo* neste ponto violou a Lei, designadamente o artigo 267.º, n.º 4, da Constituição da República Portuguesa.

(...)

Da ausência de auditor/instrutor independente

64. A recorrente alegou, na impugnação da decisão da Autoridade da Concorrência, que o Presidente desta Autoridade afirmou, na apresentação feita no Seminário "Direito da Concorrência", organizado pela Confederação da Indústria Portuguesa (CIP) e Fundação PLMJ, em Lisboa, no dia 18 de Novembro de 2004 (e disponível em *www.autoridadedaconcorrencia.pt*), o seguinte: "Sabemos que para assegurar um equilíbrio nas decisões finais da Autoridade e o seu escrutínio cuidado dentro da instituição é necessário assegurar a separação entre a instrução e a

decisão. Esta é uma das minhas principais preocupações e que terá uma solução no regulamento interno que tem estado em constante reflexão e que será publicado em 2005. Existem diferentes soluções possíveis, uma vez que não existe separação institucional daquelas duas funções e que aliás foi intenção clara do legislador português integrar (...)".

65. Importava, pois, apreciar este facto e declará-lo provado ou não provado.

66. Sobretudo quando deste mesmo facto dependeria a rigorosa apreciação da questão prévia denominada "ausência de auditor/instrutor independente".

67. Para apreciação da referida questão prévia, um outro facto haveria que incluir na enumeração exigida pelo legislador.

68. Referimo-nos à existência da figura do Auditor e respectivas competências e razões para a sua criação, no âmbito dos processos de concorrência processados perante a Comissão Europeia.

69. É um facto que deveria constar do elenco de factos provados e nem sequer consta dos factos não provados.

70. Assim, entendeu a M.ma Juiz *a quo* que a inconstitucionalidade avançada pela arguida não merece acolhimento porquanto o legislador quis claramente confluir na mesma entidade as figuras de acusador e julgador, argumento que não pode servir para afastar a inconstitucionalidade pois nem tudo o legislador faz é bem feito.

71. Por outro lado, essa "bicefalia" resultaria de uma menor ressonância ética do ilícito contra-ordenacional, subtraindo-o assim às mais rigorosas exigências de determinação válidas para o ilícito penal.

72. Ora, esta argumentação é em tudo contraditória com o que foi defendido pelo próprio Presidente da AdC na apresentação *supra* mencionada.

73. Sobre o projecto de regulamento interno da AdC e da aberração de confluir na mesma entidade as funções de acusador e julgador, vide José António Veloso in *Revista da Ordem dos Advogados*, Ano 63, Abril 2003, Tomo II, p. 274, nota 24.

74. Por outro lado, o valor de tal forma elevado da medida das coimas aplicadas neste tipo de processos leva a que se defenda que os mesmos deveriam estar rodeados de mais garantias do que aquelas que são fornecidas pelo regime legal dos ilícitos de mera ordenação social.

75. Com efeito, como muito claramente refere José António Veloso in *Revista da Ordem dos Advogados*, Ano 60, Janeiro 2000, Tomo I, p.74, a transposição do regime do ilícito de mera ordenação social para as infracções graves da deontologia da actividade financeira, punidas com penas muito severas, extravasam por completo dos limites e sentido que os doutrinadores desse regime lhe atribuíram.

76. Seguindo na leitura deste artigo, destacam-se ainda estas passagens: "debates instrutórios perante o próprio investigador e decisões por este, só são admissíveis em casos de escassa relevância e com penas comensuráveis com essa escassa relevância. Assim o entenderam sempre os doutrinadores do regime da mera ordenação, e é esse o evidente espírito do decreto-lei que o introduziu em

1982" (...) "A utilização do regime da mera ordenação como instrumento de repressão e prevenção de infracções de grande gravidade — muitas das quais se contam entre as mais graves de que pode ser vítima uma comunidade, e nem por menos visíveis menos graves do que os crimes de perigo comum do Código Penal, e quantas vezes de efeitos muito mais generalizados e perduráveis —, infracções frequentemente de averiguação altamente complexa, com sanções necessariamente muito severas, e julgadas desta forma administrativa e, no contexto português uma evolução altamente discutível". (...) Um processo em que a autoridade ao mesmo tempo investiga, organiza o contraditório e avalia os resultados, e no fim toma a decisão de punir ou absolver (embora sujeita a recurso para um juiz) constitui também — em todas as questões que não sejam de natureza e implicações muito banais — um absoluto absurdo do próprio ponto de vista da eficácia da investigação". (...) A razão deste repúdio (...) é que ninguém confia num processo em que as mesmas pessoas investigam, acusam e decidem. E a existência de uma via de recurso judicial é conforto muito pouco convincente, pois que pode levar anos e anos a produzir sentença revogatória". (...) "O verdadeiro contraditório pressupõe necessariamente um árbitro, perante a autoridade da investigação passe a ocupar a posição de simples parte, contraposta ao investigado segundo regras formais que tendam a assegurar uma ao menos aproximada igualdade de armas. Não há contraditório se não existe um árbitro terceiro, e se o debate entre investigado e investigador decorre (...) perante o próprio investigador. Um processo que só conheça esse debate, em que o investigador, por um lado, seja parte do debate, e por outro lado, juiz dos resultados dele, não será um processo contraditório: será o que se chama (num dos sentidos do termo) processo inquisitório, ou inquisitorial".

77. Foi seguramente tendo presente a importância, ou melhor, a elevada ressonância ética deste ilícitos, que a Comissão Europeia decidiu criar a figura do conselheiro auditor em 1982 e concretizar os seus poderes e funções em 1994 (Decisão de 12 de Dezembro de 1994, *Jornal Oficial* L 330, de 21 de Dezembro de 1994, p. 67), atribuindo-lhe uma independência e certos poderes que reflectem os cuidados da Comissão em garantir a objectividade e imparcialidade da sua actuação na repressão das práticas anti-*trust*.

78. Em 2001, a Comissão veio "reforçar a independência e os poderes do auditor (...), melhorar a objectividade e a qualidade dos processos da concorrência da Comissão e das decisões dele resultantes" — vide *Jornal Oficial* L 162, de 19 de Junho de 2001, p. 21

79. Veja-se o artigo sobre as audições orais e o papel dos Auditores in "EC Competition Policy Newsletter", n.º 2, 2005, em que, a p. 24, se refere que "de há algum tempo a esta parte se diz que o procedimento da Comissão em matéria de concorrência tem um carácter inquisitório. Que a Comissão chegou até a ser rotulada como sendo ao mesmo tempo acusador, juiz e júri (...) Contudo, esta descrição é hoje em dia [2005] demasiado simplista" (disponível em *www.europa.eu.int/comm/competition/publications/cpn/*).

80. De elevado interesse para esta questão é também o Relatório da Casa dos Lordes britânica com o sugestivo título "Strengthening the Role of the Hearing

Officer in Ec Competition Cases", disponível em *http://www.parliament.the-stationery-office.co.uk/pa/ld199900/ldselect/ldeucom/125/12501.htm*.

81. Baseada em todos estes considerandos, a recorrente solicitou ao tribunal *a quo* a declaração de inconstitucionalidade dos artigos 17.º, 19.º e 22.º da Lei n.º 18/2003, de 11 de Junho, quando interpretados no sentido de não serem aplicáveis aos processos contra-ordenacionais abertos no âmbito da Lei da Concorrência às regras dos artigos 39.º e 40.º do Código de Processo Penal, por violação do preceituado no n.º 10 do artigo 32.º e no n.º 2 do artigo 266.º, ambos da Constituição.

82. A M.ma juiz *a quo* assumindo posição contrária, recorreu a um Acórdão do Tribunal Constitucional, em que se diz que o Regime Geral das Contra-Ordenações respeita e cumpre os ditames constitucionais.

83. Contudo, a M.ma Juiz *a quo* não se lembrou que, ao contrário do que preconiza o mesmo Tribunal Constitucional, a AdC tem legitimidade para recorrer das decisões do Tribunal de Comércio, o que, como se sabe não se verifica no Regime Geral das Contra-Ordenações, pois as autoridades administrativas não têm essa faculdade — vide o citado Acórdão do Tribunal Constitucional n.º 659/06 ("A diferença de "princípios jurídico-constitucionais, materiais e orgânicos, a que se submetem entre nós a legislação penal e a legislação das contra-ordenações" reflecte-se "no regime processual próprio de cada um desses ilícitos' não exigindo "um automático paralelismo com os institutos e regimes próprios do processo penal, inscrevendo-se assim no âmbito da liberdade de conformação legislativa própria do legislador", por exemplo, a não atribuição ao assistente (admitindo que a lei consente em processo contra-ordenacional esta figura) de legitimidade para recorrer, legitimidade que o artigo 73.º, n.º 2, do RGCO apenas reconhece ao arguido e ao Ministério Público (Acórdão n.º 344/93)".

84. Ou seja, é a própria Lei da Concorrência que implicitamente reconhece a diferente ressonância ética destes assuntos.

85. Aliás, será interessante verificar que a AdC tem poderes que muito se assemelham aos poderes do Ministério Público em sede de inquérito — vide o artigo 17.º da Lei da Concorrência.

86. Ou seja, o processo contra-ordenacional da concorrência, em termos de valoração ética, é um processo penal, a exigir as correspondentes garantias de defesa e um verdadeiro processo equitativo.

87. Por fim, o que se constata é que a M.ma Juiz *a quo* omitiu do seu raciocínio a razão de ser da "contestação" da recorrente, isto é, o carácter gravoso da conduta e a seriedade do "castigo" a que estão sujeitos os prevaricadores, além de não se pronunciar sobre as regras de procedimento junto da Comissão Europeia, da qual a lei da concorrência portuguesa é um mero decalque, ressalvado o respeito devido aos seus autores.

88. Ao não dar provimento a estes pedidos, a M.ma Juiz *a quo* violou a Lei.

Da incompetência da AdC para aplicar coimas por força do artigo 81.º do Tratado da Comunidade Europeia

89. Por força do princípio da legalidade — decorrente do artigo 18.º, n.º 2, da Constituição —, exige-se que se estabeleçam tipos contra-ordenacionais precisos, sob pena de indeterminação do conteúdo da norma, da mesma forma que se afasta o recurso à analogia.

90. Ora, no que respeita ao artigo 81.º do Tratado da Comunidade Europeia, a AdC pode em conformidade com o estabelecido no artigo 5.º do Regulamento (CE) n.º 1/2003, alternativa ou cumulativamente, exigir que seja posto termo à infracção; ordenar medidas provisórias; aceitar compromissos; aplicar coimas, sanções pecuniárias compulsórias ou qualquer outra sanção prevista pelo respectivo direito nacional.

91. Acontece, porém, que o artigo 43.º da Lei da Concorrência tem sempre por referência o artigo 4.º da mesma Lei e nunca faz remissão para qualquer outro.

92. E, como claramente se lê no artigo 23.º do Regulamento (CE) n.º 1/2003, este restringe-se, nos seus próprios termos, a decisões da Comissão Europeia.

93. A interpretação do tribunal *a quo* de que a previsão do artigo 5.º do Regulamento n.º 1/2003, quando se refere a "sanções previstas no direito nacional" é o bastante, é incorrecta e viola o princípio da legalidade decorrente do artigo 18.º da Constituição, já que, como se disse, a legislação nacional — artigo 43.º da Lei da Concorrência, não tem qualquer menção ao predito artigo 81.º do Tratado.

94. Por outro lado, jamais se poderá considerar, atenta a linguagem comummente utilizada pelo legislador comunitário, que o Regulamento n.º 1/2003 constitui "legislação nacional".

(…)

Da ilegitimidade da autoridade administrativa para punir a Ordem dos Médicos

XV. A AdC não tem competência legal para sancionar a Ordem dos Médicos.

XVI. A lei autoriza a subsunção das ordens profissionais, enquanto entidades (auto)-reguladoras, ao conceito de «entidades reguladoras sectoriais», para efeitos de caracterização da sua relação com a AdC como de colaboração — vide artigo 15.º da Lei n.º 18/2003.

XVII. E, nesta medida, não se vislumbra que a AdC tenha competência para instaurar processos sancionatórios contra as demais entidades reguladoras sectoriais, como seja, a CMVM ou a ANACOM.

XVIII. A Ordem dos Médicos é uma pessoa colectiva pública.

XIX. Se é certo que as contra-ordenações previstas na Lei da Concorrência se aplicam, de facto, a pessoas colectivas, nada no referido diploma aponta para que as pessoas colectivas públicas tenham sido abrangidas pelo legislador; bem pelo contrário, um conjunto de elementos literais, históricos, sistemáticos, estruturais e teleológicos indiciam a solução oposta.

XX. Tratando-se de uma questão extremamente delicada, que comporta opções de fundo de política criminal, seria de esperar uma menção expressa por parte do legislador; não existindo essa indicação, o intérprete deverá rejeitar a aplicação de sanções desta natureza a pessoas colectivas públicas por violações do direito nacional da concorrência, não só em razão dos argumentos referidos, mas também porque estamos aqui perante matéria de direito sancionatório público.

XXI. Uma interpretação da Lei da Concorrência que submeta as ordens profissionais ao direito nacional da concorrência é inconstitucional, porquanto, não tendo o legislador democrático sido explícito nessa inclusão, deverá prevalecer, *prima facie*, a garantia constitucional da autonomia das associações públicas — artigo 267.º da Constituição.

XXII. A Ordem dos Médicos integra a administração autónoma do Estado, pelo que apenas está submetida à tutela do Governo [artigo 199.º, alínea *d)*, da Constituição], tutela que não pode ser delegada e que não integra poderes sancionatórios.

XXIII. A sentença recorrida, ao não decidir neste sentido, violou o artigo 267.º, n.º 4, da Constituição.

XXIV. O aresto sob recurso considerou, todavia, que o carácter transversal da autoridade administrativa e o facto de a Ordem dos Médicos ser um organismo de representação e promoção do interesse de uma classe, são o bastante para declarar a improcedência desta questão.

XXV. Ora, a transversalidade da actuação da AdC é contraposta à «sectorização» das outras autoridade reguladoras, que, por isso mesmo, se designam autoridades reguladoras sectoriais.

XXVI. Não é a circunstância de abranger todas as áreas da actividade económica que atribui à AdC legitimidade para punir a Ordem dos Médicos.

XXVII. Primeiro porque a Ordem dos Médicos não exerce qualquer actividade económica, sendo antes uma entidade reguladora, em rigor, uma entidade auto-reguladora sectorial.

XXVIII. Esta sua natureza regulatória resulta também dos Estatutos da Entidade Reguladora da Saúde (ERS), que exclui do seu âmbito as competências atribuídas às Ordens profissionais do sector da saúde.

XXIX. O que decorre dos Estatutos é que a Ordem dos Médicos tem por fim a defesa dos interesses da profissão e não directamente dos profissionais, o que não é pura semântica, mas antes matéria de grande relevo e com toda uma outra ressonância valorativa.

XXX. Conclui-se, assim, que a Autoridade da Concorrência não tem legitimidade para sancionar a Ordem dos Médicos.

(...)

Da ausência de auditor/instrutor independente

XLI. Alegou a recorrente que o processo administrativo da concorrência carece de isenção e imparcialidade por não existir a figura do instrutor independente, ao contrário do que se verifica nos processos administrativos da concorrência que correm perante a Comissão Europeia, facto que afectaria a decisão da AdC de inconstitucionalidade.

XLII. Entendeu o M.ma Juiz *a quo* que, querendo o legislador aplicar o regime processual das contra-ordenações a este tipo de processos, não existe necessidade de tão fortes exigências em termos de garantias de defesa, dada a diferente ressonância ética dos valores discutidos num e noutro processo.

XLIII. Ao decidir da forma como o fez, a M.ma Juiz *a quo* violou a Lei, designadamente os artigos 39.° e 40.° do Código de Processo Penal e o artigo 41.°, n.° 2, do Regime Geral das Contra-Ordenações.

XLIV. Tal interpretação é também inconstitucional por violação do preceituado nos artigos 32.°, n.° 10, e 266.°, n.° 2, da Constituição.

Da incompetência da AdC para aplicar coimas ao abrigo do artigo 81.° do Tratado da Comunidade Europeia

XLV. O princípio da legalidade (artigo 18.°, n.° 2, da Constituição) exige que se estabeleçam tipos contra-ordenacionais precisos, afastando o recurso à analogia.

XLVI. Ora, o artigo 43.° da Lei da Concorrência não faz qualquer menção ao artigo 81.° do Tratado da Comunidade Europeia.

XLVII. E o artigo 23.° do Regulamento (CE) n.° 1/2003, que determina o tipo contra-ordenacional pela violação ao artigo 81.° do Tratado, restringe-se, pelos seus próprios termos, a decisões da Comissão Europeia.

XLVIII. Deste modo, a AdC apenas pode aplicar coimas por violações ao artigo 4.° da Lei da Concorrência e não por violações ao artigo 81.° do Tratado, pois não existe pena sem lei.

XLIX. Ora, o certo é que a Ordem dos Médicos foi condenada por violação ao artigo 81.° do Tratado CE, mas esse comportamento não está tipificado na lei portuguesa, não existindo, por conseguinte, qualquer coima para tal infracção.

L. Nessa medida, não existindo lei que a preveja, a coima não poderia ser aplicada.

LI. Ao decidir como decidiu, o tribunal *a quo* viola a Constituição no seu artigo 18.°

LII. É, portanto, inconstitucional o artigo 43.° da Lei da Concorrência quando interpretado no sentido de incluir na sua previsão as violações ao artigo 81.° do Tratado da Comunidade Europeia, por violação do citado artigo 18.° da Constituição».

3. Em 22 de Novembro de 2007, o Tribunal da Relação de Lisboa acordou em negar provimento aos recursos interpostos pela Ordem dos Médicos, rejeitando-os liminarmente, por manifesta improcedência. Com relevo para a presente decisão, extrai-se do acórdão recorrido o seguinte:

«A recorrente veio pôr em crise a matéria fáctica apurada. No entanto, nos termos do disposto no artigo 75.°, n.° 1, do Regime Geral das Contra-Ordenações, esta Relação apenas pode conhecer da matéria de direito, sendo que aquela só poderá ser colocada em causa caso se verifique algum dos vícios do artigo 410.°, n.os 2 e 3, do Código de Processo Penal.

Efectuado o exame preliminar foi considerado haver razões para a rejeição do recurso por manifesta improcedência (artigo 420.°, n.° 1, do Código de Processo Penal) sendo por isso determinada a remessa dos autos aos vistos para subsequente julgamento na conferencia [artigo 419.°, n.° 4, alínea *a*), do Código de Processo Penal].

(...)

Por outro lado, julgamos o Tribunal de Comércio materialmente competente para apreciar o recurso interposto pela Ordem dos Médicos da decisão da Autoridade da Concorrência de 26 de Maio de 2006 que lhe aplicou uma coima no valor de € 250 000, bem como a sanção acessória aplicada (vide artigo 50.°, n.° 1, do Regime Jurídico da Concorrência, aprovado pela Lei n.° 18/2003, de 11 de Junho), improcedendo o recurso interposto:

"Assim, refere a recorrente que "importa levantar a questão de saber se este tribunal pode apreciar decisões da Ordem dos Médicos, designadamente o artigo do Código Deontológico que a autoridade administrativa considera "nulo" e que está na base do presente processo de contra-ordenação" (cfr. ponto 7 das alegações da recorrente). Antes de mais, clarifique-se que o Tribunal de Comércio de Lisboa não foi chamado pela recorrente — reitere-se — a "apreciar decisões da Ordem dos Médicos" mas antes uma decisão da Autoridade da Concorrência. Ademais, note-se que, ao contrário do que sustenta a recorrente, a AdC não considerou "nulo" o artigo do Código Deontológico invocado, tendo sido, aliás, a própria Ordem dos Médicos (como admite nos pontos 313 e 315 das suas alegações) a, em momento anterior à emissão da própria decisão recorrida, revogar tal artigo e, bem assim, suspender a vigência do Código de Nomenclatura em apreço. Certo é que a "presente questão" de que fala a recorrente não pode confundir-se com qualquer decisão da Ordem dos Médicos ou declaração de nulidade de um artigo do respectivo Código Deontológico que se encontra já revogado, pelo que, como se afigura por demais evidente, nenhuma razão se vislumbra para que o Tribunal de Comércio se declarasse, *in casu*, incompetente.

E note-se que é bastante tal argumento para deitar por terra a frágil invocação da inconstitucionalidade do artigo 50.°, n.° 1, da Lei da Concorrência, em que, displicentemente, incorre a recorrente. Sustenta, assim, a recorrente que, pelo facto de determinar que "Das decisões da Autoridade que determinem a aplicação de coimas ou de outras sanções previstas na lei cabe recurso para o Tribunal de Comércio de Lisboa, com efeito suspensivo" deverá julgar-se inconstitucional o aludido artigo da Lei da Concorrência, face ao disposto nos artigos 211.°, n.° 1, e 212.°, n.° 3, da Constituição da República Portuguesa (CRP), os quais delimitam a jurisdição dos tribunais judiciais e dos tribunais administrativos e fiscais, estipulando este último preceito a competência dos tribunais administrativos e fiscais para o "julgamento das acções e recursos contenciosos que tenham por objecto dirimir litígios emergentes das relações jurídicas administrativas e fiscais". Ora, perante tal argumentação, cabe, desde logo, reiterar que o objecto dos presentes autos cinge-se à decisão proferida pela Autoridade da Concorrência no exercício dos seus poderes sancionatórios em sede de procedimento contra-ordenacional, não estando, pois, em causa, neste âmbito e por esse motivo, qualquer "relação jurídica administrativa". Na verdade, é a própria Lei Fundamental que reconhece autonomia ao direito contra-ordenacional ou de mera ordenação social face aos demais ramos de direito, *maxime*, o direito administrativo. Com efeito, prevê-se no artigo 165.º, n.º 1, alínea *d)*, da CRP, que "É da exclusiva competência da Assembleia da República legislar sobre as seguintes matérias, salvo autorização ao Governo: (...) *d)* Regime geral de punição das infracções disciplinares, bem como dos actos ilícitos de mera ordenação social e do respectivo processo". Ora, é no âmbito de tal previsão e consagração constitucional que se inserem os poderes sancionatórios e competências conferidas à AdC em sede de direito de mera ordenação social. Posto isto, cumpre salientar que este ramo do direito, o de mera ordenação social, não poderá, em caso algum, confundir-se com o direito administrativo nem tão-pouco poderão os actos e práticas por aquele abrangidos ser configurados como "relações jurídicas administrativas". Como referem Mário e Rodrigo Esteves de Oliveira. "É preciso (...) não confundir os factores de administratividade de uma relação jurídica com os factores que delimitam materialmente o âmbito da jurisdição administrativa" (*Código de Processo nos Tribunais Administrativos,* Volume I — Estatuto dos Tribunais Administrativos e Fiscais — Anotados, 2004, p. 26). É que o direito de mera ordenação social foi concebido para ser aplicado pelas autoridades administrativas, e não pelo poder judicial, sendo que tal não significa que o mesmo se reconduza ao direito administrativo. Na verdade, o direito de mera ordenação social "surge por contraposição, justamente, ao direito penal, está de certa maneira em relação com aquilo que tradicionalmente seria o direito das contravenções, ou o direito contravencional" (Teresa Beleza, *Direito Penal*, Volume I, p. 131, 2.ª edição). Para Figueiredo Dias "o direito de mera ordenação não é filho ou herdeiro de um direito penal administrativo já falecido, não é a sua máscara presente, mas é sim limite negativo de um direito penal administrativo que evoluiu e surge hoje renovado sob a face do *direito penal secundário.*" (*Direito e Justiça*, Volume IV, 1989/1990, p. 22) (itálico nosso). Encontramo-nos, pois, inequivocamente, perante um direito penal secundário cujas raízes e aforamentos recentes em nenhum ponto poderão confundir-se com o direito administrativo e com a regulação das "relações jurídicas administrativas". Ora, *in casu*, a decisão recorrida, como se deixou demonstrado à exaustão, foi adoptada no âmbito de um processo contra-ordenacional, do qual foi incumbida a Autoridade através dos seus Estatutos, da Lei da Concorrência e, bem assim, do próprio texto constitucional.

Mas mesmo que assim não se entendesse, o que por mero dever de patrocínio se concebe, também por outra via se concluiria pelo desacerto da tese propugnada pela recorrente. Assim, esclarecem Mário e Rodrigo Esteves de Oliveira, em anotação ao artigo 1.º, n.º 1, do Estatuto dos Tribunais Administrativos e Fiscais, que "Quanto à questão de saber da conformidade material das cláusulas "aditivas" e "subtractivas" da competência dos tribunais administrativos, por referência ao âmbito natural da sua jurisdição (consagrado no citado artigo 212.º, n.º 3, da CRP), respondeu-se na Exposição de Motivos da Proposta de Lei n.º 93/VIII apresentada pelo Governo à Assembleia da República — e que deu origem ao

Estatuto dos Tribunais Administrativos e Fiscais —, que a Constituição não estaria a instituir aí uma reserva material absoluta de competência dos tribunais administrativos, que impedisse o legislador ordinário de atribuir a outras jurisdições o julgamento de questões administrativas, e à jurisdição administrativa o julgamento de questões não administrativas." *(ob. cit.* 2004, p. 21). Ora, encontrando-se o direito de mera ordenação constitucionalmente previsto e tendo o legislador ordinário estabelecido expressamente, nesse âmbito, a competência do douto Tribunal de Comércio para julgar as impugnações das decisões da Autoridade em sede de processos contra-ordenacionais, nunca poderia tal previsão — a constante do artigo 50.°, n.° 1, da Lei n.° 18/2003, de 11 de Junho — ser julgada violadora do disposto nos artigos 212.°, n.° 3, e 211.°, n.° 1, da CRP, ao invés do que pretende a recorrente sustentar.

Note-se, ainda, que assume, a este propósito, extrema relevância o facto de, nos termos do disposto nos artigos 32.° e 41.° do Decreto-Lei n.° 433/82, de 27 de Outubro, o qual estabelece o Regime Geral das Contra-Ordenações (RGCO), o direito penal e o direito processual penal constituírem direito subsidiário face ao aludido regime geral, ao qual a própria recorrente reconduz a decisão recorrida, invocando mesmo tal regime como aplicável à situação ora objecto de apreciação ao longo das suas alegações. Ora, como se afigura evidente, em caso algum poderia sustentar-se que os tribunais administrativos viessem a aplicar, tão-somente por se tratarem de factos imputáveis a uma pessoa colectiva de natureza administrativa, normas de direito penal e processo penal, carecendo, assim, de qualquer sentido, a impugnação de processos contra-ordenacionais, ainda que envolvendo entidades administrativas, junto da jurisdição administrativa. A resposta vai, pois, evidentemente, no sentido de serem materialmente incompetentes os tribunais administrativos para conhecerem dos recursos interpostos em sede de direito de mera ordenação social, o que, naturalmente, determina a inexistência de qualquer inconstitucionalidade do artigo 50.°, n.° 1, da Lei da Concorrência.

A sufragar todo o exposto, e contrariamente ao que pretende a recorrente, veja-se o teor dos artigos 4.°, n.° 1, alínea *b)*, do Estatuto dos Tribunais Administrativos e Fiscais (ETAF), 10.° do Decreto-Lei n.° 10/2003, de 18 de Janeiro, (os quais são, aliás, invocados pela recorrente para sustentar a tese que apresenta) e, bem assim, o artigo 50.°, n.° 1, da Lei da Concorrência. Com efeito, estabelece o artigo 4.°, n.° 1, alínea *b)*, do ETAF que "Compete aos tribunais da jurisdição administrativa e fiscal a apreciação de litígios que tenham nomeadamente por objecto: (...) *b)* Fiscalização da legalidade das normas e demais actos jurídicos emanados por pessoas colectivas de direito público ao abrigo de disposições de direito administrativo ou fiscal, bem como a verificação da invalidade de quaisquer contratos que directamente resulte da invalidade do acto administrativo no qual se fundou a respectiva celebração". Ora, *in casu*, e como se deixou dito, não se encontra o Tribunal de Comércio incumbido de proceder a qualquer fiscalização das normas ou actos emanados da Ordem dos Médicos nem tão-pouco de aferir da sua eventual invalidade. O que está em causa nos presentes autos é a sindicância da legalidade e mérito da decisão de condenação em processo contra-ordenacional emanada da Autoridade da Concorrência, a qual, note-se, não declarou a invalidade de qualquer norma do Código Deontológico da recorrente, antes condenando a mesma, em sede de processo contra-ordenacional — e não administrativo — ao pagamento de uma coima e à publicação da decisão ora recorrida em virtude da verificação de uma prática restritiva da concorrência em que incorreu a Ordem dos Médicos, situação que claramente foge ao escopo dos Tribunais Administrativos e Fiscais e, especificamente, do artigo 4.º, n.º 1, alínea *b*), do ETAF.

Por sua vez, mais patente se afigura a confusão e desacerto em que incorre a recorrente ao invocar o artigo 10.º do Decreto-Lei n.º 10/2003, de 18 de Janeiro, o que faz no ponto 11 das suas alegações. Consagra o aludido preceito que "Até à entrada em vigor de diploma que estabeleça o regime processual dos recursos a que se refere o n.º 2 do artigo 38.º dos Estatutos *anexos a este diploma, as decisões aí previstas são impugnáveis junto dos tribunais administrativos,* de acordo com as regras gerais aplicáveis ao contencioso administrativo." (itálico nosso). Importa, pois, atentar no que se estabelece no n.º 2 do mencionado artigo 38.º dos Estatutos da Autoridade da Concorrência: "As decisões da Autoridade proferidas em procedimentos administrativos, respeitantes a matéria de concorrência, bem como a decisão ministerial a que alude o artigo 34.º deste diploma, são igualmente impugnáveis junto do Tribunal de Comércio de Lisboa". Com efeito, a norma ora citada regula, como é notório, tão-somente as decisões de que a AdC se encontra incumbida em sede de procedimento administrativo. São estas, pois, as previstas nos artigos 30.º a 41.º e 53.º a 55.º da Lei da Concorrência, relativas ao procedimento de controlo de operações de concentração de empresas e, bem assim, à decisão ministerial prevista no artigo 34.º dos Estatutos. Não se incluem, pois, neste universo os processos contra-ordenacionais, como o que originou os presentes autos, os quais merecem tratamento autonomizado no n.º 1 do artigo 38.º dos Estatutos, soçobrando necessariamente qualquer tese de inclusão dos mesmos na previsão do respectivo n.º 2, bem como no invocado artigo 10.º do Decreto-Lei n.º 10/2003, de 18 de Janeiro. Afigura-se, pois, incorrecta a posição da recorrente ao tentar reconduzir a decisão recorrida à previsão dos preceitos legais aplicáveis aos procedimentos administrativos consagrados na Lei da Concorrência, confundindo as regras de controlo jurisdicional em processos de contra-ordenação com o controlo jurisdicional em sede de procedimentos administrativos, ambos insertos nas atribuições da Autoridade da Concorrência.

Do exposto resulta, pois, de forma inequívoca, e ao invés do que sustenta a recorrente, ser o Tribunal de Comércio de Lisboa o tribunal competente para apreciar os presentes autos, não consubstanciando tal apreciação qualquer violação dos artigos 211.º, n.º 1, 212.º, n.º 3, e 204.º da CRP, carecendo, assim, de fundamento a pretensão de inconstitucionalidade do artigo 50.º, n.º 1, da Lei n.º 18/2003, de 11 de Junho, alegada pela recorrente».

4. A Ordem dos Médicos recorreu desta decisão para o Tribunal Constitucional. Convidada pelo relator para o efeito previsto nos n.ºs 5 e 6 do artigo 75.º-A da LTC, a recorrente respondeu do modo seguinte:

«1. Quanto às decisões a julgar, a recorrente esclarece que pretende ver apreciadas as decisões (as partes da decisão final) do Tribunal da Relação de Lisboa sobre cada uma das inconstitucionalidades invocadas nas alegações do recurso interposto da decisão final e da decisão interlocutória, ambas proferidas pelo Tribunal de Comércio de Lisboa, a saber:

a) A interpretação normativa segundo a qual o artigo 50.º da Lei n.º 18/2003, ao atribuir competência ao Tribunal de Comércio de Lisboa para apreciar a conduta de uma associação pública, será conforme os artigos 212.º, n.º 3, e 211.º, n.º 1, da CRP, inconstitucionalidade invocada nas alegações do recurso interlocutório interposto para o Tribunal da Relação de Lisboa da decisão interlocutória proferida pelo Tribunal de Comércio de Lisboa;

b) A decisão que considera constitucional a interpretação do artigo 1.º da Lei n.º 18/2003, segundo a qual as Ordens Profissionais e, em particular, a Ordem dos Médicos, estão sujeitas ao direito nacional da concorrência, não configurando portanto qualquer violação dos artigos 267.º, n.º 4, e 199.º, alínea *d)*, da CRP, inconstitucionalidade que foi invocada nas alegações de recurso para o Tribunal da Relação de Lisboa e que antes também fora invocada nas alegações de recurso para o Tribunal de Comércio de Lisboa;

c) A decisão que considera conformes com os artigos 32.º, n.º 10, e 266.º, n.º 2, da CRP os artigos 17.º, 19.º e 22.º da Lei n.º 18/2003, quando interpretados no sentido de não ser aplicável aos processos contra-ordenacionais abertos no âmbito da Lei da Concorrência o disposto nos artigos 39.º e 40.º do Código de Processo Penal, inconstitucionalidade que foi invocada nas alegações de recurso para o Tribunal da Relação de Lisboa;

d) A decisão que considera conforme com o artigo 18.º da CRP a interpretação do artigo 43.º da Lei n.º 18/2003, segundo a qual este normativo, ao fazer uma remissão directa para o Regulamento CE n.º 1/2003, confere à Autoridade da Concorrência o poder de aplicar coimas pela violação do artigo 81.º do Tratado da Comunidade Europeia, inconstitucionalidade que foi invocada nas alegações de recurso para o Tribunal da Relação de Lisboa;

e) A decisão que considerou constitucional a interpretação segundo a qual o artigo 75.º do Regime Geral das Contra-Ordenações, ao limitar o recurso em 2.ª instância à matéria de direito, não viola os artigos 20.º, n.ºs 1 e 4, e 32.º, n.º 1, todos da CRP, inconstitucionalidade que foi invocada nas alegações do recurso interposto para o Tribunal da Relação de Lisboa.

2. A recorrente entende que, deste modo, fica indicado com precisão o objecto do recurso interposto para este douto Tribunal».

5. Por despacho do relator, a recorrente e os recorridos foram notificados para alegar e para se pronunciarem, querendo:

«sobre a eventualidade de não se conhecer do recurso:

— quanto à segunda questão de constitucionalidade enunciada no requerimento de interposição de recurso, reportada ao artigo 1.° da Lei n.° 18/2003, por se poder entender que, na parte correspondente da motivação do recurso da recorrente para o Tribunal da Relação de Lisboa (n.os 20 a 49 e conclusões XV a XXX), não foi adequadamente individualizada a norma arguida de inconstitucional; e

— quanto às terceira e quarta questões de constitucionalidade enunciadas no mesmo requerimento, reportadas aos artigos 17.°, 19.°, 22.° e 43.° da Lei n.° 18/2003, por se poder entender que, nas partes correspondentes da motivação do recurso para a Relação (respectivamente, n.os 64 a 88, e conclusões XLI a XLIV, e n.os 89 a 94, e conclusões XLV a LII), a violação da Constituição foi directamente imputada a decisões judiciais, em si mesmas consideradas, não tendo a recorrente identificado, com precisão, qual o sentido das interpretações normativas que reputava inconstitucionais».

6. A recorrente alegou, concluindo o seguinte:

«I. O objecto do processo contra-ordenacional movido pela Autoridade da Concorrência contra a requerente põe em causa a validade das normas aprovadas no uso do poder próprio da Ordem dos Médicos, enquanto associação pública.

II. Estando em causa a validade das normas regulamentares aprovadas no uso do poder próprio da Ordem dos Médicos e sendo claros os preceitos constitucionais e legais sobre a reserva material da jurisdição administrativa, o artigo 50.°, n.° 1, da Lei n.° 18/2003 é inconstitucional quando interpretado no sentido de o Tribunal de Comércio de Lisboa ser competente para apreciar da legalidade dos regulamentos emanados pela Ordem dos Médicos, no âmbito das competências que lhe estão atribuídas por lei, mesmo que o faça no âmbito de um processo contra-ordenacional se este processo tiver por objecto tais normas.

III. Tal interpretação viola os artigos 212.°, n.° 3, e 211.°, n.° 1, da CRP.

IV. A Autoridade da Concorrência não tem competência legal para sancionar a Ordem dos Médicos.

V. Se é certo que as contra-ordenações previstas na Lei da Concorrência se aplicam, genericamente, a pessoas colectivas, nada no referido diploma aponta para que as pessoas colectivas públicas tenham sido abrangidas pelo legislador, antes pelo contrário, já que um conjunto de elementos literais, históricos, sistemáticos, estruturais e teleológicos indiciam a solução contrária.

VI. Conclui-se assim que a interpretação que o Tribunal recorrido fez do artigo 1.° da Lei n.° 18/2003 é desconforme à Constituição, designadamente ao artigo 267.°, n.° 4, devendo, portanto, ser declarada inconstitucional.

VII. Os processos instaurados pela Autoridade da Concorrência em matéria de concorrência são preparados, instruídos e julgados pela mesma entidade, sem garantir a isenção e a imparcialidade do julgador.

VIII. Fundindo-se o instrutor e o julgador na mesma pessoa/órgão/entidade, como é o caso, o segundo nunca terá a distância e a imparcialidade que lhe é exigível, nem o visado as garantias constitucionalmente reconhecidas em processo penal nesta matéria.

IX. São, por isso, inconstitucionais os artigos 17.º, 19.º e 22.º da Lei n.º 18/2003, de 11 de Junho, quando interpretados no sentido de não serem aplicáveis aos processos contra-ordenacionais abertos no âmbito da Lei da Concorrência as regras dos artigos 39.º e 40.º do Código de Processo Penal, por violação do preceituado no n.º 10 do artigo 32.º e no n.º 2 do artigo 266.º, ambos da CRP.

X. Por força do princípio da legalidade — decorrente do artigo 18.º, n.º 2, da Constituição — exige-se que se estabeleçam tipos contra-ordenacionais precisos, sob pena de indeterminação do conteúdo da norma, da mesma forma que se afasta o recurso à analogia.

XI. Sucede que o artigo 43.º da Lei da Concorrência tem sempre por referência o artigo 4.º da mesma Lei e nunca faz remissão para o artigo 81.º do Tratado da União Europeia.

XII. E, como claramente se lê no artigo 23.º do Regulamento (CE) n.º 1/2003, este restringe-se, nos seus próprios termos, a decisões da Comissão Europeia.

XIII. Nesta medida, a interpretação feita pelo tribunal *a quo* de que a previsão do artigo 5.º do Regulamento n.º 1/2003, quando se refere a «sanções previstas no direito nacional», é o bastante para atribuir competência à Autoridade da Concorrência, é incorrecta e viola o princípio da legalidade decorrente do artigo 18.º da CRP, já que, como se disse, a legislação nacional — artigo 43.º da Lei da Concorrência — não tem qualquer menção ao predito artigo 81.º do Tratado.

XIV. O artigo 75.º do Regime Geral das Contra-Ordenações não permite que os arguidos em processo contra-ordenacionais interponham recurso para a Relação sobre a matéria de facto, o que constitui mais uma violação da CRP, como se passa a demonstrar.

XV. Dispõe o artigo 75.º, n.º 1, do Decreto-Lei n.º 433/82, de 27 de Outubro, que «se o contrário não resultar deste diploma, a 2.ª instância apenas conhecerá da matéria de direito, não cabendo recurso das suas decisões».

XVI. Ou seja, em matéria contra-ordenacional, independentemente da natureza da infracção ou do montante da coima aplicada, o arguido não tem hipótese de impugnar o juízo que o tribunal de primeira instância formulou sobre os factos ou a valoração da prova.

XVII. Esta limitação constitui uma violação do direito de acesso ao direito e aos tribunais (artigo 20.º, n.ºs 1 e 4, da CRP) e do princípio consagrado no artigo 32.º, n.º 1, da CRP, que determina que «o processo criminal assegura todas as garantias de defesa, incluindo o recurso».

XVIII. Ora, é jurisprudência assente do Tribunal Constitucional, mesmo antes da revisão constitucional de 1997, que em matéria penal a Constituição consagra o princípio do duplo grau de jurisdição, na medida em que o direito ao recurso integra o núcleo essencial das garantias de defesa previstas no já referido artigo 32.° (cfr. Acórdão do Tribunal Constitucional n.° 415/01, Processo n.° 160/01).

XIX. A aplicação do artigo 75.°, n.° 1, do Regime Geral das Contra-Ordenações (RGCO) implica uma severa diminuição das garantias de defesa da arguida.

XX. Por outro lado, impedir uma segunda análise da matéria de facto por um tribunal superior constitui também, e como já se aflorou, uma violação do direito de acesso ao direito e do direito a um processo equitativo.

XXI. Com efeito, a autoridade administrativa tem o privilégio de fixar inicialmente os factos que considera relevantes para efeitos da aplicação de uma coima.

XXII. Posteriormente, em juízo, tem a arguida que se defender da acusação, procurando contrariar o sentido da decisão, carreando novos factos e meios de prova aos autos.

XXIII. O juiz conhecerá dos factos em causa de acordo com a ponderação que faz da prova produzida.

XXIV. Sendo que essa é a única e a última oportunidade que a arguida tem para suscitar a apreciação judicial da decisão da autoridade administrativa no que à matéria de facto respeita.

XXV. Ora, esta interpretação, quando aplicada aos processos da concorrência, em que as multas atingem valores muito elevados, em muito superiores às multas aplicadas no âmbito do Código Penal, não é consentânea com a Convenção Europeia dos Direitos do Homem nem com o espírito presente no n.° 10 do artigo 32.° da CRP.

XXVI. Razão pela qual se deverá decidir que o artigo 75.°, n.° 1, do RGCO, quando aplicado aos processos de contra-ordenação previstos na Lei da Concorrência, é inconstitucional, por violação dos artigos 32.°, n.° 1, e 20.°, n.ºs 1 e 4, da CRP.

Nestes termos, requer-se sejam declaradas inconstitucionais as seguintes normas:

- Artigo 50.°, n.° 1, da Lei n.° 18/2003, de 11 de Junho, por violação dos artigos 212.°, n.° 3, e 211.°, n.° 1, da CRP;
- Artigo 1.° da Lei n.° 18/2003, de 11 de Junho, por violação dos artigos 267.°, n.° 4, e 199.°, alínea *d)*, da CRP;
- Artigos 17.°, 19.° e 22.° da Lei n.° 18/2003, de 11 de Junho, por violação do preceituado no n.° 10 do artigo 32.° e no n.° 2 do artigo 266.°, ambos da CRP;
- Artigo 43.° da Lei n.° 18/2003, de 11 de Junho, por violação do artigo 18.° da CRP;
- Artigo 75.° do Regime Geral das Contra-Ordenações, por violação dos artigos 20.°, n.ºs 1 e 4, e 32.°, n.° 1, da CRP».

7. O Ministério Público contra-alegou, da seguinte forma:

«1. Apreciação da questão de constitucionalidade suscitada

O presente recurso vem interposto, pela Ordem dos Médicos, do acórdão, proferido em matéria contra-ordenacional, pela Relação de Lisboa, a p. 443 e segs., rejeitando a impugnação deduzida por aquela entidade.

Concordando inteiramente com a delimitação do objecto do recurso, realizado pelo douto despacho de p. 555, apenas se irá apreciar o mérito das questões elencadas no requerimento de interposição do recurso, de p. 551, sob as alíneas *a)* e *e)*.

Ambas as questões de constitucionalidade, ali delineadas pela entidade recorrente, se configuram como manifestamente improcedentes.

Desde logo — e movendo-nos no âmbito do processo contra-ordenacional — é evidente que não afronta a reserva material da jurisdição administrativa a circunstância de o pleito estar cometido a um tribunal judicial (o Tribunal de Comércio de Lisboa): na verdade, o Tribunal Constitucional tem interpretado com alguma margem de flexibilidade o dito princípio constitucional, proclamado pelo artigo 214.º, n.º 3, da Constituição da República Portuguesa (cfr. *v. g.* o recente Acórdão n.º 211/07), nunca tendo originado qualquer dúvida a legitimidade de outorga de competência aos tribunais judiciais para apreciarem a impugnação de decisões administrativas sancionatórias com coima, tomadas pela competente autoridade.

É, por outro lado, manifesto que o Tribunal competente para apreciar o objecto da acção — no caso, a legalidade da decisão administrativa sancionatória — tem naturalmente competência para, no âmbito do recurso contra-ordenacional, apreciar todas as questões que incidentalmente se mostrem necessárias ao julgamento do objecto da causa: não se trata, deste modo, e ao contrário do que sustenta a recorrente, de atribuir aos tribunais judiciais competência para directamente apreciarem a legalidade de regulamentos editados por uma Associação Pública, mas antes e tão-somente, de valorarem incidentalmente tal matéria, como "questão prejudicial", relativamente à dita — e impugnada — aplicação de uma coima.

Igualmente improcedente é a última questão de constitucionalidade suscitada em sede de "direito ao recurso" sobre a matéria de facto — sendo manifesto que a Lei Fundamental não impõe que o arguido goze, em processo contra-ordenacional, de um novo grau de jurisdição, envolvendo a reapreciação da matéria de facto que já foi reapreciada pelo tribunal de 1.ª instância, na sequência do recurso interposto da decisão administrativa (cfr. Acórdão n.º 73/07).

2. Conclusão

Nestes termos e pelo exposto conclui-se:

1.º

O princípio constitucional da reserva material de jurisdição administrativa não obsta a que os recursos em matéria contra-ordenacional sejam apreciados pelos tribunais judiciais.

2.º
Nenhum princípio constitucional impõe que, em processo contra-ordenacional, esteja cometido à Relação o exercício de um duplo grau de jurisdição quanto à matéria de facto, já devida e plenamente reapreciada pelo tribunal de 1.ª instância, na sequência do recurso da decisão sancionatória com coima.

3.º
Termos em que deverá improceder o presente recurso».

A Autoridade da Concorrência contra-alegou, concluindo, entre o mais, que:

«A) Considerando os pressupostos de conhecimento do recurso pelo Tribunal Constitucional elencados nos artigos 70.º, n.º 1, alínea b), e 72.º, n.º 2, da LTC, ressalta com clareza, no caso concreto, da simples leitura das alegações da recorrente junto do tribunal *a quo*, que as questões de constitucionalidade colocadas nos pontos I, II e III das alegações a que ora se responde não foram invocadas de forma a poderem ser sindicadas por este Venerando Tribunal.

B) Tendo o presente recurso sido interposto ao abrigo do artigo 70.º, n.º 1, alínea b), da LTC, constitui seu pressuposto processual a colocação da questão de constitucionalidade, durante o processo, de modo processualmente adequado perante o tribunal que proferiu a decisão recorrida, *in casu*, o Tribunal da Relação de Lisboa, em termos de este estar obrigado a dela conhecer (cfr. artigo 72.º, n.º 2, da LTC).

C) *In casu*, e relativamente às segunda, terceira e quarta questões de constitucionalidade que invoca (respeitantes, respectivamente, ao artigo 1.º, aos artigos 17.º, 19.º e 22.º, e ao artigo 43.º, todos da Lei n.º 18/2003), a recorrente não deu cumprimento a tal pressuposto essencial de conhecimento do presente recurso pelo Venerando Tribunal Constitucional.

D) Relativamente à segunda questão de constitucionalidade enunciada no requerimento de interposição de recurso para o tribunal *ad quem*, reportada ao artigo 1.º da Lei n.º 18/2003, é manifesto que a recorrente, nas suas alegações de recurso e respectivas conclusões junto do tribunal *a quo*, não procedeu à necessária individualização e indicação, concreta e inequívoca, da norma que reputa de inconstitucional.

E) E o mesmo se afirme quanto às terceira e quarta questões de constitucionalidade (relativas, respectivamente, aos artigos 17.º, 19.º e 22.º e ao artigo 43.º, todos da Lei n.º 18/2003) suscitadas no requerimento da recorrente. Também a esse propósito, não dá a recorrente cumprimento a tal pressuposto, neste caso por não ter identificado, com precisão, a interpretação ou a dimensão normativa que tem por violadora da CRP.

F) Especificamente no que concerne à terceira questão de constitucionalidade suscitada, a recorrente, nos pontos 64.º a 88.º das suas alegações de recurso para o tribunal *a quo* e, bem assim, nos pontos XLI a XLIV das respectivas conclusões, tece as mais variadas considerações sobre os regimes processual penal e contra-ordenacional e, bem assim, o regime processual constante da Lei n.º 18/2003, relativo aos processos por infracção do direito da concorrência, contrapondo-os e comentando as respectivas diferenças, para concluir, sem mais, pela inconstitucionalidade dos artigos 17.º, 19.º e 22.º da Lei n.º 18/2003. O que a recorrente não faz — e impunha-se que fizesse — é esclarecer qual a interpretação que, no seu entender, atento o regime previsto nos identificados artigos do Código de Processo Penal, determinaria a inconstitucionalidade daqueles preceitos da Lei n.º 18/2003.

G) Tal situação é determinante da impossibilidade de ser conhecida pelo tribunal *ad quem* a questão de constitucionalidade a que alude a recorrente no ponto III das alegações a que ora se responde.

H) Também no que concerne à quarta questão de constitucionalidade suscitada, é patente a ausência de concreta enunciação da interpretação normativa que a recorrente reputa inconstitucional nas suas alegações junto do Tribunal da Relação de Lisboa. Assim sendo, cumpre necessariamente concluir não ter a recorrente, também aqui, observado o pressuposto de conhecimento do recurso pelo Venerando Tribunal Constitucional que impunha a identificação concreta e precisa, junto do tribunal *a quo*, do sentido ou da dimensão normativa que a recorrente tem por violadora da Lei Fundamental.

I) Assim, afigura-se inequívoco não poder o tribunal *ad quem* conhecer das segunda, terceira e quarta questões de constitucionalidade suscitadas no requerimento de interposição do presente recurso.

J) Mesmo que assim não se entenda — o que não se concede e por mero dever de patrocínio se concede —, também por outra via sempre se imporia o não conhecimento, pelo Venerando Tribunal Constitucional, das terceira e quarta questões de constitucionalidade suscitadas pela ora recorrente.

K) O legislador constituinte elegeu como elemento identificador do objecto típico da actividade do Tribunal Constitucional em matéria de fiscalização de constitucionalidade — *maxime*, no domínio da fiscalização concreta — o conceito de norma jurídica, pelo que apenas as normas poderão ser objecto de sindicância constitucional e não já as decisões judiciais em si mesmas consideradas.

L) No que respeita à terceira questão de constitucionalidade suscitada nesta sede, a recorrente configurou a questão em apreço, que agora reputa de inconstitucionalidade normativa, como uma mera discordância com a decisão adoptada pelo Tribunal de Comércio de Lisboa, considerando, nessa sede, não que as normas em causa eram inconstitucionais mas antes não concordando com a aplicação que delas fez o identificado tribunal.

M) E o mesmo se afirme quanto à quarta questão de constitucionalidade suscitada pela recorrente junto do Venerando Tribunal Constitucional, já que também aí a recorrente, nas suas alegações e conclusões junto do tribunal *a quo*, afirma encontrar-se perante uma inconstitucionalidade normativa (do artigo 43.º da Lei n.º 18/2003), sendo que, na verdade, apenas discorre sobre a decisão que adoptou o Tribunal de Comércio de Lisboa sobre o âmbito de aplicação do artigo 5.º do Regulamento (CE) n.º 1/2003, do Conselho.

N) A recorrente, precisamente quanto à quarta questão de constitucionalidade, não indicou, sequer, qualquer norma ou interpretação como violadora da

CRP, limitando-se a apontar a sua divergência face à decisão judicial recorrida, no mero plano da aplicação da lei.

O) Assim sendo, conclui-se, inequivocamente, que o que vem impugnado pela recorrente não são as normas constantes dos artigos 17.º, 19.º, 22.º e 43.º da Lei n.º 18/2003, em si mesmas consideradas, mas antes a decisão judicial que as aplicou, por via de um processo interpretativo que a recorrente reputa de constitucionalmente proibido.

P) Tais questões — por não respeitarem a inconstitucionalidades normativas, mas antes a pretensas inconstitucionalidades da própria decisão judicial — excedem os poderes de cognição do Tribunal Constitucional, uma vez que, entre nós, não se encontra consagrado o denominado recurso de «amparo», designadamente na modalidade do «amparo» face a decisões jurisdicionais directamente violadoras da CRP.

Q) Assim, considera-se que as inconstitucionalidades invocadas nos pontos II, III e IV das alegações da recorrente, por não preencherem os pressupostos processuais do presente recurso, não devem ser conhecidas pelo venerando tribunal *ad quem*, com as legais consequências.

R) Não obstante o que se deixou dito acerca do conhecimento do recurso, e mesmo que assim não se entenda — o que não se concede e por mero dever de patrocínio se concebe —, sempre se impõe a conclusão de que carece integralmente de fundamento a argumentação expendida nos capítulos I a V das alegações da ora recorrente, não se verificando, pois, ao invés do que pretende a mesma sustentar, qualquer das inconstitucionalidades que invoca.

S) No que concerne à primeira das inconstitucionalidades suscitadas pela recorrente — do artigo 50.º da Lei n.º 18/2003 face aos artigos 212.º, n.º 3, e 211.º, n.º 1, da CRP —, pela qual sustenta uma pretensa incompetência material do Tribunal de Comércio de Lisboa para «apreciar a legalidade de normas regulamentares emanadas da Ordem dos Médicos» (cfr. ponto I das alegações da recorrente), importará, desde logo, evidenciar o manifesto equívoco em que incorre a recorrente, *maxime*, ao partir de um pressuposto manifestamente erróneo.

T) A questão objecto de sentença do Tribunal de Comércio de Lisboa e, posteriormente, de acórdão do Tribunal da Relação de Lisboa, não pode confundir-se com qualquer decisão da Ordem dos Médicos ou declaração de nulidade de um artigo do respectivo Código Deontológico que se encontra já revogado. Tal questão é, tão-somente, a de saber se a recorrente infringiu ou não o disposto nos artigos 4.º, n.º 1, da Lei n.º 18/2003 e 81.º, n.º 1, do Tratado da Comunidade Europeia, nos termos decididos pela AdC.

U) A própria Lei Fundamental reconhece autonomia ao direito contra-ordenacional ou de mera ordenação social face aos demais ramos de direito, *maxime*, o direito administrativo. Tal é o que decorre do artigo 165.º, n.º 1, alínea *d*), da CRP.

V) É no âmbito de tal previsão e consagração constitucional que se inserem os poderes sancionatórios e competências conferidas à AdC em sede de direito de mera ordenação social.

W) Cumpre salientar que este ramo do direito, o de mera ordenação social, não poderá, em caso algum, confundir-se com o direito administrativo nem, tão-pouco, poderão os actos e práticas por aquele abrangidos ser configurados como «relações jurídicas administrativas». É que o direito de mera ordenação social foi concebido para ser aplicado pelas autoridades administrativas, e não pelo poder judicial, sendo que tal não significa que o mesmo se reconduza ao direito administrativo.

X) *In casu*, a decisão da AdC foi adoptada no âmbito de um processo contra-ordenacional, do qual a mesma foi incumbida pelos seus Estatutos, da Lei n.º 18/2003 e, bem assim, do próprio texto constitucional.

Y) Encontrando-se o direito de mera ordenação constitucionalmente previsto e tendo o legislador ordinário estabelecido expressamente, nesse âmbito, a competência do Tribunal de Comércio de Lisboa para julgar as impugnações das decisões da AdC em sede de processos contra-ordenacionais, nunca poderia tal previsão — a constante do artigo 50.º da Lei n.º 18/2003, de 11 de Junho — ser julgada violadora do disposto nos artigos 212.º, n.º 3, e 211.º, n.º 1, da CRP, ao invés do que pretende a recorrente sustentar.

Z) Resulta, pois, de forma inequívoca, e ao invés do que sustenta a recorrente, ser o douto Tribunal de Comércio de Lisboa o tribunal competente para apreciar os presentes autos, não consubstanciando tal apreciação qualquer violação dos artigos 211.º, n.º 1, e 212.º, n.º 3, da CRP, carecendo, assim, de fundamento a pretensão de inconstitucionalidade do artigo 50.º da Lei n.º 18/2003 alegada pela recorrente no ponto I das suas alegações.

(...)

YY) No que concerne, igualmente, ao alegado pela recorrente no ponto V das suas alegações, carece integralmente de fundamento a pretensa inconstitucionalidade do artigo 75.º do RGCO face aos artigos 32.º, n.º 1, e 20.º, n.ºs 1 e 4, da CRP.

ZZ) Se no processo em apreço nos encontramos no âmbito do direito de mera ordenação social, e não do direito penal, o que sempre determinaria uma interpretação adaptada da norma constitucional invocada pela recorrente, impõe-se evidenciar que o artigo 75.º, n.º 1, do RGCO mais do que acautela tal previsão constitucional ao prever não uma mas duas instâncias de recurso, ainda que uma delas limitada ao conhecimento da matéria de direito.

AAA) Não faz qualquer sentido a invocação da inexistência, *in casu*, de um duplo grau de jurisdição, independentemente de nos encontrarmos no âmbito do processo contra-ordenacional ou penal, já que, efectivamente, a recorrente beneficiou já de tal duplo grau, ao recorrer da decisão da AdC para o Tribunal de Comércio de Lisboa e, consequentemente, da sentença proferida por esse tribunal, para o Tribunal da Relação de Lisboa.

BBB) É evidente que as garantias de defesa do arguido, incluindo a hipótese de recurso a que alude o invocado preceito constitucional, se encontram especificamente acauteladas pelo disposto no artigo 75.º do RGCO e, note-se, em grau garantisticamente superior ao que sempre resultaria da letra e *ratio* do artigo

32.º, n.º 1, da Lei Fundamental e, bem assim, da constante prática decisória do Venerando Tribunal Constitucional.

CCC) Mas ainda que assim não se entendesse, sempre haveria que ater a interpretação dos artigos 32.º, n.º 1, e 20.º, n.ºs 1 e 4, da CRP aos seus precisos termos, *maxime*, à luz das inegáveis diferenças entre o processo penal e o processo contra-ordenacional, incluindo o referente a infracções jusconcorrenciais, diferenciação essa que impõe tratamento constitucional diverso a um e outro tipo de processos.

DDD) Não podem equiparar-se, para os presentes efeitos, os processos sancionatórios em sede jusconcorrencial — pelo valor das coimas aplicadas ou em virtude de uma pretensa diferença de ressonância ética face à natureza do direito contra-ordenacional — aos processos de natureza penal, já que, como se afigura por demais evidente, nenhum sentido fará aplicar as mesmas garantias de defesa e, bem assim, os mesmos graus — ou âmbito material — de recurso, em sede de processo penal — o qual poderá cominar com uma sanção privativa da liberdade ou com a aplicação de uma multa — e em sede de processo contra-ordenacional por violação das normas jusconcorrenciais constantes da Lei n.º 18/2003 — no âmbito do qual a AdC apenas poderá aplicar uma coima ao arguido.

EEE) Tais situações não são, de todo em todo, comparáveis, assim se justificando que o RGCO, no seu artigo 75.º, n.º 1, não preveja a apreciação do recurso do arguido relativamente à matéria de facto pelo Tribunal da Relação.

FFF) Assim, afigura-se inequívoco não enfermar o artigo 75.º, n.º 1, do RGCO de qualquer inconstitucionalidade, sendo, pois, compatível com as normas constitucionais constantes dos artigos 32.º, n.ºs 1 e 10, e 20.º, n.ºs 1 e 4, pelo que, também aqui, improcederá, necessariamente, a pretensão da recorrente.

Nestes termos, deve julgar-se integralmente improcedente o presente recurso e, em consequência:

a) Não conhecer das inconstitucionalidades invocas em 2.º, 3.º e 4.º lugar, nos termos do disposto nos artigos 70.º, n.º 1, alínea *b)*, e 72.º, n.º 2, da LTC;

b) Não julgar inconstitucional a norma que resulta da interpretação do artigo 50.º da Lei n.º 18/2003, de 11 de Junho, segundo a qual o Tribunal de Comércio de Lisboa é competente para apreciar as decisões da Autoridade da Concorrência, por violação dos artigos 212.º, n.º 3, e 211.º, n.º 1, da CRP; e

c) Não julgar inconstitucional a norma que resulta da aplicação do artigo 75.º, n.º 1, do Regime Geral das Contra-Ordenações aos processos de contra-ordenação previstos na Lei n.º 18/2003, de 11 de Junho, por violação dos artigos 32.º, n.º 1, e 20.º, n.ºs 1 e 4, da CRP».

8. Os presentes autos foram redistribuídos em Setembro de 2009, por o relator ter cessado funções neste Tribunal.

Cumpre apreciar e decidir.

II — Fundamentação

1. O presente recurso foi interposto ao abrigo da alínea *b)* do n.º 1 do artigo 70.º da LTC para apreciação:

a) Do artigo 50.º da Lei n.º 18/2003, de 11 de Junho, "enquanto atribuiu competência ao Tribunal de Comércio de Lisboa para apreciar a conduta de uma associação pública";
b) Do artigo 1.º da Lei n.º 18/2003, "na interpretação segundo a qual as Ordens Profissionais e, em particular, a Ordem dos Médicos, estão sujeitas ao direito nacional da concorrência";
c) Dos artigos 17.º, 19.º e 22.º da Lei n.º 18/2003, "quando interpretados no sentido de não ser aplicável aos processos contra-ordenacionais abertos no âmbito da Lei da Concorrência o disposto nos artigos 39.º e 40.º do Código de Processo Penal";
d) Do artigo 43.º da Lei n.º 18/2003, "na interpretação segundo a qual este normativo, ao fazer uma remissão directa para o Regulamento CE n.º 1/2003, confere à Autoridade da Concorrência o poder de aplicar coimas pela violação do artigo 81.º do Tratado da Comunidade Europeia"; e
e) Do artigo 75.º do Regime Geral da Contra-ordenações, "enquanto limita o recurso em 2.ª instância à matéria de direito".

2. De acordo com o disposto nos artigos 70.º, n.º 1, alínea *b)*, e 72.º, n.º 2, da LTC, cabe recurso para o Tribunal Constitucional das decisões dos tribunais que apliquem norma cuja inconstitucionalidade haja sido suscitada durante o processo, de modo processualmente adequado perante o tribunal que proferiu a decisão recorrida, em termos de este estar obrigado a dela conhecer.

Se, por um lado, um dos requisitos do recurso interposto ao abrigo da alínea *b)* do n.º 1 do artigo 70.º é a suscitação prévia e de forma adequada, perante o tribunal que proferiu a decisão recorrida, da questão de constitucionalidade cuja apreciação é requerida a este Tribunal, por outro, identifica-se o conceito de norma jurídica como elemento definidor do objecto do recurso de constitucionalidade, pelo que apenas as normas e não já as decisões judiciais podem constituir objecto de tal recurso (Acórdão do Tribunal Constitucional n.º 361/98, disponível em *www.tribunalconstitucional.pt*). Quer se trate da norma na sua totalidade, em determinado segmento ou segundo certa interpretação, desde que a interpretação definida não seja afinal um caso de abuso ou ficção do conceito de interpretação normativa, apenas com o objectivo de forjar artificialmente uma norma sindicável pelo Tribunal Constitucional (sobre isto, Lopes do Rego, "O objecto idóneo dos recursos de fiscalização concreta da constitucionalidade:

as interpretações normativas sindicáveis pelo Tribunal Constitucional", in *Jurisprudência Constitucional*, n.º 3, p. 8).

2.1. A recorrente requer a apreciação do artigo 1.º da Lei n.º 18/2003, "na interpretação segundo a qual as Ordens Profissionais e, em particular, a Ordem dos Médicos, estão sujeitas ao direito nacional da concorrência".

Na motivação do recurso interposto para o Tribunal da Relação de Lisboa não foi questionada a constitucionalidade de qualquer norma reportada ao artigo 1.º daquele diploma legal (cfr. n.ºs 20 a 49 e conclusões XV a XXX), não se podendo dar como verificado o requisito da suscitação prévia da questão de inconstitucionalidade. Consequentemente há que concluir, nesta parte, pelo não conhecimento do objecto do recurso.

2.2. A Ordem dos Médicos requer também a apreciação dos artigos 17.º, 19.º e 22.º da Lei n.º 18/2003, "quando interpretados no sentido de não ser aplicável aos processos contra-ordenacionais abertos no âmbito da Lei da Concorrência o disposto nos artigos 39.º e 40.º do Código de Processo Penal".

Da motivação do recurso que deu origem à decisão recorrida (cfr. n.ºs 64 a 88 e conclusões XLI a XLIV), daquele enunciado e do teor daqueles artigos da Lei n.º 18/2003 decorre que aquilo que a recorrente questiona verdadeiramente é a sentença do Tribunal de Comércio, imputando-lhe a violação dos artigos 39.º e 40.º do Código de Processo Penal, bem como a dos artigos 32.º, n.º 10, e 266.º, n.º 2, da Constituição. Assim sendo, há que concluir, também nesta parte, pelo não conhecimento do objecto do recurso.

2.3. A recorrente requer ainda a apreciação do artigo 43.º da Lei n.º 18/2003, "na interpretação segundo a qual este normativo, ao fazer uma remissão directa para o Regulamento CE n.º 1/2003, confere à Autoridade da Concorrência o poder de aplicar coimas pela violação do artigo 81.º do Tratado da Comunidade Europeia".

Na motivação do recurso interposto para o Tribunal da Relação (cfr. n.ºs 89 a 94 e conclusões XLV a LII), resulta que a recorrente acusa o Tribunal de Comércio de violar o artigo 18.º da Constituição, por ter decidido como decidiu. A circunstância de a Ordem dos Médicos ter questionado a constitucionalidade de uma decisão judicial (e não de uma norma), obsta ao conhecimento do recurso na parte que se refere àquele artigo da Lei n.º 18/2003.

3. Por se verificarem os requisitos do recurso interposto no que respeita aos artigos 50.º da Lei n.º 18/2003 e 75.º do Regime Geral das Contra-Ordenações, importa, nesta parte, apreciar as questões de constitucionalidade postas a este Tribunal.

3.1. A Ordem dos Médicos requer a apreciação do artigo 50.º da Lei n.º 18/2003, "enquanto atribui competência ao Tribunal de Comércio de Lisboa para apreciar a conduta de uma associação pública".

O artigo 50.º, n.º 1, daquela Lei dispõe o seguinte:

> «Das decisões proferidas pela Autoridade que determinem a aplicação de coimas ou de outras sanções previstas na lei cabe recurso para o Tribunal de Comércio de Lisboa, com efeito suspensivo».

A recorrente requer esta apreciação invocando os artigos 212.º, n.º 3, e 211.º, n.º 1, da Constituição. Face à reserva constitucional da jurisdição administrativa, questiona a constitucionalidade de norma que, em matéria de direito administrativo, atribui competência ao Tribunal de Comércio de Lisboa.

A questão de saber qual é, afinal, o alcance da reserva constitucional da jurisdição administrativa tem sido respondida na jurisprudência do Tribunal Constitucional. Seguindo o Acórdão do n.º 211/07 (disponível em *www.tribunalconstitucional.pt*), é de concluir que:

> «Desta jurisprudência ressalta o entendimento, várias vezes sublinhado, de que a introdução, pela revisão constitucional de 1989, no então artigo 214.º, n.º 3, da Constituição, da definição do âmbito material da jurisdição administrativa, não visou estabelecer uma reserva absoluta, quer no sentido de exclusiva, quer no sentido de excludente, de atribuição a tal jurisdição da competência para o julgamento dos litígios emergentes das relações jurídicas administrativas e fiscais. O preceito constitucional não impôs que todos estes litígios fossem conhecidos pela jurisdição administrativa (com total exclusão da possibilidade de atribuição de alguns deles à jurisdição "comum"), nem impôs que esta jurisdição apenas pudesse conhecer desses litígios (com absoluta proibição de pontual confiança à jurisdição administrativa do conhecimento de litígios emergentes de relações não administrativas), sendo constitucionalmente admissíveis desvios num sentido ou noutro, desde que materialmente fundados e insusceptíveis de descaracterizar o núcleo essencial de cada uma das jurisdições».

Nos presentes autos está em causa a norma que atribui competência a um tribunal judicial para conhecer de recurso interposto de decisão da Autoridade da Concorrência que aplica coima e sanção acessória contra-ordenacional à Ordem dos Médicos. Ora, não pode concluir-se que esta atribuição de competência seja desprovida de justificação.

No Acórdão do Tribunal Constitucional n.º 522/08 (disponível em *www.tribunalconstitucional.pt*) lê-se que:

> «Na verdade, a opção legislativa, com longa tradição entre nós, de manter o contencioso das contra-ordenações excluído da jurisdição administrativa foi assumida na discussão que antecedeu a recente reforma do contencioso administrativo e a redefinição do respectivo âmbito da jurisdição, de que veio a resultar o actual artigo 4.º do Estatuto dos Tribunais Administrativos e Fiscais (aprovado pela Lei n.º 13/2002, de 19 de Fevereiro, e alterado, por último, pela Lei n.º 26/2008, de 27 de Junho). Como justificação para esta opção, invocaram-se as insuficiên-

cias de que padece a rede de tribunais administrativos (mesmo após a reforma), incapaz de dar a adequada resposta, sem o risco de gerar disfuncionalidades no sistema (cfr. Diogo Freitas do Amaral/ Mário Aroso de Almeida, *Grandes Linhas da Reforma do Contencioso Administrativo*, Coimbra, 2002, p. 24).

Por último, sendo inegável a natureza administrativa (…) do processo de contra-ordenação e das situações jurídicas que lhe estão subjacentes, a verdade é que o processo contra-ordenacional, pelo menos na fase judicial, está gizado à imagem do processo penal (cfr. artigos 41.º e 59.º e segs., *maxime*, 62.º e segs., do RGCO, e artigo 52.º Lei n.º 50/2006, de 29 de Agosto, que estabelece o regime aplicável às contra-ordenações ambientais). Neste contexto, em que coexistem matérias administrativas com modelos processuais penalistas, a "remissão" para os tribunais judiciais das impugnações judiciais no âmbito de processos de contra-ordenação (ambiental) não se afigura atentatória do figurino típico que a Constituição quis consagrar quanto ao âmbito material da justiça administrativa».

Impõe-se, por conseguinte, negar provimento ao recurso interposto na parte que se reporta ao artigo 50.º da Lei n.º 18/2003.

3.2. A recorrente requer ainda a apreciação do artigo 75.º do Regime Geral da Contra-Ordenações, "enquanto limita o recurso em 2.ª instância à matéria de direito".

No n.º 1 desta disposição legal determina-se o seguinte:

«Se o contrário não resultar deste diploma, a 2.ª instância apenas conhecerá da matéria de direito, não cabendo recurso das suas decisões».

A Ordem dos Médicos requer a apreciação daquela norma face ao disposto nos artigos 20.º, n.ºs 1 e 4, e 32.º, n.º 1, da Constituição. Está em causa a inexistência de um duplo grau de recurso em matéria de facto em processo contra-ordenacional.

Este Tribunal tem entendido que a Constituição não impõe o duplo grau de recurso em matéria de facto (cfr., entre muitos outros, os Acórdãos n.ºs 573/98, 189/01 e 73/07, disponíveis em *www.tribunalconstitucional.pt*), pelo que, reiterando este entendimento, há que negar provimento ao recurso interposto na parte que se reporta ao artigo 75.º do Regime Geral da Contra-Ordenações.

III — Decisão

Em face do exposto, decide-se:

a) Não tomar conhecimento do objecto do presente recurso, na parte que se refere às questões reportadas aos artigos 1.º, 17.º, 19.º e 22.º e 43.º da Lei n.º 18/2003;

b) Negar provimento ao recurso na parte que dele se conhece.

Custas pela recorrente, fixando-se a taxa de justiça em 25 unidades de conta.

Lisboa, 3 de Dezembro de 2009. — *Maria João Antunes — Carlos Pamplona de Oliveira — Gil Galvão — José Borges Soeiro — Rui Manuel Moura Ramos.*

Anotação:

1 — Acórdão publicado no *Diário da República*, II Série, de 19 de Fevereiro de 2010.

2 — Os Acórdãos n.os 573/98, 189/01 e 211/07 estão publicados em *Acórdãos*, 41.º, 50.º e 68.º Vols., respectivamente.

ACÓRDÃO N.º 651/09

DE 15 DE DEZEMBRO DE 2009

Não julga inconstitucionais as normas do n.º 1 do artigo 8.º do Decreto-Lei n.º 322/90, de 18 de Outubro, e do artigo 3.º do Decreto Regulamentar n.º 1/94, de 18 de Janeiro, quando interpretadas no sentido segundo o qual o direito à atribuição da pensão de sobrevivência por morte do beneficiário, a quem com ele convivia em união de facto, depende de o interessado estar nas condições do artigo 2020.º do Código Civil, isto é, ter direito a obter alimentos da herança, por não os poder obter das pessoas referidas no artigo 2009.º, n.º 1, alíneas *a)* a *d)*, do mesmo Código.

Processo: n.º 1019/08.
Recorrente: Maria da Conceição.
Relatora: Conselheira Maria Lúcia Amaral.

SUMÁRIO:

I — A norma *sub iudicio*, ao exigir que, nos casos de união de facto, o companheiro sobrevivo do beneficiário falecido só possa aceder à pensão de sobrevivência se cumprir os requisitos exigidos pelo n.º 1 do artigo 2020.º do Código Civil, não está a contrariar nenhum daqueles elementos imperativos que, contidos no artigo 63.º da Constituição, integram o "núcleo essencial", imodificável pelo legislador, do direito de cada um à segurança social.

II — O legislador agiu aqui — e no que às imposições constitucionais do artigo 63.º diz respeito — no âmbito da sua liberdade conformadora, a qual não é coarctada pelo facto de a Constituição, no artigo 67.º, colocar a família sob protecção da sociedade e do Estado.

III — A diferença estabelecida pelo direito da segurança social entre o regime de acesso à pensão de sobrevivência por parte do cônjuge sobrevivo de beneficiário falecido e o regime de acesso à mesma pensão por parte do unido de facto não lesa, por si só, nem as exigências decorrentes do princípio geral da igualdade, nem as exigências decorrentes da proibição de discriminação.

Acordam, em Plenário, no Tribunal Constitucional:

I — Relatório

1. Maria da Conceição intentou contra o Instituto de Solidariedade e Segurança Social uma acção ordinária pedindo que fosse declarado que é titular das prestações por morte de um beneficiário do Centro Nacional de Pensões com quem vivia em união de facto.

A acção foi julgada improcedente por sentença de primeira instância, em aplicação do disposto no artigo 8.° do Decreto-Lei n.° 322/90, de 18 de Outubro, e 3.° do Decreto Regulamentar n.° 1/94, de 18 de Janeiro, com fundamento em que não ficou provada por parte da autora a impossibilidade de obter alimentos dos seus descendentes ou da herança aberta por óbito do beneficiário com quem vivia em união de facto.

A decisão foi confirmada por acórdão do Tribunal da Relação de Coimbra, e, em recurso de revista, pelo Supremo Tribunal de Justiça, que, quanto à questão de constitucionalidade suscitada em relação às referidas normas, se louvou na orientação do Tribunal Constitucional firmada no Acórdão n.° 159/05.

A recorrente interpôs recurso para o Tribunal Constitucional e, nas respectivas alegações, concluiu no sentido de serem julgadas inconstitucionais as normas do artigo 8.° do Decreto-Lei n.° 322/90, de 18 de Outubro, e 3.° do Decreto Regulamentar n.° 1/94, de 18 de Janeiro, quando interpretadas no sentido de que o requerente das prestações por morte da segurança social ligado ao beneficiário falecido pela relação familiar de união de facto, deve, como pressuposto do direito às correspondentes prestações, alegar e provar, não só a necessidade de alimentos, como a impossibilidade de os obter das pessoas enumeradas no elenco do artigo 2009.° do Código Civil, por violação dos princípio da proporcionalidade, conjugado com o princípio do Estado de direito, com o direito à protecção da família e às prestações da segurança social, e do princípio constitucional da igualdade.

O Instituto de Solidariedade e Segurança Social contra-alegou, pronunciando-se no sentido da improcedência do recurso.

2. Após determinação que o julgamento se fizesse com intervenção do Plenário, nos termos do disposto no artigo 79.°-A da Lei do Tribunal Constitucional (Lei n.° 28/82), foram os autos redistribuídos por vencimento do primitivo relator.

II — Fundamentos

3. É mais uma vez colocada ao Tribunal a questão de saber se será inconstitucional a disciplina constante do n.º 1 do artigo 8.º do Decreto-Lei n.º 322/90, de 18 de Outubro, e do artigo 3.º do Decreto Regulamentar n.º 1/94, de 18 de Janeiro.

O Decreto-Lei n.º 322/90, que define as condições de protecção dos "familiares" dos beneficiários do regime geral de segurança social por eventualidade da morte, concede, precisamente no seu artigo 8.º, direito à pensão de sobrevivência ao companheiro do beneficiário falecido, que com ele vivesse, em união de facto, há mais de dois anos. No entanto — e de acordo com um regime que é substancialmente homólogo ao que vale, também, para os companheiros sobrevivos dos funcionários ou agentes da Administração Pública ou da Administração Local ou Regional (artigos 40.º e 41.º do "Estatuto das Pensões de Sobrevivência", Decreto-Lei n.º 142/73, de 31 de Março, na redacção do Decreto-Lei n.º 191-B/79, de 25 de Junho) — o acesso à pensão de sobrevivência depende de o companheiro do beneficiário falecido demonstrar que tem direito de obter alimentos da herança deste, por ter necessidade deles e não os poder obter das pessoas referidas no artigo 2009.º, n.º 1, alíneas *a)* a *d),* do Código Civil (cônjuge ou ex-cônjuge, descendentes, ascendentes ou irmãos). Nos termos do artigo 3.º do Decreto Regulamentar n.º 1/94, este direito a alimentos da herança do falecido — que é, portanto, condição da atribuição da pensão de sobrevivência ao seu companheiro de facto — deve ser reconhecido por sentença judicial.

Diversa é, no sistema normativo instituído pelo Decreto-Lei n.º 322/90, a situação do cônjuge do beneficiário falecido, que, para aceder à pensão de sobrevivência, deve apenas provar a sua condição de cônjuge, sem qualquer requisito adicional relativo à demonstração de carência ou de condições de recursos económicos. Tal situação parece, aliás, coadunar-se com a própria natureza que detém, no sistema de segurança social, a pensão de sobrevivência, enquanto forma de tutela própria do sub-sistema previdencial.

Com efeito, o termo sobrevivência não é aqui denotativo de especiais condições de carência, que pressupusessem que a correspondente pensão só fosse atribuída naqueles casos em que se mostrasse necessária para a assistência a familiares (do beneficiário falecido) destituídos de quaisquer recursos de existência. De acordo com o artigo 4.º do Decreto-Lei n.º 322/90, a finalidade destas prestações sociais é apenas a de "compensar os familiares do beneficiário da perda de rendimentos de trabalho determinado pela morte deste." A lei presume, portanto, que o beneficiário falecido contribuía, através dos proventos resultantes do seu trabalho, para a economia do seu agregado familiar; e pretende que a prestação da pensão — possibilitada pela lógica contributiva do princípio previdencial — venha a compensar a diminuição de rendimentos daqueles familiares que, sobrevivendo ao beneficiário, de algum modo dele economicamente dependiam. Por isso mesmo, entende-se normalmente que a prestação desta pensão tem natureza substitutiva da prestação de alimentos. O elenco dos familiares sobrevivos que a ela têm direito, tanto no regime geral de segurança social quanto no regime próprio do "funcionalismo público", são justamente aqueles que viviam, ou que a lei presume que viviam, a "cargo" do trabalhador falecido: cônjuges, ex-cônjuges, descendentes, ascendentes. Em relação aos ex-cônjuges (ou aos cônjuges separados judicialmente de pessoas e bens), tal como em relação aos ascendentes e descendentes maiores de 18 anos, exige a lei que se faça prova da existência de elos de dependência económica. Mas já não assim quanto ao cônjuge ou aos descendentes com menores de 18 anos: nestes casos, parte-se do princípio segundo o qual a morte do beneficiário terá, para os familiares em causa, acarretado necessariamente uma perda de rendimentos que a pensão de sobrevivência visa compensar.

Do mesmo modo se não passam as coisas relativamente ao companheiro sobrevivo do beneficiário falecido, nos casos de união de facto. Aí, e como já se viu, requer o legislador, como condição da atribuição da pensão, que se reconheça em sentença judicial que o "unido de facto" detém direito a receber alimentos da herança do falecido, por deles necessitar e por não os poder obter das pessoas referidas no artigo 2009.º, n.º 1, alíneas *a)* a *d)*, do Código Civil. Saber se este requisito adicional (imposto pelo legislador para as situações de união de facto, e ausente do regime de atribuição das pensões ao cônjuge sobrevivo) merece, ou não censura constitucional, eis a questão colocada pelo presente recurso. Sobre ela tem o Tribunal proferido jurisprudência divergente.

4. No Acórdão n.º 195/03, em que estava em causa justamente a norma do artigo 8.º do Decreto-Lei n.º 322/90, o Tribunal julgou, por maioria, que não era inconstitucional o regime que "faz[ia] depender a atribuição da pensão de sobrevivência por morte do beneficiário da segurança social, a quem com ele convivia em união de facto, de todos os requisitos previstos no n.º 1 do artigo 2020.º do Código Civil." Fê-lo, fundamentalmente, por ter entendido que, sendo à partida diferentes as situações de união de facto e de casamento, o legislador ordinário não estaria, no caso, impedido constitucionalmente de atribuir a cada uma dessas situações diferentes regimes jurídicos, não se mostrando também desproporcionais as consequências decorrentes desses diferentes regimes, e aplicáveis a cada um dos grupos de pessoas em questão.

Mas já no Acórdão n.º 88/04, em que estava em causa o regime substancialmente homólogo aplicável apenas ao funcionalismo público (artigos 40.º e 41.º do Estatuto de Pensões de Sobrevivência do Funcionalismo Público), entendeu o Tribunal, também por maioria, que era inconstitucional "por violação do princípio da proporcionalidade, tal como resulta das disposições conjugadas dos artigos 2.º, 18.º, n.º 2, 36.º, n.º 1, e 63.º, n.ºs 1 e 3, todos da Constituição da República Portuguesa, a norma que se extrai dos artigos 40.º, n.º 1, e 41.º, n.º 2, do Estatuto…, quando interpretada no sentido de que a "atribuição de pensão de sobrevivência por morte do beneficiário da Caixa Geral de Aposentações, a quem com ele convivia em união de facto, depende também da prova do direito do companheiro sobrevivo a receber alimentos da herança do companheiro falecido, direito esse a ser invocado e reclamado na herança do falecido, com o prévio reconhecimento da impossibilidade da sua obtenção nos termos das alíneas *a)* a *d)* do artigo 2009.º do Código Civil." O Tribunal manteve aqui o entendimento segundo o qual da distinção constitucional entre o "direito a constituir família" e o "direito a contrair casamento", decorrente do n.º 1 do artigo 36.º da Constituição da República Portuguesa (CRP), bem como da protecção devida à família "como elemento fundamental da sociedade" (artigo 67.º, n.º 1), se não poderia retirar qualquer injunção geral, dirigida ao legislador ordinário, de "proteger a união de facto estável e duradoura em termos rigorosamente idênticos aos da família baseada no casamento" (§ 10.3 da fundamentação). Acrescentou, no entanto e fundamentalmente, que, não sendo o parâmetro da igualdade o único aplicável à resposta a dar à questão de constitucionalidade, deveria ela ser resolvida em termos negativos, desde logo por violação do princípio da proporcionalidade, em conjugação com o direito de cada um à segurança social decorrente dos n.ºs 1 e 3 do artigo 63.º da CRP. Recordou-se então que o princípio da proporcionalidade, enquanto princípio decorrente da ideia mais vasta de Estado de direito (artigo 2.º da CRP), podia operar como limite negativo das acções do legislador para além dos casos previstos na parte final do n.º 2 do artigo 18.º, não sendo portanto só aplicável a leis restritivas de direitos, liberdades e garantias; e que, surgindo o direito à pensão de sobrevivência, reconhecido por lei, como corolário ao direito à segurança social previsto no artigo 63.º da Constituição — mais do que como consequência da necessidade de protecção da família, nos termos do seu artigo 67.º —, as exigências previstas pelo regime jurídico ordinário para a concessão da atribuição da pensão ao companheiro sobrevivo, unido de facto, do beneficiário falecido seriam de tal modo gravosas que não passariam nenhum dos "testes" ínsitos no princípio da proibição do excesso — nem o "teste" da adequação, nem o da necessidade, nem o da proporcionalidade em sentido estrito.

Entendimento contrário veio a ser adoptado pelo Acórdão n.º 159/05, tirado em Secção e incidente sobre as mesmas normas constantes dos artigos 40.º e 41.º do Estatuto das Pensões de Sobrevivência do Funcionalismo Público, e corroborado posteriormente em Plenário no Acórdão n.º 614/05. Nestas duas últimas decisões, subscritas sempre por maioria, o Tribunal reiterou basicamente os argumentos que havia já aduzido no Acórdão n.º 195/03, a propósito das normas constantes do artigo 8.º do Decreto-Lei n.º 32/90, relativo ao regime geral da segurança social.

Fazendo-se eco de todas estas divergências jurisprudenciais, vem agora o recorrente sustentar de novo, e ainda a propósito das mesmas normas reportadas ao regime geral da segurança social, a tese da inconstitucionalidade. Sustenta para tanto que as normas sob juízo lesam o princípio da proporcionalidade, enquanto princípio decorrente do princípio do Estado de direito; os direitos à segurança social e à protecção da família inscritos, respectivamente, nos artigos 63.º e 67.º da Constituição; e, finalmente, os princípio da igualdade e da proibição de discriminação, contidos no artigo 13.º da CRP.

5. O princípio da proporcionalidade ou da proibição do excesso, enquanto princípio vinculativo das acções dos poderes públicos, tem referência expressa no texto constitucional apenas em dois lugares: na parte final do n.º 2 do artigo 18.º da Constituição, a propósito dos limites que devem ser observados pelas leis restritivas de direitos, liberdades e garantias, e no n.º 2 do artigo 266.º, a propósito dos princípios fundamentais que regem a actuação da Administração Pública. No entanto, e como o tem afirmado o Tribunal (vejam-se, quanto a este ponto e por exemplo, os Acórdãos n.ºs 205/00 e 491/02, disponíveis em *www.tribunalconstitucional.pt*), o princípio decorre antes do mais das próprias exigências do Estado de direito a que se refere o artigo 2.º da Constituição, por ser consequência dos valores de segurança nele inscritos.

Tendo assim a proibição do excesso uma sede material que se revela bem mais vasta do que aquela que é coberta pelas suas referências textuais explícitas, natural é que ela possa ser invocada como parâmetro constitucional em outras situações, que não apenas as referentes, nomeadamente, às leis restritivas de direitos, liberdades e garantias. É que o princípio vale, não apenas como limite constitucional das acções do legislador, mas como limite das actuações de todos os poderes públicos; e, quanto à função legislativa, não vinculará apenas aquela que se cifrar em instituição de restrições aos direitos, liberdades e garantias. Como os direitos fundamentais desempenham, no nosso ordenamento jurídico, também uma importante função "valorativa" ou objectiva, por certo que o princípio poderá ser invocado como instrumento de ponderação sempre que estiverem em causa "valores" jusfundamentais que entre si, objectivamente, conflituem. Ponto é, no entanto, que se tenha demonstrado previamente que, ainda nessas situações, o legislador, não agindo no âmbito da sua liberdade de conformação política, se encontrava constitucionalmente vinculado a decidir de um certo modo, e não de outro, o "conflito" entre os bens ou valores em colisão.

Sustenta o recorrente que tal vinculação ocorre, no caso em juízo, por se reportar desde logo a proibição do excesso, enquanto princípio inscrito no artigo 2.º, à lesão do direito fundamental à segurança social, consagrado nos n.ºs 1 e 3 do artigo 63.º da CRP.

Não se nega que o direito à segurança social, embora inscrito sistematicamente no grupo dos direitos e deveres económicos, sociais e culturais, apresente dimensões imperativas que, impondo deveres certos ao legislador ordinário, sejam, por parte deste, indisponíveis. As afirmações contidas no artigo 63.º não se confundem com a mera enunciação de indicações genéricas destinadas a guiar, sem força imediatamente vinculativa, as acções legislativas; mais do que isso, nelas se contêm elementos essenciais do sistema que a conformação legislativa não pode deixar de respeitar. Tais elementos configuram portanto o "núcleo essencial" do direito que não é modificável por acção do legislador. É assim que este último deve, desde logo, instituir um sistema público de segurança social que, para além de deter as características estruturais (nomeadamente, universalidade e descentralização) que são enunciadas nos n.os 1 e 2, integre subsistemas previdenciais e assistenciais destinados a cumprir as finalidades identificadas no n.º 3. Para além disso — e como se disse, por exemplo, no Acórdão n.º 509/02 — o subsistema assistencial a que se reporta o n.º 3 deve pressupor a solidariedade inteira da comunidade, de modo a que esta não tolere que no seu seio haja pessoas privadas do um mínimo vital, ou de um mínimo necessário para uma existência condigna. No âmbito deste dever do legislador, de não vanificar a tutela predisposta pela Constituição quanto ao núcleo essencial do direito à segurança social, poderá contar-se ainda a proibição de atribuição de benefícios que venham a revelar-se insignificantes ou irrisórios, por serem demasiado gravosas as condições impostas pela lei ao seu acesso. Mas, fora destes elementos, o legislador democrático dispõe de um poder próprio de conformação para estabelecer a forma, a medida e o grau em que concretiza as imposições constitucionais fixadas no artigo 63.º (assim, José Carlos Vieira de Andrade, "O 'direito ao mínimo de existência condigna' como direito fundamental a prestações estaduais positivas — uma decisão singular do Tribunal Constitucional", em *Jurisprudência Constitucional*, n.º 1, p. 23).

Ao exigir que, nos casos de união de facto, o companheiro sobrevivo do beneficiário falecido só possa aceder à pensão de sobrevivência se cumprir os requisitos exigidos pelo n.º 1 do artigo 2020.º do Código Civil [demonstrando que tem direito a receber alimentos da herança do falecido, por ter necessidade deles e por os não poder obter das pessoas mencionadas nas alíneas *a)* a *d)* do artigo 2009.º do mesmo Código], o n.º 1 do artigo 8.º do Decreto-Lei n.º 322/90 não está a contrariar nenhum daqueles elementos imperativos que, contidos no artigo 63.º da Constituição, integram o "núcleo essencial", imodificável pelo legislador, do direito de cada um à segurança social. A medida legislativa não é contrária aos princípios estruturais do sistema; faz parte, como já se viu, do subsistema previdencial; e, atenta a função que a pensão de sobrevivência cumpre no âmbito desse mesmo subsistema — a de compensar o "familiar" sobrevivente, "a cargo" do beneficiário falecido, da perda de rendimentos que a morte deste último lhe terá trazido — as condições fixadas para a ela aceder não se mostram de tal modo gravosas que tornem irrisória ou insignificante o benefício concedido. A tudo isto acresce o facto de, como se disse no Acórdão n.º 134/07, se não tratar este do "único acesso possível pelo companheiro sobrevivo ao sistema de protecção da segurança social: ainda que negado o acesso à pensão de sobrevivência, este conservará sempre o 'seu' direito à segurança social, direito esse que poderá efectivar sempre e em última instância através do acesso a prestações pelo regime não contributivo [da segurança social"].

Assim sendo, o legislador agiu aqui — e no que às imposições constitucionais do artigo 63.º diz respeito — no âmbito da sua liberdade conformadora.

6. Tal liberdade conformadora não é coarctada pelo facto de a Constituição, no artigo 67.º, colocar a família sob protecção da sociedade e do Estado.

É certo que a família que, nos termos do preceito constitucional, merece a protecção do Estado, não é só aquela que se funda no matrimónio; é também aquela outra que pressupõe uma comunidade auto-regulada de afectos, vivida estável e duradouramente à margem da pluralidade de direitos e deveres que, nos termos da lei civil, unem os cônjuges por força da celebração do casamento. O direito a escolher viver em tal comunidade de afectos, modelada por vontade própria à margem dos efeitos civis do casamento, tem por certo assento constitucional — seja através da disjunção que o n.º 1 do artigo 36.º da CRP estabelece entre o "direito de constituir família" e o "direito de contrair casamento", seja através da cláusula de liberdade geral de actuação que vai inscrita no direito ao desenvolvimento da personalidade, contido no n.º 1 do artigo 26.º E, tendo tal direito (o de escolher viver em união de facto) assento constitucional, não se vê como pode o mandato constitucional de protecção da família não incluir, ainda, um dever de tutela das uniões estáveis e duradouras, análogas às dos cônjuges, mas que se fundem, apenas, na dedicação recíproca dos seus membros.

Quer isto dizer que do artigo 67.º da Constituição — e, também, do n.º 1 do seu artigo 36.º, ou do n.º 1 do seu artigo 26.º — decorrerá um dever do legislador de não coarctar ou obstaculizar, de forma desrazoável, a liberdade de formação de uniões de facto. Por isso mesmo, em determinadas circunstâncias, as diferenças entre os regimes normativos aplicáveis aos cônjuges e os aplicáveis, apenas, aos unidos de facto poderão merecer censura constitucional, se se demonstrar que tais diferenças são, em si mesmas, produtoras de coacções, não justificadas, da "liberdade de não casar", ou se se demonstrar que elas ofendem outras normas ou princípios constitucionais. Foi exactamente isso que o Tribunal concluiu nos casos dos Acórdãos n.os 359/91 e 286/99, em que se formularam juízos de inconstitucionalidade por violação da proibição de discriminação entre filhos nascidos do casamento e filhos nascidos fora do casamento (artigo 36.º, n.º 4, da CRP); ou no caso do Acórdão n.º 275/02, em que se julgou inconstitucional, por violação do artigo 36.º, n.º 1, da Constituição, conjugado com o princípio da proporcionalidade, a norma do n.º 2 do artigo 496.º do Código Civil, na parte em que, em caso de morte da vítima de crime doloso, excluía a atribuição de um direito de "indemnização por danos não patrimoniais" pessoalmente sofridos pela pessoa que convivia com a vítima em situação de união de facto, estável e duradoura, em condições análogas às dos cônjuges.

Porém, e fora destas circunstâncias — em que se demonstra que a diferença de regimes entre casamento e união de facto é produtora de uma desrazoável restrição da liberdade de escolha de uma vida em comum *more uxorio,* ou é autonomamente ofensiva de outros princípios constitucionais — a verdade é que, do mandato de protecção da família, contido no artigo 67.º da CRP, se não pode extrair um dever dos poderes públicos de dispensar igual amparo a todo o género de unidades familiares, indiferenciadamente e sem matizes. Também neste campo mantém, portanto, o legislador uma amplíssima margem de conformação, que apenas tem como limite externo o princípio da igualdade e a proibição de discriminação fixados no artigo 13.º da Constituição.

7. Ora, como o Tribunal já disse (nos Acórdãos n.ºs 195/03, 159/05 e 614/05, atrás referidos, e também, quanto a regime normativo diverso do agora em juízo, no Acórdão n.º 134/07), a diferença estabelecida pelo direito da segurança social entre o regime de acesso à pensão de sobrevivência por parte do cônjuge sobrevivo de beneficiário falecido e o regime de acesso à mesma pensão por parte do unido de facto não lesa, por si só, nem as exigências decorrentes do princípio geral da igualdade (n.º 1 do artigo 13.º da CRP), nem as exigências decorrentes da proibição de discriminação, contidas no n.º 2 do mesmo artigo.

A diferença não lesa, por si só, as exigências decorrentes do princípio geral da igualdade. Como já se viu (*supra,* ponto 3), a previsão, por lei, deste tipo de prestação social prossegue, no subsistema contributivo e previdencial de segurança, uma finalidade bem precisa: a de compensar aqueles familiares que vivendo, real ou presumidamente, "a cargo" do beneficiário falecido, acabam por sofrer com a sua morte acentuadas e inevitáveis perdas de rendimentos. Em relação aos cônjuges (tal como em relação aos descendentes menores de 18 anos) a lei presumiu, sem mais, que eram reais e efectivos os elos de dependência económica que pressupunham a necessidade de compensação. Fê-lo tendo em conta os deveres dos cônjuges previstos pela lei civil, entre os quais se contam os deveres de assistência (artigo 1675.º do Código Civil) e o dever de contribuir para os encargos familiares (artigo 1676.º). Em relação à união de facto o legislador não podia naturalmente partir da mesma presunção; por isso, exigiu um requisito adicional, tendente à obtenção da prova da existência do elo de dependência económica que, no desenho do sistema normativo que concebeu, é pressuposto da concessão da prestação social.

Por tudo quanto já se disse, é fácil concluir que não é este o único desenho constitucionalmente possível: outra concepção de sistema poderá vir a ser adoptada, dado o âmbito da liberdade que, neste domínio, é conferida pela Constituição ao legislador ordinário. Contudo — e este é o ponto essencial a salientar — no contexto do sistema hoje vigente a diferença instituída pela lei (entre casados e unidos de facto) não é arbitrária: tem a justificá-la um fundamento racionalmente inteligível e constitucionalmente legítimo; e baseia-se num critério que se afigura relevante para a prossecução das finalidades prosseguidas pelo sistema normativo em juízo, com ele se articulando, também, em termos racionais e inteligíveis. Tanto basta para que a medida legislativa passe o "teste" geral da igualdade, exigido no n.º 1 do artigo 13.º.

Por outro lado, a medida não é discriminatória. As consequências que dela decorrem implicam, é certo, diferenças de tratamento entre os cônjuges e os unidos de facto que não deixam de colocar estes últimos em situação relativa de desvantagem face aos primeiros. No entanto, uma tal desvantagem relativa não pode ser configurada como discriminação que, nos termos do n.º 2 do artigo 13.º, seja constitucionalmente proibida. Para além de, como acabámos de ver, ser a diferença entre os dois regimes ainda explicável por razões inteligíveis, congruentes com os fins do sistema que o legislador ordinário legitimamente escolheu, a verdade é que ela se não funda naquele tipo de características pessoais ou de critérios subjectivos que, pela sua estreita relação com a dignidade das pessoas, a Constituição entendeu ser à partida insusceptível de justificar, em qualquer caso, a existência de regimes jurídicos distintos. A tudo isto acresce o que já se disse no Acórdão n.º 195/03: "(...) no presente caso, não se está perante uma exclusão de plano, e em abstracto, do direito do convivente, por contraposição ao direito do cônjuge, e antes a norma em questão (...) o artigo 8.º, n.º 1, do Decreto-Lei n.º 322/90, de 18 de Outubro, visou justamente, pelo contrário, conceder também protecção, pela extensão de prestações na eventualidade da morte dos beneficiários do regime geral de segurança social, 'às pessoas que se encontrem na situação prevista no n.º 1 do artigo 2020.º do Código Civil' [o que] representa, ainda, a prova, justamente, da necessidade de protecção da pessoa em causa, por não a poder obter dos seus familiares directos".

III — Decisão

Assim, e pelos fundamentos expostos, o Tribunal decide:

a) Não julgar inconstitucional as normas do n.º 1 do artigo 8.º do Decreto-Lei n.º 322/90 e do artigo 3.º do Decreto Regulamentar n.º 1/94, de 18 de Janeiro, quando interpretadas no sentido segundo o qual o direito à atribuição da pensão de sobrevivência por morte do beneficiário, a quem com ele convivia em união de facto, depende de o interessado estar nas condições do artigo 2020.º do Código Civil, isto é, ter direito a obter alimentos da herança, por não os poder obter das pessoas referidas no artigo 2009.º, n.º 1, alíneas *a)* a *d)*, do mesmo Código.

b) Consequentemente, negar provimento ao recurso.

Custas pela recorrente, fixando-se a taxa da justiça em 25 unidades de conta, sem prejuízo do benefício de apoio judiciário concedido.

Lisboa, 15 de Dezembro de 2009. — *Maria Lúcia Amaral* — *José Borges Soeiro* — *João Cura Mariano* — *Maria João Antunes* — *Benjamim Rodrigues* — *Carlos Pamplona de Oliveira* — *Vítor Gomes* (vencido. Julgaria inconstitucional a norma em causa, pelas razões do Acórdão n.º 88/04, que considero aplicáveis) — *Carlos Fernandes Cadilha* (vencido pelos fundamentos constantes do Acórdão n.º 88/04) — *Ana Maria Guerra Martins* (vencida, no essencial, pelos fundamentos constantes do Acórdão n.º 88/04) — *Gil Galvão* (vencido, no essencial, pelas razões constantes do Acórdão n.º 88/04, de que fui relator) — *Joaquim de Sousa Ribeiro* (vencido, pelas razões constantes da declaração anexa) — *Rui Manuel Moura Ramos.*

DECLARAÇÃO DE VOTO

O ponto de partida para a apreciação da questão de constitucionalidade suscitada nos presentes autos deve ser o da determinação do estatuto constitucional da união de facto.

Em tal matéria, é total a minha concordância com o Acórdão, quando sustenta que «tendo tal direito (o de escolher viver em união de facto) assento constitucional, não se vê como pode o mandato constitucional de protecção da família não incluir, ainda, um dever de tutela das uniões estáveis e duradouras, análogas às dos cônjuges, mas que se fundem, apenas, na dedicação recíproca dos seus membros.»

O reconhecimento constitucional da união de facto traduz-se, pois, numa garantia de instituto, que coenvolve a garantia de um mínimo de protecção, através do direito ordinário, da família assim constituída e dos membros que a integram.

De forma que a questão de constitucionalidade posta pode ser equacionada como a de saber se as condições exigidas pelos artigos 8.º do Decreto-Lei n.º 332/90, de 18 de Outubro, e 3.º do Decreto Regulamentar n.º 1/94, de 18 de Janeiro, traduzem ou não um défice de tutela do membro sobrevivo da união de facto constitucionalmente desconforme.

A resposta a uma tal questão deve assumir como referencial normativo da ponderação o regime em vigor para os que constituíram família através do casamento. Não, evidentemente, porque a união de facto postule um grau de tutela idêntico ao de que goza o casamento. Trata-se de uma situação familiar distinta da que tem origem matrimonial, em que os sujeitos em relação se colocam por opção livre (desde que esteja em causa uma união heterossexual), pelo que o legislador ordinário está legitimado a consagrar tratamentos diferenciados das duas situações. Mas o regime do casamento releva como termo comparativo, para ajuizar se o legislador, ao estabelecer um diferencial de disciplinas jurídicas, se conteve dentro da medida da diferença, em respeito pelos princípios da igualdade e da proporcionalidade.

É por isso que nada adianta, em termos de percurso argumentativamente fundamentador, vir lembrar, como faz o Acórdão, que o legislador, ao estabelecer que o companheiro sobrevivo do beneficiário só pode aceder à pensão de sobrevivência se demonstrar que tem direito a receber alimentos da herança do falecido, por ter necessidade deles e por não os poder obter das pessoas mencionadas nas alíneas *a)* a *d)* do artigo 2009.º do Código Civil, «não está a contrariar nenhum daqueles elementos imperativos que, contidos no artigo 63.º da Constituição, integram o "núcleo essencial", imodificável pelo legislador, do direito de cada um à segurança social». A questão não é essa. O que importa saber é se, tendo o legislador consagrado o direito do cônjuge sobrevivo à pensão de sobrevivência, sem requisitos adicionais atinentes a uma situação de carência, os pode estabelecer, com o alcance acima referido, quando está em causa uma união de facto. O juízo a emitir é, por natureza, um juízo comparativo, em termos relativos.

Para esse juízo, há que sublinhar, em primeiro lugar, que o direito a uma pensão de sobrevivência se integra destacadamente na "zona de protecção" da união de facto, na área de incidência privilegiada das medidas de tutela. A pensão de sobrevivência é um direito em face de terceiros, coloca-se no domínio das relações externas, digamos assim, e não no do relacionamento entre os unidos de facto. Aqui, no plano das "relações internas", atendendo à opção feita pelos próprios de não se vincularem a formas de conduta convivial, é que se justifica, à partida, o retraimento em tutelar através do reconhecimento de direitos de um, já que tal se vem necessariamente a traduzir na imposição de deveres ao outro. Ao invés, a tutela directa de qualquer dos membros da união de facto, através da concessão de direitos perante sujeitos exteriores à relação, em nada contende com a natureza livre desta. Pelo contrário, uma excessiva e injustificada restrição desses direitos é que pode actuar como uma "constrição" no sentido de uma, de outro modo indesejada, união matrimonial.

O direito à pensão de alimentos, pelas suas específicas fonte, natureza e finalidade, é, à partida, um fortíssimo candidato positivo a integrar essa potencial zona de protecção da união de facto.

A teleologia própria da pensão de sobrevivência vem apontada no artigo 4.º do Decreto-Lei n.º 322/90, como sendo a de "compensar os familiares do beneficiário da perda de rendimentos de trabalho determinada pela morte deste".

Esta finalidade é traduzida no acórdão como sendo a de compensar os familiares em situação de "dependência económica" do falecido, por viverem "a cargo" deste. Indevidamente, a meu ver. O legislador, ao traçar aquele objectivo, basta-se com a ideia de que a perda de rendimentos de trabalho auferidos pelo falecido tem uma incidência patrimonial negativa na esfera do sobrevivo, afecta a consistência dos meios anteriormente disponíveis pela comunidade familiar, no seu conjunto.

Ora, recaindo sobre o legislador ordinário "o dever de não desproteger, sem justificação razoável, a família que se não fundar no casamento", como o Tribunal afirmou no Acórdão n.º 275/02, uma pronúncia no sentido da não cobertura da união de facto por essa finalidade (e o correspondente regime) postula a satisfação de um ónus argumentativo, com indicação de fundamentos sólidos contrários a uma similitude de disciplinas jurídicas.

Procurando cumprir esses ónus, o Acórdão aponta, como elemento diferenciador das duas situações, os deveres dos cônjuges de assistência e de contribuição para os encargos familiares, deveres inexistentes na esfera da união de facto. Como tal, deixaria de ter cabimento, nesta esfera, a presunção de partilha de recursos, pressuposto indispensável para que se possa imputar à morte de um a presumida perda de rendimentos do outro, que justifica a pensão de sobrevivência.

Ainda que recorrente, o argumento não convence. A não vinculação jurídica dos parceiros de uma união de facto a formas de comportamento recíproco é um dado, um elemento essencial da configuração do instituto, sempre presente em todas as suas dimensões operativas. Ela não pode, pois, ser invocada para, sem mais e de plano, afastar instrumentos de tutela da situação conjugal, com base na inexistência de um estatuto vinculativo. Tal importaria a denegação, pura e simples, de qualquer protecção, não obstante ela ser intencionada por um legislador constituinte perfeitamente consciente daquela diferença específica da união de facto.

O que releva é que, embora não estando sujeitos a deveres nesse sentido, os unidos de facto adoptaram espontaneamente um modo de relacionamento que os faz cair numa situação "análoga à dos cônjuges". Analogia que não se verifica apenas no plano sexual, mas se estende a todas aquelas esferas (aí compreendida a patrimonial) que são denotadas quando a relação, tanto a conjugal como a de união de facto, é qualificada como de "vida em comum". A união de facto não é uma pura e imaterializada "comunidade de afecto". Ela corporiza-se em laços reais entretecidos por uma constante e duradoura entreajuda e comunhão de interesses, sem as quais não há união. O ser esta de facto não a diferencia, no plano da realidade relacional, de uma união juridicamente vinculada, pelo casamento. Daí que, estando em vigor à data da morte do beneficiário uma relação com um conteúdo material análogo ao da relação conjugal, nada justifica afastar, para a união de facto, a presunção de perda de rendimentos afirmada, quanto ao casamento. Para este efeito, não importa o que era devido, mas sim o que era efectivamente praticado. E não pode, com base na inexigibilidade, ao parceiro em união, de prestações contributivas (que, presuntivamente, estavam a ser por ele efectivamente realizadas), afirmar-se, sem mais, idêntica inexigibilidade (ou uma exigibilidade em condições muito restritivas) perante terceiros. Tal operaria uma indevida transposição de planos, sem ter em conta a especificidade de cada um.

Mas, se dúvidas houvesse quanto à não justificação da denegação ao membro sobrevivo de uma união de facto de pensão de sobrevivência, em condições análogas à sua concessão ao cônjuge, elas seriam desfeitas pela consideração da génese e da natureza desse direito.

Trata-se de um direito integrado no subsistema contributivo da segurança social, o que significa que ele decorre, em parte não despicienda, de deduções aos rendimentos de trabalho do titular inscrito. A pensão de sobrevivência é uma contrapartida de prestações efectuadas pelo beneficiário, é ainda, sob as vestes de um seguro social, uma componente do crédito adquirido pelo trabalhador com o cumprimento da actividade laboral a que esteve vinculado.

Ora, a esta posição creditória é de reconhecer a força jurídica do direito de propriedade privada, nos termos amplos em que este direito é concebido, em sede constitucional. A pensão de sobrevivência constitui uma situação de conteúdo patrimonial coberta pela garantia constitucional da propriedade privada, como é consensualmente admitido na doutrina e na jurisprudência germânicas — cfr., por todos, Otto Depenhauer, anotação ao artigo 14.º da *Grundgesetz*, in Mangoldt/Klein/Starck, *Das Bonner Grundgesetz. Kommentar*, München, 1999, pp. 1668 segs., e Papier, anotação ao artigo 14.º da *Grundgesetz*, in Maunz//Dürig, *Grundgesetz. Kommentar*, München, 2002, pp. 86 segs.

Não se descortina justificação para que um direito desta natureza seja fortemente restringido, com base unicamente na forma pela qual o sujeito titular dos rendimentos à custa dos quais ele se formou constituiu família. Na verdade, a tese que fez vencimento conduz a que prestações contributivas idênticas possam ter, para este efeito, contrapartidas muito distintas, com fundamento numa conduta do trabalhador em nada relacionada com o domínio laboral, conduta não só legítima como reconhecida digna de tutela enquanto modo de criação de uma família. E não pode olvidar-se que a atribuição de uma pensão ao companheiro do trabalhador cuja actividade gerou a sua aquisição é ainda uma forma de retribuição dessa actividade, representa ainda um benefício de que ele próprio goza, desde logo pela desoneração de eventuais iniciativas aforradoras (com o concomitante decréscimo de rendimento disponível), com vista a assegurar, por vias privadas, a sobrevivência do parceiro da união de facto.

É certo que não estamos perante a denegação, pura e simples, da pensão de sobrevivência, mas do seu condicionamento à verificação de pressupostos específicos, não exigidos quando o sobrevivo é o cônjuge. Simplesmente, esses pressupostos são tão apertados que se traduzem numa muito significativa restrição de exercício, que contende com o princípio da proporcionalidade. Mais ainda. Ela importa uma verdadeira mutação de natureza, transformando uma posição que, para o cônjuge, representa um firme direito jurídico-público, perante o Instituto de Solidariedade e Segurança Social, numa pretensão de cunho assistencialista, de carácter subsidiário, dependente da prévia invocação e prova de uma situação de necessidade, de satisfação inviável por um património privado — pretensão a exercitar, aliás, por forma pouco condizente com a preservação da coesão da família que, enquanto instituto, e independentemente da sua forma de criação, é objecto directo da tutela constitucional (artigo 67.º da CRP).

É, decisivamente, na medida em que contraria a natureza própria do específico direito em causa que o regime objecto de recurso não se pode abonar numa justificação constitucionalmente validante da disparidade de tratamento da união de facto, que nele se exprime. Pronunciei-me, nessa convicção, pela sua inconstitucionalidade. — *Joaquim de Sousa Ribeiro*.

Anotação:

1 — Acórdão publicado no *Diário da República*, II Série, de 2 de Fevereiro de 2010.

2 — Os Acórdãos n.ºs 359/91, 286/99, 205/00, 275/02, 195/03, 88/04, 159/05, 614/05 e 134/07 estão publicados em *Acórdãos*, 19.º, 43.º, 47.º, 53.º, 55.º, 58.º, 61.º, 63.º e 67.º Vols., respectivamente.

3 — Os Acórdãos n.ºs 491/02 e 509/02 estão publicados em *Acórdãos*, 54.º Vol..

ACÓRDÃO N.º 652/09

DE 16 DE DEZEMBRO DE 2009

Não conhece do recurso por não ter ocorrido uma efectiva desaplicação, por inconstitucionalidade, da norma do artigo único da Portaria n.º 955/2006, de 13 de Setembro, interpretada no sentido de serem competentes os Juízos Cíveis do Tribunal da comarca para preparar e julgar as acções declarativas cíveis propostas naqueles juízos, às quais tenha sido fixado um valor superior à alçada do Tribunal da Relação, quando não tenha sido requerida a intervenção do tribunal colectivo.

Processo: n.º 427/09.
Recorrente: Ministério Público.
Relator: Conselheiro Sousa Ribeiro.

SUMÁRIO:

I — A decisão recorrida não acolhe e aplica a interpretação *sub iudicio* não só porque entende que essa interpretação é inconstitucional, mas, antes disso, porque entende que a interpretação que está de acordo com a intenção do legislador e com o teor do preâmbulo da Portaria n.º 955/2006 é a de que não houve intenção de alterar a competência dos tribunais.

II — Um tribunal de instância pode provocar a apreciação, pelo Tribunal Constitucional, e mediante o recurso obrigatório do Ministério Público, de uma interpretação que ele próprio faça, mas não pode, através de uma artificiosa recusa de aplicação, que consta da decisão, mas não é apoiada pela fundamentação, pôr o Tribunal Constitucional a decidir a constitucionalidade de uma interpretação que não é a sua, mas a de um outro tribunal.

Acordam na 2.ª Secção do Tribunal Constitucional:

I — Relatório

1. Nos presentes autos, vindos do 1.º Juízo, 2.ª Secção, dos Juízos Cíveis do Porto, o Ministério Público interpôs recurso da decisão daquele tribunal, nos termos do artigo 70.º, n.º 1, alínea *a*), da Lei do Tribunal Constitucional (LTC), na parte em que "recusa a aplicação do artigo único da Portaria n.º 955/2006, de 13 de Setembro, com a interpretação defendida pelo Tribunal da Relação do Porto — segundo a qual compete aos Juízos Cíveis do Porto preparar e julgar a acção declarativa proposta nos termos do regime processual civil experimental, instituído pelo Decreto-Lei n.º 108/2006, de 8 de Junho, quando o respectivo valor exceder a alçada do Tribunal da Relação, e não tenha sido requerida a intervenção do tribunal colectivo —, com fundamento em inconstitucionalidade por violação dos artigos 112.º, n.º 2, e 165.º, alínea *p*), da Constituição".

2. O presente recurso emerge de acção declarativa que Angelina Raquel Araújo Botelho, Jerónimo Araújo Botelho Júnior e Daniel Carlos Araújo Botelho propuseram contra José Almeida Bompastor, nos Juízos Cíveis do Porto. O réu contestou, deduzindo reconvenção.

O recurso vem interposto do despacho, proferido em 2 de Abril de 2009, com o seguinte teor:

«A presente acção foi intentada à luz do regime processual experimental aprovado pelo Decreto-Lei n.º 108/2006, de 8 de Junho.

O regime processual experimental aplica-se, designadamente, de acordo com a alínea *b*) do artigo único da Portaria n.º 955/2006, de 13 de Setembro, nos Juízos Cíveis do Tribunal da Comarca do Porto.

Tal regime não afasta a aplicação das normas do Código de Processo Civil, já que daquele regime não consta toda a regulamentação necessária à tramitação da acção, havendo, assim, que recorrer ao Código de Processo Civil, enquanto legislação subsidiária, no que não seja afastado pelo regime processual experimental, nomeadamente às normas dos artigos 305.º e segs. do Código de Processo Civil que regulam o valor da causa.

Ora de acordo com o disposto no artigo 308.º, n.º 2, do Código de Processo Civil, no caso de o réu deduzir reconvenção, o valor do pedido formulado pelo réu, quando distinto do deduzido pelo autor, soma-se ao valor deste e este aumento de valor produz efeitos no que respeita aos actos e termos posteriores à reconvenção.

Nos presentes autos verifica-se que o réu deduziu pedido reconvencional distinto do deduzido pelos autores, pelo que se soma ao valor deste.

Assim sendo, fixa-se o valor da causa em € 60 000,01.

A jurisprudência do Tribunal da Relação do Porto tem vindo a sufragar o entendimento de que a competência para preparar e julgar uma acção declarativa proposta nos termos do regime processual civil experimental instituído pelo Decreto-Lei n.º 108/2006, de 8 de Junho, quando o respectivo valor exceder a alçada da Relação e não tiver sido requerida a intervenção do tribunal colectivo, deve ser atribuída, no Tribunal da Comarca do Porto, aos Juízos Cíveis.

Neste sentido foi já decidido nos acórdãos do Tribunal da Relação do Porto de 8 de Abril de 2008, 5 de Junho de 2008 e 30 de Setembro de 2008, proferidos nos processos n.ºs 0820596, 0831362 e 0855853, respectivamente, disponíveis em *www.dgsi.pt*.

A referida jurisprudência apoia-se nos seguintes argumentos:

O Decreto-Lei n.º 108/2006, de 8 de Junho, que aprovou o regime processual experimental, não estabeleceu qualquer limite de valor para as acções declarativas cíveis instauradas ao abrigo de tal regime, pelo que as mesmas podem ter valor superior à alçada da Relação.

O regime processual experimental aplica-se, designadamente, nos Juízos Cíveis do Tribunal da Comarca do Porto e nos Juízos de Pequena Instância Cível do Tribunal da Comarca do Porto, de acordo com o disposto nas alíneas *b)* e *c)* do artigo único da Portaria n.º 955/2006, de 13 de Setembro.

Não está prevista a aplicação de tal regime nas Varas Cíveis do Tribunal da Comarca do Porto.

O Decreto-Lei n.º 108/2006, de 8 de Junho, não prevê que no decurso da acção declarativa cível instaurada nos termos do regime processual experimental, esta passe a seguir, a partir de determinado momento, a forma de processo comum ordinário.

Conclui, assim, que a acção cível instaurada nos termos do referido diploma nunca poderá observar, em nenhum momento da sua tramitação, a forma de processo comum ordinário, pelo que a competência originária para conhecer deste tipo de acções pertence aos Juízos Cíveis do Tribunal da Comarca do Porto e só no caso das partes terem requerido a intervenção do tribunal colectivo é que os Juízos Cíveis deverão remeter o processo às Varas Cíveis para julgamento e posterior devolução, de acordo com o artigo 97.º, n.º 4, da Lei de Organização e Funcionamento dos Tribunais Judiciais.

Discordámos, com o devido respeito, da argumentação expendida, por se nos afigurar que a mesma é susceptível de infringir o texto constitucional.

Com efeito, não se retira do teor do Decreto-Lei n.º 108/2008, de 8 de Junho, que fosse intenção do legislador alterar o regime da competência dos tribunais, que continua a regular-se pelas mesmas normas pelas quais se regulava anteriormente.

Do mesmo modo, não pretendeu a Portaria n.º 955/2006, de 13 de Setembro, alterar a competência dos tribunais, mas apenas definir quais os tribunais em que seria aplicado o regime processual experimental, mantendo os tribunais a que alude, a competência que já detinham, tal como resulta, aliás, do respectivo preâmbulo.

De acordo com o disposto no artigo 112.º, n.º 2, da Constituição da República Portuguesa, as leis e os decretos-leis têm igual valor, sem prejuízo da subordinação às correspondentes leis dos decretos-leis publicados no uso de autorização legislativa.

Dispõe por sua vez o artigo 165.°, alínea *p*), do mesmo diploma que é da exclusiva competência da Assembleia da República legislar sobre organização e competência dos tribunais, salvo autorização ao Governo.

Não pode, assim, o Governo, sem autorização legislativa, alterar as normas de competência dos tribunais, aprovadas por Lei.

A organização e competência dos tribunais sempre seria, de resto, matéria de reserva de "acto legislativo", entendendo-se como tal, nos termos do artigo 112.°, n.° 1, da Constituição da República Portuguesa, as leis, os decretos-leis e os decretos legislativos regionais e nunca matéria de simples portaria.

Todavia e se assim é, constata-se que a norma contida no artigo único da Portaria n.° 955/2006, de 13 de Setembro, quando interpretada no sentido defendido nos acórdãos do Tribunal da Relação do Porto acima referidos, infringe o disposto nos artigos 112.°, n.° 2, e 165.°, alínea *p*), da Constituição da República Portuguesa.

Na verdade, ao considerar-se, por não estar prevista a aplicação do regime processual experimental nas Varas Cíveis do Tribunal da Comarca do Porto e por não se prever, no Decreto-Lei n.° 108/2006, de 8 de Junho, que no decurso da acção declarativa cível instaurada nos termos do regime processual experimental, esta passe a seguir, a partir de determinado momento, a forma de processo comum ordinário, que a competência para conhecer das acções cíveis instauradas na Comarca do Porto, de valor superior à alçada da Relação, na sequência da soma do valor dos pedidos do autor e do reconvinte, pertence aos Juízos Cíveis e, só no caso das partes terem requerido a intervenção do tribunal colectivo, é que as referidas acções deverão ser remetidas às Varas Cíveis para julgamento e posterior devolução, de acordo com o artigo 97.°, n.° 4, da Lei de Organização e Funcionamento dos Tribunais Judiciais, está a infringir-se, em nosso entender e ressalvando o devido respeito por opinião contrária, a regra de competência estabelecida no artigo 97.°, n.° 1, alínea *a*), da referida Lei.

Dispõe este último normativo que compete às Varas Cíveis a preparação e julgamento das acções declarativas cíveis de valor superior à alçada do Tribunal da Relação em que a lei preveja a intervenção do tribunal colectivo.

É certo que o n.° 4 do mencionado preceito refere que são ainda remetidos às Varas Cíveis, para julgamento e ulterior devolução, os processos que não sejam originariamente da sua competência, nos casos em que a lei preveja, em determinada fase da sua tramitação, a intervenção do tribunal colectivo.

Afigura-se, no entanto, que tal disposição se encontra formulada para os processos especiais, originariamente da competência dos Juízos Cíveis.

Ora o regime processual experimental não configura um processo especial, já que nos Juízos Cíveis do Porto, tal regime aplica-se na falta de outra forma de processo aplicável, tal como resulta desde logo do artigo 1.° do Decreto-Lei n.° 108/2006 e não poderá considerar-se especial uma forma de processo que, num certo tribunal, se aplica na falta de outras.

O regime processual experimental configura-se antes como um processo comum nos Juízos Cíveis do Porto.

Assim sendo e na medida em que tal regime não visou alterar as regras de competência e não afasta a aplicação das normas do Código de Processo Civil, às quais terá de recorrer-se enquanto legislação subsidiária, nomeadamente às normas dos artigos 98.°, n.° 2, e 305.° e seguintes do referido diploma, impõe-se uma interpretação da norma contida no artigo único da Portaria n.° 955/2006 conforme com o disposto nos artigos 112.°, n.° 2, e 165.°, alínea *p*), da Constituição da República Portuguesa.

Tal interpretação, em nosso entender e ressalvando sempre o devido respeito por opinião contrária, apenas poderá ser feita no sentido de que, quando, por força da reconvenção, o valor da acção instaurada nos Juízos Cíveis da Comarca do Porto ultrapasse o valor para o qual detinham competência, os Juízos Cíveis deixam de ser os competentes em razão do valor, devendo a acção ser remetida ao tribunal competente, com a consequente alteração da forma do processo aplicável nesse tribunal, no caso, o processo ordinário previsto no Código de Processo Civil, aplicável nas Varas Cíveis do Porto.

Decisão:
Na sequência do exposto:

a) recusa-se a aplicação, com fundamento em inconstitucionalidade, por infracção do disposto nos artigos 112.°, n.° 2 e 165.°, alínea *p)*, da Constituição da República Portuguesa, da norma contida no artigo único da Portaria n.° 955/2006, de 13 de Setembro, com a interpretação defendida nos acórdãos do Tribunal da Relação do Porto acima referidos e, consequentemente,

b) julga-se aplicável à presente acção a forma de processo comum ordinário, por força do disposto nos artigos 461.° e 462.° do Código de Processo Civil e determina-se, em conformidade, que a presente acção passe a prosseguir os seus termos sob a referida forma de processo.»

3. O Representante do Ministério Público junto deste Tribunal Constitucional apresentou alegações, onde concluiu do seguinte modo:

«A norma constante do artigo único da Portaria n.° 955/2006, de 13 de Setembro, na interpretação segundo a qual compete aos Juízos Cíveis do Porto preparar e julgar a acção declarativa proposta nos termos do regime processual civil experimental, instituído pelo Decreto-Lei n.° 108/2006, de 8 de Junho, quando o respectivo valor exceder a alçada do Tribunal da Relação e não tenha sido requerida a intervenção do tribunal colectivo — concretizando o disposto, nomeadamente, nos artigos 1.° e 21.° do Decreto-Lei n.° 108/2006 — ao alterar inovatoriamente o âmbito da competência reservada às varas cíveis pelo artigo 97.°, n.° 1, alínea *a*), da Lei n.° 3/99, de 13 de Janeiro, sem que existisse credencial parlamentar bastante, é organicamente inconstitucional, por violação do artigo 165.°, n.° 1, alínea *p)*, da Constituição.»

4. Em Secção, foi proferido o Acórdão n.º 565/07, que determinou a notificação das partes para se pronunciarem sobre a possibilidade de não conhecimento do objecto do recurso, por não estar em causa uma verdadeira recusa de aplicação de norma.

5. O Representante do Ministério Público junto deste Tribunal Constitucional apresentou resposta nos seguintes termos:

«1.º
O Senhor Juiz, na decisão recorrida, recordou qual a interpretação das normas objecto do recurso, que o Tribunal da Relação do Porto, vem levando a cabo.

2.º
Segundo essa jurisprudência, a competência para preparar e julgar a acção declarativa proposta nos termos do regime processual civil experimental instituído pelo Decreto-Lei n.º 108/2006, de 8 de Junho, quando o respectivo valor exceder a alçada da Relação e não tiver sido requerida a intervenção do tribunal colectivo, deve ser atribuída, no Tribunal da Comarca do Porto, aos Juízos Cíveis.

3.º
Ora, o Senhor Juiz só não acolhe e aplica uma tal interpretação, exclusivamente, porque entende que ela é inconstitucional.

4.º
Ou seja, perante duas interpretações, uma eventualmente "mais correcta" do ponto de vista da interpretação do direito ordinário — e que ele seguiria —, leva a uma solução inconstitucional.

5.º
Poderá argumentar-se que a interpretação "mais correcta" será sempre a mais respeitadora dos princípios constitucionais.

6.º
Ora, se tal entendimento é perfeitamente compreensível nos casos de inconstitucionalidade material, já não o será tão facilmente, nos casos de inconstitucionalidade orgânica, como se verifica no presente processo.

7.º
Se assim não for, então, sempre que se esteja perante um recurso interposto ao abrigo da alínea *a*) do n.º 1 do artigo 70.º da LTC, o Tribunal terá de ponderar se o facto de haver duas interpretações possíveis e o juiz desaplicar uma com fundamento em inconstitucionalidade orgânica, isso constituirá uma verdadeira recusa de aplicação.

8.º
Na verdade, parece-nos que o ter-se recorrido à jurisprudência de um tribunal superior, não altera substancialmente os dados desta questão.

9.º
Por outro lado, vendo a questão do ponto de vista da instrumentalidade do recurso de constitucionalidade, a solução não é diferente.

10.º
Efectivamente, neste momento, há processos nos Juízos Cíveis do Porto, aos quais está a ser aplicada a forma de processo comum, diferentemente do que ocorre na maioria dos outros processos.

11.º
À pergunta sobre o que está na origem desta divergência, a resposta só pode ser uma: a recusa, com fundamento em inconstitucionalidade orgânica, de uma determinada interpretação normativa.

12.º
Conhecendo o tribunal da questão e se não julgar a norma inconstitucional, ao processo volta a ser aplicável o regime do processo civil experimental.

13.º
Desta forma, a última palavra sobre a questão da inconstitucionalidade, deverá pertencer ao próprio Tribunal Constitucional.»

6. Tendo o primitivo relator ficado vencido, quanto à questão do conhecimento do objecto do recurso, houve lugar à mudança de relator.

II — Fundamentação

7. Questão prévia: do conhecimento do objecto do recurso

O presente recurso foi interposto, ao abrigo do disposto no artigo 70.º, n.º 1, alínea *a*), da LTC, do despacho proferido neste processo em 2 de Abril de 2009.

O despacho recorrido recusou a interpretação do artigo único da Portaria n.º 955/2006, de 13 de Setembro, sustentada nas decisões do Presidente do Tribunal da Relação do Porto, proferidas na resolução de conflitos de competência em 8 de Abril de 2008, 5 de Junho de 2008 e 30 de Sembro de 2008 (acessíveis em *www.dgsi.pt*).

Da leitura destas decisões, verifica-se que, mediante a interpretação do disposto no artigo 21.º do Decreto-Lei n.º 108/2006, de 8 de Junho, do qual o artigo único da Portaria n.º 955/2006, de 13 de Setembro, é uma simples concretização, se considerou que os Juízos Cíveis do Tribunal da Comarca do Porto eram competentes para preparar e julgar as acções declarativas cíveis propostas nestes juízos, às quais tenha sido fixado um valor superior à alçada do Tribunal da Relação, quando não tenha sido requerida a intervenção do tribunal colectivo.

É a esta interpretação que a alínea *a)* da decisão recorrida se reporta, quando determina a "recusa de aplicação" da "interpretação defendida nos acórdãos do Tribunal da Relação do Porto".

Todavia, e não obstante o conteúdo deste enunciado decisório, constata-se não ter havido uma autêntica recusa de aplicação por inconstitucionalidade, no sentido exigido pela alínea *a)* do artigo 70.º da LTC, para se poder dar por verificado o fundamento de recurso aí previsto.

Na verdade, a decisão do tribunal filia-se, em primeira linha, num entendimento divergente, no exclusivo plano do direito ordinário, do alcance dos preceitos legais pertinentes. Para o tribunal recorrido, e contrariamente à interpretação rejeitada, "quando, por força da reconvenção, o valor da acção instaurada nos Juízos Cíveis da Comarca do Porto ultrapasse o valor para o qual detinham competência, os Juízos Cíveis deixam de ser competentes em razão do valor, devendo a acção ser remetida ao tribunal competente, com a consequente alteração da forma do processo aplicável nesse tribunal, no caso, o processo ordinário previsto no Código de Processo Civil, aplicável nas Varas Cíveis do Porto".

O tribunal considera esta interpretação a que resulta da aplicação dos normais cânones hermenêuticos. É o que se infere, com clareza, do seguinte trecho:

«Com efeito, não se retira do teor do Decreto-Lei n.º 108/2008, de 8 de Junho, que fosse intenção do legislador alterar o regime da competência dos tribunais, que continua a regular-se pelas mesmas normas pelas quais se regulava anteriormente.

Do mesmo modo, não pretendeu a Portaria n.º 955/2006, de 13 de Setembro, alterar a competência dos Tribunais, mas apenas definir quais os tribunais em que seria aplicado o regime processual experimental, mantendo os tribunais a que alude, a competência que já detinham, tal como resulta, aliás, do respectivo preâmbulo».

Suplementarmente, como razão adicional para o afastamento da interpretação do Tribunal da Relação do Porto, invoca o tribunal recorrido que ela está ferida de inconstitucionalidade, por infringir o disposto nos artigos 112.º, n.º 2, e 165.º, n.º 1, alínea *p)*, da Constituição

O que importa sublinhar é que, contrariamente ao afirmado na resposta do Representante do Ministério Público, não é só porque entende que essa interpretação é inconstitucional que a sentença recorrida a não acolhe e aplica. Não o faz, antes disso, porque entende que a interpretação que está de acordo com a intenção do legislador e com o teor do preâmbulo da Portaria n.º 955/2006 é a de que não houve intenção de alterar a competência dos tribunais.

Tendo perfilhado esta interpretação — cuja correcção não cabe a este Tribunal sindicar — o tribunal recorrido não tinha mais do que aplicá-la, no pleno exercício da sua competência própria e ao abrigo da garantia de independência que lhe está constitucionalmente assegurada. O juiz da causa não precisava de recorrer a uma "aparente" recusa de aplicação, por inconstitucionalidade, de uma interpretação alternativa (ainda que também emita sobre ela essa apreciação) — interpretação que não é a sua —, pela única razão de que se trata daquela a que um tribunal superior adere. Só seria assim se ele estivesse obrigado a seguir essa interpretação — o que, evidentemente, não acontece, no nosso quadro constitucional. Só nessas circunstâncias, e como último recurso para evitar a eficácia, no que diz respeito ao caso em juízo, de uma interpretação tida por inconstitucional, estava ele habilitado a exercitar o poder-dever que o artigo 204.º da Constituição lhe confere.

Um tribunal de instância pode provocar a apreciação, pelo Tribunal Constitucional, e mediante o recurso obrigatório do Ministério Público, de uma interpretação que ele próprio faça — interpretação que seria a inevitável *ratio decidendi* da questão em juízo, não fora a decisão de inconstitucionalidade que sobre ela recai. O que não pode é, através de uma artificiosa recusa de aplicação, que consta da decisão, mas não é apoiada pela fundamentação, pôr o Tribunal Constitucional a decidir a constitucionalidade de uma interpretação que não é a sua, mas a de um outro tribunal.

E foi isto o que o tribunal recorrido fez.

Não estão, pois, preenchidos os pressupostos do recurso previsto no artigo 70.º, n.º 1, alínea *a)*, da LTC, conclusão a que também chegou, em caso em tudo idêntico, a decisão sumária emitida no processo n.º 617/09.

III — Decisão

Pelo exposto, decide-se não conhecer do objecto do recurso.
Sem custas.

Lisboa, 16 de Dezembro de 2009. — *Joaquim de Sousa Ribeiro* — *Benjamim Rodrigues* — *João Cura Mariano* (vencido de acordo com a declaração junta) — *Rui Manuel Moura Ramos.*

DECLARAÇÃO DE VOTO

Votei vencido por interpretar de modo diferente da posição que fez vencimento o conteúdo da decisão recorrida.

Da leitura que fiz desse despacho, entendi que o juiz *a quo* recusou expressamente, por considerar violadora de parâmetro constitucional, a interpretação normativa sustentada pela jurisprudência do Tribunal da Relação do Porto sobre a questão em causa, e só perante a constatação desse vício é que procurou efectuar uma interpretação conforme à Constituição que pudesse aplicar, após ter assumido tal recusa.

Esta última interpretação normativa só é assumida pelo julgador, após ter recusado seguir a interpretação dominante, com fundamento na sua inconstitucionalidade, pelo que não estamos perante uma recusa artificial de aplicação de normas, mas sim face a uma verdadeira recusa que não podia deixar de ser sindicada pelo Tribunal Constitucional.

Conhecendo do recurso, confirmaria o juízo de inconstitucionalidade adoptado pela decisão recorrida relativamente à interpretação do disposto no artigo 21.º do Decreto-Lei n.º 108/2006, de 8 de Junho, do qual o artigo único da Portaria n.º 955/2006, de 13 de Setembro, é uma simples concretização, segundo o qual "os Juízos Cíveis do Tribunal da Comarca do Porto eram competentes para preparar e julgar as acções declarativas cíveis propostas nestes juízos, às quais tenha sido fixado um valor superior à alçada do Tribunal da Relação, quando não tenha sido requerida a intervenção do tribunal colectivo".

Na verdade, o Decreto-Lei n.º 108/2006, de 8 de Junho, em mais uma tentativa de simplificar e flexibilizar o processo civil, criou um novo regime aplicável a todas as acções declarativas cíveis, a que não corresponda processo especial, e ainda às acções especiais para o cumprimento de obrigações pecuniárias emergentes de contratos (artigo 1.º).

Este regime, nas palavras de Luís Lameiras, "surge, portanto, com uma vocação universal, destinada a abraçar a generalidade dos processos declarativos cíveis, antes cobertos pelo procedimento declarativo comum" ("Comentário ao Regime Processual Experimental", p. 10, da edição de 2007, da Almedina).

O processo civil declarativo comum deixa de ter várias formas (ordinário, sumário e sumaríssimo) para obedecer a um regime único.

Contudo, conforme consta da declaração preambular deste diploma, de forma a permitir testar e aperfeiçoar o funcionamento deste novo regime, optou-se, num primeiro momento, por circunscrever a sua aplicação a um conjunto de tribunais a determinar por Portaria, tendo em consideração a elevada movimentação processual que apresentem, atentos os objectos de acção predominantes.

Daí que o artigo único da Portaria n.º 955/2006, de 13 de Setembro, dando cumprimento ao disposto no n.º 1 do artigo 21.º do Decreto-Lei n.º 108/2006, de 8 de Junho, tenha determinado que este novo regime só era aplicável em alguns Juízos Cíveis, nomeadamente nos do Tribunal da Comarca do Porto.

Nos casos como o presente, em que numa acção instaurada num destes Juízos Cíveis é-lhe fixado um valor superior ao da alçada do Tribunal da Relação, mormente por força de dedução de pedido reconvencional, tem alguma jurisprudência entendido que a competência para apreciar essa acção se mantém nesses Juízos Cíveis, uma vez que a sua tramitação deve continuar a obedecer ao novo regime processual experimental (vide as decisões do Presidente do Tribunal da Relação do Porto proferidas em 8 de Abril de 2008, 5 de Junho de 2008 e 30 de Setembro de 2008, acessíveis em *www.dgsi.pt*).

Foi esta interpretação do disposto no artigo único da Portaria n.º 955/2006, de 13 de Setembro, o qual se limitou a concretizar a previsão contida no n.º 1 do artigo 21.º do Decreto-Lei n.º 108/2006, de 8 de Junho, que a decisão recorrida recusou, com fundamento em inconstitucionalidade orgânica.

Na verdade, ao considerar-se que os Juízes Cíveis do Tribunal da Comarca do Porto mantêm a competência para apreciar acções cujo valor processual foi fixado, posteriormente à sua instauração, em montante superior à alçada do Tribunal da Relação, está a ampliar-se o âmbito da competência destes Juízos, aos quais, segundo os artigos 97.º, n.º 1, alínea *a)*, e n.º 3, e 99.º da Lei de Organização e Funcionamento dos Tribunais Judiciais (LOFTJ), está subtraída a competência para preparar e julgar acções declarativas cíveis de valor superior à alçada do Tribunal da Relação, mesmo quando a fixação desse valor só ocorre no decurso do processo já pendente nos Juízos Cíveis.

Nos termos do artigo 165.º, n.º 1, alínea *p)*, da Constituição, é da exclusiva competência da Assembleia da República, salvo autorização ao Governo, legislar sobre a organização e competência dos tribunais.

O Tribunal Constitucional tem dito que esta reserva relativa abrange «para além da definição das matérias cujo conhecimento cabe aos tribunais judiciais e a daquelas cuja conhecimento cabe aos tribunais administrativos e fiscais (...) a distribuição das matérias da competência dos tribunais judiciais pelos diferentes tribunais de competência genérica e de competência especializada ou específica» (*v. g.* os Acórdãos n.os 36/87, em *Acórdãos do Tribunal Constitucional*, 9.º Volume, p. 243; 356/89, em *Acórdãos do Tribunal Constitucional*, 13.º Volume I, p. 443; 72/90, em *Acórdãos do Tribunal Constitucional*, 15.º Volume p. 67; 271/92, em *Acórdãos do Tribunal Constitucional*, 22.º Volume p. 807; 163/95, em *Acórdãos do Tribunal Constitucional*, 30.º Volume p. 849; 198/95, no *Diário da República*, II Série, de 22 de Junho de 1995; e 268/97, no *Boletim do Ministério da Justiça* n.º 465, p. 252).

Quer as Varas, quer os Juízos Cíveis, são tribunais da mesma competência especializada em questões de natureza civil, tendo uma competência específica definida essencialmente pelo valor processual das causas civis.

A interpretação sindicada intromete-se na definição desta denominada competência intrajudicial ou funcional das Varas e Juízos Cíveis, em que estão em causa as condições da intervenção dum tribunal de estrutura colectiva ou de estrutura singular, fundamentalmente assente no critério do valor da causa.

Não há razão para que esta repartição de competências entre tribunais da mesma especialidade, tendo como critério essencial o valor da causa, e que se diferenciam pela sua estrutura e pelas condições de acesso exigidas aos juízes que os integram, também não se inclua na reserva relativa da Assembleia da República definida na alínea *p)* do n.º 1 do artigo 165.º da Constituição, uma vez que também ela respeita à organização e competência dos tribunais.

Sendo estes um órgão de soberania (artigo 110.º da Constituição), compreende-se que a organização judiciária e a repartição das competências por todos os diferentes tipos de tribunais que integram essa organização, para além do estatuído na própria Constituição (artigos 209.º e segs.), seja tarefa reservada ao legislador parlamentar.

Ora, verifica-se que a interpretação sob fiscalização consagra uma regra de repartição de competências entre as Varas e os Juízos Cíveis que altera os termos em que a Assembleia da República regulou tal matéria na LOFTJ, tendo essa interpretação sido extraída do disposto no artigo 21.º do Decreto-Lei n.º 108/2006, de 8 de Junho, concretizado pelo artigo único da Portaria n.º 955/2006, de 13 de Setembro.

Não tendo aquele diploma do Governo sido emitido ao abrigo de autorização concedida pela Assembleia da República, a referida interpretação normativa infringe o disposto no artigo 165.º, n.º 1, alínea *p)*, da Constituição, pelo que deveria ser confirmada a recusa da sua aplicação, com fundamento em inconstitucionalidade, julgando-se improcedente o recurso. — *João Cura Mariano.*

OUTROS PROCESSOS

ACÓRDÃO N.° 431/09

DE 3 DE SETEMBRO DE 2009

Não conhece do recurso interposto de decisão da Governadora Civil de Castelo Branco, que não conheceu do recurso de acto do Presidente da Câmara Municipal do Fundão sobre localização de assembleias de voto.

Processo: n.° 706/09.
Recorrente: Junta de Freguesia de Souto da Casa.
Relatora: Conselheira Maria Lúcia Amaral.

SUMÁRIO:

Ao pretender recorrer para o Tribunal Constitucional do acto do Presidente da Câmara que fixara o local da assembleia de voto e só desse, deveria a recorrente Junta de Freguesia ter, atempadamente, apresentado o recurso perante a autoridade administrativa que praticou o acto impugnado, para que, a partir daí, e depois de devidamente instruído, fosse o requerimento de recurso remetido imediatamente ao Tribunal Constitucional; não tendo essa exigência sido cumprida, não pode o Tribunal conhecer do recurso interposto.

Acordam, em Plenário, no Tribunal Constitucional:

I — Relatório

1. A Junta de Freguesia de Souto da Casa, do Município do Fundão, recorre para o Tribunal Constitucional do despacho da Governadora Civil do Distrito de Castelo Branco, datado de 27 de Agosto de 2009, em que se decidiu não conhecer de recurso interposto pela Junta de acto do Presidente da Câmara Municipal do Fundão. Neste último acto, determinara o Presidente da

Câmara tanto o não desdobramento da assembleia de voto, correspondente à Freguesia do Souto da Casa, quanto o seu funcionamento no local do "Salão da Casa do Povo".

Pede-se, com o presente recurso, que seja revogado o "acto iníquo e ilegal do Presidente da Câmara Municipal do Fundão que altera o local usualmente utilizado para assembleia de voto", e que se decida, "em conformidade com a lei", que a assembleia de voto funcione nas instalações da Junta de Freguesia, ou que "pelo menos [se considere] não escrita a designação do local para o funcionamento da mesa de voto, que o Presidente da Câmara introduziu no acto de não desdobramento."

2. Resulta dos autos, no essencial, o seguinte:

a) Por ofício e edital enviados à Junta a 25 de Agosto de 2009, o Presidente da Câmara Municipal do Fundão determinou, nos termos e para os efeitos dos n.ºs 3 e 4 do artigo 40.º da Lei Eleitoral para a Assembleia da República (Lei n.º 14/79, de 16 de Maio), que não seria desdobrada a assembleia de voto correspondente à Freguesia de Souto da Casa, e que o local do seu funcionamento seria o Salão da Casa do Povo. Mais se disse que da decisão poderiam recorrer, para o Governador Civil — e nos termos do n.º 4 do artigo 40.º da Lei n.º 14/79 —, a junta de freguesia ou, pelo menos, 10 eleitores inscritos no recenseamento dessa freguesia.

No mesmo dia em que teve conhecimento do acto do Presidente da Câmara, a Junta de Freguesia dele recorreu, ao abrigo do referido n.º 4 do artigo 40.º, para a Governadora Civil do Distrito de Castelo Branco.

b) Em despacho datado de 27 de Agosto decidiu a Governadora Civil não conhecer do recurso interposto por um duplo fundamento. Em primeiro lugar, por se ter entendido que o recurso se reportava, não ao acto relativo ao não desdobramento da assembleia de voto (artigo 40.º da Lei n.º 14/79), mas ao acto relativo à fixação do local do seu funcionamento, regulado pelo artigo 42.º da mesma Lei. Depois, por se ter entendido que, quanto a este acto, não previa a lei o recurso para o Governo Civil, visto tratar-se ele de "um acto da competência dos Presidentes das Câmaras Municipais", circunscrevendo-se legalmente "a competência dos Governadores Civis para decidir dos despachos dos Presidentes das Câmaras Municipais, nos termos do artigo 40.º da Lei Eleitoral, às decisões de desdobramento ou não das assembleias de voto." (fls. 12).

c) É desta decisão que recorre, para o Tribunal, a Junta de Freguesia, sublinhando antes do mais que o que pretende ver discutido é o acto [do Presidente] relativo à escolha do local de funcionamento da assembleia de voto e não a decisão relativa ao não desdobramento da assembleia em secções, como se depreende do seguinte excerto:

> O acto do Presidente da Câmara do Fundão, determinando por um lado que "a Assembleia de voto da Freguesia de Souto da Casa não foi desdobrada" fez questão de determinar também que a dita assembleia de voto "funcionará no local seguinte: Salão da Casa do Povo".
> Desta decisão do Presidente da Câmara — ilegal e iníqua, como se demonstrará a seguir — é que recorre a Junta recorrente.
> Isto, porque:
> A lei determina que "As assembleias de voto devem reunir-se em edifícios públicos de preferência escolas, sedes de município ou juntas de freguesia (...)" — lei muito clara, portanto.

Basicamente, sustenta a Junta de Freguesia que os actos eleitorais têm tido sempre lugar em instalações da própria autarquia; que o acto do Presidente da Câmara — de escolha, quanto ao próximo acto eleitoral, do Salão da Casa do Povo como local de funcionamento da assembleia de voto — não é fundamentado; e que, para além disso, "favorece uma das forças concorrentes (...) que no dito local tem desenvolvido a sua campanha e tem afixado a propaganda mais significativa e notória que exibe na freguesia" (fls. 7). Por isso conclui (*ibidem*) que o referido acto viola tanto o disposto no artigo 42.º, n.º 1, da Lei n.º 14/79, quanto o dever de "imparcialidade e decência que é imposto pelo artigo 41.º da Lei Orgânica n.º 1/2001, de 14 de Agosto — pois que favorece precisamente a força política a que ele, Presidente da Câmara, pertence."

Por fim, e quanto à decisão de não conhecimento por parte do Governo Civil, sublinha-se que ela "desdobra a artificiosa actuação do Presidente da Câmara em dois actos — o imposto pelo n.º 1 do artigo 40.º e o previsto no artigo 42.º", sendo que tal desdobramento só o é "sob uma perspectiva formalista e aparente", por ter sido o próprio autor do acto a definir a sua actuação como cumprimento da norma do artigo 40.º — "precisamente aquela que previa como meio de recurso aquele que a recorrente Junta de Freguesia utilizou" (fls. 8).

II — Fundamentação

3. A competência do Tribunal Constitucional relativa a processos eleitorais, prevista no artigo 8.º da Lei n.º 28/82, inclui, nos termos da alínea *f*), o julgamento de recursos contenciosos interpostos de actos praticados por órgãos

da administração eleitoral, julgamento esse cujas regras de processamento o artigo 102.º-B da mesma Lei estabelece.

De acordo com o artigo 40.º, n.º 4, da Lei Eleitoral para a Assembleia da República, cabe ao Governo Civil decidir de recursos interpostos [por juntas de freguesias ou por certo número de leitores recenseados] dos actos dos Presidentes das câmaras municipais que, para aquelas freguesias em que o número de eleitores seja sensivelmente superior a 1000, determinem a divisão da assembleia de voto, em princípio correspondente a uma freguesia, em várias secções. Nestas circunstâncias, não restarão dúvidas que o acto que vier a ser praticado pelo Governador Civil, em recurso de decisão do Presidente da Câmara, prefigurará um acto praticado por órgão da administração eleitoral, recorrível para o Tribunal de acordo com o disposto na alínea *f*) do artigo 8.º e no artigo 102.º-B da Lei n.º 28/82.

No caso, vem a Junta de Freguesia de Souto do Chão questionar a decisão da Governadora Civil do Distrito de Castelo Branco, que decidiu não conhecer do recurso por si interposto de acto praticado pelo Presidente da Câmara Municipal do Fundão.

Sucede, porém que este último acto — já discutido perante o governo civil, e agora questionado perante o Tribunal — não reentra na *fattispecie* prevista no n.º 4 ao artigo 40.º da Lei Eleitoral para a Assembleia da República.

Com efeito, decorre claramente dos autos que a recorrente não pretende que se discuta a decisão do presidente da Câmara relativa às matérias referidas no artigo 40.º da Lei n.º 14/79 (desdobramento das assembleias de voto). Em discussão está só uma outra decisão do Presidente da Câmara, decisão essa que, regulada pelo artigo 42.º da mesma Lei e reportando-se à escolha do local de funcionamento da assembleia de voto, não pode — de acordo com a Lei Eleitoral para a Assembleia da República (LEAR) — ser questionada perante o Governo Civil.

4. É certo que o acto do Presidente da Câmara Municipal a que se refere o artigo 42.º da LEAR é, ele próprio, um acto de administração eleitoral — ou, para usar a terminologia empregue pelo n.º 7 do artigo 102.º-B da Lei n.º 28/82, integra ele uma decisão de órgão da administração eleitoral. Além disso, e como qualquer outro acto da Administração, será (independentemente dos espaços de discricionariedade que, para o seu autor, decorram da redacção do n.º 1 do artigo 42.º da LEAR) sempre vinculado quanto à competência, quanto à forma e quanto ao fim.

No entanto, para que este acto seja cognoscível pelo Tribunal, ponto é que se cumpram as regras de processamento definidas no artigo 102.º-B da Lei n.º 28/82.

Entre elas, e como o Tribunal tem sempre salientado, conta-se a regra inscrita no n.º 1 do mesmo artigo, aplicável ao caso por força do disposto no n.º 7.

Quer isto dizer que, ao pretender recorrer (para o Tribunal) do acto do Presidente da Câmara que fixara o local da assembleia de voto e só desse, deveria a recorrente Junta ter, atempadamente, apresentado o recurso perante a autoridade administrativa que praticou o acto impugnado, para que, a partir daí, e depois de devidamente instruído, fosse o requerimento de recurso remetido imediatamente ao Tribunal Constitucional (n.º 3 do artigo 102.º-B).

Como o Tribunal já disse (veja-se Acórdão n.º 432/05, disponível em *www.tribunalconstitucional.pt*) "(...) a apresentação do recurso perante a autoridade administrativa que praticou o acto impugnado não é uma mera formalidade de encaminhamento da petição, nem é estabelecida no exclusivo interesse do recorrente, de tal modo que se possa dizer que a sua finalidade se cumpriu com a recepção do requerimento na secretaria do Tribunal e, consequentemente, se deva dar por sanada a irregularidade. (...) A imposição de que o requerimento seja apresentado perante o órgão de administração eleitoral autor do acto visa permitir que o processo chegue ao Tribunal devidamente instruído, nos termos de este poder proferir decisão no curtíssimo prazo de que dispõe para o efeito. O que se não limita à junção de peças (...) mas que abrange todos os elementos do procedimento administrativo respeitantes ao acto impugnado, bem com obter — deste modo se assegurando o contraditório —, a resposta que o autor do acto impugnado entenda dever expressar em defesa do entendimento do interesse público que subjaz ao acto em crise. Não estando, até, excluído que, reponderando a questão face aos argumentos do recurso contencioso, esse órgão possa optar por rever a decisão (...)".

Sendo estas as razões substanciais que justificam a exigência prevista no n.º 1 do artigo 102.º-B da Lei n.º 28/82 — e não tendo sido ela cumprida no caso — não pode o Tribunal conhecer do recurso interposto.

III — Decisão

Nestes termos, decide-se não conhecer do recurso.

Lisboa, 3 de Setembro de 2009. — *Maria Lúcia Amaral* — *José Borges Soeiro* — *Benjamim Rodrigues* — *Carlos Fernandes Cadilha* — *Carlos Pamplona de Oliveira* — *Joaquim de Sousa Ribeiro* — *Rui Manuel Moura Ramos.*

Anotação:

Acórdão publicado no *Diário da República*, II Série, de 15 de Setembro de 2009.

ACÓRDÃO N.º 452/09

DE 14 DE SETEMBRO DE 2009

Confirma a decisão recorrida que considerou inelegível candidato Inspector da Polícia Judiciária.

Processo: n.º 749/09.
Recorrente: Mandatário do Partido Social Democrata.
Relator: Conselheiro Carlos Fernandes Cadilha.

SUMÁRIO:

I — Embora a Polícia Judiciária seja um órgão de polícia criminal e tenha como principal missão a prevenção, detecção e investigação criminal, essa função está ela própria inserida na actividade de segurança interna, o que justifica a dúplice qualificação dessa entidade como órgão de política criminal e força de segurança interna.

II — Não é possível efectuar uma interpretação restritiva do artigo 6.º, n.º 1, alínea g), da Lei Eleitoral para os Órgãos das Autarquias Locais, na parte em que declara como inelegíveis para os órgãos das autarquias locais os "agentes dos serviços e forças de segurança", não sendo razoável atribuir ao inciso "agentes dos serviços e forças de segurança" um sentido significante diverso daquele que resulta das disposições gerais que definem o conjunto de organismos que exercem funções de segurança interna.

Acordam, em Plenário, no Tribunal Constitucional:

I — Relatório

Por despacho do juiz do Tribunal Judicial de Castelo de Paiva, foi ordenada a notificação do mandatário do Partido Social Democrata para indicar qual a profissão de um candidato à Câmara Municipal de Castelo de Paiva nas próximas eleições autárquicas, Fernando de Azevedo Soares.

Na resposta a tal notificação, o mandatário do Partido Social Democrata informou que o candidato Fernando de Azevedo Soares exerce a profissão de Inspector da Polícia Judiciária.

Por despacho de 25 de Agosto de 2009, o juiz do Tribunal Judicial de Castelo de Paiva considerou que o referido candidato era inelegível, nos termos do disposto no artigo 6.º, n.º 1, alínea g), da Lei Eleitoral dos Órgãos das Autarquias Locais (LEOAL), aprovada pela Lei Orgânica n.º 1/2001, de 14 de Agosto, que determina serem inelegíveis para os órgãos das autarquias locais — "os agentes dos serviços e forças de segurança, enquanto prestarem serviço activo" —, porquanto os agentes da Polícia Judiciária exercem funções de segurança interna, conforme estabelecido no artigo 14.º, n.º 2, alínea d), da Lei n.º 20/87, de 12 de Junho. Como tal, rejeitou a respectiva candidatura, ao abrigo do estatuído no artigo 27.º, n.º 1, da LEOAL.

Notificado para proceder à substituição do candidato julgado inelegível, o mandatário do Partido Social Democrata respondeu em 26 de Agosto de 2009, dizendo, em síntese, que o Tribunal Constitucional, no Acórdão n.º 675/97, já considerou elegíveis para os órgãos das autarquias locais os agentes da Polícia Judiciária, e, bem assim, que do artigo 2.º da Lei n.º 37/2008, de 6 de Agosto, que aprova a orgânica da Polícia Judiciária, resulta que a Polícia Judiciária tem por missão coadjuvar as autoridades judiciárias na investigação, não sendo sua função essencial ou típica a função de segurança interna.

Em 31 de Agosto de 2009, o juiz do Tribunal Judicial de Castelo de Paiva manteve a decisão que rejeitou a candidatura de Fernando de Azevedo Soares à Câmara Municipal e reajustou a lista de candidatos, nos termos e para os efeitos do disposto no artigo 27.º, n.º 2, da LEOAL.

Foram os seguintes, em síntese, os fundamentos de rejeição da candidatura:

— O artigo 6.º, n.º 1, alínea g), da Lei Orgânica n.º 1/2001, de 14 de Agosto, considera inelegíveis para os órgãos das autarquias locais os agentes dos serviços e forças de segurança, enquanto prestarem serviço activo;
— A Lei n.º 53/2008, de 29 de Agosto, que aprova a Lei de Segurança Interna, determina no artigo 25.º, n.º 1, e n.º 2, alínea c), que a Polícia Judiciária exerce, a par de outros organismos, funções de segurança interna [à semelhança do que já se encontrava estabelecido no antigo artigo 14.º, n.º 2, alínea d), da Lei n.º 20/87, de 12 de Junho];
— Não há que distinguir se essas funções de segurança interna da Polícia Judiciária são principais ou acessórias;

— O candidato Fernando de Azevedo Soares exerce funções de Inspector da Polícia Judiciária e, assim, funções de segurança interna, pelo que é inelegível.

Desta decisão recorreu o mandatário do Partido Social Democrata para o Tribunal Constitucional, em 2 de Setembro de 2009, sustentando, em síntese, o seguinte:

— Existe uma outra decisão recente (de 25 de Agosto de 2009), do juiz do Tribunal de Tabuaço, considerando elegível um agente da Polícia Judiciária, em virtude de a respectiva lei orgânica a configurar essencialmente como um órgão de polícia criminal auxiliar da administração da justiça;

— O Tribunal Constitucional, no Acórdão n.º 675/97, já considerou elegíveis para os órgãos das autarquias locais os agentes da Polícia Judiciária, atendendo à função essencial ou típica desta Polícia.

O recurso para o Tribunal Constitucional foi admitido por despacho de fls. 771.

II — Fundamentação

Resulta dos autos que Fernando de Azevedo Soares consta da lista de candidatos à Câmara Municipal de Castelo de Paiva apresentada pelo Partido Social Democrata (fls. 13 e seguintes; cfr., ainda, fls. 27-29).

Da respectiva ficha individual de candidatura consta que tem a profissão de Inspector da Polícia Judiciária (fls. 733).

O artigo 6.º da LEOAL, que tem como epígrafe "Inelegibilidades gerais", determina no seu n.º 1, alínea g), que "[s]ão inelegíveis para os órgãos das autarquias locais (...) [o]s militares e os agentes das forças militarizadas dos quadros permanentes, em serviço efectivo, bem como os agentes dos serviços e forças de segurança, enquanto prestarem serviço activo".

A Polícia Judiciária, abreviadamente designada por PJ, é caracterizada, nos termos do artigo 1.º da respectiva Lei Orgânica (Lei n.º 37/2008, de 6 de Agosto), como um órgão superior de polícia criminal organizado hierarquicamente na dependência do Ministro da Justiça, que tem como missão, segundo o estabelecido no subsequente artigo 2.º, "coadjuvar as autoridades judiciárias na investigação, desenvolver e promover as acções de prevenção, detecção e investigação da sua competência ou que lhe sejam cometidas pelas autoridades judiciárias competentes" (n.º 1), atribuições que prossegue nos termos da Lei de Organização da Investigação Criminal e da Lei Quadro da Política Criminal" (n.º 2).

Segundo a Lei Quadro da Política Criminal, aprovada pela Lei n.º 17/2006, de 23 de Maio, a política criminal tem por objectivos, entre outros, prevenir e reprimir a criminalidade (artigo 4.º), sendo que cabe aos órgãos de polícia criminal, entre os quais se conta a PJ, assumir esses objectivos de acordo com a respectiva Lei Orgânica (artigo 11.º, n.º 1). A Lei de Organização da Investigação Criminal (Lei n.º 49/2008, de 27 de Agosto), por sua vez, identifica como órgãos de polícia criminal, a Polícia Judiciária, a Guarda Nacional Republicana e a Polícia de Segurança Pública, aos quais compete, em geral, coadjuvar as autoridades judiciárias na investigação e desenvolver acções de prevenção ou investigação da sua competência ou que lhes sejam cometidas pelas autoridades judiciárias (artigo 3.º, n.ºs 1 e 4).

Deve notar-se, entretanto, que a prevenção e repressão da criminalidade se insere também no âmbito da actividade de segurança interna, que o artigo 1.º da Lei n.º 53/2008, de 29 de Agosto (que aprova a Lei de Segurança Interna) define como a "actividade desenvolvida pelo Estado para garantir a ordem, a segurança e a tranquilidade públicas, proteger pessoas e bens, prevenir e reprimir a criminalidade e contribuir para assegurar o normal funcionamento das instituições democráticas, o regular exercício dos direitos, liberdades e garantias fundamentais dos cidadãos e o respeito pela legalidade democrática".

Nesse sentido, o n.º 2 do artigo 25.º da referida Lei identifica como entidades que exercem funções de segurança interna: *a)* A Guarda Nacional Republicana; *b)* A Polícia de Segurança Pública; *c)* A Polícia Judiciária; *d)* O Serviço de Estrangeiros e Fronteiras; *e)* O Serviço de Informações de Segurança. Por outro lado, o director nacional da PJ tem assento no Conselho Superior de Segurança Interna, órgão interministerial de audição e consulta em matéria de segurança interna [artigo 12.º, n.º 2, alínea *h)*]; e as competências de coordenação do Secretário-Geral do Sistema de Segurança Interna, que envolve a concertação de medidas, planos e operações entre as diversas forças de segurança e a articulação entre estas e outros serviços ou entidades públicas ou privadas, abrangem igualmente a actividade da PJ, enquanto força de segurança como tal expressamente identificada naquele preceito (artigo 16.º, n.º 1).

Assim sendo, a PJ, embora seja um órgão de polícia criminal, que exerce funções de prevenção, detecção e investigação criminal (dispondo, aliás, competências especializadas nessa matéria), integra-se, por efeito da sua específica missão, na actividade de segurança interna, que erige a prevenção e repressão como uma das suas finalidades, pelo que ela é a justo título tida também como uma força de segurança interna.

Mesmo o Acórdão do Tribunal Constitucional que se pronunciou, em fiscalização preventiva, sobre o Decreto da Assembleia da República n.º 204/X, que originou a actual Lei Orgânica da Polícia Judiciária, admite implicitamente que a PJ integra as forças de segurança, na medida em que discutiu a questão da inconstitucionalidade do diploma, emanado do Governo, por possível violação da reserva parlamentar em função do que dispõe o artigo 164.º, alínea *u*), da Constituição da República, que atribui à competência legislativa exclusiva da Assembleia da República o "Regime das forças de segurança" (Acórdão n.º 304/08).

Certo é que o Acórdão do Tribunal Constitucional n.º 675/97, incidindo sobre uma questão idêntica à agora analisada, embora por referência à norma da anterior Lei Eleitoral dos Órgãos das Autarquias Locais (Decreto-Lei n.º 701-B/76, de 29 de Setembro), entendeu que os agentes da Polícia Judiciária não se encontram abrangidos pela referida inelegibilidade, considerando que, segundo a Lei Orgânica então vigente (Decreto-Lei n.º 295-A/90, de 21 de Setembro), a PJ é definida como "órgão de polícia criminal auxiliar da administração da justiça", e não como força de segurança, não sendo decisiva a circunstância de exercerem funções de segurança interna (possibilidade aberta pela anterior Lei de Segurança Interna — artigo 14.º da Lei n.º 20/87, de 12 de Junho), por não ser essa a sua função essencial ou típica.

A validade deste entendimento encontra-se, no entanto, hoje, posta em causa pela ulterior evolução legislativa. Sendo a prevenção e repressão da criminalidade não apenas um objectivo de política criminal, mas também de segurança interna, como resulta com evidência dos mencionados artigos 4.º da Lei Quadro da Política Criminal e 1.º, n.º 1, da Lei de Segurança Interna, e encontrando-se a PJ enquadrada no conjunto das forças de segurança, mesmo para efeitos operativos, como demonstra a sua subordinação, em matéria de coordenação com outros serviços e forças de segurança, ao Secretário-Geral do Sistema de Segurança Interna (artigo 16.º e 25.º, n.º 2, da Lei de Segurança Interna), não é já possível concluir que a PJ não é um força de segurança para os efeitos previstos no artigo 6.º da LEOAL.

De facto, a PJ tem como principal missão a prevenção, detecção e investigação criminal, mas essa função está ela própria inserida na actividade de segurança interna, o que justifica a dúplice qualificação dessa entidade como órgão de política criminal e força de segurança interna.

Nada permite, por conseguinte, efectuar uma interpretação restritiva do citado artigo 6.º, n.º 1, alínea *g)*, da LEOAL, na parte em que declara como inelegíveis para os órgãos das autarquias locais os "agentes dos serviços e forças de segurança", não sendo, de resto, razoável atribuir ao inciso "agentes dos serviços e forças de segurança" um sentido significante diverso daquele que resulta das disposições gerais que definem o conjunto de organismos que exercem funções de segurança interna.

Sendo, aliás, relevante sublinhar que o artigo 25.º, no n.º 1, da Lei de Segurança Interna, referindo-se a todas as entidades que exercem funções de segurança interna, como tal identificadas no subsequente n.º 2, explicita que "[a]s forças e os serviços de segurança são organismos públicos, estão exclusivamente ao serviço do povo português, são rigorosamente apartidários (...)", o que bem evidencia a conveniência expressa no regime legal de inelegibilidades de excluir a capacidade eleitoral passiva em relação aos agentes que integram essas forças.

Termos em que se entende que o candidato Fernando de Azevedo Soares, sendo Inspector da Polícia Judiciária, se encontra abrangido pela inelegibilidade prevista no referido artigo 6.º, n.º 1, alínea g), da LEOAL.

III — Decisão

Nestes termos, e pelos fundamentos expostos, nega-se provimento ao recurso e confirma-se a decisão recorrida.

Lisboa, 14 de Setembro de 2009. — *Carlos Fernandes Cadilha* — *Carlos Pamplona de Oliveira* — *Joaquim de Sousa Ribeiro* — *Maria Lúcia Amaral* — *José Borges Soeiro* — *Benjamim Rodrigues* — *Gil Galvão*.

Anotação:

1 — Acórdão publicado no *Diário da República*, II Série, de 25 de Setembro de 2009.
2 — Os Acórdãos n.os 675/97 e 304/08 estão publicados em *Acórdãos*, 38.º e 72.º Vols., respectivamente.

ACÓRDÃO N.º 473/09

DE 23 DE SETEMBRO DE 2009

Revoga a decisão que declarou inelegível o primeiro candidato efectivo da lista de um grupo de cidadãos eleitores à Câmara Municipal de Marco de Canaveses.

Processo: n.º 771/09.
Recorrentes: Grupo de cidadãos eleitores Marco — Confiante com Ferreira Torres e Avelino Ferreira Torres.
Relator: Conselheiro João Cura Mariano.

SUMÁRIO:

I — Não constitui requisito de legitimidade para efeito de dedução de reclamação à decisão judicial de admissão de um candidato a apresentação de anterior impugnação da sua elegibilidade, podendo a dedução dessa reclamação ser efectuada por quem antes não se opôs àquela candidatura, prevendo a lei, neste caso, dois momentos para que os interessados possam pôr em causa a elegibilidade dos candidatos às eleições autárquicas: antes do juiz aceitar as candidaturas e após a sua aceitação, não estando esta segunda oportunidade dependente da utilização da primeira.

II — A perda de mandato estatuída no artigo 29.º, alínea *f*), da Lei n.º 34/87, de 16 de Julho, traduz-se na cessação da qualidade de membro de órgão representativo de autarquia local, enquanto a inelegibilidade prevista no artigo 13.º da Lei n.º 27/96, de 1 de Agosto, consiste na suspensão do direito a ser eleito para um desses órgãos; apesar de ambos terem como pressuposto a condenação definitiva pela prática de crimes de responsabilidade de eleitos locais, completando-se na perseguição da mesma finalidade, não deixam de ser dois efeitos distintos, não se podendo aceitar a construção jurídica de que a perda de mandato inclui a inelegibilidade relativamente aos actos eleitorais que se seguirem ao mandato interrompido.

III — A inelegibilidade prevista no artigo 13.º da Lei n.º 27/96, de 1 de Agosto, não pode ser encarada como um efeito necessário da condenação pela prática de um crime previsto na Lei n.º 34/87, de 16 de Julho, pelo que não podia a decisão recorrida ter aplicado automaticamente, como fez, essa sanção ao candidato.

IV — Acresce que de acordo com o artigo 13.º da Lei n.º 27/96, de 1 de Agosto, a condenação definitiva dos membros dos órgãos autárquicos em qualquer dos crimes previstos e definidos na Lei n.º 34/87, de 16 de Julho, implica a sua inelegibilidade nos actos eleitorais destinados a completar o mandato interrompido e nos subsequentes que venham a ter lugar no período de tempo correspondente a novo mandato completo, em qualquer órgão autárquico, pelo que, no limite, a inelegibilidade legalmente prevista corresponde, no caso, ao período de tempo compreendido entre as últimas eleições autárquicas e as que se vão realizar no próximo dia 11 de Outubro, pelo que nunca se aplicaria às presentes eleições.

Acordam, em Plenário, no Tribunal Constitucional:

I — Relatório

Marco — Confiante com Ferreira Torres, grupo de cidadãos eleitores, apresentou uma lista candidata às eleições autárquicas marcadas para o dia 11 de Outubro de 2009 à Câmara Municipal de Marco de Canaveses.

O primeiro candidato efectivo desta lista é Avelino Ferreira Torres.

Após convite ao mandatário da referida lista para suprir algumas irregularidades, em 27 de Agosto de 2009 foi proferido despacho que considerou regular aquela lista, apesar de por evidente lapso de escrita se ter trocado a sua identificação com a lista "LIS — Lista Independente de Soalhães", candidata à Assembleia de Freguesia de Soalhães.

A lista apresentada por um grupo de cidadãos eleitores Marco — Confiante com Ferreira Torres foi afixada em 28 de Agosto de 2009 nos termos do artigo 28.º da Lei Orgânica n.º 1/2001 — Lei Eleitoral dos Órgãos das Autarquias Locais (LEOAL).

Em 31 de Agosto de 2009 o Presidente da Comissão Política Concelhia do Marco de Canaveses do Partido Socialista, Artur Elísio de Braga de Melo e Castro apresentou no Tribunal Judicial de Marco de Canaveses um requerimento com o seguinte conteúdo:

"Presidente da Comissão Política Concelhia de Marco de Canaveses do Partido Socialista — Artur Elísio Braga Melo e Castro;

Vem apresentar reclamação da admissão da candidatura de Avelino Ferreira Torres pelo movimento independente Marco Confiante à Presidência da Câmara Municipal de Marco de Canaveses;

Nos termos e com os seguintes fundamentos:

Por acórdão proferido pelo Tribunal da Relação do Porto nos autos n.º 7062/04.4 Tribunal Judicial do Marco de Canaveses foi o candidato Avelino Ferreira Torres condenado com a perda de mandato.

Do acórdão proferido pelo Tribunal da Relação recorreu o arguido para o Tribunal Constitucional.

Nos autos n.º 46/09 o Tribunal Constitucional proferiu Acórdão transitado em julgado e junto nos autos n.º 698/96TBMCN — 1.º Juízo Tribunal Judicial de Marco de Canaveses, que julgou improcedente o recurso interposto do acórdão proferido pelo Tribunal da Relação.

Tendo transitado em julgado o acórdão proferido pelo Tribunal da Relação em data posterior ao término desse mandato, assiste legítimas dúvidas se o candidato Avelino Ferreira Torres pode concorrer às próximas eleições autárquicas, sob pena de o podendo fazer, o acórdão que o condenou na perda de mandato não ter produzido qualquer efeito útil.

Face ao exposto, e perante as legítimas dúvidas quanto à capacidade do candidato Avelino Ferreira Torres para ser eleito, o Presidente da Comissão Política Concelhia do Marco de Canaveses do Partido Socialista vem requerer a V. Ex.ª que se pronuncie quanto à admissibilidade da candidatura de Avelino Ferreira Torres à Presidência da Câmara Municipal de Marco de Canaveses."

Após resposta do grupo de cidadãos eleitores Marco — Confiante com Ferreira Torres, foi proferida em 3 de Setembro de 2009 a seguinte decisão:

Veio o Presidente da Comissão Política Concelhia do Marco de Canaveses do Partido Socialista apresentar reclamação da admissão da candidatura de Avelino Ferreira Torres pelo movimento independente Marco — Confiante com Ferreira Torres à Presidência da Câmara Municipal de Marco de Canaveses.

Alega em resumo que por acórdão proferido pelo Tribunal da Relação do Porto, nos autos n.º 7062/04.4, foi o candidato Avelino Ferreira Torres condenado com a perda de mandato.

Notificado para, querendo, se pronunciar, veio o movimento de cidadãos Marco — Confiante com Ferreira Torres pugnar pelo indeferimento do requerido.

Alega em síntese que o tribunal já se pronunciou sobre tal questão, quando admitiu a candidatura.

Mais alega que, não tendo deduzida prévia impugnação contra a candidatura de Avelino Ferreira Torres, não pode depois reclamar contra a admissibilidade dessa mesma candidatura.

Alega ainda que não apresenta o reclamante qualquer fundamento legal para a sua pretensão.

Cumpre apreciar e decidir.

A propósito da reclamação apresentada pelo Presidente da Comissão Política Concelhia do Marco de Canaveses do Partido Socialista, duas questões se suscitam:

a) a admissibilidade da reclamação;

b) em caso de resposta positiva à primeira questão, a condenação de perda de mandato torna o candidato Exmo Sr. Avelino Ferreira Torres inelegível?

Comecemos por analisar a questão da admissibilidade da reclamação.

De acordo com o alegado pelo grupo de cidadãos Marco — Confiante com Ferreira Torres, a reclamação não pode proceder dado que não houve prévia impugnação da candidatura apresentada pelo Exmo Sr. Avelino Ferreira Torres.

Sobre as reclamações, estatui o artigo 29.º, n.º 1, da Lei Orgânica n.º 1/2001, de 14 de Agosto, «das decisões relativas à apresentação de candidaturas podem reclamar os candidatos, os seus mandatários, os partidos políticos, as coligações ou os primeiros proponentes de grupos de cidadãos eleitores concorrentes à eleição para o órgão da autarquia, até quarenta e oito horas após a notificação da decisão, para o juiz que tenha proferido a decisão».

Por seu turno, o n.º 2 do mesmo artigo dispõe que «tratando-se de reclamações apresentadas contra a admissão de qualquer candidatura, o juiz manda notificar imediatamente o mandatário e os representantes da respectiva lista para responder, querendo, no prazo de quarenta e oito horas».

Do elemento literal de interpretação das normas decorre que a reclamação pode ser apresentada contra a admissão de qualquer candidatura, no prazo de quarenta e oito horas, sem dependência de qualquer prévia impugnação da admissão da candidatura — basta atentar na circunstância de um determinado facto que afecte a admissibilidade de uma candidatura só ter ocorrido ou só ser do conhecimento do reclamante já depois da possibilidade de impugnar a admissibilidade da candidatura. Nesse caso, mesmo que se verificasse uma situação de violação dos preceitos legais no que concerne à elegibilidade, o tribunal não se poderia pronunciar? Cremos que não pode ser esse o entendimento.

Para reforçar este entendimento, pode ver-se Maria de Fátima Abrantes Mendes e Jorge Miguéis, *Lei Eleitoral dos Órgãos das Autarquias Locais*, 1.ª reedição, p. 41, que escrevem, em anotação ao artigo 25.º, da mencionada Lei, «não obstante a verificação das candidaturas, é efectuado o sorteio das listas e afixado o respectivo edital. A admissão das listas e, nesta fase, considerada provisória».

E a página 46, em anotação ao artigo 31.º, escrevem que «O recurso deve ser sempre antecedido de reclamação nos termos do artigo 29.º e o Tribunal Constitucional só dele conhecerá se o despacho recorrido for a decisão final relativa à apresentação de candidaturas (decisão final é, para o efeito, a que for proferida sobre uma reclamação — Acórdão do Tribunal Constitucional 696/97, in *Diário da República*, II Série, n.º 10, de 1 de Janeiro de 1998)».

Por conseguinte, a admissão de uma candidatura não preclude o direito de ser apresentada reclamação contra essa mesma admissibilidade da candidatura, sem prévia impugnação.

Pelo exposto, considero que a reclamação apresentada pelo Presidente da Comissão Política Concelhia de Marco de Canaveses do Partido Socialista é legal, admissível e tempestiva.

Analisemos agora a segunda questão — em caso de resposta positiva à primeira questão (o que foi o caso), a condenação de perda de mandato torna o candidato Ex.mo Sr. Avelino Ferreira Torres inelegível?

O Presidente da Comissão Política Concelhia do Marco de Canaveses do o Partido Socialista alega que a condenação do Ex.mo Sr. Avelino Ferreira Torres com perda do mandato, no âmbito do Proc. n.º 7062/04.4, o torna inelegível.

No âmbito do Processo Comum Colectivo n.º 698/96.2 TBMCN, que correu os seus termos pelo 1.º Juízo deste Tribunal Judicial da Comarca de Marco de Canaveses, o Ex.mo Sr. Avelino Ferreira Torres foi condenado, por acórdão proferido no dia 11 de Junho de 2004, pela prática de factos que consubstanciam um crime continuado de peculato, previsto e punido pelo artigo 20.º, n.º 1, da Lei n.º 34/87, de 16 de Julho, na pena de três anos de prisão e 50 dias de multa à taxa diária de € 75, e pela prática de factos que consubstanciam um crime continuado de peculato de uso, previsto e punido pelo artigo 21.º, n.º 1, da Lei n.º 34/87, de 16 de Julho, na pena de 40 dias de multa à taxa diária de € 75.

Em cúmulo jurídico foi condenado na pena única de três anos de prisão e 70 dias de multa à taxa diária de € 75, sendo a pena de prisão suspensa na sua execução pelo período de quatro anos.

Mais foi condenado na pena acessória de perda do respectivo mandato de Presidente da Câmara, nos termos do artigo 29.º, alínea *f*), da Lei n.º 34/87, de 16 de Julho.

Deste acórdão foi interposto recurso para o Tribunal da Relação do Porto, que veio a ser parcialmente procedente.

Com efeito, por acórdão do Tribunal da Relação do Porto tirado em 22 de Fevereiro de 2006, transitado em julgado, foi o Ex.mo Sr. Avelino Ferreira Torres absolvido da prática do crime continuado de peculato, previsto punido pelo artigo 20.º, n.º 1, da Lei n.º 34/87, de 16 de Julho, sendo condenado em co-autoria material e na forma consumada de um crime continuado de abuso de poderes, previsto e punido pelo artigo 26.º, n.º 1, da Lei n.º 34/87, de 16 de Julho, na pena de dois anos de prisão e pela prática, em autoria material e na forma consumada de um crime continuado de peculato de uso, previsto e punido pelo artigo 21.º, n.º 1, da Lei n.º 34/87, de 16 de Julho, na pena de 10 meses de prisão e, em cúmulo jurídico, na pena única de dois anos e três meses de prisão, mantendo-se em tudo o mais o decidido na primeira instância, designadamente no que concerne à suspensão da execução da pena de prisão e à perda de mandato.

O Ex.mo Sr. Avelino Ferreira Torres interpôs recurso para o Supremo Tribunal de Justiça, que foi indeferido, não tendo obtido provimento o recurso que interpôs para o Tribunal Constitucional.

A propósito da perda de mandato, o artigo 29.º da Lei n.º 34/87, de 16 de Julho, estatui que «implica a perda do respectivo mandato a condenação definitiva por crime de responsabilidade cometido no exercício das suas funções dos seguintes titulares de cargo político:

a) (...)

b) (...)
c) (...)
d) (...)
e) (...)
f) Membro de órgão representativo de autarquia local».

Conforme se escreve no acórdão proferido pelo Tribunal da Relação do Porto, exarado no âmbito do Processo Comum Colectivo n.º 698/96.2 TBMCN, que correu os seus termos pelo 1.º Juízo deste Tribunal Judicial da Comarca de Marco de Canaveses, p. 141, «(...) no âmbito da Lei n.º 34/87, por força do seu artigo 29.º, a perda de mandato pode resultar como sanção acessória e com a abrangência prevista no artigo 13.º da Lei n.º 27/96».

O mencionado artigo 13.º da Lei n.º 27/96, de 1 de Agosto, dispõe que «a condenação definitiva dos membros dos órgãos autárquicos em qualquer dos crimes de responsabilidade previstos e definidos na Lei n.º 34/87, de 16 de Julho, implica a sua inelegibilidade nos actos eleitorais destinados a completar o mandato interrompido e nos subsequentes que venham a ter lugar no período de tempo correspondente a novo mandato completo, em qualquer órgão autárquico».

Do cotejo destes normativos legais, conclui-se que gera a inelegibilidade de um cidadão a condenação definitiva enquanto membro dos órgãos autárquicos em qualquer dos crimes de responsabilidade previstos e definidos na Lei n.º 34/87, de 16 de Julho, nos actos eleitorais destinados a completar o mandato interrompido e nos subsequentes que venham a ter lugar no período de tempo correspondente a novo mandato completo, em qualquer órgão autárquico.

O Ex.mo Sr. Avelino Ferreira Torres foi condenado, por decisão transitada em julgado em 22 de Fevereiro de 2006, pela autoria material e na forma consumada de um crime continuado de abuso de poderes, previsto e punido pelo artigo 26.º, n.º 1, da Lei n.º 34/87, de 16 de Julho, e pela prática, em autoria material e na forma consumada de um crime continuado de peculato de uso, previsto e punido pelo artigo 21.º, n.º 1, da Lei n.º 34/87, de 16 de Julho, bem como na perda de mandato.

Portanto, foi condenado por dois crimes de responsabilidade previstos e definidos na Lei n.º 34/87, de 16 de Julho.

Foi condenado por decisão transitada em julgado, em 22 de Fevereiro de 2006.

É certo que entre a decisão proferida em primeira instância — proferido em 11 de Junho de 2004 e o presente acto eleitoral para os órgãos das autarquias locais, já decorreu um outro acto eleitoral para os referidos órgãos, e no qual o Ex.mo Sr. Avelino Ferreira Torres se candidatos e foi eleito vereador do Município de Amarante. Contudo, na data de realização desse acto eleitoral — Outubro de 2005, a decisão condenatória do Ex.mo Sr. Avelino Ferreira Torres ainda não tinha transitado em julgado, não sendo por isso definitiva — tal só veio a verificar-se em 22 de Fevereiro de 2006.

Pelo que o acto eleitoral para os órgãos das autarquias locais subsequente ao trânsito em julgado dessa decisão condenatória é o presente.

Por tudo o exposto, julgo procedente a reclamação apresentada pelo Presidente da Comissão Política Concelhia do Marco de Canaveses do Partido Socialista apresentar, julgando inelegível o candidato Ex.ᵐᵒ Sr. Avelino Ferreira Torres".

Desta decisão recorreram para o Tribunal Constitucional o grupo de cidadãos eleitores Marco — Confiante com Ferreira Torres e Avelino Ferreira Torres, que apresentaram alegações com as seguintes conclusões:

"I. O presente recurso tem por objecto a douta decisão do Tribunal de Comarca de Marco de Canaveses que julgou inelegível o candidato Avelino Ferreira Torres ao acto eleitoral para a Presidência da Câmara Municipal do Município de Marco de Canaveses, na sequência de requerimento apresentado pelo Presidente da Comissão Política Concelhia do Marco de Canaveses do Partido Socialista.

II. O que se pedia nesse requerimento é que, "face ao exposto, e perante as legítimas dúvidas quanto à capacidade do candidato Avelino Ferreira Torres para ser eleito", o Tribunal *a quo* se pronunciasse "quanto à admissibilidade da candidatura de Avelino Ferreira Torres à Presidência da Câmara Municipal de Marco de Canaveses".

III. Assim, os termos em que o requerente se dirigiu ao tribunal *a quo* não configuraram, verdadeiramente, uma reclamação, mas tão-só um pedido de tomada da decisão prevista no artigo 25.º da Lei Orgânica n.º 1/2001, a qual, bem vistas as coisas, já havia sido proferida!

IV. E todavia, o tribunal *a quo* veio agora declarar, na decisão recorrida, "julgar procedente a reclamação", julgando, do mesmo passo, "inelegível o candidato Ex.ᵐᵒ Sr. Avelino Ferreira Torres", extrapolando, deste modo, o pedido deduzido pelo requerente, o que determina a sua nulidade, que expressamente se argui [artigo 668.º, n.º 1, alínea *e*), do Código de Processo Civil, *ex vi* do artigo 231.º da Lei Orgânica n.º 1/2001].

V. No sentido da improcedência do pedido do requerente militava ainda a circunstância de o mesmo não ter deduzido prévia impugnação, ao abrigo do artigo 25.º, n.º 3, da Lei Orgânica n.º 1/2001 contra a candidatura do recorrente Avelino Ferreira Torres proposta.

VI. Uma interpretação sistemática do regime definido pelos artigos 25.º a 29.º da Lei Orgânica n.º 1/2001 determina que "só deva ser admissível reclamação se a mesma for precedida da competente impugnação".

VII. Logo, ao ter omitido qualquer prévia oposição, sob a forma de impugnação da elegibilidade do candidato Ferreira Torres, nos termos previstos no artigo 25.º, n.º 3, da Lei Orgânica n.º 1/2001, não tinha agora o requerente legitimidade para vir reclamar contra a decisão judicial que reconheceu a sua elegibilidade, pelo que o seu requerimento deveria ter sido rejeitado.

Sem prescindir, subsidiariamente:

VIII. O tribunal *a quo* julgou o recorrente inelegível à Presidência da Câmara Municipal de Marco de Canaveses, tendo em conta os factos descritos na decisão e sintetizados *supra* e com fundamento no artigo 13.º da Lei n.º 27/96, o qual determina uma clara e óbvia restrição ao direito político-constitucional de acesso a cargos públicos, plasmado no artigo 50.º, n.º 1, da Constituição — cfr. Gomes Canotilho / Vital Moreira, *Constituição de República Portuguesa Anotada*, I, artigo 50.º, II. e VII.

IX. Considerando o seu conteúdo e a consequência jurídica que determina, este artigo 13.º da Lei n.º 27/96 constitui inequivocamente um efeito penal da condenação criminal, pois a inelegibilidade surge como efeito necessário da condenação penal, sem qualquer procedimento que revele consideração pelas concretas circunstâncias do caso!

X. Por ser efectivamente assim, é manifesto que o efeito sancionatório previsto no artigo 13.º da Lei n.º 27/96, colide frontalmente com o disposto no artigo 30.º, n.º 4, da Constituição, tal como o mesmo vem sendo, constante e reiteradamente, interpretado há longos anos por este Tribunal Constitucional, que nele funda a proibição de efeitos penais necessários ou automáticos, sejam eles efeitos da pena, efeitos do crime ou efeitos da condenação.

XI. Sendo certo que, na medida em que o disposto nos artigos 50.º, n.º 3, e 117.º, n.º 3, da Constituição, em nada restringem ou sequer contendem com a proibição constante do artigo 30.º, n.º 4, da Lei Fundamental, também em nada se repercutem sobre a (in)constitucionalidade do artigo 11.º da Lei n.º 27/96 quando perspectivada à luz do previsto no artigo 30.º, n.º 4, da Constituição.

XII. Para a inconstitucionalidade do artigo 13.º da Lei n.º 27/96 concorre ainda a circunstância de o mesmo violar o princípio da proporcionalidade em sentido estrito, plasmado no artigo 18.º, n.º 2, da Constituição.

XIII. Por ser inconstitucional, deve o artigo 13.º da Lei n.º 27/96 ser desaplicado no presente caso de avaliação da capacidade eleitoral passiva do candidato (artigo 204.º da Constituição).

Sem prescindir, subsidiariamente, por cautela:

XIV. Tal como se referiu *supra*, é pacífica na jurisprudência constitucional e na doutrina portuguesa a equiparação entre efeitos da pena e efeitos da condenação, nomeadamente, no contexto da aplicação do artigo 30.º, n.º 4, da Constituição.

XV. Uma leitura do artigo 13.º da Lei n.º 27/96 coerente e integrada no quadro global da Constituição penal e harmoniosa com a jurisprudência constitucional nesta matéria impõe, deste modo, a sua qualificação como autêntica sanção penal — assim, por outros, Gomes Canotilho / Vital Moreira, *Constituição de República Portuguesa Anotada*, I, artigo 50.º, VII, e Jorge de Figueiredo Dias, *Direito Penal Português*, II, § 200 e segs.

XVI. Sendo sanção penal, a inelegibilidade só pode ser decretada pelo próprio tribunal penal que profere a condenação, no âmbito do processo penal e com todas as garantias que lhe são próprias (cfr. artigos 27.º, n.º 2, e 32.º da Constituição; e artigo 499.º, n.º 4, Código de Processo Penal) — neste exacto sentido, António Cândido de Oliveira, *cit.*, *Crimes de Responsabilidade dos Eleitos Locais*, p. 16.

XVII. Deste modo, o decretamento da inelegibilidade escapa à competência do juiz a quem é cometido a "supervisão" do processo eleitoral autárquico, que pode (e deve), naturalmente, declarar inelegível um qualquer candidato que se encontre em condições de inelegibilidade ditada por um tribunal criminal, mas não pode, todavia, fazer as vezes do tribunal penal e exercer a função que lhe é constitucionalmente confiada, a de aplicar sanções pela prática de crimes.

XVIII. Nem o acórdão de 1.ª instância de 11 de Junho de 2004, nem o acórdão do Tribunal da Relação de Fevereiro de 2006 determinaram a inelegibilidade do candidato, nos termos previstos no artigo 13.º da Lei n.º 27/96, mas o M.mo juiz *a quo* decidiu decretar, *ex novo*, a inelegibilidade prevista no dito preceito.

XIX. Ao fazê-lo o tribunal *a quo*, intervindo em processo eleitoral, extrapolou a sua esfera de competência, violando do mesmo passo a reserva de jurisdição material dos tribunais penais e o princípio do juiz natural, com dignidade constitucional, o que gera vício de nulidade absoluta, que deverá determinar a sua revogação.

XX. Além disso, constata-se que no processo crime em causa o candidato não foi objecto de condenação na sanção de inelegibilidade estatuída no artigo 13.º da Lei n.º 27/96 e por isso a sua penalização neste momento, no âmbito deste processo eleitoral, com a sanção de inelegibilidade traduz-se, em substância, numa dupla e sucessiva penalização criminal do candidato pelos factos que já foram objecto do processo crime, o que representa uma flagrante afronta ao princípio *ne bis in idem* que goza de tutela constitucional no artigo 29.º, n.º 5, da Constituição, motivo pelo qual a decisão recorrida deve igualmente ser revogada.

Ainda sem prescindir, novamente de modo subsidiário:

XXI. Mesmo que se dê como improcedente o que vai alegado *supra* e se considere constitucionalmente válido e aplicável o artigo 13.º da Lei n.º 27/96, deverá ainda assim revogar-se a douta decisão recorrida, em virtude da errada interpretação e aplicação que dele se faz no presente caso.

XXII. Uma leitura do artigo 13.º da Lei n.º 27/96 concatenada com o artigo 29.º da Lei n.º 34/87 deve levar ao estabelecimento de uma relação de mútua referência entre o mandato a que se reporta o artigo 29.º da Lei n.º 34/87 e o mandato a que se faz alusão no artigo 13.º da Lei n.º 27/96.

XXIII. O texto legal não consente uma interpretação que desligue e marque uma cisão entre os actos eleitorais destinados a completar o mandato interrompido e os subsequentes que venham a ter lugar no período de tempo correspondente a novo mandato completo, de modo a que, em tese, estes actos eleitorais referidos em segundo lugar possam ser uns quaisquer, desde que ocorridos após a decisão se tornar definitiva e independentemente dos períodos correspondentes a mandatos completos que entretanto se tenham interposto.

XXIV. A inelegibilidade prevista no artigo 13.º da Lei n.º 27/96 poderá ocorrer apenas no acto eleitoral aberto em virtude da perda do mandato e no que se lhes seguirem, mas apenas no imediato tempo subsequente correspondente a um novo mandato completo, ou seja, 4 anos.

XXV. Neste caso, a ser aplicável o artigo 13.º da Lei n.º 27/96, o candidato Ferreira Torres seria inelegível para estas eleições para o período de 2009 a 2013 se o mandato autárquico por si perdido tivesse sido o de um mandato iniciado após as eleições autárquicas de 9 de Outubro de 2005, para o arco temporal de 2005 a 2009.

XXVI. Porém, o mandato cuja perda foi decretada pela 1.ª instância e confirmada pelo Tribunal da Relação do Porto foi o "respectivo mandato de Presidente da Câmara", mandato esse compreendido no período entre 1983 e 2004, mais precisamente, 11 de Junho de 2004, data em que foi prolatado o acórdão de 1.ª instância.

XXVII. Deste modo, é claro que, a existir, a inelegibilidade do candidato Ferreira Torres reportar-se-ia, quando muito, ao do período de um novo mandato completo imediatamente subsequente ao seu mandato que se iniciou em 2001 e deveria terminar em 2005, ou seja, o mandato autárquico correspondente ao período compreendido entre 2005 (após as eleições autárquicas de 9 de Outubro de 2005) e Outubro de 2009.

XXVIII. As próximas eleições autárquicas de 11 de Outubro de 2009 a que o candidato Ferreira Torres ora concorre, para um mandato que cobrirá o período de 2009 a 2013, já não estão assim cobertas pela inelegibilidade eventualmente ditada pelo artigo 13.º da Lei n.º 27/96, donde não há qualquer motivo para o considerar inelegível às presentes eleições autárquicas.

Sem prescindir, subsidiariamente:

XXIX. Ainda que se quisesse fazer descaso do conteúdo do acórdão do Tribunal da Relação do Porto — em manifesta violação, aliás, do princípio do caso julgado! — e da clara identificação do mandato expressamente declarado perdido, "o respectivo mandato de Presidente da Câmara", que, segundo a matéria provada, foi titulado pelo candidato Ferreira Torres entre 1983 e 11 de Junho de 2004.

XXX. isso não significaria necessariamente que o mandato a ter em conta como mandato interrompido para efeito da aplicação artigo 13.º da Lei n.º 27/96 fosse um qualquer decorrido entre 2005 e 2009, na sequência das eleições autárquicas de Outubro de 2005.

XXXI. Como se defendeu *supra*, o mandato interrompido a que o artigo 13.º da Lei n.º 27/96 alude é e só pode ser o mandato considerado perdido ao abrigo do artigo 29.º da Lei n.º 34/87.

XXXII. Sendo certo que o mandato em causa é aquele que se reporta às funções no âmbito das quais foram praticados os factos que justificaram a condenação — nesse sentido aponta o teor literal desse artigo 29.º, mas igualmente a própria lógica sistemática do diploma que estabelece o regime de responsabilidade dos titulares de cargos políticos.

XXXIII. Demais que a existência futura de um outro mandato que não o respeitante ao das funções no âmbito das quais o crime foi cometido é sempre incerta — nesta direcção, António Cândido de Oliveira, *cit.*, *Crimes de Responsabilidade dos Eleitos Locais*, p. 16.

XXXIV. Nestes termos, considerando que, de acordo com a matéria dada como provada nos arestos, os factos que se consideraram como integradores dos crimes de responsabilidade reportam a um período compreendido entre 1995 e Junho de 1997, terá de reconhecer-se que o mandato visado pela condenação do candidato na pena acessória de perda de mandato foi o que se encontrava em curso em Junho de 1997, o mandato correspondente ao período de 1993-1997.

XXXV. A julgar-se haver inelegibilidade fundada no artigo 13.º da Lei n.º 27/96 a mesma reportou-se ao mandato posterior àquele sobre que a perda de mandato incidiu, o mandato de 1997-2001, pelo que há muito que a eventual inelegibilidade se produziu e entretanto esgotou pelo decurso do prazo legal, o do período de tempo correspondente a novo mandato completo.

XXXVI. Não se vê, por último, em que termos poderia levar-se a efeito uma outra eventual interpretação dos arts. 29.º da Lei n.º 34/87 e 13.º da Lei n.º 27/96, de acordo com a qual o mandato perdido, com relevo para o desencadeamento da inelegibilidade seria aquele que se encontrasse em curso no momento em que a condenação respectiva formasse caso julgado.

XXXVII. Uma tal tese não só não tem aderência à realidade, como incorre numa confusão conceitual inaceitável entre a exequibilidade de uma condenação em perda de mandato e o objecto dessa sanção propriamente dito.

Nestes termos, e nos melhores de direito que V. Ex.ªs. proficientemente suprirão, requer-se a V. Ex.ªs se dignem substituir a douta decisão recorrida por uma outra que julgue o recorrente Avelino Ferreira Torres elegível ao acto eleitoral a que se candidata no Município de Marco de Canaveses."

Respondeu o Presidente da Comissão Política Concelhia do Partido Socialista, Artur Elísio de Braga de Melo e Castro, apresentando alegações com as seguintes conclusões:

"I — A sentença recorrida não enferma de qualquer nulidade.

II — O requerimento apresentado pelo presidente da Comissão Política do Partido Socialista de Marco de Canaveses foi uma reclamação nos termos do artigo 29.º da Lei Orgânica n.º 1/2001, de 14 de Agosto, contra a candidatura dos ora recorrentes.

III — As reclamações podem ser apresentadas contra a admissão de qualquer candidatura, no prazo de quarenta e oito horas, sem dependência de qualquer prévia impugnação da admissão da candidatura.

IV — De nenhuma forma a lei faz depender a reclamação constante do artigo 29.º da Lei Orgânica, de uma qualquer prévia impugnação da admissão da candidatura. Até porque, e como bem consta da decisão recorrida, basta atender na circunstância de um determinado facto que afecte a admissibilidade da candidatura só ter ocorrido ou só ser do conhecimento do reclamante já depois da possibilidade de impugnar a admissibilidade da candidatura.

V — A decisão de reclamar contra a admissão da candidatura em causa adveio do conhecimento superveniente pelo reclamante em 28 de Agosto de 2009, da decisão do Tribunal Constitucional que considerou improcedente o recurso apresentado por Avelino Ferreira Torres, confirmando dessa forma a perda de mandato aplicada pelo Tribunal Constitucional.

VI — Ao contrário do alegado pelos recorrentes, nunca se poderá entender que a admissão de uma candidatura preclude o direito de ser apresentada uma reclamação contra essa mesma admissibilidade da candidatura, sem prévia impugnação. Impugnação e reclamação tal como constam da Lei Orgânica n.º 1/2001, são conceitos e figuras jurídicas distintas e que não têm entre si qualquer relação de interdependência.

VII — A reclamação prevista no artigo 29.º, n.º 1, da referida Lei Eleitoral, contra decisão judicial sobre a apresentação de candidaturas — reclamação, essa, com a qual, como se disse, não deve ser confundida a impugnação da elegibilidade deduzida ao abrigo do artigo 25.º, n.º 3, deste diploma, que é anterior à decisão judicial sobre a elegibilidade. Ora a reclamação apresentada, foi de facto, uma reclamação interposta nos termos do artigo 29.º da citada Lei, após decisão judicial (provisória) de admissibilidade da candidatura em questão.

VIII — Pelo que, e bem, a reclamação foi considerada pelo tribunal *a quo* como legal, admissível e tempestiva.

IX — Não se verifica a inconstitucionalidade do disposto no artigo 13.º da Lei n.º 27/96. É errada essa interpretação, conforme resulta do Acórdão n.º 46/09 «resulta pois, que a perda de mandato que foi aplicada ao ora recorrente não decorre, automática e imediatamente da condenação de que o mesmo foi alvo pela prática dos sobreditos crimes».

X — Não se verifica a inconstitucionalidade do disposto no artigo 13.º da Lei n.º 27/96. É errada essa interpretação, conforme resulta do Acórdão n.º 46/09 «resulta pois, que a perda de mandato que foi aplicada ao ora recorrente não decorre, automática e imediatamente da condenação de que o mesmo foi alvo pela prática dos sobreditos crimes».

XI — Não. Ao invés, o que dali decorre é que tal medida lhe foi aplicada tendo por fundamento a gravidade concreta e a reiteração continuada da infracção cometida.

XII — Dispõe o artigo 117.º, n.º 3, da Constituição, que "A lei determina os crimes de responsabilidade dos titulares de cargos políticos, bem como as sanções aplicáveis e os respectivos efeitos, que podem incluir a destituição do cargo ou a perda do mandato".

XIII — É a própria Constituição que prevê a hipótese de perda de mandato na sequência da prática de certos crimes quando os seus autores são titulares de cargos políticos.

XIV — A perda do mandato, conforme resulta do acórdão proferido pelo Tribunal da Relação do Porto, não «resulta pois, que a perda de mandato que foi aplicada ao ora recorrente não decorre, automática e imediatamente da condenação de que o mesmo foi alvo pela prática dos sobreditos crimes. Não. Ao invés, o que dali decorre é que tal medida lhe foi aplicada tendo por fundamento a gravidade concreta e a reiteração continuada da infracção cometida.»

XV — E também não se diga que não foi respeitado o princípio da proporcionalidade na medida em que a impossibilidade de se candidatar não foi *ad eternum*, respeita os limites previstos no artigo 13.º da Lei n.º 27/96 e o artigo

18.º da Constituição, permite restrições aos direitos liberdades e garantias, nos casos expressamente previstos, limitando-se ao necessário para salvaguardar outros direitos ou interesses constitucionalmente protegidos.

XVI — A decisão proferida pelo tribunal *a quo* não configura uma nova sanção, antes configura o decretamento da inelegibilidade por força da condenação transitada em julgado, pela autoria material e na forma consumada de um crime continuado de abuso de poderes, previsto e punido pelo artigo 26.º, n.º 1, da Lei n.º 34/97, de 16 de Julho, e pela prática, em autoria material e na forma consumada de um crime continuado de peculato de uso, previsto e punido pelo artigo 21.º, n.º 1, da Lei n.º 34/87, de 16 de Julho, bem como na perda de mandato.

XVII — Não se violou o princípio do juiz natural limitando-se o tribunal *a quo*, dentro das suas competências, a decidir a questão que lhe foi colocada quanto a elegibilidade do Ex.mo Sr. Avelino Ferreira Torres.

XVIII — A decisão que considerou inelegível o Ex.mo Sr. Avelino Ferreira Torres não viola o princípio *ne bis in idem*, pois não se trata de uma nova penalização pelos factos que já mereceram censura penal, mas tão-só do decretamento da inelegibilidade, condição necessária para que a decisão transitada em julgado que condenou na perda do mandato possa ser, finalmente, cumprida.

XIX — Bem decidiu o tribunal *a quo* ao considerar inelegível o Ex.mo Sr. Avelino Ferreira Torres ao acto eleitoral de 2009, pois este é o primeiro acto eleitoral após o trânsito em julgado da decisão que o condenou na perda do mandato. Deve, pois, deve entender-se como o acto eleitoral para os órgãos das autarquias locais subsequente ao trânsito em julgado dessa decisão condenatória como o presente acto eleitoral, e nessa medida deve ser neste acto eleitoral que deve operar a inelegibilidade.

XX — Admitir-se os argumentos do ora recorrentes seria aceitar que quando se utiliza o direito de recurso e tendo este efeito suspensivo, partindo do pressuposto de que o trânsito em julgado da decisão será posterior ao mandato a que se reportam os factos, esse recurso utilizado não teria um efeito suspensivo mas sim um efeito extintivo, servindo sempre para os recorrente se eximirem posteriormente (trânsito em julgado da condenação) ao cumprimento da referida decisão.

XXI — A admitir-se a tese de que o mandato perdido seria o exercido à data da prática dos factos ou o imediatamente subsequente, seria como "dar o ouro ao bandido" ou como "meter o lobo no galinheiro". Seria permitir exactamente o contrário do que serviu como um dos fundamentos para não aplicar a prisão efectiva. Com efeito, se um dos fundamentos para não aplicar a prisão efectiva foi o facto de já não exercer o cargo e não se verificar o risco da reiteração da actividade criminosa, como se compreenderia que lhe fosse permitido concorrer ao mesmo cargo sem que, contudo, tivesse cumprido a pena — perda de mandato.

XXII — A entender-se que a perda do mandato se refere ao mandato subsequente, isto é, ao mandato exercido como vereador na Câmara Municipal de Amarante, levaria a admitir-se, em última análise, que todas as deliberações tomadas pelo Câmara Municipal de Amarante poderiam ser atacadas judicialmente na sua validade, inclusivamente, o próprio acto eleitoral.

XXIII — Não se trata de descortinar se o mandato em causa é o de Presidente da Câmara ou não. A *ratio legis* do preceito do artigo 13.º da Lei n.º 27/96, prende-se com a "necessidade de acautelar a protecção de bens jurídicos essenciais da comunidade politicamente organizada, relacionados com o exercício de funções políticas".

XXIV — Não importa se estamos perante o cargo de Presidente da Câmara, vereador ou Presidente de Junta de Freguesia, não são as funções exercidas que contam para efeitos de considerar inelegível ao cargo, mas antes os factos terem sido praticados no exercício de funções políticas e terem sido de tal modo graves que lesaram bens jurídicos essenciais à comunidade politicamente organizada e em virtude dessa gravidade e reiteração impôs-se como pena acessória a perda do mandato.

Nestes termos, e nos melhores de direito que V. Ex.as suprirão, deve o recurso ser julgado improcedente, mantendo-se a decisão do tribunal recorrido que julgou o Ex.mo Sr. Avelino Ferreira Torres inelegível ao acto eleitoral a que se candidata no Município de Marco de Canaveses."

II — Fundamentação

1. Da nulidade da decisão recorrida

Os recorrentes arguiram a nulidade da decisão que declarou inelegível o candidato Avelino Ferreira Torres, alegando que o requerimento apresentado pelo Presidente da Comissão Política Concelhia do Partido Socialista não era uma autêntica reclamação contra qualquer decisão anterior, mas sim um pedido de apreciação da elegibilidade do referido candidato, pelo que a decisão recorrida extrapolou o pedido deduzido ao encará-lo como uma reclamação à admissão daquele candidato.

Apesar do referido requerimento terminar, invocando a existência de "legítimas dúvidas quanto à capacidade do candidato Avelino Ferreira Torres para ser eleito" e requerendo que o juiz "se pronuncie quanto à admissibilidade da candidatura", na sua introdução anuncia que "vem apresentar reclamação da admissão da candidatura", pelo que, atendendo ao momento em que foi apresentado tal requerimento e aos seus termos, não se revela abusivo qualificá-lo como uma reclamação deduzida nos termos do artigo 29.º da LEOAL, pelo que a decisão recorrida não se afastou do objecto do pedido.

Improcede, assim, a arguição de nulidade deduzida pelos recorrentes.

2. Da falta da prévia impugnação da candidatura de Avelino Ferreira Torres

Alegam os recorrentes que o Presidente da Comissão Política Concelhia do Partido Socialista não tinha legitimidade para reclamar da admissão do candidato Avelino Ferreira Torres, uma vez que não havia previamente impugnado essa candidatura, nos termos do artigo 25.º, n.º 3, da LEOAL.

Conforme resulta da leitura do disposto no artigo 29.º, n.º 1, da LEOAL, não constitui requisito de legitimidade para efeito de dedução de reclamação à decisão judicial de admissão de um candidato a apresentação de anterior impugnação da sua elegibilidade, podendo a dedução dessa reclamação ser efectuada por quem antes não se opôs àquela candidatura.

Neste caso, a lei prevê dois momentos para que os interessados possam pôr em causa a elegibilidade dos candidatos às eleições autárquicas, situando-se o primeiro momento antes do juiz aceitar as candidaturas e o segundo momento após a sua aceitação, não estando esta segunda oportunidade dependente da utilização da primeira.

Deste modo, improcede também este argumento dos recorrentes.

3. Da inconstitucionalidade da aplicação automática do efeito previsto no artigo 13.º da Lei n.º 27/96, de 1 de Agosto

No âmbito do processo criminal comum n.º 698/96.2TBMVN, que correu os seus termos pelo 1.º Juízo do Tribunal Judicial de Marco de Canaveses, Avelino Ferreira Torres foi condenado por acórdão proferido no dia 11 de Junho de 2004, pela prática de um crime continuado de peculato, previsto e punido pelo artigo 20.º, n.º 1, da Lei n.º 34/87, de 16 de Julho, e pela prática de um crime de peculato de uso, previsto e punido pelo artigo 21.º, n.º 1, da Lei n.º 34/87, na pena única de 3 anos de prisão, suspensa na sua execução por um período de 4 anos, 70 dias de multa, à razão diária de € 75, e na pena acessória de perda do respectivo mandato de Presidente da Câmara, nos termos do artigo 29.º, alínea *f*), da Lei n.º 34/87, de 16 de Julho.

Em recurso, o Tribunal da Relação do Porto, por acórdão proferido em 22 de Fevereiro de 2006, absolveu Avelino Ferreira Torres do crime continuado de peculato pela prática do qual havia sido condenado pelo tribunal de 1.ª instância, e condenou-o pela prática de um crime continuado de abuso de poderes, previsto e punido pelo artigo 26.º, n.º 1, da Lei n.º 34/87, de 16 de Julho, e pela prática de um crime de peculato de uso, previsto e punido pelo artigo 21.º, n.º 1, da Lei n.º 34/87, de 16 de Julho, na pena única de 2 anos e três meses de prisão. Manteve a suspensão da execução da pena de prisão e a perda de mandato constantes da decisão de 1.ª instância.

Este acórdão, nesta parte, transitou em julgado após ter sido negado provimento a recurso interposto para o Tribunal Constitucional.

A decisão aqui recorrida, por causa desta condenação, julgou inelegível o candidato Avelino Ferreira Torres, aplicando automaticamente o disposto no artigo 13.º da Lei n.º 27/96, de 1 de Agosto.

Consta deste preceito o seguinte:

"A condenação definitiva dos membros dos órgãos autárquicos em qualquer dos crimes de responsabilidade previstos e definidos pela Lei n.º 34/87, de 16 de Julho, implica a sua inelegibilidade nos actos eleitorais destinados a completar o mandato interrompido e nos subsequentes que venham a ter lugar no período de tempo correspondente a novo mandato completo, em qualquer órgão autárquico".

Por sua vez, o artigo 29.º, alínea *f)*, da Lei n.º 34/87, de 16 de Julho, a qual regula a responsabilidade dos titulares de cargos políticos, dispõe:

"Implica a perda do respectivo mandato a condenação definitiva por crime de responsabilidade cometido no exercício das suas funções dos seguintes titulares de cargo político:
(...)
f) Membro de órgão representativo de autarquia local."

Na fundamentação do acórdão do Tribunal da Relação do Porto que, em recurso, condenou Avelino Ferreira Torres pela prática de dois crimes previstos na Lei n.º 34/87, de 16 de Julho, escreveu-se o seguinte:

"Em segundo lugar, o ora recorrente insurge-se contra a sanção de perda de mandato que lhe foi imposta, com o fundamento em que a mesma tem por base factos ocorridos há mais de 7 anos e em mandato há muito já terminado à data da sujeição a julgamento, em violação do disposto nos artigos 13.º da Lei n.º 27/96, de 1 de Agosto, e 29.º da Lei n.º 34/87.

Quanto a tal e relativamente aos acórdãos do Supremo Tribunal Administrativo citados pelo recorrente; os mesmos respeitam a decisões proferidas no âmbito da Lei n.º 87/89, de 9 de Setembro, a qual regula a perda de mandato decorrente de acções ou omissões que consubstanciam infracções de natureza. administrativa e não de índole criminal, pelo que aqui não têm aplicação. Efectivamente, enquanto no domínio da Lei n.º 87/89 se prevê a propositura de acção nos tribunais administrativos com vista a que se decrete a perda de mandato, no âmbito da Lei n.º 34/87, por força do seu artigo 29.º, a perda de mandato pode resultar como sanção acessória e com a abrangência prevista no artigo 13.º da Lei n.º 27/96, de acordo com o qual:

"A condenação definitiva dos membros dos órgãos autárquicos em qualquer dos crimes de responsabilidade previstos e definidos na Lei n.º 34/87, de 16 de Julho, implica a sua inelegibilidade nos actos eleitorais destinados a completar o mandato interrompido e nos subsequentes que venham a ter lugar no período de tempo correspondente a novo mandato completo, em qualquer órgão autárquico".

Ora, atendendo a que os factos (enquadrados na figura da continuação criminosa) que deram origem aos presentes autos ocorreram desde 1995 a Junho de 1997 e que o acórdão recorrido foi proferido em 11 de Junho de 2004, dele tendo sido interposto recurso, daqui decorre que a decretação de tal medida era legalmente possível, uma vez que ainda se estava no decurso do âmbito temporal assinalado em tal preceito — mandato subsequente a novo mandato completo.

De resto, a aplicação de tal medida, em caso de condenação pela prática de crime de responsabilidade de titular de cargo político, nos termos já expostos, terá de ser sempre ponderada e se vier a ser entendido que o deve ser, sempre será de decretar.

Questão diferente é a da sua eficácia temporal, face ao disposto no citado artigo 13.º da Lei n.º 27/96, ou seja, se ainda tem aplicabilidade prática ou não, se ainda vem a ser decretada a tempo de impedir a eleição do agente, condenado pela prática de um de tais crimes, num acto eleitoral subsequente ou não, por, entretanto, ter decorrido o lapso de tempo a que se refere o artigo 13.º ora citado.

Pelo que, também por este fundamento, improcede a presente conclusão."

Apesar da leitura deste excerto poder, eventualmente, indiciar que os subscritores deste aresto perfilhavam o entendimento que a sanção de perda de mandato abrange a inelegibilidade do condenado nos actos eleitorais subsequentes, nos termos do artigo 13.º da Lei n.º 27/96, de 1 de Agosto, estamos perante meras declarações *incidenter tantum*, insusceptíveis de configurar uma decisão sobre essa questão com a força de um caso julgado.

Relativamente à perda de mandato, o acórdão do Tribunal da Relação do Porto limitou-se a confirmar a decisão da 1.ª instância que aplicou tal sanção ao arguido Avelino Ferreira Torres, sem ter ponderado a aplicação da inelegibilidade prevista no artigo 13.º da Lei n.º 27/96, de 1 de Agosto (esta omissão de ponderação parece, aliás, ser corrente na jurisprudência, como nota, com estranheza, António Cândido de Oliveira e Marta Machado Dias, em "Crimes de responsabilidade dos eleitos locais", pp. 15-16, da edição de 2008 da CEJUR, ao que não será alheia a inserção sistemática da respectiva previsão legal).

A perda de mandato estatuída no artigo 29.º, alínea *f)*, da Lei n.º 34/87, de 16 de Julho, traduz-se na cessação da qualidade de membro de órgão representativo de autarquia local, enquanto a inelegibilidade prevista no transcrito artigo 13.º da Lei n.º 27/96, de 1 de Agosto, consiste na suspensão do direito a ser eleito para um desses órgãos.

Enquanto aquele primeiro efeito da condenação penal impede que o membro de um órgão autárquico permaneça nesse cargo político para o qual já foi eleito, o segundo efeito impede que ele volte a aceder a esse cargo, candidatando-se em subsequentes eleições.

Pode dizer-se que estes dois efeitos se completam no sentido de afastar da titularidade dos órgãos autárquicos, durante um determinado período de tempo, aquele que, no exercício dessas funções, cometeu qualquer um dos crimes previstos na Lei n.º 34/87, de 16 de Julho, de modo a garantirem a isenção e independência do exercício das funções autárquicas, assim como o reconhecimento público destas qualidades.

Apesar de ambos terem como pressuposto a condenação definitiva pela prática daqueles crimes, completando-se na perseguição da mesma finalidade, não deixam de ser dois efeitos distintos, não se podendo aceitar a construção jurídica de que a perda de mandato inclui a inelegibilidade relativamente aos actos eleitorais que se seguirem ao mandato interrompido.

Não é possível, pois, considerar-se que o acórdão do Tribunal da Relação do Porto, proferido em 22 de Junho de 2006, declarou o aí arguido Avelino Ferreira Torres inelegível, nos termos do artigo 13.º da Lei n.º 27/96, de 1 de Agosto, uma vez que este aresto apenas confirmou a aplicação ao arguido da sanção de perda de mandato, prevista no artigo 29.º, alínea *f*), da Lei n.º 34/87, de 16 de Julho, pela sentença proferida pelo tribunal de 1.ª instância.

Assim sendo, a decisão recorrida não se limitou a constatar uma anterior aplicação judicial de inelegibilidade do candidato Avelino Ferreira Torres, e a verificar somente a vigência dessa interdição relativamente às presentes eleições autárquicas. Na verdade, foi o tribunal *a quo* quem, pela primeira vez, extraiu da condenação penal o efeito automático previsto no artigo 13.º da Lei n.º 27/96, de 1 de Agosto.

A inelegibilidade temporária traduz-se na perda de um direito político, constitucionalmente qualificado como direito, liberdade e garantia (artigo 50.º, n.º 1, da Constituição). O facto de ela ser circunscrita ao acto eleitoral destinado a completar o mandato interrompido e aos subsequentes que venham a ter lugar no período de tempo correspondente a novo mandato completo, em qualquer órgão autárquico não deixa de configurar uma perda de um direito, uma vez que a interdição à participação eleitoral passiva nesses actos é definitiva e irremediável.

O Tribunal Constitucional tem elaborado abundante jurisprudência — em consonância com a doutrina — segundo a qual o sentido do artigo 30.º, n.º 4, da Constituição, proíbe ao legislador ordinário a possibilidade de criar um sistema de punição complexa, no seio do qual a lei possa fazer corresponder automaticamente à condenação pela prática de determinado crime, e como seu efeito, a perda de direitos.

Como se disse no Acórdão n.º 239/08 (publicado em *Diário da República*, I Série, de 15 de Maio de 2008):

"A introdução no texto constitucional deste preceito (a história da sua aprovação encontra-se pormenorizadamente narrada no Acórdão deste Tribunal n.º 748/93, publicado em *Acórdãos do Tribunal Constitucional*, 26.º Volume, p. 31) correspondeu à elevação a princípio jurídico-constitucional da ideia de que certos efeitos jurídicos das penas, ou da condenação, não podem resultar destas duma forma puramente mecanicista.

Proíbe-se que duma condenação penal possa resultar, como consequência automática, a perda de direitos civis, profissionais ou políticos, sem necessidade de se efectuar um juízo que pondere, na situação concreta, a adequação e necessidade da produção desses efeitos.

Na verdade, ao estabelecer-se um nexo consequencial entre a aplicação duma pena e a perda de direitos civis, profissionais ou políticos, alguns dos princípios que presidem à aplicação das penas devem também estar presentes na aplicação daquelas medidas, nomeadamente os princípios da culpa, da necessidade e da proporcionalidade, pelo que é imprescindível a mediação de um juízo que avalie os factos praticados e pondere a adequação e a necessidade de sujeição do condenado a essas medidas, não podendo as mesmas resultarem *ope legis* da simples condenação penal (vide, neste sentido, Damião da Cunha, em *Constituição Portuguêsa anotada*, dirigida por Jorge Miranda e Rui Medeiros, tomo I, pp. 337-338, da edição de 2005, da Coimbra Editora).

Além disso, não se pode olvidar que tal proibição tem como seu principal fundamento o combate ao efeito estigmatizante, dessocializador e criminógeno das penas, prejudicial à integração social dos condenados (vide, neste sentido, Eduardo Correia, em "As grandes linhas da reforma penal", em *Jornadas de Direito Criminal*, p. 29, Figueiredo Dias, em *Direito Penal Português. As consequências jurídicas do crime*, pp. 53-54, 95-96, e 158-160, da edição de 1993, da Aequitas e Editorial Notícias, e Gomes Canotilho e Vital Moreira, em *Constituição da República Portuguesa anotada*, volume I, p. 504, da 4.ª edição, da Coimbra Editora), vector necessariamente integrante de qualquer programa político-criminal de um Estado de direito, visando a realização de uma democracia social (Figueiredo Dias, na *ob. cit.*, pp. 159-160, e em "Os novos rumos da política criminal e o direito penal português no futuro", na *Revista da Ordem dos Advogados*, Ano 43.º, volume I, p. 33). A determinação da perda de um direito civil, profissional ou político, como efeito automático de uma condenação penal, prejudicaria a ressocialização do condenado, sem qualquer possibilidade de ponderação da necessidade e adequação da extensão do efeito estigmatizante da pena."

Por estas razões a inelegibilidade prevista no artigo 13.º da Lei n.º 27/96, de 1 de Agosto, não pode ser encarada como um efeito necessário da condenação pela prática de um crime previsto na Lei n.º 34/87, de 16 de Julho, pelo que não podia a decisão recorrida ter aplicado automaticamente, como fez, essa sanção ao candidato Avelino Ferreira Torres.

Note-se que o facto do artigo 50.º, n.º 3, da Constituição, autorizar o legislador a prever no acesso a cargos electivos, as inelegibilidades necessárias para garantir a liberdade de escolha dos eleitores e a isenção e independência do exercício dos respectivos cargos, não permite que essa previsão seja feita como um efeito automático de uma condenação penal, valendo sempre nessa tarefa legislativa a proibição do artigo 30.º, n.º 4, da Constituição.

E sendo necessária a realização de um juízo que pondere a necessidade de aplicação daquela sanção, o mesmo nunca poderá ser feito neste processo eleitoral, atentas as suas regras específicas, com prazos apertados, ditados por um calendário rigoroso, que não permite assegurar o cumprimento de todas as garantias de defesa constitucionalmente exigíveis.

Como disse Gomes Canotilho, a propósito da inelegibilidade anteriormente prevista no artigo 14.º da Lei n.º 87/89, de 9 de Setembro "a sanção da inelegibilidade poderá, assim, ser uma sanção adequada ou um efeito justo de certos comportamentos dos membros de órgãos electivos, mas isso terá de ser demonstrado com base nos princípios materiais da ilicitude e da culpa no âmbito de um verdadeiro due process" (*Revista de Legislação e de Jurisprudência*, Ano 125.º, n.º 3825, pp. 381-382).

Tendo a declaração de inelegibilidade em apreciação, como consequência automática da condenação definitiva pela prática de crimes previstos na Lei n.º 34/87, de 16 de Julho, sido efectuada em violação do disposto no artigo 30.º, n.º 4, da Constituição, não pode essa declaração manter-se, devendo o recurso interposto ser julgado procedente.

4. Da inaplicabilidade do efeito previsto no artigo 13.º da Lei n.º 27/96, de 1 de Agosto

E mesmo para quem não acompanhe este juízo de inconstitucionalidade, a inelegibilidade prevista no artigo 13.º da Lei n.º 27/96, de 1 de Agosto, nunca seria aplicável ao candidato Avelino Ferreira Torres nas presentes eleições autárquicas.

Na verdade, resulta da decisão condenatória de primeira instância, confirmada no Tribunal da Relação do Porto, que o recorrente foi condenado na "pena acessória de perda do respectivo mandato de Presidente da Câmara". Como o recorrente exercia o mandato em 11 de Junho de 2004 (data em que foi prolatada aquela decisão) e não exerceu qualquer mandato de Presidente da Câmara a partir de 9 de Outubro de 2005 (data das últimas eleições autárquicas), será sempre de concluir pela não aplicação do artigo 13.º da Lei n.º 27/96, de 1 de Agosto.

De acordo com esta disposição, a condenação definitiva dos membros dos órgãos autárquicos em qualquer dos crimes previstos e definidos na Lei n.º 34/87, de 16 de Julho, implica a sua inelegibilidade nos actos eleitorais destinados a completar o mandato interrompido e nos subsequentes que venham a ter lugar no período de tempo correspondente a novo mandato completo, em qualquer órgão autárquico. Ou seja, no limite, a inelegibilidade legalmente prevista corresponde, no caso, ao período de tempo compreendido entre as últimas eleições autárquicas e as que se vão realizar no próximo dia 11 de Outubro, pelo que nunca se aplicaria às presentes eleições.

Assim, também por esta razão, o recurso deve ser julgado procedente, revogando-se a decisão recorrida.

III — Decisão

Pelo exposto, julga-se procedente o recurso interposto pelo grupo de cidadãos eleitores Marco — Confiante com Ferreira Torres e Avelino Ferreira Torres da decisão proferida em 3 de Setembro de 2009 pelo 2.º Juízo do Tribunal Judicial de Marco de Canaveses e, em consequência, revoga-se essa decisão, indeferindo-se a reclamação apresentada por Artur Elísio de Braga de Melo e Castro.

Lisboa, 23 de Setembro de 2009. — *João Cura Mariano* — *Vítor Gomes* — *Maria João Antunes* — *Ana Maria Guerra Martins* — *José Borges Soeiro Carlos Fernandes Cadilha* (votei a decisão apenas pelo segundo fundamento) — *Carlos Pamplona de Oliveira* (com declaração) — *Gil Galvão* (votei a decisão apenas pelas razões constantes do n.º 4 da Fundamentação) — *Benjamim Rodrigues* (vencido de acordo com a declaração conjunta anexa igualmente subscrita por outros conselheiros) — *Joaquim de Sousa Ribeiro* (vencido de acordo com a declaração anexa igualmente subscrita por outros senhores conselheiros) — *Maria Lúcia Amaral* (vencida, de acordo com a declaração anexa, igualmente subscrita por outros senhores conselheiros) — *Rui Manuel Moura Ramos* (vencido, de acordo com a declaração anexa, igualmente subscrita por outros senhores conselheiros).

DECLARAÇÃO DE VOTO

Voto a decisão por entender que o âmbito normativo da inelegibilidade prevista no artigo 13.º da Lei n.º 27/96, de 1 de Agosto [«A condenação definitiva dos membros dos órgãos autárquicos em qualquer dos crimes de responsabilidade previstos e definidos na Lei n.º 34/87, de 16 de Julho, implica a sua inelegibilidade nos actos eleitorais destinados a completar o mandato interrompido e nos subsequentes que venham a ter lugar no período de tempo correspondente a novo mandato completo, em qualquer órgão autárquico»] não é aplicável ao presente caso. Na verdade, o Tribunal Constitucional tem entendido (veja-se, por exemplo, o Acórdão n.º 430/05, in *Diário da República*, II Série, de 3 de Outubro de 2005, e a jurisprudência nele citada) que as inelegibilidades constituem restrições ao direito fundamental de ser eleito para cargos políticos, razão pela qual as normas que as estabelecem devem ser tidas como enumerações taxativas, não podendo ser objecto de interpretações extensivas ou aplicações analógicas.

Assim interpretado o preceito, deve concluir-se que a eleição agora em causa é, na verdade, posterior aos actos eleitorais identificados na norma, não podendo estender-se-lhe a aludida inelegibilidade. — Carlos Pamplona de Oliveira.

DECLARAÇÃO DE VOTO

Dissentimos do presente julgamento, tendo-nos pronunciado pela improcedência do recurso interposto pelos recorrentes e pela manutenção da decisão recorrida, no essencial pelos fundamentos seguintes.

Não partilhamos do juízo de inconstitucionalidade formulado quanto ao artigo 13.º da Lei n.º 27/96, norma em que se baseia a decisão recorrida. Na verdade, esta disposição não consagra, em nosso entender, um efeito da sentença condenatória proibido pelo n.º 4 do artigo 30.º da Constituição. Trata-se de uma regra de direito eleitoral que, ao regular o regime das inelegibilidades para as candidaturas às autarquias locais, atribui relevância, como pressuposto de facto, à anterior prolação de uma sentença condenatória por crimes de responsabilidade dos titulares dos cargos políticos. Por não se tratar uma sanção penal, encontra-se vedado ao juiz do respectivo processo a constituição por sentença desse efeito jurídico. Estamos perante um efeito *ex lege* que encontra credencial constitucional bastante no artigo 50.º, n.º 3, da Constituição, que apenas exclui que o legislador possa estabelecer inelegibilidades que não sejam necessárias para garantir *inter alia* "a isenção e independência dos respectivos cargos". Ora é incontroverso que a razão de ser da norma cabe na previsão do normativo constitucional no segmento referido. E a isto não se opõe o princípio consagrado no artigo 30.º, n.º 4. Na verdade não estando vedado o estabelecimento de inelegibilidades por via geral e abstracta, em função dos objectivos que com tal previsão se procuram acautelar, não faria sentido que tal fosse excluído pela circunstância de a situação que conduz à inelegibilidade integrar, como pressuposto de facto, a existência de uma sentença penal condenatória. No mínimo, não se pode entender que a existência de uma tal sentença contrarie ou enfraqueça o valor indiciário dos factos tidos em consideração. Não pode assim dar-se ao artigo 30.º, n.º 4, um alcance tal que limite desta forma o exercício de uma competência legislativa constitucionalmente modelada.

Por outro lado, entendemos também que a situação *sub judice* cabe na previsão da norma considerada, não obstante o requerente se não encontrar, no momento do trânsito em julgado da decisão condenatória, no exercício do cargo em que praticou os factos por ela sancionados. Na verdade, a eventual impossibilidade, à data do trânsito em julgado da decisão penal, da aplicação integral deste comando normativo não legitima uma interpretação que esvazie completamente o alcance útil da norma. — *Benjamim Rodrigues* — *Joaquim de Sousa Ribeiro* — *Maria Lúcia Amaral* — *Rui Manuel Moura Ramos.*

Anotação:

1 — Acórdão publicado no *Diário da República*, II Série, de 14 de Outubro de 2009.
2 — O Acórdão n.º 239/08 está publicado em *Acórdãos*, 71.º Vol..

ACÓRDÃO N.º 568/09

DE 10 DE NOVEMBRO DE 2009

Declara juridicamente inexistente decisão do Tribunal da comarca de Nisa relativa às eleições na freguesia de São Simão, Nisa.

Processo: n.º 926/09.
Recorrente: Plenário de cidadãos eleitores da Freguesia de São Simão.
Relator: Conselheiro Pamplona de Oliveira.

SUMÁRIO:

É juridicamente inexistente a decisão, proferida no âmbito do contencioso eleitoral para as autarquias locais, pelo tribunal de comarca, no uso de uma competência que a lei não atribuiu ao seu autor, sem precedência da indispensável pretensão de interessado legítimo, que visou alterar uma decisão eleitoral já fixada na ordem jurídica por não ter sido alvo de adequada impugnação contenciosa para o Tribunal Constitucional.

Acordam, em Plenário, no Tribunal Constitucional:

I — Relatório

1. Em 5 de Novembro de 2009 foi recebido no Tribunal Constitucional o seguinte pedido:

Assunto: Recurso do despacho do Meritíssimo Juiz de Direito do Tribunal Judicial de Nisa, sobre a eleição da Junta de Freguesia e da Mesa do Plenário de Eleitores da Freguesia de São Simão.

Tendo-me sido entregue, em mão, pelo Sr. Presidente da Junta de Freguesia de São Simão no passado dia 29 de Outubro, pelas 17h30m, um ofício da Câmara Municipal de Nisa (Anexo 1) com cópia do despacho da Meritíssima Juiz sobre uma reclamação apresentada a propósito da eleição da Junta de Freguesia e da Mesa do Plenário de Eleitores da Freguesia de São Simão, Concelho de Nisa, venho por este meio expor o seguinte:

No passado dia 17 de Outubro reuniu o Plenário de Eleitores da Freguesia de São Simão, estando presente a grande maioria dos eleitores inscritos. O método de eleição foi amplamente discutido e votado pelos eleitores, tendo sido escolhido o método de eleição por listas.

Nesse mesmo dia foi apresentada uma reclamação sobre a constituição da junta de freguesia e da mesa do plenário, assinada pelo primeiro subscritor de uma das listas (lista C) e por alguém que não fazia parte do plenário nem era eleitor na freguesia, tendo-se intitulado mandatário do Partido Socialista para a eleições autárquicas do concelho.

Não havendo listas partidárias a concorrer à eleição em causa e não concordando com as razões manifestadas, a mesa deliberou não dar provimento à reclamação, tendo os primeiros subscritores das listas A e B concordado com a decisão da mesa. A junta de freguesia e a mesa do plenário tomaram de imediato posse, segundo instruções da Comissão Nacional de Eleições (CNE). Todos estes factos estão descritos na acta do Plenário, cuja cópia se anexa (Anexo 2).

Posteriormente, a Câmara Municipal de Nisa enviou cópia dessa acta ao Tribunal Judicial de Nisa, tendo a Meritíssima Juiz deste tribunal proferido despacho com base na acta do Plenário.

De tal decisão, apresentámos reclamação e requeremos a anulação do despacho de 23 de Outubro de 2009, da Meritíssima Juiz de Direito do Tribunal Judicial de Nisa.

Hoje dia, 4 de Novembro de 2009, fomos (finalmente) notificados do despacho da Meritíssima Juiz de Direito do Tribunal Judicial de Nisa, que reitera a posição assumida e que sugere o recurso como forma de alteração dos Despachos proferidos. (vide Anexo 3).

Com o devido respeito, que é muito, não podemos concordar com o teor do Despacho proferido pela Meritíssima Juiz de Direito do Tribunal Judicial de Nisa, porquanto entendemos que o Tribunal Constitucional é o único competente em razão da matéria, para proferir qualquer tipo de decisão no âmbito do processo eleitoral. Por tal facto, e para além de só agora nos considerarmos regularmente notificados, vimos por este meio requerer a V. Exa. se digne mandar anular o Despacho em causa, não só por entendermos que o Tribunal Judicial de Nisa não tem competência para se manifestar no âmbito destas matérias, como também porque se verificaria uma inutilidade de tal Despacho, na medida em que ambos os órgãos se encontram já em pleno exercício das suas funções, termos em que se requer a anulação do citado Despacho.

Acresce referir que nem a Junta de Freguesia nem o Mesa do Plenário foram oficialmente notificados pelo tribunal, razão pelo qual solicitámos uma certidão do despacho (de que juntamos cópia como Anexo 4) que nos foi fornecida no dia 4 de Novembro de 2009.

Com os melhores cumprimentos.
Pé da Serra, 4 de Novembro de 2009.

A Presidente do Mesa do Plenário de Eleitores
Esmeralda da Cruz Carrilho de Almeida

2. O caso reporta-se às eleições na Freguesia de São Simão, Nisa, que, por ter menos de 150 eleitores, não elege assembleia de freguesia (artigo 21.º n.º 1 da Lei n.º 169/99 de 18 de Setembro). A eleição destinou-se, portanto, a escolher o presidente e os vogais da junta de freguesia e a mesa do plenário de cidadãos eleitores, e ocorreu em 17 de Outubro de 2009, conforme consta da Acta que se transcreve:

Freguesia de S. Simão
Eleição da Junta de Freguesia e da Mesa do Plenário
de Cidadãos Eleitores da Freguesia de S. Simão
ACTA

Aos dezassete dias do mês de Outubro, do ano de dois mil e nove, na Freguesia de S. Simão, Concelho de Nisa, na Sede dos "Amigos do Pé da Serra" em Pé da Serra, onde, eu Júlio da Cruz Carrilho de Almeida, Presidente da Assembleia de Freguesia de S. Simão, me encontrava, compareceram, para, em conformidade com o disposto no artigo 21.º do Decreto-Lei n.º 169/99, de 18 de Setembro, alterado pela Lei n.º 5-A/2002, de 11 de Janeiro, se proceder à eleição da Junta de Freguesia e da Mesa do Plenário de Eleitores, a qual terá o inicio do seu mandato a partir do próximo dia 18 de Outubro de 2009.

Tendo-se dado início ao Plenário, pelas 15 horas e estando presentes cerca de 85 eleitores, que perfazem mais de 10% dos eleitores inscritos no Caderno de Recenseamento Eleitoral desta Freguesia. Seguidamente passou-se a escolha do método de eleição, optando os cidadãos eleitores pelo método de votação por Lista, tendo a eleição por este método recolhido 44 votos favoráveis, e a eleição pelo método nominal 22 votos favoráveis. Após a escolha da forma de votação passou-se então para a constituição das listas, tendo sido apresentadas as seguintes:

Denominação das Listas para a Junta:

Lista A
José Miguéns Louro Hilário
Joaquim da Graça Martins Valente
Júlio da Cruz Carrilho de Almeida

Lista B
Lídia Maria Matos Piçarra
José da Rosa Piçarra
Porfírio esperança Lacão Militão

Lista C
António de Almeida Pereira
Paula Maria Pires Carrilho
José de Matos Rodrigues

Depois de concluído o processo de constituição das listas para a votação para a Junta de Freguesia, efectuou-se a eleição para o órgão atrás referido.

Seguidamente procedeu-se a elaboração das listas para a votação para a Mesa do Plenário de Eleitores, tendo-se apresentado as seguintes listas:

Denominação das Listas para o Plenário de Eleitores:

Lista A
Esmeralda da Cruz Carrilho de Almeida
João José Miguéns Carrilho
António de Almeida da Cruz Valente

Lista B
Armando de Almeida Piçarra
José da Rosa Piçarra
Porfírio Esperança Lacão Militão

Lista C
Elisabete de Almeida Peleja
Andreia Pires Carrilho
Manuel de Almeida Pereira

Depois de constituídas todas as listas procedeu-se a votação para a Mesa do Plenário de Eleitores.

Após o encerramento das duas votações efectuou-se a contagem final de votos, tendo-se apurado os seguintes resultados:

Para a Junta de Freguesia:

Votantes	107
Votos em Branco	1
Votos Nulos	0
Lista A	66 votos
Lista B	12 votos
Lista C	28 votos

Para a Mesa do Plenário de Eleitores:

Votantes	106
Votos em Branco	0
Votos Nulos	0
Lista A	64 votos
Lista B	9 votos
Lista C	33 votos

Após a contagem dos votos o delegado à mesa da lista C apresentou uma Reclamação/protesto que fica apensa à presente acta como anexo. A Mesa da Assembleia de Freguesia entendeu não dar provimento a esta Reclamação/protesto por considerar que o método de Hondt não se aplica a este tipo de eleição, motivo pelo qual nesta forma de eleição quem elege todos os membros para a Junta de freguesia e para a Mesa do Plenário de eleitores é a lista mais votada, assim a referida mesa entende que quem elege todos os membros é a lista A.

Seguidamente foi declarada vencedora do Acto Eleitoral a Lista A composta pelos seguintes cidadãos:

Para a Junta de Freguesia:

José Miguens Louro Hilário, Presidente da Junta de Freguesia, cidadão eleitor n.º 361 da Freguesia de São Simão portador do BI/CC n.º 14041073 emitido pelo Arquivo de Identificação de Portalegre em 24 de Setembro de 2001, de profissão reformado, data de nascimento 19/12/1941, natural de Pé da Serra e residente na freguesia de São Simão.

Joaquim da Graça Martins Valente, Vogal da Junta de Freguesia, cidadão eleitor n.º 339 da Freguesia de São São portador do BI/CC n.º 2181124 emitido pelo Arquivo de Identificação de Portalegre em 13 de Março de 2001, de profissão reformado da EDP, data de nascimento 27 de Fevereiro de 1934, natural de Pé da Serra e residente na freguesia de São Simão.

Júlio da Cruz Carrilho de Almeida, Vogal da Junta de Freguesia, cidadão eleitor n.º 292 da Freguesia de São Simão portador do BI/CC n.º 6960472 emitido pelo Arquivo de Identificação de Portalegre em 23 de Março de 2005, de profissão funcionário administrativo, data de nascimento 7 de Outubro de 1964, natural de São Simão — Nisa e residente na freguesia de São Simão.

Esmeralda da Cruz Carrilho de Almeida, Presidente do Plenário, cidadão eleitor n.º 287 da Freguesia de São Simão portador do BI/CC n.º 6246708 emitido pelo Arquivo de Identificação de Portalegre em 12 de Novembro de 2003, de profissão médica veterinária, data de nascimento 24 de Março de 1962, natural de São Simão — Nisa e residente na freguesia de Espírito Santo.

João José Miguens Carrilho, 1.º Secretário do Plenário, cidadão eleitor n.º 340 da Freguesia de São Simão portador do BI/CC n.º 11382776 emitido pelo Arquivo de Identificação de Lisboa em 14 de Outubro de 2004, de profissão carteiro, data de nascimento 5 de Novembro de 1970, natural de Pé de Serra e residente na freguesia de Corroios — Seixal.

António de Almeida da Cruz Valente, 2.º Secretário do Plenário, cidadão eleitor n.º 364 da Freguesia de São Simão portador do BI/CC n.º 2310132 emitido pelo Arquivo de Identificação de Portalegre em 8 de Março de 2005, de profissão aposentado, data de nascimento 6 de Novembro de 1939, natural de Pé de Serra e residente na freguesia de São Simão.

Verificada a conformidade formal do processo eleitoral, com a identidade dos eleitos, o Senhor Júlio da Cruz Carrilho de Almeida, Presidente da Assembleia de Freguesia, declarou-os investidos nas suas funções, do que, para constar se lavrou a presente Acta que eu João José Miguens Carrilho 1.º Secretário da Mesa da Assembleia de Freguesia, redigi e subscrevo e que vai ser assinada pelos membros da Mesa da Assembleia de Freguesia e pelos eleitos.

Os membros da Mesa da Assembleia de Freguesia cessante:
Júlio da Cruz Carrilho de Almeida — Presidente
João José Miguens Carrilho
António de Almeida da Cruz Valente

Os Membros eleitos para a Junta de Freguesia:
Presidente da Junta de Freguesia *José Miguens Louro Hilário*
Vogal *Joaquim da Graça Martins Valente*
Vogal *Júlio da Cruz Carrilho de Almeida*

Os membros eleitos para a Mesa do Plenário:
Presidente da Mesa do Plenário *Esmeralda da Cruz Carrilho de Almeida*
1.º Secretário
2.º Secretário António de Almeida da Cruz Valente

Não havendo mais nenhum assunto a tratar, foi encerrada a Sessão quando eram 18h30m.

Pé da Serra, 17 de Outubro de 2009,
O Presidente da Assembleia de Freguesia,

ass: *Júlio da Cruz Carrilho de Almeida*

3. Anexa à acta consta o seguinte:

Reclamação/Protesto

Marco António Barreto Lourenço de Oliveira, mandatário da lista do Partido Socialista às Eleições Autárquicas 2009, vem reclamar/protestar relativamente aos mandatos informados pela Mesa de Assembleia de Freguesia Cessante de São Simão, no decorrer do Plenário de Cidadãos Eleitores que decorreu nesta freguesia hoje, 17 de Outubro de 2009.

Foi decidido pelo Plenário de cidadãos que a votação se iria processar através do voto secreto e por listas (22 cidadãos pretendiam voto nominal, contra 44 que entenderam por listas).

Foram apresentadas 3 listas, constituídas cada uma delas por 3 pessoas, com respectiva designação por letras, A, B e C. Sendo que o procedimento neste caso, como diz a lei, é semelhante ao das Assembleias de Freguesia, os resultados daqui decorrentes obrigariam à aplicação do método de Hondt.

As eleições autárquicas no Concelho de Nisa só terminam com o resultado desta votação em São Simão.

No caso das eleições para as Assembleias de Freguesia com mais de 150 eleitores, são apresentadas listas, seja do PS, do PSD, da CDU, ou outro, e que são compostas por pessoas. Este caso é idêntico, pois são apresentadas listas A, B, e C, também compostas por pessoas.

O método de Hondt deve ser por isso aplicado.

Do resultado da votação para a junta de freguesia, a lista A teve 66 votos, a lista B teve 12 votos, e a lista C teve 28. Aplicando o Método de Hondt, o 1.º nome da lista C deverá integrar o Executivo dessa Junta de Freguesia.

Relativamente à Mesa do Plenário, o procedimento será o mesmo. A lista A teve 64 votos, a lista B teve 9 votos, e a lista C teve 33 votos. O 1.º elemento da lista C deve integrar a respectiva Mesa.

Venho por isso reclamar/protestar pelos mandatos apresentados, esperando que seja reposta a verdade, justiça e legalidade do resultado da votação.

4. A documentação relativa a esta votação foi enviada ao Presidente da Câmara Municipal de Nisa que, por sua vez, a remeteu ao Tribunal Judicial da Comarca de Nisa. Em 23 de Outubro de 2009 foi proferido pela juíza deste tribunal o seguinte despacho:

No decurso da eleição do plenário de cidadãos eleitores da freguesia de São Simão do concelho de Nisa foi apresentada uma reclamação, por não ter sido aplicado o método de Hondt na eleição, que cumpre apreciar e decidir.

Na freguesia de São Simão, do Concelho de Nisa, por ter menos de 150 eleitores, a assembleia de freguesia é substituída pelo plenário dos cidadãos eleitores. Assim, no passado dia 11 de Outubro, aquando das eleições autárquicas realizadas a nível nacional, nesta freguesia, os eleitores votaram apenas para a assembleia municipal e para a câmara municipal.

Atendendo ao reduzido número de eleitores a lei prevê, no artigo 21.º da Lei n.º 169/99, de 18 de Setembro, republicada pela Lei n.º 5-A/2002, de 11 de Janeiro, que a assembleia de freguesia seja substituída pelo plenário, não existindo aquele habitual órgão autárquico.

A diferença e especialidade nesta freguesia prende-se precisamente com esse facto, o de não haver assembleia de freguesia, e por isso não ser através desta que se forma quer a mesa quer a junta de freguesia.

O artigo 22.º da referida Lei dispõe que "o plenário de cidadãos eleitores rege-se, com as necessárias adaptações, pelas regras estabelecidas para a assembleia de freguesia e respectiva mesa".

Já o artigo 4.º do referido diploma legal prevê que "a assembleia de freguesia é eleita por sufrágio universal, directo e secreto dos cidadãos recenseados na área da freguesia, segundo o sistema de representação proporcionar".

Importa agora analisar o que é o sistema de representação proporcional. Estabelece o artigo 13.º da Lei Eleitoral que a conversão dos votos em mandatos se faz de acordo com o método de representação proporcional correspondente à média mais alta de Hondt, obedecendo às seguintes regras:

a) Apura-se, em separado, o número de votos recebidos por cada lista no círculo eleitoral respectivo (1.ª regra);

b) O número de votos apurado por cada lista é dividido, sucessivamente, por 1, 2, 3, 4, 5, etc, sendo os quocientes alinhados pela ordem decrescente da sua grandeza numa série de tantos termos quantos os mandatos que estiverem em causa (2.ª regra);

c) Os mandatos pertencem às listas a que correspondem os termos da série estabelecida pela regra anterior, recebendo cada uma das listas tantos mandatos quantos os seus termos da série (3.ª regra);

d) No caso de restar um só mandato para distribuir e de os termos seguintes da série serem iguais e de listas diferentes, o mandato cabe à lista que tiver obtido o menor número de votos (4.ª regra).

Em seguida, dentro de cada lista, os mandatos são conferidos aos candidatos pela ordem de precedência indicada na declaração de candidatura, sendo a distribuição dos lugares dentro das listas dos candidatos eleitos efectuada de acordo com a ordenação dos nomes constantes da declaração de candidatura (artigo 14.º, n.º 1).

A trave mestra do sistema político-eleitoral português assenta na forma proporcional de representação com vista a garantir que os órgãos colegiais directamente eleitos por sufrágio universal espelhassem na sua composição as várias forças políticas com expressão na sociedade, procurando-se assegurar uma relativa equivalência entre a percentagem de votos e a de mandatos efectivamente obtidos [artigos 113.º, n.º 5, 239.º, n.º 2, e 288.º, alínea h), todos da Constituição da República Portuguesa].

Conclui-se assim do que se vem dizendo que na eleição do plenário de cidadãos eleitores da freguesia de São Simão, como em todas as eleições no nosso país, o método de representação proporcional deve ser assegurado, o que implica que os mandatos não são todos atribuídos à lista vencedora, como ocorreu em São Simão, mas são sim atribuídos proporcionalmente.

Importa assim aplicar o método de Hondt à eleição realizada, atendendo aos votos obtidos por cada uma das três listas apresentadas, tal como reclamado.

Para a Junta de Freguesia houve:

— Votante — 107

— Votos em branco —1
— Votos nulos — 0
— Lista A — 66 votos
— Lista B — 12 votos
— Lista C — 28 votos

Assim, e aplicando o método de Hondt, atribuem-se dois mandatos à lista A (*José Miguéns Louro Hilário* e *Joaquim da Graça Martins Valente*), o 1.º e 2.º mandatos, e um à lista C (*António de Almeida Pereira*), o 3.º mandato.

Para a mesa do plenário de eleitores houve:

— Votantes — 106
— Votos em branco — 0
— Votos nulos — 0
— Lista A — 64 votos
— Lista B — 9 votos
— Lista C — 33 votos

Assim, e aplicando o método de Hondt, atribuem-se dois mandatos à lista A (*Esmeralda da Cruz Carrilho de Almeida* e *João José António de Almeida da Cruz Valente*), o 1.º e 3.º mandatos, e um à lista C (*Elisabete de Almeida Peleja*), o 2.º mandato.

5. O despacho foi comunicado, por ofício, ao Presidente da Câmara Municipal de Nisa que o publicou por edital camarário n.º 243/2009, de 28 de Outubro de 2009, do seguinte teor:

> Eleição do Plenário de Cidadãos Eleitores
> da Freguesia de São Simão, Concelho de Nisa
> Reclamação Apresentada pelo Partido Socialista
> Despacho da Meritíssima Juiz de Direito

Maria Gabriela Pereira Menino Tsukamoto, Presidente da Câmara Municipal do Concelho de Nisa:

Torna público, para os efeitos que forem tidos por convenientes, o despacho da Meritíssima Juiz da Direito da comarca de Nisa, datado do dia 23 de Outubro de 2009, que incidiu sobre a reclamação apresentada pelo mandatário do Partido Socialista, na sequência do acto eleitoral para a eleição do Plenário de Cidadãos Eleitores da Freguesia de São Simão, deste Concelho, do qual se junta um exemplar ao presente edital.

[...]

6. À recorrente Esmeralda da Cruz Carrilho de Almeida, que não teve intervenção processual, foi entregue certidão deste despacho em 4 de Novembro de 2009, conforme entretanto requerera.

II — Fundamentos

7. Cabe ao Tribunal Constitucional conhecer dos recursos contenciosos interpostos de actos de administração eleitoral. No que concerne a eleições para órgãos das autarquias locais, as irregularidades ocorridas no decurso da votação e no apuramento local ou geral podem ser apreciadas em recurso contencioso "desde que hajam sido objecto de reclamação ou protesto apresentado no acto em que se verificaram", devendo o recurso ser interposto "no dia seguinte ao da afixação do edital contendo os resultados do apuramento" (artigo 102.º-B da Lei n.º 28/82, de 15 de Novembro, e artigos 31.º, 156.º, n.º 1, e 158.º da LEOAL, aprovada pela Lei Orgânica n.º 1/2001, de 14 de Agosto).

Este regime é aplicável ao caso em presença, apesar de tal eleição decorrer, conforme se sublinhou já, segundo as regras previstas nos artigos 21.º, 24.º e 46.º, n.º 1, da Lei n.º 169/99, de 18 de Setembro.

O Tribunal tem desde sempre afirmado que a especial natureza do processo eleitoral impõe o funcionamento do princípio da aquisição progressiva dos actos, do qual decorre a sua submissão a regras próprias como as que respeitam ao prazo de interposição do recurso, sob pena de todo o esquema temporal de execução dos actos eleitorais ser posto em causa.

Apura-se que os documentos respeitantes às eleições em causa, recebidos do presidente da Junta de Freguesia, foram enviados, pelo presidente da Câmara, ao juiz da comarca. Este decidiu o protesto eleitoral, apesar de nenhum recurso ter sido interposto da decisão do plenário de eleitores, alterando o resultado. Verifica-se, ainda, que o despacho do juiz foi publicado no edital camarário de 28 de Outubro de 2009 e, ainda, que só em 5 de Novembro a ora recorrente interpôs o presente recurso directamente no Tribunal Constitucional.

8. Poder-se-ia admitir que o despacho, assim publicado, consubstanciaria uma decisão de natureza eleitoral, que se teria tornado definitiva por não ter sido impugnada no prazo a que alude o artigo 158.º da LEOAL, ganhando, assim, plena eficácia. A isto acresceria que, neste domínio, a Lei do Tribunal Constitucional ou as leis eleitorais relevantes não prevêem a competência deste Tribunal para conhecer de recursos interpostos de decisões jurisdicionais, o que tudo conduziria ao não conhecimento do objecto do presente recurso.

Mas o certo é que a decisão impugnada foi proferida no uso de uma competência que a lei não atribuiu ao seu autor e, além disso, tomada sem precedência da indispensável pretensão de interessado legítimo, visou alterar uma decisão eleitoral, aliás, já fixada na ordem jurídica por não ter sido alvo de adequada impugnação contenciosa para o Tribunal Constitucional. Isto é: sem a ocorrência dos pressupostos habilitantes, a autora do despacho impugnado praticou um acto não previsto na lei.

É, assim, patente que a decisão não pode manter-se na ordem jurídica.

III — Decisão

9. Pelos fundamentos expostos, o Tribunal Constitucional decide conceder provimento ao recurso, declarando juridicamente inexistente a decisão recorrida.

Lisboa, 10 de Novembro de 2009. — *Carlos Pamplona de Oliveira — Gil Galvão — Joaquim de Sousa Ribeiro — Maria Lúcia Amaral — José Borges Soeiro — João Cura Mariano — Vítor Gomes — Maria João Antunes — Benjamim Rodrigues — Carlos Fernandes Cadilha — Ana Maria Guerra Martins — Rui Manuel Moura Ramos.*

Anotação:

Acórdão publicado no *Diário da República,* II Série, de 24 de Novembro de 2009.

ACÓRDÃO N.º 571/09

DE 11 DE NOVEMBRO DE 2009

Decide que os membros do conselho de administração da Expo Arade — Animação, E. M. se encontram abrangidos pelo disposto na alínea *b)* do n.º 3 do artigo 4.º da Lei n.º 4/83, de 2 de Abril, na redacção da Lei n.º 25/95, de 18 de Agosto e, consequentemente, sujeitos ao dever de apresentação da declaração de rendimentos, património e cargos sociais, previstos no artigo 1.º do referido diploma; enquanto administrador executivo da Expo Arade — Animação, E. M., o requerente encontra-se ainda sujeito ao dever de renovação anual da respectiva declaração.

Processo: n.º DPR-128.
Requerente: Administrador executivo da Expo Arade — Animação, E. M..
Acórdão ditado para a Acta.

SUMÁRIO:

   I — Em resultado da entrada em vigor da Lei n.º 25/95, de 18 de Agosto, o elenco dos sujeitos vinculados pelo dever de apresentação da declaração de rendimentos, património e cargos sociais, passou a incluir a instituída subcategoria dos "equiparados a titulares de cargos políticos para efeitos da presente lei" e, no âmbito desta, a contemplar expressamente a figura do "administrador designado por entidade pública em pessoa colectiva de direito público ou em sociedade de capitais públicos ou de economia mista".

   II — No momento da constituição da Expo Arade — Animação, E. M., os membros do respectivo conselho de administração foram nomeados membros do conselho de administração de uma entidade qualificável como 'pessoa colectiva de direito público', o que permite ter por verificado o primeiro elemento da previsão normativa da alínea *b)* do n.º 3 do artigo 4.º da Lei n.º 4/83, de 2 de Abril, na redacção conferida pela Lei n.º 25/95, de 18 de Agosto.

III — Por outro lado, também o segundo requisito contido na norma do artigo 4.º, n.º 3, alínea *b)*, da Lei n.º 4/83, de 2 de Abril, na redacção conferida pela Lei n.º 25/95, de 18 de Agosto, respeitante aos termos seguidos para o acesso ao cargo — é necessário que o administrador da pessoa colectiva de direito público haja sido como tal 'designado por uma entidade pública' —, se encontra preenchido, tornando-se agora evidente que os membros do conselho de administração da Expo Arade — Animação, E. M. 'foram designados administradores em pessoa colectiva de direito público por uma entidade pública'.

IV — Para além de sujeito à obrigação de apresentação da declaração de rendimentos, património e cargos sociais nos termos estabelecidos nos artigos 1.º e 2.º, n.º 1, da Lei n.º 4/83, de 2 de Abril, na versão resultante da Lei n.º 25/95, de 18 de Agosto, o requerente encontra-se ainda subordinado ao dever de renovação anual dessa mesma declaração, nos termos do disposto no artigo 2.º, n.º 3, da Lei n.º 4/83, de 2 de Abril, na redacção que lhe foi conferida pela Lei n.º 25/95, de 18 de Agosto.

ACTA

Aos onze dias do mês de Novembro de dois mil e nove, achando-se presentes o Excelentíssimo Conselheiro Presidente Rui Manuel Gens de Moura Ramos e os Ex.^{mos} Conselheiros Carlos Alberto Fernandes Cadilha, Ana Maria Guerra Martins, Carlos José Belo Pamplona de Oliveira, Gil Manuel Gonçalves Gomes Galvão, Joaquim José Coelho de Sousa Ribeiro, Maria Lúcia Amaral, José Manuel Cardoso Borges Soeiro, João Eduardo Cura Mariano Esteves, Vítor Manuel Gonçalves Gomes, Maria João da Silva Baila Madeira Antunes e Benjamim Silva Rodrigues, foram trazidos à conferência os presentes autos, para apreciação.

Após debate e votação, foi ditado pelo Excelentíssimo Conselheiro Presidente o seguinte:

ACÓRDÃO N.º 571/09

I — Relatório

1. O administrador executivo da Expo Arade — Animação, E. M., oficiou ao Presidente do Tribunal Constitucional em 18 de Fevereiro de 2008, suscitando dúvidas sobre a «obrigatoriedade ou não de apresentação da declaração de rendimentos, património e cargos sociais» por parte dos membros do conselho

de administração da referida entidade, «bem como de quaisquer outros formalismos necessários a apresentar» pelo próprio enquanto administrador executivo.

Fundamentou tal dúvida na circunstância de a Expo Arade — Animação, E. M. ser uma empresa municipal que tem por objecto social, entre outras actividades, a organização, promoção e realização de feiras e mercados, exposições, certames e outras acções, a gestão da animação, promoção, informação, recursos e produtos na área do turismo e a organização, gestão e exploração de eventos, tendo em vista a elevação do nível de desenvolvimento local e regional.

Esclareceu, para o efeito, que a Expo Arade — Animação, E. M. entrou em actividade no dia 11 de Setembro de 2001, tendo o requerente sido nomeado vogal do respectivo conselho de administração.

Referiu ainda que a Procuradoria-Geral da República, pronunciando-se sobre a questão em 12 de Maio de 2005, considerou que os vogais do conselho de administração das empresas públicas municipais não se encontram obrigados à apresentação da declaração de inexistência de incompatibilidades e impedimentos prevista na Lei n.º 64/93, de 26 de Agosto. Em convergência com entendimento que prevalece em matéria de aplicação do regime jurídico de incompatibilidades e impedimentos dos titulares de cargos políticos e altos cargos públicos, os administradores da Expo Arade — Animação, E. M. sempre actuaram na convicção de que se não encontram obrigados à apresentação da declaração de rendimentos, património e cargos sociais, quer à data do início das respectivas funções, quer à data da cessação das mesmas e/ou da recondução do titular no cargo.

2. Invocando serem «perfeitamente autónomas e diferenciadas as normas que regem sobre o dever de apresentação das declarações de incompatibilidades e impedimentos e de património e rendimentos dos titulares de cargos políticos e equiparados — estando em causa, na situação dos autos, a interpretação e aplicação do preceituado no artigo 4.º, n.º 3, alíneas *a)* e *b)*, da Lei n.º 4/83, na redacção emergente da Lei n.º 25/95, de 18 de Agosto», o Ministério Público promoveu que fosse solicitada ao requerente a junção aos autos de cópia dos estatutos da Expo Arade — Animação, E. M., acompanhada da indicação das entidades que participam do respectivo capital social, o que foi determinado.

Para além de haver procedido à junção do texto dos referidos estatutos, o requerente informou ainda que o capital da Expo Arade — Animação, E. M, é detido na totalidade pelo Município de Portimão.

3. Tendo sido concedida subsequente vista ao Ministério Público, emitiu o Sr. Procurador-Geral Adjunto o seguinte parecer:

«Dos elementos documentais que integram os autos resulta que a Expo Arade é uma empresa municipal — pessoa colectiva de direito público (artigo 1.º dos Estatutos) — cujo capital é detido na totalidade pelo município de Portimão (fls. 9), competindo à Câmara Municipal a nomeação e exoneração dos membros do Conselho de Administração de tal empresa municipal (artigo 8.° dos Estatutos).

Afigura-se, deste modo, que estarão inteiramente preenchidos os pressupostos de que o n.° 3 da alínea *b*) do artigo 4.° da Lei n.° 4/83, na redacção da Lei n.° 25/95, faz depender a "equiparação" a titular de cargo político para o específico efeito de dever de entrega da declaração de património e rendimentos».

4. Afigurando-se pertinentes as dúvidas suscitadas, importa resolvê-las ao abrigo do disposto no artigo 109.°, n.° 2, da Lei do Tribunal Constitucional.

II — Fundamentação

5. Considerados os termos em que a dúvida é suscitada, a primeira nota que cumpre salientar é a de que toda a questão relativa à existência do dever de apresentação da declaração de rendimentos, património e cargos sociais se resolve através da aplicação do regime jurídico do controlo público da riqueza dos titulares de cargos políticos instituído pela Lei n.° 4/83, de 2 de Abril, e alterado pela Lei n.° 25/95, de 18 de Agosto.

Este regime é, para além de distinto, inteiramente autónomo e independente do regime jurídico de incompatibilidades e impedimentos dos titulares de cargos políticos e altos cargos públicos, aprovado pela Lei n.° 64/93, de 26 de Agosto, pelo que as soluções interpretativas no âmbito deste alcançadas não serão transponíveis para o âmbito da resolução das questões colocadas em torno da aplicação daquele primeiro.

Acresce que, em se tratando de definir a situação jurídica de cada um dos membros do conselho de administração de uma empresa municipal a partir de ambos os regimes em presença, as normas aplicáveis num caso e noutro procedem de enunciados distintos e expressam opções incoincidentes.

Com efeito, enquanto que no plano da apreciação da existência do dever de entrega da declaração de inexistência de incompatibilidades e impedimentos relevarão as normas constantes das alíneas *a*) e *b*) do artigo 3.° da Lei n.° 64/93, de 26 de Agosto — das quais resulta serem considerados titulares de altos cargos públicos ou equiparados, para os efeitos aí previstos, «o presidente de instituto público, fundação pública, estabelecimento público, bem como de empresa pública e de sociedade anónima de capitais exclusiva ou maioritariamente públicos, qualquer que seja o modo da sua designação» [alínea *a*)], e «o gestor público, membro do conselho de administração de sociedade anónima de capitais exclusiva ou maioritariamente públicos, designado por entidade pública, e vogal da direcção de instituto público, nas modalidades referidas na alínea anterior, qualquer que seja a sua titularidade, desde que exerçam funções executivas» [alínea b)] —, no âmbito da determinação da existência da obrigação de entrega da declaração de rendimentos, património e cargos sociais terá aplicação a norma do artigo 4.º, n.º 3, alínea b), da Lei n.º 4/83, de 2 de Abril, na versão aprovada pela Lei n.º 25/95, de 18 de Agosto, que equipara a titulares de cargos políticos, para os efeitos aí previstos, «o administrador designado por entidade pública em pessoa colectiva de direito público ou em sociedade de capitais públicos ou de economia mista».

Assim se vê que, não obstante a existência de certas zonas de sobreposição, o âmbito subjectivo de aplicação de um e outro regimes não coincide inteiramente. Tal constatação torna, por seu turno, evidente a impossibilidade de, designadamente em matéria de estabelecimento do universo dos respectivos destinatários, se importarem para o domínio da aplicação do regime jurídico do controlo público da riqueza em razão do cargo as soluções normativas que prevaleçam no âmbito da aplicação do regime jurídico de incompatibilidades e impedimentos dos titulares de cargos políticos e altos cargos públicos. E só o primeiro caberá considerar no caso presente.

6. É sabido que, ao proceder à revisão do regime jurídico do controle público da riqueza dos titulares de cargos políticos instituído pela Lei n.º 4/83, de 2 de Abril, a Lei n.º 25/95, de 18 de Agosto, a par de outras alterações produzidas, ampliou o elenco dos cargos cujos titulares se encontram obrigados a apresentar, nos prazos para o efeito estabelecidos, uma "declaração dos seus rendimentos, bem como do seu património e cargos sociais" (cfr. artigo 1.º).

Em resultado da entrada em vigor da Lei n.º 25/95, de 18 de Agosto, o elenco dos sujeitos vinculados pelo dever de apresentação da referida declaração passou, pois, a incluir a instituída subcategoria dos "equiparados a titulares de cargos políticos para efeitos da presente lei" (cfr. artigo 4.º, n.ºs 2 e 3) e, no âmbito desta, a contemplar expressamente a figura do "administrador designado por entidade pública em pessoa colectiva de direito público ou em sociedade de capitais públicos ou de economia mista" [cfr. artigo 4.º, n.º 3, alínea b)].

É, pois, em torno da definição do âmbito subjectivo de aplicação da lei a partir desta fórmula normativa inovatória que terá lugar o esclarecimento da dúvida suscitada no âmbito dos presentes autos.

Consiste ela desde logo em saber se, em Setembro de 2001, data em que foi nomeado vogal do conselho de administração da Expo Arade, E. M., o requerente se tornou, tal como os demais membros, "administrador designado por entidade pública em pessoa colectiva de direito público ou em sociedade de capitais públicos [...]", ficando como tal subordinado ao regime jurídico do controle público da riqueza dos titulares de cargos políticos instituído pela Lei n.º 4/83, de 2 de Abril, na versão aprovada pela Lei n.º 25/95, de 18 de Agosto.

De acordo com a cláusula normativa em presença, a primeira das circunstâncias delimitadoras do universo dos sujeitos vinculados pelo regime do controlo público da riqueza em razão do cargo é dada pela natureza da entidade em causa: nos termos previstos na alínea c) do n.º 3 do referido artigo 4.º é necessário que se trate de uma "pessoa colectiva de direito público" ou de uma "sociedade de capitais públicos ou de economia mista".

Assim sendo, a questão que cumpre começar por resolver prende-se com a determinação do estatuto jurídico da empresa municipal Expo Arade — Animação, E. M., constituída através de escritura pública outorgada em 22 de Junho de 2001.

7. Com apoio no modelo organizativo tripartido perspectivado no artigo 199.º, alínea d), da Constituição, é comummente aceite, no âmbito da administração pública, a distinção entre administração directa do Estado, administração indirecta do Estado e administração autónoma.

Os critérios propiciadores de tal distinção vêm sendo objecto de conhecida explicitação doutrinária.

Segundo Freitas do Amaral, «a administração directa do Estado é a actividade exercida por serviços integrados na pessoa colectiva Estado, ao passo que a *administração indirecta* do Estado, embora desenvolvida para realização dos fins do Estado, é exercida por pessoas colectivas públicas distintas do Estado» (*Curso de Direito Administrativo*, volume I, 3.ª edição, Livraria Almedina, Coimbra, 1994, p. 228).

De acordo ainda com o referido autor, a "administração estadual indirecta" corresponderá, «de um ponto de vista subjectivo ou orgânico», ao «conjunto das entidades públicas que desenvolvem, com personalidade jurídica própria e autonomia administrativa e financeira, uma actividade administrativa destinada à realização de fins do Estado» (*ob. cit.*, pp. 349-350), sendo integrada pelos institutos públicos e pelas empresas públicas. A separação entre institutos públicos e empresas públicas — prossegue ainda — «baseia-se também na distinção entre o sector público administrativo (SPA) e o sector público empresarial (SPE)», do primeiro fazendo parte «o Estado, os institutos públicos, as associações públicas, as autarquias locais e as regiões autónomas», sendo o segundo «composto pelas empresas públicas» (*ob. cit.*, pp. 360).

A administração autónoma é a que «prossegue interesses públicos próprios das pessoas que a constituem e por isso se dirige a si mesma, definindo com independência a orientação das suas actividades, sem sujeição a hierarquia ou a superintendência do Governo», sendo desenvolvida, no direito português, pelas associações públicas, as regiões autónomas e as autarquias locais (*ob. cit.* pp. 419-420).

As autarquias locais — que a Constituição define como «pessoas colectivas territoriais dotadas de órgãos representativos, que visam a prossecução de interesses próprios das populações respectivas» (artigo 235.°, n.° 1) — compreendem os municípios e as freguesias, ambos se integrando na "administração autónoma" do Estado.

Não obstante integrarem a administração autónoma do Estado, os municípios podem, contudo, desenvolver as suas competências através de uma administração local directa — é o que sucede quando o fazem por intermédio dos serviços municipais em sentido estrito, ou seja, daqueles que, não dispondo de autonomia, são directamente geridos pelos órgãos principais do município, *v. g.* pela Câmara municipal (*ob. cit.*, p. 593) — e de uma administração local indirecta — ou seja, quando actuam através de organizações autónomas criadas por si próprios para a realização dos respectivos fins.

É justamente no plano da administração local indirecta que se situa o problema relativo à definição do estatuto jurídico das empresas municipais.

A Lei n.° 58/98, de 18 de Agosto — Lei das Empresas Municipais, Intermunicipais e Regionais — veio regular pela primeira vez as condições em que os municípios, as associações de municípios e as regiões administrativas se encontravam habilitados a criar empresas dotadas de capitais próprios (artigo 1.°, n.° 1).

De acordo com o n.° 2 do respectivo artigo 1.°, tais entidades poderiam criar empresas de âmbito municipal, intermunicipal ou regional para exploração de actividades que prosseguissem fins de reconhecido interesse público e cujo objecto se contivesse no âmbito das respectivas atribuições.

O n.° 3 do referido artigo 1.° dispunha que, para os efeitos da referida lei, seriam consideradas:

a) Empresas públicas, aquelas em que os municípios, associações de municípios ou regiões administrativas detivessem a totalidade do capital;
b) Empresas de capitais públicos, aquelas em que os municípios, associações de municípios ou regiões administrativas detivessem participação de capital em associação com outras entidades públicas;
c) Empresas de capitais maioritariamente públicos, aquelas em que os municípios ou regiões administrativas detivessem a maioria do capital em associação com entidades privadas.

Ainda segundo regime jurídico instituído pela Lei n.° 58/98, as empresas gozariam de personalidade jurídica e seriam dotadas de autonomia administrativa, financeira e patrimonial (artigo 2.°, n.° 1), regendo-se pela referida lei, pelos respectivos estatutos e, subsidiariamente, pelo regime das empresas públicas; no que neste não for especialmente regulado, pelas normas aplicáveis às sociedades comerciais (artigo 3.°, n.° 1).

A criação de empresas de âmbito municipal competiria, sob proposta da câmara municipal, à assembleia municipal (artigo 4.°, n.° 1) devendo o contrato de constituição ser reduzido a escrito, salvo se fosse exigida forma mais solene para a transmissão dos bens que sejam objecto das entradas em espécie (artigo 5.°, n.° 1).

8. A Expo Arade — Animação, E. M. foi constituída por escritura pública outorgada em 22 de Junho de 2001, tendo-o sido ao abrigo da alínea *a*) do n.° 3 do artigo 1.° do regime instituído pela Lei das Empresas Municipais, Intermunicipais e Regionais (Lei n.° 58/98, de 18 de Agosto), então em vigor.

De acordo com o disposto no artigo 1.° dos respectivos estatutos, aprovados sob a vigência do referido diploma legal, a Expo Arade — Animação, E. M. é uma pessoa colectiva pública, constituída como empresa municipal, sendo dotada de personalidade jurídica, autonomia administrativa, financeira e patrimonial e encontra-se sujeita à superintendência da Câmara Municipal de Portimão, representando esta o Município de Portimão que detém a totalidade do respectivo capital social (cfr. fls. 9).

Segundo o previsto no artigo 2.° dos mesmos estatutos, a Expo Arade — Animação, E. M. rege-se pelo estabelecido na Lei das Empresas Municipais, Intermunicipais e Regionais (Lei n.° 58/98, de 18 de Agosto), pelos seus estatutos e, subsidiariamente, pelo regime das empresas públicas; no que neste não for especialmente regulado, pelas normas aplicáveis às sociedades comerciais.

O objecto social da Expo Arade — Animação, E. M., encontra-se, por último, caracterizado no artigo 3.° dos respectivos estatutos, contemplando, designadamente, o desenvolvimento, implementação, construção, gestão e exploração de infra-estruturas turísticas, desportivas, culturais e de lazer, actividade que consubstancia a prossecução de interesses públicos determinados.

Tendo presente o que acaba de ser exposto, a questão que cumpre solucionar consiste em determinar se, de acordo com o regime jurídico vigente à data da respectiva constituição — e, com maior pertinência ainda para a resolução da dúvida suscitada, à data em que o requerente Luís Miguel Ricardo iniciou funções como seu administrador —, a empresa Expo Arade — Animação, E. M. seria qualificável como «pessoa colectiva de direito público» para os efeitos previstos na alínea *b*) do n.° 3 do artigo 4.° da Lei n.° 4/83, de 2 de Abril, na redacção conferida pela Lei n.° 25/95, de 18 de Agosto.

O problema relativo à determinação da natureza jurídica das empresas constituídas ao abrigo da Lei das Empresas Municipais, Intermunicipais e Regionais (Lei n.° 58/98, de 18 de Agosto) encontra-se tratado na doutrina.

Embora a resposta conheça algumas variações consoante o tipo de empresa de que se trate — empresa pública, empresa de capitais públicos e empresa de capitais maioritariamente públicos — interessa-nos sobretudo o pensamento desenvolvido em torno daquela primeira categoria, uma vez que a Expo Arade — Animação, E. M. foi constituída ao abrigo da alínea *a)* do artigo 3.º da Lei n.º 58/98, de 18 de Agosto, ou seja, como empresa pública municipal — empresa em que o município detém a totalidade do capital.

Para Pedro Gonçalves, as empresas públicas são entidades de tipo institucional com substrato patrimonial, por oposição às empresas de capitais públicos e às empresas de capitais maioritariamente públicos que são entidades de tipo associativo, com substrato patrimonial e pessoal (*Entidades privadas com poderes Públicos*, 2005, p. 267).

Segundo o referido autor, é possível concluir, a partir dos dados previstos na Lei das Empresas Municipais, Intermunicipais e Regionais (Lei n.º 58/98, de 18 de Agosto), que as empresas municipais preenchem todos os requisitos da personalidade de direito público, já que se trata de entidades: *(i)* constituídas por iniciativa pública — mais concretamente por escritura pública em que o município está representado como outorgante [artigo 5.º]; *(ii)* através de um procedimento especial de direito público que se encontra legalmente previsto e em cujo desenvolvimento se assiste à prática de actos de direito público; *(iii)* sujeitas a um regime público de controlo e superintendência, sendo os correspondentes poderes exercidos pelas câmaras municipais [artigo 16.º].

De acordo com o referido autor, as empresas públicas constituídas no âmbito da Lei das Empresas Municipais, Intermunicipais e Regionais (Lei n.º 58/98, de 18 de Agosto) são entidades públicas (*ob. cit.*, pp. 266-268).

As considerações acabadas de expor permitem concluir que, no momento da constituição da Expo Arade — Animação, E. M., os membros do respectivo conselho de administração foram nomeados membros do conselho de administração de uma entidade qualificável como pessoa colectiva de direito público, o que, por seu turno, permite ter por verificado o primeiro elemento da previsão normativa da alínea *b)* do n.º 3 do artigo 4.º da Lei n.º 4/83, de 2 de Abril, na redacção conferida pela Lei n.º 25/95, de 18 de Agosto.

9. Conforme visto já, a norma do artigo 4.º, n.º 3, alínea *b)*, da Lei n.º 4/83, de 2 de Abril, na redacção conferida pela Lei n.º 25/95, de 18 de Agosto, contém ainda um segundo requisito, este respeitante aos termos seguidos pelo acesso ao cargo: é necessário que o administrador da pessoa colectiva de direito público haja sido como tal designado por uma entidade pública.

De acordo com a alínea *b)* do artigo 7.º dos respectivos estatutos, compete à Câmara Municipal de Portimão a nomeação e a exoneração do presidente e demais membros do conselho de administração da Expo Arade — Animação, E. M..

Considerando tal forma de designação, é possível concluir pela verificação de todos os pressupostos integrativos da previsão normativa do artigo 4.º, n.º 3, alínea *b)*, da Lei n.º 4/83, de 2 de Abril, na redacção conferida pela Lei n.° 25/95, de 18 de Agosto, tornando-se agora evidente que os membros do conselho de administração da Expo Arade — Animação, E. M. foram designados administradores em pessoa colectiva de direito público por uma entidade pública.

10. Para além de sujeito à obrigação de apresentação da declaração de rendimentos, património e cargos sociais nos termos estabelecidos nos artigos 1.° e 2.°, n.° 1, da Lei n.° 4/83, de 2 de Abril, na versão resultante da Lei n.° 25/95, de 18 de Agosto, o requerente Luís Miguel Ricardo encontra-se ainda subordinado ao dever de renovação anual dessa mesma declaração.

Resulta do disposto no artigo 2.°, n.° 3, da Lei n.° 4/83, de 2 de Abril, na redacção que lhe foi conferida pela Lei n.° 25/95, de 18 de Agosto, que «os titulares de cargos políticos e equiparados com funções executivas devem renovar anualmente as respectivas declarações».

Uma vez que foi nomeado administrador executivo da Expo Arade — Animação, E. M., o requerente Luís Miguel Ricardo passou a ficar ainda obrigado à renovação anual da declaração originariamente entregue nos termos prescritos na referida disposição legal.

11. É, porém, sabido que a Lei das Empresas Municipais, Intermunicipais e Regionais (Lei n.° 58/98, de 18 de Agosto) veio a ser revogada pela Lei n.° 53-F/2006, de 29 de Dezembro, que aprovou o Regime Jurídico do Sector Empresarial Local (RJSEL), assim dando início a «uma nova fase da evolução do direito das empresas municipais» (Pedro Gonçalves, *Regime jurídico das empresas municipais*, p. 10).

Se a Lei n.° 58/98, de 18 de Agosto, «construía a empresa municipal (...) a partir de um claro paradigma publicista», concebendo-a «como entidade de estatuto especial, com uma configuração jurídica própria e distinta de outras empresas, designadamente da figura geral das sociedades comerciais» (*ob. cit.*, p. 12), o RJESL define as empresas que regula — municipais, intermunicipais e metropolitanas — como as sociedades constituídas nos termos da lei comercial nas quais os municípios, as associações de municípios e as áreas metropolitanas de Lisboa e do Porto, respectivamente, possam exercer, de forma directa ou indirecta, uma influência dominante em virtude de alguma das seguintes circunstâncias: *a)* detenção da maioria do capital ou dos direitos de voto; *b)* direito de designar ou destituir a maioria dos membros do órgão de administração ou de fiscalização (artigo 3.°, n.° 1). Considera ainda empresas municipais, intermunicipais e metropolitanas as entidades com natureza empresarial reguladas no capítulo VII da Lei n.° 53-F/2006, de 29 de Dezembro.

Perante a entrada em vigor do RJSEL, ocorrida em 1 de Janeiro de 2007 — e a consequente revogação da Lei n.° 58/98, de 18 de Agosto — colocou-se a questão de saber a que regulamentação ficaram submetidas as empresas municipais constituídas ao abrigo deste último diploma.

Embora não disponibilizando normas transitórias, o RJSEL estabeleceu que as empresas já constituídas à data da respectiva entrada em vigor disporiam do prazo de dois anos (até 31 de Dezembro de 2008) para proceder à adaptação dos seus estatutos ao novo modelo (artigo 48.º), impondo, assim, a efectiva transformação das empresas criadas ao abrigo da Lei n.º 58/98, de 18 de Agosto, em sociedades constituídas nos termos da lei comercial ou em entidades empresariais locais.

Enquanto tal não ocorresse, as empresas constituídas no âmbito da Lei n.º 58/98, de 18 de Agosto, passariam a regular-se pelo disposto no capítulo VII do RJSEL, dedicado às entidades empresariais locais e, subsidiariamente, pelas restantes normas do correspondente diploma (artigo 34.º).

Tendo presente, de acordo com o que acaba de expor-se, que em 1 de Janeiro de 2007 a Expo Arade — Animação, E. M. passou a ficou abrangida pelas normas constantes do capítulo VII do RJSEL, dedicado às entidades empresariais locais e, subsidiariamente, pelas restantes normas da Lei n.º 53-F/2006, de 29 de Dezembro, coloca-se a questão de saber se, perante tal alteração de regimes, os membros do respectivo conselho de administração conservaram o estatuto de administradores designados por entidade pública em pessoa colectiva de direito público nos termos previstos no artigo 4.º, n.º 3, alínea *b)*, da Lei n.º 4/83, de 2 de Abril, na redacção conferida pela Lei n.º 25/95, de 18 de Agosto.

Conforme visto já, o conceito legal de empresa municipal segundo o RJSEL integra dois tipos fundamentais: sociedades constituídas nos termos da lei comercial e entidades empresariais.

Segundo Pedro Gonçalves, «a noção de empresa municipal perfilhada no RJSEL acolhe um princípio de dualismo organizativo, oferecendo aos municípios a possibilidade de instituição de empresas no formato de sociedade constituída nos termos da lei comercial ou no formato de entidade empresarial. Neste segundo caso, em contraste com o primeiro, a empresa adquire estatuto de pessoa colectiva de direito público» (*Regime jurídico das empresas municipais*, p. 81).

Perante o que ficou dito, é possível concluir que, no período compreendido entre 1 de Janeiro de 2007 e 31 de Dezembro de 2008, a Expo Arade — Animação, E. M., não obstante sujeita ao disposto no capítulo VII do RJSEL, dedicado às entidades empresariais locais, manteve o estatuto de pessoa colectiva de direito público. Consequentemente, os membros do respectivo conselho de administração permaneceram classificáveis como administradores designados por entidade pública em pessoa colectiva de direito público para os efeitos previstos no artigo 4.º, n.º 3, alínea *b)*, da Lei n.º 4/83, de 2 de Abril, na versão resultante da Lei n.º 25/95, de 18 de Agosto.

12. Conforme resulta do teor da declaração de rendimentos, património e cargos sociais que, já depois da suscitação da dúvida a que se responde, o requerente Luís Miguel Ricardo apresentou neste Tribunal por cessação das respectivas funções como administrador executivo da Expo Arade — Animação, E. M., tal cessação ocorreu aos 31 de Outubro de 2008.

Assim sendo, aquele será o único período suplementar que importa considerar para solucionar a dúvida que foi suscitada.

Uma vez que, desde que iniciou funções como administrador executivo da Expo Arade — Animação, E. M. (Setembro de 2001) até à respectiva cessação (Outubro de 2008), o requerente se encontrou subordinado aos deveres previstos nos artigos 1.º e 2.º, n.º 3, da Lei n.º 4/83, de 2 de Abril, na versão resultante da Lei n.º 25/95, de 18 de Agosto, deverá o mesmo ser notificado para proceder à apresentação das declarações em falta.

III — Decisão

13. Nos termos e pelos fundamentos expostos, o Tribunal Constitucional decide que:

  a) Os membros do conselho de administração da Expo Arade — Animação, E. M. se encontram abrangidos pelo disposto na alínea b) do n.º 3 do artigo 4.º da Lei n.º 4/83, de 2 de Abril, na redacção conferida pela Lei n.º 25/95, de 18 de Agosto, e, consequentemente, sujeitos ao dever de apresentação da declaração de rendimentos, património e cargos sociais, previsto no artigo 1.º do referido diploma.
  b) Enquanto administrador executivo da Expo Arade — Animação, E. M., o requerente Luís Miguel Ricardo se encontra ainda sujeito ao dever de renovação anual da respectiva declaração, previsto no n.º 3 do artigo 2.º do referido diploma legal.

Consequentemente, determina-se que o requerente seja notificado, nos termos previstos no artigo 3.º, n.º 1, da Lei n.º 4/83, de 2 de Abril, na versão aprovada Lei n.º 25/95, de 18 de Agosto, para dar cumprimento aos deveres mencionados nas alíneas a) e b) a que se encontra adstrito em conformidade com o supra exposto.

Anotação:

Acórdão publicado no *Diário da República*, II Série, de 24 de Novembro de 2009.

ACÓRDÃOS
ASSINADOS ENTRE SETEMBRO
E DEZEMBRO DE 2009
NÃO PUBLICADOS
NO PRESENTE VOLUME

Acórdão n.º 432/09 de 3 de Setembro de 2009 (Plenário): Não conhece do recurso interposto de decisão do Governador Civil de Braga, que não conheceu do recurso de acto do Presidente da Câmara Municipal de Esposende sobre localização de assembleias de voto.

(Publicado no *Diário de República,* II Série, de 15 de Setembro de 2009.)

Acórdão n.º 433/09, de 3 de Setembro de 2009 (Plenário): Não conhece do recurso interposto pelo PPV — Portugal Pro Vida do despacho da 3.ª Secção da 14.ª Vara Cível de Lisboa que rejeitou a lista de candidaturas às eleições legislativas marcadas para o próximo dia 27 de Setembro de 2009 no círculo eleitoral de Lisboa.

(Publicado no *Diário de República,* II Série, de 15 de Setembro de 2009.)

Acórdão n.º 434/09, de 3 de Setembro de 2009 (Plenário): Concede provimento ao recurso e não admite a lista de candidatura apresentada pelo Partido Socialista — PS para a Assembleia de Freguesia de Felgueiras, Município de Fafe.

(Publicado no *Diário de República,* II Série, de 15 de Setembro de 2009.)

Acórdão n.º 435/09 de 3 de Setembro de 2009 (2.ª Secção): Indefere o "pedido de revisão" do Acórdão n.º 369/09 requerido.

Acórdão n.º 436/09, de 3 de Setembro de 2009 (2.ª Secção): Não conhece do recurso interposto pelo PPM — Partido Popular Monárquico da decisão proferida pelo Tribunal Judicial de Viseu que rejeitou a lista de candidaturas às eleições legislativas marcadas para o próximo dia 27 de Setembro de 2009 no círculo eleitoral de Viseu.

(Publicado no *Diário de República,* II Série, de 15 de Setembro de 2009.)

Acórdão n.º 437/09, de 3 de Setembro de 2009 (Plenário): Não conhece do recurso interposto pelo PNR — Partido Nacional Renovador da decisão proferida pelo Tribunal de Setúbal que rejeitou a lista de candidaturas às eleições legislativas marcadas para o próximo dia 27 de Setembro de 2009 no círculo eleitoral de Setúbal.

(Publicado no *Diário de República*, II Série, de 15 de Setembro de 2009.)

Acórdão n.º 438/09, de 3 de Setembro de 2009 (Plenário): Julga procedentes recursos referentes às listas do Partido Socialista para a Câmara Municipal de Vendas Novas e para a Assembleia de Freguesia de Landeira e determina a revogação parcial dos despachos recorridos.

(Publicado no *Diário de República*, II Série, de 15 de Setembro de 2009.)

Acórdão n.º 439/09, de 3 de Setembro de 2009 (Plenário): Não conhece do recurso interposto para o Plenário, do Acórdão n.º 422/09, por extemporaneidade.

(Publicado no *Diário de República*, II Série, de 5 de Novembro de 2009.)

Acórdãos n.ºs 440/09 e 441/09, de 3 de Setembro de 2009 (2.ª Secção): Confirmam decisões sumárias que não conheceram dos recursos por não terem sido suscitadas durante os processos e de modo adequado questões de inconstitucionalidade normativa.

Acórdão n.º 442/09, de 14 de Setembro de 2009 (Plenário): Não conhece dos recursos eleitorais por extemporaneidade.

(Publicado no *Diário de República*, II Série, de 24 de Setembro de 2009.)

Acórdão n.º 443/09, de 14 de Setembro de 2009 (Plenário): Confirma decisão que julgou elegível um candidato nas listas da coligação PPD/PSD//CDS-PP "A Vitória de Todos", à Câmara Municipal de Valongo.

(Publicado no *Diário de República*, II Série, de 24 de Setembro de 2009.)

Acórdão n.º 444/09, de 14 de Setembro de 2009 (Plenário): Nega provimento a recurso de decisão que indeferiu a reclamação apresentada contra admissão da candidatura à Assembleia de Freguesia de Vinha da Rainha, na lista do Partido Socialista.

(Publicado no *Diário de República*, II Série, de 24 de Setembro de 2009.)

Acórdão n.º 445/09 de 14 de Setembro de 2009 (Plenário): Julga inelegível o candidato proposto como primeiro candidato efectivo da lista de candidatura do PSD para a Assembleia de Freguesia de São João de Ver.

(Publicado no *Diário de República*, II Série, de 24 de Setembro de 2009.)

Acórdão n.º 446/09, de 14 de Setembro de 2009 (Plenário): Confirma as decisões recorridas, rejeitando várias candidaturas do Movimento "Odivelas no Coração" no âmbito das próximas eleições autárquicas.

(Publicado no *Diário de República,* II Série, de 24 de Setembro de 2009.)

Acórdão n.º 447/09, de 14 de Setembro de 2009 (Plenário): Nega provimento a recursos referentes às listas de independentes de Outeiro, de Meixedo, de Contim e de Covelães.

(Publicado no *Diário de República,* II Série, de 24 de Setembro de 2009.)

Acórdão n.º 448/09, de 14 de Setembro de 2009 (Plenário): Confirma a decisão que julgou elegível para a Assembleia de Freguesia de Troviscoso, Município de Monção, um candidato integrado na lista do Partido Socialista.

(Publicado no *Diário de República,* II Série, de 24 de Setembro de 2009.)

Acórdão n.º 449/09, de 14 de Setembro de 2009 (Plenário): Não admite a lista de candidatura apresentada pelo Partido Socialista — PS para a Assembleia de Freguesia de Remoães, Município de Melgaço.

(Publicado no *Diário de República,* II Série, de 25 de Setembro de 2009.)

Acórdão n.º 450/09, de 14 de Setembro de 2009 (Plenário): Não conhece dos recursos por intempestividade.

(Publicado no *Diário de República,* II Série, de 25 de Setembro de 2009.)

Acórdão n.º 451/09, de 14 de Setembro de 2009 (Plenário): Não conhece do recurso por falta de reclamação prévia.

(Publicado no *Diário de República,* II Série, de 25 de Setembro de 2009.)

Acórdão n.º 453/09, de 14 de Setembro de 2009 (Plenário): Nega provimento ao recurso, na parte em que dele se conhece, confirmando a decisão que admitiu a correcção de lapsos de ordenação em lista.

(Publicado no *Diário de República,* II Série, de 25 de Setembro de 2009.)

Acórdão n.º 454/09, de 14 de Setembro de 2009 (Plenário): Não conhece do recurso interposto pelo primeiro candidato da CDU — Coligação Democrática Unitária à Assembleia de Freguesia de Negrelos (S. Tomé).

(Publicado no *Diário de República,* II Série, de 25 de Setembro de 2009.)

Acórdão n.º 455/09, de 14 de Setembro de 2009 (Plenário): Admite a lista do Bloco de Esquerda candidata à eleição da Assembleia de Freguesia de Algueirão — Mem Martins às eleições autárquicas de 11 de Outubro de 2009.

(Publicado no *Diário de República,* II Série, de 25 de Setembro de 2009.)

Acórdão n.º 456/09, de 14 de Setembro de 2009 (Plenário): Nega provimento ao recurso interposto de decisão de não admissão de lista de candidatura apresentada sem a intervenção do mandatário do Partido Socialista.

(Publicado no *Diário de República,* II Série, de 25 de Setembro de 2009.)

Acórdão n.º 457/09, de 14 de Setembro de 2009 (2.ª Secção): Confirma decisão sumária que não conheceu do recurso por não ter sido suscitada durante o processo e de modo adequado uma questão de inconstitucionalidade normativa.

Acórdão n.º 458/09, de 15 de Setembro de 2009 (Plenário): Determina que a denominação da coligação eleitoral constituída pelo Partido Social Democrata (PPD/PSD) e pelo CDS — Partido Popular (CDS-PP), com vista a concorrer às eleições autárquicas de 11 de Outubro de 2009, no concelho de Vila Nova de Gaia, figure nos boletins de voto com a grafia "Gaia da Frente".

(Publicado no *Diário de República,* II Série, de 28 de Setembro de 2009.)

Acórdão n.º 459/09, de 18 de Setembro de 2009 (Plenário): Nega provimento a recurso de decisão sobre o sorteio dos membros das mesas das assembleias de voto.

(Publicado no *Diário de República,* II Série, de 28 de Setembro de 2009.)

Acórdão n.º 460/09, de 18 de Setembro de 2009 (Plenário): Confirma a decisão recorrida quanto à rejeição das listas de candidatura apresentadas pelo CDS — Partido Popular à Câmara Municipal de Alcácer do Sal e às assembleias de freguesia de Comporta, Santiago e Torrão.

(Publicado no *Diário de República,* II Série, de 28 de Setembro de 2009.)

Acórdão n.º 461/09, de 18 de Setembro de 2009 (Plenário): Não conhece do recurso interposto por um grupo de cidadãos eleitores por não ser de decisão final relativa à apresentação de candidaturas.

(Publicado no *Diário de República,* II Série, de 28 de Setembro de 2009.)

Acórdão n.º 462/09, de 18 de Setembro de 2009 (Plenário): Julga elegível o candidato que ocupa o 5.º lugar da lista do PPD/PSD concorrente à eleição para a Assembleia de Freguesia de Oliveira do Conde do município de Carregal do Sal.

(Publicado no *Diário de República,* II Série, de 28 de Setembro de 2009.)

Acórdão n.º 463/09, de 18 de Setembro de 2009 (Plenário): Admite apresentadas pelo Bloco de Esquerda, candidatas às eleições autárquicas, marcadas para o dia 11 de Outubro de 2009, à Câmara Municipal e à Assembleia Municipal da Figueira da Foz e à Assembleia de Freguesia de Buarcos.

(Publicado no *Diário de República,* II Série, de 30 de Setembro de 2009.)

Acórdão n.º 464/09, de 21 de Setembro de 2009 (Plenário): Não conhece do pedido de reforma do Acórdão n.º 458/09 apresentado pelo Partido Socialista.

Acórdão n.º 465/09, de 22 de Setembro de 2009 (Plenário): Não toma conhecimento, por intempestividade, do objecto do recurso eleitoral.

(Publicado no *Diário de República,* II Série, de 2 de Outubro de 2009.)

Acórdão n.º 466/09, de 22 de Setembro de 2009 (Plenário): Não toma conhecimento, por intempestividade, do objecto do recurso eleitoral.

(Publicado no *Diário de República,* II Série, de 2 de Outubro de 2009.)

Acórdão n.º 467/09, de 22 de Setembro de 2009 (Plenário): Anula a deliberação recorrida na parte em que se conhece da impugnação (requisição de espaço para campanha eleitoral em Braga).

(Publicado no *Diário de República,* II Série, de 2 de Outubro de 2009.)

Acórdão n.º 468/09, de 22 de Setembro de 2009 (Plenário): Indefere pedido de reforma do Acórdão n.º 439/09.

(Publicado no *Diário de República,* II Série, de 5 de Novembro de 2009.)

Acórdão n.º 469/09, de 22 de Setembro de 2009 (3.ª Secção): Confirma decisão sumária que julgou manifestamente infundada uma questão e que não conheceu do recurso quanto a outra, por a decisão recorrida não ter aplicado a interpretação arguida de inconstitucionalidade.

Acórdão n.º 470/09, de 23 de Setembro de 2009 (Plenário): Confirma a decisão de rejeição de candidatura apresentada pelo grupo de cidadãos "Tomar em Primeiro Lugar".

(Publicado no *Diário de República,* II Série, de 8 de Outubro de 2009.)

Acórdão n.º 471/09, de 23 de Setembro de 2009 (Plenário): Não conhece de reclamação do Acórdão n.º 461/09.

Acórdão n.º 472/09, de 23 de Setembro de 2009 (Plenário): Não conhece do recurso por falta de reclamação prévia.

(Publicado no *Diário de República,* II Série, de 8 de Outubro de 2009.)

Acórdão n.º 474/09, de 23 de Setembro de 2009 (Plenário): Decide julgar improcedentes as nulidades invocadas pelo arguido e indeferir a pretendida revogação do Acórdão condenatório.

Acórdão n.º 475/09, de 23 de Setembro de 2009 (1.ª Secção): Confirma decisão sumária que não conheceu do recurso por não ter sido suscitada de modo adequado uma questão de inconstitucionalidade de norma que tenha sido aplicada pela decisão recorrida.

Acórdão n.º 476/09, de 24 de Setembro de 2009 (Plenário): Não toma conhecimento, por intempestividade, do objecto do recurso eleitoral.

(Publicado no *Diário de República,* II Série, de 2 de Outubro de 2009.)

Acórdão n.º 477/09, de 24 de Setembro de 2009 (3.ª Secção): Indefere reclamação contra não admissão do recurso por a decisão recorrida não ter aplicado a interpretação normativa que os recorrentes pretendem que o Tribunal Constitucional aprecie.

Acórdão n.º 478/09, de 28 de Setembro de 2009 (2.ª Secção): Confirma decisão sumária que não conheceu do recurso, quer por a decisão recorrida não ter aplicado as normas na interpretação arguida de inconstitucionalidade, quer por não ter sido suscitada durante o processo e de modo adequado uma questão de inconstitucionalidade relativa a normas.

Acórdão n.º 479/09, de 28 de Setembro de 2009 (2.ª Secção): Confirma decisão sumária que não tomou conhecimento do recurso por a decisão recorrida não ter aplicado as normas na interpretação impugnada.

Acórdão n.º 480/09, de 28 de Setembro de 2009 (2.ª Secção): Confirma decisão sumária que não conheceu do recurso por não ter sido suscitada durante o processo e de modo adequado uma questão de inconstitucionalidade de norma que tenha sido aplicada pela decisão recorrida.

Acórdão n.º 481/09, de 28 de Setembro de 2009 (2.ª Secção): Decide qualificar como manifestamente infundado o incidente de arguição de nulidade e determina-se que após extracção de traslado dos presentes autos e contado o processo, se remetam de imediato os autos ao Tribunal da Relação de Guimarães, a fim de prosseguirem os seus termos, só dando seguimento no traslado ao referido incidente e de outros requerimentos que o recorrente venha a apresentar, depois de pagas as custas da sua responsabilidade.

Acórdão n.º 482/09, de 28 de Setembro de 2009 (2.ª Secção): Indefere pedido de aclaração do Acórdão n.º 295/09.

Acórdão n.º 483/09, de 28 de Setembro de 2009 (2.ª Secção): Indefere pedido de aclaração e reforma do Acórdão n.º 368/09.

Acórdão n.º 484/09, de 28 de Setembro de 2009 (2.ª Secção): Indefere reclamação contra não admissão do recurso, por extemporaneidade.

Acórdão n.º 485/09, de 28 de Setembro de 2009 (2.ª Secção): Indefere reclamação de despacho de não admissão de recurso por não exaustão dos recursos ordinários que no caso cabiam.

Acórdão n.º 489/09, de 28 de Setembro de 2009 (2.ª Secção): Não conhece do recurso por inutilidade.

Acórdão n.º 491/09, de 28 de Setembro de 2009 (2.ª Secção): Fixa, para o conjunto normativo formado pelos artigos 6.º e 8.º da Lei n.º 47/2007, de 28 de Agosto, na interpretação segundo a qual a actual redacção do artigo 18.º, n.º 2, da Lei n.º 34/2004, de 29 de Julho, introduzida pela Lei n.º 47/2007, de 28 de Agosto, se aplica aos pedidos de protecção jurídica apresentados após a entrada em vigor desta — 1 de Janeiro de 2008 —, no âmbito de acções instauradas antes desta data, a interpretação segundo a qual a avaliação da insuficiência económica superveniente para efeito do requerimento de apoio judiciário inclui a tomada em consideração da ocorrência de um "encargo excepcional", em virtude do decurso do processo.

Acórdão n.º 492/09, de 29 de Setembro de 2009 (Plenário): Nega provimento ao recurso interposto pela Câmara Municipal de Vila Nova de

Famalicão da decisão da Comissão Nacional de Eleições, de 22 de Setembro de 2009, que determinou a reposição de propaganda política.

(Publicado no *Diário de República,* II Série, de 14 de Outubro de 2009.)

Acórdão n.º 495/09, de 29 de Setembro de 2009 (3.ª Secção): Indefere pedido de esclarecimento e arguição de nulidade do Acórdão n.º 406/09.

Acórdão n.º 496/09, de 29 de Setembro de 2009 (3.ª Secção): Indefere reclamação contra não admissão do recurso por não exaustão dos recursos ordinários que no caso cabiam.

Acórdão n.º 497/09, de 30 de Setembro de 2009 (Plenário): Julga irrecorrível para o Tribunal Constitucional decisão de juiz de comarca, proferida em recurso, de decisão de presidente da câmara municipal quanto à composição das mesas das assembleias de voto.

(Publicado no *Diário de República,* II Série, de 14 de Outubro de 2009.)

Acórdão n.º 498/09, de 30 de Setembro de 2009 (3.ª Secção): Julga inconstitucional a norma resultante da conjugação do artigo 8.º, n.º 3, com o artigo 10.º, n.º 3, um e outro do Decreto Regulamentar n.º 48/2002, de 26 de Novembro, e o artigo 9.º, n.º 3, do Decreto-Lei n.º 112/2001, de 6 de Abril, na medida em que implica que, na transição para a estrutura das carreiras de inspecção da Administração Pública, definida neste último diploma, um inspector técnico de 2.ª classe da Inspecção-Geral das Actividades Económicas, que possua igual ou superior antiguidade e não detenha inferiores requisitos habilitacionais, possa ser posicionado em categoria inferior e com menor remuneração do que aquela em que foi posicionado um sub-inspector da mesma Inspecção-Geral.

Acórdão n.º 501/09, de 30 de Setembro de 2009 (3.ª Secção): Indefere reclamação e revoga a decisão sumária, não conhecendo do objecto do recurso por a questão de inconstitucionalidade não ter sido suscitada durante o processo, de modo adequado e perante o tribunal recorrido.

Acórdão n.º 502/09, de 30 de Setembro de 2009 (3.ª Secção): Confirma decisão sumária que não conheceu do recurso por a questão de constitucionalidade não ter sido suscitada, de modo adequado, durante o processo.

Acórdão n.º 503/09, de 30 de Setembro de 2009 (3.ª Secção): Indefere reclamação contra não admissão do recurso por não exaustão dos recursos ordinários que no caso cabiam.

Acórdão n.º 504/09, de 30 de Setembro de 2009 (1.ª Secção): Confirma decisão sumária que não conheceu do recurso por não ter sido suscitada de modo adequado uma questão de inconstitucionalidade de norma que tenha sido aplicada pela decisão recorrida.

Acórdão n.º 505/09, de 30 de Setembro de 2009 (1.ª Secção): Indefere reclamação contra não admissão de recurso por a decisão recorrida não ter aplicado as normas arguidas de inconstitucionalidade.

Acórdão n.º 506/09, de 30 de Setembro de 2009 (1.ª Secção): Confirma decisão sumária que não conheceu do recurso por não ter sido suscitada, durante o processo e de modo processualmente adequado, uma questão de inconstitucionalidade normativa.

Acórdão n.º 507/09, de 30 de Setembro de 2009 (1.ª Secção): Confirma decisão sumária que não conheceu do recurso, quer por a decisão recorrida não ter aplicado as normas na interpretação arguida de inconstitucionalidade, quer por não ter sido suscitada durante o processo e de modo adequado uma questão de inconstitucionalidade relativa a normas.

Acórdão n.º 508/09, de 30 de Setembro de 2009 (1.ª Secção): Confirma decisão sumária que não conheceu do recurso por a questão de inconstitucionalidade ter sido imputada à decisão de rejeição do recurso e não a qualquer norma que nessa decisão haja sido aplicada.

Acórdão n.º 509/09, de 30 de Setembro de 2009 (1.ª Secção): Confirma a decisão sumária que não conheceu do recurso por não ter sido suscitada durante o processo e de modo adequado uma questão de inconstitucionalidade normativa.

Acórdão n.º 510/09, de 1 de Outubro de 2009 (Plenário): Julga irrecorrível para o Tribunal Constitucional decisão do juiz de comarca, proferida em recurso de decisão doe presidente da câmara municipal, quanto à composição das mesas das assembleias de voto.

(Publicado no *Diário de República,* II Série, de 9 de Outubro de 2009.)

Acórdão n.º 511/09, de 1 de Outubro de 2009 (Plenário): Nega provimento a recurso eleitoral por extemporaneidade.

(Publicado no *Diário de República,* II Série, de 23 de Outubro de 2009.)

Acórdão n.º 512/09, de 9 de Outubro de 2009 (Plenário): Rejeita o recurso para o Tribunal Constitucional, por inadmissível, de decisão de juiz de comarca, proferida em recurso, de indeferimento parcial de reclamação quanto à designação dos membros da mesa da assembleia de voto da freguesia de Azinhal.

(Publicado no *Diário de República*, II Série, de 27 de Outubro de 2009.)

Acórdão n.º 513/09, de 12 de Outubro de 2009 (1.ª Secção): Confirma decisão sumária que não conheceu do recurso por não ter sido suscitada, durante o processo e de modo processualmente adequado, uma questão de inconstitucionalidade normativa.

Acórdão n.º 514/09, de 12 de Outubro de 2009 (1.ª Secção): Indefere reclamação contra decisão de não admissão de recurso, por inutilidade.

Acórdão n.º 515/09, de 13 de Outubro de 2009 (Plenário): Julga prestadas as contas anuais dos Partidos Políticos relativamente a 2006.

(Publicado no *Diário de República*, II Série, de 22 de Março de 2010.)

Acórdão n.º 516/09, de 13 de Outubro de 2009 (1.ª Secção): Indefere pedido de aclaração do Acórdão n.º 475/09.

Acórdão n.º 517/09, de 19 de Outubro de 2009 (Plenário): Não conhece de recurso eleitoral de despacho da 1.ª Secção do Tribunal Cível de Lisboa interposto pela CDU — Coligação Democrática Unitária.

(Publicado no *Diário de República*, II Série, de 30 de Outubro de 2009.)

Acórdão n.º 518/09, de 19 de Outubro de 2009 (Plenário): Não conhece de recurso eleitoral de deliberação da Comissão Nacional de Eleições interposto pelo presidente da Câmara Municipal de Gondomar.

(Publicado no *Diário de República*, II Série, de 30 de Outubro de 2009.)

Acórdão n.º 519/09, de 19 de Outubro de 2009 (Plenário): Nega provimento ao recurso quanto a alegadas irregularidades de votos relativos à Assembleia de Freguesia de Azinhal, concelho de Castro Marim, nas eleições autárquicas de 11 de Outubro de 2009.

(Publicado no *Diário de República*, II Série, de 29 de Outubro de 2009.)

Acórdão n.º 520/09, de 19 de Outubro de 2009 (Plenário): Não conhece de recurso eleitoral relativo às eleições autárquicas de 11 de Outubro de 2009, no concelho de Cuba, por falta de reclamação ou protesto.

(Publicado no *Diário de República,* II Série, de 29 de Outubro de 2009.)

Acórdão n.º 521/09, de 19 de Outubro de 2009 (Plenário): Não conhece de recurso eleitoral interposto pelo mandatário da coligação "Por Macedo PPD/PSD-CDS/PP" da decisão tomada na Assembleia de Apuramento Geral da eleição para os órgãos das autarquias locais do município de Macedo de Cavaleiros.

(Publicado no *Diário de República,* II Série, de 30 de Outubro de 2009.)

Acórdão n.º 522/09, de 19 de Outubro de 2009 (Plenário): Não conhece de recurso eleitoral, interposto pelo mandatário da coligação "Unidos por Vieira PPD-PSD" do município de Vieira do Minho, de decisão do presidente da Assembleia de Apuramento Geral do mesmo município.

(Publicado no *Diário de República,* II Série, de 30 de Outubro de 2009.)

Acórdão n.º 523/09, de 19 de Outubro de 2009 (Plenário): Nega provimento ao recurso interposto pela mandatária do Partido Socialista de deliberação da Assembleia de Apuramento Geral do Município de Soure.

(Publicado no *Diário de República,* II Série, de 30 de Outubro de 2009.)

Acórdão n.º 524/09, de 19 de Outubro de 2009 (1.ª Secção): Confirma decisão sumária que não conheceu do recurso por a questão de inconstitucionalidade não ter sido suscitada, durante o processo, perante o tribunal recorrido.

Acórdão n.º 525/09, de 19 de Outubro de 2009 (1.ª Secção): Confirma decisão sumária que não conheceu do recurso por não ter havido suscitação de qualquer constitucionalidade normativa, de modo processualmente adequado.

Acórdão n.º 526/09, de 19 de Outubro de 2009 (1.ª Secção): Confirma decisão sumária que não conheceu dos recursos por a questão de inconstitucionalidade não ter sido suscitada durante o processo.

Acórdão n.º 527/09, de 19 de Outubro de 2009 (3.ª Secção): Indefere pedido de aclaração do Acórdão n.º 386/09.

Acórdão n.º 528/09, de 19 de Outubro de 2009 (3.ª Secção): Indefere pedido de aclaração do Acórdão n.º 389/09.

Acórdão n.º 529/09, de 19 de Outubro de 2009 (3.ª Secção): Indefere pedido de reforma quanto a custas do Acórdão n.º 387/09.

Acórdão n.º 530/09, de 20 de Outubro de 2009 (Plenário): Nega provimento ao recurso de deliberação da Assembleia de Apuramento Geral do município da Póvoa de Lanhoso relativo às eleições autárquicas de 11 de Outubro de 2009.

(Publicado no *Diário de República,* II Série, de 29 de Outubro de 2009.)

Acórdão n.º 531/09, de 20 de Outubro de 2009 (Plenário): Não conhece de recurso eleitoral relativo à eleição para a Câmara Municipal do Seixal nas eleições autárquicas de 11 de Outubro de 2009.

(Publicado no *Diário de República,* II Série, de 29 de Outubro de 2009.)

Acórdão n.º 532/09, de 20 de Outubro de 2009 (Plenário): Nega provimento a recurso de deliberação da Assembleia de Apuramento Geral de Moura e não julga nula a votação para a Assembleia de Freguesia de Amareleja, ambas relativas às eleições autárquicas de 11 de Outubro de 2009.

(Publicado no *Diário de República,* II Série, de 29 de Outubro de 2009.)

Acórdão n.º 533/09, de 20 de Outubro de 2009 (2.ª Secção): Confirma decisão sumária que não conheceu o recurso, na parte em que foi reclamada, por inutilidade do seu conhecimento.

Acórdão n.º 534/09, de 20 de Outubro de 2009 (2.ª Secção): Não conhece do recurso por não ter sido suscitada, durante o processo e de modo processualmente adequado, um questão de inconstitucionalidade relativa a normas.

Acórdão n.º 535/09, de 23 de Outubro de 2009 (Plenário): Não conhece do pedido de esclarecimento relativo a Acórdão, por extemporaneidade.

(Publicado no *Diário de República,* II Série, de 4 de Novembro de 2009.)

Acórdão n.º 536/09, de 23 de Outubro de 2009 (Plenário): Não conhece de recurso eleitoral, por extemporaneidade.

(Publicado no *Diário de República,* II Série, de 5 de Novembro de 2009.)

Acórdão n.º 537/09, de 23 de Outubro de 2009 (Plenário): Não conhece de recurso eleitoral interposto da decisão da Assembleia de Apuramento Geral dos resultados eleitorais, relativamente à Assembleia de Freguesia de Vale de Telhas.

(Publicado no *Diário de República*, II Série, de 4 de Novembro de 2009.)

Acórdão n.º 538/09, de 23 de Outubro de 2009 (Plenário): Não conhece do objecto de recurso eleitoral, por falta de reclamação ou protesto prévios.

(Publicado no *Diário de República*, II Série, de 5 de Novembro de 2009.)

Acórdão n.º 539/09, de 23 de Outubro de 2009 (Plenário): Não conhece de recurso eleitoral por falta de apresentação de reclamação ou protesto na Assembleia de Apuramento Geral do município de Fornos de Algodres relativamente ao apuramento daquela Assembleia de Freguesia.

(Publicado no *Diário de República*, II Série, de 5 de Novembro de 2009.)

Acórdão n.º 540/09, de 23 de Outubro de 2009 (Plenário): Não conhece de recurso eleitoral relativo à Assembleia de Freguesia de Santo Adrião, no município de Armamar.

(Publicado no *Diário de República*, II Série, de 4 de Novembro de 2009.)

Acórdão n.º 541/09, de 23 de Outubro de 2009 (Plenário): Não conhece de recurso eleitoral do mandatário do Partido Socialista, no município de Espinho, para as eleições autárquicas de 11 de Outubro de 2009.

(Publicado no *Diário de República*, II Série, de 5 de Novembro de 2009.)

Acórdão n.º 542/09, de 23 de Outubro de 2009 (Plenário): Não conhece de recurso eleitoral relativo à Assembleia Municipal de Murça.

(Publicado no *Diário de República*, II Série, de 4 de Novembro de 2009.)

Acórdão n.º 543/09, de 23 de Outubro de 2009 (Plenário): Rectifica lapso material constante do anexo da acta da assembleia de apuramento geral para a Assembleia de Freguesia da Ajuda, do município de Lisboa, e determina que a assembleia geral de apuramento proceda à distribuição dos mandatos em função dos resultados rectificados.

(Publicado no *Diário de República*, II Série, de 5 de Novembro de 2009.)

Acórdão n.º 544/09, de 27 de Outubro de 2009 (3.ª Secção): Não conhece do recurso por a decisão recorrida não ter desaplicado norma com fundamento em inconstitucionalidade.

Acórdão n.º 545/09, de 27 de Outubro de 2009 (3.ª Secção): Não conhece do recurso por a decisão recorrida não ter aplicado a norma na interpretação impugnada.

Acórdão n.º 547/09, de 27 de Outubro de 2009 (3.ª Secção): Não julga inconstitucional a norma do n.º 3 do artigo 2.º do Decreto-Lei n.º 198/95, com a redacção que lhe foi dada pelo Decreto-Lei n.º 52/2000, interpretado no sentido de ser devido o pagamento dos serviços prestados quando o utente não demonstre ser titular ou ter pedido a emissão de cartão de utente no prazo de dez dias subsequentes à interpelação para pagamento dos encargos com os cuidados de saúde.

Acórdão n.º 548/09, de 27 de Outubro de 2009 (3.ª Secção): Julga inconstitucional, por violação do direito dos trabalhadores à justa reparação dos acidentes de trabalho, consagrado no artigo 59.º, n.º 1, alínea f), da Constituição, a norma do n.º 2 do artigo 25.º da Lei n.º 100/97, de 13 de Setembro, interpretada no sentido de consagrar um prazo absolutamente preclusivo de 10 anos, contados a partir da data da fixação inicial da pensão, para a revisão da pensão devida ao sinistrado por acidente de trabalho, com fundamento em agravamento superveniente das lesões sofridas, nos casos em que desde a fixação inicial da pensão e o termo desse prazo de 10 anos tenham ocorrido actualizações da pensão, por se ter dado como provado o agravamento das lesões sofridas pelo sinistrado.

Acórdão n.º 551/09, de 27 de Outubro de 2009 (3.ª Secção): Não julga inconstitucional a norma extraída do n.º 1 e da alínea a) do n.º 2 do artigo 5.º, em conjugação com a alínea f) do n.º 1 do artigo 400.º do Processo Penal, na redacção da Lei n.º 48/2007, de 29 de Agosto, interpretada no sentido de que não é admissível recurso de acórdão proferido em recurso pelas relações que confirme decisão de 1.ª instância proferida após a entrada em vigor da referida lei e que aplique pena de prisão não superior a 8 anos, quando por aplicação do regime vigente à data da instauração do processo esse recurso seria admissível.

Acórdão n.º 552/09, de 27 de Outubro de 2009 (3.ª Secção): Indefere pedido de aclaração e arguição de nulidade do Acórdão n.º 413/09.

Acórdão n.º 553/09, de 27 de Outubro de 2009 (3.ª Secção): Confirma decisão sumária que não conheceu do recurso por não ter sido suscitada durante o processo e perante o tribunal recorrido, de modo processualmente adequado, uma questão de inconstitucionalidade normativa.

Acórdão n.º 555/09, de 27 de Outubro de 2009 (2.ª Secção): Não julga inconstitucional a norma do artigo 177.º do Código de Procedimento e de Processo Tributário (aprovado pelo Decreto-Lei n.º 433/99, de 26 de Outubro, com as alterações posteriores), quando interpretado no sentido de que o prazo nele fixado tem natureza ordenadora e disciplinar e a sua ultrapassagem não implica, só por si, a extinção do processo de execução fiscal.

(Publicado no *Diário de República,* II Série, de 3 de Dezembro de 2009.)

Acórdão n.º 556/09, de 27 de Outubro de 2009 (2.ª Secção): Não julga inconstitucional a norma do artigo 14.º do Regime Geral das Infracções Tributárias, em conjugação com os artigos 50.º e 51.º do Código Penal, na redacção dada pela Lei n.º 59/2007, de 4 de Setembro, interpretada no sentido de que a suspensão da execução da pena de prisão aplicada é sempre condicionada ao pagamento, em prazo a fixar até ao limite de duração da pena de prisão concretamente determinada, de prestação tributária e acréscimos legais.

Acórdão n.º 557/09, de 27 de Outubro de 2009 (2.ª Secção): Julga procedente a excepção de ilegitimidade do autor e, em consequência, absolve o réu Partido Socialista da instância.

(Publicado no *Diário de República,* II Série, de 3 de Dezembro de 2009.)

Acórdão n.º 558/09, de 27 de Outubro de 2009 (2.ª Secção): Indefere pedido de reforma do Acórdão n.º 487/09, quanto a custas.

Acórdão n.º 559/09, de 27 de Outubro de 2009 (2.ª Secção): Não conhece do recurso por falta de coincidência entre a questão colocada perante o tribunal recorrido e a identificada no requerimento de interposição de recurso para o Tribunal Constitucional.

Acórdão n.º 560/09, de 28 de Outubro de 2009 (1.ª Secção): Não conhece do recurso por a apreciação da questão de constitucionalidade suscitada não ter efeito útil sobre a questão que constitui objecto do processo de que emerge o recurso.

Acórdão n.º 561/09, de 28 de Outubro de 2009 (1.ª Secção): Não conhece do recurso, por não coincidência entre a norma cuja apreciação foi requerida e a norma cuja aplicação foi recusada.

Acórdão n.º 562/09, de 28 de Outubro de 2009 (1.ª Secção): Não conhece do recurso por a apreciação da questão de constitucionalidade suscitada não ter efeito útil sobre a questão que constitui objecto do processo de que emerge o recurso.

Acórdão n.º 563/09, de 28 de Outubro de 2009 (Plenário): Não conhece do recurso por intempestividade.

Acórdão n.º 564/09, de 30 de Outubro de 2009 (Plenário): Não conhece do recurso eleitoral, por extemporaneidade.

(Publicado no *Diário da República*, II Série, de 16 de Novembro de 2009.)

Acórdão n.º 565/09, de 30 de Outubro de 2009 (2.ª Secção): Determina notificação das partes para se pronunciarem sobre a eventualidade de não se conhecer do recurso.

Acórdão n.º 566/09, de 3 de Novembro de 2009 (Plenário): Indefere pedido de aclaração do Acórdão n.º 564/09.

(Publicado no *Diário da República*, II Série, de 16 de Novembro de 2009.)

Acórdão n.º 567/09, de 9 de Novembro de 2009 (3.ª Secção): Confirma decisão sumária que não conheceu do recurso por a decisão recorrida não ter aplicado, como *ratio decidendi*, as normas na interpretação questionada.

Acórdão n.º 569/09, de 10 de Novembro de 2009 (3.ª Secção): Indefere reclamação contra não admissão do recurso por não ter sido suscitada a inconstitucionalidade de norma, mas da própria decisão.

Acórdão n.º 570/09, de 11 de Novembro de 2009 (Plenário): Não conhece do documento apresentado pelo PS — Partido Socialista.

Acórdão n.º 572/09, de 11 de Novembro de 2009 (3.ª Secção): Ordena extracção de traslado, a remessa dos autos ao tribunal recorrido para prosseguirem os seus termos e, uma vez pagas as custas, se abra conclusão, a fim de, então, se decidir o agora requerido quanto à pretendida nulidade do Acórdão n.º 402/09.

Acórdão n.º 573/09, de 11 de Novembro de 2009 (3.ª Secção): Confirma decisão sumária que não conheceu do recurso, e indefere reclamação de despacho da relatora que considerou que a decisão sumária reclamada não padece de qualquer nulidade, por pretensa preterição de dever de denúncia por parte da relatora.

Acórdão n.º 574/09, de 11 de Novembro de 2009 (3.ª Secção): Ordena extracção de traslado, a remessa dos autos ao tribunal recorrido para prosseguirem os seus termos e, uma vez pagas as custas, se abra conclusão, a fim de, então, se decidir o agora requerido quanto à pretendida nulidade do Acórdão n.º 401/09.

Acórdão n.º 575/09, de 11 de Novembro de 2009 (3.ª Secção): Decide-se, por aplicação do disposto no artigo 720.º, n.º 1, do Código de Processo Civil, por remissão do artigo 84.º, n.º 8, da Lei do Tribunal Constitucional, que o incidente agora em causa e quaisquer outros que venham a ser suscitados se processem em separado, só vindo a ter seguimento depois de contadas e pagas as custas no Tribunal.

Acórdão n.º 576/09, de 11 de Novembro de 2009 (1.ª Secção): Confirma decisão sumária que não conheceu do recurso por inutilidade.

Acórdão n.º 577/09, de 16 de Novembro de 2009 (3.ª Secção): Confirma decisão sumária que não conheceu do recurso por não ter sido suscitada de modo adequado uma questão de inconstitucionalidade de normas que tenham sido aplicadas pela decisão recorrida.

Acórdão n.º 579/09, de 17 de Novembro de 2009 (1.ª Secção): Não conhece do recurso por inutilidade.

Acórdão n.º 580/09, de 17 de Novembro de 2009 (1.ª Secção): Confirma decisão sumária que não conheceu do recurso por a questão de inconstitucionalidade não ter sido suscitada durante o processo, de modo processualmente adequado.

Acórdão n.º 581/09, de 17 de Novembro de 2009 (1.ª Secção): Confirma decisão sumária que não conheceu do recurso, quer por a decisão recorrida não ter aplicado a norma impugnada, quer por a questão de inconstitucionalidade não ter sido suscitada durante o processo e de modo adequado.

Acórdão n.º 582/09, de 17 de Novembro de 2009 (1.ª Secção): Confirma decisão sumária que não conheceu do recurso por a decisão recorrida não ter aplicado, como sua *ratio decidendi*, as normas cuja inconstitucionalidade foi suscitada.

Acórdão n.º 584/09, de 18 de Novembro de 2009 (3.ª Secção): Não conhece do recurso por inutilidade.

Acórdão n.º 585/09, de 18 de Novembro de 2009 (3.ª Secção): Não conhece do recurso por ilegitimidade do recorrente (falta de interesse processual) para suscitar a questão de inconstitucionalidade.

Acórdão n.º 587/09, de 18 de Novembro de 2009 (3.ª Secção): Não julga inconstitucional a norma constante do n.º 1 do artigo 14.º do Regime Geral das Infracções Tributárias, aprovado pela Lei n.º 15/2001, de 5 de Julho, quando interpretada no sentido de impor, em qualquer circunstância, a condição do pagamento do devido, para que possa ser decretada a suspensão de execução da pena de prisão aplicada.

Acórdão n.º 588/09, de 18 de Novembro de 2009 (3.ª Secção): Confirma decisão sumária que não conheceu dos recursos por a questão de inconstitucionalidade não ter sido suscitada durante o processo, de modo adequado.

Acórdão n.º 589/09, de 18 de Novembro de 2009 (3.ª Secção): Indefere reclamação do Acórdão n.º 503/09.

Acórdão n.º 590/09, de 18 de Novembro de 2009 (3.ª Secção): Confirma decisão sumária que não conheceu do recurso por a decisão recorrida não ter aplicado, como *ratio decidendi*, as normas na interpretação questionada.

Acórdão n.º 591/09, de 18 de Novembro de 2009 (3.ª Secção): Confirma decisão sumária que não conheceu do recurso por não ter sido suscitada durante o processo e de modo adequado uma questão de inconstitucionalidade normativa.

Acórdãos n.º 592/09, de 18 de Novembro de 2009 (2.ª Secção): Confirma decisão sumária que não conheceu do recurso por a decisão recorrida não ter aplicado, como *ratio decidendi*, as normas impugnadas.

Acórdão n.º 594/09, de 18 de Novembro de 2009 (2.ª Secção): Confirma decisão sumária que não conheceu do recurso por não ter sido suscitada durante o processo e de modo adequado uma questão de inconstitucionalidade normativa.

Acórdão n.º 595/09, de 18 de Novembro de 2009 (2.ª Secção): Indefere arguição de nulidade do Acórdão n.º 480/09.

Acórdão n.º 599/09, de 18 de Novembro de 2009 (2.ª Secção): Não julga organicamente inconstitucional o arco normativo formado pelos artigos 8.º, n.º 1, 10.º, n.º 2, e 16.º, do Decreto-Lei n.º 237/2007, de 19 de Junho.

Acórdão n.º 601/09, de 18 de Novembro de 2009 (2.ª Secção): Determina a rectificação do Acórdão n.º 490/09.

Acórdão n.º 602/09, de 25 de Novembro de 2009 (Plenário): Aprecia responsabilidade pelo incumprimento da obrigação legal de apresentação de contas da campanha eleitoral para as eleições autárquicas de 9 de Outubro de 2005.

(Publicado no *Diário de República,* II Série, de 6 de Janeiro de 2010.)

Acórdão n.º 604/09, de 2 de Dezembro de 2009 (3.ª Secção): Indefere pedido de reforma quanto a custas do Acórdão n.º 546/09.

Acórdão n.º 605/09, de 2 de Dezembro de 2009 (3.ª Secção): Indefere pedido de aclaração do Acórdão n.º 549/09.

Acórdão n.º 606/09, de 2 de Dezembro de 2009 (3.ª Secção): Não conhece do recurso por inutilidade.

Acórdão n.º 607/09, de 2 de Dezembro de 2009 (3.ª Secção): Não julga organicamente inconstitucionais as normas dos artigos 1.º, n.º 3, 4.º, n.º 3, alínea *a)*, e 10.º, n.º 2, do Decreto-Lei n.º 237/2007, de 19 de Junho.

Acórdão n.º 608/09, de 2 de Dezembro de 2009 (3.ª Secção): Não julga organicamente inconstitucionais as normas dos artigos 1.º, n.º 3, 8.º, n.ºs 1 e 2, e 10.º, n.º 2, do Decreto-Lei n.º 237/2007, de 19 de Junho.

Acórdão n.º 609/09, de 2 de Dezembro de 2009 (3.ª Secção): Não julga organicamente inconstitucional a norma extraída dos artigos 1.º, n.º 3, 8.º, n.ºs 1 e 2, e 10.º, n.º 2, do Decreto-Lei n.º 237/2007, de 19 de Junho, que determina a responsabilidade do empregador pela contra-ordenação consistente em violação do limite máximo de duração do trabalho diário dos "trabalhadores móveis" [definidos no artigo 2.º, alínea *d)*, do mesmo diploma].

Acórdão n.º 610/09, de 2 de Dezembro de 2009 (3.ª Secção): Não julga organicamente inconstitucional a norma resultante da conjugação dos artigos 14.º, n.º 2, alínea *c)*, e 10.º, n.º 2, do Decreto-Lei n.º 237/2007, de 19 de Junho, na interpretação que atribui ao empregador a responsabilidade pela contra-ordenação consistente na falta de anotação ou a anotação incompleta das indicações a incluir na folha de registo, no fim do período a que respeita.

Acórdão n.º 611/09, de 2 de Dezembro de 2009 (3.ª Secção): Não julga organicamente inconstitucional o critério normativo, extraído dos artigos

14.º, n.º 3, alínea *d)*, e 10.º, n.º 2, do Decreto-Lei n.º 237/2007, de 19 de Junho, que determina a responsabilidade do empregador pela contra-ordenação consistente na não apresentação, quando solicitada pelas entidades com competência fiscalizadora, do suporte de registo, correspondente à semana em curso e aos 15 dias anteriores em que o trabalhador prestou actividade.

Acórdão n.º 613/09, de 2 de Dezembro de 2009 (3.ª Secção): Indefere pedido de aclaração do Acórdão n.º 569/09.

Acórdão n.º 614/09, de 2 de Dezembro de 2009 (3.ª Secção): Indefere arguição de nulidade do Acórdão n.º 527/09.

Acórdãos n.ºs 615/09 e 616/09, de 2 de Dezembro de 2009 (3.ª Secção): Confirmam decisões sumárias que não conheceram dos recursos por não terem sido suscitadas durante os processos e de modo adequado quaisquer questões de inconstitucionalidade normativa.

Acórdãos n.ºs 617/09 e 618/09, de 2 de Dezembro de 2009 (3.ª Secção): Confirmam decisões sumárias que não conheceram dos recursos por não terem sido suscitadas de modo adequado questões de inconstitucionalidade de normas que tenham sido aplicadas pelas decisões recorridas.

Acórdão n.º 619/09, de 2 de Dezembro de 2009 (2.ª Secção): Indefere reclamação contra não admissão do recurso por não exaustão dos recursos ordinários que no caso cabiam.

Acórdão n.º 620/09, de 2 de Dezembro de 2009 (2.ª Secção): Indefere reclamação contra não admissão do recurso por não ter sido suscitada, de modo processualmente adequado, uma questão de inconstitucionalidade normativa.

Acórdão n.º 621/09, de 2 de Dezembro de 2009 (2.ª Secção): Confirma decisão sumária que não julgou inconstitucional a norma do artigo 188.º, n.º 3, do Código de Processo Penal, na redacção anterior à Lei n.º 48/2007, de 29 de Agosto, na interpretação segundo a qual permite a destruição de elementos de prova obtidos mediante intercepção de telecomunicações, que o órgão de polícia criminal e o Ministério Público conheceram e que são considerados irrelevantes pelo juiz de instrução, sem que o arguido deles tenha conhecimento e sem que se possa pronunciar sobre a sua relevância.

Acórdão n.º 622/09, de 2 de Dezembro de 2009 (2.ª Secção): Confirma decisão sumária que não conheceu do recurso, em parte e que julgou inconstitucional o artigo 23.º, n.º 4, do Código das Expropriações de 1999.

Acórdão n.º 623/09, de 2 de Dezembro de 2009 (2.ª Secção): Determina que após extracção de traslado dos presentes autos e contado o processo, se remetam de imediato os autos ao Supremo Tribunal de Justiça, a fim de prosseguirem os seus termos e só seja dado seguimento no traslado ao incidente e outros requerimentos que o recorrente venha a apresentar, depois de pagas as custas da sua responsabilidade.

Acórdão n.º 625/09, de 2 de Dezembro de 2009 (2.ª Secção): Determina notificação das partes para se pronunciarem sobre a eventualidade de não se conhecer do recurso.

Acórdão n.º 627/09, de 2 de Dezembro de 2009 (2.ª Secção): Não julga inconstitucionais as normas constantes dos artigos 1.º, n.º 1, 8.º, n.º 1, e 10.º, n.º 2, do Decreto-Lei n.º 237/2007, de 19 de Junho.

Acórdão n.º 628/09, de 2 de Dezembro de 2009 (2.ª Secção): Julga inconstitucional a norma da alínea *a)* do n.º 3 do artigo 12.º da Lei n.º 7/2009, de 12 de Fevereiro (que aprovou a revisão do Código do Trabalho), na redacção que lhe foi conferida pela Declaração de Rectificação n.º 21/2009, de 18 de Março.

Acórdão n.º 629/09, de 2 de Dezembro de 2009 (2.ª Secção): Não julga inconstitucional a norma constante do artigo 12.º, n.º 1, da Lei n.º 24/2007, de 18 de Julho.

Acórdão n.º 630/09, de 3 de Dezembro de 2009 (1.ª Secção): Confirma decisão sumária que não conheceu do recurso por não ter sido suscitada durante o processo e de modo adequado uma questão de inconstitucionalidade normativa.

Acórdão n.º 631/09, de 3 de Dezembro de 2009 (1.ª Secção): Indefere reclamação contra não admissão de recurso por a decisão recorrida não ter aplicado a norma arguida de inconstitucionalidade.

Acórdão n.º 633/09, de 3 de Dezembro de 2009 (1.ª Secção): Não julga organicamente inconstitucionais as normas dos artigos 14.º, n.º 3, alínea *d)*, e 10.º, n.º 2, do Decreto-Lei n.º 237/2007, de 19 de Junho.

Acórdãos n.ᵒˢ 634/09 e 635/09, de 3 de Dezembro de 2009 (1.ª Secção): Não julgam organicamente inconstitucional a norma extraída dos artigos 1.º, n.º 3, 8.º, n.ᵒˢ 1 e 2, e 10.º, n.º 2, do Decreto-Lei n.º 237/2007, de 19 de

Junho, que determina a responsabilidade do empregador pela contra-ordenação consistente em violação do limite máximo de duração do trabalho diário dos "trabalhadores móveis" [definidos no artigo 2.º, alínea *d)*, do mesmo diploma].

Acórdão n.º 636/09, de 3 de Dezembro de 2009 (1.ª Secção): Não julga organicamente inconstitucionais as normas dos artigos 14.º, n.º 3, alínea *a)*, e 10.º, n.º 2, do Decreto-Lei n.º 237/2007, de 19 de Junho.

Acórdão n.º 637/09, de 3 de Dezembro de 2009 (1.ª Secção): Não julga organicamente inconstitucionais as normas dos artigos 1.º, n.º 3, 14.º, n.º 3, alínea *c)*, e 10.º, n.º 2, do Decreto-Lei n.º 237/2007, de 19 de Junho.

Acórdão n.º 638/09, de 15 de Dezembro de 2009 (1.ª Secção): Confirma decisão sumária que não conheceu do recurso por não ter sido suscitada durante o processo e de modo adequado uma questão de inconstitucionalidade normativa.

Acórdão n.º 639/09, de 15 de Dezembro de 2009 (1.ª Secção): Confirma decisão sumária que não conheceu do recurso por a decisão recorrida não ter aplicado a norma na interpretação impugnada.

Acórdão n.º 640/09, de 15 de Dezembro de 2009 (1.ª Secção): Confirma decisão sumária que não conheceu dos recursos por falta de verificação dos pressupostos do recurso interposto ao abrigo das alíneas *b)* e *c)* do n.º 1 do artigo 70.º da Lei do Tribunal Constitucional.

Acórdão n.º 641/09, de 15 de Dezembro de 2009 (1.ª Secção): Confirma decisão sumária que não conheceu do recurso por a decisão recorrida não ter aplicado a norma na interpretação impugnada.

Acórdão n.º 642/09, de 15 de Dezembro de 2009 (1.ª Secção): Confirma decisão sumária que não conheceu do recurso por a questão de inconstitucionalidade não ter sido suscitada, durante o processo, perante o tribunal recorrido e de modo processualmente adequado.

Acórdão n.º 643/09, de 15 de Dezembro de 2009 (Plenário): Arquiva procedimento contra-ordenacional contra um arguido e condena diversos arguidos no âmbito da responsabilidade contra-ordenacional dos dirigentes partidários pelas ilegalidades das contas dos partidos políticos, relativas ao ano de 2004.

(Publicado no *Diário de República*, II Série, de 19 de Fevereiro de 2010.)

Acórdão n.º 644/09, de 15 de Dezembro de 2009 (1.ª Secção): Confirma decisão sumária que não conheceu do recurso por não ter sido suscitada de modo adequado uma questão de inconstitucionalidade de norma que tenha sido aplicada pela decisão recorrida.

Acórdão n.º 645/09, de 15 de Dezembro de 2009 (2.ª Secção): Não julga inconstitucional a norma do artigo 400.º, n.º 1, alínea *f*), do Código de Processo Penal, na redacção da Lei n.º 48/2007, de 29 de Agosto, na medida em que condiciona a admissibilidade de recurso para o Supremo Tribunal de Justiça aos acórdãos condenatórios proferidos, em recurso, pelas relações, que confirmem decisão de 1.ª instância e apliquem pena de prisão não superior a 8 anos; não julga inconstitucional a norma resultante da conjugação do artigo 400.º, n.º 1, alínea *f*), do Código de Processo Penal, na redacção da Lei n.º 48/2007 de 29 de Agosto, e artigo 5.º, n.º 2, do mesmo Código, interpretada no sentido de que, em processos iniciados anteriormente à vigência da Lei n.º 48/2007, não é admissível recurso de acórdãos condenatórios proferidos, em recurso, pelas relações, que confirmem decisão de 1.ª instância, proferida após a entrada em vigor da referida lei, e apliquem pena de prisão não superior a 8 anos.

Acórdão n.º 646/09, de 15 de Dezembro de 2009 (3.ª Secção): Confirma decisão sumária que não conheceu do recurso por a questão de inconstitucionalidade não ter sido suscitada, durante o processo e de modo processualmente adequado, perante o tribunal recorrido.

Acórdão n.º 647/09, de 15 de Dezembro de 2009 (3.ª Secção): Confirma decisão sumária que não conheceu do recurso por a decisão recorrida não ter aplicado, como sua *ratio decidendi*, as normas cuja inconstitucionalidade foi suscitada.

Acórdão n.º 648/09, de 15 de Dezembro de 2009 (3.ª Secção): Confirma decisão sumária que não conheceu do recurso interposto ao abrigo das alíneas *b*) e *c*) do n.º 1 do artigo 70.º da Lei do Tribunal Constitucional, por falta dos respectivos pressupostos.

Acórdão n.º 649/09, de 15 de Dezembro de 2009 (3.ª Secção): Confirma decisão sumária que não julgou inconstitucional a norma do artigo 400.º, n.º 1, alínea *f*), do Código de Processo Penal.

Acórdão n.º 650/09, de 15 de Dezembro de 2009 (3.ª Secção): Confirma decisão sumária que não conheceu do recurso por a questão de inconstitucionalidade não ter sido suscitada, durante o processo, perante o tribunal recorrido e de modo processualmente adequado.

Acórdão n.º 653/09, de 16 de Dezembro de 2009 (2.ª Secção): Confirma decisão sumária que não conheceu do recurso por não ter sido suscitada durante o processo e de modo adequado, perante o tribunal recorrido, uma questão de inconstitucionalidade de norma que tenha sido aplicada pela decisão recorrida.

Acórdão n.º 655/09, de 16 de Dezembro de 2009 (3.ª Secção): Indefere arguição de nulidade do Acórdão n.º 590/09.

Acórdão n.º 656/09, de 16 de Dezembro de 2009 (3.ª Secção): Confirma decisão sumária que não conheceu do recurso em parte e que julgou manifestamente infundada a questão de inconstitucionalidade relativa às normas dos artigos 40.º, n.º 2, e 70.º do Código Penal.

Acórdão n.º 657/09, de 16 de Dezembro de 2009 (3.ª Secção): Confirma decisão sumária que não julgou inconstitucional a norma constante do n.º 3 do artigo 7.º, da Lei n.º 34/2004, de 29 de Julho, com a redacção introduzida pela Lei n.º 47/2007, de 28 de Agosto, no segmento em que nega protecção jurídica às pessoas colectivas com fins lucrativos.

Acórdão n.º 658/09, de 16 de Dezembro de 2009 (3.ª Secção): Confirma decisão sumária que não conheceu do recurso por não ter sido suscitada durante o processo e de modo adequado uma questão de inconstitucionalidade normativa.

Acórdão n.º 659/09, de 21 de Dezembro de 2009 (3.ª Secção): Decide que seja extraído traslado, integrando cópia de todo o processado tramitado neste Tribunal e, contado o processo, se remetam os autos ao Tribunal Central Administrativo Sul, para aí prosseguirem os seus termos; só seja dado seguimento no traslado ao incidente suscitado pelo reclamante depois de se mostrarem pagas as custas da sua responsabilidade.

ÍNDICE DE PRECEITOS NORMATIVOS

1 — Constituição da República

Artigo 1.º:

    Ac. 499/09.

Artigo 2.º:

    Ac. 487/09;
    Ac. 490/09;
    Ac. 494/09;
    Ac. 499/09;
    Ac. 546/09;
    Ac. 549/09;
    Ac. 597/09;
    Ac. 626/09;
    Ac. 651/09.

Artigo 9.º:

    Ac. 499/09.

Artigo 13.º:

    Ac. 487/09;
    Ac. 546/09;
    Ac. 550/09;
    Ac. 596/09;
    Ac. 597/09;
    Ac. 612/09;
    Ac. 651/09.

Artigo 18.º:

    Ac. 486/09;
    Ac. 546/09;
    Ac. 603/09;
    Ac. 626/09;
    Ac. 651/09.

Artigo 20.º:

    Ac. 487/09;
    Ac. 499/09;
    Ac. 546/09;
    Ac. 549/09;
    Ac. 554/09;
    Ac. 596/09;
    Ac. 597/09;
    Ac. 624/09;
    Ac. 632/09.

Artigo 26.º:

    Ac. 626/09.

Artigo 27.º:

    Ac. 603/09.

Artigo 28.º:

    Ac. 603/09.

Artigo 29.º:

    Ac. 490/09;
    Ac. 603/09.

Artigo 30.º:

    Ac. 473/09.

Artigo 32.º:

    Ac. 486/09;
    Ac. 487/09;
    Ac. 549/09.

Artigo 34.º:
   N.º 1:
      Ac. 486/09.
Artigo 36.º:
   Ac. 651/09.
Artigo 50.º:
   Ac. 473/09.
Artigo 53.º:
   Ac. 550/09.
Artigo 58.º:
   Ac. 550/09.
Artigo 60.º:
   Ac. 596/09.
Artigo 61.º:
   Ac. 596/09;
   Ac. 597/09.
Artigo 62.º:
   Ac. 493/09;
   Ac. 596/09;
   Ac. 597/09;
   Ac. 612/09.
Artigo 63.º:
   Ac. 651/09.
Artigo 80.º:
   Ac. 493/09.
Artigo 83.º:
   Ac. 493/09.
Artigo 84.º:
   Ac. 654/09.

Artigo 103.º:
   Ac. 494/09;
   Ac. 500/09.
Artigo 104.º:
   Ac. 494/09.
Artigo 112.º:
   Ac. 654/09.
Artigo 165.º:
   N.º 1:
      Alínea c):
         Ac. 488/09.
      Alínea d):
         Ac. 578/09;
         Ac. 598/09.
      Alínea l):
         Ac. 493/09.
      Alínea p):
         Ac. 586/09;
         Ac. 600/09.
      Alínea v):
         Ac. 654/09.
Artigo 202.º:
   Ac. 549/09.
Artigo 204.º:
   Ac. 652/09.
Artigo 205.º:
   Ac. 549/09.
Artigo 212.º:
   Ac. 632/09.

Artigo 227.º:
　Ac. 654/09.

Artigo 268.º:
　Ac. 554/09.

Artigo 269.º:
　Ac. 499/09.

Artigo 280.º:
　Ac. 583/09.

Artigo 282.º:
　Ac. 494/09.

2 – Lei n.º 28/82, de 15 de Novembro
(Organização, funcionamento e processo do Tribunal Constitucional)

Artigo 8.º:
  Ac. 431/09.

Artigo 43.º:
  Ac. 624/09.

Artigo 70.º, n.º 1, alínea *a*):
  Ac. 583/09;
  Ac. 593/09;
  Ac. 626/09;
  Ac. 652/09.

Artigo 70.º, n.º 1, alínea *b*):
  Ac. 499/09;
  Ac. 583/09;
  Ac. 600/09;
  Ac. 603/09;
  Ac. 624/09;
  Ac. 632/09.

Artigo 70.º, n.º 1, alínea *f*):
  Ac. 583/09.

Artigo 72.º:
  Ac. 583/09;
  Ac. 600/09.

Artigo 78.º-A:
  Ac. 593/09.

Artigo 79.º-A:
  Ac. 651/09.

Artigo 79.º-B:
  Ac. 624/09.

Artigo 79.º-C:
  Ac. 499/09.

Artigo 80.º:
  Ac. 486/09.

Artigo 102.º-B:
  Ac. 431/09;
  Ac. 568/09.

Artigo 109.º:
  Ac. 571/09.

3 – Diplomas relativos a eleições

Lei n.º 14/79, de 16 de Maio (Lei Eleitoral para a Assembleia da República):

Artigo 40.º, n.º 4:
Ac. 431/09.

Artigo 42.º, n. 1:
Ac. 431/09.

Lei n.º 169/99, de 18 de Setembro (Estabelece o quadro de competências, assim como o regime jurídico de funcionamento dos órgãos dos municípios e das freguesias):

Artigo 21.º:
Ac. 568/09.

Artigo 24.º:
Ac. 568/09.

Artigo 46.º, n.º 1:
Ac. 568/09.

Lei Orgânica n.º 1/2001, de 14 de Agosto (Lei Eleitoral dos Órgãos das Autarquias Locais):

Artigo 6.º, n.º 1, alínea g):
Ac. 452/09.

Artigo 25.º, n.º 3:
Ac. 473/09.

Artigo 29.º, n.º 1:
Ac. 473/09.

Artigo 31.º:
Ac. 568/09.

Artigo 156.º, n.º 1:
Ac. 568/09.

Artigo 158.º:
Ac. 568/09.

4 — Diplomas relativos a controlo público da riqueza, incompatibilidades e impedimentos de titulares de cargos políticos

Lei n.º 4/83, de 2 de Abril (Controlo público da riqueza dos titulares de cargos políticos):

Artigo 1.º (red. da Lei n.º 25/95, de 18 de Agosto):

Ac. 571/09.

Artigo 2.º, n.ºs 1 e 3 (red. da Lei n.º 25/95, de 18 de Agosto):

Ac. 571/09.

Artigo 3.º, n.ºs 1 e 2 (red. da Lei n.º 25/95, de 18 de Agosto):

Ac. 571/09.

Artigo 4.º, n.º 3, alíneas *a*) e *b*), (red. da Lei n.º 25/95, de 18 de Agosto):

Ac. 571/09.

Lei n.º 64/93, de 26 de Agosto (Estabelece o regime jurídico de incompatibilidades e impedimentos dos titulares de cargos políticos e altos cargos públicos):

Ac. 571/09.

5 — Diplomas e preceitos legais e regulamentares submetidos a juízo de constitucionalidade (*)

Circular n.º 18/89, de 18 de Dezembro de 1989, da Direcção-Geral das Contribuições e Impostos:

Ac. 583/09.

Código Civil:

Artigo 1817.º (red. do Decreto-Lei n.º 496/77, de 25 de Novembro):

Ac. 626/09.

Artigo 1817.º (red. da Lei n.º 21/98, de 12 de Maio):

Ac. 626/09.

Artigo 1842.º:

Ac. 593/09.

Código da Estrada (aprovado pelo Decreto-Lei n.º 114/94, de 3 de Maio):

Artigo 153.º (red. do Decreto-Lei n.º 44/2005, de 23 de Fevereiro):

Ac. 488/09.

Código das Expropriações (aprovado pela Lei n.º 168/99, de 18 de Setembro):

Artigo 8.º:

Ac. 612/09.

Código de Procedimento e de Processo Tributário (aprovado pelo Decreto-Lei n.º 433/99, de 26 de Outubro):

Artigo 284.º:

Ac. 600/09.

Código de Processo Civil:

Artigo 673.º:

Ac. 549/09.

Código de Processo Penal (aprovado pelo Decreto-Lei n.º 78/87, de 17 de Fevereiro):

Artigo 113.º:

Ac. 549/09.

Artigo 187.º:

Ac. 486/09.

Artigo 215.º (na redacção da Lei n.º 48/2007, de 29 de Agosto):

Ac. 603/09.

Artigo 333.º:

Ac. 549/09.

Artigo 400.º:

Ac. 603/09.

(*) Indicam-se a negro os Acórdãos em que o Tribunal conheceu a questão de constitucionalidade.

Artigo 414.º:

Ac. 549/09.

Artigo 420.º:

Ac. 549/09.

Código do Imposto sobre o Valor Acrescentado (aprovado pelo Decreto-Lei n.º 394-B/84, de 26 de Dezembro):

Artigo 4.º (na redacção do Decreto-Lei n.º 100/95, de 19 de Maio):

Ac. 500/09.

Código do Imposto sobre o Rendimento das Pessoas Colectivas (aprovado pelo Decreto-Lei n.º 442-B/88, de 30 de Novembro):

Artigo 98.º:

Ac. 494/09.

Código do Imposto Municipal de Sisa e das Sucessões e Doações (aprovado pelo Decreto-Lei n.º 41 966, de 24 de Novembro de 1958):

Artigo 111.º:

Ac. 600/09.

Artigo 112.º:

Ac. 600/09.

Artigos 115.º a 117.º:

Ac. 600/09.

Código do Procedimento Administrativo (aprovado pelo Decreto-Lei n.º 442/91, de 15 de Novembro):

Artigos 120.º:

Ac. 600/09.

Artigo 123.º:

Ac. 600/09.

Artigo 133.º:

Ac. 600/09.

Código do Trabalho (aprovado pela Lei n.º 7/2009, de 12 de Fevereiro):

Artigo 129.º (redacção originária):

Ac. 550/09.

Decreto Legislativo Regional n.º 19/99/M, de 1 de Julho (Transforma a Administração dos Portos da Região Autónoma da Madeira em APRAM — Administração dos Portos da Região Autónoma da Madeira, S. A., e aprova os respectivos estatutos):

Artigo 2.º (red. do Decreto Legislativo Regional n.º 25/2003/M, de 23 de Agosto):

Ac. 654/09.

Decreto-Lei n.º 433/82, de 27 de Outubro (Institui o ilícito de mera ordenação social e respectivo processo):

Artigo 74.º (red. do Decreto-Lei n.º 244/95, de 14 de Setembro):

Ac. 487/09.

Artigo 75.º:

Ac. 632/09.

Decreto-Lei n.º 322/90, de 18 de Outubro (Define e regulamenta a protecção na eventualidade da morte dos beneficiários do regime geral de segurança social):

Artigo 8.º:

Ac. 651/09.

Decreto-Lei n.º 237/2007, de 19 de Junho (Transpõe para a ordem jurídica interna a Directiva n.º 2002/15/CE, do Parlamento Europeu e do Conselho, de 11 de Março, relativa à organização do tempo de trabalho das pessoas que exercem actividades móveis de transporte rodoviário):

Ac. 578/09.

Artigo 8.º:

Ac. 598/09.

Artigo 10.º:

Ac. 598/09.

Artigo 16.º:

Ac. 598/09.

Decreto-Lei n.º 303/2007, de 24 de Agosto (No uso de autorização legislativa concedida pela Lei n.º 6/2007 de 2 de Fevereiro, altera o Código de Processo Civil, procedendo à revisão do regime de recursos e de conflitos em processo civil e adaptando-o à prática de actos processuais por via electrónica; introduz ainda alterações à Lei de Organização e Funcionamento dos Tribunais Judiciais, e aos Decretos-Leis n.ºˢ 269/98, de 1 de Setembro, e 423/91, de 30 de Outubro):

Artigo 11.º:

Ac. 546/09.

Decreto Regulamentar n.º 1/94, de 18 de Janeiro (Regula o acesso às prestações por morte por parte das pessoas que se encontram na situação de união de facto):

Artigo 3.º:

Ac. 651/09.

Estatuto dos Magistrados Judiciais (aprovado pela Lei n.º 21/85, de 30 de Julho):

Artigo 122.º:

Ac. 499/09.

Artigo 123.º:

Ac. 499/09.

Artigo 134.º:

Ac. 499/09.

Artigo 151.º:

Ac. 499/09.

Artigos 168.º a 178.º:

Ac. 499/09.

Lei Geral Tributária (aprovada pelo Decreto-Lei n.º 398/98, de 17 de Dezembro):

Artigo 89.º-A (red. da Lei n.º 55-B//2004, de 30 de Dezembro):

Ac. 554/09.

Lei n.º 80/77, de 26 de Outubro (Aprova as indemnizações aos ex--titulares de direitos sobre bens nacionalizados ou expropriados):

Artigo 18.º:

Ac. 493/09.

Anexo:

Ac. 493/09.

Lei n.º 27/96, de 1 de Agosto (Regime Jurídico da Tutela Administrativa):

Artigo 13.º:

Ac. 473/09.

Lei n.º 18/2003, de 11 de Junho (Aprova o regime jurídico da concorrência):

Artigo 1.º:

Ac. 632/09.

Artigo 17.º:

Ac. 632/09.

Artigo 19.º:

Ac. 632/09.

Artigo 22.º:

Ac. 632/09.

Artigo 43.º:

Ac. 632/09.

Artigo 50.º:

Ac. 632/09.

Lei n.º 60-A/2005, de 30 de Dezembro (Orçamento do Estado para 2006):

Artigo 44.º:

Ac. 494/09.

Lei n.º 24/2007, de 18 de Julho (Define direitos dos utentes nas vias rodoviárias classificadas como auto-estradas concessionadas, itinerários principais e itinerários complementares):

Artigo 12.º:

Ac. 596/09;
Ac. 597/09.

Lei n.º 7/2009, de 12 de Fevereiro (Aprova a revisão do Código de Trabalho):

Artigo 12.º (red. da Declaração de Rectificação n.º 21/2009, de 18 de Março):

Ac. 490/09.

Portaria n.º 955/2006, de 13 de Setembro (Determina os tribunais em que se aplica o regime processual experimental, aprovado pelo Decreto-Lei n.º 108/2006, de 8 de Junho).

Artigo único:

Ac. 586/09;
Ac. 652/09.

Resolução do Governo da Região Autónoma da Madeira n.º 190/2004, de 12 de Fevereiro (publicada no *Jornal Oficial da Região Autónoma da Madeira,* Série I, n.º 20, Suplemento de 19 de Fevereiro de 2004):

Ac. 654/09.

Resolução do Governo da Região Autónoma da Madeira n.º 778/2005, de 9 de Junho (publicada no *Jornal Oficial da Região Autónoma da Madeira,* Série I, n.º 69, de 20 de Junho de 2005):

Ac. 654/09.

ÍNDICE IDEOGRÁFICO

A

Acesso ao direito — Ac. 499/09.
Acesso aos tribunais — Ac. 546/09; Ac. 554/09; Ac. 624/09; Ac. 632/09.
Acidente de viação:

Indemnização — Ac. 596/09; Ac. 597/09.

Acto administrativo — Ac. 654/09.
Acto normativo — Ac. 583/09.
Administração fiscal — Ac. 494/09; Ac. 500/09; Ac. 554/09.
Administrador de empresa pública municipal:

Declaração de património e rendimentos — Ac. 571/09.

Advogado — Ac. 549/09.
Alcoolemia — Ac. 488/09.
Aplicação da lei penal no tempo — Ac. 490/09.
Assembleia da República:

Reserva relativa de competência legislativa:

Definição de processo criminal — Ac. 488/09.
Organização e competência dos tribunais — Ac. 586/09.
Regime geral do ilícito de mera ordenação social — Ac. 578/09; Ac. 598/09.

Autarca:

Perda de mandato — Ac. 473/09.

Auto-estrada — Ac. 596/09; Ac. 597/09; Ac. 612/09.
Autorização legislativa:

Extensão — Ac. 488/09.
Sentido — Ac. 488/09.

B

Bens do Estado — Ac. 654/09.

C

Cargo público — Ac. 571/09.
Circular da Administração Tributária — Ac. 583/09.
Circulação rodoviária — Ac. 596/09; Ac. 597/09.
Código do Trabalho — Ac. 490/09.
Conceito indeterminado — Ac. 500/09.
Concessionária de auto-estrada — Ac. 596/09; Ac. 597/09.
Condução sob o efeito do álcool — Ac. 488/09.
Conflito de competência — Ac. 652/09.
Conflito jurisprudencial — Ac. 546/09.
Conselho Superior da Magistratura:

Pena de expulsão — Ac. 499/09.
Plenário — Ac. 499/09.
Procedimento disciplinar — Ac. 499/09.

Contencioso administrativo:

Direito ao recurso — Ac. 554/09.
Garantias dos administrados — Ac. 554/09.

Contencioso eleitoral:

>Decisão recorrível — Ac. 568/09.
>Incompetência do tribunal recorrido — Ac. 568/09.
>Instrução do processo — Ac. 431/09.
>Plenário de eleitores — Ac. 568/09.
>Protesto eleitoral — Ac. 568/09.
>Rejeição do recurso — Ac. 568/09.

Contradição de jurisprudência — Ac. 546/09.
Contra-ordenação — Ac. 487/09.
Contra-ordenação laboral — Ac. 490/09; Ac. 578/09; Ac. 598/09.
Contrato de trabalho:

>Contrato de trabalho a termo certo — Ac. 550/09.
>Contrato de trabalho por tempo indeterminado — Ac. 550/09.
>Contrato de trabalho sem termo — Ac. 550/09.
>Despedimento ilícito — Ac. 550/09.

Contribuinte:

>Capacidade contributiva — Ac. 494/09.
>Obrigação tributária — Ac. 500/09.

Crime de responsabilidade — Ac. 473/09.
CSM — Ac. 499/09.

D

Declaração de rectificação — Ac. 490/09.
Dignidade da pessoa humana — Ac. 651/09.
Directiva comunitária — Ac. 486/09.
Direito à identidade pessoal — Ac. 593/09; Ac. 626/09.
Direito à indemnização — Ac. 493/09; Ac. 596/09; Ac. 597/09.
Direito à integridade pessoal — Ac. 626/09.
Direito à intimidade da vida privada — Ac. 486/09.
Direito à segurança social — Ac. 651/09.
Direito ao conhecimento da paternidade — Ac. 593/09; Ac. 626/09.
Direito ao livre desenvolvimento da personalidade — Ac. 593/09.
Direito ao reconhecimento da paternidade — Ac. 626/09.
Direito ao recurso — Ac. 549/09.
Direito ao recurso de constitucionalidade — Ac. 624/09.
Direito ao trabalho — Ac. 550/09.
Direito da concorrência — Ac. 632/09.
Direito de defesa — Ac. 499/09.
Direito de edificar — Ac. 612/09.
Direito de participação — Ac. 499/09.
Direito de propriedade — Ac. 596/09; Ac. 597/09; Ac. 612/09.
Direito de recurso — Ac. 546/09.
Direito rodoviário — Ac. 488/09.
Direito sancionatório — Ac. 490/09.
Direitos dos administrados — Ac. 554/09.
Direitos dos contribuintes — Ac. 554/09.
Direitos dos consumidores — Ac. 596/09; Ac. 597/09.
Direitos e deveres sociais — Ac. 651/09.
Direitos, liberdades e garantias dos trabalhadores — Ac. 550/09.
Direitos pessoais — Ac. 651/09.
Domínio público:

>Desafectação de bens — Ac. 654/09.

Domínio público marítimo — Ac. 654/09.
Duplo grau de jurisdição — Ac. 487/09; Ac. 499/09.

E

Efeito automático das penas — Ac. 473/09.

Eleições autárquicas:

   Contencioso de apresentação de candidaturas:

      Crime de responsabilidade — Ac. 473/09.
      Forças de segurança — Ac. 452/09.
      Inelegibilidade — Ac. 452/09; Ac. 473/09.
      Inspector da Polícia Judiciária — Ac. 452/09.
      Legitimidade — Ac. 473/09.
      Perda de mandato — Ac. 473/09.

Eleições legislativas:

   Acto de administração eleitoral — Ac. 431/09.
   Assembleia de voto — Ac. 431/09.
   Mesa de assembleia de voto — Ac. 431/09.
   Órgão de administração eleitoral — Ac. 431/09.

Empregador — Ac. 490/09.
Empresa de capitais públicos — Ac. 571/09.
Empresa municipal — Ac. 571/09.
Escuta telefónica:

   Dados de tráfego — Ac. 486/09.
   Localização celular — Ac. 486/09.

Exame de sangue — Ac. 488/09.
Expropriação por utilidade pública:

   Jus aedificandi — Ac. 612/09.
   Justa indemnização — Ac. 612/09.

F

Facturação detalhada — Ac. 486/09.
Filiação — Ac. 593/09.

G

Garantias dos administrados — Ac. 499/09.
Gestor público — Ac. 571/09.
Governador civil:

   Despacho — Ac. 431/09.

Governo:

   Competência legislativa — Ac. 578/09; Ac. 598/09.

Governo regional:

   Competência — Ac. 654/09.

H

Hierarquia dos tribunais — Ac. 546/09.
Higiene, segurança e saúde no trabalho — Ac. 490/09.
Horário de trabalho — Ac. 598/09.

I

Ilícito de mera ordenação social — Ac. 490/09.
Imposto sobre o Rendimento das Pessoas Colectivas:

   Isenção fiscal — Ac. 494/09.
   Pagamento especial por conta — Ac. 494/09.
   Rendimento real — Ac. 494/09.

Imposto sobre o Valor Acrescentado:

   Matéria colectável — Ac. 500/09.
   Rendimento real — Ac. 500/09.
   Tributação das prestações de serviços — Ac. 500/09.

Impostos:

   Liquidação — Ac. 554/09.
   Matéria colectável — Ac. 554/09.

Impugnação da paternidade:

    Caducidade — Ac. 593/09.

Inconstitucionalidade orgânica — Ac. 578/09; Ac. 586/09; Ac. 598/09.
Inflação — Ac. 493/09.
Iniciativa privada — Ac. 596/09; Ac. 597/09.
Interpretação analógica — Ac. 603/09.
Interpretação extensiva — Ac. 603/09.
Intimidade da vida privada — Ac. 486/09.
Investigação da paternidade:

    Prazo de caducidade — Ac. 593/09; Ac. 626/09.
    Presunção de paternidade — Ac. 626/09.

Inviolabilidade das telecomunicações — Ac. 486/09.
IRC — Ac. 494/09.
IVA — Ac. 500/09.

J

Juiz:

    Estatuto — Ac. 499/09.

L

Lei mais favorável — Ac. 490/09.

M

Magistrado judicial — Ac. 499/09.
Mandatário judicial:

    Notificação — Ac. 549/09.

Ministério Público:

    Legitimidade — Ac. 583/09.

    Parte processual — Ac. 583/09.
    Recurso obrigatório — Ac. 583/09.

Motorista:

    Horário de trabalho — Ac. 578/09.

N

Nacionalização:

    Indemnização por nacionalização — Ac. 493/09.
    Pagamento de indemnização — Ac. 493/09.

Norma inovatória — Ac. 586/09; Ac. 600/09.
Norma não inovatória — Ac. 600/09.
Notificação — Ac. 549/09.

O

Ónus da prova — Ac. 596/09; Ac. 597/09.
Ordem dos Médicos — Ac. 632/09.

P

Participação na Administração — Ac. 499/09.
Pensão de sobrevivência — Ac. 651/09.
Pessoa colectiva — Ac. 494/09.
Pessoa colectiva de direito público — Ac. 571/09.
Polícia judiciária — Ac. 452/09.
Presunção de culpa — Ac. 596/09; Ac. 597/09.
Presunção ilidível — Ac. 626/09.
Primeiro emprego — Ac. 550/09.
Princípio da certeza e segurança jurídica — Ac. 490/09; Ac. 546/09; Ac. 626/09.

Princípio da confiança jurídica — Ac. 487/09; Ac. 494/09.
Princípio da igualdade — Ac. 493/09; Ac. 546/09; Ac. 550/09; Ac. 596/09; Ac. 597/09; Ac. 612/09; Ac. 651/09.
Princípio da igualdade de armas — Ac. 487/09.
Princípio da justiça — Ac. 493/09; Ac. 499/09.
Princípio da legalidade tributária — Ac. 494/09; Ac. 500/09.
Princípio da proibição do excesso — Ac. 493/09; Ac. 494/09; Ac. 651/09.
Princípio da proporcionalidade — Ac. 493/09; Ac. 494/09; Ac. 546/09; Ac. 596/09; Ac. 597/09; Ac. 651/09.
Princípio da segurança jurídica — Ac. 626/09.
Princípio da separação de poderes — Ac. 596/09; Ac. 597/09.
Princípio da tipicidade tributária — Ac. 500/09.
Princípio democrático — Ac. 493/09.
Princípio do Estado de direito democrático — Ac. 490/09; Ac. 494/09; Ac. 499/09; Ac. 546/09; Ac. 596/09; Ac. 597/09.
Princípio do Estado unitário — Ac. 654/09.
Princípio do processo equitativo — Ac. 487/09; Ac. 596/09; Ac. 597/09.
Procedimento administrativo — Ac. 499/09; Ac. 554/09.

Direito ao recurso — Ac. 632/09.
Duplo grau de jurisdição — Ac. 632/09.

Processo civil:

Alçada — Ac. 586/09; Ac. 652/09.
Forma de processo — Ac. 586/09.
Processo comum — Ac. 586/09.
Processo experimental — Ac. 586/09.
Processo pendente — Ac. 546/09.
Recurso de revista — Ac. 546/09.

Recurso extraordinário — Ac. 546/09.
Regime de recursos — Ac. 546/09.
Tramitação electrónica — Ac. 586/09.

Processo constitucional:

Fiscalização abstracta da constitucionalidade e da legalidade:
Declaração de restrição de efeitos — Ac. 494/09.
Efeitos da declaração de inconstitucionalidade — Ac. 494/09.
Inconstitucionalidade consequente — Ac. 494/09.
Inutilidade — Ac. 494/09.
Norma — Ac. 654/09.
Objecto do pedido — Ac. 494/09; Ac. 654/09.

Fiscalização concreta da constitucionalidade:

Admissão do recurso — Ac. 600/09.
Aplicação de norma arguida de inconstitucional — Ac. 600/09; Ac. 603/09.
Conhecimento do recurso — Ac. 499/09; Ac. 600/09; Ac. 624/09; Ac. 632/09.
Decisão de tribunal — Ac. 600/09; Ac. 632/09.
Decisão final — Ac. 624/09.
Decisão interlocutória — Ac. 624/09.
Decisão provisória — Ac. 624/09.
Decisão recorrível — Ac. 624/09.
Desaplicação de norma por inconstitucionalidade — Ac. 583/09; Ac. 626/09; Ac. 651/09; Ac. 652/09.
Desaplicação implícita de norma — Ac. 652/09.
Dupla fundamentação — Ac. 583/09; Ac. 652/09.
Função instrumental do recurso — Ac. 583/09; Ac. 603/09; Ac. 624/09; Ac. 626/09.

Inconstitucionalidade suscitada no processo — Ac. 600/09; Ac. 632/09.
Interpretação da lei — Ac. 486/09.
Interpretação inconstitucional — Ac. 652/09.
Legitimidade do Ministério Público — Ac. 583/09.
Norma — Ac. 583/09; Ac. 600/09; Ac. 632/09.
Obiter dictum — Ac. 626/09.
Objecto do recurso — Ac. 499/09; Ac. 583/09; Ac. 600/09; Ac. 632/09; Ac. 651/09.
Pressuposto do recurso — Ac. 499/09; Ac. 583/09; Ac. 600/09; Ac. 624/09; Ac. 632/09; Ac. 652/09.
Princípio do pedido — Ac. 499/09.
Questão prévia — Ac. 600/09.
Reclamação de decisão sumária — Ac. 593/09.
Reclamação para a conferência — Ac. 593/09.

Processo contra-ordenacional:

   Competência para aplicação de coimas — Ac. 632/09.
   Garantias de defesa — Ac. 487/09.
   Prazo do recurso — Ac. 487/09.

Processo criminal:

   Caso julgado — Ac. 549/09.
   Contraprova — Ac. 488/09.
   Direito ao recurso — Ac. 549/09.
   Duplo grau de jurisdição — Ac. 549/09.
   Escuta telefónica — Ac. 486/09.
   Garantias de defesa — Ac. 488/09; Ac. 549/09.
   Garantias do processo criminal — Ac. 488/09.
   Habeas corpus — Ac. 603/09.
   Irregularidade — Ac. 549/09.
   Medida da pena — Ac. 603/09.
   Medidas de coacção — Ac. 603/09.
   Notificação do arguido — Ac. 549/09.
   Notificação do mandatário — Ac. 549/09.
   Notificação pessoal — Ac. 549/09.
   Princípio da legalidade penal — Ac. 486/09; Ac. 603/09.
   Prisão preventiva:

      Contagem do prazo — Ac. 603/09.
      Prazo — Ac. 603/09.

   Prova — Ac. 488/09.
   Prova proibida — Ac. 486/09.

Processo disciplinar:

   Direito de audiência e defesa do arguido — Ac. 499/09.
   Inquérito — Ac. 499/09.
   Notificação — Ac. 499/09.
   Sanção disciplinar — Ac. 499/09.

Processo tributário:

   Avaliação fiscal — Ac. 554/09.
   Avaliação indirecta — Ac. 554/09.
   Determinação da matéria colectável — Ac. 554/09.
   Impugnação judicial da liquidação de imposto — Ac. 554/09.
   Processo urgente — Ac. 554/09.

Proibição da indefesa — Ac. 499/09.
Propriedade privada — Ac. 493/09; Ac. 596/09; Ac. 597/09; Ac. 612/09.
Protecção da família — Ac. 651/09.
Providência cautelar — Ac. 624/09.

R

Reconhecimento da paternidade — Ac. 626/09.

Rectificação de diploma — Ac. 490/09.
Recurso eleitoral — Ac. 431/09; Ac. 452/09.
Região Autónoma da Madeira:

Domínio público — Ac. 654/09.
Património regional — Ac. 654/09.
Poderes legislativos — Ac. 654/09.

Regime processual civil experimental — Ac. 586/09.
Reserva de lei — Ac. 486/09; Ac. 600/09; Ac. 654/09.
Resolução regional — Ac. 654/09.
Responsabilidade civil — Ac. 596/09; Ac. 597/09.
Responsabilidade contra-ordenacional — Ac. 578/09; Ac. 598/09.
Responsabilidade extra-contratual do Estado — Ac. 596/09; Ac. 597/09.
Restrição de direito fundamental — Ac. 473/09; Ac. 486/09.
Retroactividade da lei — Ac. 490/09; Ac. 546/09.
Retroactividade da lei fiscal — Ac. 494/09.

S

Segurança no emprego — Ac. 550/09.
Separação de poderes — Ac. 596/09; Ac. 597/09.
Servidão administrativa — Ac. 612/09.
Servidão *non aedificandi* — Ac. 612/09.
Sociedade anónima de capitais públicos — Ac. 654/09.
Sucessão de leis — Ac. 546/09.

T

Taxa de juros — Ac. 493/09.
Telecomunicações — Ac. 486/09.
Teste de alcoolemia — Ac. 488/09.
Titular de cargo público — Ac. 571/09.
Transporte de mercadorias — Ac. 578/09; Ac. 598/09.
Transporte rodoviário — Ac. 578/09; Ac. 598/09.
Tribunal Administrativo:

Competência — Ac. 632/09.

Tribunal Constitucional:

Poder de cognição — Ac. 486/09.

Tribunais:

Competência — Ac. 586/09; Ac. 652/09.
Independência — Ac. 499/09; Ac. 652/09.
Organização — Ac. 586/09.

Tributação dos rendimentos — Ac. 500/09.
Tutela jurisdicional efectiva — Ac. 546/09; Ac. 554/09.

U

União de facto — Ac. 651/09.
Uniformização de jurisprudência — Ac. 546/09.

ÍNDICE GERAL

	Págs.
I — Acórdãos do Tribunal Constitucional...	3
1 — Fiscalização abstracta da constitucionalidade e da legalidade..................	5

Acórdão n.º 494/09, de 29 de Setembro de 2009 — Declara a inconstitucionalidade, com força obrigatória geral, da norma contida no n.º 9 do artigo 98.º do Código do Imposto sobre o Rendimento das Pessoas Colectivas, na parte em que impõe que efectuem pagamento especial por conta entidades que, no exercício a que o pagamento respeita, apenas aufiram rendimentos isentos de Imposto sobre o Rendimento das Pessoas Colectivas (IRC), e a inconstitucionalidade consequencial da norma contida no n.º 5 do artigo 44.º da Lei n.º 60-A/2005, de 30 de Dezembro, na parte em que se refere às mesmas entidades, ressalvando os efeitos produzidos até à publicação deste Acórdão........................ 7

Acórdão n.º 654/09, de 16 de Dezembro de 2009 — Declara, com força obrigatória geral, a inconstitucionalidade da norma contida no artigo 2.º, n.º 7, *in fine*, do Decreto Legislativo Regional n.º 19/99/M, de 1 de Julho, na versão constante do Decreto Legislativo Regional n.º 25/2003/M, de 23 de Agosto, na medida em que permite ao Governo Regional da Madeira autorizar a desafectação dominial e a integração no património de uma sociedade de capitais exclusivamente públicos das faixas do domínio público marítimo delimitadas nos artigos 8.º, 9.º e 13.º, do Anexo II daquele Decreto Legislativo Regional; não toma conhecimento do pedido quanto às normas contidas nas Resoluções n.º 190/2004, de 19 de Fevereiro, e n.º 778/2005, de 9 de Janeiro, do Governo Regional da Madeira.. 27

2 — Fiscalização concreta da constitucionalidade e da legalidade.................... 59

Acórdão n.º 486/09, de 28 de Setembro de 2009 — Não julga inconstitucional a norma constante do n.º 1 do artigo 187.º do Código de Processo Penal de 1987, na redacção anterior à Lei n.º 48/2007, de 29 de Agosto, quando interpretada no sentido de que o respectivo conteúdo abrange o acesso à facturação detalhada e à localização celular 61

Págs.

Acórdão n.º 487/09, de 28 de Setembro de 2009 — Não julga inconstitucional a norma do artigo 74.º, n.º 1, do Decreto-Lei n.º 433/82, de 27 de Outubro, com a redacção introduzida pelo Decreto-Lei n.º 244/95, de 14 de Setembro, na interpretação segundo a qual o recurso deve ser interposto no prazo de 10 dias a partir da sentença ou do despacho, ou da sua notificação ao arguido caso a decisão tenha sido proferida sem a presença deste, estabelecendo um prazo mais curto para o recorrente motivar o recurso do que aquele que decorre do artigo 411.º, n.º 1, do Código de Processo Penal, com a redacção conferida pela Lei n.º 48/2007, de 29 de Agosto 83

Acórdão n.º 488/09, de 28 de Setembro de 2009 — Julga organicamente inconstitucional o artigo 153.º, n.º 6, do Código da Estrada, na parte em que a contraprova respeita a crime de condução de veículo em estado de embriaguez e seja consubsanciada em exame de pesquisa de álcool no ar expirado, efectuado mediante a utilização de aparelho aprovado para o efeito 99

Acórdão n.º 490/09, de 28 de Setembro de 2009 — Julga inconstitucional, a norma constante da alínea *a)* do n.º 3 do artigo 12.º da Lei n.º 7/2009, de 12 de Fevereiro, na redacção conferida pela Declaração de Rectificação n.º 21/2009, de 18 de Março de 2009 (relativa ao Código do Trabalho)... 107

Acórdão n.º 493/09, de 29 de Setembro de 2009 — Não julga inconstitucionais o artigo 18.º da Lei n.º 80/77, de 26 de Outubro, e o quadro anexo à Lei n.º 80/77, de 26 de Outubro, para onde remete o artigo 19.º, n.º 2, deste diploma (pagamento das indemnizações por nacionalização)... 115

Acórdão n.º 499/09, de 30 de Setembro de 2009 — Não julga inconstitucionais as normas dos artigos 122.º e 123.º do Estatuto dos Magistrados Judiciais (EMJ), na interpretação de que o arguido não tem de ser notificado da proposta de resolução final do instrutor do processo disciplinar, salvo quando neste se suscitem questões sobre as quais o interessado não tenha tido anteriormente oportunidade de se pronunciar; e não julga inconstitucional a norma da alínea *e)* do artigo 151.º do EMJ, quando interpretada no sentido de permitir a avocação pelo Plenário de processo disciplinar pendente perante o Conselho Permanente do Conselho Superior da Magistratura.. 139

Acórdão n.º 500/09, de 30 de Setembro de 2009 — Não julga inconstitucional a norma do n.º 1 do artigo 4.º do Código do Imposto sobre o Valor

	Págs.

Acrescentado (CIVA), na redacção do Decreto-Lei n.º 100/95, de 19 de Maio, sobre o regime de tributação de Imposto sobre o Valor Acrescentado (IVA) das prestações de serviços 155

Acórdão n.º 546/09, de 27 de Outubro de 2009 — Não julga inconstitucional a norma do n.º 1 do artigo 11.º do Decreto-Lei n.º 303/2007, de 24 de Agosto, na interpretação de que o recurso extraordinário para uniformização de jurisprudência, previsto no artigo 763.º do Código de Processo Civil, na redacção emergente do mesmo diploma legal, não é aplicável aos processos pendentes em 31 de Dezembro de 2007 169

Acórdão n.º 549/09, de 27 de Outubro de 2009 — Não julga inconstitucionais as normas dos artigos 333.º, n.º 5, do Código de Processo Penal e do artigo 673.º do Código de Processo Civil, na interpretação de que o conhecimento do recurso interposto da decisão condenatória pelo defensor constituído impede a interposição posterior de novo recurso da mesma decisão quando o arguido vier a ser pessoalmente notificado; não julga inconstitucional a norma do artigo 113.º, n.º 9, do Código de Processo Penal, interpretada como não exigindo que os acórdãos dos tribunais superiores proferidos em via de recurso sejam notificados pessoalmente ao arguido; julga manifestamente infundada a questão de inconstitucionalidade relativa às normas dos artigos 414.º, n.os 2 e 3, e 420.º, n.º 1, do Código de Processo Penal 183

Acórdão n.º 550/09, de 27 de Outubro de 2009 — Não julga inconstitucional a norma da alínea b) do n.º 3 do artigo 129.º do Código do Trabalho (na sua redacção originária), quando interpretada no sentido de que trabalhador à procura de primeiro emprego é unicamente aquele que não tenha sido anteriormente contratado por tempo indeterminado 205

Acórdão n.º 554/09, de 27 de Outubro de 2009 — Não julga inconstitucional a norma do n.º 7 do artigo 89.º-A da Lei Geral Tributária (redacção da Lei n.º 55-B/2004, de 30 de Dezembro), quando interpretada no sentido de que a forma processual urgente, aí prevista, constitui a única via de impugnação judicial da decisão de avaliação da matéria colectável pelo método indirecto 219

Acórdão n.º 578/09, de 17 de Novembro de 2009 — Não julga organicamente inconstitucional o Decreto-Lei n.º 237/2007, de 19 de Junho, que estabelece a responsabilidade contra-ordenacional dos empregadores de motoristas de veículos pesados de mercadorias, por factos praticados em violação dos tempos de condução e repouso destes trabalhadores 231

Acórdão n.º 583/09, de 18 de Novembro de 2009 — Não conhece do recurso por as "circulares" da Administração Tributária não constituírem 'normas' para efeitos de controlo de constitucionalidade da competência do Tribunal Constitucional 239

Acórdão n.º 586/09, de 18 de Novembro de 2009 — Não julga inconstitucional a norma do artigo único da Portaria n.º 955/2006, de 13 de Setembro, na parte em que determina que o regime processual experimental, aprovado pelo Decreto-Lei n.º 108/2006, de 8 de Junho, é aplicável aos Juízos Cíveis do Tribunal da comarca do Porto 251

Acórdão n.º 593/09, de 18 de Novembro de 2009 — Confirma decisão sumária que não julgou inconstitucional a norma do artigo 1842.º, n.º 1, alínea *a)*, do Código Civil, na medida em que limita a possibilidade de impugnação, a todo o tempo, pelo presumido progenitor, da sua paternidade 259

Acórdão n.º 596/09, de 18 de Novembro de 2009 — Não julga inconstitucional a norma constante do artigo 12.º, n.º 1, da Lei n.º 24/2007, de 18 de Julho, na acepção segundo a qual em caso de acidente rodoviário em auto-estradas, em razão do atravessamento de animais, o ónus de prova do cumprimento das obrigações de segurança pertence à concessionária e esta só afastará essa presunção se demonstrar que a intromissão do animal na via não lhe é, de todo, imputável, sendo atribuível a outrem, tendo de estabelecer positivamente qual o evento concreto, alheio ao mundo da sua imputabilidade moral que não lhe deixou realizar o cumprimento 279

Acórdão n.º 597/09, de 18 de Novembro de 2009 — Não julga inconstitucional a norma constante do artigo 12.º, n.º 1, da Lei n.º 24/2007, de 18 de Julho, que determina uma inversão do ónus da prova da culpa, pela ocorrência de acidentes rodoviários em auto-estradas concessionadas, causadores de danos em pessoas ou bens, provocados pelo atravessamento de animais 299

Acórdão n.º 598/09, de 18 de Novembro de 2009 — Não julga organicamente inconstitucional o arco normativo formado pelos artigos 8.º, n.º 1, 10.º, n.º 2, e 16.º do Decreto-Lei n.º 237/2007, de 19 de Junho, quando prevê a punição do empregador pela infracção ao disposto no artigo 8.º, n.º 1, como contra-ordenação 327

Acórdão n.º 600/09, de 18 de Novembro de 2009 — Não conhece do recurso na parte referente às normas dos artigos 120.º e 123.º do

	Págs.
Código do Procedimento Administrativo, do artigo 133.º do mesmo Código, e dos artigos 111.º, 112.º, 115.º, 116.º e 117.º do Código do Imposto Municipal de Sisa e do Imposto Sobre Sucessões e Doações; não julga inconstitucional a norma do artigo 284.º, n.º 5, do Código de Procedimento e de Processo Tributário, quando interpretada no sentido de que cumpre ao relator no tribunal recorrido verificar a existência de oposição de julgados em recurso interposto com este fundamento	335
Acórdão n.º 603/09, de 2 de Dezembro de 2009 — Não julga inconstitucional a norma do n.º 6 do artigo 215.º do Código de Processo Penal, na redacção introduzida pela Lei n.º 48/2007, de 29 de Agosto, na interpretação segundo a qual a elevação do limite máximo da prisão preventiva aí previsto para metade da pena que tiver sido fixada pelo tribunal superior, em caso de recurso, se aplica não apenas quando tenha sido confirmada a sentença condenatória da primeira instância, mas também quando tenha sido agravada pelo tribunal de recurso a pena fixada nessa sentença	351
Acórdão n.º 612/09, de 2 de Dezembro de 2009 — Julga inconstitucional a norma do n.º 2 do artigo 8.º do Código das Expropriações, aprovado pela Lei n.º 168/99, de 18 de Setembro, interpretada no sentido de que não confere direito a indemnização a constituição de uma servidão *non aedificandi* de protecção a uma auto-estrada que incida sobre a totalidade da parte sobrante de um prédio expropriado, quando essa parcela fosse classificável como "solo apto para construção" anteriormente à constituição da servidão...	365
Acórdão n.º 624/09, de 2 de Dezembro de 2009 — Revoga a decisão sumária reclamada por se considerarem susceptíveis de recurso de constitucionalidade as decisões proferidas em providências cautelares, mesmo que versem sobre normas que irão também ser utilizadas na decisão da acção principal	387
Acórdão n.º 626/09, de 2 de Dezembro de 2009 — Julga inconstitucional a norma constante do n.º 3 do artigo 1817.º do Código Civil, na redacção conferida pelo Decreto-Lei n.º 496/77, de 25 de Novembro, quando interpretado no sentido de estabelecer um limite temporal de 6 meses após a data em que o autor conheceu ou devia ter conhecido o conteúdo do escrito no qual o pretenso pai reconhece a paternidade, para o exercício do direito de investigação da paternidade	409
Acórdão n.º 632/09, de 3 de Dezembro de 2009 — Não julga inconstitucionais as normas do artigo 50.º da Lei n.º 18/2003, de 11 de Junho, e do artigo 75.º do Regime Geral das Contra-Ordenações..........	431

Acórdão n.º 651/09, de 15 de Dezembro de 2009 — Não julga inconstitucionais as normas do n.º 1 do artigo 8.º do Decreto-Lei n.º 322/90, de 18 de Outubro, e do artigo 3.º do Decreto Regulamentar n.º 1/94, de 18 de Janeiro, quando interpretadas no sentido segundo o qual o direito à atribuição da pensão de sobrevivência por morte do beneficiário, a quem com ele convivia em união de facto, depende de o interessado estar nas condições do artigo 2020.º do Código Civil, isto é, ter direito a obter alimentos da herança, por não os poder obter das pessoas referidas no artigo 2009.º, n.º 1, alíneas *a)* a *d)*, do mesmo Código 461

Acórdão n.º 652/09, de 16 de Dezembro de 2009 — Não conhece do recurso por não ter ocorrido uma efectiva desaplicação, por inconstitucionalidade, da norma do artigo único da Portaria n.º 955/2006, de 13 de Setembro, interpretada no sentido de serem competentes os Juízos Cíveis do Tribunal da comarca para preparar e julgar as acções declarativas cíveis propostas naqueles juízos, às quais tenha sido fixado um valor superior à alçada do Tribunal da Relação, quando não tenha sido requerida a intervenção do tribunal colectivo 477

3 — Outros processos 489

Acórdão n.º 431/09, de 3 de Setembro de 2009 — Não conhece do recurso interposto de decisão da Governadora Civil de Castelo Branco, que não conheceu do recurso de acto do Presidente da Câmara Municipal do Fundão sobre localização de assembleias de voto.................................. 491

Acórdão n.º 452/09, de 14 de Setembro de 2009 — Confirma a decisão recorrida que considerou inelegível candidato Inspector da Polícia Judiciária 497

Acórdão n.º 473/09, de 23 de Setembro de 2009 — Revoga a decisão que declarou inelegível o primeiro candidato efectivo da lista de um grupo de cidadãos eleitores à Câmara Municipal de Marco de Canaveses........ 503

Acórdão n.º 568/09, de 10 de Novembro de 2009 — Declara juridicamente inexistente decisão do Tribunal da comarca de Nisa relativa às eleições na freguesia de São Simão, Nisa... 527

Acórdão n.º 571/09, de 11 de Novembro de 2009 — Decide que os membros do conselho de administração da Expo Arade — Animação, E. M. se encontram abrangidos pelo disposto na alínea *b)* do n.º 3 do artigo 4.º da Lei n.º 4/83, de 2 de Abril, na redacção da Lei n.º 25/95, de 18 de Agosto e, consequentemente, sujeitos ao dever de apresentação da

	Págs.
declaração de rendimentos, património e cargos sociais, previstos no artigo 1.º do referido diploma; enquanto administrador executivo da Expo Arade — Animação, E. M., o requerente encontra-se ainda sujeito ao dever de renovação anual da respectiva declaração...............	539
II — Acórdãos assinados entre Setembro e Dezembro de 2009 não publicados no presente volume	551
III — Índice de preceitos normativos...	577
1 — Constituição da República	579
2 — Lei n.º 28/82, de 15 de Novembro (Organização, funcionamento e processo do Tribunal Constitucional)	583
3 — Diplomas relativos a eleições...	585
4 — Diplomas relativos a controlo público da riqueza, incompatibilidades e impedimentos de titulares de cargos políticos	587
5 — Diplomas e preceitos legais e regulamentares submetidos a juízo de constitucionalidade	589
IV — Índice ideográfico	593
V — Índice geral...	603